Über den Autor

Friedrich Christian Delius, geboren am 13. Februar 1943 in Rom, in Hessen aufgewachsen, promovierte 1970 mit der Arbeit «Der Held und sein Wetter». Er veröffentlichte 1966 die Dokumentarpolemik «Wir Unternehmer» und 1972 die satirische Festschrift «Unsere Siemens-Welt». Im Rowohlt Verlag und Rowohlt Taschenbuch Verlag liegen von ihm vor: die Lyrikbände «Kerbholz» (rororo Nr. 5073), «Japanische Rolltreppen» (1989) und «Selbstporträt mit Luftbrücke. Gedichte aus dreißig Jahren» (1993), der Roman «Adenauerplatz» (rororo Nr. 5837) und die Erzählung «Der Sonntag, an dem ich Weltmeister wurde» (rororo Nr. 13910). Die Erzählung «Die Birnen von Ribbeck» (rororo Nr. 13251, als Großdruck Nr. 33132) liegt, gelesen von Uwe Friedrichsen, auch in der Reihe Literatur für KopfHörer vor. 1995 erschien seine Erzählung «Der Spaziergang von Rostock nach Syrakus». F. C. Delius lebt in Berlin.

Friedrich Christian Delius

DEUTSCHER HERBST

Drei Romane in einem Band

Ein Held der inneren Sicherheit

Mogadischu Fensterplatz

Himmelfahrt eines Staatsfeindes

Rowohlt

Inhalt

Ein Held der inneren Sicherheit **7**

Mogadischu Fensterplatz **221**

Himmelfahrt eines Staatsfeindes **433**

Roman

Ein Held der inneren Sicherheit

Ereignisse der Zeitgeschichte waren ein Ausgangs-
punkt, sind jedoch nicht Gegenstand dieses Romans.
Personen und Institutionen sind die Produkte der
poetischen Phantasie des Verfassers.

Ich allein weiß, wozu ich fähig gewesen wäre…
Für die anderen bin ich höchstens ein Vielleicht.

Stendhal: *Rot und Schwarz*

An diesem Morgen, als noch niemand wußte, welchen Verlauf die aufregende und abstoßende Geschichte nehmen könnte, war Roland Diehl es leid, in ein Netz ungewohnter Gefühle gezogen zu sein. Seit Tagen konnte er sich nur schwer mit etwas anderem beschäftigen als mit seinem Chef, Präsident des Verbandes der Menschenführer Alfred Büttinger, der auf so lächerlich einfache Weise entführt versteckt gesucht und in den Mittelpunkt der Aufmerksamkeit gezerrt war, phantastischer Gesprächsstoff, Futter der Schaltzentralen und schon zum Objekt erstarrter Name auf dem schwärzer bedruckten Zeitungspapier.

Seit Tagen wurde die gewaltige Aufmerksamkeit auch auf Roland Diehl und die anderen Angestellten des Verbandes geladen, die aus ihrer jahrelangen Anonymität plötzlich entlassen waren und so viele panische Regungen zeigen mußten wie nie zuvor. Eingeschüchtert vom überschäumenden Beileid und noch hilflos in Rachegedanken, hatten sie mehrere Tage in immer unbequemerer Spannung vor den Bildschirmen auf eine Lösung gewartet und sich immer häufiger dabei ertappt, eine grausige, in die Länge gezogene Operette auf der Fernsehbühne zu verfolgen.

Erschossen waren Büttingers Beschützer, und der Schreck darüber wurde täglich wiederholt, vielfach vergrößert. Für Roland Diehl war der Schreck schon abgetan, obwohl er mehrmals in Büttingers Wagen neben Büttinger gesessen hatte. Diehl war nicht der Mann, der als Zuschauer eines Feuergefechts Entrüstung spielte oder zu spielen hatte. Der Überfall war für ihn eine vielleicht ungewöhnliche, in ihrer Perfektion aber kaum noch brutal wirkende Filmszene. Die Toten Statisten mit einer kurzen glänzenden Karriere, die Täter Opfer spätestens in der Schlußszene. Um so empörender war die Situation dessen, der überlebt hatte, um den nun gefeilscht wurde, der von seinen Feinden noch am Leben gehalten und von seinen Freunden schon zum Tod verurteilt war, was keiner wissen durfte und jeder ahnte. Es gehe um eine Herausforderung, es gehe um Büttingers Leben, und doch sah man ihn live vor den Kameras hingerichtet sterben, obduziert und schon zum Denkmal erhoben, bevor er umgebracht war.

Das Unerträgliche für Diehl war nicht mehr dieser Vorgang, sondern das Andauern dieses Vorgangs. Vor jedem möglichen Happyend unterbrachen die Sprecher der Nachrichten die Vorstellung und riefen zu einem neuen Zusammengehörigkeitsgefühl auf. Hinter den Barrieren Geheimnisse. Vor den Barrieren war Ruhe befohlen, Geschäfte wie üblich bitte, und alle Vorgesetzten gaben die Parole aus, die Arbeit müsse ganz normal getan werden, jetzt erst recht, das sei in Büttingers Sinn. Auch Diehl hatte versucht, mit Durchhalteparolen über die Runden zu kommen, vergeblich, und nun fing er an, ohne es recht zu merken, es dem Chef übelzunehmen, daß der immer noch in Gefahr, immer noch nicht lebendig oder tot gefunden war und beständig alle Gehirnzellen besetzte und blockierte. Diehl merkte nur, wie lästig es war (er nannte das komisch), sich so schwer ablenken und keine andere Spannung gönnen zu können, immer wieder sich mit Büttinger befassen zu müssen, ihm ständig nachzuspüren in immer schwerer zu regulierenden Gedankenketten. Er wollte endlich frei sein von Büttinger, ihn abschütteln.

Als ihm das klar wurde, an diesem Morgen, im Bett und allein und von kriegerischen Träumen geschlagen, erschrak er, weil er nicht sicher war, ob er mit solchen Gedanken Büttinger schon aufgegeben hatte.

Nie wird es reichen, die Städte zu durchsuchen, dachte Diehl, als er aus der Tiefgarage ans Licht und auf die Rodenkirchner Hauptstraße fuhr. Nie wird es reichen, die Hochhäuser und die Altbauten zu observieren, gerade die unscheinbaren Gegenden verdienen jeden Verdacht, die friedlich genannten Dörfer und Landschaften, Büttinger muß doch irgendwo zu finden sein. Man müßte die Mittelgebirge durchkämmen, jeden verfallenen Schuppen in der Eifel erfassen, durch Weinberge kriechen und über die Böschungen der Bahnlinien, man müßte den Panoramastraßen folgen und die Stauseen ausloten, Autobahnbrücken prüfen, die Gesichter der Besucher vor den Kassen der Wildparks, die hohlen Denkmäler auf den strategisch gut gelegenen Soldatenfriedhöfen, Verstecke überall. Ich würde über die Landstraßen fahren, Wälder inspizieren, Steinbrüche und Sägewerke, mein Leutnantsblick, mein Orientierungssinn gegen Wochenendhütten, Scheunen und Forsthäuser.

Der Morgenverkehr nur mit kurzen Staus, Waffenstillstand aller Hupen, unnahbar die Fahrer zwischen ihren Stoßstangen sich dem Tag entgegenboxend, und wieder ging Diehl alles zu langsam. Der dichte Verkehr, die abgeblockten Überholmöglichkeiten genügten, diese Enge empfand er wie fast jeden Morgen als Beleidigung seiner Person und seines BMW.

Er sah in fremden Landschaften vor gesperrten Durchfahrten Roland Diehl Sondergenehmigungen aus der Tasche ziehen, im Rallyetempo über Sandwege jagen und aussteigen, wo die Gegend verdächtig riecht, wo er selber gern jemanden verstecken würde. Du wirst den Wagen stehen lassen und auch die Schäferkarren nicht schonen, Unterstände für Wanderer und Waldarbeiter, Waldkapellen, was ist mit den Futterkrippen und den riesigen Ameisenhaufen. Such weiter, nicht aufgeben, wenn du schwitzt, kühlt dich Regen, bevor dir die Nässe ins Hemd beißt, zieht die Sonne wieder auf, such weiter, auch im Unterholz, such weiter.

So stob er durch Wälder, bis er sich wieder besann, daß er Richtung Innenstadt fuhr, die schlafsichere Strecke, immer noch in Bewegung, und dann stand er doch wieder vor den Bremslichtern eines Kleinwagens. Am liebsten hätte er jetzt mit seinem 2002 Cabrio den ganzen VW-Konzern auf den Schrottplatz geschoben oder den Rhein zubetoniert und die vor ihm fahrenden Autos rechts überholt. Er wünschte, mit allen Hindernissen fertig zu werden, er wünschte Ford und Opel die Pleite, die Quellen des Rheins verstopft, die Bäume zurückgestoßen zu den Wurzeln und vorbei, endlich vorbei, alles umlegen oder wegdrängen, was sich in seiner Nähe zu langsam bewegte. Er wußte nicht mehr, was ihn so in Fahrt brachte.

Dann sagte er laut vor sich hin: Was geht mich Büttinger an. Und lehnte sich dem Rückspiegel entgegen, um nachzuprüfen, ob er sorgfältig genug rasiert war. Die eigenen Augen musterten ihn feindlich. Sein Gesicht gefiel ihm nicht, verschlafen, blaß, eine ratlose Schwere. Der Mund immerhin bewahrte Haltung. Rasch sah er wieder auf die Straße, zufrieden nur mit den zuverlässigen Stacheln des Schnurrbarts.

Die Nacht saß ihm noch in den Knochen, der letzte Traumschreck fiel ihm wieder ein, ja, erschossen, er und Tina abgeknallt mit einem MG, die Freundin zuerst.

Wir laufen auf eine Villa zu, über hellgiftgrünen Rasen zum Rhein hinab. Die Villa hat früher Adenauer gehört, das Erdgeschoß ist zur Besichtigung freigegeben. Wir schließen uns einer Führung an. In jedem Raum werden einzelne Möbel aus Adenauers Besitz verkauft, vor allem Stühle. Ich habe einen Schaukelstuhl schriftlich vorbestellt, nach längerem Suchen finden wir den, ein schönes Stück, gepolstert, mit Namensschild, aber in meinem Namen fehlt das h. Auf der Rückseite des Schildchens in winziger Schrift der Preis: DM 1980. Das ist mir zu teuer, das ist Tina zu teuer, der Schaukelstuhl wird nicht gekauft.

Als wir hinaustreten auf den Rasen, blendet uns das kräftige Grün. Ein Sonntagsbesichtigungswetter und viele Leute. Da bemerken wir drei Leute mit MG, sie haben uns erwartet. Sie drängen uns in einen Winkel des Parks am Rheinufer, wo schon mehr Menschen zusammengetrieben sind, die offenbar auch keine Stühle gekauft haben. Die Exekution erfolgt rasch, aber noch bin ich am Leben. Tina liegt erschossen an meinen Füßen, ich wundere mich, daß ich kein bißchen traurig bin. Ich fühle, ich lebe. Ich denke, ich werde das jetzt alles organisieren müssen, immer bleibt alles an mir hängen. Sibylle fällt mir ein, Tinas Freundin, bei ihr werde ich landen, wenn ich ihr Tinas Tod berichte und sie tröste. Da merke ich, wie mir das Blut aus einer Wunde am Bauch quillt, ich halte die Hand ganz fest darauf und spüre, im Umfallen, der Druck von innen ist doch stärker.

Das Haus des Verbandes der Menschenführer, das Diehl bei jedem Test spontan als sein Haus bezeichnet hätte, war von Polizei umstellt. Er hielt inne. Niemals war er hier stehen geblieben, niemals hatte ihn jemand vor diesem Haus aufgehalten. Immer sah er sich so: Nach dem Spurt von Tiefgarage zu Tiefgarage geht der Einsachtundsiebzigmann Roland Diehl vom benachbarten Bankhochhaus, in dessen Kellern sein einziger Schatz, der silberblaue BMW 2002 Cabrio, verwahrt ist, mit federndem Schritt und oft ohne Aktenkoffer den kurzen Weg zum Haupteingang des Hauses der Menschenführer, wirft vielleicht noch einen gelassenen Blick die sechzehn Stockwerke hinauf und auch, wenn die Gedanken schon durch den Terminkalender springen, vorgreifen auf die Sitzungen und Diktate des Tags, behält er den locker entschlossenen, den festen Gang eines Mannes von Format. Hier hält mich keiner auf, dies Haus ist mein Haus, am Heuss-Ufer im Norden der Stadt, in der Mitte des Landes, Schaltstelle für Interessenkoordination in allen grundsätzlichen Fragen der Wirtschaft, dies Haus ist mein Platz meine Welt, ich gehe direkt drauf zu, die Pförtner grüßen mich, hier gehöre ich hin, ich Referent Personalführung und Spezialist für Grundwerte, ich mit dem Spitznamen Chefdenker und bevorzugter Ghostwriter des Chefs Büttinger, hier in der Sonne unter der Chefetage.

Noch nie hatten so viele Menschen vor dem Haus gestanden, es hatte noch nie Demonstrierer angezogen, noch nie Schutz gebraucht vor denen, die sich nicht führen lassen wollten. Und niemals ein Anlaß für Haussuchungen oder polizeiliche Maßnahmen.

Diehl wunderte sich einen Moment lang über die Polizei, dann wunderte er sich nur noch über den ungewohnt direkten Anblick. Das war auf einmal kein Fernsehen mehr. Polizisten wurden jetzt oft aus ihren unterirdischen Kasernen hinausgefahren und ins Licht gestellt und ließen sich, gegen Bezahlung der Überstunden und Gefahrenzulagen, in ihre gebutterten Gesichter sehen und sollten den Angestellten innerhalb und außerhalb der Bannmeilen das Vertrauen in eine nicht näher bekannte Sicherheit zurückgeben. Einzeln wären diese Jungen mit dem Stolz auf ihre blonden Schnurrbärte von den Einsatzorten weggerannt, die so furchterregend waren, weil trotz aller Kriegsbereitschaft nichts Böses geschah. Aber in Haufen Schulter an Schulter, Befehl im Rücken, Waffe und Funkgerät vorm Bauch, in einer stabilen Uniform und in festem, glänzendem Schuhwerk auf dem zarten Rasen, der die Unruhe in den Kniekehlen dämpfte, so ausgestattet sprachen die Jungen gehorsam von ihren nervösen Zeigefingern, konnten vor die laufenden Kameras gestellt werden und gaben so den Ängstlichen Antwort: Wir sind da, wir bringen die Sache wieder in Ordnung.

Diesen Trost brauchte Diehl nicht, aber er hatte auch keinen Widerwillen dagegen, Polizisten neben sich zu sehen. Ungewohnt war nur der direkte Anblick, live. Er bemerkte wie zum erstenmal die Farben, das verlegene Grün der Uniformen im Kontrast zur blendenden Fensterfront des Hauses. Im Fernsehen ist dies Grün immer viel kräftiger. Und dann der Glanz der Schuhe und Stiefel, der ihn einen Augenblick lang abstieß. Die alte Abneigung gegen Schuhwichse, dachte er, ein Glück, daß die Sonne nicht scheint.

Nachrichten und Kommentar. Jedes Wort das in diesen Tagen – Schweigen auch über Lebenszeichen – So ließe sich die ganze Strategie nicht mehr halten – Die Öffentlichkeit tappt nach wie vor – In den offiziellen Kontaktdokumenten – Es spricht für die Stärke der Demokratie – An Schärfe zugenommen – Aufwärmen sagt man nicht mehr das heißt jetzt – Noch nie wurden auf einer großen Kölner Messe so viele Ordensfrauen gesehen – Konnten Kantinenköche auch ein Großverpfleger-Forum – Warum müssen die Maschinen derart niedrig fliegen – Preiskenner greifen sofort zu – Durch regelmäßige Kontrollen bei unseren Knüpfereien in Marokko – Ist Gleiches mit Gleichem zu vergelten – Alle die heute nach der Todesstrafe rufen sollten sich – Jetzt ist die Saat – Durch und durch beste Eiche durch und durch Natur – Da viele Maschinen doch bedeutend länger arbeitstüchtig seien als erwartet – Konnte diese dunkel eingebraute obergärige Biersorte das klassische Export erstmals überholen – Niki Lauda hat mich betrogen – Heim- und Pflegetrakt wurden durch Lichtanlagen verbunden – Ihre Kunden sind Generäle Manager Diplomaten doch jetzt sind die Mädchen von Madame Claude für alle da – Genau zwischen die Augen mußt du ihn treffen oder dein erster Fehler ist dein letzter: Tintorera Meeresungeheuer greifen an – Der Staat Partner des Autofahrers – Autoindustrie hat erkannt daß der Autokäufer ihr unmittelbarster Partner – Experte für offene Kamine – Sofortauszahlung auch ohne Bürgen – Internationales Unternehmen sucht seriöse Familien die für ein lukratives Dankeschön – Tagsüber meist stärker bewölkt wenig Niederschlag.

Ordentlich die Papiere auf dem Schreibtisch, Blätter mit Stichwörtern, geheftete Xerokopien, Zeitungsausschnitte, Fassungen der letzten Büttinger-Reden, Gutachten und Aufsätze, alles auf drei sauber gekanteten Stapeln, als seien sie schon abgetan wie Ablagen. Der Schreibtisch ohne Chefwürde, ohne Foto von Frau Kind Hund, ohne repräsentative Briefbeschwerer. Diehl repräsentierte nichts. Seine einzigen Insignien waren Aschenbecher Telefon Diktiergerät. Hier, auf diesem kahlen Feld sollten die Papiere sprechbar werden, lebendig.

Der Pförtner hatte nicht gewußt, weshalb Polizei aufmarschiert war. Diehl wollte Moos fragen, den Abteilungsleiter drei Türen weiter, aber ehe er den Hörer aufnahm, ging er dicht ans Fenster, sah hinab. Nichts mehr, niemand stand unten auf dem Rasen. Er nahm sich vor, auch darüber nicht zu staunen.

Ein heller Morgen über dem Rhein, am anderen Ufer verharrten die Bäume und niedrigen Häuser in ihren alt gewordenen Farben. Nur ein Hochhaus, irgendwie zu kurz geraten als Fixpunkt, ragte unglücklich in den Dunst. Die angekündigten Niederschläge hatten noch nicht eingesetzt. Ohne jeden Gedanken blickte er hinaus. Als er merkte, daß er einem wohligen Gefühl der Entspannung nachgab, ging er rasch zurück zum Tisch. Er faßte mit beiden Händen an die Schreibtischkante. Du mußt dich besser kontrollieren.

Der Terminkalender befahl, zwei Büttinger-Reden zu entwerfen. Die eine nur zu überarbeiten und zu würzen, ein fachspezifischer, von der Konjunktur- und der Medien-Abteilung schon halbwegs stilisierter Rundblick für den Niedersächsischen Bankentag. Die andere für eine Tagung in Goslar, Menschenführer in der Krise?, geplant als grundsätzlicher, auf öffentliche Wirkung zielender Appell. Beide Reden in zehn Tagen zu halten, acht Tage vor dem Termin wollte Büttinger immer die fertigen Entwürfe auf dem Tisch haben.

Diese Arbeit hatte Diehl lang genug aufgeschoben, hatte gewartet auf Büttinger, ein klares Wort, eine Entscheidung, vielleicht die Möglichkeit einer Lösung. Wie kann ich für Büttinger schreiben, wenn ich nicht weiß, ob er diese Reden überhaupt halten kann. Rücksprache bei Bräsig, Generalgeschäftsführer: Natürlich schreiben Sie, Diehl, wenn Büttinger nicht spricht, spricht ein Vertreter, absagen können wir immer noch. Knapp und schroff hatte Bräsig das gesagt, aber leise, als sei ihm diese Entschiedenheit aufgezwungen worden, oder fühlte er sich schon als nächstes Opfer? Ein Opfer der ständigen ergebnislosen Krisensitzungen war er schon, immer leise gereizt.

Den unsinnigen, den fadenscheinigen Befehl im Rücken, so saß der versierte Ghostwriter Roland Diehl vor seinen Papieren. Vorwurfsvoll lauerte das Diktiergerät auf der Tischplatte, als hätte es ihn ertappt beim Schweigen oder bei verbotenen Abschweifungen. Er hatte immer noch nichts zu diktieren, das Gerät zu füttern, nicht einmal eine gute Ausrede. Er deckte schnell eine Zeitung darüber. Das Material für die Goslarer Rede lag vor ihm, es fehlte ein Konzept. Zehn Tage, selbst wenn Büttinger in dieser Minute freikommt, wofür nichts spricht, braucht er zehn Tage Erholung Vernehmung Pause, trotzdem fällt Bräsig nichts Besseres ein als: Schnauze halten, weitermachen.

Alle andern im Haus haben es leichter, sagte sich Diehl, sie haben zu rechnen oder zu analysieren, haben klare Anweisungen überschaubare Aufträge beschränkte Arbeitsgebiete, sind aufgehoben in der Hierarchie, bedienen die eingespielte Maschine des Verbandes. Ich aber bediene den Chef, der einfach weg ist, spurlos. Ob er überhaupt noch lebt, ich weiß es nicht, ob er je wieder Reden halten wird, ob in zehn Tagen überhaupt solche Reden gehalten werden, ob wir da nicht ganz anders losschlagen müssen, ich weiß es nicht. Keiner weiß es. Aber den andern kann das egal sein, sie haben es leichter. Auch Tina hat es leichter. Hostess Tina macht wie üblich ihre Führungen für Ausländer, Multi-Media-Show, Frage-Antwort-Spiele, Einblicke ins Seminar-Center Overath, für die Herren aus Neuseeland ist es egal, ob der Chef der Menschenführer Büttinger heißt oder Piefke, am Konzept Menschenführung ändert sich für die alle nichts, auch für Tina nicht, für wen denn. Er hatte das Verlangen, Tina Vorwürfe zu machen.

Kaltgestellt, mitten in der Nacht hatte sie ihn ausgesperrt und auf der Straße versauern lassen, Ausgesperrter Chefdenker irrt durch Köln. Weil er nicht zu einem harmlosen Geburtstagsessen bei ihrer Freundin mitdackeln wollte, weil er keine Lust gehabt hatte auf ein Dutzend Lehrer und keine Lust, von allen über Büttinger ausgequetscht zu werden. Also Krach, sie läßt ihn mit Verwünschungen allein. Und er gerät verspätet in Wut, rast mit dem Wagen einmal um die Stadt Autobahnring, die beste Therapie gegen Magengeschwüre einmal voll aufs Gas, dann zum Rallye-Club, dann nach Hause und vom öden Fernsehprogramm wieder hinausgejagt, so hält er am Bahnhof, kauft einen dicken Strauß Chrysanthemen und klingelt um halb elf bei den Geburtstagsleuten, entschuldigt seine Verspätung mit Arbeit, Büttinger, Sie wissen schon, das ganze Haus steht Kopf, nein, nichts Neues.

Er versucht mit Tina zu reden, sie weicht weg. Sie soll wissen, daß er nur ihretwegen da ist, er will sich schnell und wild versöhnen, am liebsten sofort im Bett. Er muß warten, auf billigen Sesseln Konversation, er muß Gespräche von Lehrern anhören über irgendwelche Deckenplatten, die in irgendwelchen Schulen angeblich giftige Gase ausströmen, und dazu endlos der Streit, ob der SPD-Stadtrat oder der CDU-Hersteller oder der FDP-Architekt für Gestank und Gift verantwortlich sind. Beinah schaltet er sich ein, so viel Gift in Deckenplatten, daß sich jemand vergiftet, das gibts doch nicht. Aber er hütet sich, Streit anzufangen und den Zorn eifriger Lehrer auf sich zu ziehen, alle mit dem Umwelttrick. Er ist froh, daß ihn das alles nichts angeht. Er sieht immer wieder zu Tina, er findet ihr Gesicht schön, er beobachtet sie zum erstenmal in Ruhe beim Sprechen, mit ihrer Freundin Sibylle geschützt in der Ecke, er begeistert sich für sie wie ganz am Anfang, diese klaren, lustigen Mundbewegungen, und ohne jedes Hostessenlächeln, sie ist doch kein Typ Puppe, liebe ich sie vielleicht doch. Endlich um zwölf draußen, sie läßt sich umarmen, er denkt, alles wieder gut, und fragt: Zu dir oder zu mir?

Sie sagt: Zu mir. Dann ist sie in ihrem R 5 und plötzlich fort. Bis er mit seinem weiter weg geparkten Wagen folgt, ist sie längst über die nächste Ampel entwischt. Er rast nach Sülz, zu ihrer Wohnung. Da ist kein blauer R5, kein Licht, da öffnet auch nach dem fünften Klingeln niemand, da geht niemand ans Telefon. Er jagt nach Rodenkirchen, aber auch vor seiner Tür wartet sie nicht, also zurück, auch beim zweiten Versuch in Sülz kein Licht, keine Antwort. Roland Diehl ausgetrickst und ausgesperrt, dumme Zicke, was für eine zickige Rache, das laß ich mir von der nicht bieten.

Am nächsten Tag mit idiotisch langen Telefongesprächen alles wieder hinbügeln, alles soll besser werden. Aber irgendwas hat sie noch.

Der Verband der Menschenführer ist, so begann Tina Schweizers Stimme auf dem Tonbandtext der Media-Show für Besucher, der Zentralverband aller deutschen Wirtschaftsverbände. Warum Menschenführer? Die zum Teil aus dem vorigen Jahrhundert stammenden und in der Bevölkerung nicht immer positiv gedeuteten Bezeichnungen wie Unternehmer, Führungskraft, Arbeitgeber, Industrieller, Manager usw. haben sich schon lange als unzeitgemäß erwiesen. Sie wurden mit dem Amtsantritt Alfred Büttingers vor zehn Jahren ersetzt durch den übergeordneten und zur Menschlichkeit verpflichtenden Begriff Menschenführer.

(Dias: Haus der Menschenführer, Grundsteinlegung, Richtfest, Einweihung.)

Bei Schulklassen oder Gruppen aus Entwicklungsländern beantwortete Tina Schweizer deutsch oder englisch französisch spanisch die Frage: Was ist ein Menschenführer?

Jeder in der Wirtschaft Tätige ist Vorgesetzter anderer Menschen. Nur wenn er die ihm unterstellten Menschen richtig führt, kann der Betriebszweck erfüllt werden. Ein Menschenführer, mag er Manager oder Eigentumsunternehmer sein, weiß, daß er ohne die Menschen nichts ist, weiß, daß in der Wirtschaft der Mensch immer im Mittelpunkt steht. Jeder Menschenführer sieht in seinem Untergebenen zuerst den Menschen und dann den Angestellten oder Arbeiter.

(Film: Menschen in kleinen und größeren Gruppen, Betrieb, Einkaufsstraße, Stadion.)

Alle Besucher hörten in ihrer Sprache die sympathische Frauenstimme: Der vorbildliche Menschenführer zeichnet sich durch viele Eigenschaften aus: schöpferische Phantasie, Risikobereitschaft, kaufmännisches und zukunftsorientiertes Denken, Entscheidungs-, Dispositions- und Motivationsfähigkeit, Aktivität, Kreativität, Innovations- und Anpassungsbereitschaft und den Blick fürs Ganze.

(Film: Menschenführer in einer Sitzung, Gespräch auf Großbaustelle.)

Voraussetzung für die effektive Führung der Menschen und für wirtschaftliche Leistung ist jedoch die Organisierung der einzelnen menschenführenden Unternehmen zu Gruppen und Verbänden. Ihr gemeinsamer Dachverband ist der in diesem Haus ansässige Verband der Menschenführer Deutschlands, VMD. Hier arbeiten fünfhundert Fachkräfte, die meisten von ihnen wissenschaftliche Experten, an der Koordinierung, Aktivierung und Intensivierung der gemeinsamen Ziele.

(Dia: Schaubild Aufgabenbereiche.)

Spitzname Chefdenker, Diehl nahm den Titel gern an, der im Haus kursierte. Der schmeichelte, das war nicht mehr Wirtschaftsjournalist, das war nicht mehr Personalführungstheoretiker. Chefdenker war Autorität und Selbständigkeit, gerade auch weil einige Leute im Haus das Wort ironisch meinten, die lauernden Neider. Der Chefdenker wartet nicht wie die anderen Angestellten beflissen auf die Aufträge von oben, sondern er ist oben, er denkt mit und für

Büttinger, er bietet seine Ideen dem Chef aller Chefs zur freien Bedienung an, er gehört in den Braintrust, er ist dabei, wenn die gesellschaftspolitischen Perspektiven entwickelt werden, die guide-lines für die Verbandsarbeit und für die Grundsatzreden.

Der Aufstieg des mit 37 Jahren zu jungen, hergelaufenen Kerls, der nicht mal im Betrieb oder als Jurist gedient hatte, der Aufstieg des vom Rundfunk zum Verband übergelaufenen Ex-Journalisten in den engsten Chefhimmel störte die Konservativen im Haus, die Bürokraten Volljuristen Vollidioten. Er wußte das, das war ihm gleichgültig. Büttinger stand hinter ihm und warf seinen schützenden Schatten.

Es machte Diehl nichts aus, immer noch in der Etage Personalführung zu sitzen, obwohl er seit Monaten mehr mit Reden und Expertisen zur Gesellschaftspolitik beschäftigt wurde als mit Führungstheorien. Es gab gegenwärtig kein klares Anforderungsprofil für ihn, keine definierte Position, keinen Titel. Auch das störte ihn nicht, er war ja oben, ein Chefdenker. Er selbst nannte sich Ghostwriter und jonglierte bei Partygesprächen gern mit den Übersetzungen, Geisterschreiber, Gespensterschreiber, Schreibdenker, Vorschreiber, Neger, PR-Kreativtexter und so weiter, so machte er sich lustig.

Was bin ich, er hatte einmal überlegt, welche typische Geste er beim heiteren Beruferaten vorgeführt hätte. Er hätte nicht auf einem imaginären Filzschreiber gekaut, er hätte vielleicht die Lippen vor seiner leeren, gekrümmten linken Hand bewegt – Denker oder Schreiber, Hauptsache das Diktat. Hauptsache die Wirkung, ich gebe Büttinger menschliche Züge, ich helfe ihm, mit Worten Kontakt zu den Leuten zu finden. Parole: es muß Spaß machen, Büttinger zuzuhören, es muß unter die Haut gehen, die Zuhörer dürfen in keiner Minute das Gefühl haben, umsonst vor dem Redner Büttinger zu sitzen.

Parole: es muß unter die Haut gehn. Er war geladen, er wollte einen Schlag führen, endlich bekam er Lust zu arbeiten. Besser für die Schublade als grau und blaß werden wie die Wand da, die

Arbeit muß ganz normal wie üblich getan werden, jetzt erst recht.

Diehl nahm den Aufsatz eines der Haus-Philosophen vor. Dessen Thesen sollten für die Goslarer Grundsatzrede den Einstieg liefern, das war neulich mit Büttinger schon besprochen.

Die dem Verband befreundeten Professoren aus den Gebieten der Politikwissenschaft, der Soziologie und des Rechts, die mit Gutachten und Vorträgen zu Grundsatzfragen beauftragt wurden oder von sich aus Aufsätze und Bücher in die Chefetage schickten, wurden von Diehl gern Philosophen genannt. Philosophen, weil sie hereinstolzierten in der Aura der Alleswissenden. Als abgebrochner Volkswirtschaftsstudent, Journalist und aufsteigender Chefdenker verweigerte er solchen würdevollen Anstrengungen grundsätzlich den Respekt, auch wenn ihm die Herren nützliche Stichwörter lieferten.

Der Verband hatte einen großen Bedarf an Argumenten, neue und neu aufgegossene. In immer anderen Variationen war zu beweisen mit Fakten mit Wörtern, daß die Verbandsinteressen Gesamtinteressen, daß der Verband Pionierarbeit Zukunftssicherung Grundlagen, keine Freiheit ohne Verband, ohne Menschenführer kein Leben. Die Argumente waren am haltbarsten, wenn sie aus der Wissenschaft kamen, überparteilich objektiv redlich. Die Philosophen formulierten Zuspruch Ermutigung Appelle, unnötig nur der geduckte, nach oben schielende Blick, die stolze Unterwerfungsgeste, mit der sie sich für unbestechlich hielten. Merkwürdig blieben ihre Verbeugungen vor der geheimnisvollen millionenträchtigen erfolgsgefärbten Arbeit der Menschenführer, merkwürdig die Genugtuung, aus der akademischen Sippe erhoben und von den Menschenführern zitiert zu werden oder vor ihnen reden zu dürfen. Das waren Diehls Leute nicht, aber sie legitimierten das Schaffen, sie gaben der harten Tätigkeit des Wirtschaftens menschliche Würde und Werte.

Ein besonders Tüchtiger war Meyer-Stäubl, München, der gerade etwas über das schwindende Risikodenken der Menschenführer abgeliefert hatte. Hauptthese: Aus gewachsener Unsicherheit (Menschenführer Zielscheibe der Staatsfeinde) und Zukunfts-

ungewißheit sei heute ein falsches Anspruchs- und Sicherheitsdenken entstanden, das für das wirtschaftlich-menschenführende
Denken und Handeln gefährlich werden könne.

Davon wollte Büttinger, davon konnte Diehl ausgehen.

Notizen. Anfang mit dramatisch zu schildernden Angriffen aufs
Menschenführertum, aktuellste Beispiele. Hier könnte der Chef –
Diehl setzte jetzt einfach voraus, daß Büttinger diese Rede früher
oder später redet – eigene Erfahrungen einflechten. Die zweite
Angriffslinie, schwächer geworden, aber nicht zu unterschätzen,
Angriffe aus dem eigenen Lager, Beispiel Club of Rome Alt-Her-
ren-Romantik, Beispiel Ökopessimismus und Verschmutzungs-
phobie. Drittens Forderungsterror des Partnervereins, der sich
immer unpartnerschaftlicher gebärdet und dreist vorgibt, die
Interessen der von uns geführten Menschen besser zu vertreten.

Weiter: Gefährlich, sich von diesen massiven Angriffen einschüchtern zu lassen. Rundblick mit Selbstbewußtsein. Käufer
und Kunden zufrieden mit uns, letztlich auf unserer Seite. Noch
nie so zufrieden wie heute – Umfrageergebnisse. Märkte expansiv,
Wachstum etc. Expansion und Zufriedenheit auch von Umwelt-
perfektionisten nicht gefährdet, wenn wir flexibel. Verhältnis
Menschenführer/Gesellschaft im Kern gesund, kein Anlaß für
kleinmütige Prognosen. Tip von Meyer-Stäubl: Zurückdenken an
Währungsreform, als Zukunft völlig ungewiß und Menschenführer trotzdem die richtigen Entscheidungen.

Trotz absurder Sozialpolitik, Beispiele, totaler Versorgungsstaat, Beispiele, trotz Lohnunmaß, Beispiele, Angriffen auf Freiheit und Marktfreiheit, Beispiele, darf kein Selbstmitleid, darf kein
falsches Sicherheitsdenken. Parole: aktives Selbstbewußtsein. Offener und offensiver über das Gute reden, das wir tun. Offensive
des Erfolg-der-uns-recht-gibt. Von dieser Basis her für Interessen
kämpfen. Offensiven koordinieren auf internationaler nationaler
regionaler lokaler Ebene. Kontakt unter uns intensivieren, mit
einer Stimme reden, vereint marschieren, getrennt schlagen.

Zügig hatte Diehl dies Konzept notiert. Den letzten Gedanken, das wußte er schon, würde er nicht so direkt bringen, schlagen ist zu aggressiv zu negativ, schließlich sind wir kein preußisches Heer. Er dachte weiter, es fehlt noch ein Plot, keine Rede ohne Umweltschutz. Schon das Wort ist häßlich demagogisch, es suggeriert, wir seien gegen Umweltschutz. Wir müßten das Wort ausschalten, wir müßten das für uns reklamieren oder den aggressiven Gehalt zurückgeben oder beides. Am besten den Begriff polemisch gegen seine Anhänger wenden, Dialektik für Manager, angewandte Dialektik Regel 3. Ja, wir brauchen Umweltschutz, aber vor allem brauchen wir geistigen Umweltschutz, die geistigen Umweltbedingungen für eine Leistungsgesellschaft müssen verbessert, ja, das ist ein zündendes Stichwort, das wird dem Chef gefallen, das bringt hohe Zitierquoten, ich schreibe mal hin: Wichtiger als der gewiß bedeutende materielle Umweltschutz ist heute der geistige Umweltschutz, die entschiedene Stellungnahme gegen die Vergiftung der Gehirne, ja, das wird ziehen.

Er fühlte sich stark nach diesem Einfall, wollte sofort mit dem Diktieren anfangen und legte die Papiere zurecht. Frau Majonika, Kaffee bitte, sagte er ins Telefon. Ganz im Auftrieb der Konzentration nahm er das Mikro in die Linke und sprach die ersten Sätze, die gelangen. Er hörte Büttingers laute Stimme die Wörter betonen, Goslar wird eine große Rede.

Aufstiege zum Chefdenker. Diehl?

Nein, nicht verwandt oder verschwägert mit der Nürnberger Diehl-Gruppe, kein Anteil an Waffen und Weckern, leider leider.

Mehr brauchte er nicht zu sagen, wenn er bei Empfängen Parties Tagungen sich lässig vorstellte. Mehr wollte niemand wissen, ihm war es recht so, auch seine Bekannten im Verband und im Rallye-Club wußten gerade noch, daß er mal beim Rundfunk war und immer ein schnelles Auto brauchte.

Ein Millionenerbe, ein Sitz im Familienpool, ein Billett für die Society der oberen Tausend, das wären die schlechtesten Voraussetzungen gewesen für die Arbeit im Haus der Menschenführer. Ein angestellter Chefdenker ist aus anderem Holz.

Roland Diehl hat das Glück gehabt, daß zwei Jahre nach seiner Geburt eine englische Bombe nicht ihn traf, sondern zwanzig Meter weiter die Friedberger Schuhcreme-Fabrik Diehl u. Söhne. Er hätte diese Klitsche nie haben wollen, in den besten Zeiten eine Belegschaft von 34, die besten Zeiten waren Mitte Ende der dreißiger Jahre, Vater Partei, und mehr als die Hälfte der Ware ging an die Wehrmacht. Jedes achte Paar Wehrmachtstiefel, behauptete die Mutter noch in den fünfziger Jahren, wurde mit unserer Creme gepflegt, und in Hessen haben wir nach Erdal den zweitgrößten Marktanteil gehabt mit Ledolcreme. Schon dieser Kleinkrämerstolz zu Hause widerte ihn an, so weit wollte er nie absinken, über diese dumpfe Selbstbestätigung wollte er hoch hinaus. Zwar gefiel ihm die Vorstellung, Diehls Schuhcreme aus Friedberg an allen Fronten rundum in Europa, aber er hatte es nie bedauert, daß die Bomben auch bis Oberhessen kamen im Sommer 44. Kein Faß mit Wachs, kein Faß Terpentinöl, kein Eimer Vaselinöl, nur ein Krater und ein paar Stapel Blechdeckel und Backsteine aus den Grundmauern, so strickten die Eltern die Legende von der Fabrik weiter an sonntäglichen Kaffeetischen. Dann kam fast immer eine Pause. Nun hätte man fortfahren müssen mit Rolands Vater Dietrich, der, als fabrikloser Fabrikbesitzer an die Westfront geschickt, sich von den Amis totschießen ließ vermutlich, nicht einmal seine Leiche wurde gefunden. Aber darüber durfte in der Familie nicht gesprochen werden, Rolands Mutter hätte jeden Versuch unterbunden, und darin mit ihr einig war Rolands zweiter Vater, Onkel Paul.

Die Mutter wollte im Frühjahr 45 zu ihrer Familie zurück auf den Hof im Westerwald, der Kinderwagen schon gepackt mit Wegzehrung unter der untersten Decke, da war der Feind ganz rasch in Friedberg. So blieb sie gefangen in der Wohnung neben dem Krater, und ihre Organisationserfahrung aus der NS-Frauenschaft bewährte sich in den Monaten, in denen es nichts gab. Trotzdem wollte sie zurück in den Westerwald, aber dann tauchte wenigstens der gemütliche Schwager Paul wieder auf, einarmig, aber lebendig und mit Beziehungen zur neuen Stadtverwaltung. Fünf Jahre lebte sie mit den Gedanken an die Rückkehr des Mannes, wartete auf eine andere Nachricht als ‹vermißt›. Als die US-Behörden schriftlich

meldeten, wir haben ihn nicht, er kann nur tot sein wie hunderttausend nicht identifizierte Soldaten auch, und als sie merkte, daß
das Warten sie nicht still verzweifelt werden ließ, sondern jähzor-
nig machte, was ihr unheimlich war, gab sie dem Drängen des
Schwagers nach. Sie ließ Dietrich für tot erklären und heiratete
Paul, aber noch lange behielt sie die Angst vor dem Drama, das
anfängt mit dem Klingeln an der Tür, Dietrich steht leibhaftig im
Flur, vielleicht hat er sogar noch den Wohnungsschlüssel mein
Gott, was werd ich da sagen, am Ende erschlägt er Paul oder Paul
ihn, und was wird aus dem Jungen?

Roland trotzte von unten gegen den falschen Vater. Er konnte
sich noch erinnern, wie er bei der traurigen Hochzeit Weihnachten
dem amputierten Onkel, zu dem er plötzlich Vati sagen sollte, das
Sitzkissen vom Korbstuhl gezogen hatte, von allen dafür beschimpft wurde, weil alle merkten, das war eine Kriegserklärung,
und wie er es ein zweites Mal schaffte, das Kissen wegzuziehen
und mit der Beute durch die Wohnung zu rennen, bis ein anderer
Onkel ihn schnappte, es gab Tränen, aber keine Schläge. Nicht
nur, weil Hochzeit war, auch sonst, wenn Paul ohne jede Gemüt-
lichkeit gern geschlagen hätte, sagte die Mutter, du rührst mir den
Jungen nicht an, du nicht. Schläge gab es bei ihr nicht, der einzige
Vorteil zu Haus.

Paul war teilhabender Buchhalter in der Schuhcremefabrik gewesen, deshalb konnte er 48 bei der Kreissparkasse anfangen und
fünfzehn Jahre später stellvertretender Direktor werden. Die Eltern lieferten Roland noch eine Schwester, die ihm immer unwichtig blieb, und als das Fernsehen zu kaufen war, entstand ein ruhi-
ges Familienleben. Allmählich verlor auch die Mutter ihre Angst
beim unerwarteten Klingeln, und Vater Paul floh jeden Abend mit
drei oder vier abgezählten Flaschen Bier zu den Bildern aus fremden Gegenden, zu den bewegten Blicken in größere Schicksale.
Manchmal jammerte er um seinen in Afrika gebliebenen linken
Arm, und weil ihm der Stumpf bei Regentagen mal weh tat, durfte
er beim Fernsehen das ganze Jahr über auf dem Sofa liegen, die
Kinder apportierten die Bierflaschen einzeln aus dem Kühlschrank. Aber immer sparen sparen, mir gehört doch die Sparkasse

nicht, sagte er, wenn Roland eine Cola wollte, einen Tacho fürs Rad, ein Radio, wir müssen sparen, sonst kriegen wir unser Haus nie zusammen, sonst werden wir die Schulden nie los und du kannst nicht studieren. Dabei hatten sie kräftig Lastenausgleich kassiert für die zerbombte Klitsche, doch als das Haus stand, ärgerten sie sich schon wieder, sie hatten zu früh gebaut, zu klein, zu eng, die Nachbarn bauten großzügiger und mit immer breiteren Fensterfronten.

Als der Vater zum erstenmal gesagt hatte, wenn du dein Abitur hast, ich will dir ja deinen Beruf nicht vorschreiben, aber ich könnte dich gut in der Sparkasse unterbringen oder in einer anderen Bank wenn du willst, mit Abitur kannst du da enorm was werden, da hatte Roland beschlossen, alles zu tun, um niemals zu werden wie Vater Paul wie Sparer Paul, Sparkasse nie im Leben. Also ließ er sich in Mathematik auf eine Vier fallen, lernte das Englische und las viel in seinem dachschrägen Zimmer, umfangen vom leisen Fernsehton aus dem Wohnzimmer unten.

Obwohl auf dem verkauften Gelände der Schuhcremefabrik längst eine Autowerkstatt stand, wußten die Nachbarn noch, daß Roland Diehl der Sohn vom Schuhwichs-Diehl war, und so blieb der Spitzname Wichser an ihm hängen. Als er mit vierzehn die schändliche Bedeutung des Wortes entdeckte (bis dahin hatte er an einen unermüdlichen Schuhputzer gedacht) und sich gegen den Namen nicht zu wehren wußte, da hielt er es in seinem Zimmer nicht mehr aus. Wichser, das war nun sein Erbe, das kränkte ihn, obwohl er damit nie etwas zu tun hatte. Allen Verdacht wollte er abschütteln, allen wollte er beweisen, daß er alles andere als ein Wichser war. Er lief zum Sportverein und trainierte Mittelstrecken. Nachdem sein wichtigstes Musikerlebnis der Blick von weitem auf Elvis Presley vor einer Friedberger Wirtschaft gewesen war, ließ er sich jetzt vom Musiklehrer eine Trompete geben und fing an zu üben, Louis Armstrong verdrängte Elvis. Diehl lief hinter Mädchen fiebernd her, aber traute sich nichts. Er las den Mythos von Sisyphos und stritt darüber mit seinem Freund Wolf, der Sartre vertrat. Er schrieb Glossen gegen die Lehrer, aber er verbat es sich, Gedichte zu schreiben, das war was für Weichlinge Feig-

linge Mädchen. Er wollte Jazztrompeter, Journalist oder Fallschirmspringer werden, aber vorher noch eine Olympiamedaille
holen auf 1500 Meter. Denn seine Erfolge hatte er auf der Aschenbahn. Roland Diehl begann zu kämpfen.

Was denken Sie, Frau Majonika, wie das weitergeht?
Die Sekretärin und Bedienerin der Abteilung Personalführung
stand zwischen Schreibtisch und Tür, hatte sich noch einmal gedreht, als wollte sie nach weiteren Aufträgen fragen, als sei sie
nicht nur Kaffee-Serviererin, die fünfundfünfzigjährige Abtei-
lungs-Mutti. Er hatte plötzlich seinen schlechtsitzenden Körper
gespürt und sein eigenes Gewicht auf dem Sessel, die Hand mit
dem Mikro deplaziert an der Brust. Und als sie ihn mit ruhigem
Mitleid ansah, hatte er schnell, um die Kontrolle über den Augenblick wiederzufinden, eine Frage gestellt, was denken Sie?
Mit Frau Majonika redete er gern ein paar Worte. Sie war ein
Relikt aus den Zeiten, die es nach den Vorstellungen der Menschenführer nicht mehr geben sollte, aber der Verband wollte sich
offenbar noch die eine oder andere Endfünfzigerin leisten. Vor
drei Jahren hatten in der Abteilung noch fünf Sekretärinnen gearbeitet, zwei wurden versetzt ins Schreibbüro, zwei rationalisiert,
übrig Frau Majonika. Sie war eine schüchterne, aber fanatische
Anhängerin der Parapsychologie, sie galt als Unsere Sphinx, und
auch Diehl provozierte sie gern zu Vorhersagen. Er hörte es gern,
wenn sie in mildem Kölsch von Psychokinese und Kulagina-Phä-
nomenen und den unglaublichsten Zufällen schwärmte.
– Wie das weitergeht?
Frau Majonika schien die Frage sofort verstanden zu haben, sie
wurde ganz ernst und trat auf ihn zu.
– Wissen Sie, sagte sie leise, als hätte sie ein Geheimnis zu verraten, ich habe einen Verdacht. Ich bin ziemlich sicher, daß Herr
Büttinger in der Eifel versteckt ist.
Wie sie darauf komme.
– Ich habe, sagte sie noch immer verschwörerisch, experimen-
tiert.

Schon öfter hatte sie angedeutet, daß sie ihre Psi-Fähigkeiten erforsche, früher zum Spaß, heute, nachdem sich so vieles bewahrheitet habe, mit Leidenschaft. Sie hielt nichts von Pendeln Tischerücken Kristallvisionen, aber viel von Telepathie hochsensitiven Hellsehern wissenschaftlich eindeutig bewiesenen Leistungen. Diehl war aufgefallen, wie routiniert sie Fremdwörter wie Präkognition aussprach, wie selbstbewußt und gar nicht sekretärinnenhaft sie wirkte, wenn sie von ihrem Hobby erzählte.

Bei drei Experimenten in den letzten Tagen habe sie sich sehr angestrengt, sehr konzentriert und versucht, telepathischen Kontakt herzustellen, und jedesmal habe sie eine Kleinstadt in der Eifel gesehen und am Stadtrand ein zweistöckiges schieferbedecktes Haus, in dem die Verbrecher mit den bekannten Gesichtern zu erkennen waren.

– Das muß, sagte sie leise, das könnte das Versteck sein.

Kaffeesatzleserei, dachte er.

– Und werden Sie zur Polizei gehen?

– Die werden mich doch auslachen, wenn ich da ankomme, eine unbekannte Amateur-Hellseherin, ich hab doch nichts in der Hand.

– Vielleicht, vielleicht auch nicht. Jeder Hinweis kann wichtig sein.

Frau Majonika sah aus, als fürchte sie, zu weit gegangen zu sein, sich bloßgestellt zu haben. Und da Diehl nichts mehr sagte, stahl sie sich aus dem Zimmer.

Wenn jemand nach Büttinger fragt, brauchst du nicht auf ihn zu zeigen, denn die Blitzlichter zeigen auf ihn und die Fernsehlampen leuchten ihn aus und die Gesichter wenden sich ihm zu, und jeden Tag gefunkt gedruckt Bilder und Bildunterschriften beweisen: Büttinger allgegenwärtig gehört gesehen erwartet zitiert. Büttinger engagiert bei der Großkundgebung, sachlich beim Spitzengespräch, fundiert beim Hearing. Büttinger spricht auf der Juniorentagung, auf der Regionaltagung, auf der Kommandeurstagung, spricht am Aschermittwoch und am 1. Mai, am 2. Mai und zur Herbstmesse. Beim Kirchentag ist er dabei und beim Automobilclub, Studenten hören ihm zu und Exporteure Importeure, und auch ein Kanzler lernt dazu, wenn Büttinger kommt.

Der Star der Symposien, der Experte der Colloquien, der unverzichtbare verbindliche eloquente Interessenvertreter bei Round-table-Diskussionen. Ist Büttinger schon da, ja eben fährt er vor. Büttinger mahnt, Büttinger stellt klar, Büttinger fordert, Büttinger wünscht, Büttinger wirbt, Büttinger appelliert, Büttinger vertritt die Überzeugung.

Die Menschenführer Metall in Bremen alarmiert Büttinger gegen das Übermaß kollektiver Sicherung. In Stuttgart ruft Büttinger zum Kampf gegen die Zwangsvermögensbildung auf. Büttinger warnt in Bad Nauheim vor der Machtergreifung des Partnervereins, in Nürnberg vor einer negativen Zukunftseinstellung, in Saarbrücken vor dem Marsch in eine träge Gesellschaft. In Berlin erinnert Büttinger, in Trier unterstreicht Büttinger, auf dem Flughafen Wahn gibt der Leiter der Delegation, Alfred Büttinger, der Erwartung Ausdruck.

Büttinger überall, der Botschafter der deutschen Menschenführer fragt in Tokio den japanischen Wirtschaftsminister, warum die ganze Stadt nach Bonbons dufte, ob das wirklich ein Desinfektionsmittel mit Aprikosenduft sei. In Washington preist Diplomat Büttinger das Land, das ihn am meisten fesselt, ihm immer Vorbild war und dessen Tempo ihm imponiert. In Pretoria im kleinen Kreis sagt er offen, er stimme mit Freund Oppenheimer überein, Apartheid sei auf Dauer zu teuer zu unproduktiv. In Moskau stellt er am späten Abend, plötzlich vom Wodka ermutigt, die Frage, ob es für Ostpreußen einen Preis gebe. Vor Mikrofonen in Tel Aviv lobt Büttinger den gesunden Nationalismus, die militärischen Leistungen, die Pionier-Politik seines Gastlandes. In Paris spricht Büttinger seinen Vortrag französisch und spendiert sich am nächsten Vormittag eine halbe Stunde im führenden Jagdbedarfsgeschäft und wird auch dort von einem Fotografen ertappt. In Buenos Aires wird Konsul Büttinger mit allen Ehren empfangen und nach fünf Tagen mit allen Ehren verabschiedet. Büttinger wieder in der Heimat, wieder ein Interview auf dem Flughafen, Büttinger erklärt, Büttinger gibt zu bedenken, Büttinger zu hören zu sehen zu spüren.

Immer wußtest du, wo er ist, was er sagt. Manchmal wußtest du, was er denkt, wie er sich fühlt, wo er sich verbirgt, was er nicht sagt. Niemals wußtest du nichts.

In der Eingangshalle eines Bankgebäudes sah sich Diehl genau auf die Lifts zulaufen, allein in einem furniergekleideten Kasten abwärts gleiten und in der fünften unterirdischen Etage aussteigen. Als hätte er ein Ziel, machte er die Eisenflügel einer breiten Tür auf und kam in einen Raum mit Wänden aus Glas. Eine an der Decke kreisende Kamera sah er und gleichzeitig sich in die Kamera blickend auf einem Monitor daneben. Es roch nach Beton, nicht nach Glas. An der Seite ein Kontrollpunkt, ein Mann davor, Uniform und Pistole, drehte sich nicht um, wendete kein Auge von den Kontrollampen, alle zeigten Grün, kein Raub, kein Rot, kein Feuer, kein Störfall, kein Gelb.

In einer Glastür ein zweiter bewaffneter Mann in Uniform, dieser mit dem Gesicht zum Ankommenden. Als Diehl nach seinem Betriebsausweis fingerte, ließ der Uniformierte die Tür aufspringen, und als er eingetreten war, schob sich die Tür hinter ihm zu, eingesperrt stand er in der Glaszelle, spürte Röntgenstrahlen durch alle Knochen schießen. Der Uniformierte prüfte die Magnetkarte im Identifikations-Computer, die Fingerabdrücke wurden kontrolliert und die Stimme verglichen mit den gespeicherten Stimmtönen, und zur Überprüfung der Handgeometrie mußte Diehl seine Hände noch einmal auf den Apparat legen. Es wunderte ihn, daß alle Angaben stimmten, die Alarmanlagen immer noch nicht ausgelöst wurden, statt dessen öffnete sich der Innenflügel der gläsernen Zelle. Er wurde in einen riesigen Raum gezogen, ein halber Fußballplatz im Flutlicht mit Stahlschrankwänden und überall geschäftige Bankmenschen mit bunten Köfferchen.

Er wurde unruhig, als hätte er sein Ziel verloren. Niemand sprach ihn an, noch immer hörte er nur seinen Atem. Eingesperrt in Glas und Stahl und wieder Glas, suchte er die Aussicht auf eine neue Tür. Er fand eine Stahltür drei Meter hoch, vor der einige Herren schweigend warteten. Da senkte sich der Teil des Fußbodens, auf dem die Tonnentür verlief, dann schoben sie mächtige Hebel in eine neue Verankerung in der Wand. Der Fußboden hob sich wieder, drückte die Tür fest nach oben, und sie ging lautlos auf. Diehl ließ eiligen Herren den Vortritt. Er blickte durch die Tür in einen Saal mit neuen Safes, hier thronten die Safes der Safes, die Diamanten, die Weltformeln, die vergoldeten Geheimnisse sanft entschlafen, dazwischen Chippendale-Sofas, eine ganze Salon-Einrichtung, Rauchtische. Es gibt keine Weltwunder mehr, war der erste Gedanke. Was soll ich noch hier unten in den Katakomben, ich habe alles gesehen. Da floß das Gold aus den Stahlkammern ihm entgegen, Formeln tanzten vor seinen Augen, ein kräftiger Wind riß die Aktienpakete auseinander, Diehl kämpfte sich durch Berge und lose Stapel der wertvollen Papiere, rutschte immer wieder aus, hörte sich ersticken, alle Lichter gingen aus.

Machen Sie doch das Licht wieder an! rief er und kam sich im gleichen Moment wie ein Steinzeitmensch vor, weil er in diesem ausgetüftelten Schalt- und Wachsystem an einen schlichten weißen Lichtschalter oder Sicherungskasten gedacht hatte. Er war erleichtert, daß ihn offenbar niemand gehört hatte. Plötzlich faßte ihn jemand am Arm, erst ein Schreck, dann die Stimme: ich bins. Der Mann hatte eine Taschenlampe, und Diehl erkannte das Gesicht des alten, abgekämpften Büttinger, und erst allmählich fing er an zu begreifen, das kann doch nicht sein, das ist doch unmöglich, und er rief Büttinger! wie um Hilfe. Wieder schämte er sich vor den unbekannten Zuschauern auf den Rängen, vor den Beobachtern der Monitore, dachte, verrat dich nicht, hol ihn hier raus. Die Lichter wieder an, er schleifte den Invaliden Büttinger durch den riesigen Raum. Diehl Samariter, zu schwach, seinen Chef auf den Schultern zu tragen, zu ängstlich, einen Erstehilfegriff anzuwenden, von irgendwo meinte er Anfeuerungsrufe zu hören, atemlos endlich vor der gläsernen Kontrollzelle, Beifallsrauschen in beiden Ohrmuscheln. Der Uniformierte eine steife Wachsbüste, in welchem Museum bin ich jetzt, reagierte nicht auf Diehls Redeschwall Hier-das-ist-Büttinger, schüttelte nicht einmal den Kopf. Nur Diehl passierte. Wollte Hilfe holen, anrufen oben, ließ Büttinger hinter sich, hinter all den Türen, unter dem Lift, fiel ins Freie.

Als er zu Bewußtsein kam, sah das, was er für eine Bank gehalten hatte, wie ein Bunker aus, bewacht von Grenzschützern, Landschaft Mittelgebirge, grau und grün und gottverlassen karg wie die Eifel, der Bunker wie der Regierungsbunker Parlamentsbunker. Was für ein Quatsch, der Chef gefangen im Regierungsbunker, er hörte sich lachen, laut lachen, er lief weg aus Angst vor dem Echo, spürte Wellenstöße Erdstöße, erreichte wieder einen Berg und blickte sich um, es ist wirklich die Eifel. Unten wurde der Bunker abgerissen, stückweise gesprengt, Beton mit Rammeisen gelockert, Stahl gekrümmt, und die Ruine wurde als Discothek hergerichtet. Er sah die Grenzschützer tanzen, Soldaten an der Front tanzen paarweise, wo ist das Telefon.

Aus diesem Traum, vor einigen Tagen, war Diehl mit dem Gefühl aufgewacht, mit Glück eine heiße Spur, ein Codewort gefunden zu haben. Eifel, wirklich eine tolle Gegend zum Verstecken, die weiten und wenig übersichtlichen Waldgebiete, Offensiven Defensiven weltkriegerprobt, Straßenverbindungen gut, Nachbarländer zum Ausweichen, Verwischen der Spuren auf den knüppelharten Wegen oder Schlammwegen, die jeden Stadtpolizisten abschrekken, das war die Gegend, in die er gern ins Manöver gefahren war mit dem Panzer hurra. Wenn diese Kerle nicht dumm sind und sich nicht in den typischen Neubaunestern einquartieren und sich genau nicht nach dem Klischee verhalten, das alle Schlauberger von ihnen haben, dann bleiben sie nicht in den Städten, dann sind sie auf dem Land als PS-stolze Landjugend getarnt, dann sind sie im Gebirge, nichts liegt näher, liegt besser als die Eifel, und es muß doch Tricks geben, die mißtrauischen Einheimischen zu foppen. Es gibt kein besseres Versteck als ein Wochenendhaus in der Eifel. Er hatte seine Phantasien überprüft und wie geschult strategisch durchdacht: Wie würde ich mich als Terrorist verhalten, vor wem oder was hätte ich die meiste Angst, welche Schutzbedürfnisse, welche Logistik, welche Kommunikationswege, welche Tarnfarben. Die ganze Checkliste stimmte, und Diehl begeistert, wie gründlich sein Verdacht bestätigt war, sein Traum.

Dann der Schreck, weil alles zu wahrscheinlich, zu bedrohlich passend wurde. Er hatte das wieder vergessen wollen und diese Phantasien nicht mehr zugelassen. Und nun fing Frau Majonika wieder davon an, Eifel, das irritierte ihn, je mehr er sich dagegen wehrte, das war zu viel Spinnerei, die er nicht greifen, nicht kontrollieren konnte.

Paß auf, du bist Chefdenker, aber nicht Chefspinner, nicht Chefträumer, für deine Träume wirst du nicht bezahlt.

Bezahlt wirst du für deine Sätze. Diehl baute die Sätze: Wir sollten vermeiden, unsere Tüchtigkeit zu verklären, wir sollten vielmehr die menschenführenden Denkformen und Verhaltensweisen anschaulich und einleuchtend machen. Er feilte zum hundertstenmal die Marktwirtschaftssprüche: Ist und bleibt die humanste, freiheitlichste und die am wirksamsten natürliche Gegensätze überwindende Ordnung. Bezahlt wirst du für deine Sätze, bezahlt für dein Bubbelbrain, bezahlt für die Wörter, die du wegsteckst, weil sie sich nicht auf die Interessen des Verbandes reimen, bezahlt wirst du für deine Kenntnisse vom zentralen Problem des Managements, von der effizienten Verwendung des Rohstoffs Mensch, bezahlt für deine immerwährenden Diktate, für das Schlupfen der passenden Wörter vom Kopf über die Zunge ins Mikro aufs Band, bezahlt für die Nachdenkpausen, bezahlt wirst du dafür, daß du jederzeit in deiner Arbeit unterbrochen werden darfst, bezahlt für deine Pflicht, auf das Schnarren des Telefons zu reagieren, bezahlt für das Stoppen des Diktiergeräts, für das Weiterlaufen deiner Gedanken, für das Abnehmen des Hörers und das Bremsen der Gedanken und für die Anstrengung, die letzte gedachte Formulierung bewahren zu wollen, bezahlt für die unauffällig fragende, auf Aufnahme umgeschaltete Stimme, die dem Anrufer allzeit bereit entgegenkommen soll: Diehl.

Moos am Apparat: Komm doch mal rum.

Moritz Moos, Leiter der Abteilung Personalführung, da hatte Diehl aufzustehen, sein Zimmer zu verlassen, drei Türen weiter zu gehen. Moos war der einzige im Haus, zu dem Diehl spontan Kollege gesagt hätte. Er schätzte ihn, weil der wirklich was wußte, Moos der absolute Fachmann für die Methoden der Personalplanung Personalbeschaffung Personalbeurteilung Personalverwaltung. Für die Personalchefs in den Betrieben war Moritz Moos so etwas wie ein heiliger Geist, er hatte den Geheimcode für Zeugnisformulierungen weiterentwickelt, hatte Checklisten zur Bewerberauslese entworfen und die laufend ergänzten Merkblätter zur Enttarnung von Bluffern, Bewerbungsprofis und gefährlichen Anhängern des Partnervereins. Ein verläßlicher Mann, freundlich clever und offen wo nötig: Unser einziges Ziel ist einig zu werden, wie wir die Einigkeit der andern Seite verhindern. Moos hart in der Sache, immer fundiert, einer der sich aus dem hausinternen Gerangel heraushalten kann, einer dieser wegen ihrer schwankungsfreien Sicherheit sympathischen Einsneunzigmänner, ein paar Jahre älter als Diehl.

Immer schnell bei der Sache, fragte Moos, ob Diehl schon zu Vierabend bestellt sei.

– Nein, wieso?

– Es gibt Gerüchte, sagte Moos.

– Büttinger?

– Nein, jedenfalls weiß ich nichts. Ist ja auch nicht mein Business, Gott sei Dank.

– Was für Gerüchte?

– Unsere Leute beim Partnerverein melden, sagte Moos, daß dort vertrauliche Papiere von uns aufgetaucht sind. Es gibt sogar den Verdacht, daß denen unsere V-Datei bekannt ist. Und Bräsig und Vierabend und Lampe vermuten jetzt, daß hier im Haus so eine Wallraff-Ratte herumschnüffelt.

So Schnüffler, dachte Diehl, das kann man nie ausschließen. Die wären schön blöd, wenn sie nicht auch ihre Leute hier hätten. Aber die Verbindungs-Datei, unmöglich, die war so gut gehütet, daß nicht einmal er daran kam, für die hatte allein Dr. Lampe den Schlüssel. Diehl hatte nur ab und an mal ein Blatt gesehen, er wußte, welche Leute ungefähr da registriert waren, alle halbwegs maßgeblichen Abgeordneten und Ministerialbeamten bis hin nach Brüssel. Namen und Arbeitsgebiete, ihre persönlichen Interessen,

Familiensituation, die sogenannten kleineren und größeren Schwächen und Neigungen. Diese Datei wurde ständig auf dem laufenden gehalten, jeder aus dem Führungsbereich des Verbandes mit entsprechenden Kontakten bekam vor seinen Verhandlungen die nötigen Informationen, aber immer nur über die ein oder zwei oder drei Gesprächspartner. Danach hatte man seine neuen Erkenntnisse zu melden. So wurde die Datei ständig kontrolliert und korrigiert, der größte und geheimste Schatz des Verbandes, und nur zwei Mitarbeiter Lampes bewachten und hegten ihn in der EDV-Etage.

– Mit der Datei, ich halt das für Quatsch, sagte Diehl.

– Die wittern jetzt überall den Teufel.

– Und warum will Vierabend mit mir reden?

– Ich weiß gar nicht, ob er mit dir reden will. Aber der klopft jetzt überall auf den Busch. Scheint so, daß er sich zu einer Taktik durchgerungen hat. Gerüchte und Vertraulichkeit im großen Kreis, der Gegner soll davon hören und eingeschüchtert werden, damit er sich erst mal verkriecht und wir an dieser Front Ruhe haben, solange die Büttinger-Sache läuft.

– Sag mal, Moritz, warum erzählst du mir das?

– Ich hab den Eindruck, der Vierabend will dir wieder was anhängen.

– Der sollte sich mal ein anderes Feindbild suchen, der...

Diehl brach ab. Er hatte einen Vorgesetzten vor sich, der ihm zwar nichts zu sagen hatte, aber nach den Anstandsregeln des Hauses hätte Moos widersprechen müssen, wenn Diehl dessen Vorgesetzten beschimpft hätte. Alle verrückt hier, dachte er, als wollten wir beweisen, daß wir ohne Chef kopflos sind.

– Du weißt ja, sagte Moos, daß Vierabend dich immer noch auf dem Kieker hat. Deshalb meine Warnung, bleib cool, auch wenn er dich wieder so behandelt, als wärst du hier der Verräter. Keinen Krach, das können wir jetzt nicht brauchen. Und zeig ihm nicht, daß du dich ärgerst über ihn, die drei da oben flattern schon genug.

Diehl wunderte sich über die Mahnung. Was gehen ihn meine Streitereien mit Vierabend an, auch Moos ist irgendwie ängstlicher geworden in den letzten Tagen. Er blieb sitzen, wollte noch etwas fragen, wollte direkt auf Büttinger zu sprechen kommen, was Moos von der Entwicklung denke, inoffiziell. Moos wäre der einzige im Haus, dem er ein Teil seiner Unruhe hätte zeigen dürfen, bei ihm fühlte er sich nicht in der Gefahr, angegrinst oder mit dem Statement Die-werden-schon-alles-versuchen überfahren zu werden.

Manchmal erinnerte ihn Moos an seinen Schulfreund Wolf, Wolf der neben ihm saß in der Klasse, der mitlief im Sportverein, der Gitarre probierte, Wolf mit dem er über Mädchen spekulieren konnte und die ersten heißen Erfahrungen das Wie der Zungenküsse Anfassen der Brüste die Klarheit über Schamhaare. Wolf der Philosoph, der doch in der Elektroindustrie landete, der abendelang mit ihm im Café den Streit zwischen Camus und Sartre fortsetzte und darauf bestand, daß der Mensch Prinzipien haben müsse, und Roland versuchte dagegenzuhalten mit der These, Inkonsequenz sei die einzige Möglichkeit der Selbstbehauptung, süchtige strenge Gedanken über längst leeren Colaflaschen.

Nur einmal war er mit Moritz ins Gespräch geraten, das war jetzt auch schon zwei Jahre her, tief nachts mit Whisky über Frauen und dann über den Sadismus der Personalchefs. Moritz prahlte mit einer Untersuchung über die Persönlichkeit von Personalchefs und erzählte wie Witze Alpträume, die einen sehen Horden von freigesetzten Arbeitern auf sich zurennen, Behinderte die mit Krücken schlagen, andere Chefs beschäftigen sich nachts panisch mit Magengeschwüren von Nachtarbeitern, Moritz spottete über die menschenscheuen Personalchefs und wollte sich streiten, ob die eher Sadisten oder Masochisten seien. Diehl hatte die Erinnerung an einen lustigen, wohligen Abend behalten.

– Und sonst? fragte Moos.

Während Diehl eine brave Antwort gab, wünschte er sich die Nähe von damals, die naive Nähe einer Schülerfreundschaft oder eines gepflegten Rauschs. Jetzt wußte er nicht einmal, wie er ein Gespräch vorsichtig anzetteln könnte. Er kam sich unbrauchbar vor mit lauter unbrauchbaren Gedanken im Kopf. Moritz Moos wirkte so souverän, im grauen Rollkragenpullover, im teuren schwarz-grau gemusterten Jackett, Moos mit der ganzen Selbstsicherheit eines Bundesligatrainers. Auch die einfachste Frage nach Büttinger hätte jetzt nicht mehr gepaßt, wäre in diesem Moment eine Frechheit, ein Eingriff in die Privatsphäre.

Also ging er und ärgerte sich schon auf dem Gang, Feigling Dummkopf. Es war alles falsch, kindische Situationen, eine Unentschiedenheit, die er sich als Topmann nicht leisten durfte. Was soll das mit Vierabend? Er wußte nicht, wohin er denken sollte. Es muß irgendwas passieren, eine neue Lage, eine allgemeine Mobilmachung, ein Mord, eine Explosion im Dom, eine Eroberung.

zwei

Vierabend will dir wieder was anhängen, eine Unverschämtheit. Der Schwung der Rede war weg, die Wörter trocken und schal, und dazwischen eine federnde Wut auf den Generalgeschäftsführer. Diehl kam sich eingeengt vor in der sauberen Öde des Büros, eingesperrt in die eigenen Formulierungen, in die sachliche subjektlose ermüdende Sprache, die keinen Schutz bot gegen persönlichen Angriff, gegen Ärger über dummen Verdacht. Alles kroch von ihm weg, Moos und Tina, Büttinger, Vierabend, alle zogen sich zurück.

Fast schon beleidigt saß er da und wollte sofort die Freundin bei sich haben, Tina sofort hier im Büro halb nackt, Haut fassen, warme Arme beim Umarmen, oder sie sollte einfach nur im Raum sitzen, den Ärger verjagen, ihn aufmuntern. Wenigstens reden mit ihr, wenn sich mit Moos schon nicht reden ließ. Am besten raus mit ihr über die Autobahn fegen und donnernden Rock von hinten auf die Ohren.

Tina war ganz nah, im gleichen Haus, eine der beiden Besucher-Hostessen, und doch nicht zu greifen, irgendwo unterwegs mit ihren Ausländern. Tina ganz nah weit weg irgendwo in Diehls Kopf, derzeitige Privat-Hostess des Chefdenkers. Sie trafen sich zwei- oder dreimal in der Woche in ihrer Wohnung oder in seinem Apartment und schliefen zusammen, und ab und an gestanden sie sich sicherheitshalber ihre Nicht-Liebe, ich mag dich, aber ich kann dich nicht lieben, ich liebe eine andere. Tina hatte, das war das Praktische an ihr, nie nachgebohrt, was denn mit dieser Amerikanerin sei. Sie ahnte, daß das seine Schutzbehauptung war. Denn auch sie wollte, solange sich kein aussichtsreicher Dauerpartner fand, ein kommodes Zweckbündnis, keine Gefühlsdebatten und komplizierten Ansprüche. Also wertete sie ihre kurze Begegnung mit einem Hamburger Tabak-Manager zur großen Liebe auf, ich liebe ihn, aber ich komm gern zu dir. Mit dieser Übereinkunft fühlten sie sich nun schon über ein Jahr zufrieden, don't touch my feelings, touch me, fiepsten die Queen aus den Lautsprechern.

Was wollte er von ihr jetzt? Sie bei sich haben, sie zu fassen kriegen, Tür abschließen oder mit ihr hinaus, über Landstraßen, auf einer Wiese ficken, mit ihr reden, ich muß mit jemand reden.

Er rief an, obwohl er sicher war, sie nicht zu erreichen. Natürlich, Frau Schweizer auf Tour, wenn ich sie brauche. Sie zieht durchs Haus mit Arabern, erklärt weichgekochten Kommunisten und geilen Indern die Vorzüge der Marktwirtschaft, die Fragen aus Zaire und die Fragen aus Venezuela kennt sie auswendig, und für die Fragen aus Belgrad oder Peking Moskau hat sie immer den gleichen freundlichen Witz bereit, sie ist beliebt bei unsern Gästen, durch Führungen werden bleibende emotionale Bindungen ans Menschenführertum geschaffen, sie macht den Verband beliebt, sie kennt alle Komplimente auf ihr blondes Haar, jede Woche ein oder zwei Heiratsanträge von Mohren oder Gelben.

Diehl verirrte sich in Eifersuchtsgedanken, irgendwo macht jetzt wieder einer von diesen winzigen Japanern sein dünnlippiges Kompliment, oder einer der Schwarzen führt ihr ein vielversprechendes Augenrollen vor, kurz nach der Multi-Media-Show. Er wollte dazwischenfahren. Er überlegte, warum die Führungen nicht abgesagt waren wegen Büttinger. Warum ausfallen lassen, wir können die weitgereisten Leute doch nicht wegschicken, nur weil Büttinger nicht im Haus ist, Parole Weitermachen jaja.

Reg dich ab, Tina tut was für dich, für dein Ansehen, Tina kennen sie alle im Haus, Tina kommt in vielen Etagen rum, und inzwischen haben es auch die letzten in den wenig besuchten Abteilungen gehört, daß Hostess Tina jetzt mit dem Diehl, das ist dir doch recht. Das ist mehr als das schicke Büroverhältnis, das sie alle haben oder sich wegen Mangel an Frauen nur wünschen, Tina ist mehr als eines der Schreibmädchen, die bestenfalls sexy genannt werden, mehr als die studierten Sachbearbeiterinnen, die höchstens als passabel eingestuft werden, deine Tina gehört zu den Stars des Hauses.

Karriere einer Hostess. Tina Schweizer aus Krefeld, was hat sie aus dem Amtsrichterwohnzimmer getrieben, jeden Abend ohne Licht mit den Eltern den Rosenkranz beten bis sie nein sagen lernte mit siebzehn, jeden Montag Kohl jeden Freitag Fisch, und kein Wort, das ihr geholfen hätte, und den Opel durfte sie auch nicht, und Freunde nur, wenn die den Eltern Nelken brachten, let the sunshine in, und das fünftbeste Abitur des Jahrgangs 67 des Walburga-Gymnasiums. Sie wurde festgelegt auf Sprachen, Dolmetscherinstitut Heidelberg, vor dem die Corpsstudenten Patrouille liefen auf Brautschau mit schlotternden Knien und ohne Wichs, sie hatten Angst vor den Frauen, aber sie brauchten sie beim Damenabend, eine Heidelberger Studentin hatte die Wahl zwischen drei Heidelberger Studenten. Auch Tina wollte nicht allein sein und geriet an einen cand. jur., so kam zum Damenabend die Vorzeigedame Fräulein Tina. Erst machen sie auf Dame und Anstand Zackzack und nach zwei Litern Bier fangen sie an zu knutschen wie Sechzehnjährige und führen die Damen in der Morgendämmerung des Juni an den Neckar und flüstern hölzerne Komplimente, schwache Liebeserklärungen, die Tina schon besser aus Büchern kannte. Da lief sie mit sicherem Instinkt weg, da sah sie den jungen Amtsrichter vor sich, den alten, das wollte sie auf keinen Fall, irgendwann muß es das erste Mal sein, aber nicht mit dem.

Sie hatte das Buchlesen gern. Dann sah sie im Fernsehen Demonstrationen aus Berlin. Sie fand es nicht richtig, daß Studenten auf die Straßen gingen, aber es war abscheulich, daß einer einfach erschossen wurde. Sie wollte mehr als Französisch Englisch Spanisch, sie wollte endlich ihre Schüchternheit ablegen, man müßte die Schüchternheit ausziehen können wie den BH. Sie nahm einen Spruch von der Wand, den sie als Unterprimanerin aufgeschnappt, auf ein DIN A4-Blatt getippt und an die Wand in Krefeld und an die Wand in Heidelberg geheftet hatte: «Man könnte die menschlichen Tätigkeiten nach der Zahl der Worte einteilen, die sie nötig haben; je mehr von diesen, desto schlechter ist es um ihren Charakter bestellt. Robert Musil.» Sie schämte sich plötzlich, daß sie so lange daran geglaubt hatte. Im nächsten Semester ging sie in eine Vorlesung der Soziologie, und ein Student der Geschichte stolperte auf sie zu und hatte den rotblonden Blick und eine eigene Bude.

Obwohl es ihr bitter weh tat am Anfang und sie weggerannt wäre, wenn sie gewußt hätte wohin, blieben sie zusammen, fast zwei Jahre, sie paukte die Sprachen und ging mit ihm zu einer liberalen Studentengruppe. Der Freund ließ sich in den Vorstand wählen, ins Studentenparlament, fuhr auf Kongresse, Karriere Karriere, fand eine andere, ließ Tina allein. Sie trat aus Protest aus dem Verein aus, sie hätte gern eine bessere Rache geübt, wenn sie gewußt hätte wie.

Politik stieß sie ab, sie wollte aber gern demokratisch sein. Den Begriff Demokratie hatte sie immer verbunden mit einer Großtante aus einem Dorf am Niederrhein, von der die Legende ging: Winter 44/45, Engländer und Amerikaner rückten an, monatelang die Front an den Grenzen um Kleve, und als die Leute aus den Dörfern evakuiert wurden, da hat unsre Tante Hermine noch ein frisches Tischtuch auf den Eßtisch gelegt und gesagt, wer hier reinkommt, soll es schön haben und soll sehen, daß hier ordentliche Menschen wohnen. So wollte Tina die Politik haben, fürsorglich ordentlich gastfreundlich, aber was sie sah, war alles Kampf, alles Schlägerei, die Corpsstudenten, die SDSler, die Liberalen auch nicht besser, sie verstand die nicht mehr. Immer wenn sie dachte, etwas begriffen zu haben, sagten in der Kneipe die Studenten, das ist von gestern, man merkt, daß du von den Dolmetschern kommst, die hinken immer nach. Sie fühlte sich weggestoßen und überall am falschen Platz. Die sie ansprachen, fand sie plump, die sie im Auge hatte, rückten nicht näher, dein Glück kommt später, sagte sich Tina mit 22 und warf sich ganz in ihre Sprachen.

Auf einmal hatte sie ihre Examen und keine Ahnung, wie weiter, welchen Beruf, und keine ausbaufähige Liebesgeschichte. In Brüssel und Luxemburg wurden immer noch Frauen wie sie gesucht, aber dort hätte sie das halbe Institut wieder getroffen. Sie wollte endlich auf eigenen Füßen stehn, bewarb sich auf eine Anzeige des Verbandes der Menschenführer, von dem sie nichts weiter wußte, sie hatte nur Lust, nach Köln zu ziehen, in die Nähe der alten Gegend, aber nicht zu nah. Sie wurde eingestellt für bequeme

Übersetzungen, dann, als der PR-Service ausgebaut und das Besucherprogramm eingeführt wurde, der Aufstieg von der namenlosen Diplomübersetzerin zur umworbenen Hostess. Werbung für das deutsche Wunder Modell Germany Modell Menschenführung das erfolgreichste Wirtschaftssystem aller Zeiten, das war Tinas Aufgabe. Sie setzte die Film-Dia-Ton-Show in Gang und gab die ergänzenden, spontan wirkenden Antworten. Die getrennte Bedienung der Besuchergruppen erleichterte diese Arbeit, die aus westeuropäischen Ländern sahen und hörten ein anderes Programm als die Gäste aus Entwicklungsländern und wieder ein anderes die verklemmten Herren aus den Staatshandelsländern. Jedes Programm, bei dem ihr je nach dem Informationsstand der Besucher Experten des Hauses zur Seite standen, hatte einen anderen Werbeansatz, aber alle führten zum Finale des gemeinsamen, internationalen Interesses am Modell Menschenführung. Meine Wallfahrer, sagte Tina manchmal, je länger ihr Weg, desto stärker sind sie beeindruckt.

Der Verband stellte für sie ein Ordnungssystem dar, das sie akzeptierte, weil alles wohlorganisiert war, sogar die Hierarchie, die sie in Heidelberg noch kritisiert hätte. Der Betriebston, in ihrer Etage, war freundlich, kein Klima für brutale Diskussionen und Wortschlägereien, und sie bekam auch keine Ellbogenkämpfe zu sehen. Im Mittelpunkt standen die Fragen der Aufmachung, der Präsentation, sonore Stimme, Glanzpapier ja oder nein, überall die effiziente Verbindlichkeit der Abteilung Medien Öffentlichkeit Versachlichung. Die Führungen waren Routine, Tina sagte, immerhin hab ich direkt mit Menschen zu tun, nicht der Stress der Simultanübersetzer in den Kabinen. Dafür mußte sie aushalten, daß der Verband mit ihr einen ausgesuchten blonden tüchtigen Sympathiemagneten angestellt hatte, das intelligente deutsche Fräulein in Sprachen perfekt und mit der Schönheit, die die Besucher schon von Illustrierten her kannten und mit ihrem sehnsüchtigen Bild von West-Germany verbunden hatten. Sie mußte das aushalten, lächelnd, abwehrend, werbend.

Daß es bei der Verbandsarbeit um Interessen ging, war ihr egal, da es nicht ihre Interessen waren. Sie führte ein Leben, als hätte sie keine Interessen, als ginge es ihr nur nebenbei um eine Karriere. Wo ein Hindernis war, halfen ihr die kleinen Hellblauen. Die Herren im Haus stellten ihr nach, sie ließ sich mit einigen ein, nur nicht mit Juristen, das roch sie von weitem, wenn einer Jurist war. Sie brachte es aber immer nur zu den sogenannten Affären und Verhältnissen. Vielleicht bin ich zwischen die falschen Leute geraten, dachte sie manchmal. Ab und zu ließ sie einen durchreisenden Manager in ihr Bett, sie versuchte sich einzureden, daß es ihr gefiel, wenn die nicht viel sprachen, nur ihre kurzen Ausflüge in einen fremden Körper machten. Selten gönnte sie sich dabei das Gefühl des Ekels. Sie wußte nicht, was sie wollte, aber sie suchte den Mann fürs Leben oder doch für ein halbes.

Und als ein richtiger König eine süddeutsche Hostess zur Königin nahm, da fingen im Haus die Witze an, welcher Industrieprinz wird unsere Tina in sein Schloß holen. Mit der Schönheit der süddeutschen Konkurrentin hätte sie es aufnehmen können, das sahen diese Bürohengste wohl, die alle mit ihr bumsen wollten. Aufpassen, wenn diese Kerle mit dreckigen Witzen über mich herfallen, dann Contra geben, ich hab auch meinen Stolz. Es störte sie, daß die Herren nicht aufhörten, auf das Zweideutige ihrer Berufsbezeichnung anzuspielen. Und wenn die Herren Ausländer ihr plump kamen, verwies sie die eiskalt zu den Hostessen in der Friesenstraße. Ja, auch das gehört zu meinen Aufgaben, den Männern Auskünfte geben wie von Mann zu Mann, die Bar XY oder Eros-Center.

Wenn sie nach Hause fuhr, wie oft widerte sie alles an, völlig erschöpft vom Tagewerk Freundlichkeit Verbindlichkeit Fürsorge, in der Wohnung drehte sie erst einmal ein, zwei Platten lang die Lautsprecher voll auf, Rod Stewart Eric Clapton The Queen. Abends ließ sie sich gehen, da wars ihr egal, wie das Valium noch durchschlug, up oder down, abends wehrte sie nichts mehr ab. Vielleicht bin ich wirklich schon die Nutte, als die sie mich alle sehn, du mußt auf dich aufpassen, Mädchen, du bist über dreißig. Und manchmal, auch mitten in der Nacht, rief sie Roland Diehl an oder früher dessen Vorgänger, dann setzte der sich ins Auto, oder sie fuhr zu ihm. Und wenn sie immer noch traurig war, dann sang sie ein Lied vor sich hin, von dem auch sie nicht wußte, wie sie es verstehen sollte, You can't let grow the grass under your feet. Wie fast jeden Morgen, dachten am nächsten Morgen die Kollegen die Vorgesetzten, die auch fast alle die winzigen Seelentröster schluckten und nicht auf die Idee kamen, daß gerade ein Mädchen wie Tina gedopt sein könnte: wieder topfit, unsere Tina.

Ein Druck schwarz viel grau wenig weiß, Roland Diehl starrte auf ein Bild an der Wand. Mehrere Treppen führten zugleich abwärts und aufwärts und quer und diagonal und aufeinander zu und voneinander weg, auf und unter den Treppen gingen mehrere Personen in aufrechter Haltung in die Richtungen, die ihnen die Treppen vorschrieben. Sie schritten so selbstverständlich, als hätten sie ein Ziel, als hätten sie noch einiges zu tun. Hinter hellen Torbogen saßen weitere gesichtslose Figuren beim Essen oder verließen verschränkt die Szene. Dunkle Türen, Gitter und schiefe Balkone drohten dem Betrachter, der in diesem Bild vergeblich nach einem Halt, nach einem Ruhepunkt suchte.

Diesen Druck hatte er noch nicht lange in seinem Büro hängen. Kunst bedeutete ihm nichts, Bilder sind manchmal besser als Tapete, aber dieses hatte er zufällig in einer Boutique entdeckt und gegen seinen Willen näher hinsehen müssen, es haben müssen. Er wußte immer noch nicht, was ihn da anzog, das Rätsel, das glasklare Durcheinander, vielleicht auch nur der Witz, der im Titel lag, Relativität.

Müde fühlte er sich, aber er wollte unter keinen Umständen müde sein. Er versuchte sich abzulenken mit Vorstellungen von Tina, gleichzeitig ärgerte ihn wieder, daß sie nicht verfügbar war. Er wollte lieber über Vierabend wütend sein und doch nicht an dessen Dummheiten denken müssen. Die Eifersuchtsgedanken vergingen nicht beim Durchsehen der Post, alles das Übliche, und auch nicht bei lustlosen Überlegungen, was der Abend bringen könnte, wenn Tina wieder eine Ausrede hat. Vielleicht ein Bier mit Poll, Poll der Rallye-Kamerad und Werbemensch mit der Laune für drei. Irgendwas muß passieren, irgendwas muß dich wieder auf Trab bringen.

In diesem Jahr hatte er noch keinen Urlaub genommen. Keine Einigung mit Tina, zusammen ja oder nein, Roland der fanatische Einzelreisende hatte sich breitschlagen lassen, und Tina hatte zugestimmt, Ocean Club, er brauchte, sagte er, im Urlaub immer tolle Gesellschaft, also zusammen. Aber auf ein Ziel hatten sie sich nicht einigen können, sie wollte auf eine Südseeinsel, Mauritius oder Réunion, er fand das idotisch, ein Diehl fährt auf keine Insel, Diehl braucht seinen Auslauf, und er hatte dagegen stur auf einem Wüstentrip bestanden. Also die Entscheidung vertagt, und später hatte er gesagt, im Moment kann ich unmöglich weg, vielleicht im Winter, und jetzt war es ganz unmöglich, an Urlaub zu denken. Aber er dachte an Urlaub. Und als Personaltheoretiker wußte er auch: Wer sich vorm Urlaub drückt, zeigt seine Karriereängste, seine Schwäche. Wird Zeit, daß du mal abschaltest, Rolly, auch diese Sprüche von Tina wollte er nicht mehr hören.

Abschalten wollte er nicht, jetzt nicht. Du mußt auf der Hut sein, oder dein erster Fehler ist dein letzter. Vierabend will dir wieder was anhängen. Was können die mir anhängen, seit wann gibt es Zweifel an meiner Loyalität.

Offen und ohne taktische Absprachen hatte er einmal seine Meinung gesagt bei einer Sitzung des Zwölferrats im Frühjahr, das trug ihm Vierabend immer noch nach, Vierabend und Schanz und die Haus-Bürokraten. Der Zwölferrat war der Braintrust des Chefs, da saßen neben den beiden Vize-Chefs Felder und Gorkweiler die drei Generalgeschäftsführer und fünf Abteilungschefs, Professor Steinhäuser von den Wissenschaftlern, Dr. Schanz Medien, Schamborn Arbeitsmarkt, von Rieffer Sozialmarkt, Moritz Moos und im untersten Rang der bevorzugte Redenschreiber Diehl. Büttinger hat mich da nur reingeholt, erzählte Diehl, damit es kein Elferrat bleibt.

Da lehnt sich Diehl ganz unerwartet zurück und sagt: Unser Problem ist doch, daß wir Macht und Einfluß haben und weiter gewinnen, aber nach außen hin so tun müssen, als würden wir an die Wand gespielt, als ginge unser ganzes System den Bach runter.

Wenn wir immer nur auf den Gegner starren, auf die Menschen-
verführer vom Partnerverein, auf das ewige Sozialgerangel, dann
vergessen wir allmählich, daß wir am längeren Hebel sitzen, und
vor allem verlieren wir unsere langfristigen strategischen Aufgaben aus den Augen. Wir müssen Animatoren sein, wir müssen viel
machtbewußter sein, machtbewußt im besten Sinn, nur dann können wir die praktischen Beispiele für die Politik und für politische
Menschenführung liefern. Wir sind ja mehr als eine pressure group
auf dem freien Markt der Verbände, im Grunde sind wir die beru-
fenen Politiker.

An dieser Stelle zieht Büttinger die Brauen hoch, dann nickt er
unauffällig. Ermutigung also, und nach einer kleinen, eitlen Pause
redet Diehl weiter: Wir dürfen nicht auf unsere eigenen PR-Tricks
hereinfallen, auf unser Defensiv-Image, das nach außen hin natürlich nötig ist. Wir dürfen uns nicht mit der Politisierung unseres
Wirkungsfeldes defensiv abfinden und uns auf die traditionellen
bürgerlichen Werte berufen. Wir müssen statt dessen die Grundwerte neu definieren, aktuell formulieren und offensiv in unsere
Arbeit einbeziehen. Wir müssen der Gesellschaft, die über Wert-
verluste klagt, Wertorientierungen ins Haus liefern, mit unserem
Beispiel, mit unseren Waren und Dienstleistungen. Und das geht
nur dann überzeugend, wenn wir uns unserer Macht, unserer Mittel und Möglichkeiten bewußt sind und aufhören zu jammern, wie
schlecht es uns schon wieder geht.

Solche Sätze liebt Büttinger, Diehl sieht das und schlägt vor,
noch im Schwung seiner Rede und der erwarteten Zustimmung,
eine neue Abteilung für Grundwerte aufzubauen, denn für die
Werte-Offensive müßten zentrale Motivationsimpulse ausgegeben werden. Zum ersten und einzigen Mal macht er den Fehler,
spontan zu sein. Ideen ohne Konzept, ohne klaren Inter-
essendruck gelten als vorlaut, als Dummheit, sogar im Braintrust.

So können die Bürokraten Vierabend und Bräsig den Vorschlag
leicht als bürokratisch vom Tisch wischen. Schanz, der den Abbau
seiner Kompetenzen fürchtet, unterstellt indirekt, Diehl wolle damit nur Karriere machen. Und Büttinger bremst mit dem Argument, alle Abteilungen müßten von dieser Offensive durchdrun-

gen werden, Spezialisierung könne auch gefährlich sein. Für die meisten Herren der Runde, die ein halbes Leben lang treu für den Verband sich geknechtet haben, immer mit Pflichtmoral, nie mit Machtmoral, für die ist die Machtthese eine Ketzerei.

Das möcht ich mal von Ihnen schriftlich haben, Herr Diehl, sagt Vierabend. Und trotz der drohenden Intonation antwortet er: Gern. Also der Auftrag: Expertise über Macht und Einfluß des VMD im Vergleich zu gegnerischen Verbänden.

Ja, hier im Haus ist der Kampfplatz, das hatte er zum erstenmal bei dieser Sitzung gedacht. Du stehst in der Arena, angewiesen allein auf dich und deine Nervenzellen, nur halb angefeuert von Büttinger, aber acht oder zehn Herren mehr oder weniger gegen dich, bleib ruhig, Roland, du hast recht, du bist stark, du wirst nicht verlieren.

Aufstiege zum Chefdenker. Roland Diehl das Friedberger Lauftalent trainierte mit 15 mit 16 mit 17 dreimal die Woche, er wollte systematisch schneller werden, er rechnete sich aus, nimm dein 400-Meter-Tempo und halt das immer weiter durch, 500 Meter, 700 Meter und treib dich mit diesem Tempo weiter auf 1000, dann wirst du Spitze, Herr deiner Lunge, Sieger über deine Milz, dann brichst du Rekorde. Er wollte nur eins, durchhalten, und demoralisierte mit 17 Jahren die Zwanzigjährigen, schlug auch die ausgereiften Mittelstreckler des Vereins, lief Bestzeiten. Roland hielt durch und wurde Kreismeister der Jugend auf 1000 Meter, und niemand traute sich mehr, ihn Wichser zu rufen.

Der Friedberger Wunderläufer Favorit Olympiahoffnung trat bei den Landesjugendmeisterschaften gut an, führte bei 600 Metern, dann schob sich ein anderer im roten Trikot der Darmstädter nach vorn, Roland erschrak fast und kam aus dem Atemtakt, 200 Meter vor dem Ziel hatte der Rote schon zwanzig, dreißig Meter Vorsprung und spurtete immer schneller davon, daß Roland dachte, er hätte einen Hundertmeterläufer vor sich, der Abstand wuchs und wuchs. Er hielt die zweite Position, aber so glanzlos weit weg vom Ersten, daß er sich aller erträumten Olympiamedaillen schämte und noch auf der Zielgeraden atemlos kopflos beschloß aufzuhören, gegen den bist du eine Flasche, an den kommst du auch mit dem schärfsten Training nicht ran, hör auf, pack ein, der Darmstädter wird die Mittelstrecken beherrschen und nicht du (und wie fühlte er sich bestätigt als wahrer Gewinner am Fernsehschirm, als sein Bezwinger nach Jahren Plackerei Wintertraining Sommertraining Tausende von quälenden Runden auf Aschenbahnen Tartanbahnen Waldlaufstrecken Europas, nach täglichem Konditionhaltenmüssen nicht rauchen nicht saufen nicht sumpfen und bumsen mit Maß, nach Dutzenden Meisterschaften Qualifikationen Vorläufen endlich im olympischen Endlauf und dann Vierter wurde, Viertbester der Welt auf 1500 Meter, aber keine Medaille zum Vorzeigen, Diehl gönnte ihm gerade diesen Platz, den hervorragenden, den undankbaren). Landesjugendvizemeister stand auf Diehls Urkunde, aber das war eine Niederlage, nie wieder wollte er eine solche Niederlage einstecken, nie wieder deklassierter Zweiter sein, kein ewiger Zweiter. Bei der Rückfahrt im Auto des Trainers dachte er zum erstenmal an Autorennen, und als Läufer ging er außerhalb des Kreises Friedberg nie mehr an den Start.

Die Trompete setzte er nicht mehr an, nachdem er in einem Nauheimer Keller Amisoldaten gehört hatte, und auch die Frankfurter Jazzer spielten so unerreichbar besser. Weil die Alten keine Gegner mehr für ihn waren, legte er sich mit den Lehrern an. Die meisten nannte er Dummköpfe, er sammelte ihre Sprüche und veröffentlichte sie als Lehrer-Weisheiten in der Schülerzeitung. Antiautoritär bin ich seit 1959, sagte er gern, wenn er später als Rechter angegriffen wurde. Und um den Lehrern und allen, die in ihm jetzt eine gescheiterte Olympiahoffnung sahen, mit etwas Neuem zu imponieren, kaufte er sich ab und zu die Weltbildung der ‹Zeit›.

Die Zeitung las er nicht nur, weil mit ihr sein Ruf stieg. Was da stand, fühlte er mit, gescheite Formulierungen seiner Gedanken, weitgreifende Politik, so weit über die Friedberger Horizonte, eine etwas umständliche Kritik an Adenauer, immerhin, der Mann war allmählich wirklich zu alt, ein scharfes Feuilleton, die intelligenten Witze, Wirtschaft las er nie. Beim Lesen am Wochenende fühlte er sich als Kämpfer für gerechten Ausgleich, liberal ist doch die beste

Devise. Er wollte sich engagieren, nicht wie Vater Paul nach acht-stündiger Prozentfuchserei vor die Glotze werfen und hinter Bier-flaschen brummend verschwinden. Mit achtzehn hatte er zum er-stenmal die feste Idee, für diese Zeitung zu schreiben, das wurde sein Lebensziel für mehrere Jahre, ich werde Journalist. Ja, ich geb zu, ich will auch meinen Namen gedruckt sehen, sagte er zu Wolf, der sich die Zeitung auslieh.

Als sein Name im Lokalsportteil nicht mehr zu finden war, sah er ihn manchmal winzig in der Schülerzeitung unter Glossen, aber am meisten galt ihm sein Leserbrief zum Mauerbau in der Zeitung aus Hamburg.

Wiedervereinigung, er hätte nicht sagen können, weshalb er so rigorose Worte für die deutsche Einheit hatte. Alle waren dafür und stritten ums Wie und Wann, aber er empfand diese Mauer in Berlin als Beleidigung, ein Bollwerk gegen seinen ganz persön-lichen Wunsch, zu den Siegern zu gehören. Er wußte nur noch, daß er die großen grobgerasterten Fotos von Panzern und Men-schen mit Pflastersteinen in der Friedberger Zeitung vom 18. Juni 1953 nie vergessen hatte und die fetten Buchstaben der Schlagzei-len, das hatte er behalten, weil das genau sein elfter Geburtstag war, zwei historische Ereignisse an einem Tag.

Nach dem Abitur Bundeswehr stand für ihn fest, aber wenn, dann richtig, Roland Diehl wird Fallschirmspringer und Leutnant. Und als die Friedberger Oberprimaner abgeholt wurden mit Bun-deswehrbussen zu den Panzergrenadieren, ein schulfreier Tag In-formation Anschauung Wir brauchen Dich Soldaten sind auch Menschen Kameraden Beschützer, und drei Scheiben Schweine-braten ohne um die dritte betteln zu müssen und Rotkohl würzi-ger als zu Haus, da durfte Roland am Nachmittag im Panzer mit-fahren. Das Kurzhaar im Wind auf dem Panzer, endlich hatte er den Platz an der Kommandantenluke erkämpft, der Motor drohnte ihm die Ohren voll, das erste Stereoerlebnis mit stürmen-dem Lärm, die Sonne neigte sich genau auf die Kanone zu, zuver-lässig lässig bedienten Soldaten die schwere und laute Maschine tausend PS-Zahlen, da spürte Diehl, alles ist Beherrschung alles kontrollierbar, auch solche Brocken mit leichter Hand zu führen, der Motor dröhnt Stahlplatten zittern starke Raupen unter dir und du ruckst aufgehoben sicher durchs unebene Gelände das Geschütz vorn aufgerichtet vor dir wie deins, es gibt keine Hindernisse mehr, da flog er im Rausch im Panzer voran, da störten ihn nur die Mitschüler, die auch mal an die Luke wollten, er war der Panzerkommandant, sah sich vorn und oben und raus aus aller Enge, da wollte er bleiben, hochoben Kraft Tempo abwehrbereit angriffbereit. Roland Diehl wollte sich einsetzen.

Diehls Expertise, zusammengefaßt: Anfangs die Grunddaten zu Vermögen und Eigentum, dann die durch die Marktwirtschaftsordnung den Menschenführern gegebenen Überlegenheiten wie Preisautonomie Arbeitsmarktautonomie Investitionsautonomie, alles mit den erforderlichen Relativierungen. Verweise auf die Einflußerfolge auf dem Bildungs- und Ausbildungsmarkt und auf die Vorwärtsentwicklung beim Arbeitsrecht. Auch die Internationalisierung des Wirtschaftens sei ein zunehmender Machtfaktor, da die internationalen Aktivitäten für Regierungen und Verbände der Gegenseite immer weniger kontrollierbar. Nicht zu vergessen, daß auch technologische Fortschritte, PR-mäßig geschickt verkauft, fast immer auch gesellschaftspolitische Fortschritte des Menschenführer-Denkens nach sich ziehen.

Zu den aktuellen Auseinandersetzungen: Gefährlich die Tendenz zum Versorgungsstaat, aber keine echte Gefährdung von Machtpositionen, da Versorgungskosten immer mehr auf Staat und Versorgte abwälzbar. Gefährlich die Bestimmungsgesetze; daß sie jedoch langfristig Machtspielräume gefährden, sei unwahrscheinlich. Auch das Gerede von Nullwachstum, Rohstoffkrisen usw. sei kaum beunruhigend, im Gegenteil, das Krisengerede habe nur zu einer engeren Kooperation mit staatlichen Stellen und zum beschleunigten Ausbau des Energiesektors und anderer Hochtechnologien geführt. Gesellschaftspolitische Vorstöße gingen immer noch vornehmlich von seiten der Menschenführer aus und hätten durchschlagenderen Erfolg als die Rückzugsoffensiven der Gegner, Beispiel Kernkraft.

Auch der Verband der Menschenführer selbst sei deutlich effektiver als die Verbände der Gegenseite, sowohl in Organisationsstruktur und Entscheidungsfähigkeit, als auch im Einfluß auf Bonn, auf Brüssel, auf die Länder. Diehl nennt hier Zahlen: Finanzmittel Personalbestand Personalqualifikation und Öffentlichkeitswirkung, alles spricht für seine These. Wir leiden immer noch, so Diehl, an unserem schlechten Image. Aber dieses Image haben uns nicht nur die Gegner aufgedrückt (so mächtig sind sie nicht), sondern das ist vor allem entstanden durch die Menschenführer, die durch ihr Verhalten unser Positiv-Bild und unsere PR-Thesen anschaulich widerlegen. Das sind einmal die Erben, die die Klatschspalten der Presse füllen und vorführen, wie man Geld im großen Stil ausgibt. Das sind zweitens die durchaus seriösen Menschenführer, die aus steuerlichen Gründen ihren Wohnsitz ins Ausland verlegen. Drittens die nicht geringe Zahl der Menschenführer, die durch offenkundig wettbewerbswidrige, verbraucher- oder arbeitnehmerfeindliche Maßnahmen, die noch dazu von der Presse aufgebauscht werden, die Verlautbarungen des Verbandes Lügen strafen. Es reicht nicht zu beteuern: Das sind ja nur Ausnahmen. Solange wir nicht willens oder fähig sind, uns öffentlich von solchen Menschenführern zu distanzieren, solange schwächen wir auch die eigenen Chancen im Kampf um gutes Image und öffentliche Meinung und letztlich um Machtpositionen.

In den Schlußfolgerungen rät er, die Parole vom Partnervereinsstaat gegenüber der Öffentlichkeit und den Anhängern unbedingt beizubehalten und kräftig auszumalen, nichts schweißt uns so gut zusammen. Aber es wäre fatal, im Verband bzw. in der Verbandsspitze selbst an diese Parole zu glauben. Das führe zu Realitätsschwund und zu unproduktivem Selbstmitleid. Büttinger fordere die Phase kritischen Selbstbewußtseins. Das setze ein gesundes Verhältnis zur eigenen Macht voraus.

Wenn sich Wirtschaftsstrategien änderten, müßten auch Verbandsstrategien flexibler werden. Es reiche nicht, am Altbewährten festzuhalten. Es sei eine gefährlich defensive Neigung, den jeweiligen Status quo zu idealisieren und jedes Reförmchen gegenüber der Öffentlichkeit als ordnungspolitische Gefahr ersten

Ranges einzustufen. (Das ging gegen Vierabend, Bräsig, Schanz.) Es müsse geprüft werden, welche Elemente unserer Ordnung unverzichtbare Bauteile sind und welche lediglich einigen Menschenführern Vorteile bringen, ohne kurzfristig oder langfristig durch einen Vorteil für die Allgemeinheit ausgewiesen zu sein. Es müsse Klarheit darüber herrschen, welche Positionen verteidigt werden müssen und welche zur Frontbegradigung geräumt werden können.

Diese Klarheit sei Voraussetzung für Selbstbewußtsein und Machtbewußtsein. Nur in diesem offensiven Bewußtsein seien Wirkung, Einfluß und Macht des Verbandes und aller Menschenführer langfristig zu erhalten und auszubauen.

In gleichmäßigen Schüben rollten die Autos wie auf Schienen die Uferstraße hinauf hinab. Auf dem Rhein, hinter einem dünnen Spalier von Bäumchen, wiederholte sich immer wieder die gleiche stumme Szene: Ein schnelles Schiff stromab begegnet einem langsameren, und sie stoßen nicht zusammen, obwohl es vom Ufer aus so aussieht zwei Sekunden lang, obwohl du es erwartest, obwohl du vom Fenster hier oben die Breite der Fahrrinne und den langweilig großen Abstand siehst, obwohl du in diesem Augenblick nichts anderes wünschst als den lauten Crash, das Rammen, das Leck, das sanfte Absaufen eines Kahns, in der Luft ein Heck. Nie tun sie dir den Gefallen. Warum stießen diese Schiffe nie zusammen, wenigstens ein Blechschaden. Diese Erfahrung fehlte ihm, als fehlte ihm etwas zu seinem Glück.

Quergestellte Kleinwagen auf den Kähnen, ein Hund auf den Planken, auf vorüberziehenden Wäscheleinen flatterten Jeans, mit festen Schritten ging ein Schiffer gegen die Fahrtrichtung. Die einfachen Bewegungen zeigten etwas Fremdes, vielleicht ein sicheres Leben, begreifbare Ziele, immer die Fahrrinne entlang und irgendwo ein Hafen. Aber auch etwas wie von alter Zeit, diese Familienkähne waren schon überholt und an den Rand gedrängt von den Schubschiffen und den gewaltigen Schwimmapparaten der Stahlfirmen und Chemiewerke. Das ländliche Leben auf den Kähnen war so meilenweit von Diehl weg und so winzig da unten, ein Fetzen Kulisse, an dem ihn jetzt nur noch der gleichgültige Gedanke festhielt, wie diese lahmen Schlepper immer noch Gewinn einfahren konnten.

Auch Besitzer dieser Schiffe zählten zu den Menschenführern, Diehl fand das auf einmal komisch. Er dachte an das Pathos seiner Expertise, die ihm fast zur Denkschrift geraten war, ein feierlicher ernsthafter Ton, für den ihn jeder Eigner von Binnenschiffen achtkantig ausgelacht hätte. Aber für die war das nicht vorgesehen, die bekamen Papiere des Zwölferrats zum Glück niemals zu Gesicht.

Die Diskussion über die Expertise war immer wieder vertagt worden. Als Vierabend einmal einen Spaß draus machte: Wir schicken Sie in den Bundestag, Diehl, Sie haben doch beschlossen, Politiker zu werden!, da hatte Büttingers Konter ihn gerettet: Strafversetzungen, das gibt es bei mir nicht, lieber Vierabend! Wenn Vierabend dir was anhängen wollte, dann hätte er längst eine Debatte über das Papier angefangen, ein Feigling ist er ja auch nicht, aber er kann dir nichts anhängen, kein Vierabend kann dir was anhängen und kein Schanz.

Da draußen lief alles so selbstverständlich ab, ein Kreislauf, reibungslos, unfallfrei. Lastwagen mit Heizöl Zement Tiefkühlkost Möbeln, alles mit Kraft, mit beschränkter Geschwindigkeit über die Straße gejagt, eben produziert bestellt geliefert verbraucht alles wie geschmiert, und auf den Schiffen tief im Wasser hängend Schotter Kohle Weizen Gase, ja die Schornsteine rauchen im weiten Rund um Köln, und die endlose bunte Blechprozession der Mittelklassewagen der Einkäufer Makler Kreditgeber Verbraucher Verbaucher alle aufgereiht alle da, und die Armee der Vertreter ununterbrochen im Einsatz für die nächsten Abschlüsse die höheren Zielzahlen, im drahtlosen Kontakt gelenkt von den Umsatzgenerälen im Hauptquartier, das lief doch alles, alles in strenger Eile da draußen, das griff alles ineinander, das funktionierte wie grüne Welle, ein friedliches Bild vom freien Wettbewerb der Fleißigen, die Steuerprüfer korrigierten die Zahlen hinterm Komma, Abschreibungen garantierten den nächsten Aufschwung, es war die lebende, sich schwunghaft bewegende Ordnung. Der

Verband hatte seine Augen auf allem, was da unten transportiert umgesetzt abgeschrieben wurde, der Verband regelte das, hatte das geregelt mit den Regierungen und Gesetzgebern dreißig Jahre lang, vierzig, achtzig Jahre lang, und doch kam es Diehl jetzt wie ein Wunder vor, daß alles funktionierte und daß es gerade so funktionierte. Eine Naturgewalt, die er nur interpretieren konnte, nicht begreifen.

Wahrscheinlich begriff die auch kein Mensch. Er kannte jedenfalls keinen, der das Funktionieren des Ganzen hätte schlüssig erklären können. Die Experten im Haus am wenigsten, die kannten sich immer nur in einer Handvoll Details aus, die Marktforscher auch nicht, die Astrologen, die fünf Weisen sowenig wie die gesammelte Weisheit der Wirtschaftsinstitute Wirtschaftsprofessoren Wirtschaftsjournalisten, die versteckten sich hinter Formeln Angebotnachfrage Lohnpreis Geldmengenprogression terms of trade und hinter dem alten Gott Gatt, in Wirklichkeit staunten sie doch, daß dieser Markt trotz aller Formeln Eingriffe Auswüchse immer noch wuchs und der Reichtum auch ihrer Konten wuchs. Ja selbst ein Mann mit der Kenntnis, mit dem allgemeinen Durchblick wie Büttinger hätte nicht erklären können, wie die Wirtschaft lief. Vielleicht deshalb brauchte der Verband Leute wie Diehl.

Er war froh, daß er das alles nicht verstehen mußte und daß er auf wissenschaftliche, auf volkswirtschaftliche Überlegungen sich nicht einzulassen brauchte. Dies Fach hatte er im fünften Semester abgebrochen, zum Glück, und jetzt wurde er höher bezahlt als ein durchschnittlicher Volkswirt, gerade weil er das Wissen der Volkswirte nicht brauchte und doch ein Fachmann fürs Allgemeine war, ein Interpret ein Appellierer und Formulierer fürs Ganze.

Ihm war leicht, ohne jede Benommenheit konnte er an die Goslarer Rede denken. Der Blick auf den Strom hinab beruhigte. Der Dreck darin imponierte ihm nicht. Roland Diehl ist kein Spinner, der nicht weiß, in welchem Zeitalter wir leben. Vom braungrauen Rhein ging trotz allem, was in den Zeitungen stand, immer noch eine solche Ruhe aus, auch über den von Fensterscheiben gedämpften, krachenden Autoverkehr hinweg. Eine Ruhe, weil so viel Fläche nicht in Gebrauch war, so viel Wasseroberfläche einfach nur Wasser, das mit einer vergessen langsamen Geschwindigkeit seinen Weg ging, einfach nur Wasser, das die Farben der Wolken matt spiegelte und an manchen Tagen, bei blankem Himmel, sogar noch Kraft hatte, blau zu scheinen, metallic-blau wie schicke Karosserien.

Telefon. Herr Bräsig kündigte zwei Herren an, Ermittlungsbeamte des Zentralen Kriminalbüros, die gerade im Haus seien und auch mit ihm reden wollten, jetzt gleich, in zehn Minuten.

Reichlich spät, die Herren, dachte Diehl, lassen sich viel Zeit und dann stehen sie plötzlich vor der Tür, ohne Respekt vor Terminkalendern. Aber er fühlte sich auch geschmeichelt, die Kriminalen oder die sie beratenden Generalgeschäftsführer Bräsig und Vierabend mußten ihn immerhin für so bedeutend halten, daß er zu den Ermittlungen etwas beitragen könnte. Er ging wieder ans Fenster.

Der Kahn, der sich gerade flußaufwärts mühte, war vorn Ganges getauft und hatte hinten eine Schweizer Fahne. Diehl grinste, das war ein origineller Name für einen Schweizer Schiffseigner, Sehnsucht der Schiffer ohne Meere. Das war komisch und so richtig. Das hatte seine Ordnung da draußen, die kleinen Farbtupfer in der großen rollenden Friedlichkeit, die gleichförmigen immer wiederholten Transportbewegungen.

Es irritierte ihn, daß alles so ohne Kampf abzulaufen schien, alle im Haus und auch er sprachen doch immer von Kampf, Kampf gegen alles, gegen die modischen Ideologien, gegen den Partnerverein, gegen die überhandnehmenden menschenführerfeindlichen Tendenzen, nichts davon war sichtbar, so geschmiert lief alles, ein einzig fleißiges Volk von Händlern. Vielleicht fanden diese Kämpfe gar nicht draußen statt, vielleicht nur hier drinnen im Haus, in dieser Festung. Vierabend will dir wieder was anhängen, na soll er doch, oder kommt die Attacke von Schanz, der mit Vierabend kunkelt?

Hätte jemand Diehl gefragt, wen er für seinen Feind halte, dann hätte er ohne Zögern Schanz den Bayern genannt, Dr. Ludwig

Schanz, Chef der Abteilung Medien Öffentlichkeit Versachlichung. Aber er hätte nicht erklären können, warum er gegen seinen Feind war. Schanz spricht schamlos bayrisch auch hier am Rhein, Schanz ist immer noch hinter Tina her, Schanz ist der Adjutant von Vierabend, militant, aber ohne offensives Geschick. Gegen Schanz sprach, daß er sich weigerte, Diehl zu duzen, und doch immer wieder vertraulich gönnerhaft dackelte, Sie können offen mit mir reden, wir sind doch hier in Unterunsbach. Er tut so, als wüßte allein er, wos lang geht. So einer intrigiert. Schanz der Angeber, der Journalisteneinseifer, der Listige, der mit der Jesuitendialektik. Wenn Schanz nicht mein Feind wäre, könnte er mein bester Freund sein.

Es klopfte.

Verhör. Die beiden Beamten zeigten unnötigerweise ihre Marken, sprachen ihre Namen betont aus, Rödel, Schellhase, und mimten Überlegenheit, als hätten sie einen polizeifeindlichen Menschen vor sich. Die werden den Fall auch nicht aufklären, dachte Diehl sofort, wenn sie so viel Show nötig haben.

– Bitte, nehmen Sie Platz.

Rödel erklärte, sie hätten mit allen Personen zu sprechen, die in den letzten Wochen zusammen mit Büttinger unterwegs gewesen seien. Im Rahmen der Ermittlungen komme den Wahrnehmungen dieses Personenkreises größte Bedeutung zu. Ob er, Diehl, bei den letzten Zusammenkünften mit Herrn Büttinger außerhalb dieses Hauses, insbesondere auf Reisen, verdächtige Beobachtungen gemacht habe.

Die beiden kamen ihm ein bißchen wie Dick und Doof in jungen Jahren vor, der Kleine dick und trotzdem durchtrainiert, sorgfältig gescheitelt blond und ein berufsmäßig mattes Lächeln im Gesicht. Der andere mit Brille und Schnurrbart über dem entschlossen vorgestreckten Kinn, dafür ein winziger Mund.

– Nein, sagte Diehl. Und wenn, hätte ich das längst gemeldet.

Wann er zuletzt mit Büttinger draußen gewesen sei.

– Vor vier Monaten etwa, in Göttingen, Vortrag in der Universität über Sozialstaat und Marktwirtschaft, auf Einladung der Demokratischen Studentengruppe.

Herr Schellhase bat ihn, das Datum im Terminkalender nachzusehen.

– Ist das üblich, fragte wieder der Kleinere, daß der Verband der Menschenführer beziehungsweise seine führenden Männer in Universitäten auftreten?

An der gezierten Redeweise merkte Diehl, daß dem kleinen Dicken etwas verdächtig vorkam. Wahrscheinlich denkt er, Universität, unmöglich, daß sich jemand wie Büttinger in diese roten Nester wagt, kein Wunder, daß man ihn dann kassiert. So denken diese dreißigjährigen Beamten, die sich nicht vorstellen können, daß jemand für seine Überzeugung eintritt, gerade auf schwierigem Pflaster, daß jemand für seine Sache den Kopf hinhält, weil es nicht nur seine Sache ist, diese flotten Jungens können sich gar nicht mehr vorstellen, was kämpfen heißt.

– Ja, das ist üblich, sagte er, aber nicht häufig, leider.

– Und warum sind Sie mitgefahren? fragte Schellhase.

– Weil ich hier im Verband so etwas wie der Fachmann für ideologische Entwicklungen bin und weil ich große Teile des Vortrags geschrieben habe.

Diehl legte absichtlich Arroganz in seine Stimme.

– Sie haben sich also informieren wollen, ob Ihr Vortrag bei den Studenten ankam? fragte Schellhase.

– Genau.

– Sind Sie aus eigenem Antrieb mit nach Göttingen gefahren?

Diehl kam sich allmählich veralbert vor.

– Ich verstehe nicht recht, sagte er, wie diese Fragen Ihnen bei der Fahndung weiterhelfen sollen. Aber wenn Sie das wirklich wissen wollen, kann ich Ihnen sagen, daß Herr Büttinger mich gebeten hatte mitzukommen.

– Und sind Sie von den Linken belästigt worden? fragte Rödel ungerührt weiter.

– Nein, die blieben draußen, das war alles geregelt. Herr Büttinger konnte in Ruhe sprechen, es war genug Polizei in der Nähe, es gab keine Störungen, auch nicht bei der Diskussion. Und nachher haben wir noch im Ratskeller beim Bier gesessen mit den Studenten.

Jetzt stoppten sie diese Fragen. Das war wohl wieder ein unerhörter Gedanke, der Führer der Menschenführer schluckt Bier in einem ordinären Ratskeller zwischen lauter Studenten, mitten in der rotverdächtigen Stadt.

Viel mehr hatte Diehl nicht zu berichten. Mal mit auf dem Hochsitz sonntagsfrüh. Vor Wochen mal in Düsseldorf, ein Essen, Schanz war dabei und Moos. Er nannte das Lokal.

– Können Sie sich vorstellen, dort beobachtet worden zu sein?

– Natürlich, sagte Diehl. Aber wohl nicht von den Leuten, die Sie suchen. Ich war mit Herrn Büttinger noch nie in einem Restaurant oder sonstwo, wo er nicht beobachtet, entdeckt und oft auch angesprochen wurde, von Gästen, von Kellnern, von Passanten, irgendwo ist immer jemand, der ihn anstarrt. Aber Observierung durch Terroristen in einem First Class-Lokal, das halte ich für Unsinn.

Er konnte sich noch gut an Einzelheiten des Abends erinnern, aber das war für die Ermittlungen belanglos wie dies belanglose Gespräch. Fasan hatte er gegessen, auf Empfehlung des Fasanexperten Büttinger, Fasan auf glasierten Maronen mit Champagnerkraut, und was hatte der Chef auf dem Teller, ja Salmschnitte in irgendeiner Hummersauce. Das hatte Diehl behalten, weil Büttinger zuerst vom Salm geschwärmt hatte, vom Salm seiner Jugend, den er noch selber aus dem Rhein gefischt hat, und dann plötzlich ins Reden gekommen war und den halben Salm kalt werden ließ. Henkersmahlzeit, dachte Diehl jetzt. Büttinger hatte Berichte gelesen über die Probleme mit den Angestellten in Großbetrieben, er war erstaunlich bewegt davon. Das Schlimmste sind nicht die Entlassungen, hatte er gesagt, sondern die Moral der nicht Entlassenen. Zu den Leistungsgesprächen mit Vorgesetzten kommen immer mehr Angsthasen. Die Vorgesetzten wissen nicht mehr, wie sie ihre Leute positiv motivieren sollen, es dominiert die negative Motivation durch Angst. Die letzten Buchhalter, die letzten technischen Zeichner, die letzten Stenotypistinnen, die rackern sich alle tüchtig ab, aber das Gefühl, als Angestellte eine Persönlichkeit zu sein, etwas Besseres, das Gefühl schwindet rapide, das haben uns die Computer kaputtgeschlagen. Die Leistung steigt, aber Leistung durch Angst, das reicht auf Dauer nicht, überlegen Sie sich mal ein Motivationskonzept für diese Schichten, meine Herren. Aber dann waren sie schnell wieder beim Thema Sport, beim Thema Frauen, Schanz der Bayer hatte sich wieder als Witzerzähler bewährt. Vielleicht, dachte Diehl jetzt, hat Büttinger nur versuchen wollen, Schanz und mich zu versöhnen, uns wieder an einen Tisch zu bringen.

Die beiden Polizisten hatten keine Fragen mehr, aber sie machten noch keine Anstalten zu gehen.

– Ja, sagte Diehl, mehr kann ich Ihnen leider nicht sagen.

Rödel nickte.

– Da ist noch etwas, sagte Schellhase. Können Sie uns sagen, was Sie gestern abend an der niederländischen Grenze zu tun hatten?

Diehl lehnte sich zurück, völlig überrascht. Tatsächlich war er unterwegs gewesen mit seinem BMW bis kurz vor Venlo. Oft nach der Arbeit hatte er keinen anderen Wunsch als die nächste staufreie Autobahn anzusteuern, den Wagen auf Spitze zu jagen und noch einen Tank leerzufahren, bis der Ärger des Tages verraucht, bis das taube Gefühl aus den Fingerkuppen verschwunden war, die nur Tasten gedrückt hatten am Diktiergerät an der Klimaanlage am Telefon. Nach dem unbewegten Tag im Schreibtischdrehstuhl oder auf Sesseln in Konferenzräumen sehnte er sich nach Bewegung, nach Tempo, nach Vollgas. Diehl der Rallyefahrer und Kilometerfresser, auch wenn er den Autobahnfilm schon hundertmal gesehen hatte, auf den Straßen konnte er die einschläfernden Statistiken vergessen und die Reden nach Schema A oder B oder C. Sobald er über 150 Kilometer pro Stunde kam, fühlte er sich leicht. Und gestern hatte es ihn in diese Richtung getrieben. Aber wie sollte er das diesen Burschen erklären? Er war betroffen über den Verhörtrick. Sie wenden einen Trick an, also halten sie mich für verdächtig. Er wollte seine Betroffenheit nicht zeigen und versuchte schnoddrig zu bleiben.

– Zu tun hatte ich nichts. Ich fahre nach der Arbeit manchmal raus, wissen Sie, Bewegung, den ganzen Tag im Büro, Sie kennen das ja, andere joggen oder schwimmen.

– Und warum fahren Sie ausgerechnet zur niederländischen Grenze?

– Reiner Zufall, in dieser Richtung war kein Stau.

– Sie behaupten also, Sie sind einfach nur so dagewesen?

– Ja, sagte Diehl, den Wagen einmal richtig ausgefahren, Neuß Gladbach und dann die Abfahrt direkt vor der Grenze bei Venlo, gewendet und wieder zurück. Im übrigen verstehe ich nicht, was das alles mit dem Fall Büttinger zu tun haben soll.

Der Kleinere sah jetzt gefährlich clever aus, als wollte er sagen, das wird sich zeigen, aber er sagte:

– Klare Frage, klare Antwort. Wir haben Vermutungen, daß die Terroristen häufig über die Grenze gehn, also observieren wir die Grenzwege. Sie sind aufgefallen gestern, und deshalb fragen wir. Und noch eins, dies Gespräch ist kein Verhör. Wir sammeln nur Material.

Sie sollten lieber Ihren Grips anstrengen, wollte Diehl sagen, aber er beherrschte sich.

– Gut, dann werde ich in Zukunft die Grenzen meiden, obwohl das nicht so einfach ist, ich war Rallyefahrer, müssen Sie wissen, ich brauch meinen Auslauf. Aber ich habe nicht die Absicht, mich bei Ihnen verdächtig zu machen und Ihnen Material zu liefern, das Ihnen doch nichts nützt.

Er hätte die Kerle am liebsten rausgeohrfeigt.

– Wir haben keinen Verdacht, sagte Rödel. Nur Routinefragen.

Ich habe einen Verdacht, Diehl überlegte eine halbe Sekunde lang, Büttinger in der Eifel. Natürlich kann ich das den Polizisten nicht sagen, wenn sie fragen, wie ich drauf komme, müßte ich rumquatschen, das hab ich geträumt, das hab ich im Urin. Ich mach mich doch nicht lächerlich vor diesen Materialsammlern, Computerknechten, beherrsch dich, laß sie endlich gehn.

– Das wäre dann alles, sagte Schellhase.

Beide drückten ihm aufdringlich die Hand, als wollten sie gratulieren oder kondolieren. In ihren Gesichtern stand schon die Enttäuschung geschrieben über den Mißerfolg ihrer tatenlosen Tätig-

keit. Nie würden sie die Genugtuung haben, einen Verbrecher selber zu jagen und zu stellen, und so versuchten sie, wenigstens beim
Händedruck die Erfolgsgesichter ihrer Vorbilder aus den Fernsehkrimis zu kopieren.

Sie werden es mir schwer ankreiden, daß ich ihnen die Zigarillos
nicht angeboten habe, die da auf dem Tisch liegen.

Eine Falle, das Verhör von diesen unverschämten Kerlen, das
muß doch jemand angezettelt haben, da spielt doch jemand verrückt. Vierabend oder Schanz, nein, die machen doch nicht so was.
Die bornierten Ordnungshüter, vielleicht sind sie wirklich schon
so konfus und arm dran, daß sie jede Autonummer notieren und
schon eine heiße Spur wittern, wenn der Autobesitzer aus dem
Verband kommt. Aber die Polizisten sind erst zu Vierabend und
Bräsig gelaufen, und Vierabend und Bräsig haben immerhin zugestimmt, daß sie mir auf den Zahn fühlen, mich unter Verdacht
nehmen.

Es störte ihn, daß er so wenig gelassen darauf reagierte. Über
den Trip gestern ärgerte er sich heftig, nun war er in Mißtrauen
gerutscht mit dem harmlosesten Ausflug und in allen zuständigen
Computern erfaßt. Über die dummen Fragen dieser Heinis ärgerte
er sich, wurde noch einmal richtig wütend darüber und hatte den
Impuls zu fliehen, wieder mit Tina, wieder zur Grenze und über
die Grenze hinweg, weg von dieser Sackgasse hier. Er rührte sich
vom Schreibtisch nicht fort.

Aus Büttingers Fehlern lernen: niemals Wut zeigen. Als vor Jahren in einigen Stahlbetrieben Arbeiter, die durch Neubewertung
ihrer Arbeitsplätze nach ihrer Ansicht weniger Lohn erhielten bei
gleichzeitiger Erhöhung des Arbeitstempos, sich entschlossen hatten, um eine Zulage von 15 Pfennig pro Stunde zu streiken, und als
einige dieser Arbeiter, die in der Villa ihres Menschenführers den
geheimen Ort vermuteten, an dem der sich mit anderen zur Bera-
tung zurückgezogen haben könnte, mit Personenwagen zu dieser

Villa fuhren in der Hoffnung, durch persönliches Auftreten ihrer Forderung mehr Druck zu geben, dort aber keinen Menschenführer, sondern nur aufmerksame Polizisten vorfanden, von denen sie das Erscheinen ihres Menschenführers an der Gartenpforte oder an der Haustür vergeblich forderten, dann nach enttäuschenden Wortwechseln mit Uniformierten und ohne das weitläufig von Bäumen und Sträuchern geschützte Grundstück betreten zu haben wieder in die Stadt vor ihren Betrieb zurückfuhren, und als eine der angesehenen Zeitungen der Welt diese Episode als Sturm der Villa durch Streiktrupps und versuchte Brandstiftung und Demolierung des Hauses darstellte, welche die mit einer Freundin allein anwesende Hausherrin nur mit der Pistole habe verhindern können, da geschah es, daß der damalige Vize-Chef des Verbandes der Menschenführer, Alfred Büttinger, vor einer unerwartet indiskreten Runde von Menschenführern zu laut und wütend wurde und sagte, die Frau hätte doch ruhig schießen sollen einen totschießen dann herrschte doch wenigstens wieder Ordnung. Da stauchte Büttingers Vorgänger Büttinger zusammen und nahm ihn, nachdem er sein wackliges Dementi abgeliefert hatte, in dem von Notwehr und Warnschüssen und verständlicher Sorge vor Radikalen die Rede war, ins Gebet, ein Gebet über den Faktor Ehrlichkeit als Risiko-Faktor. Und Büttinger hatte aus dem größten Fehler seiner Karriere gelernt und alle im Haus angehalten, daraus zu lernen, Parole ein für allemal: Erstens, nie öffentlich in Wut geraten. Zweitens, und das ist Büttingers große politische Leistung, nie ein Wort gegen Arbeiter, gegen die Menschen, die wir führen, aber immer gegen Interessenvertreter Funktionäre Aufrührer.

Nie in Wut geraten, aber muß ich mir das gefallen lassen, meine Vorgesetzten lassen es zu, daß hergelaufene Polizisten mich so arrogant behandeln wie einen Verdächtigen, und nicht mal mehr die eigene Kiste kann ich noch ausfahren, muß ich mir das bieten lassen, was sie mir da anhängen, nein.

Zum erstenmal dachte er daran zu kündigen, irgendwo neu anzufangen, vielleicht doch Pressechef.

Vor ein paar Wochen hatte ihn jemand angerufen, ein in allen Branchen bekannter Mann, Vermittler von Führungskräften. Der Headhunter spricht ihn ganz persönlich an, wie ein guter Bekannter fast mit dem Vornamen, und weiß ziemlich viel über ihn und lobt ihn sogar, um dann Stimmung zu machen für den CBA-Konzern und ihm dort die Position des Pressechefs anzubieten. Und Diehl denkt, Pressechef Chemie, das könnte mich reizen, die Branche wird am meisten im publizistischen Regen stehn, wenn der Kernkraftrummel vorbei ist. Aber daß sein Kopf zum Objekt eines anbiedernden Kopfjägers geworden ist und zwischen den Köpfen von Verkaufsleitern Marketingfritzen EDV-Chefs und Personalleitern gehandelt wird, gefällt ihm nicht. Kopfjäger, er möchte seinen Kopf nicht mit gedörrter Haut oder geschrumpft ohne Schädel sich vorstellen, Objekt für Händler und Mauschler. Er winkt erst mal ab, nicht endgültig, Bedenkzeit, er will den Mann ein bißchen zappeln lassen, schon aus Selbstachtung. Der Headhunter ruft später noch einmal an, auch da will Diehl noch nicht absagen, und seitdem hat der sich nicht mehr aufgedrängt.

Du solltest weggehen, Pressechef bei CBA in Hamburg, falls es nicht schon zu spät ist, Termin machen, einfach mal vorstellen, aktiv werden.

Was hält dich hier, du möchtest mal wieder sehen, was du machst, Chefdenker denkt und spekuliert, Ghostwriter liefert Papiere Entwürfe, was hat er zum Festhalten, Papiere, Protokolle vertraulich, zum Greifen nur das Telefon, die Hand von Büttinger, dein Halt war Büttinger. Immerhin werden deine Reden gehalten, starke Worte in festlichen Hallen, aber wenn du ehrlich bist, sind es immer nur ein paar Absätze, die draußen von dir übrigbleiben, ein paar Halbsätze auf den Seiten 1 der Großzeitungen und ein paar Sätze auf den Wirtschaftsseiten meistens in indirekter Rede, Büttinger äußerte, immer Büttinger Büttinger, immer schiebt sich Büttinger vor Diehl. Beim Funk warst du besser dran, da warst du kein anonymer Geisterschreiber, es kommentierte Roland Diehl, Manuskript Roland Diehl, am Mikrofon Roland Diehl.

Du solltest weggehen, dahin, wo dein Name wieder gedruckt wird, als Pressechef hättest du deine Ausschnittdiensterfolge meßbar, deine zählbaren Interview-Vermittlungen, die Positivwiedergabe der Konzernnachrichten, Fernsehauftritte, deine gut arrangierten Bilanzpressekonferenzen und die schmucken Sozialbilanzen. Und in allen Kaufstraßen der Welt und an den Häusern in jedem Bahnhofsviertel fändest du das Markenzeichen deiner Firma wieder, der neonleuchtende Beweis, daß du recht hast, daß was Greifbares herauskommt, Bekanntheitsgrad Marktanteil Nachfrage, daß dein Leben diesen Sinn hat. Und von deinem Bürofenster aus könntest du die weite Landschaft der auch dir unterstellten Hallen sehen, das beruhigend geformte Geflecht der Röhren, flüssige Gase fließende Gifte gebändigt gesichert geprüft, und vielleicht käme sogar das kindliche Vertrauen in die Arbeit der Ingenieure wieder, mit zehn wolltest du doch mal Ingenieur werden, Brücken und riesige Kräne. Nur die Arbeiter könnten dich stören, einfach weil es sie gibt oder weil sie trotz aller Programme der Menschenführung immer noch so mißtrauisch blicken, Arbeiter nachmittags in eiligen Haufen beim Schichtwechsel oder einzeln mit unberechenbaren Gesten neben Fässern Tablettenmischmaschinen Gabelstaplern vorm Herrn Pressechef.

Du solltest weggehen, was hält dich hier. Bei diesem Gedanken half auch das Rezept gegen unerwünschte Assoziationen nicht mehr, das Rezept Ablenken Arbeiten Weitermachen.

Nie hat ihn jemand gefragt, warum er in diesem Verband arbeitet, warum er sich für die Menschenführer einsetzt, so entschieden ihre Interessen bedient formuliert erkämpft, Büttingers Paladin. Graf Roland springt in die Bresche, wenn das Wohl des Landes des Verbandes. Der bevorzugte Diener an der Seite Büttingers des Großen, mit seinen Leitsätzen und Argumentationshilfen spaltet er die Schädel der Feinde, und sein Wort gibt allen Anhängern Kraft. Sein Schwert schwingt er, das Freiheit heißt und gut schneidet und spaltet, und wegen dieser Schläge schätzt ihn Büttinger. Roland der Kämpfer liebt euch nicht, aber er schlägt sich kühn für euch, ihr Menschenführer, für euch erträgt er Stress und Wiederholungen und muffige Klimaanlagenluft, euch dient er mit Haut und Haaren. So treu ist Roland und tapfer, daß nach ihm Panzer getauft werden und Raketensysteme. Einen besseren Mann an seiner Stelle kann sich Roland nicht vorstellen, mobil effektiv Denker Mann der Praxis. Seht seine Denkmäler vor den Rathäusern, Roland sichert euch Marktfreiheit und die Privilegien des Handels. Solange Roland steht, kann euch nichts passieren, und wenn es Bomben regnet, wird Roland eingemauert und überlebt alle mittleren Apokalypsen. Im Aufschwung, im Abschwung, Roland bleibt euch treu.

Geburtstagsgeschenk. Was bringt Roland Diehl dazu, zum Geburtstag seines Herrn und Meisters freiwillig am Abend zu Hause einen Artikel zu entwerfen? Warum reizt es ihn, dem lieblosen Text der Medienabteilung eine eigene Variante mit mehr human touch entgegenzusetzen? Und warum kämpft er zwei Tage mit seinem Feind Schanz, bis es zum Kompromiß kommt: Außer dem offiziellen Verbandstext von Schanz läuft auch Diehls Artikel über die Ticker, als Würdigung des neutralen Wirtschaftsinformationsdienstes. Eins zu null für Diehl, als sein Artikel in den unabhängigen Niveau-Blättern die höchsten Zitierquoten erreicht.

Alfred Büttinger 65. Seine Stimme wirkt kräftig, aber für einen Rheinländer nicht zu laut. Alfred Büttinger, der Präsident des Verbandes der Menschenführer und am 1. August 65 Jahre alt, liebt die deutlichen Töne, die auffällige Klarheit, die durchaus zu seinem Selbstbewußtsein paßt. Büttinger trägt seine Fähigkeiten nicht im stillen Winkel aus, sondern gibt jedem Gesprächspartner gern zu verstehen, daß er nicht nur die Konjunktur und die wohlerwogenen Interessen der Menschenführer im Kopf hat, sondern auch ein Politiker und Sozialpolitiker ersten Ranges ist, der über die Grundwerte ebenso kompetent zu diskutieren weiß wie über Details der Sozialgesetzgebung.

Denn Büttinger verkörpert so gar nicht den typischen Topmanager oder was sich die Öffentlichkeit darunter vorstellt. Er ist ein

Liebhaber der Jagd und des Gebirges, er ist Experte in der Fasanenzucht. Seine Mitmenschen bewundern an ihm die Mühelosigkeit, mit der er sich Neues aneignet, mit der er über komplizierteste Zusammenhänge spricht, mit der er andere für sich einnimmt – gerade auch vor den Kameras und Mikrofonen der Medien. Sein Gesicht ist gern zum Lächeln bereit, sein Körper von preußischen Idealmaßen zeigt neben allem Durchsetzungswillen auch Charme und Sensibilität. Er ist immer ein Mann der Verständigung, aber nie ein Mann der bequemen Kompromisse, denn er weiß wohl, was die Belange seines Verbandes und was die der Allgemeinheit erfordern.

Vielleicht ist die Selbstverständlichkeit, mit der er sich so scheinbar mühelos auf Menschen einstellen und sie führen kann, mit seiner Herkunft zu erklären. Alfred Büttinger ist in Duisburg in der Welt der rheinischen Kaufleute aufgewachsen, jener gebildeten, humanistisch und liberal denkenden Schicht, die entscheidend ihre Zeit mitgeprägt hat. So hat Büttinger selbst seinen Geburtstag, den 1. August 1914, den Beginn des Ersten Weltkriegs stets als einen Auftrag verstanden, daß Deutschland immer in Frieden und Sicherheit leben möge.

Nach dem Abitur studierte der junge Büttinger in Göttingen und Marburg Rechtswissenschaften. Im Krieg zunächst juristischer Referent bei der Organisation Todt, wurde er später Repräsentant der deutschen Industrie in Litzmannstadt.

Nach dem Krieg wird Büttinger interniert und findet 1949 Anschluß an die Deutsche Electricitäts AG, in der er binnen sieben Jahren zum Vorstandsmitglied aufsteigt. Bereits 1960 zum Vize-Präsidenten des Verbandes der Menschenführer gewählt, wird er 1969 ihr oberster Repräsentant.

Die vielen Jahre an der Spitze des Verbandes haben aus ihm einen erfahrenen, aber immer lernbereiten Diplomaten der Wirtschaft gemacht. Obwohl Büttinger keine Kinder hat, sucht er stets das herausfordernde Gespräch mit der Jugend. Gern zitiert er ein Wort von William Gladstone: «Der Politiker denkt an die nächste Wahl, der Staatsmann an die nächste Generation.» Alfred Büttinger ist in diesem Sinn ein Staatsmann der Wirtschaft geworden.

In den Fernsehnachrichten verschwanden die Nachrichten. Weil Neuigkeiten über Büttinger zu publizieren nicht zugestanden war, nur die dürftigen Mitteilungen vom Warten und von einer geheimen Geschäftigkeit, wurde eine suggestive Neugier auf Büttinger geweckt und wachgehalten, eine gedrückte Spannung, die Platz für alle Phantasien ließ und die Zuschauer zum Mitspielen einlud als Opfer Täter oder Befreier wahlweise. Als gäbe es nur Büttinger und sonst nichts auf der Welt, verblaßten alle anderen Geschehnisse und die Nachrichten von den Geschehnissen. Amerikaner Russen Israelis, alle die Leute mit den Stammplätzen im Nachrichtenprogramm schrumpften zu Pygmäen. Die atomaren Bomben und alle Raketen waren von ein paar Pistolen in den Schatten gestellt. Der Ärger mit dem Widerstand gegen Kerntechnik war endlich weggeschoben, eine Nebenfrage des Terrors. Die ohne Arbeitsplatz winkten nur noch von fern aus dem hintersten Gang, unsichtbar wurden die Drogen, jeder unerwünschte Lärm war leicht zu verschweigen. All das bot nicht die Erregung, die Büttinger bieten sollte.

Um dem Live-Krimi noch mehr Action zu geben, um die lüsternen Schrecken des Terrorspiels noch zu steigern, wurde jedem Zuschauer zusätzlich eine aktive Rolle zugewiesen als Fahnder oder Verdachtsperson. Jeder auf seinem Gebiet hatte einen besonderen Beitrag zu leisten, die Briefträger Augen und Ohren offen zu halten für alles Außergewöhnliche in ihrem Zustellbezirk, die Hausverwalter alle Auskünfte allen Behörden zu geben über alle Mieter, Autofahrer die Kennzeichen ihrer Wagen auf Echtheit prüfen zu lassen, Fernmeldetechniker die Telefone umzuschalten, Wünschelrutengänger sich in Bewegung zu setzen, Journalisten und Lehrer hatten ihre Programme zu ändern, und Akademiker Erklärungen abzugeben, und Beamte aufzustehen, und die Tankwarte ihre Blicke zu schärfen, alle waren dabei. Und weil jeder auf neue Hinweise und Regieangaben wartete, waren die Fernsehnachrichten, trotz der Dürre der Fakten, von einer ungekannten Spannung.

Am Abend, als Diehl sich eingeschlossen hatte in seinen Bau, nicht mit dem BMW hinaus wollte, nicht hinter Tina hertelefonieren, kein Bier mit Poll, kein klärendes Gespräch mit Vierabend oder sonstwem, und nur den Fernseher laufen ließ, durch Zeitungen blätterte und den Calvados lobte, an diesem Abend, nach den Andeutungen von Moos und nach dem Verhör, war er plötzlich nicht mehr sicher, welche Rolle er wählen mußte, die des Opfers oder des Täters, des Fahnders oder Verdächtigen oder Befreiers. Die Fronten waren heimtückisch verschoben. Es gab neuerdings Gerüchte, Büttingers Leben könnte getauscht werden gegen die Leben von mehreren Verurteilten, aber nicht das beschäftigte ihn, das war eine klare Sache für ihn, Büttinger ist unersetzlich, da gibt es gar nichts abzuwägen.

Der Kampf um den Kopf. Von der Bezirksregierung als makabrer Brauch verboten, von Veterinärmedizinern und Tierschutzvereinen abgelehnt, aber von vielen Buchheimern stürmisch bejubelt: das traditionelle Hahneköppen. In diesem Jahr versammelten sich weit über hundert Buchheimer an der Kirche Wipperfürther Straße zum Auftakt ihrer Kirmes. Wer nun erwartete, hier die klassische Ausführung des Hahneköppens bestaunen zu können, sah sich enttäuscht. Ursprünglich wurde ein lebender oder schon getöteter Hahn in einem offenen Korb so aufgehängt, daß sein Kopf nach unten herausragte. Dann versuchten die Bewerber um die Würde des Hahnenkönigs, mit verbundenen Augen einen Säbel so zu schwingen, daß der Hahn geköpft wurde. Damit wollte man in der Zeit der französischen Besatzung symbolisch die Wut an dem Hahn als dem gallischen Wappentier auslassen. Doch die Buchheimer Variante ist zivilisierter: Der Kopf des ordnungsgemäß geschlachteten Hahns wird in einen Plastikbeutel gesteckt und auf die Erde gelegt. Dann schlagen die Bewerber mit einem Dreschflegel um sich – wer den Beutel trifft, ist König und darf am nächsten Tag als erster in die knusprig gebratene Keule des Vögelchens beißen.

Familienfilm. Auf dem Wasser, auf einem Schiff stand ich, abends auf einem breiten Fluß, der Rhein vor Köln. Die ganze Sippe auf dem Schiff, zwei ältere Brüder, Mutter in einem langen schwarzen Kleid, Onkel Günter in seiner gescheckten Weste fotografiert, und die Toten: der Vater, Paul oder Dietrich, in Landseruniform, die taube Großmutter und eine unbekannte, längst gestorbene Tante, die frisch gebackenen Eierkuchen verteilte. Ich stand allein am Bug, zwischen den Hochhäusern der Stadt hatte sich die rote, untergehende Sonne festgesetzt. Es war so still, daß ich nicht einmal die Bugwellen hörte, ich dachte, ich träume. Da wachte ich von einem Knall auf, eine Explosion im ganzen Schiff, es begann vorn zuerst zu sinken und sank immer tiefer, aber ich blieb stehen auf meinem Platz. Alle Passagiere sprangen ins Wasser, ich begriff die Panik nicht, ich war schon im Wasser und sah die andern mir entgegenspringen und starrte ihre hastig strampelnden Glieder von unten an. Noch eine Explosion, der Druck riß mich weg, ich hatte keinen Boden mehr unter den Füßen, steckte tief, nah am Grund und zappelte mit den Beinen wie ein Nichtschwimmer und konnte meine Beinbewegungen nicht koordinieren. Darüber mußte ich so lachen, daß ich an die Wasseroberfläche hochstieß.

Es war stockdunkle Nacht geworden, ich konnte wieder richtig schwimmen, aber kein Ufer war zu sehen. Mal dachte ich, da muß es sein, und schwamm in die Richtung, aber da war das offene Meer, und ich schwamm in die Gegenrichtung, aber auch dort war kein Ufer zu erkennen. Ich hatte noch Kraft, aber ich wußte einfach nicht wohin, ich schwamm in immer größeren Kreisen und wußte nicht mehr, ob es noch Kreise waren. Plötzlich wird meine rechte Hand gepackt, ich werde aus dem Wasser gezogen und ans Ufer gestellt.

Am Ufer eine Gruppe von Leuten, alle sehr bedrohlich, feindselig, es könnten auch Anhänger des Verbandes sein. Es ist sehr eng am Ufer, die müssen noch mehr zusammenrücken, um mir Platz zu machen, denke ich, aber sie rücken von mir weg, ich rücke ihnen hinterher und gehe mit in einen großen Raum, in dem wir alle gelangweilt herumstehen. Ein Empfang, aber es gibt nichts zu trinken. Sie sprechen von Autos, freie Fahrt, Kraftfahrzeugbenutzungspauschale, Führerscheinberechtigungsschein für Führungskräfte, die Wörter werden immer länger. Da merke ich, meine Kleider sind noch naß, ich habe eben einen Schiffsuntergang überlebt. Ich spreche die Leute an, es sind alles Männer, und erzähle, eben einen Schiffsuntergang überlebt und alle Angehörigen verloren zu haben, ich nenne sie alle beim Namen und zähle sie an den Fingern ab, sieben aus meiner Familie, sieben, da fällt mir ein, mein Alter, der war doch auch auf dem Schiff, und auf einmal höre ich mich rufen: Er hat – mich ins Wasser geworfen, er hat mich rausgezogen, wo ist er denn? Ich schämte mich, daß ich laut geworden war und über die nassen Kleider, lief zwischen den Männern herum, die immer noch in Gruppen herumstanden und über Autos redeten, suchte einen Mann in Landseruniform und fand ihn nicht, fand keine einzige Uniform. Da kam ich zu den Toiletten, da stolperte mir endlich einer in Uniform entgegen, aber keine Soldatenuniform des Zweiten Weltkriegs, es war ein Bundeswehrgeneral, der mir freundschaftlich zulächelte. Es war der Chef, und mit seinem Auftritt wurde es totenstill im ganzen Haus, alle drehten sich ihm zu, er sagte in die Stille hinein: Ich habe Sie einen Augenblick allein gelassen.

In der Stille hörte ich das Surren von Kameras und merkte, daß ich die ganze Zeit gefilmt worden war, meine Kleider getrocknet von den Scheinwerfern. Die Fernsehleute zeigten uns den ganzen Film rückwärts, jetzt sahen, beachteten mich alle, und mir war es recht, daß alles ohne Ton lief.

drei **Geschlossene Ortschaft** Köln im zweiten dritten Gang. Wieder die Lust, Vollgas zu geben, weite Strecken zu fressen, Richtung Süden. Wenn du den Fuß auf dem Gaspedal läßt, bist du nachher in Frankfurt, morgen in Italien, übermorgen Sahara, da kannst du dich und die Maschine ein bißchen abkühlen lassen, in der Wüste kein Ärger mit Tina, kein Gerangel mit Vierabend, kein Büttinger.

Im Verband war es ihm an diesem Mittag zu eng geworden. Das Diktat war wieder ein paar Absätze weiter, aber die Aussicht, daß nichts passiert, lähmte alles. Außer den Reden gab es nicht viel Arbeit, in die er geschäftig hätte fliehen können. Da er nicht wie ein Arbeitsvortäuscher seine Nachmittagsstunden auf Ellenbogen gestützt abzusitzen brauchte, ging er und mußte als Chefdenker Frau Majonika nur sagen Bis morgen! und das Büro verlassen.

Halt in Rodenkirchen, unter dem Haus, in dem Diehl ein paar Quadratmeter gemietet hatte. Als er den Wagen abschloß, wußte er nicht mehr, was er oben in seinem Bau wollte. So streifte er erst einmal durch den Supermarkt, ohne viel einzukaufen. Im Fahrstuhl wurde ihm wohler und müde, und als er in der achten Etage ausstieg, wollte er nichts weiter als schlafen.

Diehl packte die Lebensmittel aus und öffnete die Balkontür. Das Bett war nicht gemacht, es war nie gemacht, wenn er in seine Höhle zurückkam. Das Bettzeug strich er glatt, warf die Decke darüber, legte die verstreuten Illustrierten zusammen, stellte drei leere Bierflaschen in die Kochnische. Er streckte sich hin. Aber nach einer halben Stunde hatte er noch keinen Schlaf gefunden, nervös gemacht vom Tuckern der Schiffmotoren unten auf dem Fluß, das ihn morgens oft angenehm weckte. Ohne die Schiffe zu sehen, wußte er, ob sie stromaufwärts oder hinab fuhren, deutlich am Tuckertakt zu unterscheiden. Diehl war das Nachmittagschlafen nicht gewöhnt, also Zeitungen her, einen Calvados zum Anfassen und die elfte Zigarette des Tages.

Nachrichten und Kommentar. Auch über diese Sitzung wurden keine Einzelheiten – Wie auch immer das Drama ausgeht – Die Mauer des Schweigens wurde lediglich – Am Abend versammelte sich dann erneut – Durch Veröffentlichungen dieser Art Emotionen geweckt würden die den Verantwortlichen die Entscheidung nicht erleichtern – Und niemand vermag zu sagen – Auf die an- und abfahrenden Dienstwagen – Wie ein Mann müssen jetzt alle – Ansonsten machen wir uns vor aller Welt lächerlich – Auf Bundesebene bei den Sicherheitsorganen 5000 neue Stellen – Von dem reinen Stundenlohndenken abkommen – Das Geld soll wieder im Windhundverfahren – Versuchten draußen die Fahrer sich die Zeit zu vertreiben – Welthandel wird nach Darstellung des Währungsfonds – Vorurteile gegen den Golfsport abbauen – Auch in diesem Herbst Maßstäbe für kombinierte Kleidung – Terence Hill Marschier oder stirb – Und der achtzehnjährige arbeitslose Matthias G. mit Schußwaffen in der Hand die Bankfiliale – Ein europäischer Wappendienst – Kinder mit einem Flakgeschütz das als Karussell dient – Erstmals Zugang auf den Markt für Knabbergebäck – Die Bluttat wurde erst vier Tage später – Den Ehrengästen mit einer neuartigen Laser-Light-Show – Hat die urkölsche Figur des Spaßmachers keine Zukunft mehr – Bunte Welt der Tapete werktags 9–18 Uhr – Und Erfahrung mit dem Rhein sollte er auch – Wir haben Abschied genommen Wir trauern um Heute entschlief Plötzlich und unerwartet Gott der Herr nahm heute – Film der weder ja noch nein zur Bundeswehr – Die Geschichte beginnt als friedliche Urlaubsreise durch Italien – Eine der größten Markisen überspannt bei Staatsempfängen die Terrasse von Schloß Brühl – Danach verfünffachte sich der tägliche Chloroform-Durchfluß – Wechselnd überwiegend stark bewölkt gelegentlich Schauer.

Spekulationen Verdächtigungen Volksrezepte, immer die gleichen Fotos und die gleichen Bildunterschriften in allen Zeitungen, aber nichts Neues von Büttinger, was schreibt er, wie gehts ihm, wo ist er. Kein deutliches Wort, alle schleichen um ihn herum.

Wenigstens eine Zeitung könnte jetzt eine große Büttinger-Story bringen, sein Leben sein Aufstieg seine Verdienste ausführlich, aber kein Mensch traut sich an ihn ran. Nicht mal ein Buch gibts. Das sollte mal jemand machen, ungeheure Nachfrage, ein nie dagewesener Hunger nach Informationen – und was wird geboten, nichts. Oder sollte ich das machen, dachte Diehl, ich, warum nicht ich.

Er stand auf, ging im Zimmer hin und her, riß fast die große Aluminiumbogenlampe um, dann auf den Balkon. Das Büttinger-Buch, das kann ich, das kann außer mir vielleicht noch Freund Schanz und sonst keiner, und keiner der schnellen Sellerschreiber hat so viel Büttinger-Wissen parat.

Aufgescheucht von seiner Idee verließ er die Wohnung, entschied sich im Fahrstuhl, das Auto warten zu lassen, und lief los. Er mied die Geschäftsstraßen und steuerte nach kurzem Zögern gleich auf die Cafés und Restaurants am Ufer zu, erst mal einen kippen und in Ruhe über alles nachdenken. Aber er wollte nicht sitzen und schlug doch den Weg zu den Uferwiesen ein.

Im allmählich milder werdenden Nachmittag erschienen immer mehr Leute, paarweise oder einzeln verstreut auf asphaltierten Gehwegen oder auf dem Rasen. Kaum jemand saß auf den Bänken, alle bewegten sich unauffällig und behutsam in irgendeine Richtung. Nur Radfahrer Sportläufer, Bälle und Hunde störten die bedächtigen Bewegungen. Im Gras auf Decken hockten Türken geheimnisvoll im Kreis, niemand wagte, sich ihnen zu nähern. Auch nicht die Eis lutschenden zwölfjährigen Mädchen, die Diehl nachguckten und kicherten, als hätten sie einen bekannten jungen Filmschauspieler erkannt, der mit hastigen Schritten durchs grüne Gelände fegt und von seinen Fans nicht entdeckt werden möchte. Er versuchte sich zu konzentrieren. Jetzt ein Seller über Büttinger, genau das Richtige, ein Riesenbedarf und eine Riesenchance fürn Verband und für mich eine anständige Arbeit, ich mach das.

Es war nicht warm, aber heller geworden, sogar die Sonne zeigte sich für einige Minuten und sorgte für ein frühes Abendlicht, in dem die Unterschiede der Grünfarben deutlicher hervor-

traten. Die Sonne leuchtete schräg, fast von unten in die Baum-
kronen. Immer mehr Bäume auf den Wiesen, der Park zwischen
dem sachten Ufer und der Front der Villen wurde allmählich
breiter.

Die reichen Häuser und ihre Panoramafenster zeigten den trot-
zigen Stolz ihrer Besitzer an, daß niemand außer ihnen ein Recht
auf Ausblick über Park und Fluß habe. Deshalb der Abstand zu
diesen Villen. Die Spaziergänger hielten sich so nah wie möglich
am Ufer. Manche schlurften über die schwarznassen Sandflächen,
als wollten sie eine winzige Erinnerung an eine Meeresküste auffri-
schen. Andere standen dicht am Wasser still und beobachteten,
wie drüben am anderen Ufer belgische Soldaten friedfertig mit
Amphibienfahrzeugen manövrierten. Ein alter Mann sah Möwen
nach, wie sie auf einer Mole kurz anhielten und dann wieder im
leichten Wind aufstiegen und hoch oben abdrehten, er sah den
Möwen nach, den Lachmöwen, als gäbe es im Vogelflug irgend
etwas zu deuten. Wenn ein Schiff vorbeituckerte, blieb manchmal
jemand stehen, bis die Bugwellen die Gänse und Enten in ihrer
Bucht ins Schaukeln brachten und dann zwischen Treibholz, Pla-
stikresten und Steinschutt verebbten.

Die Leute hier waren Diehl fremd und gleichgültig. Er vermied
es, ihnen in die Gesichter zu sehen. Erst bei einem jungen Paar
wurde er aufmerksam. Sie und er sichtbar teuer in der eben gülti-
gen Herbstmode mattbraun gekleidet und Goldschmuck und
Make-up offen zur Schau gestellt, beide unter dreißig und so
schick, daß sie es offenbar auch schick fanden, als Hund den häß-
lichsten aller Möpse zu halten und dem Publikum vorzuführen.
Diehl überlegte einen Moment, ob er sich auch so zeigen würde,
wäre er mit Tina verheiratet. Und ob sie sich auch einen Hund
zulegen würden. Es schien ihm nicht unmöglich.

Über dem Park lag nicht die leiseste Panik. Die Herbstluft war
nicht einmal vom verdächtigen Bratkartoffelgeruch durchsetzt,
den chemische Fabriken, die vor dem Westwind lagen, ihren Giften und Gasen beimischten. Sogar der Geruch des Rheins war bei
diesem Wind gut zu ertragen. Alle Bewegungen hatten etwas
Friedliches, wie Feierabend. Ein weiches, gemächliches Bild, als

gebe es den für allgegenwärtig erklärten Terror gar nicht, als finde der nur im Fernsehen statt. Nichts war zu sehen von der täglich ins Bild gesetzten Erwartung neuer Schußwechsel, nächster Opfer, gefaßter Täter.

Und doch wirkten viele Leute so, als seien sie gar nicht anwesend, nicht hier im Uferpark von Rodenkirchen am Rhein. Als seien sie eben aus dem Kino getappt, als brauchten sie eine Pause, ein paar Minuten frische Luft zwischen zwei Filmleichen, so kamen sie daher, noch ein wenig benommen und die Jungen mit nicht übertriebenem Mißtrauen beäugend. Jeder unter vierzig verdächtig, jedes Gesicht kann verstellt sein, jede Kleidung Verkleidung. Der Film im Kopf lief noch weiter, und sie sahen sich manchmal halb ängstlich um, als wüßten sie noch nicht, ob sie alles möglicherweise Bedrohliche immer noch auf ihren Helden oder schon auf sich selbst beziehen müßten.

Diesen stillen Belagerungszustand nahm Diehl nicht wahr. Er dachte nur an seinen Seller. Ein Hubschrauber knatterte über Trauerweiden neben den Villen und flog schräg über den Rhein, vielleicht Richtung Flughafen. Da kamen plötzlich die Skrupel. Nein, Büttinger gefangen, und ich spekuliere mit dem Terror, das geht nicht.

Er lief langsamer und wünschte sich das Auto her. Und doch, gebraucht wird so ein Buch auf jeden Fall. Der ganze Verband wird profitieren davon. Wer spekuliert denn mit ihm, ich doch nicht. Die Terrorleute spekulieren mit ihm, die Politiker auch, und die hohe Polizei spekuliert mit, die spielen sich die Bälle zu, die machen doch alle ihren Schnitt. Spekulation oder nicht, wir müssen den Chef aus der Tabuzone holen, sein soziales Anliegen, Staatsmann der Wirtschaft, ist schon richtig. Egal wie die Sache jetzt ausgeht. So eine Chance für mich. So eine Chance, die Menschenführer populär zu machen, kommt so schnell nicht wieder. Wir wären Idioten, wenn wir uns das entgehen ließen.

Nur die Termine. Wenn ich schnell bin, brauch ich fünf sechs Wochen. Dann der Verlag noch ein paar. In drei Monaten aber ist der Fall Büttinger gestorben, so lang zieht sich das nie. Entweder ist er längst wieder da und die Illustrierten haben das Thema Büttinger bis zum letzten Blutstropfen ausgeweidet, nun reichts aber mit Büttinger, oder er ist begraben vergessen, niemand möchte den Fall noch anrühren, kein Umsatz mehr mit ihm zu machen, und längst steht ein anderer Präsident im Rampenlicht, vielleicht Gorkweiler oder Felder, Fritz Tolm oder Justus Cassin oder der junge dynamische Unbekannte. Oder ich bin schon längst weg vom Verband, entlassen oder rausgeekelt oder abgeworben zur Chemie, ich weiß das alles nicht. Was weiß ich von Büttinger, was soll ich mir noch Arbeit machen mit Büttinger.

Das Laufen war er nun leid, die Äcker und Kläranlagen und Gewerbegebiete da hinten zogen ihn nicht an, er ging zurück. Weil er unschlüssig war über seinen Plan, fühlte er sich beobachtet. Als wären all die neu installierten Alarmanlagen in den Villen auf ihn gerichtet. Geh zur Chemie, laß die Finger von Büttinger. Obwohl er nicht viel von sich wußte, spürte er doch, daß eine Entscheidung anstand, entweder mußte er sich ganz auf Büttinger einlassen oder er mußte Büttinger endlich fallenlassen, vergessen, laß die Finger von Büttinger. Der Chefdenker hilflos und schutzlos und ohne den sicheren Wagen, er wünschte wenigstens einen Leibwächter.

Alle Knabenträume werden wahr. Leibwächter müssen her, jeder kleine Junge von dreißig bis achtzig möchte einen breiten Gorilla vor sich haben, der Leibwächter als neues Statussymbol, und in weiten Kreisen, sagt der Experte, herrscht die Meinung, der Leibwächter müsse sein wie der Muskelprotz aus Hollywood, körperlich und nervlich extrem belastbar, ein Kerl, der ohne Mucken reagiert, Körperdrehung, Karatehieb, Feuer frei. Das sind, sagt der Psychologe der Polizei, romantische, ja höchst gefährliche Vorstellungen. Al Capone und seine Männer in Ehren, aber das waren Offensivkämpfer, die ihre Gegner kannten, der Bandenkrieg heute ist gefährlicher, weil wir den Gegner nicht kennen, er aber uns. Der Leibwächter unserer Zeit, am besten sagen wir heute Sicherheitsbegleiter, braucht alle diese traumhaften Eigenschaften, und die kriegt er nicht ohne ein paar Jahre Bund oder Grenzschutz, in erster Linie aber muß er ein hellwacher Defensivkämpfer sein und hoch intelligent weil hoch gefährdet. Und er braucht klare Einsatz-Grundsätze. Denken Sie auch an die komplizierte arbeitsrechtliche Lage und die Kosten, zirka 250000 im Jahr, und rechnen Sie bitte nach: Bei Vierzigstundenwoche brauchen Sie für eine Rundumdieuhrbewachung sechs Mann, anderthalb Millionen für den nicht einmal sicheren Schutz einer Person. So viel Angst, sagt der Experte im Vertrauen, haben die Firmen dann doch nicht, daß sie sich das leisten wollen. Trotzdem, der Leibwächter kommt in Mode, die Nachfrage steigt, meine Herren, bitte betrachten Sie sorgfältig den Nutzen, den Sicherheitswert des Sicherheitsbegleiters. Sein Wert liegt, wie bei allen derartigen Sicherungen, hauptsächlich darin, die Risikoschwelle für potentielle Täter so hoch zu halten, daß daraus eine Abschreckung wird und der mögliche Angriff aus diesem Grunde unterbleibt. Eine Risikoschwelle, die diese Abschreckung nicht erreicht, kann sich ins Gegenteil verkehren und zu einer Eskalation der Täter-Aktivitäten führen, zu noch mehr Brutalität. Ein unzureichender Sicherheitsbegleiter verschlechtert die Sicherheitslage für den Gefährdeten eher.

Sie glauben gar nicht, so die Mitteilung des Sicherheits-Experten, wie schwer es ist, in dieser Frage Schutz vor dem Terror ein wenig Vernunft walten zu lassen. Die einfachsten Dinge, Sicherheitschecklisten für Betrieb und zu Hause, für Geschäftsreise und Urlaub, sind den verantwortlichen Herren am schwierigsten anzugewöhnen. Wir dürfen, sagt der Psychologe, die Menschenführer mit ihrem besonderen Risiko nicht allein lassen. Aber wir werden sie aus ihren Knabenträumen reißen müssen, denn sie lieben nun mal ihre Leibwächter, verständlicherweise. Das Bedürfnis zu fast hautnahem Kontakt zum Normalmenschen, noch dazu, wenn er Überlegenheit und Sicherheit ausstrahlt, ist voll begreiflich, sind ja auch prachtvolle Kerle darunter bis hin zu Feldjägern und Fallschirmspringern der Reserve, zu denen jeder schnell ungezwungenen Kontakt findet. Es gibt eine noch wenig erforschte soziale Isolation unserer Führungskräfte, Kontakte nur in ingroup und Familie. Die Sehnsucht nach Alltagsbegegnungen läßt herzliche Freundschaften zu Chauffeuren und Kellnern entstehen, die Sehnsucht nach einer leistungsfreien Kommunikation, zum ohne Berechnung getrunkenen Bier, zum ausgewählten Mann von der Straße erklärt auch den Traum vom Leibwächter, und das ist der Traum von Unsterblichkeit.

Kaum aus dem Lift, mußte Diehl schon wieder aufpassen, ausweichen. Longerich trat ihm entgegen, der Nachbar vom Apartment nebenan, und fragte lüstern:

– Na, gibts was Neues?

– Nein! sagte Diehl und war rasch an seiner Tür. Er wollte Ruhe haben vor dieser Frage und Ruhe vor diesem Herrn Nachbarn, dem geschwätzigen Gerichtsvollzieher, dem schwulen Gerichtsvollzieher.

Kurz nach dem Einzug hatte der mal angeklopft, ob der neue Nachbar nicht mal rüberkommen wolle auf ein Bier. Und schon sitzt Diehl einen ganzen Abend träge besoffen auf einem karierten Sofa vor breitgestreiften Tapeten. Longerich erzählt ständig von sich, Arbeit des Gerichtsvollziehers, die ruhige Kugel der mittleren Beamtenlaufbahn, und nachdem er Diehls Beruf erfahren hat, behauptet er in wirren Sätzen, seine Zunft arbeite auch nach den Regeln der freien Wirtschaft. Zum Beispiel, hört Diehl, werden Gerichtsvollzieher zum Teil nach dem Wert bezahlt von dem, was sie pfänden und versteigern, und sie kriegen mehr, wenn sie zwischen 18 und 6 Uhr pfänden, dazu braucht man eine richterliche Genehmigung, und die kriegt man leicht, wenn man dem Richter sagt, die Schuldner seien nur abends anzutreffen. So kommen wir auch an unser bißchen Geld, grinst Longerich und holt Bier nach und setzt sich in den Sessel rechts neben ihn statt wie vorher gegenüber. Er ist anbiedernd, schmierig, paß auf, denkt Diehl und animiert ihn wenigstens zum Weiterreden. Vielleicht will Longerich einem Mann aus dem Stab Büttingers mit seinen Stories imponieren, vielleicht ist er einfach froh, daß ihm ein intelligenter Mensch zuhört, vielleicht will er sich wirklich so plump an mich ranmachen, oder er muß mich für einen Komplizen halten, daß er so freimütig auspackt. Von den vielen Anekdoten, in denen immer

von gedrehten Dingern die Rede ist, bleibt allein die Schnapsge-
schichte hängen, weil auch Longerich immer Schnaps nachkippt.
Ein Kollege, erzählt der schon schwer angeschlagene Beamte,
pfändet einen Laden mit Spirituosen, die werden in einer Garage
zwischengelagert, die Garage gehört einem guten Freund, der dafür Miete von Vater Staat kassiert. Der Kollege schreibt ins Protokoll vorschriftsmäßig zum Beispiel Whisky 42 Prozent, aber nicht
die Marke, dann tauschen die beiden die teuren Scotch-Flaschen
mit deutschem Whisky-Fusel aus und machen halbe-halbe und
immer noch ein Geschäft, und den Kollegen nennen alle Kollegen
Johnny Walker. Plötzlich sitzt Longerich neben Diehl auf dem
Sofa und sagt, ich heiße Ewald. Da steht Diehl auf und wankt
wortlos aus der fremden Wohnung. Seitdem hatte er den Nachbarn nur flüchtig gezwungen gegrüßt auf dem Flur, im Fahrstuhl.
Und er hatte ihn in Verdacht, selber der Johnny Walker zu sein,
wie kann er sich sonst dies Apartment leisten.

Nein, mit dem wollte er sich auf kein Gespräch einlassen, jetzt
schon gar nicht. Vor Longerich und allen andern verrammelte er
die Tür.

Dann breitete sich der Chefdenker auf seinen 48 überschaubaren Quadratmetern aus, hockte auf Lederpolster, bedeckte sich
wie ein Penner mit Zeitungen, schirmte sich ab von der Welt mit
Fernsehbildern, verschanzte sich hinter Stahlbetonwänden, die
bedeckt waren von einer Schrankwand und von Rauhfasertapeten,
dekoriert mit dem Plakat des grimmigen Fingerzeigers Uncle Tom
I want You, mit einem BMW-Kalender und dem Großfoto eines
kurvenden Rallye-Alfa zwischen Schneewällen auf der Straße in
den Bergen hoch über Monte Carlo. Diehl stieg um auf den Fernsehsessel und drehte sich mit dem Sessel zur einzig offenen Seite
hin, zur Fensterfront zum Rhein. Sitzend konnte er den Fluß nicht
sehen, immer nur den verschieden grauen Himmel Richtung Ost.
Manchmal ärgerte er sich noch, daß er sich ins achte Stockwerk
eingemietet hatte. Zwei oder drei Etagen tiefer wäre das Wohnen
nicht nur zweihundert Mark billiger gewesen, er hätte dort auch
noch im Sitzen den Schiffsverkehr, das andere Ufer und den Horizont des Siebengebirges im Auge behalten.

Diesen Abend war er mit Tina verabredet, aber er igelte sich noch weiter ein, starrte in die Dämmerung und machte alle Anstrengungen, Büttinger zu schlagen.

Ich werde Zeremonienmeister sein und werd es ihnen allen zeigen, Chef des Protokolls bei einer Jahresversammlung, mein Auftrag, Schwung in den freudlosen Haufen bringen. Ich werde den Saal zu einem Bankett herrichten lassen und die Tischordnung festlegen. Büttinger soll im Zentrum sitzen wie ein König an einem herausgehobenen Tisch, die anderen in Halbkreisen um ihn herum. Ganz außen lasse ich mehrere Tischreihen für die Rangniederen aufstellen, für die neunhundert Vorsitzenden und stellvertretenden Vorsitzenden der einzelnen Unterverbände des Verbandes. Diese Herren werde ich erst dann an den zugeteilten Platz lassen, wenn sie im Trikot ihres heimatlichen Fußballvereins erscheinen.

Besondere Mühe werde ich mir geben mit den zwischen Rangniederen und der Chef-Tafel gesetzten Tischen für die hundert Herren Vorsteher und Top-Leute der Branchen. Sauber nach Würde und Bürde werde ich sie aufreihen, die Obrigkeiten der Energiewirtschaft neben die Häuptlinge der Baubranche, die Sprecher für Bekleidung und für Zeitungsbesitz werde ich neben die Marktführer der Autohersteller setzen. Die Spitzenfunktionäre der Binnenschiffsbesitzer und der Küstenschiffseigner und aller anderen Reeder werden wieder einmal in Kontakt kommen mit den Herrschern von Chemie, Bergbau und Bierbrauerei. Die Bahnbrecher des Druck-Metiers und von Erdöl und Erdgas werde ich mit dem Top-Manager der Land- und Forstwirtschaft zusammenbringen, die Exponenten der Holzchefs und der Glaschefs mit den Kapitänen des Einzelhandels und den Admirälen des Großhandels und Außenhandels. Die Herren über Kali Kautschuk Keramik und Leder und über alle, die mit Kali Kautschuk Keramik und Leder arbeiten, die Prinzipale des Maschinenbaus und der Metallmenschenführer und der stärkste Mann der Ölmühlen werden die menschliche Seite der regierenden Menschenführer des

Bankwesens kennenlernen. Die Avantgarde des Bundes der Zigarettenindustrie und der Zuckerindustrie und die Wortführer der Inhaber der Sägewerke und Schuhfabriken werden einträchtig in der Nähe des Großmeisters aller Versicherungsgeneraldirektoren sitzen, der neben dem Chefdirigenten von Nahrung und Genuß und neben dem Aufseher über alle Geschäfte mit Papier und Pappe Platz finden wird, und schräg gegenüber sollen die Meister des Vorteils im Handwerk und das Oberhaupt der Chefs über alle verkäuflichen Steine und Erden thronen. So wird sich dieser etwas erhöhte Tisch nach und nach mit den Vorstehern füllen. Auch diesen allen werde ich andere Oberbekleidung befehlen, ihnen soll der Fundus aller Karnevalsvereine zur Verfügung stehen.

Im Zentrum dann Büttingers Tisch, erhoben über den anderen. Außen an der Cheftafel werde ich die Mitglieder der engsten Runde plazieren, die zehn obersten Menschenführer der wichtigsten Konzerne, all die bekannten großen Namen. Dann zur Mitte hin um Büttinger herum seine sieben Vertreter von Appelmuth bis Gorkweiler. Auch diese Herren werden ihre grauen und blauen Einreiher ablegen müssen und die Farben ihrer akademischen Verbindungen tragen. Diese Anordnung gilt auch für Büttinger, der zuletzt erscheinen und an der Mitte des Tisches, im Zentrum des Ganzen Platz nehmen wird. Von seinem erhöhten Sessel aus kann er alles überblicken, die Repräsentanten seines Reichs übersichtlich nach Macht Rang Reichtum geordnet.

Nach dem Begrüßungsritual werde ich jedem eine Flasche Wein vor die Nase setzen lassen, damit die Augensäcke der Herren nicht ganz so traurig zu Boden hängen. Dann wird das Menü serviert, an das sie noch lange denken sollen, Hauptgang Löwensteak, rund siebzig Löwen für das traditionelle Löwenessen des Verbandes der Menschenführer, auch das ist bezahlbar absetzbar bekömmlich, schön mit Kartoffelbällchen Preiselbeeren Rosenkohl und Mandelsplittern. Als Kellner werde ich die Partner engagieren, die Spitzenmänner aus dem Partnerverein und ihre Referenten und höheren Vertreter, die werden die Speisen austeilen, Wein nachschenken, fragen, ob unsere Herren mit allem recht bedient sind, und bringen, was verlangt wird. Verlangt werden Erfrischungstücher Zweitservietten Zahnstocher Maniküre, alles sollen unsere Kontrahenten eifrig und zufriedenstellend erledigen, als hätten sie es so gelernt.

Ich könnte noch weitergehen, ein Unterhaltungsprogramm. Schauspieler und Gaukler von Film und Fernsehen werden auf die Bühne treten, Moderatoren Ansagerinnen Nachrichtensprecher, die teuersten Sängerinnen und Musikanten des Landes, die nacktesten Tänzerinnen aus Paris, sie alle werden ihr Können vor Büttinger und den endlich entspannten, Nachtisch schlürfenden Menschenführern zeigen. Danach wünschen die meisten der Herren befriedigt zu werden, auch da werde ich vorsorgen, sie sollen wählen können zwischen Mädchen und Knaben, sie sollen wählen können zwischen afrikanischen indischen oder polynesischen Leibern, und neben den Tischen werden Matten ausgerollt werden für alle, die nicht passiv bleiben wollen.

Eine Stunde Pause, dann den Puff lüften und die Berichte und Beginn der Aussprache, so stelle ich mir das weitere Programm vor. Vielleicht noch eine Überraschung, ich lasse eine Meute ausgehungerter Löwen in den Saal hetzen und die Türen schließen. Vielleicht werde ich froh sein, die Fernsehleute engagiert zu haben, sie könnten das Geschehen live nach draußen übertragen und kommentieren, bis auch sie dran sind.

Nimm dich zusammen, wie kannst du nur so was denken, so kannst du mit Büttinger nicht umspringen.

Was weißt du von Büttinger? Diehl machte alle Anstrengungen, Büttinger wieder zum Leben zu bringen. Was Büttinger so alles erzählte, wenn er bei Laune war, das mußt du ernst nehmen wie du Büttinger ernst nehmen mußt. Wozu hat er dir das alles erzählt, nachts im Chefwagen zum Beispiel. Damals, neulich die Rückfahrt von Göttingen, die Gegend Kassel, der Chauffeur hält stur die 150. Was weißt du von Büttinger? Der Sprung von den Studenten- zu den Nazijahren, der Spruch von der Herausforderung, plötzlich war er bei 45 und bei den Geschichten von seiner Internierung und kam ins Erzählen.

Auf einmal sollten wir alle Kriegsverbrecher gewesen sein. Zwei Jahre war ich zusammen eingesperrt mit waschechten Nazis, den braunsten der Braunen, und kleinen Nazis und vielen gutwilligen Leuten. Gerade auf uns Männer der Wirtschaft hatten es die Amerikaner am Anfang ja besonders abgesehen, die konnten sich als saubere Demokraten überhaupt nicht vorstellen, daß wir nur Diener eines Zwangssystems gewesen waren.

Das fing so an, erst sperrten sie uns ein paar Tage in Zelte, dann wurden wir auf Lastautos verladen, schwerste Bewachung, und mit unbekanntem Ziel in Marsch gesetzt. Ich hatte gar kein so schlechtes Gefühl, im Gegensatz zu den meisten Kameraden. Ich wußte, sie werden uns nicht aufhängen, mich jedenfalls nicht. Hauptsache, es geschah überhaupt etwas, desto eher konnte ich klarstellen, daß ich mit irgendwelchen Kriegsverbrechen nichts zu tun hatte.

Aber dann, als wir mit dem LKW durch ein schwer mit Stacheldraht gesichertes Tor kamen, auf einen Fabrikhof, irgendeine abmontierte Lederfabrik, wie wir später hörten, da bekam ich es doch mit der Angst zu tun. Aus den Fenstern starrten uns wilde Gestalten an, verwahrlost und hager, furchtbare Kerle, und ich weiß heute noch, wie ich dachte, denen möchtest du nicht im Dunkeln begegnen. Aber ich ahnte schon, bald wirst du so aussehen wie die, bald wirst du zu denen gehören. Und in dem Moment nahm ich mir vor, mich nicht unterkriegen zu lassen, ich hab schließlich noch mehr gelernt als Partei und Schutzstaffel.

Aber es war schlimm, sag ich Ihnen, primitiv und schwer zu ertragen. So zehntausend Mann in diesem Lager, auf engstem Raum, alte PGs, Gauleiter, Ortsgruppenleiter, Kulturwarte und alle möglichen anderen Warte und Räte, alles nach Schema F eingebuchtet, sogar einen Blockwart der Eisenbahn hatten die mit uns eingesperrt. Unser Saal ganz bunt gemischt, eine ganze Botschaftsbesatzung, ein Erbgroßherzog, Bischöfe beider Konfessionen, viel Abwehr, viel SS, Kollaborateure aber auch, sehr ordentliche Franzosen zum Beispiel. Dann Polen und Tschechen, teilweise unangenehme Menschen, was mich nicht verwunderte nach allem, was passiert war, und dann noch frühere Kapos aus den Lagern, üble

Verbrechertypen die meisten. Und alle diese Leute auf engstem Raum zusammengepfercht, tausend Mann in einem Fabriksaal, ein einziger Waschraum, und ein Auslauf so ungefähr 10 mal 100 Meter, dick mit Stacheldraht umgeben, versteht sich. Die Verpflegung wirklich unter aller Kanone, ich hatte den Eindruck, absichtlich so mies, als wollte der Amerikaner auf diese primitive Weise Rache an uns nehmen und jetzt uns mal zeigen, was ein Lager ist. Die Behandlung war jedenfalls ganz danach, sehr verächtlich und von oben herab. Gut, ich fand das ungerecht, aber irgendwie verständlich, schließlich waren sie die Sieger, und nicht wir.

Am schlimmsten war die Jammerei meiner alten Parteigenossen. Darunter waren viele von diesen Hauruck-Nazis, die aus hohen Stellen tief herabgestürzt waren und nun nichts anderes kannten als Verbitterung und Jammerei. Meine Devise war immer: Nicht jammern, nicht passiv in der Ecke stehen, aktiv werden, Gesprächskreise organisieren, Kurse und Vorträge, den Laden in Schuß halten, an die Zukunft denken, das Leben muß weitergehen. Sie lachen, Diehl, aber das war lebenswichtig und leider nicht sehr verbreitet, diese Haltung. Die alten PGs, die immer noch der alten Herrlichkeit nachtrauerten, gaben immer den anderen die Schuld am Zusammenbruch, mal den Offizieren der Wehrmacht, mal den Verrätern in der Partei und oft genug uns Männern der Wirtschaft. Es gab da ja immer noch die Gerüchte von Rivalitäten zwischen Partei und Wehrmacht, Partei und Wirtschaft, Wehrmacht und Wirtschaft, die Auseinandersetzung um das Speer-Programm und diese Dinge. Und die alten, scharfen PGs wurden durch die Nürnberger Prozesse noch mehr verhärtet, von denen wir natürlich nur ganz einseitig unterrichtet wurden.

Mir war es wirklich ziemlich egal, wer uns den Zusammenbruch eingebrockt hatte, die ganze Sache war eigentlich schlimm genug, da konnte sich niemand hundertprozentig reinwaschen. Deutschland war zerschlagen und zerstört und zerrissen, und die meisten Leute in dem Lager zerstritten und verbissen sich in der Schuldfrage. Wenn ich vielleicht noch ein Nazi war, als ich in die Internierung kam, so hab ich mich da doch entschieden geläutert. Ich habe viel diskutiert damals und viel gelernt, und ich habe diese

verhärmten, jammernden und verbohrten Parteileute, alles verbit-
terte Ideologen im Grunde genommen, die hab ich verachten gelernt. Nicht weil sie in der Partei waren und zu dumm oder zu
langsam, sich innerlich von ihr loszusagen, sondern weil mir ganz
klar wurde, daß diese Ideologen alle diesen Leistungsekel haben,
diese Unfähigkeit, in jeder Situation etwas Vernünftiges auf die
Beine zu stellen. Und diese PGs, die sich doch mit Stolz National-
sozialisten nannten, hatten die soziale Komponente der Partei, die
doch am Anfang ihr Erfolgsgeheimnis war, schon völlig vergessen.
Meine Rede, daß nur Leistung uns die Zukunft sichert, ich hab
vielleicht ein bißchen groß getönt mit meinen gut dreißig Jahren,
das haben die meisten nur für Sprüche gehalten. War ja auch schon
absurd, hinter Stacheldraht von Leistung zu reden, aber ich hab
mich nicht entmutigen lassen, war ja auch nicht der einzige, der so
dachte.

Wir waren eine richtige Clique von Aktivisten, ein Major, einer
von den wirklich großartigen Diplomaten, ein Pater und natürlich
ein paar andere, die aus der Wirtschaft oder Wirtschaftsverwal-
tung kamen und wirtschaftlich dachten. Wir organisierten Sprach-
kurse, Englisch und Französisch, abendliche Kulturvorträge, Re-
zitationsabende, ein Gesangverein tat sich durch unsere Initiative
auf. Wo wir konnten, verbesserten wir die Zustände im Lager oder
gaben Anregungen, vor allem die hygienischen Zustände, Sauberkeit ganz allgemein. Und wir gingen regelmäßig zur Messe, die
unser Pater las, und ich muß sagen, auch wenn Ihnen das sehr
altmodisch klingt, mir hat der Zuspruch von dieser Seite sehr geholfen, und der feste Halt vieler Kameraden im Christentum hat
mir sehr imponiert. Ich glaube, ich habe damals zum erstenmal
begriffen, wie sehr unser praktisches wirtschaftliches Denken in
der christlichen Nächstenliebe wurzelt.

Von heute her gesehen ist es schon erstaunlich, wie sich alles
regelte, wie dieser zusammengewürfelte Haufen sich an den Zustand von Lager und Gefangenschaft gewöhnte und leidlich ver-
träglich miteinander lebte.

Irgendwann wird dann alles normal und man gewöhnt sich. Am
Anfang war es mir ja wirklich unfaßlich gewesen, daß ausgerech-

net ich, der ich nun wahrlich nicht der Braunste der Braunen war, daß ausgerechnet ich in dieses entsetzliche Lager gekommen war. Und auch unter meinen SS-Kameraden im Lager galt ich als Außenseiter, das kann ich heute mit Stolz sagen, weil ich weder ein Scharfmacher noch einer von den tristen Grüblern war. Wenn ich heute darüber nachdenke, ich muß irgendwie gefühlt haben, ich werd die Zukunft nur überstehen, das Endlichdraußensein, wenn ich diese schlimme Situation überstehe, wenn ich sie meistere, eine Bewährung sozusagen, im Umdenken, im Nüchternwerden, im Abschleifen aller ideologischen Versuchungen, im Neudurchdenken der Dimension des Sozialen, der Leistungswerte, der Freiheit. Keine Sorge, Diehl, ich werd dem Erhard die Erfindung der sozialen Marktwirtschaft nicht streitig machen, dem guten Müller-Armack auch nicht, aber manches von dem, was er in dieser Zeit und danach gedacht und formuliert hat, das haben wir auch schon diskutiert auf unsern Pritschen im Lager. Wir waren weniger theoretisch und auch gar nicht systematisch, wir hatten noch kein Konzept und keine Schlagwörter sozusagen, wir wußten aber die Richtung, wo es langgehen sollte.

Schlimm war natürlich die Absperrung von der Außenwelt, keine Besuche, selbst die Briefe kamen nicht immer durch. Auch wenn ich immer versucht habe, aus der Situation das Beste zu machen, das altmodische Wort Bewährung trifft das ganz gut, ich sehnte mich natürlich heißen Herzens nach der Befreiung wie jeder. Ab und zu kam es zu kleineren Entlassungen, nach ganz undurchsichtigen Kriterien, und jedesmal war die Spannung unvorstellbar groß, ob man vielleicht diesmal dabei sein würde, und dann die Enttäuschung und dann die Hoffnung auf das nächste Mal. Und so kam der Winter und Weihnachten, dann der Frühling, der Sommer und wieder der Herbst. Da wurde das ganze Lager verlegt, und wir hatten natürlich die Hoffnung, daß das nächste Lager wenigstens angenehmer und besser sein würde. Aber dann im neuen Lager, da waren wir wie vor den Kopf geschlagen. Das war in Heidenesel bei Würzburg, ein früheres russisches Gefangenenlager, mit lauter grauen häßlichen Nissenhütten, die Türen und Fenster zum großen Teil zerstört, Waschgelegenheit im Freien, Wasserhähne nur unter offenem Himmel, und alles so schmutzig und verwahrlost wie nur irgend möglich. Man hat ja viel mitgemacht damals und war an den Dreck und an die Not gewöhnt, aber das war wirklich niederschmetternd. Dagegen hatten wir vorher fast wie in einem Hotel gewohnt, sag ich Ihnen. Aber auch hier hätten Jammerei und Beschwerden nicht geholfen, es gab nur eine Devise: anpacken. Und auch die alten Nazis, die sich immer noch mit der Schuldfrage herumschlugen, fingen allmählich an, das zu begreifen. Und so ging die ganze Belegschaft ran, alles sauber, ordentlich und, soweit uns die Amis Material gaben, alles freundlicher zu gestalten. Die Initiativen, Diehl, die Motivationskraft und die Leistungsbereitschaft, die ich da erlebt habe, das tiefe Bedürfnis der Menschen, ihr soziales Umfeld zu verändern und zu verbessern, das hat sich mir für mein ganzes Leben eingeprägt damals, Leistung als soziales Bindemittel sozusagen.

Das klingt vielleicht sehr beschönigend jetzt. Ich hatte natürlich auch die Schnauze voll von diesem Leben. Bei den Verhören hab ich mich ganz offen gegeben, nichts zu verbergen, hier spricht der Fachmann, wenn Sie wollen, meine Herren Offiziere, können Sie von mir lernen, so diese Haltung, die hat ihnen imponiert, und sie haben mich nur drei- oder viermal rangenommen. Den Winter in Heidenesel mit der Wäsche im Freien hab ich noch mitgemacht, dann wurde ich endlich entlassen.

Das war ein seltsames, fast beängstigendes Gefühl, auf einmal vor dem Lagertor zu stehen, den Stacheldraht hinter sich zu wissen, aber auch die Sicherheit der Gruppe, die Freundschaft der Kameraden. Erst in diesem Augenblick wurde mir bewußt, daß ich vor dem Nichts stand. Ich hatte zwar meine Familie, und ich hoffte meine Freunde von früher wiederzufinden, einige immerhin. Trotzdem glaubte ich regelrecht am Nullpunkt zu sein, als sei in dem Augenblick erst der Krieg zu Ende gegangen.

Und als ich dann unten in Würzburg die fast leeren Züge sah, die die Besatzungsmächte für sich reserviert hatten, und daneben unsere Züge, vollgestopft mit Menschen und meistens ohne Fenster, und die zerbombten Bahnhöfe, die zerschossenen Lokomotiven, da kamen mir beinahe Tränen vor Wut in die Augen über die Arroganz der Besatzer, Sadismus würde man heute sagen, die Wut über unser so grausam zerstörtes Land, und überall die verhärmten Gesichter der Menschen. Ich fühlte mich aufgerufen, ja, Diehl, das hört sich heute ein bißchen pathetisch an, aber ich wollte es wirklich besser machen als vorher, Neuaufbau, aber ohne die Exzesse von vorher, wie gesagt.

Das war ja eine der grundlegenden Lehren von damals: nicht mit Worten überzeugen, sondern mit Taten, nicht lang debattieren, sondern Tatsachen und Beispiele schaffen, von Ideologien wollen die Menschen nichts mehr wissen. Die Gemüter waren abgestumpft von der pausenlosen Propaganda des Nationalsozialismus, die sich am Ende doch als trügerisch erwiesen hatte. Und auch die oft ungeschickte Art der Entnazifizierung hat dazu beigetragen, daß die Leute von höheren Werten, von großen Worten und Versprechungen nichts mehr wissen wollten. Das war ein Segen, würde ich heute sagen. Deshalb nämlich konnte unsere Idee von der Marktwirtschaft und vom Leistungsprinzip zur Sinngebung der Gesellschaft und des Lebens allgemein so Entscheidendes beitragen.

Diese Zusammenhänge, der Motivationsschub der Stunde Null, und ich würde sagen, auch der moralische Kern des Leistungsgedankens, das alles rückt in unseren Kreisen immer mehr in den Hintergrund. Ich finde das sehr bedauerlich und ich frage mich manchmal, Diehl, ob die Motivationskraft ausreicht, die unser heutiger Nachwuchs hat, ich frage mich oft, wo die heutigen jungen Führungskräfte eigentlich ihr 45 haben.

Ja, das ist Büttinger, wie er lebt.

Diehl machte alle Anstrengungen, Büttinger zu finden.

Vor einer Fertigungshalle wartete Diehl mit Abteilungsleitern und anderen Verbandsmanagern, alle versuchten lässig zu sein, distanziert interessiert. Ihr Auftritt, meine Herren, sagte ein kleiner, dicklicher Mittelstandschef und riß eine Tür auf. Und hier, meine Herren, arbeiten unsere Frauen. Was tu ich bei einer Betriebsbesichtigung, dachte Diehl, diesen lächerlichen Ritualen weiche ich sonst immer aus. Was machen die hier, Fernseher Staubsauger Pralinen Fernschreiber Schuhe Halbleiter Automotoren, immer das gleiche, und immer kriegen wir die Bewacher an den vollautomatischen Anlagen zu sehen oder die Frauen am Band. Aber Diehl sah keine Frauen, auch weiter hinten saßen nur Männer an den Bändern, alte Männer, die nicht aufblickten die bohrten die schweißten, Sechzigjährige und Ältere montierten feilten packten schraubten stanzten. Seit wann ist das Männerarbeit, das sieht doch nach Leichtlohngruppe aus, dann diese Alten, wollte Diehl fragen, die Männer geschweißt an ihren Platz, die weißen Haare hingen manchen über das Werkstück, gichtige Finger feilten vorgeschriebene Bewegungen nach, Blicke ins Material gebohrt.

Der Inhaber war mit den anderen Herren schon voraus. Diehl versuchte Anschluß zu halten, obwohl er jetzt gern stehen geblieben wäre, es wunderte ihn so vieles. Er konnte die Geräte auf den Bändern nicht identifizieren, ich bin doch kein technischer Idiot, ich werde doch noch die Bauteile eines Fernschreibers von denen eines Automotors unterscheiden können. Aber es paßte nichts mehr zusammen. Durch die Milchglasfenster war nicht zu erkennen, ob Sonne draußen schien oder nicht. Er konnte die Geräusche nicht unterscheiden, ob Lärm der Maschinen oder Lärmmelodien aus dem Lautsprecher, seine Lungen wollten die Luft aus Hitze Öl Staub Schweiß nicht annehmen. Er fand es diskriminierend, daß nur Männer in der Halle saßen, und wollte sich endlich den Ruck geben, den er den Personalchefs immer empfohlen hatte, den Ruck zu einer spontanen, das Interesse nicht verratenden, niemals von oben herab formulierten Frage an den Kollegen von der Fertigung, die Frage, was hier und wie und wirklich nur Männer? Aber es half ihm niemand zu diesem Ruck, ist ja auch scheißegal, dachte er. Die Gruppe schon weit vorn.

An einer Ecke wurde er wieder aufgehalten, als er ein großes Gestell sah mit einer runden Scheibe und Geräten daran, zwei Arbeiter montierten und drehten das Ding gleichzeitig. Er mußte an Ochsen denken, weit weg in Hinterindien oder Burma Birma, die den ganzen Tag im Kreis trabend aus primitiven Brunnen Wasser

pumpen, und hier ein schäbiges Gestell, von dem alle Farbe abge-
blättert ist, ein Karussell zum Selberlaufen, zum Akkordarbeiten,
das kam ihm so absurd vor, daß es ihn belustigte, solch ein küm-
merlicher Mechanismus in unserem technologischen Jahrhundert,
die drittgrößte Industrienation der westlichen Welt und dann so
was! In der Scheibe des Gestells ein Dutzend Ausbuchtungen,
darin hingen sonderbare Geräte, an denen die beiden Arbeiter her-
umbastelten montierten schraubten und das Ding in Bewegung
hielten, das Tempo noch steigerten. Jetzt hätte Diehl gern das Karussell angehalten, um sich den Arbeitsvorgang näher anzusehen
oder um ihn abzustellen, aber schon die Bewegungen der beiden
wiesen ihn ab, es war unmöglich, näher zu kommen, ohne einen
von beiden zum Stolpern zu bringen.

Der eine, der große, dachte Diehl, könnte der Statur nach fast
unser Chef sein, den Bewegungen nach nicht, aber ich kenne ja
seine Bewegungen gar nicht, wenn er montiert oder schraubt.
Doch, das ist Büttingers Profil. Unsinn, dies schwitzende Bündel
Mensch, das die weißen Schaumgummiringe erst über den Arm
stülpt und dann einzeln in die Geräte einlegt, das kann doch nicht
wahr sein, der da stehend Gummischläuche reinzwängt, der das
Gestell dreht und mit Plastikhauben hantiert, das kann doch unmöglich der Chef aller Menschenführer sein, der im Drehen eine
Handvoll Schalter verliert, sich bückt, sie aufhebt und an die Geräte steckt und hustet und keucht, ja das ist sein Gesicht, das sich
schon wieder zum Gestell wendet, schon wieder der Körper in
voller Aktion, Beine rotieren, schraubende und steckende Arme
greifen schon wieder fertige Geräte heraus und legen sie auf ein
Band, das sind ja Staubsauger.

Da schiebt der Mann, der aussieht wie Büttinger, einen Wagen
durch die Halle, holt neue Teile, die er viel zu hoch stapelt, die
wackeln, und Diehl denkt, das muß der doch sehen, daß die gleich
stürzen, aber gebückt und eilig stößt der Mann den Wagen voran,
da fallen die oberen Teile dem Mann auf den Schuh, und Diehl
sieht im Gesicht den Schrei, aber er hört ihn nicht, keiner scheint
zu hören, keiner kommt zur ersten Hilfe, der Mann humpelt einfach, den Wagen weiterschiebend, zum Gestell, wo der andere

schon wieder beim Abräumen ist, und Büttinger, wenn es Büttinger ist, rennt wieder und verteilt Plastikhauben auf die Geräte, dreht und stürzt und schwitzt, wie kommt der Chef hierhin, das ist doch unmöglich, das ist doch Galeerenarbeit oder schlimmer, das hat doch mit Akkord nichts mehr zu tun. Diehl wollte etwas sagen, schreien, wollte den Hauptschalter finden, das Akkordballett, die hetzenden Bewegungen der Arme Hände Beine Füße, das schweißtreibende Bild vom Präsidenten als Staubsaugermontierer abstellen, Strom weg, Film gerissen, aufwachen, endlich wieder atmen. Aber er wußte, er kannte sich hier nicht aus, er würde niemals den Schalter finden. Er schrie, in Richtung seiner Gruppe: Halt! Hier! Büttinger! Hier ist er! und wußte, schon als er Luft holte, daß er unmöglich gehört werden konnte, er wurde nicht gehört, keiner reagierte, keiner bewegte sich zurück.

Die letzte Chance, jetzt muß ich direkt eingreifen, ihn anhauen, er muß mich doch erkennen. Und ging auf ihn zu, drei Schritte, fünf Schritte, Herr Büttinger! Aber der, wenn er es war, stieß ihn beiseite, Diehl stand im Weg. Ich bin Diehl, rief Diehl, erkennen Sie mich nicht? und kam sich so lächerlich vor bei diesem Satz, daß er ihn halb verschluckte. Der Mann arbeitete weiter, grinste nicht einmal, sagte nur etwas wie Hau ab!, und Diehl versuchte es noch einmal vertraulich mit Herr Büttinger! Wieder keine Reaktion, der montierte weiter, rannte im Wettlauf mit dem anderen an dem Gestell herum, untrennbar von den Bewegungen dieses Karussells, das er selbst antrieb, vielleicht ist er es doch nicht, dachte Diehl und verlor endlich jedes Mitleid.

Er sah sich um, sah alle die Männer, die vorher von ihren Maschinen Montageplätzen Bändern nicht aufgeblickt hatten. Diese Männer starrten ihn plötzlich an, sie waren jünger geworden, eine ganze Halle voll schadenfroh guckender Männer, sie wurden immer jünger, jünger als er. Wie in der Schule kam er sich vor, stehend vor einer riesigen Klasse und keine Ahnung, black out und der Lehrer drohend neben ihm, und mehrere hundert Gesichter starrten ihn genüßlich an, lauter Gesichter, die er so genau kannte wie die von vergessenen Schulkameraden, wie die von den Fahndungsplakaten, wie die von Sicherungsleuten, den ganz jungen Polizisten, alle bewaffneten Kinder.

Weg wollte er, raus hier, eh sie mich ertappen und schnappen, an den Maschinen und Bändern waren noch Plätze frei, nein, nur das nicht, hier an die Maschinen. Er lief zu der Tür, vor der die Gruppe eben noch gewartet hatte, aber da war niemand mehr, die Tür verschlossen, er rannte weiter, die werden mich hier nicht einsperren, mich nicht, nur keine Panik zeigen. Er griff eine Leiter, stieg an Schießscharten vorbei zu den Oberlichtern hoch, das waren keine Fenster zum Öffnen, er schlug auf die Scheiben ein, die sich nicht rührten und fest in ihren Rahmen bockten. Nur keine Panik, dachte er, ich schaff das, ich komm hier raus. Er kletterte hinab und fühlte sich, als er unten war, wieder stark, ich hab die Sache im Griff, es ist alles ein Test mit schmutzigen Tricks. Da war ein Gabelstapler, und weil Diehl nie Gabelstapler gefahren war, brauchte er eine Weile, bis er das Ding in Bewegung gebracht hatte, er fuhr auf die breiteste Tür zu am Ende des Bandes, die Gabel in halber Höhe nach vorn gespießt, er drückte die Arme durch und duckte sich und rammte die Blechtür. Mit dem Krach die Stille. Kein Lärm der Maschinen, kein Scheppern an den Bändern, keine Stimmen. Er blickte hoch, die Tür war zu, aber verbeult, er setzte zurück und fuhr noch einmal los auf die Tür.

Betriebsbesichtigungen mach ich nicht mehr mit, sagte Diehl bei Gelegenheit. Alles Rituale, ein unzeitgemäßer Stolz der Besitzer, endlose Gänge als Beweis für die Größe der Firma, frisch geputzte Maschinen und leibhaftige Schlägertypen als fleißige Arbeiter, nur die Meister nehmen das Theater ernst. Ich kann doch nicht so tun, als merkte ich nicht, wie diese Leute unser geheucheltes Interesse verachten, unsere Anzüge unsere Hände, die wir unauffällig verstecken, wenn wir da rumstehn. Wir tun so und spielen mit, Delegation Ausschuß oder Aktionärsgruppe auf dem Seil über dem Abgrund der Produktion, mit kontrollierten Schritten, damit nicht verraten wird, daß wir uns nichts zu sagen haben, nichts sagen dürfen. Mit nicht zu schnellen Schritten, damit der Auftritt nicht peinlich kurz wird, obwohl wir im Geist alle schon wegrennen vor dieser Arbeit hoch in die Vorstandskantine, hoch in die Konferenzräume mit Mineralwasser gegen den im Fabrikstaub geweckten Durst. Wir flanieren mit nicht zu langsamen Schritten, damit die Blicke aus den Augenwinkeln nicht gefährlich werden, damit niemand den Schlagring zieht gegen seinen Sozialpartner oder uns Messer in den Rücken wirft, besonders die Frauen, so ist es doch.

Ist doch klar, daß sie was gegen uns haben, sagte Diehl, sie beneiden uns ja nicht einmal, sie neiden uns nur das Geld, sie hassen uns beinah so wie sie die Zeitnehmer hassen. Und die eitlen Besitzer Vorstandsvorsitzer Personalchefs merken das alles nicht und wundern sich dann über das Klassenkampfdenken bei ihren Leuten. Also ich meine, je weniger wir uns da zeigen, desto besser. Wir haben allemal bessere Argumente als uns selbst und bessere Mittel sowieso. Bei aller Partnerschaft, es muß auch deutliche Grenzen geben. Wer das nicht sieht, ist für mich ein Human-Romantiker.

vier

Auf der anderen Rheinseite sah die Stadt unbelebt aus, keine Menschen, wenig Bewegungen, hinter dem Ufer nur die Hülsen der Häuser und das abgetragene Grün der Parkbäume. Durch den Dunst, der wie ein schäbiger Ersatz für konturlose Wolken über der Kölner Bucht lag, blickte Diehl, den Kopf voll Kopfschmerzen, auf den unsichtbaren Bergischen Horizont. Da war nichts, was seine Augen gern fixiert hätten.

Es war kein Morgen, an dem es unter Angestellten opportun gewesen wäre, schon in der ersten Kaffeepause von Kopfschmerzen und Schwindel zu sprechen. Der Luftaustausch über den Hausfronten der Stadt, die von weit wirkenden, jeden Bewohner erreichenden Schornsteinen eingekreist waren, schien an diesem Vormittag wenig gestört. Die chemischen Partikel aus der Luft blieben im Gleichgewicht mit denen der gewöhnlichen Tabletten. Das Gemisch der Schadstoffe, das an vielen Tagen auf Nervensysteme drückte, Schleimhäute angriff und sich im Lungengewebe festsetzte, war heute in die kälteren Höhen abgezogen.

Und doch ging den Mitarbeitern im Haus der Menschenführer wieder etwas auf die Nerven, es stank, fruchtig und faulig, schon wieder die Brauerei. Wenn der Wind von Südwest kam, dann hielt auch die Klimaanlage den durchdringenden Geruch nicht auf. Irgendwas fault da oder gärt, Hopfen oder Malz oder Maische, eine unerträgliche Mischung. Viele beschwerten sich, aber kein Techniker löste das Problem, auch mit den neuesten Geruchsfiltern nicht. Die im Haus fühlten sich ausgeliefert einem häßlichen Gestank von draußen, der sich lange in den Räumen hielt, auch wenn der Wind schon gedreht hatte.

Am Fenster stehend wartete der Chefdenker auf Erleichterung durch Kopfschmerztabletten. Der Redeentwurf war fast fertig, und Diehl sah keinen Grund, sich zur Arbeit zu zwingen. Er nahm sich vor, so bald wie möglich das stinkende Büro, das Haus zu verlassen. Der Dunst draußen, das vom Dreck und Schweiß der

Stadt gefärbte Hellgrau kam ihm näher und wärmer vor als alles andere, die Bewegungslosigkeit des Himmels stärker als die Bewegungen auf der Straße unten und auf dem Wasser. Nicht drückend war der Dunst, keine Glocke, nur beruhigend leer und anziehender als alle von Menschen bewegten Objekte. Diehl war neidisch auf die Flieger, die in diese nahe Unendlichkeit hineintauchen konnten und immer wieder hinein und mit Funk und Radar noch weiter abtauchen und sich doch sicher dabei fühlen, keine Hindernisse mehr, alles abschütteln, schwerelos, eine innere Sicherheit, die er auf seinen schnellsten Autofahrten nie erreichen könnte.

Plötzlich befiel ihn der Gedanke an Büttingers Gefangenschaft. Diese Verbrecher, sie werden ihm die Kehle durchschneiden, gefesselt werden sie ihn in den Rhein werfen, er wird hier vorbeitreiben, hier am Haus vorbei, nachts, erst am Morgen wird man ihn finden stromabwärts im Schlamm. Diese Schweine, erschießen werden sie ihn, in den Kopf, ins Herz, sie werden ihm nicht einfach in die Beine schießen, sie werden ihn nicht laufen lassen, sie werden ihn morden ohne Affekt zu zeigen, sie werden sich überwinden müssen, sie werden noch etwas Mitleid haben mit ihm, sie werden so gemein sein und ihm das sagen, während sie die Pistole laden, und er wird noch einmal seine Freunde verfluchen, die ihn töten lassen, um ihre eigene Haut zu retten. Sie opfern ihn, die eigene Haut, wo bleibt er denn dabei, Büttinger mein Beschützer, wo bleib ich denn dabei.

Zum erstenmal in diesen Tagen war er ganz sicher: Sie werden ihn ermorden. Willenlos ließ er sich in Vorstellungen treiben, die nicht zu seiner Rolle gehörten, die ihm nicht zustanden. So kam es, daß er zum zweitenmal den Gedanken zuließ, wo bleib ich denn dabei, ich werd mich hier nicht halten können ohne ihn, ein neuer Chef bringt neue Leute mit, ich werd überflüssig, ich hab keine Hausmacht, ich sitz auf dem Ast, der schon abgesägt ist, und merk das nicht, Vierabend versucht mich schon wegzuekeln mit Gerüchten und Verhören, auf deine Kündigung kannst du Gift nehmen, was willst du noch hier, stehst am Fenster und verplemperst die Zeit.

Wenn sie Büttinger verhören, was wird er sagen, wenn er was sagen wird, er wird seinen Bewachern klarmachen wollen, daß er nichts zu verraten hat. Später wird er ihnen erzählen, was in den Zeitungen stand und in den Verbandsnachrichten. Da sie keine Ahnung haben, wird er ihnen, wenn er gefragt wird, längst Bekanntes als Neuigkeit und Geheimnis verkaufen. Mit wem wann getroffen, welche Rahmenbedingungen für welche Geschäfte wie eingeleitet, Knigge und Kniffe für die Lobby aus jeder besseren Wirtschaftszeitung. Da sie von Büttinger und vom Verband nichts wissen, werden sie sich auf die Antworten viel einbilden. Er wird ihnen haushoch überlegen sein. Sie werden ihm leid tun, und vielleicht wird ihm das helfen, sein Todesurteil zu ertragen. Dreimal am Tag die Henkersmahlzeit, Büttinger immer wieder entsetzt über die Eile, mit der eine Seite in Eintracht mit der anderen sein Ende beschließt. Er wird keine Interna verraten, er wird in den Gesprächen noch einmal seine Aufgabe spüren, jungen Leuten auf den richtigen Weg zu helfen, und wird wissen, daß er nichts ausrichten wird. Die ihm ahnungslos gegenübersitzen und die ihn übermorgen oder nächste Woche oder in vier Wochen töten werden, die werden ihm noch einmal das Gefühl geben, nicht nur ein Machtmensch gewesen zu sein.

Die Nachrufe werden schon gedacht notiert entworfen. Nachrufe auf den Märtyrer der Freiheit, was werden sie alles aus ihm machen. Die Redner von Vorbild und Beispiel werden neuen Schwung kriegen, für andere Redner wird der noch Lebende gefallen sein wie ein Soldat im Kriege für sein Land für seine Familie für uns alle, Corpsbrüder werden ihm Ehrenmitgliedschaften verleihen und Stadtplaner seinen Namen für neue Straßen vormerken. Seine Sittlichkeit Toleranz Bescheidenheit werden ans Licht gezerrt werden, seine Klugheit Ausgewogenheit Herzlichkeit Humanität gepriesen, sein fühlendes christliches Herz wird Schlagzeilen machen, und Freunde werden versichern, daß sie ihn über das Maß üblicher Freundschaften hinaus geliebt haben.

Marktwirtschaftler werden ihn als treuesten Marktwirtschaftler feiern, Bischöfe werden ihn zum Vertreter der Grundwerte ernennen, Vertreter von Interessenverbänden werden ihn als über den Interessen stehend einordnen, für die jungen Menschenführer wird er Ansporn für die Zukunft sein. Gesprächspartner werden seine Fairness sein Verständnis seinen Mut seine Hingabe hervorheben, Demokraten sein Eintreten für die Demokratie, die gegen ihn kämpfen, werden seine Gestalt als groß und kämpferisch und sein Ende als tragisch bezeichnen. Parteien werden sich in aufrichtigem Mitleid zusammenfinden, die national Denkenden werden feststellen, daß das deutsche Volk durch ihn seine nationale Identität zurückgewinnen wird.

In die Geschichte der Großen der deutschen Wirtschaft wird er eingehen, Studenten werden seine Schriften lesen, Präsidenten werden den Menschen in ihm wiederfinden und versprechen, sein Wirken in Zukunft in ihrem Verein oder Bund oder Club oder Corps weiterleben zu lassen. Nur wenige werden verdächtig schweigen. Er wird zum Märtyrer zum Helden zum Vater der Nation werden für einige Wochen, er wird die Mutigen mutiger, die Ängstlichen ängstlicher, die Wachhaber aufmerksamer, die Menschenführer härter im Geben und die Partner weicher im Nehmen machen, er wird noch einmal die treibende Kraft sein und plötzlich ganz rasch verschwunden und vergessen sein. Wir werden ihm ein ehrendes Andenken.

Der Mann der Freiheit als Gefangener, der Mann des Eigentums als Geisel, der Mann des Rechts in der Hand der Verbrecher, Diehl konnte diese Vorstellungen nicht abschütteln, als er die für Büttinger diktierten Sätze noch einmal abhörte. Wenn er je wiederkommt, dann wird hier anders geredet und in Goslar anders, dann werd ich andere Töne auftragen, dann werden wir Forderungskataloge aufstellen, daß die Wände wackeln in den Ministerien und Wirtschaftsredaktionen. Diese Rede hier ist für die Katz, so oder so, ich weiß auch gar nicht, wozu unsere Leute immer wieder diese billigen Sprüche brauchen, das ist doch alles nicht neu, was wir ihnen erzählen, das können sie doch alles in ihren abonnierten Blättern lesen, warum wollen sie das immer vom Chef persönlich und in gewählter Rhetorik hören, die Ermunterungspredigt aus dem Mund des obersten Menschenführers? Geht ihnen die Gewinnverteufelung wirklich so ans Herz, die Aushöhlung des Leistungsgedankens oder die Angriffe auf das Menschenführerleitbild? Was ist es, was bewegt meine Zuhörer, wenn sie so ergeben auf unbequemen Saalstühlen nach vorn schauen, hören sie überhaupt zu, haben sie schon die nächste Vorstandssitzung im Kopf, die nächste Frau, den Bericht ihres Rohstoffeinkäufers, den nächsten Segeltörn? Vielleicht warten sie auf einen merkbaren Gedanken, den sie in ihrer nächsten Rede verwenden können. Vielleicht auf ein neues Losungswort, auf ein bewußtseinerweiterndes Gemeinschaftsgefühl, auf einen überraschenden Appell zum Sturm auf das Wirtschaftsministerium oder auf Investitionsanreize aus Ostpreußen. Ob einer investiert oder fusioniert oder exportiert oder nicht, dafür gibts den besten Beratungs-Service aus allen unseren Abteilungen jederzeit, da kann ich auch nicht helfen mit meinen aufrüttelnden Sätzen, da ist es egal was geredet wird, da helfen diese Reden nicht, höchstens eine markige Geste von Büttinger. Aber mit Zahlen und Paragraphen und Soft-ware allein ist auch kein Umsatz zu machen, wenn die Schmiere fehlt dazwischen, die Wörter. Ich liefere ihnen die Schmiere, die sie brauchen, das Schmierfett gegen Geräusche und Korrosion, gegen Reibung Verschleiß, die Schmiere der Grundwerte Freiheit Ordnung Eigentum Wachstum Sicherheit Wohlstand, damit die Maschinen laufen, damit die Rechner die richtigen Zahlen ausdrucken, damit die Karosseriepressen donnern, damit die Fernkabelrollen sich drehn, damit der Strom fließt. Und je mehr die Bilanzmeister verstecken und verteilen, je weniger Gewinne sie ausweisen lassen, desto mehr muß ich hier ran, desto mehr muß sich der Verband einfallen lassen, ich muß schmieren diktieren parieren. Roland Diehl an der Fettpresse, Leutnant Diehl hält die Moral der Truppe in Schuß, was wären wir ohne Diehl, was wäre ich ohne den Verband, wie komm ich eigentlich dazu, mich für die Menschenführer ins Zeug zu legen. Nur weil ich es leid war, in den Studios des Rundfunks überparteilich sein zu müssen, weil ich es satt hatte, Objektivität auch da vorzutäuschen, wo sie mir gegen den Strich ging, das ewige Einerseits-andererseits-Geschaukel, ich wollte mich endlich klar ausdrücken, für oder gegen, und mitmischen, und der Verband ist nun mal der Ort, wo meine Ideen am besten hinpassen, außerdem wird hier handfest gearbeitet, den Ideen folgen Taten, dachte ich, aber jetzt.

Jetzt hatte er die Rede abgehört ohne hinzuhören.

Aufstiege zum Chefdenker. Allein mit einer Flasche Bier, Rekrut Diehl im Kreis der Rekruten beim ersten Manöverball. Eine Ball- und Bumsnacht hatten sie erwartet, die Worte des Zugführers im Ohr: Laßt euch nicht hängen! Und nun waren keine Mädchen da, außer ein paar Dorfschönheiten, die sich nur von Unteroffizieren pachten ließen. Das Dorfgasthaus dreißiger Jahre, geizig holzgetäfelt und nicht mal Bier vom Faß. Also ein langsamer Abend mit langsam steigender Stimmung durch schnelleres Trinken und durch Singen, wenn die Musikbox still war. Und alle an langen Tischen weinten sich durchs Freddylied Junge-komm-bald-wieder, bis der Kompaniechef sein Lieblingslied befahl, Heiß war der Tag und eiskalt die Nacht, und der Refrain, Wie einst in Polen und Flandern, so sahen sie sich auf den zerwühlten Bergen von Baumholder, zehn Tage schon in tobender Schlacht. Die Stimmung stieg, Manöverball, die Kameraden kotzten stolz und spülten nach. Dann gab es Krach in einer Ecke, der Kompaniechef gegen den Bürgermeister, der war der letzte Zivilist im Saal außer den Wirtsleuten. Diehl sah Gerangel und den Chef mit der Pistole fuchteln gegen den Zivilen. Da kam auf einmal der Befehl: Antreten draußen vor dem Saal! Die Soldaten rannten raus, da stand ihr Chef schon, wankte mächtig und schoß dreimal in den dunklen Wolkenhimmel. Männer, lallte er, ich dacht, das Biest hätt Ladehemmung, aber wie ihr seht, es geht schon wieder, weggetreten! Die Mannschaft brüllte und stürmte wieder an die Flaschen.

Als Polizisten am nächsten Morgen kamen, den Kompaniechef verhörten und auch im dritten Zug nach Zeugen fragten, da hatte

Diehl sich schon entschieden, nichts gesehen zu haben. Oder, wenn schon, Spaß muß sein.

Mit den Panzerkameraden vereint immer die ersten am Feind, so sang Diehl auf Befehl. Diehl drückte sich nicht, er hatte ein einziges Ziel, Leutnant der Reserve, wenn schon denn schon, aber dann raus aus der Uniform und von der Abfindung erst mal ein Auto kaufen. Dazu brauchst du nur clever zu sein, Disziplin Loyalität und die Spielregeln. Durchhaltevermögen kein Problem für einen Mittelstreckler. Als Offizier wird von Ihnen nur eines verlangt, die ständige Selbstkontrolle. Du wirst trinkfest, du wirst die Anzugsordnung und die Benimmregeln lernen, die Panzerteile werden dir vertraut sein in zwei Jahren und die Grundbegriffe der psychologischen Kampfführung, die Knarre von innen und die Weiber und die Kunst der Menschenführung und der Führerschein. Die Ermittlungen gegen den Kompaniechef wurden eingestellt.

Uffz Diehl lernte, daß ein Flugzeugführer seine Maschine, der Mannschaftsführer seine Mannschaft, der Menschenführer aber Menschen führt. Der militärische Führer muß in seinem Untergebenen zuerst den Menschen sehen und dann den Soldaten. Denn der Soldat muß nicht nur kämpfen können, sondern auch kämpfen wollen. Schlechte Allgemeinbildung und innere Leere durch fehlende Lebensziele, lernte Diehl 1963, erschweren Menschführung ebenso wie gesteigertes Selbstbewußtsein und Unterschätzung der Autorität.

Als Leutnant der Reserve, der zum ersten Semester in der Universität Frankfurt antritt, ist er schon gewohnt, taktisch zu denken. Erst Volkswirtschaft, denn ohne Volkswirtschaft hätte der Sparkassenvater kein Geld überwiesen. Erst was Sicheres, dann Publizistik, dann ab nach Hamburg. Aber Volkswirtschaft war nichts für ehrgeizige Nestflüchter, die Professoren erklärten alles nur begriffsabstrakt und schemadumm, und nur zu pauken zu rechnen nichts zu denken, also war es nach fünf Semestern Nettosozialprodukt Produktionsdauer Volksvermögensrechnungen mit der Selbstkontrolle vorbei, also in Ehren abgebrochen und das Heil in der Journalistik gesucht. Im eigenen VW auf der Autobahn

Richtung Mainz und zurück dachte der Student über ein ganz neues Leben nach, Bergungstaucher Rennfahrer Starreporter.

Das war vergessen, als auch er plötzlich ein stiller Kämpfer wurde gegen den Muff unter den Talaren und für eine antiautoritäre Belebung, zwei Semester lang. Auch er gegen Demonstrationen, das schadet nur, sagte der Leutnant in ihm. Auf einmal traut er sich bei einer Vollversammlung in Frankfurt mit zitternden Knien nach vorn, und schneller als ihm lieb ist, steht er vorm Mikrofon. Tausend oder mehr Studenten und vor allem Studentinnen sehen dich an, in diesen Sekunden entscheidet sich alles, du bist kein Revolutionär, das weißt du, du bist für die Vernunft, man kann nicht nur destruktiv sein. Die Stimme kratzt dir weg, es bringt nichts, hörst du dich reden, den Rektor so frontal anzugreifen, damit ändern wir nichts, die ganze Resolution muß konstruktiver. Da fangen einige an zu lachen, und du Idiot sagst: Das meine ich ernst. Da lacht der ganze Saal, und du weißt nicht mehr, wie du argumentieren wolltest, der Mut verflogen, dir fällt nichts mehr ein, kein Witz, keine sachliche Formulierung, keine aggressive, du wirst ausgelacht, vom Mikrofon weggelacht, ironischer Beifall, du bist geschlagen.

Diese Niederlage hatte er nie verwunden. Die mich auslachen sind meine Feinde. Denen werd ichs zeigen. Er studierte weiter, aber mit der Politik der Studenten wollte er nichts mehr zu tun haben, Vernunft ist gefragt und der Fachmann emotionslos.

Und ein Jahr später: Was soll die Studiererei, was kannst du in Mainz noch lernen, da ist eine Volontärstelle beim Rundfunk in Köln.

Um die Mittagszeit war Tina manchmal zu erreichen. Diehl rief ungeduldig an, er hatte Glück. Aber sie wollte nicht hochkommen in sein Büro, und nicht mit zum Essen.

– Keinen Hunger, sagte sie.

Er traute sich nicht zu sagen, ich will dich sehen, und sagte:

– Komm wenigstens was trinken.

– Keine Lust jetzt. Ich ruf dich heut abend an.

– Wann heut abend?

– Auf jeden Fall vor acht.

Er scheute sich zu fragen, was los sei, er hatte keine Lust auf Gefühlsdebatten.

– Wie wärs denn mit Kino? fragte er, weil ihm nichts anderes einfiel.

– Vielleicht, sagte sie, aber ich weiß noch nicht, laß uns doch heut abend drüber reden.

Erst als er aufgelegt hatte, stieg der Ärger in ihm hoch. Er wollte sie doch einfach nur sehen und hatte das nicht sagen können. Idiot, so einen einfachen Satz zu Tina, warum geht das nicht.

Gedankenstress Kopfstress Nichtspassiertstress, bis jetzt hatte Diehl nie an seiner Stress-Stabilität zu zweifeln gehabt, auch bei Flucht oder Angriff, bei Notbremsung Überholbeschleunigung triumphierte stets der kühle Kopf. Aber was jetzt mit ihm vorging, was ihn immer wieder stundenweise aus der Bahn warf, war das Stress? Wenn jedes Ausweichen von Tina ihn verletzte, wenn jede Nichtnachricht über Büttinger die Spannung vergrößerte, wenn jeder Blick aus dem Fenster zu bedrohlichen Abschweifungen führte, jede Autofahrt eine Beschattung, jeder Schlaf traumschwer Strapaze und jedes bißchen Arbeit die Ungewißheit wachsen ließ, war das auch Stress? Adrenalin-Output, Kalkablagerungen an der Innenwand der Blutgefäße, vegetatives Gleichgewicht, darum brauchte sich der Herr Chefdenker bis jetzt nicht zu kümmern. Vielleicht war die Stille das Anstrengende, dieser schwer erträgliche akustische Reiz, das Unerwartete als Bedrohung und Druck in der Luft, das Warum und Wann und Wielangenoch, das die Kölner Bucht beherrschte, kann das Stress sein?

In den Anti-Stress-Büchern und in den Anti-Stress-Seminaren war von solchen Erscheinungen nie die Rede, und doch dachte Diehl daran, daß er etwas unternehmen müßte. Die zehn Gebote zum Abschalten.

Erstens, emotionale Regungen auf ein Minimum einschränken, cool werden, ich habe keine Angst um Büttinger, ich habe keine

Wut auf Tina, Vierabend und seine Polizisten können mir gestohlen bleiben, ich bin ganz ruhig. Zweitens, nichts persönlich auffassen, keiner hat mich beleidigt, im Grunde hat niemand was gegen mich, es sind halt schwierige Zeiten. Drittens, keine Gedanken über Dinge, die mich nichts angehen, was geht mich Tina an, was geht mich Büttinger an, was geht mich Vierabend an, was geht mich Roland Diehl an. Viertens Tapetenwechsel, Kurzurlaub, weg hier paar Tage, schön wärs. Und weiter: Ablenkung, Wechsel der Gehirnreifen, ruhen Sie Ihren Geist aus, indem Sie Ihren Körper arbeiten lassen. Sprüche, dachte er, alles Sprüche, bin doch kein Stressopa, dem sonst nichts mehr einfällt, ich schalte ab, wanns mir paßt, ich drehe auf, ich rege mich auf, wenn ich will.

In der Kantine forderte er zum erstenmal seit Monaten die Große Salatplatte. Er mochte diese dekorierte Essigspeise für Sekretärinnen nicht, aber er hatte einen Moment lang die Vorstellung, von Vitaminen belebt zu werden, Aktivität zu spüren, mehr Schwung zu kriegen in die erlahmenden Schreibtischarme. Eine Sekunde lang glaubte er, die Frische einkaufen zu können, die der Kopfsalat versprach, die auffällige rote Bete. Doch als er die schwachgrünen, am Rand ein wenig welken Blätter sah und daneben das schon bröckelnde, zu lang gelagerte Eigelb, wollte er den Teller nicht anfassen. Aber er nahm sich zusammen, nimm dich zusammen, hob den Teller mit Schwung aufs Tablett und dazu Orangensaft. Er suchte bekannte Gesichter an den Tischen, etwas weiter hinten saß Schanz der Bayer, aber zum Glück entdeckte er näher Jucknitschke, zögerte und setzte sich dann doch zu ihm, zu Human-Rudi, der immer etwas steif nach vorn gebeugt am Tisch hockte, was wenig einladend aussah. Ein Granatsplitter hatte Jucknitschke ein Knie zerschlagen, und so zog er seit über dreißig Jahren sein rechtes Bein nach und hatte es aufgegeben, seine Schwierigkeiten beim Sitzen zu verbergen. Ein wunderlich freundlicher Alter trotz seiner Koreapeitsche, zwei, drei Jahre hat er noch, dann ab in Pension, Jucknitschke schon jenseits von Gut und Böse.

– Na, Diehl, sagte er, nachdem sie eine Weile über nichts geredet hatten, Sie wären jetzt auch lieber draußen auf ner Wiese oder auf der Autobahn als hier im Haus?

Diehl war so überrascht, daß er schnell ja sagte und sich gleichzeitig ertappt fühlte. Er versuchte seine Verlegenheit wegzulachen. Er wußte nicht, ob Jucknitschke ihm irgendwas ansah oder ob er nur den Brauereigestank meinte. Der Alte hatte etwas Unberechenbares, man mußte aufpassen vor seiner Freundlichkeit, aufpassen auch vor den eigenen Vorurteilen gegen ihn, ein Beinnachzieher, ein Fastbehinderter, der muß ja den Humanisierungstick haben.

Dr. Rudolf Jucknitschkes Härte als Interessenvertreter war bekannt. In den Staatsgeld für Humanisierung verteilenden Ausschüssen sorgte er dafür, daß solche Projekte gefördert wurden, die sich als Rationalisierungsprojekte ausbauen ließen. Und gerade sein demoliertes Bein wurde ein zusätzliches Argument, wenn er sagte, daß die Verpflichtung zur Einstellung von Behinderten gegen die Leistungsprinzipien verstoße, wenn er auf Symposien zur Humanisierung niemals den Satz vergaß, Wobei wir nicht so tun als ob die Arbeitswelt bisher inhuman gewesen sei, und dann den Kongreß-Standpunkt der Menschenführer vertrat, der Mensch solle in der Arbeit seine Wünsche mehr befriedigen und damit aus innerer Bereitschaft zur Erreichung der gemeinsamen Ziele beitragen.

Jucknitschke hatte nichts Schnittiges, Glattes. Jetzt zerquetschte er seine letzte Kartoffel im Soßenrest und fing an, von Farben zu schwärmen, bis Diehl allmählich verstand, daß es um Farben in Fabrikräumen ging.

Neue Einfälle auf dem Humanisierungsgebiet ließ Jucknitschke sammeln und für die weitere publizistische Auswertung präparieren. Wenn ein Betrieb Arbeiter gewann, sich zu Lerngruppen zusammenzufinden, wenn ein Chef durch Psychotraining mit seiner Mannschaft wieder das Gutenmorgensagen gelernt hatte, wenn eine bekannte Maschine leiser geworden war, Kinder den Arbeitsplatz ihrer Eltern besichtigen durften, dann ging die Meldung an Jucknitschke.

– Wußten Sie, Diehl, daß man enorme Zufriedenheitsquoten erreicht, wenn man in Fabrikhallen, wo Frauen arbeiten, kantige Formen, möglichst in Orange und Braun, an die Wand malen läßt? Und für Männer runde Formen, möglichst Blau?

Diehl wußte das nicht. Der hat Sorgen, dachte er nur. Nichts wußte er von der beruhigenden, zorndämpfenden Wirkung grüner Wände, wußte nichts vom Einfluß der Farbe auf Ordnung und Sauberkeitswahrung im Betrieb, wußte nichts über die Fähigkeit der Farbe, Lärm und Kunstlicht zu kompensieren.

– Was glauben Sie, sagte Jucknitschke, was man für die Humanisierung noch alles tun könnte, wenn in unseren Fabriken nicht immer an Farbe gespart würde.

Er ließ nicht erkennen, ob er das ironisch meinte. Dieser Eifer ging Diehl auf die Nerven, erst recht an diesem Mittag, an dem er nicht einmal sich selbst zusammenzuhalten wußte. Er sah zu den anderen Tischen, als wolle er Hilfe holen. Human-Rudi wurde still, und Diehl überlegte, ob er wirklich an das glaubte, was er da erzählte, oder ob er nur beflissen über das Thema Nummer eins hinwegreden wollte oder ob es dieser freundliche Tonfall war, hinter dem sich irgend etwas verbarg. Da steckt was dahinter, der verbirgt mir was, so wie er in seinen Tresoren immer was versteckt.

Jucknitschke grüßte und ging, Diehl sah den Humpelschritten nicht lange nach. Die Tresore. Jucknitschke hatte die Aufgabe abzugrenzen, wo Humanisierung systemfördernd ist und wo systemsprengend, und die Untersuchungen über die als gefährlich eingestuften Experimente rückte er nur ungern heraus, berichtete aber manchmal im kleinen Kreis davon.

Am meisten belustigt und irritiert hatte Diehl ein Versuch aus einem Betrieb von einigen hundert Leuten, Teil eines niederländischen Konzerns. Den Arbeitern sollte einmal Gelegenheit gegeben werden, ihre Arbeit selbst zu organisieren – damit sollte unter anderem auch einer dieser sozialistischen Mythen empirisch widerlegt werden. Die Beschäftigten verteilten also die Arbeit neu, veränderten die Arbeitsplätze nach ihrer Ansicht von Funktionalität, übernahmen auch die Qualitätskontrolle und so weiter. Die meisten hierarchischen Stufen wurden beseitigt, weil sie den Arbeitsfluß hemmten. So wurde die Hälfte der Vorgesetzten wegrationalisiert. Bei der Instandhaltung wurden ein Drittel, bei der Qualitätskontrolle zwei Drittel der Kosten gespart, gleichzeitig soll die Produktion um mehr als zehn Prozent gestiegen sein. Hätte man das Experiment weiterlaufen lassen, wären noch mehr Vorgesetzte überflüssig geworden – vermutlich deshalb bremste die Konzernleitung rechtzeitig.

Wie viele solcher Studien Jucknitschke im Giftschrank hatte, wußte niemand genau, das war sein Geheimnis, es fragte ihn auch keiner danach, die Menschenführer haben wahrlich andere Sorgen.

Diehl hörte Gespräche mit an den Nebentischen. Sachbearbeiterinnen und Sekretärinnen, ganz im Gegensatz zu Jucknitschke spekulierten sie über Büttinger, wiederholten die Nachrichten zum dritten- oder achtenmal, als spürten sie noch seinen wohlwollenden Blick, seine Nähe, seinen Händedruck, wahrscheinlich hatte er den meisten niemals die Hand gegeben. Fast war zu sehen, wie Geschichten und Legenden entstanden.

Vorbild Büttinger, wie er in Anekdoten lebt, ein Liebhaber des Gebirges. Er bestellt, vor Jahren, zu seiner Zeit als Electricitäts-Vorstand, einen seiner Nachwuchsleute zum Termin frühmorgens nach Bozen, empfängt ihn im Wagen vor dem Bahnhof, befiehlt den Wagen ein Tal hoch Richtung Sella-Gruppe und läßt nah am Fels halten. Büttinger zieht die Montur eines Bergsteigers über, holt Seil und Pickel aus dem Kofferraum, sagt dem Fahrer bis heut abend 18 Uhr Lebwohl und nimmt mit den Worten Dann wollen wir mal! den Pfad Richtung Gipfel. Der verwunderte Jungmanager, der von einer Bergtour nichts gehört hat, trabt hinterher. Die beiden steigen höher und höher. Der Jungmann, in Halbschuhen im Konferenzjackett ohne Handschuhe und am Berg völlig unerfahren, denkt, das wird wohl eine Überraschung oder ein Test werden. Er nimmt sich zusammen, blickt nicht hinunter, konzentriert sich aufs Steigen, auf die Kräfte in den Beinen. Jeder Stein wird ihm zuviel. Die Knie brechen weg, denkt er. Er steigt und friert. Die dritte Stunde ist die schlimmste. Kampf gegen den Schwindel, als Büttinger ihn an einer Felskante mit dem Seil hochzieht. Auf dem Plateau setzt Schneetreiben ein, der junge Mann, durchfroren und langsam durchnäßt, ist fast am Heulen, aber traut sich immer noch nicht, Büttinger um eine Erklärung zu bitten, kämpft sich weiter hinter Büttinger her. Auch der denkt nicht daran, dem Nachwuchsmann mit einem Wort entgegenzukommen. Endlich auf der Hütte, bricht Büttinger das Schweigen und fragt, ob ihm der Aufstieg Spaß gemacht habe. Der andere kann nur sagen: Naja. Mehr könnte er nur unter Tränen sagen, deshalb verdrückt er sich schnell in den Waschraum. Dann Besprechung des Geschäftlichen. Bald steigen sie wortlos ab, noch einmal zwei Stunden. Ein lohnender Ausflug, der damals junge Mann ist Topmann geworden, Vorstand Großbank, und erzählt diese Geschichte gern.

Wie betrübt müssen die Angestellten gewesen sein, daß sie verschont in Frieden gelebt haben so lange Zeit, so dankbar griffen sie auch jetzt noch das einzige Thema auf. Sie konnten sagen, daß sie fast dabei waren, sie waren erleichtert über die neue Spannung in den Nachrichtensendungen, hier war endlich eine Sache, die sie direkt betraf, die sie verstanden und mitfühlten und nach der Wetterkarte nicht gleich wieder vergaßen.

Den Gesichtern war der Stolz abzulesen, daß der Verband in aller Munde war. Seit sie hier arbeiteten, waren sie nie recht beachtet worden, Verband der Menschenführer, was ist das schon gegen Lufthansa Siemens Gerling, gegen Ford oder 4711 oder Köln-Düsseldorfer Schiffe. Jetzt aber jeden Tag in den Zeitungen im Fernsehen, im Gespräch der Nachbarn und wildfremden Brüdern nebenan am Biertisch. Sie zeigten Wut, wenn auch nicht mehr so heftig wie in den ersten Tagen, Büttinger austauschen, Terrorbande aufhängen, Büttinger muß frei. Aber er war immer noch nicht frei, deshalb wuchs das Mitleid, sie waren ihm dankbar, daß er das Mitleid in ihnen weckte, dankbar für die winzige Erlösung, daß sie wieder menschliche Regungen zeigen durften, die einengende Routine endloser Arbeitstage war einmal durchbrochen. Sie waren sogar bereit zur Trauer, aber Büttinger war noch am Leben, das machte alles so schwierig, Trauer um einen Lebenden, wir hoffen für ihn, wir kämpfen für ihn, wir beten für ihn, wir werden ihn retten.

Von alldem hatte Diehl nur den Eindruck, daß denen hier die Entführung irgendwie guttat. Es hörte sich alles so an, als identifizierten sich auch die unteren Mitarbeiter mit dem Verband, so beteiligt und so einig schienen sie. Vielleicht zum erstenmal so engagiert, als sei das hier kein Job mehr, sondern eine Aufgabe, eine Mission.

Schanz stand auf, und Diehl fürchtete, er werde unter dem Vorwand einer Tasse Kaffee an seinen Tisch kommen und wieder von seinen Reserveübungen bei der Bundeswehr schwärmen oder irgendwas Lästiges vorbringen, also floh er unauffällig zum Ausgang.

fünf

Zwischen Schallschutzwänden trieb Diehl den Wagen vorwärts zum Autobahnkreuz, über die breit klotzenden Betonschlingen hinweg und weiter Richtung Ost Olpe, weg von den Mauern und Hochbauten der Stadt, die im Dunst der Ebene aufgelöst jede Bedeutung verlor. Auch die linke Fahrbahn in die Bensberger Berge war von vielen Autos besetzt, aber es ging zügig die Kurven hinauf, keine zwängenden Kolonnen. Obwohl er den Wagen nicht ausfahren konnte, fühlte er sich stark, den Radiosound stereo im Rücken, und locker im vierten Gang.

Den Vormittag wollte er vergessen und die letzten Tage alle. Diesmal hatte er Frau Majonika gesagt, er müsse zum Zahnarzt. Eigentlich hätte er sich vorbereiten müssen für die Sitzung des Zwölferrats morgen, die neuen Offensiven von Moos, die Kabel-Frage, die Gunst der Stunde. Er wollte in Fahrt kommen wieder, Auslauf, Bewegung, einen Nachmittag mal andere Luft. Nach dem Verkehrshinweis hatte er sich rasch für die Olpestrecke entschieden, die Nordsüdstraßen waren wie immer überfüllt, und Richtung West zu den Grenzen, das gibt wieder Ärger.

Es störte ihn nicht, daß es bald regnen würde, in dieser Ecke hängt der Regen immer zuerst. Diehl nahm sich den Spaß, die Profile der Überholten zu mustern und jedesmal auf den empörten Anti-BMW-Blick zu warten. Alles Neid, alles höhere Verwaltungslümmels, Beamte die sich gleich nach der Geburtstagsfeier verdrücken, lauter Zahnarztpatienten und Frühfeierabendmacher unterwegs, alle schon heim zu Mutti gute Stube warmes Essen eigen Heim in einem der bergischen Riesendörfer da oben. Mit all denen wollte er nichts zu tun haben, das dachte er ohne Verachtung, sie waren ihm gleichgültig wie Rollstuhlmenschen.

Vor Overath ging es abwärts, er kam endlich auf 170. Als bei der nächsten Steigung die Tachonadel wieder zurücksackte, wünschte er in einem schnelleren Auto zu sitzen, im Super-BMW oder Porsche. Du fährst ein aussterbendes Modell, Roland, die letzten Exemplare der 2002-Serie, was taugt die Kiste noch, du fällst zurück, Rallyefahrer Diehl unter Fernerliefen, du wirst bald umsteigen müssen. Der Motor blieb kraftlos, so sehr er jetzt auch Gas gab, er kam bergauf nicht an die Geschwindigkeit heran, die ihm die Vorstellung des Fliegens erlaubt hätte. Der alte Gedanke, warum hast du nicht Pilot gelernt, wenigstens Segelflieger im sichersten Element Luft, du Angsthase. Nur Panzerfahren, das kannst du, den Kampfpanzer mit 65 durchs Gelände jagen, das kommt dem Fliegen schon sehr nah und ist allemal sicherer, von Panzergrenadieren überrannt überrannt durchs Gestrüpp, durch Manöveräcker, durch zitternde Dorfkulissen, das Lied, wie fing das an, wie haben wir das gebrüllt, ja heiß war der Tag und eiskalt die Nacht und die Heimat so weit.

Er fing an, das alte Lied vor sich hin zu brummen, Zehn Tage schon in tobender Schlacht und zum Rasten da blieb keine Zeit Tage und Nächte stand nie der Motor wir stürmten und schlugen uns kämpfend vor. Ein bißchen genierte er sich, daß das so ungebrochen aus dem Gedächtnis und über die Lippen kam. Aber hier darf ich doch noch singen, was mir einfällt, in meinem Auto, mit den Panzerkameraden vereint immer die ersten am Feind. Das Lieblingslied des Kompaniechefs, und alle Rekruten schmetterten auf Befehl aus freier Brust den Refrain, Diehl stellte das Radio leiser, Wie einst in Polen und Flandern und im heißen Wüstensand wird ein jeder Feind gestellt bis die letzte Festung fällt und im Sturm drauf und dran von Panzergrenadieren überrannt von Panzergrenadieren überrannt Panzergrenadieren überrannt. Ja die Lieder blieben im Kopf, weil sie so schön schaurig übertrieben und halb verboten waren, aber was wir sonst auswendig lernen mußten beim Bund, alles weg wie Latein.

Steiler die Kurven, und die Wolken waren dichter zusammengedrängt. Hinter jedem Waldbuckel längs der Autobahn ragten Baukräne hervor. Die Berge wurden schwarzgrün, und da sie halb besiedelt waren und die Siedlungen unter Grauschiefer zugedeckt, wirkte alles noch abweisender, schon besetzt, verkauft. Rasch wollte er zwischen den Bergen hindurch, höher hinauf, wo die

Gegend vielleicht weniger verteilt oder kahlgefressen aussah. Er hatte noch nicht vergessen, daß er über seinen Seller nachdenken wollte, in aller Ruhe. Diehls Büttinger-Buch, das sollte entschieden werden, pro oder kontra, jetzt oder nie. Am liebsten wollte er einfach nur auf dieser Piste bleiben über Talbrücken fetzen über Täler springen sich mit den Kurven an die Berge schmiegen und weiter weiter die endlose Piste verschlingen hinter sich lassen nirgendwo ankommen außer in der Bewegung.

Jetzt lauter, sang er das Lied noch einmal, das ihn belebte, Tage und Nächte stand nie der Motor. Mit dem linken Fuß schlug er den Takt, streckte die Arme, lehnte den Kopf weit zurück in die Stütze und war mit der Geschwindigkeit zufrieden. Was brauchen wir Panzer, wie einst in Polen und Flandern, ich fahr doch lieber in meiner Kiste nach Polen und Flandern, lächerlich diese vorsintflutlichen Kriege um Landgewinn, wird ein jeder Feind gestellt bis die letzte Festung fällt. Leutnant Diehl ist froh, daß er nicht in diese ungemütlichen Schlachten ausrücken muß, die Wintermanöverkälte hat ihm schon gereicht, kein Bedarf in Feindesland zu frieren oder auf alles ballern zu müssen, das geht an die Eier. Die Festungen sind geschleift, und der Feind ist drüben hinter seinen Mauern und Drähten verschanzt. Wird ein jeder Feind gestellt, zum erstenmal fiel ihm diese Formulierung auf, ein jeder. Da bleibt kein Auge trocken, ganz schön radikal, unsere alten Kameraden.

Der erwartete Regen fing an. Nichts Neues aus den 15 Uhr-Nachrichten. Ich sollte doch den Seller machen, dachte er. Alle fragen nach Büttinger, ich sitze an der Quelle und fahre hier wie ein Idiot spazieren. Das muß eine ganz fixe und solide Sache werden, Büttinger Bündler der Interessen und Verbände, der über allen Branchen und Interessen steht. Das muß eine ehrliche Sache werden, Nazi-Jahre nicht verschweigen, Darstellung des Engagements gerade in schwerster Zeit, immer schon Sinn für Kameradschaft Menschenführung Verantwortung. Das muß eine mitreißende Sache werden, die Story der Karriere Wunderkind der Ruhr Vorstandslöwe Aufreißer der Auslandsmärkte Freund des Fuchses von Rhöndorf und der Füchse von Düsseldorf und des kleinen

Mannes vor der Theke, ehrgeiziger Entflechter Verflechter, Büttinger der gewiefte Partner im sozialen Dialog, Pionier des Personalwesens, Kämpfer gegen opportunistischen Anpassungskurs, Leitbild Integrationsfigur Identifikationsfigur Feindfigur, unser aller Büttinger.

Was weiß ich von Büttinger?

Diehl faßte das Lenkrad fester und fuhr gelassen in den Regen hinein. Die Herbstfarben draußen hatten jeden Glanz verloren, gingen in Grau über, nichts zum Hinsehen. Die Landschaft wie auf Schwarzweißfotos mit wenig Kontrasten.

Büttingers Gesichter. Wie schrumpfte er zusammen, wenn er die Geschichten seiner Freunde hören mußte oder lesen im hämischen Stil der Illustrierten, wenn sein Freund Kliffer wieder mal von einem schreibenden Gangster beobachtet und an den Pranger gestellt war und mit ihm alle Menschenführer. Büttinger schrumpfte zusammen, er wußte, daß diese Geschichten nicht erfunden waren, Kliffer in seinem Stammlokal mit der extra für ihn abgestellten Kellnerin, die ihm das Bier nachreicht, eine Sekunde mit leerem Glas, und schon würde der Herr explodieren, und dann klatscht er nervös in die Hände, und seine Leute wissen, Kliffer verlangt bessere Laune, Kliffer verlangt Musik, in seinem Stammlokal wird exklusiv gespeist und ohne Musik, aber Herr Kliffer verlangt Musik, und aus der Nachtbar um die Ecke kommt dann doch die Spitzenband herbei, 3000 Mark für eine halbe Stunde, die Laune ist gerettet.

Kliffer hat seinen menschenfreundlichen Tag, mit seinem Taschenspiegel mustert er unauffällig die Gäste und schickt seinen Sekretär aus, die unterhaltsamsten Damen und Herren an seinen Tisch zu holen, und dann kommt die lang entbehrte Stimmung in die Bude, Kliffer der Rundenschmeißer, Kliffer mit dem Ständer in der Spendierhose, Kliffer der nach alter Väter Sitte die Trinkgläser der frohen Stunde an die Wand wirft oder einfach vom Tisch schiebt, Kliffer der Zecher, Kliffer erbricht sich und läßt sich von seinem Masseur wieder aufmöbeln und in den Rolls-Royce schieben, und das alles hält einer dieser Fotohaie im Bild fest, und die ganze Nation sieht den kotzenden Kliffer.

Da brauchen unsere PR-Chefs wieder Millionen, um die Bilder in den Hintergrund zu drängen, und dann kommt die nächste Story. Wie oft hab ich Kliffer gesagt, sagte Büttinger, er soll sich zusammenreißen in der Öffentlichkeit, er kann von mir aus in Acapulco den Playboy spielen, aber doch nicht hier. Wir müßten für imageschädigende Anhänger eigentlich Konventionalstrafen einführen für die gröbsten Restaurierungsarbeiten an unserm Image. Trotzdem nennt Büttinger Kliffer seinen Freund. Wenn er nicht so reich wäre, sagte Büttinger, wäre er ein besserer Menschenführer.

Diehl wußte nicht genau, ob Büttinger seinen Kliffer nicht doch verachtete. Diehl merkte nur, wie er sich die Wut verkniff und dabei so klein geworden aussah, Artikel und Fotos vor sich auf dem Schreibtisch, Büttinger verriet sich mit keinem weiteren Wort.

Was weiß ich von Büttinger? Reicht das, die bekannten Fakten ausschmücken, mit seinen Freunden sprechen, seine frühere Frau interviewen, seine jetzige, seine Vorzimmerdamen, reicht das, seine Reden und meine Reden auswerten und die Privatgespräche? Breit ausmalen die Persönlichkeit, den Charakter, im Vordergrund immer die menschliche Seite, Arbeitsalltag, Ringen um Verständigung mit dem Partner und Gegner, hart in der Sache, aber immer menschlicher Mensch. Das ist es, was wir brauchen, was die Leute brauchen.

In voller Fahrt, im Vertrauen auf die Zuverlässigkeit der Reifen und der Scheibenwischer, dachte Diehl zu merken, daß es nur irgendeine Angst war, die ihn an diesem Projekt hinderte. Vielleicht die Angst, sich den Chef genauer anzusehen, seinem Blick seinen Ansprüchen seiner Sympathie nicht auszuweichen, oder die Angst vor dem Leitbild, vor der Autorität Büttinger.

Aber die Termine, ich muß so schnell sein wie der Markt, unmöglich. Er beschloß, noch an diesem Tag sich zu entscheiden, für den Plan oder dagegen, wenigstens das mußte entschieden werden.

Erinnerungen zusammenkramen, Büttingers Gesichter, Büttingers Leben.

Büttinger bester Laune im Verbands-Jet von Hamburg nach Düsseldorf. Nachmittags hatte er mit Menschenführern aufgeregt verhandelt, die von Orientierungsrichtlinien abweichen wollten, abends eine zornige Rede im Reeder-Club gehalten, nun nachts im Flugzeug geriet er ins Plaudern über das Stiftungsfest seiner Verbindung, Hasso Rhenania, das ein paar Tage zurücklag.

Sie werden das nicht verstehen, Diehl (klar versteh ich, dachte Diehl), Sie sind ja ein Fink, Sie haben da was verpaßt, mein Bester, Sie glauben nicht, wie gern ich ab und zu in den Kreis der Farbentragenden zurückkehre (Diehl sah die weißen Hosen, die Kanonenstiefel, Jacken mit Schärpe und die Mützen, die schülerfrech schräg gesetzten, leicht vom Kopf zu wischenden Mützen auf erwachsenen Studenten Räten Händlern Investoren). Vielleicht werd ich im Alter ein bißchen sentimental, aber es ist wirklich so, wenn ich der Corona der Alten Herren einsitze, das ist wie ein Vollbad. Klar auch Wehmut und die schönen Erinnerungen, da können Sie von mir aus kritisch gucken, Diehl, aber das war die schönste Zeit im Leben. Vielleicht gerade, weil es auch unruhige Zeiten waren (Diehl versuchte sich vorzustellen: er als Student in den dreißiger Jahren, wieviel hätte er mitgemacht?), das waren Kameradschaftserlebnisse früher, das kann man jungen Menschen heute gar nicht mehr klarmachen. Und wenn wir heute so in der Runde sitzen, was haben wir alles mitgemacht und was sind wir schon durch dick und dünn, da haben wir ein bißchen Sentimentalität verdient, meinen Sie nicht? Da dürfen wir auch mal wieder schamlos ehrlich sein und uns versichern, was wir für prächtige Kerle waren und bierehrliche Burschen (Diehl sah die verkleideten Alten Herren hundertfach aus Altstadtkneipen treten und bei einer Jahresversammlung auf Stühlen sitzen oder bei der Eröffnung der Frühjahrsmesse drei Viertel der Gäste korporiert bemützt in Farbe – zugegeben attraktiver für Fernsehzuschauer, weg vom graublauen Muff unter den fetten Gesichtern, PR-Gedanke, mal festhalten). Aber mal im Ernst, sagte Büttinger, für menschliche und berufliche Versager war bei uns wirklich kein Platz. Und das hält uns zusammen, auch heute noch.

Das ist ja alles kein Selbstzweck, auch die Sauferei nicht, das ist ja nicht alles. Das Wichtigste für mich ist das Gespräch mit den Jungen, nicht nur wenn ich da Vorträge halte, da lern ich oft mehr als aus unsern Bildungsexpertisen. Wenn wir den Draht zur Jugend verlieren, machen wir Politik im Elfenbeinturm (Büttinger wußte nicht, daß Diehl diesen Draht nicht hatte, weil er sich selber für jung hielt, und Diehl störte dieser Gedanke). Ich versuch den jungen Corpsbrüdern immer klarzumachen, so in vollem Wichs seht ihr schön und stattlich aus und Allgemeinbildung auch in Ordnung, aber damit seid ihr noch gar nichts, wenn ihr nicht wißt, wos lang geht. Sie glauben gar nicht, Diehl, wie naiv die oft sind. Und weil sie ja heute eine echte Minderheit darstellen, geraten sie leicht in einen akademischen Dünkel, den sie als Ärzte oder Professoren von mir aus haben können, aber nicht, wenn sie als Manager und Menschenführer Karriere machen wollen. Ich provoziere sie gern mit Fragen zur Sozialpolitik, null Ahnung haben meine bierehrlichen Burschen, ich rede mit ihnen über Humanisierung und Grenzen des Wachstums, und immer bin ich linker als meine jungen Freunde, und die staunen, sag ich Ihnen. Und dann reiben sie mir zu Ehren noch einen Salamander und kramen ihre Fotos aus der Brusttasche, richtig rührend die Mensurfotos, man sieht übrigens nur noch Farbfotos von den Mensuren, noch so schüchtern und schon so stolz auf das bißchen Blut, die Bengels. Sind schon Prachtkerle. Verzeihen Sie meine Schwärmerei, Diehl, natürlich gibts auch außerhalb der Verbindungen Prachtkerle, ich meine zum Beispiel Sie, Diehl, hier, nehmen Sie noch einen Cognac. Aber ich kann Sie schon verstehen, daß Sie zu Ihrer Zeit das abgelehnt haben, das ist ja nicht leicht heute mit den alten Bräuchen. Vielleicht würde ich mich heute auch nicht mehr drum reißen, meine Bestimmungsmensuren so blendend wie möglich zu absolvieren. Und dabei war ich immer Feuer und Flamme und hatte alle Ränge und Ehren.

Na prost, sagte Büttinger, der fröhliche Student, und lachte Diehl ganz offen an.

Die christliche Sülze der fünfziger Jahre konnte Diehl an Büttinger nicht ausstehen. Dieser Ton à la Der Menschenführer sollte ein Mensch mit Herz sein, das hat Büttinger doch nicht nötig. Der konnte plötzlich vom Redemanuskript abweichen und ausschweifen, Herz läßt sich nicht lernen, man muß es eben haben, Wohlwollen Verständnis Toleranz. Diese Soße servierte er nicht nur vor Sozialfunktionären, nicht nur im Angesicht der Vertreter beider Konfessionen. Vor jeder Handwerkskammer konnte er ins Philosophieren geraten, wie richtig die Härte in der Sache und wie wichtig im menschlichen Miteinander das Band der Menschlichkeit.

Immer noch ärgerte sich Diehl, daß die berühmteste Büttinger-Rede immer noch die Führungs-Grundsatzrede war, ganz in dieser ethischen Terminologie gehalten. An der Rede hatte Schanz mitgepfuscht, Diehl war damals noch nicht entdeckt als Ghostwriter, aber das meiste hatte wohl Büttinger selber zusammenphilosophiert, Tenor: Führen sei Dienen, Führungsneigung gehe aus der Bereitschaft zum Dienen hervor. Führen heiße nicht befehlen, sondern eine gemeinsame Willensanstrengung hervorrufen. Wer führe, müsse mitreißen. Das verlange Passion und Pflicht, die Einheit des Handelns des Betriebes herzustellen, ja zu verkörpern. Das verlange innere Würde, die den Führenden im Erfolg zügelt und vor Übermut bewahrt. Führen sei Dienen, die Bereitschaft, die Person unter eine Idee zu stellen und so weiter.

Wenn er, überlegte Diehl, damals schon oben gewesen wäre, was hätte er mit diesem Rede-Auftrag gemacht? Vielleicht hätte er kurz versucht, Büttinger die Sache auszureden, das klinge alles so nach Rechtfertigungen, als ob die Menschenführer Anlaß hätten, ihre Führungsaufgaben zu legitimieren. Dann hätte er, still fluchend, die Rede zusammengebaut. Er hatte schließlich schon als Volontär gelernt, wie man über Ereignisse hautnah berichtet, die man nur aus dem Fernschreiber kennt, wie man Formulierungen von anderen präzisiert, wie man Überzeugungen leidenschaftlich vertritt, auch wenn man sie nicht hat.

Das große A. Der Regen ließ nach, und Diehl erreichte die Höhe, von der man endlich Aussicht nach beiden Seiten hatte, hinab auf die umliegenden Berge. Als der Regen plötzlich ganz aufhörte, bremste er vor einer Parkplatzeinfahrt und bog rechts ein.

Er stieg aus, rauchte und blickte wie zum erstenmal auf die nahen und vom Regen grau verschlossenen Buckelberge und auf das Gefleck der Baumwipfel, über die aufgerissene Wolken hinwegstreiften. Diehl ist kein Mensch, der sich in Landschaften vertieft. Er liebt die leeren Gegenden als Rallyemann, sucht die optimalen Durchfahrtswege ohne Rücksicht auf grüne schöne Strecken und braucht auf den kurvigen Landstraßen durch wellige Täler die volle Konzentration für die Ideallinie. Die Täler hier waren menschenlos, Wolken drückten sie zu, nicht einmal Straßen zu sehen.

Dahinten irgendwo war er im vorigen Jahr seine letzte Rallye gefahren, Herbstrallye der Amateure des Gaues Köln, und hatte den Alfa in einer dämlichen Kurve im vollen Drift, in einem mißglückten powerslide-Manöver gegen eine Bergische Steinwand gesetzt. Die Serviceleute hatten die Kiste nicht mehr flottbekommen, das war ein klägliches Aus im Bergischen Nieselregen. Nur mit einem vorderen Platz hätte er für die nächste Saison wieder Sponsoren finden können und einen Autohändler, der den Wagen stiftet. Ohne Geldgeber bist du verloren, und Freund Poll, mit dem er lange gefahren war, steckte sein Geld nur in die eigene Kiste. Wenn er doch, dachte er jetzt, wenigstens einmal bis zum großen A gekommen wäre, das für Abandon, Aufgegeben, auf der riesigen Namenstafel vor dem Sporting Club Monaco stand, aber er hatte es in seiner Karriere nicht einmal zur Starterlaubnis für die Monte gebracht, nie genug Punkte auf deutschen Straßen erkämpft, und nach Jahren Training, nach ein paar beachtlichen Plätzen und viel Pech nun dieser Abgang. Auf den Siegerlisten im Club war der Name Diehl nicht mehr zu finden, auch nicht unter Fernerliefen.

Eine unwirtliche Gegend, angefressen vom Regen und vom unerbittlich aus Westen zubeißenden Wind. Nichts, was ihn hier festhalten könnte, auch nicht bei Sonne Frühling Himmelblau. Erst jetzt fiel ihm ein, daß Büttingers Jagdrevier hinter den Bergen im Süden lag.

Es war still. Nur auf der Autobahn zischten Reifen über den nassen Asphalt, aber diese Geräusche paßten in die allgemeine Reglosigkeit, ohne diese Geräusche und den entspannten Ton der Motoren im Hintergrund hätte er es hier nicht ausgehalten. Tief in der Talsenke entdeckte er Scheunen unterm Grauschiefer. Wie erschossen lagen Kühe auf einer Wiese. Scheunen sind Verstecke. An Büttingers Versteck wollte er nicht denken, lieber an Büttinger den Jäger, den Schützen, Büttinger der sich wehrt.

Büttingers Revier. Auch Diehl war schon mit Büttinger auf Pirsch gewesen. In der Freizeit spielt Büttinger gern den Patriarchen, lädt für Samstag oder Sonntag früh einen Abteilungschef oder einen jüngeren Aufsteiger zur Jagd. Eine Gewohnheit aus seiner Zeit als Vorstand bei der Electricitäts AG, Tests für Führungsverhalten, Persönlichkeitsmobilität, das weiß jeder im Haus, deshalb sind die Einladungen nicht sehr beliebt. Mit dem Chef auf dem Anstand sitzen während der besten Schlafzeit und meistens schweigen müssen, um das Wild nicht zu verscheuchen, das halten viele mehr für Strafe als für Stress. Büttinger geht es nicht nur um den Test, ein guter Menschenführer ist auch ein guter Waidmann, sondern er will, da seine besten Freunde zur gleichen Zeit in ihren eigenen Revieren sitzen, einfach nicht gern allein sein, auch nicht Alleinherrscher einsam in seinem Jagdbezirk. So herrscht er gesellig übers Wild und über den noch von der Frühe schockierten Mitarbeiter. Offen sagt er, er wolle auf der Fahrt, beim Anmarsch oder auf dem Ansitz flüsternd mehr mitkriegen von seinen Leuten als in der täglichen Routine. Dabei ist der Anmarsch nur kurz, dank Sondererlaubnis zur Benutzung der Forstwege wird der Chefwagen bis kurz vors Revier chauffiert, und die Bewacher bleiben beim Wagen im Gebüsch.

Büttinger guter Schütze, Jäger mit der Doppelbüchse, mit dem guten Auge in der Dämmerung, in seiner Nähe hatte Diehl ein sicheres Gefühl. Er hörte dem Chef gern zu, sogar über Rehkitzen und chinesische Ringfasane, wenns sein mußte. Dieser Chef denkt nicht Schema F, jedesmal tun sich neue Gedanken neue Horizonte auf, kreatives Binnenklima auch auf den Waldwegen. Dafür, redete sich Diehl ein, steh ich zweimal im Jahr in der Nacht auf, pirsche um vier oder halb sieben mit meinem Herrn und Meister, der mir eine seiner Flinten leiht, durch den Wald, dafür friere ich auch mal aufm Hochsitz. Büttinger der Fachmann der Waidmann sagte, kein unsicherer Schuß, das ist Prinzip, erst müssen Sie ganz sicher sein, Diehl, auch ein Jäger hat die Technik völlig zu beherrschen.

Sogar mit Pistolen hatte Büttinger Erfahrung aus Verbindungszeiten, wer hatte die Story erzählt, Büttinger nicht. Der sprach zwar von hoher Ehrauffassung im Corps, von Mensuren als Bestandteil eines stark von Idealen geprägten Erziehungsprogramms, das Mut Bewährung Sportsgeist verlange, aber von Pistolen sprach er nicht und selten vom Corpsbruder Stock. Der hatte damals Satisfaktion zu verlangen und forderte Pistolen, und Büttinger trug Stock die Waffen in Herbstesfrühe die Lahnberge hinauf, der Gegner, ein Glück, nur am Arm verletzt.

Auf dem Hochsitz, Büttinger sah dösend aus, völlig entspannt, Augen geschlossen, aber er schlief nicht. Wenn ich auf ihn anlegen würde, wär er sofort hellwach. Und als sich im Gebüsch, für Diehl unhörbar, etwas regte, waren Büttingers Augen schon auf. Verständigung durch Nicken, als auf der anderen Seite der Lichtung der Rehbock stehenblieb und nur die Lauscher bewegte. Büttinger gab dem Tier die Chance, mit Reflexen und Instinkten auf die Gefahr zu reagieren, doch als es sich nur äsend langsam fortbewegte, legte er die Büchse an. Jetzt muß er die Überlegenheit in sich spüren, dachte Diehl, die Überlegenheit des Menschentieres Steinzeitmenschen Schützenkönigs. Das Tier in Büttingers Fadenkreuz, und Büttinger ganz locker genießt jede Zehntelsekunde. Vielleicht haben die Jäger recht, hier kannst du dich anders verhalten als in deiner normalen lärmenden hektischen Umgebung, der Rehbock in reiner Anmut sich bewegend lebend, der Belastung des Alltags dich für kurze Zeit völlig entziehen. Büttinger sah das Tier atmen, Diehl durch den Feldstecher sah das Tier atmen. Jetzt wird er abdrücken. Der Mensch als Jäger ist der wertvollere Mensch, weil er den Gedanken an den Tod nicht verdrängt, hat Büttinger einmal

Ortega zitiert. Drück ab, warum schießt er nicht. Er muß erst ganz sicher sein, zu früh schießen verdirbt alles, vielleicht ist die Entfernung doch zu groß. Er muß erst ganz sicher sein. Es war die Geschichte überliefert, mündliche Büttinger-Anekdoten, als Büttingers Vorgänger Büttinger fragte, ob er das Amt des stellvertretenden Menschenführerführers übernehmen wolle, Gespräch in einer Nische im Palais Schaumburg, da sagte Büttinger grundsätzlich zu, bat aber um vier Tage Bedenkzeit, er müsse zuerst mit Gattin nach Indien fliegen, zu einer Tiger-Jagd geladen, und der Vorgänger witzelte, gar keine schlechte Vorübung, lieber Büttinger. So kam er ins Amt, so kam er auf diesen Hochsitz, so kam Diehl zu diesem Erlebnis. Schießt er lieber Tiger, warum schießt er immer noch nicht? Kein unsicherer Schuß, Prinzip des Waidmanns. Da wollte Büttinger endlich das Tier besitzen, sein Wille entschied, ein saftiger Knall. Der Bock sprang ins Dickicht, sah nicht verletzt aus, nicht getroffen. Auch der junge Rauhhaardackel konnte ihn nicht finden, Büttinger entschuldigte den Hund, der ist noch jung, der ist noch nicht spursicher.

Einmal auf dem Rückweg fragte Diehl, was seinen Chef so fasziniert an der Jagd. Da besann der sich und sagte: In meinem normalen Leben bin ich gewohnt, Anweisungen und Ratschläge zu geben, und die Leute richten sich im allgemeinen danach. Aber hier muß ich mich daran gewöhnen, daß sich auf meine Anweisung hin nicht das geringste ereignet.

Eine Bewegung schreckte Diehl, auf der leeren Wiese unterhalb des Parkplatzes, etwas Weißes. Aber es war nur eine Zeitung, die der Wind trieb, über Maulwurfshügel, lauter Maulwürfe, hier ist ein Maulwurf Amok gelaufen. Doch die Zeitung sah trocken aus, auch hier hat es eben geregnet, die muß doch naß sein, außer mir ist niemand auf dem Parkplatz, da stimmt was nicht. Weiter rechts lagen aufgeforstete Parzellen mit winzigen Fichten, die wie schwarze Bartstoppeln ins Freie ragten. Unten kroch auf einmal ein Zementlaster über einen Hügel, rund ein Kilometer Luftlinie, die Aufschrift Readymix Zement war zu erkennen, dann tauchten drei Männer mit weißen Bauhelmen auf der Kuppe auf, und weithin leuchteten ihre gelben Jacken und Gummistiefel. Diese Kontraste kamen ihm verdächtig vor, da tut sich was, auch da stimmt was nicht, wer tarnt sich da. Das Bild mit den provozierend langsam laufenden auffälligen Männern und dem näherkriechenden und immer noch nicht zu hörenden Zementlaster in einer Gegend ohne sichtbare Baustellen irritierte ihn. Er verbat es sich, länger hinzusehen und länger darüber nachzudenken, du kannst ja verrückt werden bei so was.

Er setzte sich ins Auto, ohne Lust weiterzufahren, suchte eine Cassette, warf News of the world von den Queen ein. Gleich ging es los mit dem dröhnenden Händeklatschen We will we will rock you. Die Leute da unten im Auge behalten.

We are the champions, der Hit des Jahres bei Roland Diehl, immer wieder gehört in den letzten Monaten, ein Präsent von Tina. Und jetzt voll aufgedreht im Auto, den Zementmischer im Blick, unter den regenschweren Wolken auf den Bergischen Höhen, I've paid my dues – time after time – I've done my sentence but committed no crime – and bad mistakes I've made a few – I've had my share of sand kicked in my face – But I've come through. Immer wieder riß ihn der Chor des Refrains mit, das wohlige Stampfen der Bässe in den Ohren, manchmal sang er mit, We are the champions – my friends – And we'll keep on fighting – till the end – We are the champions – We are the champions – no time for losers – cause we are the champions – of the world. Immer wieder nach diesem klaren und satten Refrain, immer wieder, wenn der Leadsänger mit seiner hohen, fast fistligen Stimme einsetzte, fing bei Diehl ein Augenblick Unsicherheit an, irgendwas an diesem einfachen Text würde er nicht richtig verstehen oder mißverstehen, I've taken my bows – and my curtain calls – You brought me fame and fortune and everything that goes with it. Und das war dann wieder leicht zu vergessen in der Wiederholung, siegesgewiß, We are the champions – we are the champions – no time for losers – cause we are the champions – of the world.

Weltmeister Diehl ohne Ziel auf dem Autobahnrastplatz, jetzt hatte er die Männer draußen und den Zementlaster aus den Augen verloren. Er stieg aus, ging bis zu dem Maschendrahtzaun vor, aber er konnte sie nicht mehr entdecken. Die gebuckelte Gegend schwieg. Kahl trotz all der Bäume und Büsche und abweisend war alles.

Von dieser Düsternis wollte er sich nicht länger anstecken lassen. Schluß mit der Spinnerei, sagte er sich, immer wenn du irgendwo stehen bleibst, geht dir die Phantasie durch, Scheiß-Champion. Du mußt dich entscheiden, was du mit Büttinger machst.

Dann fuhr er los, trat wild entschlossen aufs Gas, nahm sich vor, einen Kaffee irgendwo zu trinken, wenns sein muß in Olpe.

Ob Büttinger Nazi war, wen interessiert das heute. Aber wenn man das wegläßt, sieht es nach Vertuschen aus. Natürlich war er einer, damals, das hat er immer und oft mit Stolz zugegeben und hat dabei nie vergessen, das Wörtchen damals zu betonen. Aber auch damals hat er sich schon für die Allgemeinheit eingesetzt, ist nie ein bequemer Mitläufer gewesen. Also: Wie er Nazi war, das ist wichtig. Um den ganzen Büttinger zu verstehen, müßte man da ansetzen, Diener fürs Gemeinwohl soweit die Verhältnisse es zuließen, müßte man ihn als Sozialpolitiker würdigen, der er auch damals schon war, was weiß ich von Büttinger?

Als die ersten Angriffe auftauchten wegen seiner Vergangenheit, rief er uns zu sich, angenehm kontrolliert wie immer, und gab die Parole aus: Keine Panik, ich hab nichts zu verbergen, ich stehe zu dem, was ich damals getan und geschrieben habe. Niemand im Verband braucht beunruhigt zu sein, wenn sich irgendwelche Trottel über ein Papier aufregen, das ich mit Heil Hitler unterschrieben habe.

Sie sollen wissen, meine Herren, daß ich in der Schutzstaffel war, aber an keinerlei Verbrechen beteiligt. Ich war sozusagen einer der vielen Bürovorsteher bei Fritz Todt. Wir hatten für deutsche Betriebe zu sorgen, wir mußten alles umkrempeln. Da das auftragsgemäß rasch gehen sollte, war es oft eine ziemlich gewaltsame Aktion, das würde ich nie beschönigen. Ich kann auch nicht ausschließen, was heute behauptet wird, daß einige widerspenstige Leute ins KZ geraten sind, aber das war nun wirklich nicht mein Ressort.

Es ist auch richtig, daß ich später für die industrielle Betreuung im Raum Litzmannstadt zuständig war. Wir haben versucht, Ordnung in das polnische Chaos zu bringen, vor allem den Einsatz der Arbeitskräfte zu effektivieren. Wir haben sogar Lohnerhöhungen durchgesetzt und Kantinen geschaffen. Die Leute, die mich heute mit Hinrichtungen nach Sabotageakten und mit Geiselerschießungen bei Betriebsappellen in Verbindung zu bringen versuchen, haben von der Nazi-Bürokratie nicht die geringste Ahnung. Diese Dinge waren allein Sache des SD und der zuständigen SS-Verbände, wir als Wirtschaftler hatten darauf nicht den geringsten Einfluß.

Und noch etwas, meine Herren. Ich habe keine Schwierigkeiten zuzugeben, daß ich damals ein Nazi war, damals. Es war für mich die einzige Möglichkeit, die Älteren unter Ihnen werden das noch wissen, vernünftig zu arbeiten, alles andere wäre Selbstbetrug gewesen. Daß ich einwandfrei entnazifiziert wurde und daß mir bei späteren Besuchen in Warschau und im ganzen Ostblock keinerlei Vorwürfe gemacht wurden, wissen Sie.

Meine Devise: Wir lassen die Angriffe ins Leere laufen, kein Dementi, keine Bestätigung, das verläppert sich alles von selbst. Ich habe Sie informiert, meine Herren, damit Sie nicht nervös werden, damit Sie nicht denken, wir hätten irgendwas zu verbergen.

Das Café Jägersruh an der Bundesstraße kurz vor Olpe war ein Neubau, groß wie ein Kleinstadt-Wartesaal und leer. Alle Ecktische besetzt, dazwischen Maximalabstände. Ein bärtiger Mann hielt sich hinter einer Lokalzeitung versteckt, zwei Frauen, die unter ihren Hüten thronten, redeten mit sehr langsamen Mundbewegungen aufeinander ein. In einer anderen Ecke eine unordentliche Greisin vor einem Teller mit Kuchenresten, ein Vertreter über sei-

nen Listen, und an den Rand gedrängt im großstädtisch dunkel-
braunen Cordanzug Roland Diehl. Jeder saß für sich, damit er
unberührt jeden beobachten konnte. Aus den Lautsprechern erst
Musik, dann Kurznachrichten. Das Radio war so leise eingestellt,
daß Diehl nur die Formulierungen verstand, die er vor einer
Stunde schon gehört hatte und nun von den Nachrichtensprechern
erwartete, Entführungsfall wurde nicht bestätigt Der amerikani-
sche Präsident Die Aussichten für Nordrhein-Westfalen Auf der
A 3 zäh fließender Verkehr. Es hörte niemand hin.

Die Frau, die den Kaffee gebracht hatte, stand an der Theke
herum und flüsterte mit einer älteren Frau, wahrscheinlich der
Chefin. Natürlich fall ich hier auf, dachte Diehl, alle jüngeren orts-
fremden Einzelreisenden fallen sofort auf, ich hab nicht mal einen
Musterkoffer dabei. Alle verdächtig, die nicht im Rentenalter oder
in Rudeln auftreten. Ich brauch mich gar nicht als Neandertaler
verkleiden und Playboy lesen, ich fall auch so auf.

Jetzt fangen sie alle an, ihre Gedanken zu bewegen und mich mit
den Terroristenbildern zu vergleichen. Warum soll ich hier nicht
auffallen, es macht mir Spaß aufzufallen. Wie würde ich aussehen,
wenn ich als Terrorist hier säße, im Cordanzug, gepflegter
Schnurrbart, Haar gescheitelt nicht zu kurz nicht zu lang, ein
schneller Wagen draußen, alles paßt, ich würde hier Kaffee trinken
und so tun, als ginge mich die ganze Welt nichts an, Roland Diehl
Terrorist.

Was würde ich tun, auf jeden Fall würde ich nicht so dilettan-
tisch vorgehen, höchstens zwei Leute umlegen, ab drei setzt die
Reizschwelle ein, wird Sympathiereservoir erschöpft, das kann
tödlich sein, ich würde vielleicht auch Büttinger aussuchen, Büttinger ist ein gutes Objekt. Ich würde also hier im Café sitzen,
mein Auftrag Gegenobservieren, die Observierer Fahndungsgruppen Mobilen Einheiten observieren, ob verdächtige Personen
sich unserm Nahbereich nähern. Nein, Beobachten ist nichts für
mich, langweilig, bin schließlich kein Mann, der den ganzen Tag
aufs Wasser glotzt wie ein Angler und wartet bis sich was tut, ich
brauche Bewegung, immer unterwegs, immer auf Trab auf Zack.
Mein Auftrag, Briefe und Botschaften transportieren und unauf-

fällig abgeben, auch das ist es nicht, Chefdenker Cheflogistiker Diehl ist doch kein Briefträger.

Mein Auftrag Bewachung und psychologische Kampfführung, ich werde mir einreden, mein größter Feind heißt Büttinger, ich bewache ihn, einmal wird es umgekehrt sein, einmal wird Büttinger von Diehl abhängig sein und wird sich verändern, vielleicht ein schwermütiger Alter, nicht wiederzuerkennen, Büttinger ist mein Feind.

Zuerst werde ich ihn besoffen machen und einen Nachmittag ausführen zur Belohnung, weil er sich hat weichmachen lassen von mir, ausführen in sein Jagdrevier, da sucht ihn niemand. Wie einen Hund werd ich ihn durch den Wald führen an der Leine und an einer Lichtung anhalten und mich verstecken. Büttinger wird sich nach allen Seiten umblicken und mich suchen, mich brauchen, mich. Er wird mich rufen mit versoffener Stimme, er wird sich mehrmals drehen und schwindelnd fallen. Wenn er aus seinem Mantel eine Jagdflinte wickelt und wie ein Betrunkener lallt: Komm her, Diehl, es geht wieder los! Wo bleiben die Jagdfreunde? Immer muß ich alles allein machen! dann werde ich immer noch nicht auf ihn zugehen, dann werde ich nicht nähertreten und den Spuk beenden. Und wenn er aufsteht und torkelnd die Lichtung abschreitet, wenn er sich liebevoll den Bäumen zuwendet, als wolle er alle umarmen, wenn er sich enttäuscht wieder fallen läßt, im Sitzen einen Hasen schießt häutet ausweidet brät, Feuer im Wald, auch dann werde ich geduldig zusehen von meinem Versteck aus und endlich lernen, ich habe mit Büttinger nichts zu tun, Büttinger ist mein Freund nicht und auch nicht mein Feind, mein Auftrag Bewachung.

Wenn er einen langen Schluck aus der Cognacflasche nimmt, sich mühsam auf die Beine stellt und schleppend, in tiefen Gedanken auf den Hochsitz am anderen Rand der Lichtung zubewegt und so hinaufklettert, daß es wie Hinabklettern aussieht, endlich oben ankommt und sich hinstellt, die Arme aufs Querholz gestützt, dann werde ich wie immer, wenn ich ihn so pumpen sehe, eine aktuelle Mahnung, eine Rede erwarten, und er wird etwas reden, was nicht von mir ist und was ich kaum verstehe, dazu seine lallende Stimme und der leichte Gegenwind. Wahrscheinlich wird er sagen, werde ich hören:

Kein Tag ohne gute Tat, Pflicht rotarische Brüderlichkeit, meine Rede die Tat, solang ich lebe verlieren wir nicht, ich könnte diesen Wald anstecken und käme doch lebend heraus, ich verlaß euch nicht, ich eröffne nächstes Jahr hiermit die Messe, habt noch Geduld ihr Lümmels, ich helf euch, ich steige herab, weil du mich gesucht hast, Roland, und gefunden und mir zugehört hast als einziger hier im Wald, komm raus da hinterm Baum, brauchst dich nicht zu verstecken, oder schämst du dich, weil du mir gefolgt bist, weil du mich ernst nimmst als einziger, komm her, mein Sohn, laß uns anstoßen.

Ich werde ihm nicht entgegenkommen, ich falle auf diesen Trick nicht herein, er ist mein Gefangener, ich brauche ihn nicht, aber er braucht mich. Je länger ich seinen Lockungen widerstehe, desto stärker werde ich mich fühlen. Ich werde dem Kerl das Maul stopfen, ich kann mich nur retten, wenn ich ihn kneble, auch in den stillsten Wäldern gibt es Zuhörer, ich will keine Zeugen unseres Zweikampfes. Der ist schon gar nicht mehr Büttinger, das ist kein Menschenführer, das ist vielleicht ein alter Schauspieler, ein Landstreicher, ein Waldschrat, ich laß mich von dem nicht länger zum Narren halten, wenn ich ihn jetzt nicht erwische, kommt er morgen wieder und macht mich auch noch verrückt. Genug der Spuk, ich kann mich nur retten, wenn ich ihn töte. Ein Schuß wird sich lösen, vielleicht werde ich mich wundern, daß ich eine Pistole in der leicht schwitzenden Hand halte. Der Waldmensch wird vornüber fallen, krachen wird das Gerüst des Hochsitzes, im Zeitlupentempo wird der Alte in die Tiefe sacken, auf weichen Nadelboden. Er wird noch einige Minuten leben, schwer atmen, kalter Schweiß, sich ans Herz greifen, kotzen, Mantel und Anzug zerrissen, keine Anstrengung mehr machen aufzustehen, versoffen vergiftet erschossen ohne Kräfte. Ich werde zusehen, ich bin der einzige Zeuge. Eindeutig Herzinfarkt, eindeutig Jagdunfall, eindeutig finaler Rettungsschuß, eindeutig Alkoholvergiftung. Vierfach tot, genügt das?

Nein, Herr Kommissar, diesen Mann kenne ich nicht.

Leider bin ich kein Mörder, dachte er, wie oft hab ich schon mit ihm gekämpft, aber leider bin ich kein Mörder, vielleicht säß ich dann ruhiger auf meinem Arsch. Leider hab ich keinen Auftrag. Als Terrorist wäre alles einfacher, ja lach nur.

Er bestellte den zweiten Kaffee. Im Ernst, ein klarer Auftrag, und alles hätte wieder seinen Sinn. Ein Ziel, und alles wäre wieder im Lot. Die Wahrheit liegt nicht immer in der Mitte, hast du Büttinger mal in eine Rede geschrieben, einer deiner irgendwo abgeschriebenen und oft zitierten Allgemeinplätze. Keine Ahnung, wo die liegt, deine Wahrheit, du weißt schon nicht mehr, was falsch und was richtig ist und wo der Sinn liegt außer im Gasgeben. Du weißt nur noch, daß du oben bleiben mußt, dafür gibt es Regeln und Gesetze, an denen kannst du dich orientieren, das gibt dir den Halt. Bleib oben und mach dir nichts draus, daß du allein bist und keiner was mit dir zu tun haben will, für die einen bist du zu weit oben, für die anderen zu weit unten, niemand identifiziert sich mit dir, du bist was Besonderes, also mach was aus dir.

Als die Bedienerin den Kaffee ohne ein Wort hinschob und Diehl den Blick von den goldgerahmten Blumenstilleben und der Werbepappe für Mozartkugeln nahm und die Frau einen Moment lang abschätzig musterte, weil sie ihn sicher als Terroristen oder mindestens als Eindringling verdächtigte, da sah er sich plötzlich unter Nomaden, die gleiche Situation vor zwei Jahren in der Wüste. Die Abenteuerreise per Landrover und Kamelrücken durch die Sahara führt die Urlauber des Ocean Clubs auch zu der Attraktion Nomaden, zwanglose Gespräche mit den Wüstenhirten, die Frauen servieren Kaffee. Mit der gleichen Geste wie eben und mit diesem Blick hatte ihm die Frau wortlos und abschätzig die Kaffeeschale gereicht. Er hatte das auf einmal verstanden, denen waren einfach zu viel Menschen in der Wüste, und Fremde und Touristen erst recht überflüssig, genau wie hier, in der Olper Wüste. Ihm war es genauso gegangen, er fand die anderen überflüssig, sogar die Nomaden, denn er hatte sich gerade in die Wüste verliebt, drei Tage auf Kamelen (erst der dritte Tag fängt an Spaß zu machen, konnte er in Köln erzählen) zwischen Sandwüste und Salzwüste im Treck geschaukelt, er hatte, vom Oasenbrunnenwasser erfrischt, den Rausch der rötlich schimmernden Landschaft entdeckt, wie tagelanges Reiten über Frauenhaut, war der ständige Gedanke, und die leuchtenden Steine, der kompromißlose Sand, die zäh kämpfenden Pflanzen. Da fühlte er sich unerwartet wohl, wollte aber auch hier weiter, immer weiterreiten im Landrover nach Süden auf Wüstenpfaden ohne die Abenteuertouristen ständig vor dir oder hinter dir, alle überflüssig, ja im Landrover allein mit Beifahrerin oder Beifahrer bis ans Ende der Wüsten, Diehl der Wüstenfuchs. Jeder war hier überflüssig, kein Körper paßt zum andern, das hatte ihm die Nomadin zu verstehen gegeben.

Die ganze Woche hatte er noch mit keinem Menschen geredet, die paar Sätze mit Tina, mit der Majonika, mit Moos zählten nicht. Das fiel ihm jetzt auf, als er in Olpe saß und allein. Das war nichts Besonderes, das war oft so, redete er sich ein, was gibt es schon viel zu quatschen und mit wem. Von Tina aber wollte er mehr, vor allem mehr als reden, ihre Verweigerung seit dem Krach neulich wurde allmählich affig. Das soll sich ändern, wenigstens das, das ist mein Programm für heute, Tina.

Sofort stand er auf, ließ sich das Telefon über die Theke reichen, wählte den Verband an. Tinas Apparat besetzt.

Nachdem er sich wieder gesetzt hatte, rief er die Bedienerin, an der er eben vorbeigelaufen war, zum Zahlen. Vielleicht bin ich nur hierhergefahren, weil ich nicht Richtung Eifel fahren wollte, genug Eifel im Kopf. Vielleicht brauch ich wirklich Urlaub, Ruhe.

Er fühlte, wie etwas von ihm abblätterte. Wenn er weitergedacht hätte, dann hätte er vielleicht gemerkt, auf welchem Tiefpunkt er sich schon bequem eingerichtet hatte. Die Unruhe seiner Erfahrungslosigkeit trieb seine Gedanken nur unsystematisch weiter, und so blieb er, wo er schon lange sich eingerichtet hatte, im Kokon seiner Omnipotenz. Er merkte nur schwach, wie er gegen irgend etwas rebellierte, vielleicht nur gegen sich selber, und wie gern er etwas gegen jede Unruhe getan hätte, etwas ganz Eindeutiges, Unwiderrufliches, etwas, das keine weiteren Gedanken erforderte. Diese Cafébesucher wegschießen, ein anständiger Amoklauf, ein Haus sprengen, mit achtzig gegen eine Betonwand, mit Tina bumsen oder mit einer andern, Büttinger auf diesen Stuhl zaubern, eine Goldmine auftun. Oder bescheiden in die liberale Partei eintreten, damit du ein paar Menschen ohne Wenn und Aber deine Freunde nennen darfst.

Es war ihm zu dumm, Tina hinterherzurufen. Eh mir hier die Räder abfallen, sagte er sich, fahr ich zurück, in die sichere Stadt.

Immer Meister der Situation war Büttinger, Diehl hatte das zum erstenmal bewundert am Abend einer Tagung. Hotel im Taunus, eine Runde von acht oder zehn Herren um den Kamintisch, an dem auch Büttinger saß, schon müde, aber immer wieder angesprochen von den jüngeren Herren, die sich in seiner Nähe sonnten und die Aufmerksamkeit des Chefs aller Chefs erkämpften und, endlich auf das Thema Studenten und Universitäten gestoßen, sich nun zu überbieten versuchten im Lamento über die Radikalen, staatlich geförderte Systemfeinde, über erschreckenden Niveauverlust. Da räusperte sich Büttinger, schwenkte den Cognac in seinem Glas, da wurde es stiller, so erinnerte sich Diehl, und sagte ungefähr das, mit gleichbleibendem Lächeln:

Was mich angeht, manchmal kann ich die Studenten verstehen, wenn sie auf die Straße gehen, wenn sie Forderungen stellen, wenn sie nicht gleich zufrieden sind. Seien wir doch mal ehrlich, wir waren doch nicht viel anders, wir haben doch auch das Maul aufgemacht, jedenfalls unsere Generation. Viele der jungen Leute heute haben durchaus ein ausgeprägtes Sozialgefühl, und das bringt sie in Bewegung. Heute wird das nur alles fehlgeleitet, hin zu Chaos Kollektivismus Leistungsverweigerung. Unsere Politiker wissen nicht mit den Gefühlen der Jugend umzugehen und sie richtig zu steuern, die Professoren noch weniger, und wir Menschenführer offenbar auch nicht, das sollte uns zu denken geben, daß wir als Vorbilder so wenig wirksam sind.

Einer fragte Büttinger, wie ernst er das meine, daß er nicht viel anders gewesen sei als die Chaoten heute. Lachen.

Das dürfen Sie morgen der Bild-Zeitung erzählen, sagte Büttinger, jetzt ganz wach, und kostete seinen Witz aus. Also, was ich meine, sagte er, als das Lachen abgeklungen war, wir waren insofern nicht anders, als wir auch dieses Gefühl hatten, das ich Sozialgefühl nenne. Auch wir waren mit dem Bestehenden nicht zufrieden, aber, und das ist der große Unterschied, uns hat man im Prinzip in die richtige Richtung gelenkt, auch wenn es in der Ausführung dann arge Auswüchse gab und wir letztlich auch fehlgeleitet wurden, wie wir später gesehen haben. Aber besser fehlgeleitet, als überhaupt nicht geleitet, denke ich manchmal. Worauf ich hinauswollte, für uns waren soziales Denken und Leistungsdenken noch kein Gegensatz. Wir gingen als Studenten sogar in die Fabrik, aber nicht um Stunk zu machen, sondern um den Arbeitern einen Krankenurlaub zu ermöglichen, wir sind alle selber mal Fließband gewesen, gewissermaßen, keine schlechte Erfahrung.

Das war praktizierte Humanisierung, meine Herren, wir haben eben nicht nur das Maul aufgemacht. Wir haben viel gebrüllt, aber wir waren immer auf Leistung aus, wir blieben nicht bei Gefühlen und Demonstrationen. Für uns war es selbstverständlich, daß wir die Sache, die wir für richtig hielten, auch richtig machten, insofern war es nur konsequent, daß die Studenten die Selbstverwaltung an der Universität inclusive Gleichschaltung in die eigenen Hände nahmen. Gleichschaltung, das hört sich heute alles so fürchterlich an, aber wir waren jung und wollten ein besseres Deutschland. Und man muß auch mal sehen, daß wir damals Politik für die Mehrheit gemacht haben, studentische Sozialpolitik, die wirklich revolutionär war für die damalige Zeit. Was haben wir damals für Mensen aufgebaut und Wohnheime, Arbeitsvermittlungen und Berufsberatung, Stipendien haben wir erkämpft und zum erstenmal eine Krankenversicherung! Ich sag Ihnen das, weil die soziale Komponente von damals gern vergessen wird – bei aller notwendigen Kritik am Nationalsozialismus.

Aber das Problem heute, worauf ich eigentlich hinauswollte, liegt doch darin, daß die Studenten ihre soziale Anlage – und ich behaupte nach wie vor, daß die meisten Radikalen von daher motiviert sind oder zumindest waren – daß die ihr soziales Denken von ihrem eigenen Anspruchsdenken blockiert sehen und deshalb nicht mit dem notwendigen Leistungsdenken in Einklang bringen können, weil das soziale Netz schon da ist, nicht mehr erkämpft zu werden braucht. Und da neue Ziele immer schwieriger zu setzen sind, kommt es zu dieser Radikalisierung, zum Verlust der Werte und Begriffe. Schimpfen Sie nicht so viel auf die Studenten, meine Herren, lassen Sie sich lieber was einfallen, wie wir unsere Werte und Vorbilder gerade auch in den jungen akademischen Kreisen wieder attraktiv machen können.

Die meisten Leute am Tisch, erinnerte sich Diehl, blickten betreten ins Feuer oder in ihr Bierglas. Büttinger, der alte Kämpfer gegen Selbstzufriedenheit in den eigenen Reihen, hatte ihnen wieder mal die gute Stimmung verhagelt, hatte sie noch kurz nach Mitternacht, als sie schwer und gelöst im Kaminzimmer hockten, so ungemütlich zum Denken gezwungen.

So war ihm das Fahren am liebsten, Schußfahrt ohne sich konzentrieren zu müssen auf die Finessen der Bremstechnik Kurventechnik Schleudertechnik. Auf der haarfeinen Grenze zwischen Gleitflug und Haftreibung schoß Diehls Wagen die immer noch ein wenig feuchte linke Fahrbahn nach Köln hinab.

Er wollte sich den Traum vom Rallyemeister abgewöhnen. Endlich Schluß mit dem Stress der ununterbrochenen Berg-Kurverei und der permanenten Geschicklichkeitsprüfung und des stuen Beschleunigens und Bremsens nach dem Gebetbuch, vor allem aber keine Last mehr mit dem powerslide, das er nie gut genug beherrschte und das zum schäbigen Finale seiner Renn-Karriere geführt hatte. Heck des Wagens zum Kurvenaußenrand drängen lassen, Vorderräder gegenlenken, mit dosiertem Gas die Hinterräder seitlich vorwärtstreiben, dabei Vorderräder schon wieder geradeaus einschlagen, weil sie jetzt schräg gleiten, der Wagen zeigt in die Innenkurve, und doch driftet er endlich gerade aus der Kurve heraus – diese Spielchen bis zur Präzision zu trainieren hatte Diehl keinen Bock mehr. Jetzt bist du 37, da wirst du auch nicht mehr besser.

Du wirst nicht besser, denk lieber an deine Karriere. Also raus

aus dem Verband, das ist kein sicherer Platz mehr, jetzt den Laden wechseln und Pressechef bei CBA und die Stadt wechseln und die Freundin. Und kein Buch über Büttinger, viel zu kompliziert die Geschichte, und zu spät bist du sowieso, laß die Finger davon, endgültig. Was geht dich Büttinger an? Einen deutlichen Strich ziehen, das ist die Lösung, Büttinger geht dich nichts an.

Mit jedem Tag war es riskanter geworden, sich auf Büttinger einzulassen, das spürte Diehl. Aber er vermochte nicht zu begreifen, weshalb er zurückschreckte. Büttinger war verurteilt, jeder Tag bestätigte das. Da es längst nicht mehr darum ging, den Wert seines Lebens, wie es anfangs geheißen hatte, abzuwägen gegen den Schaden des Lebens von einem Dutzend Ehrloser, war der Mensch Büttinger zum größten Hindernis bei der Lösung des Falles Büttinger geworden. Nun mußte das Opfer gebracht werden in aller einverständigen Stille, und jeder wurde suspekt, der sich mit diesem Menschen noch befaßte und sich nicht an die vorgeschriebenen Informationen und Emotionen hielt. Ehe Büttinger tot ist, mußte er totgeschwiegen werden, das war das ungeschriebene Gesetz.

Im Rücken den wimmernden Rockgesang der Queen, näherte sich Diehl dem Kessel von Köln. Unter einem dunklen Wolkenschub von Westen wurden die ersten Wahrzeichen sichtbar. Der Dom, zwischen Gebüsch, rückte kaum näher, als hätte er nur die Funktion eine Boje, Vorsicht, da unten irgendwo liegt Köln. So kam ihm die Stadt oft vor, eine Tiefebene, auf die er gleichgültig hinabsah, auch bei klarem Wetter immer im Dunst, aus dem nur das Haus des Verbandes, die eignen vier Wände, Tinas Wohnung und der Rallye-Club herausragten, dazu noch ein paar Kneipen und Betontürme und die überall sich aufdrängenden Domtürme – alles andere blieben Durchfahrtsstraßen oder konturlose Steinhaufen oder Menschenhaufen, zugedeckt von ihren eigenen Ausdünstungen. Eine Stadt ohne Grenzen, markiert nur von steilen Schornsteinen und eingekreist vom pochenden Leben der Motoren auf den Autobahnen ringsum.

sechs

Aufwärts, war des Chefdenkers banaler Gedanke am nächsten Morgen im Lift, es geht aufwärts. Erleichtert, sich wieder
lustig machen zu können über sich selber, fuhr er hinauf zum
Kleinen Konferenzzimmer, monatliche Sitzung des Zwölferrats. Und als im neunten Stock Ludwig Schanz zustieg, grinste
Diehl, locker wie einer, der den Sieg in der Tasche hat, den Freund-
feind gelassen an. Der Chefdenker gewann das Duell, der Chef der
Medienabteilung mußte sich aus seiner Verlegenheit retten mit
einem Witzchen übers Wetter.

Ohne Widerstände hatte Diehl in der Nacht drei Entschlüsse
gefaßt: Sofort um die Stelle als Pressechef bewerben, zweitens kein
unnötiger Gedanke an Büttinger, drittens nicht länger hinter Tina
herrennen. Vorsatz: Tapetenwechsel Distanz Abschied und dann
ein neues Leben.

Nun war ihm leicht wie seit Wochen nicht mehr. Vielleicht das
letzte Mal im Zwölferrat, das geht mich alles nichts mehr an, diese
Aussicht freute ihn, und er nahm sich vor, eine unauffällige Ab-
schiedsvorstellung zu geben.

Zu Anfang der Sitzung, nachdem die Herren sich mit kurzem
Händedruck und schnellen Blicken voneinander abgegrenzt und
auch die Protokollantin nicht vergessen hatten, sprach Verbands-
vizechef Felder über den Stand der Sache Büttinger.

Er sprach besorgt, aber so routiniert besorgt, als ginge es um
einen mittleren Schadensfall, Versicherung wird das regeln, und er
sagte kaum mehr als die Regierungssprecher: Meine Herren, keine
neue Entwicklung, es wird alles für Büttinger getan. Einen Moment lang kam in Diehl die Empörung hoch über die Floskeln und
Ausweichmanöver, selbst hier im kleinsten Kreis. Aber dann begriff er auf einmal das Spiel. Felder kann ja nicht sagen, Büttinger
ist verloren, aus, sondern er hält sich an die Sprachregelungen und
gibt uns damit zu verstehen, daß es falsch ist, noch mit Büttingers
Rettung zu rechnen. Er hat recht, so zu sprechen wie der Demen-

tierer der Regierung: Büttinger geht uns nichts mehr an, es kommt drauf an, sich auf die Nach-Büttinger-Zeit einzustellen.

Diehl sah in die Runde, sah in die vertrauten Gesichter hinein, keiner der Herren fragte nach, alle wahrten die Haltung der Überlegenen. Neben ihm Schamborn, der sich um Arbeitsmarkt und Bildungspolitik kümmerte, und Moritz Moos, beides beinharte Sozialtechniker, denen war es völlig egal, wer oben saß, an ihren Direktiven würde sich ohnehin nichts ändern. Professor Steinhäuser, der die Wissenschaftler auf Trab hielt, war schwer zu durchschauen, aber als Oberstratege hatte er das Planspiel auch für diesen Fall des Falles in der Schublade und würde im geeigneten Moment seine bestechend vernünftigen Vorschläge machen. Schanz paßte sich immer schnell an. Nur Rieffer schien angeschlagen, er hatte die schwere Aufgabe der Außenkontakte mit dem Partnerverein, da gab es die meisten Reibungen, Rieffer holte heute früher als sonst seinen Pfeifenbeutel aus der Tasche. Bräsig Lampe Vierabend, die drei Generäle, geschäftig führend wie immer, rotierten disponierten entschieden, standen nicht still und liefen nicht heiß, immer bei der Sache.

Ein wenig irritiert wirkten nur die beiden Vizechefs, Felder noch mehr als Gorkweiler. Sie wollten nicht Büttingers Nachfolger werden. Niemand wollte jetzt Büttingers Nachfolger werden, obwohl alle von dieser Verantwortung sprachen und gerade Felder von Stahl und Elektro gedrängt wurde.

– Die Vorbereitung der heutigen Sitzung, sagte Felder, lag in den Händen von Herrn Vierabend, dem ich nun die Leitung... zu übernehmen bitte.

Hat er doch noch die Kurve gekriegt, dachte Diehl, den Satz von Gönner-Autorität heruntergebracht. Was sind wir doch demokratisch geworden und fein, den ich die Leitung zu übernehmen bitte. Gleich wird mir Vierabend ganz demokratisch eins reinwürgen, soll er doch, ich geh.

Vierabend gab das Wort an Moos, der seine neuen Orientierungspapiere zur Erfassung von Betriebsfriedensstörern erläuterte.

– Grundsätzlich, sagte Moos, gibt es kein vernünftiges Argument gegen die Regelanfrage beim Amt. Bei Neueinstellungen und prophylaktischen Maßnahmen sowieso nicht. Wenn das Gesetz uns und dem Amt nur die Überprüfung der Personen gestattet, die an sicherheitsempfindlichen Stellen arbeiten, so wird dieser Begriff gerade bei der heutigen Sicherheitslage sehr extensiv auszulegen sein. Keine Frage, die Ämter kommen uns gegenwärtig bei jeder Abwehrmaßnahme entgegen, deshalb jetzt nachsetzen, Gunst der Stunde.

Während Moos vom Ausbau der Personalinformationssysteme sprach, von der Optimierung der Auswahl- und Einsatzentscheidungen und der Kontrolle über Unzuverlässigkeitsfaktoren, wurden die ersten Mineralwasserflaschen geöffnet. Ein Flaschenöffner wurde quer über den Tisch von Schanz zu Schamborn gereicht, dann von Schamborn zu Lampe und wieder quer herüber zu Gorkweiler, der Moos unterbrach, während er geduldig den Kronenkorken abhob.

– Wie sieht das mit Datenschutz aus, Herr Moos?

– Kein Problem. Wenn jemand seine Datenakte zu sehen verlangt, wird die Anlage so codiert, daß all das nicht ausgedruckt wird, was nicht bekanntwerden soll, ganz einfach.

Kurz darauf entschloß sich auch Steinhäuser zu trinken, nach ihm Rieffer und Bräsig, und immer wiederholten sich die dringlichen Gesten und Winke nach dem Flaschenöffner, die die Aufmerksamkeit für Moos ständig unterbrachen. Diehl äugte von Platz zu Platz, es war tatsächlich wieder nur ein Öffner für alle da. Vierabends Sekretärin hatte das immer noch nicht kapiert. Da halten wir die Wirtschaft des ganzen Landes auf Zack, aber hier in unseren eigenen Wänden kriegen wir nicht mal die systemadäquate Verteilung von Flaschenöffnern hin.

Die Szene belustigte Diehl. Gern hätte er jetzt herumgealbert, Verwirrung unter den ernsten Herren gestiftet. Er fühlte sich zum erstenmal befreit in dieser Runde, er war nicht mehr Büttingers Musterschüler und Zuarbeiter, er fürchtete auch Vierabend nicht mehr. Nachher würde er sofort in Hamburg anrufen, ein Diehl als Pressechef wird eingestellt mit Handkuß.

Kabel-Schmiede. Zu Punkt 4 kam Jürgen Schmiede herein, der Kabel-Experte. Flink setzte er sich, lachte schnell in die Runde, er sah immer noch aus wie ein Jüngelchen von zwanzig und wurde bald vierzig, alles ging fix bei ihm, er führte die kürzesten Telefongespräche, er sagte nie einen überflüssigen Satz. Seit drei Jahren war er auf Kabeltechnik angesetzt, und er hatte die Sache so rasch und effektiv vorangetrieben, daß manche munkelten, er müsse Kabelaktien in der Familie haben. Niemand verstand so gut wie er, die konjunkturellen mit den gesellschaftspolitischen Erfordernissen zu einem dynamischen Programm zu verbinden.

Kabel-Schmiede schüchterte die Runde zwei Minuten lang ein mit seinen Kenntnissen vom Fortschritt bei schmalbandigen und breitbandigen Netzen, bei Halbleiterschaltkreisen und Laserglasfaserkabeln. Dann referierte er in je vier Minuten den Stand der Pilotprojekte und die Fortschritte bei der Überzeugungsarbeit in den Ministerien. Er brauchte nichts zu sagen von den drohenden Investitionslücken bei den auf die Medien konzentrierten Industrien, das hatten alle im Kopf. Längst geläufig war ihnen die Parole, die Entscheidung über die neuen Medien sei bedeutsamer als die Frage der Kernenergie. In dieser Runde waren nur noch ein paar taktische Finessen für den weiteren Weg zur Vollverkabelung abzustimmen.

– Wir können davon ausgehen, daß die Weichen für die privatwirtschaftlichen Programmträgerformen gestellt sind, sagte Schmiede und lächelte, als sei das sein Erfolg. Jetzt ist der Zeitpunkt da, fuhr er fort, an dem der Verband entscheiden muß, ob er seine Forderungen nach Beteiligung an der Nutzungsebene der Kabelprojekte offener darlegen und ob er die Beteiligung an Programmen auch konzeptionell begründen will.

Schanz eröffnete die Diskussion mit Vorschlägen. Den Verlegern grünes Licht geben, Programmkommissionen bilden, Rat bei befreundeten Experten holen, Unterhaltungsstars unter Vorvertrag nehmen.

– Wir sollten, sagte er, ein Vorbild geben, ein konkretes Modell, und damit auch positiv beweisen, daß bei allen neuen Medien-Projekten niemand besser als wir Menschenführer in der Lage ist, auf die wirklichen Interessen und Bedürfnisse der Bevölkerung einzugehen.

Fast alle im Zwölferrat waren gegen halböffentliche neue Schritte in der nächsten Zeit. Sie sagten: Voreilig, wir haben doch erst den Fuß in der Kabeltür. Oder: Mit Programmkonzepten gewinnen wir nichts, darauf kommt es doch am wenigsten an, das findet sich schon. Oder: Wenn das publik wird, fällt das genau ins Vorurteilsmuster, Propagandaprogramm der Menschenführer, ich seh schon die Schlagzeilen.

So redeten sie, und wahrscheinlich wollten sie nur sagen, wir sollten weiter in aller Stille an den Grundlagen arbeiten, wir sollten ein neues Konzept ohne Büttinger oder einen anderen Präsidenten nicht entscheiden. Sie nahmen es sich gegenseitig übel, daß keiner das aussprach, was alle dachten, uns fehlt der zwölfte Mann, uns fehlt Büttinger. Also wurde weiter diskutiert, alles sachlich verpackt.

Steinhäuser kehrte den Professor hervor, die neue Technik werde mehr verändern als die Erfindung des Buchdrucks, deshalb so lange wie möglich Diskretion, nichts überhasten.

Schmiede hielt dagegen, sprach von ausbaufähigen Machtpositionen. Bräsig ereiferte sich unnötig über die Blockierung privater Informationsführer. Und Diehl überlegte, ob er deutlich werden sollte: Wenn Herr Dr. Schanz und Herr Schmiede Kabel-Intendanten werden wollen, bitte schön, aber bitte erst in fünf Jahren, bis dahin ist noch genug zu tun. Aber er schwieg.

Die Herren verrannten sich in die oft wiederholten Kampfansagen gegen linkslastigen Bürokratenjournalismus, gegen das staatliche Leitungsmonopol und Meinungsmonopol, als wären sie hier in der Öffentlichkeit und müßten die Bedrohung ihrer Informationsfreiheit groß inszenieren. Mehrere Minuten redeten sie so, als fehle ihnen ein Halt.

Sie saßen sich gereizt gegenüber. Sie hatten voneinander nicht viel zu fürchten, standen kaum in Konkurrenz zueinander, hatten fast die gleichen Meinungen, und doch redeten sie gedämpft aggressiv aufeinander ein. Fast jeder hatte etwas gegen fast jeden. Diehl konnte nur mit Moos, Steinhäuser und Felder gut auskommen. Den andern ging es ähnlich, jeder in der Runde hatte ein Viertel Freunde und zwei bis drei Viertel Gegner. Die einen versteckten ihre mißtrauische, herrschsüchtige Gemütsverfassung hinter den Sachfragen, die andern wollten lieber irgendwo anders sein als hier im 15. Stock. Jeder hatte seinen eigenen Ärger im Kopf, der die andern aber nichts anging und hier kein Thema war. Gorkweilers Firma geprügelt von Abwässer-Schlagzeilen, Vierabend litt unter Gerüchten vom Selbstmordversuch seiner Frau, Rieffer Magengeschwüre, was Schamborn hatte, wußte niemand, Moos eben glücklich zum drittenmal geschieden, Bräsigs Jüngster als Dealer verhaftet, und keine Ruhe für Felder wegen uralter Steuergeschichten, jeder hatte seine liebe Not, und so klammerten sich alle an die Tagesordnung.

Draußen schien überraschend die Sonne. Diehl wünschte sich jetzt die einträchtige Stimmung von Betriebsausflügen, zwanzig Fässer Bier und der Tag kann losrauschen, jemand fotografiert, das Vögelchen, brüllt einer, und alle lachen, die ersten Witze, dann legt einer der Generalgeschäftsführer, vielleicht Lampe, seine Arme auf die Schulter seiner Sekretärinnen, und die andern machen es ihm nach, kreisende Arme, glucksende Bewegungen überall, niemand scheut sich mehr, Hände auf der Nachbarin oder des Nachbarn Schultern zu legen, endlich ist Stimmung im Laden, ja wir sind eine tolle Truppe, wir haben die Übersicht und alle Kontakte, wir haben alles berechnet, alle Beweise sprechen für uns, wir kommen alle alle in den Himmel, jeder Tag gibt uns recht, wir haben keine Probleme, wir haben den Krieg nicht verloren, wir fahren im Konvoi über die neuerbaute Autobahn, wir sind die Weltmeister, wir bleiben die Weltmeister, wir lagen vor Madagaskar, unsere weißen Hemden trotzen der Sonne Afrikas, unsere Damen rühmen die Gastfreundschaft auf Bali, unseren Herren schenkt eine nackte Negerin Rum nach in einer Bambushütte auf den Antillen, wir fliegen Überschall ins Mutterland des freien Kapitals und eröffnen ein Zweigwerk in South Carolina, du eins in Cincinnati, ich eins in Illinois, ein Zweigwerk befördert das andere, wir befördern uns gegenseitig, ja alle befördert, schreit Lampe, und die Angestellten des Verbandes fühlen sich endlich geil zugehörig den

Menschenführern, endlich sind wir mal am Drücker als Besitzer Hauptaktionäre eiskalte Investoren, ein Jubel, Karrierejubel immer kreischender, die Konkurrenz ist abgeschafft, die Stimmung treibt uns zusammen, treibt zu Umarmungen und Auslandskonten, zu mutigen Griffen auf Brüste und Hosen, zu ersten Spekulationserfolgen, zu ersten Kopulationen, wo bin ich.

Felder entschied gerade die Debatte mit der Anweisung an Schanz und Schmiede, Ministerien noch schärfer unter Druck zu setzen, Gunst der Stunde, Kommissionen bei Laune zu halten und weitere Gutachter zu beauftragen, die Verfassungswidrigkeit des Rundfunkmonopols zu bestätigen. Felder sagte zu, Gorkweiler und er würden sich stärker hinter die Politiker klemmen, das Ei von oben her knacken.

Diehl sah weiter aus dem Fenster. Längst hatte er vergessen, Vierabend im Auge zu behalten, der immer noch keine Anstrengung machte, Streit anzufangen. Von seinem Platz aus konnte Diehl draußen nichts sehen außer hellen Wolken. Ab und zu eine verirrte Möwe. Er war schon weg hier.

Als bei Punkt 5 Fritz Schamborn in einem Satz dreimal das Wort Eigentum mit liebevoll pfälzischer Betonung aussprach, da fiel Diehl der alte Friedberger Kindervers ein, Mein Sack mein Sack mein Saxophon, das ist mein Ei mein Ei mein Eigentum. Gern hätte er seine Albernheit herausgekichert, aber er hielt den Vormittag durch und war mit seiner Rolle zufrieden.

Büttingers Kinder. Mit dem Kopfjäger, der ihm neulich den Posten als Pressechef angeboten hatte, wollte Diehl nichts zu tun haben und rief direkt in der Zentrale von CBA an. Der Personalchef war nicht zu erreichen. Bitte rufen Sie gegen 15 Uhr wieder an.

Die Goslarer Rede lag, vom Schreibbüro getippt und wieder angeliefert, auf dem Tisch, aber ehe er widerwillig an die Überarbeitung ging, blätterte Diehl die Pressemappe durch, wieder viele Kommentare der Auslandspresse zum Fall, wenig Inland. In einem Artikel hatte jemand eine Stelle angestrichen, Nicht die Kinder Hitlers sind die politischen Täter, sondern die Kinder Büttingers, nicht, was unter Hitler einmal getan wurde, motiviert sie, sondern was die Büttingers heute tun, tun dürfen. Diehl las diesen Satz halb zustimmend, dann stutzte er, dann war er empört über die Frechheit des Schreibers, Linksaußenblatt. Empört über dies entrüstete ‹tun dürfen›. Aber er wurde unsicher, fragte sich, wie derjenige, der die Stelle angestrichen hatte vor ihm, das verstanden haben könnte. Das sprach doch nicht gegen Büttinger, wenn ein paar Kinder heute Demonstranten oder Terroristen wurden – Büttinger ist doch genau der, der das sieht als Problem der Grundwertevermittlung, unsere Unfähigkeit, die Freiheitswerte plausibel zu machen, dachte er, während er schon weiterlas, was nicht mehr angestrichen war, Daß die Büttingers eine demokratisch verfaßte Gesellschaft genauso unbefangen repräsentieren, wie sie eine faschistisch organisierte Gesellschaft repräsentiert haben. Daß sie unter veränderter Verfassung geblieben sind, wo sie waren, nämlich oben, daß sie Zeugen einer Kontinuität sind, die nicht sein dürfte, wenn der Faschismus als das Verbrechen bewußt wäre, das er war.

Demagogie, sagte sich Diehl, als sei Büttinger unter den Nazis ein Verbrecher gewesen, als hätte er sich nicht mühsam nach oben gearbeitet. Die übliche Hetze, er gab es auf, darüber nachzudenken, überflog die folgenden Absätze, die im gleichen Ton blieben, Klarzumachen, daß dieser Wirtschaftserfolg diejenigen zerstört hat, die nun diese Erfolgsgesellschaft zerstören wollen.

Der kinderlose Büttinger, nur gut, daß er so was nicht mehr zu lesen kriegt.

Aktion Samthandschuh. Mit mehr Tempo mehr Druck mehr Erfolg wurde in allen Räumen des Verbandes gearbeitet. Nach den Tagen der Ratlosigkeit hatten die Generalgeschäftsführer die Parole gefunden, expansive Konsolidierung. Unter sich sagten sie: Wir haben wie nie zuvor die Chance, unsere Positionen auszubauen. Die Politiker haben ein schlechtes Gewissen jetzt, da müssen wir nachsetzen. Die Partner werden aus Anstand erst einmal in der Defensive bleiben.

Und zu den Mitarbeitern sagten sie: Es ist im Sinn von Büttinger, wenn wir diese Tat praktisch beantworten, jetzt erst recht in die Offensive gehen, aber bitte in aller Stille. Es galt, die Forderungskataloge zu erweitern, in den Ministerien die Hausmacht zu stärken, den Spielraum der Partner einzuschränken. Schon wurde den Vertretern des Verbandes in Ausschüssen und Hearings der größte Respekt entgegengebracht, die Sekretäre des Staates waren jetzt zu jedem Termin zu sprechen, und die Eingaben konnten schärfer formuliert werden. In einigen Abteilungen des Hauses begann man eine Gutachten-Offensive, Experten wurden um Reformvorschläge gebeten zum Tarifwesen zum Arbeitsrecht, Juristen untersuchten eifriger als sonst die Gesetzeslücken und die organisatorischen Maßnahmen zur Begrenzung der Handlungsfähigkeit der Partner. Überarbeitet wurden die Orientierungspapiere zur Subventionsgewährung, ergänzt die Koordinierungskataloge für die Tariftische. Die Überwachung der Funk- und Fernsehprogramme wurde erweitert, und die Auswertung der für die Menschenführer wichtigen Beiträge.

Für die Medienleute dagegen galt es, nach allen Seiten Gesprächsbereitschaft zu signalisieren, Betonung des Miteinander, des Grundkonsens, wegen des drohenden Schicksals Büttingers und der daraus erwachsenden Verpflichtung zur Gemeinsamkeit. Notwendigkeit der Kooperation im Zeichen der zu erwartenden Trauer und im Zeichen der gemeinsamen Verantwortung.

In allen Büros Fleiß, Aufmerksamkeit der Frontkämpfer, List der Strategen. Das Rascheln der Papiere übertönte alle Geräusche.

Schon in der Nacht aufgewacht, weil ihm das rechte Bein eingeschlafen war, und jetzt der rechte Fuß, schläft ein am hellen Nachmittag. Er war wütend geworden mitten in der Nacht, weil es so weh tat, das Bein wieder zum Leben zu bringen, jetzt war er nur verwundert. Den ganzen Tag nehmen die Füße ihren angestammten Platz ein unterm Schreibtisch oder gekreuzt auf einem der fünf Rollbügel des Drehstuhls, parken da unten, während Diehl oben seine Geschäfte führt, werden nur in Bewegung gesetzt, wenns zur Konferenz oder zum Essen oder zum Gasgeben geht, dann wieder abgestellt, nur ein wenig hin- und herrangiert, und nun entzieht sich einer, stoppt die Durchblutung, schläft weg, stirbt ab, kleiner Abstecher ins Reich der Leichenteile, will weg von dir, paß auf, Roland. Du bist doch am Leben, und wenn die Glieder einschlafen, quatschen die Ärzte von Durchblutungsstörungen, jaja Bewegung, warum bewegst du dich nicht, was ist mit deinen Arterien los, das nimmt ein bißchen überhand in letzter Zeit, diese kalten Hände und Füße, das Kribbeln in den schmerzhaft erwachenden Händen, Absterben der Finger, hier sehen Sie, und er sah seine Hände an, die Totenfinger des lebendigen Roland Diehl. Da schläft dir was ein, da stirbt dir was ab, nächstens ein ganzer Arm, dann womöglich Kopf und Hals, und nur der Schwanz wird das Blut zirkulieren lassen bis zuletzt. Blut, er wollte sein Blut nicht sehen, schon das Wort Arterien machte jeden vernünftigen Gedanken unmöglich.

Ausgerechnet jetzt mußte der Anruf in Hamburg sein, der entscheidende.

Gerade Sie, Herr Diehl, wären uns sehr willkommen, sagte der Personalchef von CBA und sprach so verbindlich, wie man am Telefon nur sein kann. Aber über den Posten sei fast schon entschieden. Aber wir sollten auf jeden Fall in Kontakt bleiben. Es tut mir leid, aber.

Da er Mißerfolge nicht gewohnt war, weigerte sich Diehl, die Antwort als Absage zu werten. Er dachte nur, den ganzen Plan noch einmal gründlich mit Peter Poll zu bereden, und verabredete sich mit ihm für den späten Nachmittag.

Dann korrigierte er die Goslarer Rede und machte sie fertig zur Vorlage. Als Tina anrief, blieb er bei seinem Vorsatz, so cool wie möglich zu sein.

– Wie wärs mit heut abend? fragte sie.

Er machte ihr nicht einmal zum Vorwurf, ihn gestern sitzengelassen zu haben, und sagte gleichgültig:

– Ich bin schon mit Poll verabredet, wir müssen mal wieder reden unter Männern. Vielleicht ruf ich spät noch mal an, Tinaschatz.

Wie zwei Verhandlungspartner einigten sie sich auf den Termin am nächsten Abend und legten, da Tina insistierte, den wichtigsten Punkt der Tagesordnung fest, Urlaub.

Ja, Peter Poll, hätte Diehl gesagt, wenn ihn jemand gefragt hätte, ob er einen Freund habe. Ein Kamerad aus besseren Rallyetagen, mit dem man aber mehr konnte als Benzin reden. Poll war früher Diehls Beifahrer gewesen, und da er als Mitinhaber und Geschäftsführer einer Werbeagentur die Rennen bezahlen konnte, war der vermögenslose Rundfunkjournalist und dann Chefdenker gut mit ihm dran. Ein Beifahrer, der nicht nur verläßlich die Gebote aus dem Strecken-Gebetbuch vorlas, sondern in den ganzen Spaß auch noch ordentlich was reinsteckte, war einfach Gold wert. Für Leute mit dem Geld eines Poll war es ungewöhnlich, daß sie sich mit dem Beifahrersitz zufrieden gaben. Aber Poll hatte sich bei einem Unfall früher den rechten Fuß so gequetscht, daß der für die schnellen Brems-Beschleunigungs-Manöver unbrauchbar wurde. Und Poll der Schwärmer sagte gern: Am meisten Kitzel hast du als Beifahrer, wenn dein Kumpel den Wagen um die Ecken wirft und du ohne jede Angst vorm Ausritt und ohne Lenkrad zum Festhalten nur im Schalensitz dich traust mitzufliegen wie im Traum und doch voll konzentriert.

Und Diehl / Poll blieben Kumpel, auch als sie nach vielen Anläufen nicht über nordrheinwestfälischen Durchschnitt hinauskamen und Poll zu anderen Fahrern umstieg.

Diehl, als er am Hauseingang flüchtig das Aluminiumschild von poll + partner im Blick hatte, wünschte sich einen Moment lang auch so ein Schild, Diehl und Partner, Diehl GmbH & Co KG, Diehl und Söhne, da kam wieder der zerbombte Eigentumswunsch in ihm hoch, eine kleine zackige Firma, das wär für deine alten Tage doch nicht das Schlechteste. Ein läppischer Neid auf Poll, auf Polls sichtbaren Erfolg. Seine Agentur gehörte nicht zu den großen, dafür ein hellwaches überschaubares Team mit kreativem Reizklima in der ganzen Etage, beste Adresse City und bestens im Geschäft.

Die Agentur hatte Aufschwung genommen mit den Anti-Kern-kraft-Kampagnen, früher als andere hatte Poll den Draht zur Energiewirtschaft gesucht. Erst nach dem Wyhl-Debakel waren die Firmen richtig aufgewacht, und da war Peter Poll schon da mit dem richtigen Konzept. Nicht Negativtaktik nicht Verschöne-rungstaktik nicht Verschleierungstaktik, sondern Bildungstaktik war die Devise. Ängste durch besseres Wissen ablösen und be-zwingen, predigte Peter Poll bei der Präsentation vor den zustän-digen Vorstandsmitgliedern und beim Bier im Rallye-Club, Nichtwissen macht Angst, Wissen macht sicher, aber wir müssen dabei vom Menschen ausgehen und nicht von der Wissenschaft. Und Polls Taktik setzte sich durch, Aufträge en masse, und all-mählich sprachen alle Firmen alle Agenturen alle Minister: Wir wecken Vertrauen, wir gehen auf die Menschen zu, wir treten nicht als anonyme Institutionen auf, wir informieren schon auf dem Bauplatz, wir bauen Emotionen ab, wir drücken uns ver-ständlich aus und sachlich, wir leisten geduldig Überzeugungsar-beit, wir haben gesunden Menschenverstand Vernunft und alle Wissenschaft auf unserer Seite, wir trennen von der Herde der Gutwilligen die schwarzen Schafe, nur im Notfall greifen wir zu Polizeigewalt.

Als Bahnbrecher dieses Konzepts, hatte Diehl einmal zu seinem Freund gesagt, kriegst du noch mal das Bundesverdienstkreuz.

Aber erst mit siebzig, hatte Poll geantwortet.

Die neue Empfangs-Sekretärin wunderte sich, daß da einer ein-fach reinschneite und ohne Termin ihren Chef sprechen wollte. Sie rief an. Wo kriegt Poll immer diese attraktiven Frauen her? Es gehörte zu seinem Erfolgsrezept, nur Topmädchen als Sekretä-rinnen anzustellen, sexy müssen sie sein und offen, das schafft eine aufregende Atmosphäre in den Büros, die jeden Kreativen stimu-liert, aus sich herauszugehen.

– Ein Herr Diehl möchte dich sprechen, sagte sie. Dann gab sie ihm den Hörer in die Hand.

– Was verschafft mir die Ehre, so früh? fragte Poll. Seine Bespre-chung sollte noch länger dauern, und sie verabredeten sich für sechs Uhr im Steakhouse.

Die Sekretärin schienen seine Blicke nicht zu stören, aber ihm fiel kein origineller Anmacher ein, deshalb sah er, um Zeit zu gewinnen, interessiert zur Wand mit den neuesten Displays und blieb hängen bei Entwürfen für Atom-Biergläser. Kein schlechter Gag, Polls Auftraggeber verteilten an ihre Belegschaften und an Gaststätten die Gläser mit dem Aufdruck «Kernenergie heute und morgen», je nach Vorliebe Gläser für Pils Alt Export Kölsch, auch für solches Werbegemüse war sich Poll nicht zu schade.

– Ich komme wieder, Tschüß, sagte Diehl zu dem Mädchen und ging so lässig auf die Tür zu, als hoffte er auf einen langen Blick von ihr.

Eine gute Stunde Zeit, Diehl betrat die Geschäftszone mit unbehindertem Zugang für Fußgänger. Autos waren ausgesperrt, damit die Kunden ohne Unfallangst von der einen zur anderen Schaufront sich treiben lassen konnten, Abgase waren umgeleitet, damit die Kunden zwischen den Käufen wieder aufatmen konnten, Hupen waren ferngehalten, damit die Beschallung der Verkaufsräume auch im Kaufvorentscheidungsraum auf der Straße die Kunden emotional ansprechen konnte.

Auch der kompromißlose Autofahrer Diehl empfand das plötzlich als Erholung. Er war länger nicht mehr während der Geschäftszeit in der City gewesen und kannte auch das Gefühl kaum noch, von den unaufhörlich blitzenden Angeboten angezogen und gleichzeitig weggestoßen zu werden. Wie die anderen Fußgänger war er erleichtert, auf der Mitte der Straße laufen zu dürfen wie Könige Erzbischöfe Demonstranten, und, dankbar über den großzügig zugestandnen Raum, näherte er sich wieder einer strahlenden Ware im Fenster, einem Lichtsignal, einigen Discotakten oder einem diebischen Geruch von gerösteten Nüssen, ein Hauch Orient ein Hauch Paris ein Hauch Paradies, so wurde Diehl an der Nase geführt, an den Ohren gepackt, an den Augen gezogen. Kleider und Anzüge waren nach draußen auf die Straße gehängt, als seien die Vorübergehenden nackt und brauchten dringend etwas zum Überziehen. Auch die Schuhe waren so gestellt, als gäbe es ganz in der Nähe ein Heer von Barfüßigen. Sexboutiquen verkauften am Straßenrand Ketten und Perlen, Offensivprogramm gegen Schamschwellenangst. Kaffeeläden boten Gartenbücher und Pornografica an, um den ganzen Menschen zu befriedigen. Wir beobachten den Trend zur Boutiquisierung mit Gelassenheit, sagte der Sprecher der Warenhäuser. Apotheken glichen Juwelierläden. Überall leuchteten die Gesichter der Schaufensterpuppen schwarz. Wir betrachten die Vergrößerungen der Warenhausverkaufsfläche in der City mit Gelassenheit, sagte der Verband des Einzelhandels. Aus Parfümerien kamen Touristen mit Plastiktüten voll Flaschen Kölnischen Wassers, nun gefeit gegen Gicht Schlagfluß Husten Achselschweiß.

Ob sie den Kauf noch vor sich oder schon hinter sich hatten, ob sie sich gut weggekommen dachten oder Wünsche noch offen, die Leute auf der Straße taten alles, damit man ihren verschwiegenen Gesichtern nichts anmerkte. Sie gingen fast immer zu zweit oder allein geradeaus oder schräg über die Steinplatten, und zwischen ihnen trieb der ungeduldige Diehl, der nicht wußte, ob er die Hamburger Antwort schon als Ablehnung verstehen sollte. Lauter Fußgänger um ihn herum, jeder versuchte aufzupassen, nicht angerempelt zu werden oder andere anzurempeln, die Langsameren Stehenden Überholer. Und gerade weil es nicht zu Berührungen kam, war es eine ständige Beinahe-Schubserei, das stumme Lachen oder Ärgern über Mißverständnisse bei Ausweichmanövern.

So würden die Leute auch an Büttinger vorbeilaufen, dachte Diehl auf einmal, denn Büttinger geht sie nichts an, Büttinger paßt nicht in eine Einkaufsstraße, in den geschäftigen Alltag. Er ist ein Fremder, eingebaut ins abendliche Unterhaltungsprogramm, ein Tagesschauspieler, ein Star immerhin, aber mit dem Leben der Konsumenten mit den Plastiktüten hat er nichts zu tun, mit ihrer Kaufeile, mit ihrer Müdigkeit, mit dem kurzen Feierabendstolz. Büttinger, der die Macht hat über ihre Lohntüten, ist ihnen völlig unwichtig, wem ist er überhaupt noch wichtig, Büttinger ist schon ganz unwichtig geworden.

So liefen sie an Büttinger vorbei, an den Bettlern vorbei, an dunkelhäutigen Studenten vorbei, die sich alle hundert Meter aufgestellt hatten in Parkas mit Schwarzrotgold und für oder gegen einen Krieg in Äthiopien sammelten und so laut mit ihren Geldbüchsen klapperten, daß niemand sich ihnen zu nähern wagte. Angst vor den Buschtrommeln Menschenfressern, die Mohren waschen sich nicht, Angst vor einem neuen Winterhilfswerk, dein Päckchen nach drüben und schon schlagen sie uns im Fußball, sollen sich die Köpfe doch gegenseitig einschlagen, ich will ihren Kaffee, ich kauf den Zucker, Felle und Häute 1a, wie schnell hat sich die Kiwi auf dem deutschen Markt durchgesetzt, äthiopisches Lammfleisch dagegen immer noch Geheimtip, was stehen die Kerle hier rum und machen auch noch Krach.

Die Sammler, das wußte Diehl aus der Zeitung, sind ein Ärgernis in den hohen Straßen, ein zweites sind die Musikanten und Pflastermaler, das größte Ärgernis aber sind die fliegenden Händler. Von diesem verbotswidrigen und umsatzschmälernden Treiben werden die einzig wahren, die angestammten Geschäftsleute belästigt, von den Kunden ganz zu schweigen, was sind das für Zeiten, sagt der Sprecher der Einzelhändler, in denen das zuständige Amt für öffentliche Ordnung resigniert und die Polizei nicht einschreitet, Zeit für einen Machtwechsel, wir lassen uns das nicht länger bieten.

Bettler und Hausierer störten Diehl wenig, aber das Gedränge wurde allmählich lästig, und er versuchte, auf einer Schaufensterseite zu bleiben, vorsichtig die Schultern eingezogen. So brauchte er nicht so viele Gesichter zu fixieren, ob er oder der andere Körper nach rechts oder links auswich. Zu viele Menschen auf der Welt. Kaum ein Geschäft zog ihn mehr an, und um die Kaufhauseingänge machte er einen Bogen, schon die Warmluft, die weit auf die Straßen schwappte, stieß ihn weg.

Trotzdem war er plötzlich in der Menge. Machet die Tore weit, brüllte jemand. Der König der Hamburger aus Florida war mit großem Gefolge eingezogen und hatte sein eintausendvierhundertundzehntes Heiligtum errichtet zu Colonia Agrippinensis, Hosianna, und die ihn anbeteten, beschenkte er mit Luftballons Fähnchen T-Shirts und Krönchen aus Papier, und die ihm opferten, beschenkte er mit zerhacktem Fleisch und Fett, mit geschmolzenen Käseresten, mit trockenen Zwiebelringen und fetttriefender Kartoffelstärke und mit dem Glück der schnellen Bedienung und dem farbenkräftigen Food-Design des Jahres 2000, und wenn die Luftballons platzten, dann wußten die wartenden Jecken, Spaß muß sein, und der König der Hamburger aus Florida sprach zu ihnen allen über Lautsprecher seine Thronrede «Hier macht das Essen allen Spaß, kommt alle her, wie wär denn das!», und sie kamen alle und standen Schlange, und das Essen machte ihnen Spaß.

Auch Diehl wurde hungrig, konnte sich nur mit der Aussicht auf das Steak beruhigen und drängte vorbei. Respekt vor den Marketingfritzen aus Amerika, dachte er, wie sie das immer wieder schaffen, für ihren Fraß so viele satte Leute auf die Beine zu bringen, Respekt.

Vor einem Geschäft für Schuhe sah er einen Schimpansen sitzen auf einer Drehorgel, bekleidet mit Anorak und Strampelhose, und der vielleicht dreizehnjährige Drehorgelspieler küßte den Affen auf die Schnauze und drehte dabei. Sie warben für irgendeine Kinderhilfsaktion, ihre Sammelbüchsen wirkten voller als die der Afrikaner. Warum mieten die Äthiopier keinen Affen, wohl zu feige dazu die Schwarzen, statt dessen tarnen sie sich in Parkas mit schwarzrotgoldnen Streifen, wollen deutscher sein als deutsch. Ideen muß man haben, Affenverleih, Kinderhilfe, Diehl sah ein Rudel Schimpansen im Kindergarten, die große Prügelei im Affenkäfig, in der Schulklasse, Kinderhilfswerk Affenhilfswerk Afrikahilfe, an jeder Ecke wirst du angebettelt, mitten im Herzen der drittgrößten Industrienation der westlichen Welt. Jetzt störten die Sammler ihn doch.

Er wich aus dem Gedränge in eine ruhigere Seitenstraße aus. Er schielte in die Boutiquen, sah manchmal hinter den Scheiben hochgeschossene Frauen geschäftig, hielt die für die erfolgreichen Einzelhändlerinnen, viele in seinem Alter, gut gepflegte Schönheiten. Aus einer Untersuchung wußte er, daß diese cleveren Mädchen an einer unerklärlichen Expansionshemmung litten, viele hätten leicht Filialen gründen können, aber sie wollten einfach nicht, wollten sich bescheiden auf ihren 40 oder 60 Quadratmetern Verkaufsfläche. Wieder ein Beweis, mit Frauen an der Spitze hätte unsere Wirtschaft niemals diesen Aufschwung genommen, wir wären ganz nett vorangekommen, aber ein Wachstumswunder hätte es mit dieser Mentalität nie gegeben.

Von einer, mit der Diehl vor drei Jahren mal ein paar Monate liiert war und die einen Laden mit farbigen Gläsern führte, kannte er die Geschichten von Managern, die sich gerne zwischen Terminen am frühen Nachmittag in einer fremden Stadt in eine Boutique flüchten zu den milden Regentinnen über ausgetüftelte Moden, über Geschenke und Tee. Die Männer versuchten persönlich zu werden und Gefühle zu zeigen. Hier den Tag verbringen und verkaufen, davon könnte ich träumen! Wie die Geschäfte so gehn, fragt er dann und merkt gleich, wie wenig sie von kaufmännischen Dingen versteht. Sie sagt, wie wenig sie das alles interessiert, solang sie über die Runden kommt. Er macht väterlich oder scherzweise oder freundschaftlich das Angebot, ihr die Dinge mal in ein kaufmännisches Schema zu bringen, und sieht sich schon beim Fick mit ihr in der Kabine. Sie lehnt ab, sie komme schon so zurecht. Sie sagt nicht, daß ihr diese Angebote von erfolgreichen Fünfzigern immer wieder gemacht werden. Was denkst du, Roland, wie langweilig die sind, deine Manager, hatte die Freundin Dörte gesagt. Aber Roland konnte das gut verstehen, was ist daran langweilig. Auch ihm gefiel der Traum der Führungskräfte, einen kleinen überschaubaren Laden und den Spaß, selbst zu verkaufen, ohne an Bilanzen Umschlagskennziffern Personalmotivation denken zu müssen, die saubere kleine Marktnische in der Hochpreisidylle Bundesrepublik, mit fünfzig überleg ich mir das auch. Aber bitte keine Schuhe oder Schuhwichse. Er lachte sich an.

Als er das Funkhaus vor sich hatte, hielt er und suchte die Fensterfront ab, bis er etwa das Fenster gefunden hatte, hinter dem er vier Jahre gehockt hatte.

Wie war das eigentlich beim Funk, wieso sind Sie da weg? Diese Frage hatte er oft zu hören bekommen, und er hatte sich ange-wöhnt, folgende Version zu geben:

Vier Mann in der Redaktion, ein Sozi, zwei C-Leute, und ich liberal, und dazu unser Chef Harry Miener, auch ein Mann des großen C, Zusammenarbeit einigermaßen kollegial mehrere Jahre. Dann sollte die Redaktion vergrößert werden. Miener baute plötz-lich unter dem Vorwand der Mitbestimmung seine Kompetenzen aus und drückte uns an den Rand. Als wir das merkten, schwärzte er uns oben an, drei von uns seien auf dem harten Menschenfüh-rer-Flügel. Damit brachte er nicht nur seine Parteifreunde vom sozialen Flügel, sondern auch noch die Sozis gegen uns auf. Zuerst Gerüchte, dann Papiere, die wir nur auf Umwegen zu sehen beka-men. Wir konnten nun schlecht hingehen und sagen, alles gelogen, wir sind im Gegenteil auf dem sozialen Flügel, und jeder hätte gelacht, wenn wir gesagt hätten, seht doch, wie ausgewogen wir sind. Wir hatten überparteilich zu sein, und Miener argumentierte, wir seien nicht mehr überparteilich. Dabei war die ganze Redak-tion und auch er mehr oder weniger auf dem Erhard-Schiller-Flü-gel, und das war das Blöde an dieser Auseinandersetzung, daß wir alle im Grund die gleichen Meinungen hatten. Eine reine Personal-intrige das Ganze, Miener wollte allein bestimmen, wahrschein-lich Parteiauftrag, und von oben hatte er volle Deckung. Er wollte der Mühlfenzl des Westens werden. Miener war immer ein guter Taktiker und noch dazu im Haus beliebt, weil er die besten Witze über den Frühschoppen machte.

So ekelte er mich und die beiden andern raus. Aber dann dachte ich mir, lang genug beim Funk gewesen. Ich hatte nicht mehr viel Lust zu dieser komischen Auswiegerei, das ist ja kein Journalist mehr, der jeden Satz in jedem Beitrag nach allen Seiten absichert. Und dann das Klima da, einer stichelt gegen den andern, und kei-ner weiß richtig, was er will. Eine vernünftige Wirtschaftspresse ist in einem solchen Apparat immer noch nicht zu machen. Mein Sprung zum Verband kam genau richtig.

Aber Mieners Intrigen waren schon eine Schweinerei, das wußte er genau. Wenn wir uns später irgendwo trafen, ist er mir aus dem

Weg gelaufen, hat versucht wegzugucken oder unauffällig in einer andern Ecke zu verschwinden. Jetzt hat er sich ins Fernsehen hochgeschaukelt, vielleicht gehört er dahin.

Harry Miener, wann hab ich den zuletzt gesehn? Ein Schloß in der Wetterau, das oberste Stockwerk neu ausgebaut und verglast, da rekelte sich hinter der Glaswand in der Sonne Harry Miener. Ein schönes Leben, dachte ich, die Beamten Redakteure. Da öffnete sich unten eine Doppeltür, Miener trat heraus und rief: Schön, daß du mal vorbeikommst! Schnäpschen? Wir tranken den ersten Korn weg, und als ich das Glas abstellen wollte, sah ich hinter Miener zwanzig, dreißig Leute stehen, die mir alle irgendwie bekannt vorkamen, weitläufige Verwandtschaft, vergessene Lehrer, Kollegen und Gestorbene. Sie gruppierten sich, Miener in der Mitte, auf der Terrasse vor der Tür, à la das neue Kabinett stellt sich den Fotografen. Sie blickten stumm auf mich herab, und zwischen ihnen lag ein Sarg mit Blumen. Ich wußte sofort Bescheid, das ist mein Sarg, da lieg ich drin. Die Gruppe fing an zu singen, ich verstand aber immer nur: Wir haben es nicht eilig. Ich ging um den aufgebockten Sarg herum, ich wollte es definitiv wissen, ob darin wirklich ich lag, und fragte einen der Männer. Der antwortete nicht, machte nur ein paar langsame Schritte auf den Sarg zu und legte eine Fotografie darauf. Auf dem Bild erkannte ich mich. Die Toten zogen sich leise, einer nach dem andern zurück, als hätten sie noch andern Geschäften nachzugehen. Ehe sie die Doppeltür fest schlossen, konnte ich dahinter hohe Kirchenräume erkennen, gotisch, aber es war nicht der Dom von Köln. Also kein Staatsbegräbnis, dachte ich irritiert.

Ein vielstimmiges Gröhlen kam näher, Sprechgesänge, Anfeuerungsrufe für den 1. FC oder Abgesänge auf die Bundeswehr. Da torkelten entlassene Soldaten heran, uniform geschmückte Strohhüte schwarzrotgold bewimpelt, eiserne Kreuze aus Plastik. Die entlassenen Kinder, an ihren Schultern hielten sie sich fest, an ih-

155

ren Bierflaschen, am Glotzen der Zuschauer, und außer dem Lied von der Reserve die Ruh hat kannten sie offenbar nur ein paar Melodien aus dem Werbefernsehen. Sahen wir denn auch so grün aus, als wir beim Bund waren? Sie brüllten sich den Haß auf die Kasernen aus dem Hals, Nie wieder, Wo sind die Fotzen, Alles totschlagen, Nur Fröhlichkeit für mich und alle meine Freunde. In Leutnant Diehl erwachte der Leutnant. Mit diesen Kerlchen halten wir keinen einzigen Russen auf, auch einem besoffenen Mann siehst du noch an, ob er nüchtern in Uniform was taugt oder nicht, und hier die schlappen Urenkel der Feldgrauen, die verstockten Enkel der Landser, die verwöhnten Söhne der Ungedienten, ihr sollts mal besser haben als wir, aber wie. Diehl schämte sich fast für diese Sorte Kameraden, er bedauerte einen Moment, nicht auf dem Kasernenhof in Uniform zu stehen und die Kerle zusammenstauchen zu können, fünf Runden Galopp übern Hof. Und als er sich den Befehl brüllen hörte, merkte er, es störte ihn nicht dieser wehrunwürdige, wenig werbewirksame Auftritt der Reservisten, das ist ja verständlich, das begreifen die Leute ja, daß man sich bis zum Hals besäuft, wenn man wieder raus ist. Was Diehl abschreckte, war die Leistungsschwäche, die er in den kindlichen Gesichtern entdeckte, in ihrem Gehabe, in ihren krummen Figuren, die Motivationslosigkeit in ihrem unsicheren Aufblicken. Das war der Hilfsarbeiterblick der Hilfsarbeitergang das Hilfsarbeitersaufglück, so trotteten sie ab Richtung Hauptbahnhof, zurück nach Aachen-Ost oder in den Ruhrpott, zurück in die Arbeitslosigkeit.

Er lief ihnen nicht hinterher, steuerte auch nicht auf den Dom zu, sondern sah auf die Uhr und bog ab Richtung Rhein. Nur ein abschätziger Blick hinauf die schwarze Ruine. Man durfte ihr nicht zu nahe kommen, der Zierrat rieselte abwärts. Feierabend, der Wettkampf der siebzig Steinmetze gegen den Steinfraß war eingestellt, der Stein blätterte heimlich weiter, in der Nacht ein Windstoß ein Regenguß das Aufsitzen eines Vogels, und schon wieder fallen poröse Stücke herab, und wenn in den Schlafzimmern der Steinmetze die Wecker rasseln, hat das Schwefeldioxyd an diesem Morgen schon mehr als 300 Minuten gearbeitet und Kalkbestandteile des Steins verwandelt in Gipskristalle, ab sieben Uhr dann der verlorene Kampf gegen die Vergipsung. Die größte Glocke, de dekke Pitter, hatte Frau Majonika erzählt, darf nicht mehr geläutet werden bis in Ewigkeit, weil sonst der Gips-Dom ins Wackeln kommt, eines Tages die Katastrophe und Köln steht ohne Dom da, ein Haufen Trümmer unter einem Atompilz aus Staub. Frau Majonika und auch Büttinger stifteten regelmäßig Geld für die Renovierungsarbeiten, was für ein sentimentaler Quatsch, da kann ich meine Hunderter gleich in den Schornstein schmeißen.

Es zog ihn zum Rhein hinunter, wie jeder Tourist und Ausländer wollte er immer wieder zum Strom hin. Wie ein Ausländer lebte er in Köln, zehn Jahre schon in der Stadt und immer noch ist aus Diehl kein Kölner geworden. Die Zugezogenen brüsteten sich gern damit, wie schnell sie sich hier zu Hause fühlten, Kölner werden sei keine Kunst. Aber er war immer zu beschäftigt, zu sehr unterwegs, um sich das Gefühl leisten zu können, ein Einheimischer zu werden.

Einmal war er im Dom gewesen, nie in einem Museum, den Rosenmontagszug sah er meistens im Fernsehen. Außer im Rallye-Club war er in keinem Klüngel, und es reichte ihm, daß er drei Wörter mehr verstand als die Touristen, halve Hahn, Flönz und Kölsche Kaviar. In ein paar Kneipen fühlte er sich wohl, im Verband, im Club, er kannte ein paar Wohnungen und bekam seine Heimatgefühle nur auf den günstigen Durchfahrtsstraßen.

Höchstens der Rhein hätte ihn zum Lokalpatrioten machen können, der zog ihn immer wieder an, auch hier, wo er an Baustellen vorbei, über zugeparkte Bürgersteige und von Ampeln lange gesperrte Fußgängerüberwege laufen mußte. Den Rhein sah er jeden Tag, zu Hause, im Büro, und doch empfand er den nie als langweilig. Von den Bewegungen des Wassers, auch wenn man wußte, daß nur verwässerter Dreck sich da wälzte, und von den Bewegungen der Schiffe, von der behäbig treibenden Brühe ging immer etwas Beruhigendes aus, trotz des Lärms auf den Uferstraßen. Das graue braune Wasser erschien so souverän wie ein Relikt Natur, das sich allen Sanierungsplänen Raumordnungsverfahren

Verschönerungen widersetzte und keine Deko-Farbe annahm. Ein Strom, der immer er selber blieb, sich nicht effektiver machen und nicht beschleunigen ließ, beinah wie die Wüste. Der nicht antwortete, sich nur unbeirrt fortbewegte.

Poll kam nie pünktlich, ein Kreativer kann nie auf die Minute da sein, ein Viertelstündchen müßt ihr mir schon gönnen, ein Kreativer ist immer im Dienst, sagte er, wenn er dann auftrat. Durch das Lokal flog Poll mit schnellem Schritt, und doch rechts und links alle Gäste auf Bekanntheit prüfend, kam mit aufwehendem Sakko und strich, als er sich gesetzt hatte, die dunklen Haare aus der Stirn, als wollte er damit sagen, jetzt bin ich frei, jetzt hab ich Zeit, was ist Ihr Anliegen bitte.

– Toll, Rolly, daß man dich auch mal wieder sieht.

Diehl bestellte Ochsenfilet, Draufgänger Poll ein Mini-Steak. Der war noch ganz im Drive seiner Besprechung.

– Ein toller Auftrag, Rolly, ich sage nur Wasser, sagte er, Geschäft der Zukunft. Und wie ein Vertreter zählte er mit aufblühender Vortragskunst alle Argumente für Investitionen in der Mineralwasserbranche auf. Rohstoff der Zukunft, sauber frisch umsonst, brauchst nur ne Abfüllanlage hinzustellen, nur mäßige Vertriebsinvestitionen, überleg mal, der Liter Wasser schon heute viel teurer als der Liter Erdöl, und die Quellen trocknen auch in Jahrhunderten nicht aus, das füllt sich alles aus Sickerwasser wieder auf, Geschenk des Himmels.

So spannend fand Diehl das nicht und versuchte, gleichzeitig am Nebentisch eine Geschichte mitzuhören. Da ging es um den Tag der offenen Tür bei der Stadt und den Ärger, den es für den Erzähler gegeben hatte, als ein Stadtstreicher in die Suppe gespuckt hatte, ja beim Austeilen von städtischer Erbsensuppe an die Bürger hatte ein Liederling, laut schimpfend, daß er für seine gute Portion eine halbe Mark zahlen sollte wie jeder, in den vollen Suppentopf gespuckt. Also mußten zweihundert Liter Erbsensuppe weggeschüttet werden und der Kübel zur Desinfektion weggebracht und der Kerl zur Protokollaufnahme abgeführt, aber zum Glück, nach fünf Minuten war der nächste Suppentopf da, so brauchte wenigstens niemand zu darben.

Und Poll schwärmte weiter vom Wasser. Die Brauereien wissen schon, weshalb sie aufs Wasser setzen, jetzt die beste Zeit, den kleinen Familien die Quellen abzuluchsen. Heute schon trinkt jeder Deutsche 50 Liter im Jahr, und der Durst wird steigen, und im Export ist unser Wasser nicht zu schlagen. Ich sag nur Wasser, eine Goldmine ist nichts dagegen, sagte Poll und lachte kurz auf, weil er gerade zum Weinglas greifen wollte, dann bremste und zum Wasserglas griff und dann doch mit der Hand wieder zum Wein zurückkehrte, Prost.

Man mußte Poll erst einmal ausreden lassen, deshalb wehrte sich Diehl nicht gegen das Verkaufsgespräch. Er kannte das so von seinem ehemaligen Copiloten, so wie er seine getönte Brille kannte, die seidenen Halstücher, die leichten amerikanischen Anzüge, immer sah Poll zu dünn angezogen aus. Alle paar Wochen hatte er einen neuen Tip, über den er erst einmal wie besessen reden mußte, mal Grundstücke Florida mal Fahrradindustrie Japan mal Waffen Afrika, meistens aber saubere Sachen aus deutschen Landen, wenn ich Geld hätte, Jungs, Haustierbranche Herrenkosmetik Alarmanlagen, das hatte er schon vor Jahren gerochen, und jetzt, als alle fürs Alarmanlagengeschäft schwärmten, war er auf dem Wasser-Trip.

Ob Poll sich nach seinen eigenen Ratschlägen richtete, wußte Diehl nie genau. Wahrscheinlich war er so begeistert von seinen Ideen, daß ihn die Ausführung gar nicht mehr begeistern konnte. Wenn einer fragte, wich er aus, sein bißchen Werbegeld reichte nicht aus für wirklich lohnende Investitionen, aber er werde den ganz großen Streich noch führen.

Poll machte endlich eine Pause, und schon fühlte Diehl sich fixiert, ein bißchen professionell, unangenehm angesehen wie von einem Arzt, der gleich sagt, Schießen Sie los, draußen warten noch mehr Leute.

Nach ein paar ratlosen Sätzen rückte Diehl mit der Sprache heraus, er hänge irgendwie rum und werde wohl abhauen vom Verband.

– Ich hab da nichts mehr verloren, ich will da weg.

– Das kommt aber plötzlich. Wegen Büttinger etwa?

– Nicht direkt.

– Also doch wegen Büttinger.

– Das geht nicht gut aus, sagte Diehl. Und dann kommt ein neuer Chef und bringt seine Mannschaft mit. Da hab ich nichts mehr zu bestellen, und der Verband hängt mir sowieso zum Hals raus.

Poll sah aus, als wollte er sagen, nun gib mal nicht so an.

– Mach mal halblang. Das ist doch der ideale Job für dich. Und überschätz mal deinen Büttinger nicht, bei allem Respekt. Der Verband wird auch ohne ihn zurechtkommen, und du auch, du alter Rallyemeister.

– Aber ich hab keine Lust mehr, ich brauch mal was Neues, vielleicht Pressemann oder so was.

Der Ober brachte die Steaks und lachte Diehl an, weil er das Riesenstück bestellt hatte. Wie ein Ziegelstein lag das Fleisch auf dem Holzbrett.

– Außerdem, sagte Poll, ich bin ziemlich sicher, daß dein Büttinger lebendig wiederkommt. Die werden ihn da raushauen oder er wird freigelassen, was anderes kommt gar nicht in Frage.

Diehl stutzte, denn er hatte nicht vergessen, daß er in den letzten Tagen an Büttinger nur als an einen Toten gedacht hatte.

– Ganz klar, sagte Poll. Ich kann dir auch sagen warum. Ich geh davon aus, daß die Terroristen längst unterwandert sind. Unsre Leute wären jedenfalls schön blöd, wenn sie noch nicht so weit wären. Das FBI hat das doch auch geschafft, die haben von unten her die ganze Black Power untergraben und die radikalen Studenten und was da alles rumgespukt hat und dann im richtigen Moment ein paar Bömbchen fallen lassen, da war die Sache geritzt. So viel dümmer können unsere Leute doch nicht sein. Nein, beweisen kann ich dirs nicht, aber es wäre logisch. Überleg mal, die paar Kerlchen sind doch inzwischen völlig isoliert und so blöd sind die auch nicht, das heißt, die wissen genau, daß sie ihre Genossen nicht freikriegen auf diese Weise. Also sitzen da andere Interessen hinter, konkret gesagt, andere Leute. Anders hat die Geschichte doch keinen Sinn, und irgendeinen Sinn muß der ganze Aufwand doch haben. Ergo kann er nur darin liegen, daß da ein paar Profis reingekrochen sind, die jetzt stellvertretend das letzte Gefecht ausfechten, damit dieser Scheiß ein für allemal aufhört. Das hat schon seinen Sinn, daß sie so viele Leute auf einmal umlegen, Abscheu und so weiter, das alles ist doch werbemäßig voll durchkalkuliert und technisch perfekt. Und das hat seinen Sinn, daß sie Büttinger kapern, das kann für die Menschenführer nur von Vorteil sein, eine echte PR-Arbeit. Und da Büttinger nicht irgendwer ist, wird man ihn nicht draufgehen lassen dabei, das kannst du mir glauben.

– Das hört sich gut an, sagte Diehl.

Polls Gedanken waren immer schlüssig knapp. Rasch hatte er seine Kunden und seine Freunde überzeugt, vielleicht weil er selber keine Überzeugungen hatte, nur Ideen, immer wieder neue Ideen. Werbung ist die Kunst des Überzeugens, predigte er gern, deshalb dürfen wir die Verbraucher nicht für dümmer halten als uns selbst. Bei den Schlußfolgerungen, die er eben gehört hatte, fühlte sich Diehl an diese Grundsätze erinnert, Werbeerfolg nur bei Respekt vor dem Menschen. Poll zeigt Respekt, er geht auf mich ein, aber er soll mir doch nichts verkaufen.

Diehl kaute am Fleisch, er wollte gern noch einmal auf seine Zukunft als Pressemann zu sprechen kommen und Poll befragen, aber plötzlich fragte er:

– Was hältst du von einem Seller über Büttinger?

– Wie schnell bist du?

– Na, so schnell auch wieder nicht.

– Dann laß die Finger davon. In ein paar Wochen ist der Fall Büttinger doch out. Sorry, wenn ich dir da zu nahe trete, aber wie die Geschichte ausgeht, so oder so, du hängst immer hinten nach, und das hast du nicht nötig. Heute kannst du Büttinger noch verkaufen, aber morgen ist das der Schnee von gestern, nichts Peinlicheres für einen kreativen Kerl als der Schnee von gestern.

– Das mein ich auch, sagte Diehl. Das war auch nur mal ein fixer Gedanke. Außerdem bin ich viel zu faul dazu.

– Und dann, sagte Poll, wen interessiert denn Büttinger? An

der ganzen Geschichte ist Büttinger doch am wenigsten wichtig. Ich glaube nicht mal, daß viele Leute Mitleid mit Büttinger haben. Guck dir die Leserbriefe doch an, und was du in den Kneipen hörst. Die Leute wollen nur eins, klare Verhältnisse, Ordnung, ein MG im Arm und ein anständiges Finale, so siehts doch aus. Büttinger ist völlig unwichtig, ums mal hart zu sagen, ein Statist.

Das hatte Diehl vorhin selber gedacht, und er wollte seinem Freund recht geben, aber kein Wort brachte er heraus. Dieser Freund, wenn er wenigstens ein Komplize wäre.

Poll bestellte noch eine Karaffe vom roten Wein und fragte nach Tina. Diehl gab ein paar allgemeine, oft wiederholte Bemerkungen, er hörte sich selbst nicht zu.

Ich stehe mit Tina auf einer Wiese hinter einem Wochenendhaus, es ist das von Schanz dem Bayern in der Eifel. Wir sehen uns in die Augen, ich möchte sie ins Gras legen. Sie sträubt sich, dann gibt sie doch nach, und ich ziehe sie mit langsamen Bewegungen aus. Dann fange ich an, mich auszuziehen, aber plötzlich ist Peter Poll da, schon nackt, und legt sich neben Tina, legt seine Hände auf ihren Bauch, auf die Brüste, versucht sie zu küssen. Ich immer noch in Unterwäsche geniere mich, weil ich noch angezogen bin, aber ich gehe dazwischen, schiebe Peter zur Seite, besetze mit den Händen den Körper von Tina. Peter bettelt, wenigstens mitmachen zu dürfen, er lasse mir ja gern den Vortritt. Ich sage, hau ab. Tina sagt, du hast doch deine Frau. Poll antwortet, immer noch bettelnd, seine Frau sei krank, und immer nur mit Männern mache ihm keinen Spaß. Wir ziehen uns wieder an, ich bin wütend auf Poll, alles gestört. Poll bleibt allein auf der Wiese stehen.

Kurz danach lese ich im Wirtschaftsteil, daß die Agentur Peter Poll ihre Räume für eine Begegnung zwischen Tina Schweizer und Ludwig Schanz zur Verfügung gestellt habe. Darauf habe Schanz Familie und Arbeit verlassen und sei mit Tina nach Madrid gefahren. Die Zeitung meldet, daß ihre Schamhaare farblich gut zusammenpassen. Außerdem soll Dr. Schanz inzwischen gelernt haben, weniger bäurisch – das kann auch ein Druckfehler sein für bayrisch, denke ich beim Lesen – zu vögeln. Deutlich das Gefühl, eine gute Nachricht zu lesen.

An der Wand, mit billigen Fichtenbrettern rustikal verdunkelt, waren bemalte Holzplatten angebracht, da ein Gitarrenspieler, da ein Eselreiter, an anderen Ecken hingen Masken Teller Vasen und getrocknete Maiskolben. Wo die beiden saßen, war ein Papagei aufs Holz gemalt, fast ganz rot, und die langen roten Schwanzfedern zogen sich bis an die Tischkante herunter. Hier kocht der Chef nicht, dachte Diehl, im Steakhouse Montevideo malt der Chef.

– Was meinst du, Peter, fragte er, wo die Büttinger verstecken?

– Na, irgendwo in dem berühmten Neubau, hier oder Bonn oder Frankfurt, was weiß ich.

– Glaub ich nicht, die sind irgendwo auf dem Land.

– Wie kommst du denn darauf? fragte Poll.

– Diese Neubauten, die Hochhäuser hat die Polizei längst im Griff. Da wären die schon längst gefaßt – mal angenommen, deine Theorie von der Geschichte stimmt nicht, und das ist kein gezinktes Spiel. Dann sind sie also da, wo niemand mit ihnen rechnet, auf dem Land, strategisch günstig an Schnellstraßen und Grenzen, nimm mal die Eifel zum Beispiel, wie geschaffen für gute Verstecke.

– Wie kommst du auf Eifel?

– Nur so. Intuition. Oder Spinnerei. Aber die Eifel wär ideal.

Mehr sagte Diehl nicht, auch vor Poll konnte er nichts von seinen Träumen und Spinnereien sagen. Der schien am Thema Büttinger nicht weiter interessiert, wurde beim Stichwort Eifel ganz unruhig und legte ohne jede Schweigeminute mit einer neuen Rede los.

– Mensch, Eifel, das ist überhaupt ein weißer Fleck. Eifel, da fallen mir ganz andere Sachen ein. Ich hab neulich mal so ein Tourismus-Exposé entworfen, ein geiles Sanierungsprogramm, sag ich dir. Touristik, aber mit Hand und Fuß, nicht dieser Gartenzwerg-Tourismus mit Hobbyurlaub für Hobbygeologen oder Sammler von irgendwelchen Kräutern, auch nichts für die Hanseln, die da rumlatschen oder Wildparks besichtigen. Da muß was ganz Neues her, richtig umsatzintensiv, der Nahtourismus muß völlig umgekrempelt werden. Sieh mal, Flugtourismus ist kaum mehr ausbaufähig, Preissteigerungen und so weiter, der Null-Erholungswert der Zweiwochen-Brattour an versauten Mittelmeerküsten wird sich rumsprechen, politische Unsicherheit in den Sonnenländern fast überall, und die Seychellen sind nicht für jeden Neckermann. Man muß da völlig umdenken, also hier anfangen mit unkonventionellem Erholungsmarketing.

Diehl war für die Ablenkung dankbar. Allmählich hörte er seinem Freund sogar wieder gerne zu. Das war auch sein Element, Projekte Ideen Umkrempeln. So entspannte er sich allmählich wieder bei Wörtern wie Bräunfrage klären durch Groß-Solarien, die Eifel als effektive Alternative zur Costa del Sol, Edel-Trimm und Bogenschießen, Reiten auf allen Pferderassen der Welt, alles – größer effektiver billiger aufgezogen als bisher in Europa. Poll fing nun erst richtig an.

– Erholung für die Seele gehört ins Programm, der Trend ist gar nicht aufzuhalten, Meditationstraining Psychoberatung Stressbewältigungs-Schnellkurse, all das kommt. Dann gehört Selbstpflege ins Angebot, Körperpflege und Massage, nicht nur für die Dicken und Reichen, auch der Angestellte, der Arbeiter soll sich Streicheleinheiten kaufen können, dem kleinen Mann fehlt immer noch die glückliche Erfahrung, daß seine Falten gepflegt werden.

– Und aus den Wildparks, schaltete sich Diehl ein, könnte man Jagdparks machen mit angeschlossenen Wild-Zucht-Farmen großen Stils. Der Trieb zu töten will befriedigt sein, nicht nur Hasen, auch Rehe und gegen Hochpreise Wölfe und Hirsche, Abbau der Exklusivität der Jägerkaste, dem wird sich kein sozialdemokratischer Forstminister widersetzen.

– Schön, schön, aber meine Hauptattraktion wird Las Vegas, sagte Poll, wir brauchen in der Eifel ein richtiges Las Vegas. Wenn der Spieltrieb die Leute in die Wüste treibt, dann treibt er sie erst recht ins Mittelgebirge. Wir müssen nur von Anfang an großzügig rangehen, weg von der Casino-Exklusivität, das ist doch alles 19. Jahrhundert. Der Stil von Las Vegas macht die Musik, also

protzig und offen für jedermann, wir brauchen Roulette mit geringen Einsätzen, aber rund um die Uhr, Tausende von Spielautoma-
ten, Stundenlotto, wo steht denn geschrieben, daß der Deutsche bis
in alle Ewigkeit eine Woche lang jibbern muß, bis Samstagabend
endlich die Lottozahlen purzeln, nein, jede Stunde wird bei uns
gezogen. Alles muß stinken nach Geld und Gold, damit es den
Leuten nichts ausmacht, pleite zu sein, der deutsche Geizhals, der
deutsche Schnellverdiener, die aufs Sparen programmierten
Dummköpfe dürfen endlich mal Mark und Pfennige verlieren, befreit vom Gewinnzwang. Der letzte Krieg ist schließlich schon
lange her, und dies irre Inflationsgefühl kennen nur noch ein paar
Opas. Jedenfalls darf nichts nach Geiz aussehen, der Mensch will
einmal das Gefühl, anständig zu verlieren und ohne Reue, du verstehst, was ich meine. Man könnte noch so viel machen, Roland,
gepflegte Hurerei gehört auf jeden Fall ins Angebot, Stichwort
Potenztraining, physische Leistungssteigerung, Training mit und
ohne Partner.
   – Warum nicht gleich eine richtige Pimperthek, sagte Diehl, was
die in New York können, das können wir auf den Höhen der Eifel
allemal. Einen Abend tanzen und bumsen bei freier Partnerwahl für
80 oder 66 Mark Eintritt, darf ich auf die Matte bitten, gnädige Frau,
Selfmade-Striptease und zwanglose Intimität.
   – Genau, sagte Poll, die Leute wollen ja ihre Scham vergessen, den
Leuten kann geholfen werden. Das muß nur alles selbstverständlich
und soft organisiert ablaufen. Da könnte man noch so viel machen,
Roland, Alternativprogramme, damit kannst du die Steinzeithöh-
len zu Gold machen, Steinzeitmensch für eine Woche, Höhlen ver-
mieten, Felle Schafsmilch Wildschweinfleisch inclusive. Der neue
Genuß: Verzicht auf Komfort, Genuß des Abenteuers ermöglicht
nach einer Woche wieder den Genuß der Gegenwart. Also die
ganze Anlage großzügig weiträumig mit Dependancen.
   – Weißt du, die ganze Anlage sollten wir um die Nürburg herum
bauen, fiel Diel wieder ein, der Ring wird als Attraktion mit einbe-
zogen, zur Spannungsaufladung ein paar Rennrunden zwischendurch im eigenen Wagen oder in Formel 1-Attrappen mit Golf-
Motor.

– Jetzt mal Spaß beiseite, der Plan ist wirklich Gold wert. Ideale Lage, Autobahnnähe vorausgesetzt, Kurzstrecken zum Ruhrpott und nach Rheinmain, Massenzulauf auch aus Frankreich Belgien Holland. Fivedayfitnessprogramm oder Vierzehntagerekreation, das ist die neue Formel für den Nahtourismus der achtziger, der neunziger Jahre, für 2000 und weiter.

So ließen die beiden das Projekt wuchern, bis jeder Quadratmeter Vulkangestein in eine Goldmine verwandelt war. Die Investitionsgelüste waren nicht allein vom Wein geschürt, Poll und Diehl schienen glücklich zu sein, sich aus ihrer Wirklichkeit herausplanen zu können und sich ihren Phantasien überlassen zu können, ohne gleich von Chefs oder Geldgebern kontrolliert und gebremst zu werden. Das Glück lag in den Momenten der Nähe und in den Hintergedanken, für nichts von dem allen verantwortlich zu sein.

Erst kurz vor acht sah Poll auf die Uhr, er mußte sofort los, Termine Termine.

Zu plötzlich ernüchtert, stand Diehl auf der Straße. Gegen die schwache Dunkelheit sahen die Neonlichter noch nicht überzeugend aus. Es war kalt, er ohne Mantel.

Gern hätte er weiter geträumt geplant, aus Jux den Prospekt für das ganze Eifel-Unternehmen entworfen. Ihm graute vor dem Abend, auch er hätte gern einen Termin gehabt, Arbeit, eine richtige Beschäftigung. So machte er den Eindruck tiefer Unentschlossenheit.

Einige Schritte, dann sah er von der Uferstraße aus Züge über die Hohenzollernbrücke kriechen. Der kitschige Gedanke, eine beliebige Fahrkarte zu kaufen, in einen beliebigen Zug zu steigen und am Morgen in einer fremden Stadt wunschlos aufzuwachen. Ein neues Leben haha. Schon über die vielen Fremden im Abteil ärgerte er sich immer, das Zunahsitzen, das Halten an Orten, wo er nie halten würde, und von den Städten nur die Dreckseite zu sehen, die unverputzte verwitterte Seite der Häuser. Das einzig Schöne war, die Autos vor den Schranken warten zu sehen. Aber sonst war ihm das ganze Schienenwesen verhaßt, alles wie Planwirtschaft, lieber stand er eine halbe Stunde im Stau als eine viertel Stunde auf einem Bahnsteig.

Eine tiefsitzende Abneigung gegen Zugfahrten, Diehl ist zu oft Bahn gefahren in melancholischen Zeiten, zur Freundin nach Kassel. Heike die Weitspringerin und Schülerliebe, einzige Tochter eines Jalousien-Fabrikanten, da durfte kein Junge ins Haus, also die heimlichen Treffen an Sonntagen, das waren die keuschen Zeiten. Fast ein Jahr lang fuhr der Primaner Diehl jeden dritten oder vierten Sonntag von Friedberg nach Kassel, morgens der Eilzug und immer das Halten auf den gottverlassenen Bahnsteigen Treysa Wabern Guntershausen, noch fünfzehn Minuten bis Hauptbahnhof Kassel, noch mal aufs Klo mit den Wasserpfützen Pissepfützen, noch mal den Kamm angesetzt, vorm Spiegel mit dem DB-Zeichen breitbeinig der an den Händen schwitzende Landesjugendvizemeister Roland, in zehn Minuten wirst du sie küssen. Er entdeckt die Reste des frischen Pickels, wegen der Pickel wird Heike dich verachten abweisen, er traut es seinem Gesicht nicht zu, daß es geliebt wird, geliebt vom schönsten Mädchen aus Kassel, aus Hessen, noch drei Minuten, er sieht nur die elenden Rückseiten der Häuser, warum muß die Frau deiner Träume in dieser weit entfernten dunklen bergigen Stadt wohnen. Sie laufen kilometerweit durch die Stadt, kennen sich aus im Park Wilhelmshöhe und erreichbaren Waldstücken, hektische und immer abgebrochene Berührungen und keine Erfahrung im Rangehn, solche Angst haben beide, daß sie froh sind über schlechtes Wetter, so brauchen sie sich im Gebüsch nicht zu vergewaltigen, vielleicht beim nächsten Mal endlich mehr. Und bei Regen und Kälte nicht mal eine Bank zum Sitzen, so starren sie sich enttäuscht an in Kneipen und verliebt bei Cola mit Cola, erzähl was von dir, und der Druck auf dem Magen, weil ihm nichts einfällt und nur eine Leere über ihn kriecht, und als Abwechslung die Cafés mit Kaffee, und immer die unnennbare Angst zwischen beiden. Und Heike darf nicht gesehen werden von Bekannten der Eltern, also wieder in die Wälder oder in die niederen Viertel ausweichen, zwischendurch muß sie nach Hause zum Sonntagsbraten antreten, dann wieder Treffen da oder da.

Endlich der Abend, die heftigste Umarmung beim Abschied, der Eilzug nach Frankfurt über Marburg Gießen steht schon auf Gleis 4, Roland weiß nicht wohin mit sich, Heike möchte wegrennen und bleibt doch, weil es nicht so aussehen soll, als renne sie von ihm weg. Der Zug hilft ihnen und fährt an, fährt weg, er spürt noch am Daumen, daß sie ihn eben beknabbert hat, es ist fast nicht mehr wahr, die Küsse halten dem Fahrtwind nicht stand, und vorhin noch ihre Brüste gestreichelt und jetzt ist alles nicht mehr wahr und wird Liebe genannt. Wieder aufs Zugklo, um den feuchten kalt klebenden Fleck in der Unterhose wegzuwischen, die hohen Gefühle von Liebe zu dämpfen, um im Spiegel sich zu vergewissern, wie der aussieht, den die unbegreifliche Heike eben vorhin vor Stunden geküßt hat. Er fühlt sich erleichtert, daß sie das Letzte wieder mal abgewiesen hat, er fühlt sich im Stolz getroffen, daß es auch diesmal nicht so weit kam. Der Eilzug klappert stur seine Stationen ab, und alle Menschen im Wagen öden ihn an, er kann sich nicht auf sein Buch konzentrieren, der ganze Zug ödet ihn an, er möchte zurück, am nächsten Bahnhof aussteigen und zurück, endlich die Eroberung wirklich erobern. Er will nicht nach Hause, der Zug tuckert durch Dunkelheit nach Süden, er möchte weit weg, weit über Friedberg hinaus und lange Briefe schreiben vom Bodensee. Der Zug eine einzige Zumutung, kannst nicht halten beschleunigen wenden. Mit einem Auto stünden alle Möglichkeiten dir offen und Liegesitze und bei Regen und Wind endlich geschützt.

Nie wieder Zug, dachte er jedesmal, wenn er wieder im Zug sitzen mußte oder von weitem die Bahnhöfe sah.

sieben

Nachrichten und Kommentar. Die spärlichen Informationen die daneben durchsickerten – Zeichnete sich wieder Bewegung ab – Dementierte entschieden – Weg zu gemeinsamen Gesetzesbeschlüssen nicht verbauen – Darauf einstellen daß der gegenwärtige Zustand – In Neubaugebieten verkümmern die Jugendlichen – Staat wird siegen – Zusätzlich zur bisherigen Streifensicherung – Die notwendigen und längst überfälligen Entscheidungen – Auf lange Sicht darf auch – Schritte die wir für sinnvoll und geboten – Aus lauter Scham Räuber geworden – Mit einer durch einen alten Unfall versteiften Hand nicht mehr Arbeit zu finden – Kostenloser Selbstschutz-Grundlehrgang – Wehrpflichtige erhalten den Fragebogen für die Erfassung – Allein im Kölner Raum soll die Zahl der Leiharbeiter – Tauziehen hinter den Kulissen – Uneins über Tiefgaragen – Kammgarn für diesen repräsentativen Konferenz-Anzug – Polizei ist ausgelastet genug sie muß nicht auch solchen Unsinn – Farbspiel der Raumgestaltung wiederholt sich in den Sitzmöbeln – Vortragsthema Der Kampf um die Kaufkraft – Nachteile aus der Verdünnung des Tankstellennetzes – Schiffsausflüge zu den schönsten Orten – Der echte Bruce Lee Todesgrüße aus Shanghai letzter Einsatz in Deutschland – Es muß einmal ganz klar und mit aller Deutlichkeit – Von der Eifel bis zum Weserbergland – Ganz ohne Härte geht es in keinem Staat – Revolution von höheren Töchtern und reichen Bürgersöhnen – Jetzt 100 schöne Meran-Winkelhäuser – Die Fachleute für Rentenbasis – Ihr Partner für Eingangsmatten-Service – Straße der Hauptschauplatz von Kinderunfällen – Morgens dunstig sonst wechselnd bewölkt mit einzelnen schauerartigen Niederschlägen.

Die Türklingel trocken wie der Schuß im Traum, die Erschießung neben Adenauers Villa, Tina tot zu Füßen liegend, und jetzt steht sie unten an der Haustür. Endlich eine Verabredung, die sie einhält. Roland überlegte einen Moment, ob er wirklich aufmachen sollte. Aussperren sollte ich sie wie sie mich neulich ausgesperrt hat. Ach was, bleib Herr der Situation, lässig lässig. Er ging ihr entgegen zum Aufzug.

– Tag, Tinaschatz.

– Tag, sagte sie. Ihr Lächeln mißlang.

Seit die beiden, zu ihrer eigenen Verwunderung, aus ihrem monatelang geschickt austarierten Einvernehmen gefallen waren, stimmte nichts mehr zusammen, auch die einfachen Gesten nicht, jede Bewegung ein Vorwurf, jedes Wort ein Angriff. Der Streit neulich hatte alles noch einmal zugespitzt, dann das Ausweichen voreinander eine gute Woche lang. Obwohl dieser Krach noch immer knisterte, versuchten sie souverän und unangreifbar zu erscheinen.

Tina ließ sich nur kurz küssen, fiel in einen Sessel und zeigte ihre neue Hose, khakifarben und im breiten Schnitt.

– Wie findest du meine neuen Hosen?

– Schick, sagte er und dachte, wirklich ganz schick, aber abends seh ich sie nur noch in Hosen, nur weil sie als Hostess Hosenverbot hat, krieg ich abends ihre Beine nicht zu sehen, erst mal. Der Fernseher lief noch, Diehl drehte den Ton ab.

Sie ließ keine lange Pause entstehen und leitete rasch über zu ihren vergangenen Arbeitstagen.

– Gestern eine Gruppe Spanier, ach meine Ausländer, richtig rührend werden sie jetzt.

Diehl dachte, schon wieder ein Heiratsantrag von so einem Torero. Aber sie erzählte vom Sicherheitstraining im Seminar-Center in Overath, wo die Menschenführer und andere Besucher des Auslands Einblick nehmen dürfen in die verschiedenen Programme der Weiterqualifizierung.

– Jetzt, sagte Tina, sind sie alle scharf aufs Sicherheitstraining. Wenn ich frage, welches Programm, Betriebssicherheit Verkaufstechnik Streikabwehr Produktplanung oder Terrorabwehr, dann zögern sie nicht lange und entscheiden sich für Terrorabwehr. Ja, es klingt makaber, aber es macht ihnen Spaß, Entführung zu spielen und Risk Management und Vorbeugungsmaßnahmen durchtüfteln. Am liebsten wollen sie gleich mit Dr. Wilhelmi die Sandkastenspiele machen und die Verhaltensmaßregeln trainieren. Das hätte ich nie gedacht, wie die Büttinger-Geschichte die Leute zusammenschweißt und gefühlsmäßig so anspricht wie sonst nichts, was wir im Programm haben.

– Dann können wir ja die PR-Abteilung in den nächsten Monaten dichtmachen, sagte er.

– Hör auf mit deinen blöden Witzen. Komm, laß uns von erfreulichen Sachen reden, Rolly. Ich will allmählich wissen, wie wir das mit dem Urlaub machen. Ich möchte das heute entschieden haben, so oder so.

– Vor dem Essen oder nach dem Essen?

– Deinen Humor möchte ich haben. Nein, ich hab keinen Hunger. Gib mir einen Schnaps.

Langsam, als wollte er etwas Unangenehmes hinauszögern, holte er die Flasche Calvados.

– Ja, Urlaub, sagte er, endlich mal raus aus der Mühle. Aber ich weiß immer noch nicht, ob ich weg kann im Moment.

– Um den Moment gehts nicht, aber in vier Wochen oder acht.

– Von mir aus lieber acht.

– Heut hab ich zum letztenmal diese Kataloge mitgeschleppt, mein Lieber. Ich will, daß wir uns heute entscheiden.

Tina schlug einen gereizten Ton an.

– Schön, sagte er lässig.

– Willst du überhaupt mit mir fahren?

– Ich hätte nichts dagegen.

– Ich hab gefragt, ob du willst.

Er fühlte sich bedrängt. Wenn das Fenster nicht schon auf wäre, hätte er jetzt das Fenster öffnen können. Er stand auf, machte vier Schritte zum Fernseher, in dem die bekannten Gestalten herumturnten, und stellte ihn aus. Mürrisch sagte er:

– Ich sag doch, und das hab ich schon immer gesagt, ich bin dafür, wenn du auch dafür bist.

– Aber begeistert bist du nicht.

– Ach Quatsch, und wenn ich wirklich gerade mal nicht besonders begeistert bin, dann liegt das nicht an dir und nicht am Urlaub. Komm, gib mal den Katalog her, ja, den Club.

Etwas anderes als der Ocean Club kam für ihn nicht in Frage, so weit hatte er Tina schon. Im Urlaub wollte er bedient sein, und wenn schon, dann richtig. Zu seinem Traum von Erholung gehörte Anständigfressen und Sport, richtig Austoben Surfing Tennis Tauchen, und immer ein paar Mädchen zum Greifen, Mädchen, die auf einen Ferienpartner fiebern, im Bikini schon nackt auf Roland Diehl warten und am Buffet sehr langsam die Teller füllen, bis er sie anspricht.

Doch lieber allein, dachte er. Wenn ich ehrlich wär, müßt ich das jetzt sagen. Aber das kapiert sie nicht, und den Ärger kann ich heut nicht vertragen. Wie ein Ehepaar, Scheiß.

Als er den Katalog durchblätterte, die saftfarbenen Bilder von Musterstränden und den einladenden Leibern, blieb er wieder in Afrika hängen, bei Marokko-Angeboten. Vierzehn Tage hatte er im vorigen Jahr im Marokkodorf Surfen trainiert und Tennis, soviel Hitze und Frauen erlaubten, auf Teppichen am Swimmingpool gelegen, Bogenschießen neben Eukalyptusbäumen, er hatte sich im Dampfbad von seinen Erfolgen erholt und war trotzdem unruhig gewesen, denn er wollte weg, in die Wüste, eine Woche Rundreise in einer Kolonne von Selbstfahrern durch den Hohen Atlas und die Wüste. Und als es endlich losging, als sie in Marrakesch waren, interessierten ihn in Marrakesch die Paläste und Basare nicht, die Schlangenbeschwörer und Akrobaten nicht, da zappelte der immer beherrschte Rallyefahrer Diehl, bis er endlich die Zusicherung hatte, einen der sieben Wagen fahren zu können. Endlich hatte er seine Wüste wieder, auf die er seit Tunesien gewartet hatte, er drängelte sich an den Anfang der Kolonne, um nicht von Staubfahnen belästigt zu werden. Er sah die Züge des Vorgebirges des Atlas wieder wie Leiber nebeneinanderliegender Frauen, die kurzen grünen Distelbüschel wie der Haarflaum auf den Körpern. Im R4 peste er durch die Felsschluchten von Todra, bis der Tourführer drohte, er müsse den Zündschlüssel abgeben, wenn er das Tempolimit nicht einhalte. Schnell wollte er auf die Höhen und dann abtauchen in die Wüste, aber auf dieser Rundreise gab es zuwenig Wüste. Das nächste Mal, hatte er sich vorgenommen, zieh ich allein los oder mit Beifahrer.

Tina hockte vor den Schallplatten, suchte länger und legte dann Milva auf. Das war ein Wink, denn einmal hatte er zu ihr bewundernd gesagt, die Milva sieht ja genau aus wie du! Tina setzte sich wieder, blätterte in einem anderen Katalog und schien auf ein Angebot zu warten. Ach meine Beifahrerin Tina, vielleicht sollte ich doch mit ihr weg, ein bißchen versorgen, ein bißchen verwöhnen, das versteht sie ja immerhin. Paß auf, damit geht es los, mit der Fürsorge, mit dem ungefragten Schallplattenauflegen, das ist der sichere Weg zum Zusammenwohnen zur Heirat zur Scheidung, nein, das nicht noch einmal. Ich muß sie auf Distanz halten, halten will ich sie schon. Jedenfalls bis zum Umzug nach Hamburg. Er blätterte im Katalog.

– Wie wärs denn mit Senegal, sagte er, laß uns doch nach Senegal fahren, Tina.

Und er zählte die Attraktionen auf, günstiges Klima zu jeder Jahreszeit, Nähe von Dakar, alle Sportmöglichkeiten und Hochseefischen, Haifische kannst du hier holen, im Jeep durch die Savanne, was willst du mehr.

– Ich möchte lieber auf eine Insel, sagte sie. Ich brauch das Gefühl, weg zu sein von allem, etwas für mich haben, und ich will endlich mal in die Südsee.

– Insel ist mir zuwenig, da krieg ich Platzangst.

– Die Diskussion hatten wir schon mal.

– Stört dich das?

– Was willst du eigentlich immer wieder in Afrika? fragte sie.

Er wußte es selbst nicht genau. Irgendwann war ihm aufgefallen, daß er, seit er geschieden war oder seit er beim Verband war, sich immer entferntere Urlaubsziele suchte, dann immer näher an Afrika herankam, von den Küsten aus seine Vorstöße ins Land machte, vielleicht war das ein schwaches Aufleben der Entdeckerlust, die Jugendbücher Romane Abenteuergeschichten mit Livingstone Schweinfurth Barth Stanley ab durch die Mitte. Er sagte:

– Nach Afrika muß man jetzt fahren, da kann man jetzt noch was rausholen. Wer weiß, wie das in zehn oder zwanzig Jahren aussieht, entweder schlagen die mit den Russen uns die Köpfe ein oder wir denen.

– Schöne Aussichten, sagte Tina, und wer garantiert dir, daß die nicht früher loslegen?

– Du mußt das nicht so ernst nehmen, Sweety.

– Hör auf mit Sweety. Nach Afrika jedenfalls kriegst du mich nicht, egal ob Marokko oder Senegal. Ich hab so schon genug mit Schwarzen zu tun, ich komm mir eh wie eine Entwicklungshelferin vor, ich will das nicht auch noch im Urlaub.

– Das ist doch auf jeder Südseeinsel dasselbe in Grün. Du kannst es doch wenigstens mal versuchen, sagte Roland.

– Warum mußt du eigentlich immer deinen Dickschädel durchsetzen?

– Wieso ich? Warum bist du denn dauernd so sauer auf mich?

– Komm, komm, sagte sie scharf. Deine Marotten stinken mir langsam. Nie willst du dich auf was festlegen. Nie gehst du mal auf mich ein, immer soll ich auf dich eingehn. Und verlassen kann man sich auch nicht auf dich. Nicht mal ne Verabredung zu einem Geburtstag kannst du einhalten, du... Egoist.

– Ich dachte, das hätten wir geklärt, sagte er.

– Gar nichts ist geklärt.

Jetzt geht das wieder von vorn los, dachte er und sagte:

– Du bist doch nur sauer geworden neulich, weil es dir peinlich war, bei deiner Freundin ohne Mann aufzukreuzen.

– Idiot, was denkst du, wie wichtig du mir bist.

Scheiße, dachte er, jetzt fängt das wieder an wie bei dem Hickhack neulich. Schon wurde Tina ganz direkt, sie schimpfte auf ihn ein, war plötzlich nicht mehr zu bremsen.

– Ich laß mir das nicht länger bieten, mein Lieber. Du springst mit mir um wie mit deinen Miezen früher. Nein, red nicht, gar nichts kapierst du. Keine Ahnung hast du von mir.

Er versuchte, sich zu konzentrieren und sie zu unterbrechen, eine Stelle zum Einhaken zu finden. Sie soll ruhig sein, das brauch ich mir nicht bieten zu lassen, was keift die auf einmal so, als wär ich ihr Ehemann. Und so hörte er nur die Brocken, die ihm halfen, sein Schuldgefühl abzuwehren.

– Du seilst dich ab in deine Chefetage, du gräbst dich ein in deine Menschenführertheorien, aber keine Ahnung hast du von den Leuten, keine Ahnung von dir selber. Und zu mir bist du so sensibel wie ein alter Blecheimer, jawohl Blecheimer. Du hast doch nur Angst vor dir selber, du Egoist. Keine Schwächen zeigen. Keine Blöße geben. Du bist doch völlig isoliert von allem, was mit den Leuten los ist, du Pseudo-Menschenführer. Isoliert von dir selber, ja. Weißt du, was du bist, ein kaputter Typ, ein vollkommen kaputter Typ bist du.

– Was regst du dich so auf, wenn ich einmal nicht mit zu einem lächerlichen Geburtstag komme, versuchte er zu beschwichtigen.

– Hör doch auf, darum gehts doch überhaupt nicht. Ich will endlich mal wissen, was mit dir los ist, nie sagst du was von dir. Du rückst deine Gefühle nicht raus, du rückst deine Gedanken nicht raus. Du hockst da drauf wie auf Eigentum, du Eigentumsdenker. Du machst es dir bequem in deinem Bau und läßt dich von mir emotional bedienen. Bedienen, ja dazu könntest du mal was sagen.

Er hörte ihre Sätze wie von einem Tonband. Erst jetzt merkte er, daß Milva aufgehört hatte zu singen. Die Platte umdrehen, das wäre jetzt ein Verlegenheitsmanöver, ein Signal für Schwäche. Was Tina da abließ, paßte nicht zu ihrem Gesicht, zu ihren Bewegungen. Sie sah immer noch schön aus. Sie konnte giften wie sie wollte, sie sah einfach schön aus, wenn sie schimpfte, wenn das Captagon ihr Kraft gab. Sicher hat sie wieder einiges genommen, sonst wär sie jetzt nicht so in Fahrt. Oft ist sie zu lieb und zu sehr beherrscht Hostess. Nur heulen darf sie nicht, eine Frau die flennt kommt mir nicht mehr ins Bett, war die Devise seit der Scheidung. Er unternahm nichts, sie zu beruhigen, denn er brauchte ihre Wut, diese Wut gab ihm das Gefühl, frei zu sein. Ganz kühl sagte er:

– Auf diese Ebene laß ich mich nicht ein, Tina. Für mich gilt unsere Absprache noch, keine Ansprüche. Ich bin ein Blecheimer, na schön. Aber schließlich sind wir nicht verheiratet, da kann ich doch wohl machen was ich will. Da kann ich so viel Blecheimer sein, wies mir paßt.

– Aber ich soll jederzeit für den Herrn Chefdenker bereit sein, was? Auf Kommando anrücken und mich hinlegen und wieder abrücken und bei Bewährung darf ich mit dem Herrn in Urlaub fahren und ihm den Sack kitzeln. In welchem Jahrhundert lebst du eigentlich?

Was soll ich mich verteidigen, dachte er. Ich verhandle nicht unter Druck. Auch wenn sie zehnmal recht hat, ich kann mich doch nicht ändern von heut auf morgen, ich bin nun mal ein sachlicher Mensch und kein Gefühlsheini, und wenn sie mir so kommt, dann ist das gegen unsere Geschäftsbedingungen. Sie könnte sich wirklich mehr zusammenreißen, bißchen verbindlicher wenigstens bei aller Wut, ich versteh das nicht. Plötzlich fiel ihm das Wort Abwehraussperrung ein, und er konnte ein Grinsen nicht verhindern. Das Grinsen bezog Tina auf sich und antwortete mit feindlichen Augen.

– Was bist du für ein Scheißkerl, sagte sie leise. Ein kalter Kerl wie alle andern. Ihr wollt Führerpersönlichkeiten sein, ihr seid ja noch nicht mal Persönlichkeiten, unterentwickelte Roboter seid ihr, Analphabeten, kein bißchen Gefühl habt ihr Menschenführer, für eure Frauen schon gar nicht. Krüppel seid ihr, ja ahnungslose arrogante Krüppel, völlig verblödet in euren Karriereplänen. Ihr seid mir alle scheißegal, auch du, du erst recht, dich gibt es ja gar nicht, du bist nur Fassade, nur noch Fassade.

Er fühlte nichts. Da sie nun doch weinte, stand er nervös auf, ging zur Kochecke, wollte irgend etwas holen, nahm eine Mineralwasserflasche aus dem Kühlschrank, stellte sie einfach neben den Calvados und setzte sich wieder.

Sicher denkt sie jetzt, dachte Diehl, wenn er nicht gleich auf mich zukommt, wenn er nicht gleich wenigstens was Freundliches sagt, dann ist es wirklich aus.

– Tina, sagte er sanft.

Ihm fiel ein, es mit Versachlichung zu versuchen. Er wartete noch, dann setzte er sich zu ihr.

– Ich meine, wir sollten doch erst mal über unsern Urlaub reden.

Sie antwortete nicht, aber sie hörte immerhin auf zu weinen. Nach einer Pause versuchte er es wieder:

– Wir können von mir aus auch auf die Seychellen fahren oder Mauritius oder wohin du willst.

Da keine Antwort kam, stand er auf, drehte die Milva-Platte um, setzte sich wieder und legte, als die auf Erregung der Gefühle getrimmte Stimme lauter wurde, vorsichtig einen Arm auf Tinas Schultern. Da sie sich das gefallen ließ und beinah anschmiegte, dachte er, na bitte, sie will dich ja, der ganze Männerhaß nur Theater wie immer, jetzt mutig weiter. Er wartete noch ein paar Minuten, streichelte ihr fragend Hals und Gesicht.

– Tina, sagte er, komm mit ins Bett.

Sie sah ihn an, ganz kurz und aus engen Augen. Dann stand sie auf, nahm Tasche, Mantel und schlug die Tür hinter sich zu.

Er lief ihr nicht nach.

Kikeriki, das erste Wort, das ihm draußen auf dem Balkon in den Kopf kam, war Hahnrei. Er wußte nicht mehr, wo er das her hatte, ein veraltetes, nie gebrauchtes Wort mit unklarer Bedeutung, es hatte irgendwas mit Frauen zu tun, die ihre Männer betrügen oder abhauen, oder mit Männern scharf wie Hähne, die ein Huhn nach dem andern besteigen, er wußte es nicht. Hahnrei, schon sah sich Roland Diehl als Hahn wieder, damals Anno 62 Bundeswehr, während der Grundausbildung sitzt Rekrut Diehl eines Abends auf einem Baum und muß Kikeriki schreien auf Befehl des Zugführers, und unten am Feuer fressen die ihren Hahn. Der Zugführer und drei andere Ausbilder klauten in einer Metzgerei, es war beim Truppenübungsplatz Baumholder, ein Hähnchen aus der Tiefkühltruhe und brieten es abends am Feuer, sie hatten ihr eigenes Lagerfeuer, ein andres die Muschkoten. Und doch gelingt es einem von denen, sich an die Ausbilder heranzuschleichen, einen Flügel von dem Hahn zu klauen, den sich die Ausbilder geklaut haben, und wird ertappt, noch ehe er das bißchen Fleisch vom Knochen hat. Da wird der Zugführer wild und befiehlt dem Mann, Muschkot und nichts zu sagen, auf einen Baum zu steigen und von oben zu rufen, daß es alle hören: Ich bin der größte Hahn des dritten Zugs und werde bald geschlachtet. Und während der da oben schreit, hat Diehl den Einfall, ein Hahn, wenn er ein Hahn ist, schreit doch vorher Kikeriki, und er, verrückt, ruft laut ein Kikeriki. Der Zugführer, noch immer wütend, befiehlt den Kräher zu sich, staucht ihn zusammen und schickt auch ihn auf den Baum, noch ein Stück höher als den Kameraden, der brüllt immer noch, der größte Hahn des dritten Zugs und werde bald geschlachtet. Hoch oben im Baum muß der Hahn Diehl sein Kikeriki schreien die halbe Nacht. Und das gefiel dem Zugführer so gut, daß Diehl, als die Truppe wieder in der Kaserne ist, einen Monat lang an jedem Morgen früh den ganzen Zug wecken mußte mit seinem Kikeriki.

Kein Rekrut mehr, kein Kind mehr, nie im Leben wird dir noch mal einer befehlen, Kikeriki zu schreien, auch Tina nicht. Jetzt geb ich mir meine Befehle. Wenn ich wollte, dann könnte ich vom Balkon herunter Kikeriki schreien die halbe Nacht, bis die Polizei kommt, ich könnte halb Rodenkirchen aufwecken, Schiffe da unten vom Kurs abbringen, die Soldaten am anderen Ufer mobilisieren, bis sie ihre Raketen auf mich abfeuern, ich könnte, wenn ich wollte, aber ich laß mir nichts befehlen, und könnte verrückt spielen mit meinem berühmten Kikeriki und die Stadt und die Bäume und den Sternhimmel einreißen, aber das behalt ich für mich, ich laß mir nichts vorschreiben, meine Gefühle schon gar nicht, und von Tina schon gar nicht. Ich werde sowieso hier abhauen und Tina hinter mir lassen, das löst sich alles von selbst.

Roland auf der Lauer, Roland ohne Rast aktiv, immer wenn es mit einer Frau schiefgeht, läuft er los und sucht, und auch wenn alles noch im Takt ist, er ist heimlich auf Suche. Roland mit offenen Augen bei Seminaren in Bars auf Straßen bei Parties am Urlaubsbuffet beim Überholen, immer Gesichter und Körper taxierend, wo ist die Idealfrau, Roland der Träumer sieht das scharfe Klasseweib mit dem Kopf von Ursula Andress und den Beinen von Raquel Welch und der Körper dazwischen aus jedem besseren Magazin. Roland wird keine Ruhe finden, bis er die außergewöhnliche und von allen Neidern begehrte Venus im Arm hält, zu Ritter

Roland paßt nur die perfekte Frau die allzeit bereite Bettgenossin die lässige Dame, die will er lieben, wenn sie anpassungsfähig selbstständig immer heiter glänzend aussehend intelligent zart tüchtig sinnlich verständnisvoll ist, du darfst die Suche nicht aufgeben, sonst gibst du dich selbst auf.

Als hessischer Vizemeister hatte er endlich bessere Chancen beim offenen Kampf um die begehrtesten Schülerinnen in Friedberg gehabt, und wenn nicht die umschwärmte Ute, dann sollte es vorläufig wenigstens ihre Freundin sein, und tatsächlich lief er neben der aus der Eisdiele Cortina, und nach einigen Verabredungen Kinogängen ließ sie ihn an die Brust fassen, und als er dachte, du bist zu schüchtern, du mußt einfach mehr rangehen, das Ding zwischen ihre Beine drücken, die Frauen wollen das so, sagten die Sportfreunde, da hatte sie ihn weggestoßen, diese Zicke hatte zu ihm, dem Vizemeister, nein gesagt. Und er wußte nicht einmal genau, was er falsch gemacht hatte, also Schwamm drüber, du darfst die Suche nicht aufgeben, sonst gibst du dich selber auf. Dann fand er Heike die Liebe, aber in Kassel und so zerbrechlich, Heike weit weg, und Roland tanzte beim Friedberger Sportlerball mit einer vier Jahre älteren Turnerin cheek to cheek, die machte keine Umstände, als er sich an sie drückte, er lockte sie aus der Halle, sie lockte ihn in den Park, und er schämte sich mit dem nackten Arsch in der Dunkelheit, und als er noch dachte, was er jetzt wieder falsch machen würde, spürte er schon den warmen fremden Griff um seinen Schwanz, schnell schoß der Samen ihm weg, schnell war alles vorbei und danach die verlegenen Küsse. Er schämte sich vor diesem Mädchen, vor Heike, vor sich selber und gleichzeitig triumphierte er, buchte die Nacht als Erfolg, die erste Frau gebügelt. Aber diese Frau interessierte ihn nicht, weil sie älter war, weil sie ländlich dicklich Bauerntochter war und viel zu schnell bereit, dir steht jetzt, wo du ein Mann bist, die Idealfrau zu, niemals die Suche aufgeben.

Und nach den dürren Jahren beim Bund und der wenig erfolgreichen Suche in den Frankfurter Hörsälen endlich vor der Mensa die Schöne Kluge Heitere, Renate und Studentin der Erziehungswissenschaft. Aber nach einem Jahr schon die hastige Heirat, weil trotz allem das Kind kam, und nach der Heirat die Fehlgeburt und nach der Fehlgeburt die Vorwürfe Vernachlässigungen und die Scheidung. Wir, behauptete er später, haben uns beruflich entfremdet, ich als Wirtschaftsredakteur, und sie bekam immer mehr den Sozialtick und dazu das Emanzengerede. Er, behauptete Renate später, hatte nur seinen Beruf im Kopf und hatte es immer mit andern, das laß ich mir nicht bieten. Na schön, dachte er und sagte er und willigte ein, mit 28 Jahren geschieden, du darfst die Suche nicht aufgeben, sonst bist du verloren.

Du kannst es dir leisten zu suchen, auch heute noch, du brauchst dich nicht festzulegen, Tina schön und Tina gut, aber das bleibt ein Zweckbündnis, sie ist zu unberechenbar, sie hängt an ihrem Valium und allen ihren Aufputschern, sie ist süchtig nach einem Halt, aber den Gefallen tu ich ihr nicht, nein, nichts weiter auszusetzen an Tina, höchstens ihr Alter, Tina ist über dreißig, du mußt aufpassen, wenn ihre Ansprüche steigen, sie will dich einspannen als Dauerpartner Fernziel Ehemann, sei vorsichtig, einmal bei ihrer Party den Wein eingeschenkt und die Gäste an der Tür verabschiedet, und schon giltst du als fester Freund verlobt und Hausherr, als der Mann von Tina Schweizer, Roland Diehl-Schweizer, so weit kommts noch, so weit wirst du es nicht kommen lassen, Abstand halten, Könner halten Abstand, du bist noch nicht im Pantoffelalter, es wartet noch manches Weib auf dich, auf Roland den Rammler, behalt dir die Freiheit.

Jetzt ein Bier von Mann zu Mann, ein Abend mit einem Kumpan wie Schorsch Kolbe, mit dem sich so gut über die Weiber lästern ließ. Aber Schorsch Kolbe ist verschollen in Angola oder Südwest. Eines Tages stand der Kumpan vom Fahnenjunkerlehrgang in der Redaktion, klein mit glänzendem Koffer und gestreiftem Anzug, großes Hallo, Tag Diehl, ich bin dein IOS-Berater, hab deinen Namen im Radio gehört und gedacht, da komm ich einfach mal vorbei. Diehl hat Mühe, den Angeboten des alten Kameraden zu widerstehen, den lückenlosen Versprechen von Riesengewinnen, das geht ihm alles zu verdächtig auf, und schließlich hat er nicht das

Einkommen eines Zahnarztes. Kolbe, der im schwer umkämpften Köln-Bonner Raum hausiert, versucht es noch öfter, aber bald flaxen sie sich nur noch an und gehen einen saufen und sprechen von den Zeiten beim Bund, und Schorsch nennt Roland armes Journalistenschwein, dich krieg ich am Ende auch noch, und Roland gibt zurück, du Hausierer, wenn du wenigstens so tolle Weiber hättest wie dein Cornfeld. Mit Weibern hat der kleine Kolbe immer Ärger, das wird ein Dauerthema. Beim großen Crash 1970 ist Kolbe, der sein Geld nur in seiner Schwindelfirma angelegt hat, erst einmal verschwunden. Nach drei Jahren, Diehl hat eben beim Verband angefangen, taucht er wieder auf, abgebrannt und verbittert. Für Kolbe ist ein ganzes System zusammengebrochen, er hat den Schock nicht vergessen, ist nicht flink umgesattelt zu anderen Fondsgeschäften, zum Warenterminschwindel, zum Bankkaufmann. Aus Kolbe ist fast ein Idealist geworden, ein Gegner der Aktien der Börsen der Banken, er wittert im Geldwesen abwechselnd jüdische arabische nordamerikanische Verschwörer. Er ist auf Jobsuche und säuft. Diehl versucht ihn aufzumöbeln, nimmt ihn mit zum Rallye-Club, pumpt ihm Geld und läßt sich von Kolbes impulsiver Systemkritik anregen, als Sparringspartner für ideologische Debatten fehlen ihm leider Wissen und Theorie. Wenn er nicht lästig fällt, ist er ein guter Kumpan, und Diehl findet es wohltuend, daß er sich ausführlich nach seinen Frauengeschichten erkundigt. Diehl gelingt es, ihn als Fahrer beim Verband unterzubringen, sein Bundeswehrführerschein spricht für ihn bei der Bewerbung. Aber Kolbe der Trottel läßt sich noch in der Probezeit im Dienst beim Trinken erwischen und fliegt. Leutnant Kolbe, IOS-Berater Kolbe, der ganze Schorsch Kolbe wieder am Boden. Am liebsten möcht er wieder zum Bund. Er kommt immer öfter und wird immer weniger erträglich. Plötzlich entschließt er sich auszuwandern, Südafrika. Was willst du denn da, fragt Roland, außer Schießen und Aktien verschieben hast du doch nichts gelernt. Dann werde ich eben schießen und Aktien verschieben, antwortet Schorsch, aber ich werde jedenfalls nicht nur Sprüche machen und die hohen Herren durch die Gegend kutschen, da unten lohnt es sich zu kämpfen, ja du vermutest richtig, meine Zeit beim Bund war nicht umsonst, endlich kann ich was Vernünftiges damit anfangen. Weg ist er, und Diehl erleichtert, Kolbe die Klette, Kolbe der Bettler. Ein Brief: Endlich das Land der Träume gefunden, herrliches stolzes Land, das zu verteidigen sich lohnt, viele Möglichkeiten, besuch mich mal. Und bald danach der zweite Brief, der letzte, mit deutlichen Andeutungen, daß er jetzt nach Norden ginge, näher an die Schauplätze, wo das Schicksal des Kontinents und auch eure Zukunft entschieden wird, das schrieb er verschlüsselter, aber anhänglich, lieber Roland.

Ja Schorsch Kolbe, der immer schnelle Ergebnisse haben wollte, der nicht abwarten konnte mit dem Gewinnen, Kolbe der Säufer der Hitzkopf, jetzt ist er endgültig abgetaucht, wenn er nicht gefallen ist oder hingerichtet von Schwarzen als Kriegsverbrecher, ich glaube nicht, daß er in drei Jahren wieder auftaucht. Er wollte die Schwarzen mit dem MG bekehren, der Idealist, Kolbe das arme Schwein, wollte für uns Angola retten, vielleicht mein Freund, Kamerad Kolbe im Dschungel verschollen verscharrt, mit Kolbe jetzt ein Bier trinken gehn oder zehn.

Zu spät für spontane Verabredungen. Bei allen entfernteren Freunden und Freundinnen würde er um diese Zeit nur peinlich auffallen – der ist wohl allein, der hats wohl nötig. Also beschloß er, die beiden Schnitzel allein zu essen. Er legte eine Queen-Platte auf, die von Tina. Auf dem Cover hatte sie um den Titel I'm In Love With My Car ein Herz gemalt, diese feine Frechheit gefiel ihm auch jetzt wieder. Er hörte sich ein und hatte bald das Gefühl, den Krach mit ihr schon ausgestanden zu haben. When I'm holding your wheel – All I hear is your gear – When my hand's on your grease gun – I'm in love with my car – Gotta feel for my automobile – Told my girl I had to forget her – Rather buy me a new carburettor. In ein paar Stunden oder Tagen, dachte er, wird Tina wieder ansprechbar sein, ich kenn doch meine Tina, sie kennt mich ja auch nicht schlecht, sie weiß ja, auf wen sie sich eingelassen hat.

Lustlos und hungrig briet er die Schnitzel und kaute sie weg.

Den Blecheimer, den kriegt sie noch mal zurück. Aber ansonsten muß ich sie einfach etwas freundlicher an unsere Abmachung erinnern. Ruhiger überlegte er, was Tina eigentlich von ihm forderte. Sie fordert den starken Mann und gleichzeitig den lieben Menschen. Typisch, hat sie mal gesagt, das Wort lieb kommt nicht vor in deinem Wortschatz. Der Satz war auch so ein Trick, damit wollte sie nur eine Liebeserklärung provozieren. Aber er weigerte sich, deutlich von Liebe zu reden. Er mochte Tina, weil sie attraktiv und anpassungsfähig war, weil er mit ihr schlafen mochte, ein bißchen Wärme braucht der Mensch. Aber er sträubte sich gegen jede Festlegung im Privaten, er sah keinen Grund für feste Gemeinsamkeit. Länger als sieben Tage mit einem Menschen, mit einer Frau in einer Wohnung oder gar in einem Zimmer wie im Urlaub, das hielt er nicht aus, behauptete er. Unberechenbar, die Frauen haben ihre Stimmungen, auch Tina im unregelmäßigen Takt ihrer chemischen Ups und Downs, nie weißt du, welche Pille sie steuert oder welche Taktik, gefährlich die Frauen, wenn sie zu nahe kommen. Vielleicht hat Tina mit ihren Vorwürfen irgendwo recht, trotzdem verkennt sie mich völlig, sie möchte einen idealen Roland, einen Mann nach ihrem Maß haben, sie verkennt meine Arbeit, meine Funktion, was weiß denn sie schon von mir, für mich als Chefdenker interessiert sie sich gar nicht. Ich muß beweglich bleiben, ich bin wie ich bin, nur so bin ich produktiv. Nun bedauerte er, sich bei dem Streit nicht geschickter verhalten zu haben. Er hätte mehr nachgeben sollen, dann wär es nicht so elend leer hier, dann wären sie jetzt im Bett, und er brauchte sich keine Gedanken zu machen, wie dieser angebrochene Samstagabend noch gerettet werden könnte.

Da saß der Chefdenker wieder vorm Fernseher, vor den Nachrichten, und als die bekannten Formulierungen über den Fall Büttinger abgespult waren, drehte er den Ton ab, der Rest der Welt und das Wort zum Sonntag ohne Sprache. Er wartete auf den Nachtwestern und beschloß, endlich einen Telecommander für die Fernbedienung zu kaufen. Da saß ein Formulierer der Menschenfuhrer in seinem Apartment im Stahlbeton, eingemauert in seine Enklave, soff seinen Schnaps weg bei lebendigem Leib und wußte nicht, welche Sicherheit ihm fehlte. Im Bunker hoch über Rodenkirchen war er ja sicher, solange keine Bomben fielen, alle leichteren Geschosse prallten an diesen Wänden ab, störten ihn nicht auf und belästigten ihn nicht, er brauchte nicht einmal Angst vor Einbrechern zu haben wie die Hausbesitzer unten an den Ufern und Gartenstraßen mit ihren schlecht installierten Alarmanlagen.

Es war still, das einzige Geräusch das leise Tuckern eines Kahns auf dem Rhein. Roland wunderte sich einen Moment, daß er diese Stille aushielt. Denn Stille empfand er sonst als feindlich. Jetzt waren auch keine Nachbarn mehr zu hören, die alleinstehenden Hochpreismieter bei Familie beim Partner im Wochenendhaus Kino Ausgehkneipe, nicht mal beim Wort zum Sonntag rauschten die Wasserleitungen in den benachbarten Naßzellen.

Auch die Stadt lag so weit weg, das ging ihn alles nichts an. Und doch stimmte etwas nicht, er wußte nicht was. Er war zu Hause und doch weit entfernt von allem. Vielleicht doch wieder den Ton kommen lassen, aber der Pope sprach immer noch, eine solche Mimik könnte sich Büttinger nicht leisten ohne ausgelacht zu werden. Diehl spürte weder Nähe noch Bedrohung, nur die besitzergreifende Leere dazwischen. Der übliche tote Punkt am Samstagabend, sagte er sich, wenn die Woche und die Routine abbrechen und der Schwung für die nächste Runde noch nicht da ist. Endlich der Film.

Büttinger Samstagabend zu Hause versuchte sich Diehl vorzustellen, sieht er fern in Düsseldorf, spielt er Schach oder Canasta mit seiner Frau am Starnberger See, worüber könnte er mit seiner Frau reden? Vielleicht hätte er doch gern Kinder gehabt und krault nun den Rauhhaardackel, den berühmten Toni. Selten hat Diehl Büttinger so nervös gesehen wie vor Monaten, als Toni schwerkrank ganze Nächte hindurch spuckte, Tips für Tonis Gesundheit waren inoffizieller Punkt eins der Tagesordnung einer Abteilungsleiterbesprechung, hat Moos erzählt, und Büttinger, der bei Sitzungen nur für Minister und Kanzler zu sprechen ist, hat sich die

Gespräche von zu Hause durchstellen lassen, bis das Bulletin kam: Toni geht es besser.

Büttinger zu Hause abends eher besinnlich, so ein Hund ist ein sorgenvoller Philosoph, sagte er. Büttingers Leben sorgenvoll ohne großspurigen Luxus, kein Bild gibt es von ihm, das ihn mit nassen Haaren, Wassertropfen am Körper, siegesgewiß nach der Leistung der Muskeln aus dem Schwimmbecken steigend zeigt, Büttinger hat kein Reitpferd, auch nicht auf der Koppel hinter dem Landhaus am Starnberger See, der Führer der Menschenführer besteht nicht auf einer Motorjacht. Nie ist bekannt geworden, daß er einen Ingenieur herbeikommandiert hätte, der ihm beim Spiel mit der elektrischen Eisenbahn als Fahrdienstleiter assistieren müßte. Und obwohl Büttinger Zigeunergeiger schätzt, die einzige Musik die mir was sagt wenn ich ehrlich bin, hat er für seine wenigen Parties noch nie Stehgeiger oder andere Künstler gemietet. Büttinger hat nur ein Hobby, die Jagd, im Wald und auf Hochsitzen hat er sich sogar fotografieren lassen, also wird er gerade am Samstagabend sehr früh schlafen gehn. Als Freizeitbeschäftigung nennt er Fasanenzucht, aber das ist mehr das Hobby seiner Frau, die eine kleine Fasanerie am Landhaus unterhält. Büttinger gibt sich gern als Fasanexperte aus, Fasane ein immer beliebtes Thema zur Unterhaltung der Tischdamen, die alten Chinesen, erzählt Büttinger, verehrten schon den Fasan, Symbol des Donners und der himmlischen Mächte, wußten Sie, daß die Argonauten schon, so plaudert Büttinger die Zeit weg. Am Landhaus die prächtigen Luxusvögel, in der Düsseldorfer Villa sind sie wieder zu sehen in Silber und Onyx, Keramik und Glas, die von der Gattin liebevoll gesammelten Ziervögel in allen Nischen und Regalen. Da wachen am Samstagabend die steinernen Vögel, sie bewachen einen Mann, der nicht viel zu verlieren hat, einen Pflichtmenschen, wie die PR-Leute formulieren durften, mit der unmodernen Treue gegenüber einmal eingegangenen Verpflichtungen.

Der Western war entschieden, wieder siegte der Held, der zuerst bei Sonnenaufgang eingeritten war, wieder siegte der lockere Lächler mit dem besten Schuß, wieder sank Diehl zurück in den Fernsehsessel. Was ist der Mann wert ohne sein Schießeisen, so schnell wie in diesen Tagen kriegst du den Waffenschein nie wieder, auch du bist bedroht. Wir haben Stalingrad überstanden und wir werden auch das überstehen, hat neulich jemand gesagt. Aber trainieren trainieren trainieren, bis der Schuß wie im Western aus der Hüfte kommt, ein sinnvoller Sport, ein spannendes Hobby, ein sattes Gefühl von innerer Sicherheit, Kugeln knallen pfeifen treffen, wenn der Staat uns nicht schützt, schützen wir uns selbst, alle Knabenträume werden wahr, im letzten Duell mit dem Bösewicht. Und doch kam das Ende des Films zu früh.

Den Spätnachrichten stellte er sofort den Ton ab. Im andern Programm eine Kriminalstory zu verwickelt zu kostümiert, das dritte schon tot, wo bleiben die Privatsender, wo bleibt die Verkabelung. Noch mal vors Haus ans Rheinufer wollte er nicht, Müdigkeit hielt ihn fest, der Chefdenker trudelte ins Bett.

Jetzt müßte Tina hier sein.

Jetzt bei der Wirtin im Club.

Jetzt auf dem Teppich mit Polls neuer Sekretärin.

Jetzt müßte es klingeln und das gut aussehende, angenehm geschminkte Mädchen von neulich wieder in der Tür erscheinen und sagen, sie komme auf Empfehlung von Herrn Dr. Stellmacher aus dem Verband, sie sei Beraterin für Herrenkosmetik und bitte um einige Minuten Aufmerksamkeit.

Gern könnte sie erst einmal ihre Verkaufssprüche zum besten geben: Sie werden sich vielleicht wundern, daß ich Sie so überfalle, aber Sie brauchen keine Sorge zu haben. Im Gegenteil, es geht um Ihr Aussehen, Herr Diehl. Auch Ihre Haut leidet unter einem Feuchtigkeits-Defizit, davon spüren Sie heute noch wenig, aber Sie werden es mit 40, mit 45 merken – wenn Sie nicht heute anfangen, etwas dagegen zu tun. Immer mehr Herren sehen ein, daß das alte Argument, Männerhaut sei von Natur aus trocken und Falten seien charaktervoll und männlich, einfach nicht zutrifft.

Er sieht die Vertreterin genauer an, perfekt gepflegt ist sie, aber nicht so dümmlich lächelnd wie die Mädchen in den Kosmetik-Depots in den Kaufhäusern, verschanzt hinter den Theken und Barrikaden aus blinkenden Fläschchen. Nun sitzt eine geheimnisvoll vor ihm, lebendig und ganz nah. Sie spricht auf ihn ein mit der suggestiven Altstimme der Werbesendungen, nicht routiniert, sondern konzentriert nimmt sie ihn ganz in ihren Blick.

Ich kann mir denken, daß Sie Tiegel und Fläschchen in Ihrem Bad für unmännlich halten. Aber gestatten Sie mir als Frau, Ihnen zu sagen, daß Sie in dieser Hinsicht wohl ein etwas altmodisches Bild von Männlichkeit oder Unmännlichkeit haben. Sie sind ein moderner Mensch, wie ich sehe. Deshalb erlaube ich mir, Sie ganz direkt zu fragen. Warum sollen Männer sich nicht genauso pflegen, wie es uns Frauen selbstverständlich zugestanden wird, warum sollen Männer nicht einen ganz persönlich auf sie abgestimmten Duft benutzen? Sehen Sie, alles dumme Vorurteile.

Allmählich vergißt er, daß er Partner eines Verkaufsgesprächs ist, vergißt alle Tricks des Verkaufstrainings und des Verkaufsabwehrtrainings. Das Mädchen rückt näher, trägt ihm eine Probe auf, er lehnt sich zurück, atmet ihren schweren Duft ein. Sie massiert die Creme auf Stirn und Wangen, und die Nase, wenn Sie erlauben. Sie lacht, er fühlt sich in jeder Pore gestreichelt befingert belebt, längst denkt er über eine geschickte Bewegung Formulierung Geste nach, mit der er sie Richtung Couch lenken könnte. Sie sieht ihn an, als hätte auch sie nichts anderes vor, sie steht leicht über ihn gebeugt, ihre Brüste hängen ihm entgegen, sie fragt, wie er sich fühle.

Ausgezeichnet, sagt er, sehr wohltuend, und versucht, ihre Hand zu berühren, die sie nicht sofort, aber dann doch zurückzieht. Sie bietet ihm nun die ganze Herren-Serie an. Wir haben, sagt sie, ein komplettes Pflege-Programm für den ganzen Mann, eine Basis-Pflege-Serie mit einem deutlichen, eleganten Duft, und das ist die Creme, die Sie jetzt auf der Haut spüren. Sie spricht weiter von Feuchtigkeitsmasken und Augencremes und empfiehlt ihm zur Probe zunächst zwei Cremes und ein Eau de toilette. Wenn Sie mehr wünschen, Herr Diehl, ich stehe jederzeit gern zu

Ihrer Verfügung, hier meine Karte. Er zahlt mit Scheck 89 DM, und viel schneller als ihm lieb entfliegt die schöne Fee.

Auf was für einen tollen Trick bin ich da hereingefallen, dachte er, Mann, was hat es mich gejuckt, sie beim Wort zu nehmen und zu packen und kräftig zu stemmen. Auf jeden Fall werd ich die mal anrufen. Vielleicht war die Kosmetik nur ein Vorwand, ein raffiniertes Angebot der höheren Prostitution, vielleicht waren ihre Reize doch nur ein Anreiz, die Kosmetik loszuschlagen.

Ganz egal, sicher gehts um beides, wahrscheinlich eine Doppelverdienerin, von so einer Puppe laß ich mir das gefallen, die laß ich mir nicht entgehen, die müßte jetzt hier sein, genau die.

Der Mann ohne Probleme. Er wollte sich wegsacken lassen, endlich einschlafen, da sah er sich durch Wacholdergestrüpp laufen, ausgepumpt verschwitzt kam er auf einer Anhöhe an, er atmete zu schnell, wollte tiefer atmen, ruhig einatmen, endlich einschlafen, er war wach wie nie vom Kaffee vom Schlafmittel gejagt aus dem Schlaf wieder zu den Höhen und Winkeln der Eifel gescheucht, er versuchte einen festen Punkt zu finden, es beunruhigte ihn, nicht einmal die Himmelsrichtungen feststellen zu können, nur die Sterne steckten das Feld oben ab, aber er fand den Großen Wagen nicht, das einzige Sternbild das er kannte, nie konnte er sich eine Ordnung einprägen da oben, da blickt doch keiner durch, ein Sauhaufen da oben, hatte er mal stockbesoffen beim Bund zu seinen Rekruten gesagt, und er war immer noch stolz darauf, daß sie darüber eine halbe Stunde lachen konnten, ein Sauhaufen Saufhaufen, paß auf, nimm dich zusammen, du bist nicht ganz nüchtern, ganz nüchtern, wenn du willst, kannst du alles ordnen systematisieren begreifen, kannst du alles in den Griff kriegen, sogar die verrückte Lichtgeschwindigkeit, kannst ins Radioteleskop Effelsberg einbrechen und dir mit Zahlen Formeln Instrumenten die Sicherheit ins Gehirn zurückholen, aber wenn du ehrlich bist, interessiert dich da oben in den Sternmassen gar nichts außer den Schwarzen Löchern und der Theorie von den Schwarzen Löchern und der triumphalen Möglichkeit, daß unser ganzer verloschener Erdklumpen eines Tages von einem dieser Löcher einfach verschluckt wird, heim zu den Müttern, den Schwarzen Löchern, wo wirst du dich dann festhalten, du wirst in den Milchstraßen ersaufen und in den letzten Minuten vor deinem Abgang noch Sternschnuppen mieten für deine billigen Wünsche, was sind deine Wünsche, Roland Diehl ist der Größte, das Weltall expandiert in jeder Sekunde, in jeder Sekunde explodieren Sternsysteme, was sind deine Wünsche, Expansion und Explosion der freien Persönlichkeit im ausgehenden 20. Jahrhundert, was willst du, wenn du denkst, was du willst, Roland Diehl will zu viel, Roland Diehl will überhaupt nichts, er weiß nicht, was er will, er verrenkt unnötig den Hals wie ein sechzehnjähriger Oberschüler, der sich vom Weltall küssen läßt, du ahnst plötzlich, daß sie dich abweisen die Sterne und dich schwach machen, warum wird dir schwindlig, du hast dich doch sonst immer stark gefühlt, die Sterne haben dir immer recht gegeben, du weißt noch genau, es war in den Tagen nach dem Abitur, ihr hattet den dritten Bierabend hinter euch, du gingst allein mit erstaunlich klarem Kopf in der kalten Luft an den unbeleuchteten Schaufenstern vorbei in den schon versunkenen Straßen von Friedberg, da hattest du auf einmal den Durchblick und den heftigen Willen, du wirst es ihnen allen zeigen, du wirst über Friedberg hinauswachsen, nicht wie die Freunde in fünf Jahren zurückkehren und an der alten Penne Lehrer werden oder höhere Postlaufbahn oder die väterliche Apotheke, die Sterne in dieser Februarnacht haben dirs versprochen, du wirst es schaffen, einer wird gewinnen, clever machst du erst den Leutnant 6000 Mark Abfindung, dann zweigleisig Volkswirtschaft und Journalistik und in zehn Jahren lädst du sie alle ein zum Sektfrühstück in deine Villa in Düsseldorf, du wirst gewinnen, du kriegst die Kurve nach oben, so hast dus den Sternen versprochen und am nächsten Abend gröhlend verkündet, alle eingeladen zum Sektfrühstück in zehn Jahren, ja wie hast du dich stark gefühlt, und nach zwei Jahren Bund und Schaukeln im Panzer das erste Mal wieder stark als Zivilist, als die Sterne dir recht gaben, der erste Urlaub am Mittelmeer, du hattest das Mädchen wieder weggeschickt auf den Campingplatz mit den Worten Laß mich allein jetzt, so überlegen standst du auf dem Balkon zwischen Himmel und Erde, und der Rausch des Astronauten und die Wärme des Erdbodens treffen sich in keinem Geringeren als in dir, und dann erst der Himmel über Marokko, die Anziehungskraft der Sterne wird stärker als die der Erde, das Schönste in Afrika, erzähltest du auf den Parties, sind die Nächte in Afrika, du spürtest die ganze Kraft, es war dein Boden unter den Füßen, dein Boden in Marokko, denn wo du stehst, ist der Mittelpunkt der Welt, davon kannst du ausgehen, diese Religion hast du dir immer gern spendiert, wo ist deine Kraft deine Sicherheit hin, warum wirst du verlegen, wenn einer dich fragt, was du willst, warum wird dir schwindlig unter den albernen Sternen, du liegst doch, du schläfst bald, wo ist dein Boden oder kannst du dich nicht mehr auf deine Beine verlassen, wieder spürst du Bewegung unter den Füßen, der Waldboden verdächtig locker, Kriechtiere bringen die Erde ins Wanken, Maulwürfe kippen dich aus den Latschen, Giftmüllfässer kollern durch die Stollen, Mineralquellen brodeln, die Vulkane der Eifel sind nicht erloschen, du stehst auf dem Lavakegel, das Grundwasser sackt tief in die Erde hinab, trifft auf die aufsteigende Lava, schon kommt es vor 8000 Jahren oder morgen oder in 500 Jahren zu Dampfexplosionen, wir wissen neuerdings, hatte der Gastwirt in seinem gespreizten Hochdeutsch gesagt, daß die Eruptionsphase jederzeit wieder anfangen kann, es gibt keinen sicheren Hinweis darauf, daß die vulkanische Phase des Bodens, auf dem du da stehst, beendet sein könnte, nimm dich zusammen, schlaf ein, du bist längst müde, halt dich an der Bettkante fest, wo hältst du dich fest, wenn die Erde zittert, wenn der Rhein hoch über die Ufer tritt und bis vor dein Bett schwappt im achten Stock, wo hältst du dich fest, wenn du am hellichten Tag auf die Idee kommst, die Knochen deines Alten auszugraben, angenommen du wüßtest die Stelle, irgendwo in den ausgebrannten Wäldern der Eifel erschossen vermißt vergraben verwest, den Alten den du nur als Toten kennst, der starb jünger als du, was könnte sein Schädel dir beweisen, wo greifst du hin, wenn der Boden schwankt, nimm dich zusammen, solang du deinen Vätern hinterherläufst, werden sie dir den Schädel spalten, dankbar für so viel Anteilnahme, warum läßt du deinen Alten nicht unter der Erde in seinem Versteck bei den Würmern für tot erklärt, warum kannst du nicht durch Wälder Uferwiesen Schlachtfelder und durch diese läppische Nacht kommen ohne an Büttinger zu denken mit Schuldgefühlen, warum Schlafstörungen du Einzelkind du verhinderter Amokläufer, auf welche Seite drehst du dich, wenn du nicht schlafen kannst, welche Höhlen suchst du, welche Reisen im Schlaf, freu dich des Lebens in deinem tapezierten Bunker Apartment, wo lehnst du dich an, du erwachsener Halbwaise, wenn du ohnmächtig wirst in der sauerstoffhaltigen Luft, ein Schock für die an Kohlenmonoxyddioxyd gewöhnten Lungen, freu dich des Lebens, dir geht es noch nicht wie dem Fisch aus dem Rheinwasser der in sauberem Wasser krepiert, wo bist du, wo denkst du hin, wenn du den Geschmack in den Tomaten nicht mehr findest, wenn dir die Hirnzellen leise absterben, wenn dir das Abendrot in die Knochen fährt wie ein Schreck, kein Schoß der Familie erwartet dich, kein Häuschen mit Garten, nimm dich zusammen, denk an was andres, plötzlich beginnst du zu denken, alles was ich mir ins Maul stecke, was ich durch die Nase filtre, alles was ich mir zuführe, führt mich zum Krebs, ja du möchtest nicht sehen, wie es deinen Magenwänden ergeht, du mußt deine angefressenen Lungenflügel verleugnen, welches Organ könntest du noch spenden, wer bist du hinter dem Schutzwall der Viren, wie hältst du den Kopf, wenn sie dich aussetzen auf irgendeinem Hügel im Mittelgebirge oder am Ufer Rodenkirchen oder wenn sie dich aufknüpfen in deinem Büro oder ersticken mit deinen Kissen, wo gehst du hin, du mehrfach geprüfter Chauvi, wenn du Tina an der Fahrstuhltür verabschiedet hast, bis auf weiteres für immer wir wollen Freunde bleiben, wenn du die nächste Frau weggeschickt hast mit denselben Sätzen, wer hilft dir, wenn sie dir den Traum des alternden Playboys vom Rallye-Fahren nehmen, wenn sie dich zwei Kilometer vor dem Ziel Monte Carlo mitten in diesem Traum wecken und sagen, das war jetzt REM-Test Nummer 53, was willst du da machen, was willst du, was willst du im Verband der Menschenführer, du glaubst doch selber nicht, daß du an diesen Problemen Interesse hast, Personalführung Grundwerte Auftragsbestände und die Löhne x-beliebiger Leute,

Diehl der Mann ohne Interesse ohne Probleme, du bist nicht mal sicher, ob du das Angebot des Verbandes der Terroristen ausschlagen würdest, mit ihnen Karriere zu machen, deinen BMW kannst du behalten, Erfolgsbeteiligung beim allmonatlichen Combat-Schuß, eine Logistik ohne ideologische Hemmschwellen, management by adventures, das wär doch nach deinem Geschmack, das brauchst du doch, wo bist du jetzt, auf welcher Seite der Barrikade ist dir egal, Hauptsache die Barrikade vor Augen, vor der Kimme ein Ziel in Sichtweite, das Jucken im Finger am Abzug, das Jucken im Fuß am Gaspedal und Rücken frei Straße frei, da spürst du dich leben, dein Leben mit siebenunddreißig immer noch in Abhängigkeit, Zuträger Diener Gedankenmasseur für die Chefetagen, und dieser Herr Chefdenker läßt sich mitten in der Nacht von seinen Gedanken ins Freie scheuchen, warum schläfst du nicht ein, da steht ein Irrer am Ufer, ein Irrer auf dem Hügel, der Chefdenker wäre wohl gern Feldherr geworden, so viel Besitzerstolz noch, wenn er sich vorstellt, an allen Fronten kratzen deutsche Soldaten in den Gefechtspausen den getrockneten den noch klebenden Schlamm oder den festhaftenden Staub von den Stiefeln und tragen die Schuhcreme der Firma Diehl u. Söhne auf, sparsam wie befohlen, und lassen die Creme in der herbstlichen Luft Norwegens im warmen Wind Kretas in der Schneekälte einziehen ins Leder, eh sie die Schuhe die einzig verläßlichen Begleiter für den nächsten Einsatz blank wienern, glänzend wie Judeneier im Mondschein, heißt der Befehl, und dann ran an den Feind, ihr Wichser, brüllt Leutnant Diehl, siebzigtausend tote Amerikaner da drüben im Hürtgenwald, und alles Blut schon wieder gefiltert aus dem Gedächtnis und Grundwasser, Leutnant Diehl kann beruhigt weiterträumen, welchen Krieg wünschen Sie, General Diehl, gib zu, dieser Frieden macht dich kribbelig, der ewig gleiche Kampf um Wachstumsraten Systemfragen Exportquoten füllt eine dynamische Person wie dich nicht aus, irgendwo reinschlagen draufhauen nachsetzen, nur einen sauberen kleinen Krieg eine Woche und die Luft wäre wieder rein und alle hätten wieder was zu erzählen, Verteidigungsminister Diehl ist kein Unmensch kein Kriegstreiber und befiehlt nach einer Woche Strafexpedition gegen das kommunistische Is-

land Italien Angola gegen das kommunistisch unterwanderte Part-
nervereinshaus den Rückzug, laß das, spar dir die Sehnsucht nach
dem Blitzkrieg der Blitzkarriere, Roland auf der Abschußrampe
mitten in der Nacht, ein nasser Sack, du würdest nicht mal den
Härtetest für Manager bestehen, Bäumefällen und Köhlerhütten
bauen im Team mit permanenter Kritik, Trommelfeuer Negativ-
Kritik umschalten auf Positiv-Kritik abwechselnd zwei Wochen
bis zum Erbrechen, du würdest nach drei Tagen umfallen, du wirst
weglaufen und dich verlaufen, du wirst mit einem Schlag die Sprache verlieren, deine glatte polierte ermüdende Sprache, eines Tages
wirst du stumm in deinen Kleidern hängen, eines Tages wirst du
ergeben die Haut, die sie dir abgezogen haben, über dem Arm
tragen und an der Garderobe des Kongresses der Menschenführer
abgeben und vergessen haben, daß dir was weh getan hat, du wirst
deine Haut deinen Mantel nicht teilen, bestenfalls günstig verkaufen meistbietend, vierhunderttausend Mark soll der Mensch im
Durchschnitt wert sein der Deutsche, alle Kosten Ernährung Erziehung Kleidung über Jahrzehnte alles mitgerechnet Nutzen-Ko-
sten-Analyse, aber ein Mann wie du, mit der Energie mit der Stellung mit dem Einfluß, kann nach dieser Methode mit einer Million
taxiert werden, was fängst du an mit dieser Million, du Millionär
deiner Milliarden Zellen, du Software-Roland du Hardware-
Diehl, wo setzt du dein Herzmaschinchen ein, ach der Millionär
hat Zahnfleischbluten, damit fängt der Tod an, leg dich mal hin
zum Checkup in eine Klinik für Diagnostik, zum erstenmal in 37
Jahren hast du das Gefühl, auf dem Seziertisch zu liegen, hast
Angst deinem Herzschlag zuzuhören, du weißt nicht, mit welchen
Reibungsverlusten dein Blut durch die Adern schießt, du merkst
nur, es geht zu schnell oder es geht zu langsam, du fängst an deinen
Drüsen zu mißtrauen, du bist nicht gut auf die Säuren zu sprechen
die dich entgiften, du hast Angst das Nervensystem das Blutsy-
stem das chemische System, alles bricht plötzlich zusammen, nur
weil du es nicht im Griff hast, weil du nicht weißt, wie es funktioniert und wie du Einfluß drauf nehmen kannst, ja der Millionär
möchte keine Probleme haben, der Millionär leidet daran keine
Probleme zu haben, der Millionär weiß nicht mehr, wie das geht,

leiden, der Millionär ist investitionsmüde, wo ist dein Ehrgeiz hin, du wolltest das totale Sektfrühstück in Düsseldorf, du wolltest erst Olympiasieger und dann Deutschlands Jazztrompeter Nummer 1 werden, du wolltest einmal die Rallye von Monte Carlo gewinnen und in einen Konzern einheiraten, du wolltest du willst du wolltest, du willst deinen Chef den Chef der Menschenführer befreien, Diehl verjagt die Terrorbande aus der konspirativen Eifelhöhle, Diehl befreit Büttinger, Diehl Held der Nation verzichtet aufs Bundesverdienstkreuz, ich habe nur meine Pflicht das hätte jeder an meiner Stelle, Diehl der Idealist mit der Angst vorm Stich der Nadel der Ordensspange in die Haut, Diehl verkauft seine Story Ein Mann trotzt dem Terror meistbietend, der Bestsellerautor wird freiberuflicher Chefberater und kriegt doch noch seine Pharmatochter, kann sich bei der nächsten Monte den Service der Profis leisten und kommt unter die ersten drei, endlich ein Sieg, hör auf, du bist wirklich nervös, du bist wieder ganz nüchtern, schlaf endlich ein, es ist verdammt spät, du hast keine Angst vor nichts und niemand, vor der Dunkelheit, du bist nicht der kleine Roland im Keller, du bist nicht der Irre auf den Hügeln, du bist kein Greis der den verplemperten Chancen nachtrauert, du bist jetzt nicht in der Eifel, du bist jetzt nicht am Uferweg unten, wo der schmal wird am Ruderhaus Borussia, wo du schon einmal die Angst hattest, daß einer dich anspringt oder den Schädel dir einschlägt wegen 50 Mark den Chefdenkerschädel, nein, schlaf endlich ein, schlaf weiter, du bist doch schon im Schlaf.

acht **Wieder zu spät** zur Arbeit, ich lauf am Pförtner vorbei und die
ersten Treppen. Da fliegt ein Mann von außen ans Fenster, ich
will ausweichen, stolpere, Augen zu, der Fensterputzer wer
sonst. Der Mann ist noch da, ohne Korb klettert er draußen am
Fenster nach oben. Das Gesicht kennst du doch, der Mann kommt
mir vor wie Netterer, ich denk ich spinne, der Netterer hier an
unserm Haus! Gefahr Spionage Attentat. Näher ans Fenster und
ich entdecke noch mehr, drei vier sechs, lauter Männer vom Partnerverein, Tallerer, Schillebeck, Menscher und jüngere, die ich
nicht kenne. Alarm, ich ruf nach oben und unten ins Treppenhaus,
renne in die dritte Etage hinunter, reiße Türen auf, alle Zimmer
leer sogar ohne Möbel, ich haste in den vierten Stock, auch hier
kein Mensch.

Da keucht Büttinger die Treppe hoch. Diehl, keine Sorge, wir
kriegen die Banditen. Er zieht einen Mann mit und stellt ihn mir
ausführlich vor, Herr Siegfried Böx, war früher mal beim Partnerverein und ein MG hat er auch.

Wieder zeigt sich die Bande vor den Fenstern, sie grinsen, als
hielten sie uns drinnen für waffenlos. Böx mit dem MG steht halb
hinter mir und Büttinger, er läßt zwei Mann draußen vorbeiklet-
tern. Büttinger zischt ihn an, schieß doch endlich. Böx wartet
ganz ruhig, wartet auf Netterer, den er mit einer satten Salve in den
Rücken niedermacht und der trotzdem uns entgegen durchs Fenster Büttinger vor die Füße fällt. Die anderen läßt Böx entkommen. Ich fürchte, dem noch nicht ganz Toten könnten die Scherben weh tun. Netterer hat einen weißen Anzug an wie ein Filmschauspieler, das Blut quillt rot aus dem weißen Jackenrücken, sik-
kert die Treppe hinab, tropft über die Hartgummikante der Stufen. Ich fege es weg. Da schwillt die Musik aus den Lautsprechern
im Treppenhaus laut an. Wir drei schreiten nach unten, auf die
Straße hinaus, unter die Bäume am Ufer und warten auf Beifall. Da
holt Büttinger etwas aus seiner Tasche, sein Bundesverdienst-

kreuz, das er dem MG-Schützen Böx feierlich um den Hals legt. In dem Moment seh ich die Bande um die Hausecke schleichen, bewaffnet mit Steinen und Holzknüppeln, ich stelle mich vor Büttinger, bis Böx sein MG wieder klar hat. Wir gehen rückwärts.

Ich hab Angst, in den Rhein getrieben zu werden und zu ersaufen. Ich denke, die Stunde des Handelns, und geh entschlossen auf die fünf Gangster zu und sage so leise und überlegen wie im Kino: Na, Tallerer, schießen Sie doch! Er schießt nicht. Bis auf vier Meter gehe ich heran und versuche, ihn mit Worten fertig zu machen: Zehn Millionen stehen hinter Ihnen, warum schießen Sie nicht, Sie Bastard! Sie Verräter!

Endlich hab ich ihn so weit, gleich wird er abdrücken, da rufe ich: Moment, wir geben ein Zehntel zu!

Tallerer wendet sich ab, will sich mit seiner Mannschaft verständigen, da schlag ich ihm den Colt aus der Hand, setze ihm voll was auf die Fresse, dann einen Kinnhaken, er ist sofort k. o. Büttinger gratuliert mir lächelnd, aber im gleichen Augenblick wird er von einer Kugel getroffen. Seine Backe schwillt, in Sekundenschnelle ist sein Gesicht nicht wiederzuerkennen, ich weiß nicht, ob er schon tot ist, ob er es ist.

Entschlossen übernehme ich die Führung, schon sind wir bei Friedensverhandlungen und den Formulierungen über ein Kommuniqué. Dann feiern wir mit vielen fremden Freunden, wir sitzen im Rheinpark an langen Tischen neben einem unendlichen Autofriedhof. Mein Gegner und Verhandlungsführer Menscher mir gegenüber, wir trinken weißen Wein aus Altbiergläsern, beißen in Lammkeulen und fixieren uns immer noch mißtrauisch.

Menscher hat statt der Lammkeule plötzlich eine Holzkeule auf seinem Teller, ich wundere mich darüber und nehme mir vor aufzupassen. Ich werde abgelenkt, als jemand von hinten neben mich tritt und mir meinen Kraftfahrzeugschein zeigt, der gefälscht ist. Ich erschrecke, die Fälschung darf dem Partnerverein auf keinen Fall bekanntwerden, ich wäre verloren. Meine Verwirrung nutzt Menscher blitzschnell aus, zieht aus der Holzkeule eine versteckte Pistole und streckt mich mit zwei Schüssen nieder.

Kaum bin ich tot, setzt mein Bewußtsein ein. Ärger steigt mir hoch, daß Menscher mich so plump reingelegt hat. Ich will ihm an die Gurgel und hab ihn schon, doch meine Hände sind ja auch tot, ich kann nicht greifen und ihm den Hals nicht zudrücken. Menscher aber hat Schwierigkeiten, meine Leiche fortzuschaffen und zu verstecken, er fürchtet sich, mit mir ertappt zu werden, ich beobachte schadenfroh seine Panik.

Da huscht ein Schwarm Mädchen um ihn herum, Stewardessen der Lufthansa, die helfen Menscher endlich, meine Leiche hinter die Büsche neben dem Autofriedhof zu schaffen. Ich merke, wie sie an meinem toten Körper ziehen, ihn zerren und schleifen. Sie stellen sich ungeschickt an und jammern, sie seien so schwach und die Menschenführer ja so viel besser ausgebildet. Das sind nun die letzten Reserven, des Partnervereins. Die Mädchen starten zur Flucht, heben ab wie Gänse oder der Kranich ihrer Gesellschaft. Ein paar Minuten ist alles ganz still. Ich weiß, ich bin tot, aber wir haben gewonnen. Vorsichtig steh ich auf, ich kann laufen, streife verliebt durch den Park, wo sind die Mädchen, der Schwung in den Füßen treibt mich schneller voran als ich laufen kann, mit dem Tempo hol ich die Goldmedaille. Ich spüre mein Herz meine Lunge nicht, ich greif ins Geäst, wo die Medaillen hängen, und bei der Berührung fallen sie herunter in Tulpenbeete. Von fern höre ich Moos und die andern aus der Abteilung rufen: Ab nach Düsseldorf, jetzt stürmen wir das Haus der Partner. Schon sitzen sie in den Karossen vom Autofriedhof und jagen an mir vorbei mit Fahrradklingeln. Ich will nicht mit, will erst die Goldmedaille gewinnen, und die Olympiade soll gerade in Bonn stattfinden. Ich brauche die Lufthansa-Mädchen, um nach Bonn zu kommen, ich suche sie, weit vor mir auf den Wiesen leuchten die gelben Blusen.

Von fern ein Klingeln, das Telefon zerrte Diehl aus dem Schlaf.
– Tina.
– Was willst du, ich schlaf.
– Ich wollt dir nur sagen…
– Ich hab jetzt keine Lust, mit dir zu reden. Ich…

– Ich wollt dir nur sagen, sagte sie, ich hab eben Nachrichten gehört. Die haben Büttinger gefunden.

– Was?

– Ja, eben in den Nachrichten. Aber…

– Und, ist er…

– Ich weiß nicht, das ist noch alles mysteriös, das haben sie nicht gesagt, und sie haben die Meldung auch halb dementiert.

Er schwankte zur Stereoanlage, drückte auf den Knopf für Power, fand im UKW-Bereich nur Musik. Wieder am Telefon sagte er:

– Nichts mehr. Wieviel Uhr ist es?

– Zehn nach zwei.

Er sah auf seine Uhr, ja zehn nach zwei. Er wußte nichts zu sagen, hörte sich ins Telefon flüstern:

– Das darf doch nicht wahr sein.

Zu schwach, das Geträumte abzuschieben, sagte er unwillig Danke und Tschüß und legte auf. Undeutlich spürte er, daß er eben noch Seite an Seite mit Büttinger gekämpft hatte, der Schweiß Beweis für den Kampf. Diese Nachricht störte ihn heftig, ein Stich, keine Erlösung.

Im Fernsehen nur das scharfe laute Rauschen. Er rauchte. Ob Tinas Meldung nur ein Vorwand war, überlegte er, ein Versöhnungsangebot, das er wieder einmal zu spät bemerkt hatte. Mich wegen Büttinger zu wecken, mitten in der Nacht, das kann doch kein Grund für sie sein, oder. Also rasch zurückrufen.

Er ließ es, keine Lust, sich noch einmal abweisen zu lassen. Das Radio blieb an, eine Stunde, eine dreiviertel Stunde noch bis zu den nächsten Nachrichten. Er legte sich wieder aufs Bett. Bleib wach, eine Stunde wach für Büttinger, bleib wach.

Über mir hör ich leise die Bäume. Ich bin wach und im Freien, denke ich und schlag erleichtert die Augen auf. In einem Wald auf weichem Nadelboden. Die Bäume sind so hoch, oder ich liege so tief, daß meine Augen die Wipfel nicht erreichen. Schanz der Bayer steht über mir wie ein Förster oder Wildhüter und befiehlt mir aufzustehen. Du wirst gesucht, sagt er und geht voran, ich folge. Die Zweige sollen ihm endlich seinen Tirolerhut vom Kopf wischen, hoffe ich, aber er weicht immer geschickt aus, der Hut fällt nicht, und ich ärgere mich darüber.

Der Wald lichtet sich, wir halten vor einer Holzbaracke, ein Schild: Schießplatz – Betreten nicht für Unbefugte verboten! Schanz verschwindet in dem Gebäude, Fahnen werden gehißt. Ich will endlich wieder schießen. Die Tür geht auf, und ein Major tritt heraus und winkt mir, näher zu kommen. Er spricht mich feierlich an: Wir haben Sie auf die Fahndung setzen lassen, damit wir Sie endlich wiederhaben. Schön, daß Sie den Weg zu uns gefunden haben.

Er führt mich durch das Holzhaus auf einen Innenhof, wo eine Anzahl Männer auf Korbstühlen sitzen und mich mißtrauisch mustern. Am besten, sagt der Major, stellen sich die Teilnehmer des Kurses selber vor.

Einzeln erheben sie sich aus den Korbstühlen, nennen Name und Einsatz.

Polch, Sondereinheit.

Scheuern, Werkschutzobermaat.

Dr. Vlatten und Dr. Nohn, beide Ärzte mit Jagdpacht.

Vossenack, Fraktion Armee.

Simmerath, Oberst im Munitionsamt.

Birgel, Apotheker aus Essen – gestatten Sie mir hinzuzufügen, daß ich meinen Morphiumschrank schon zweimal mit Gewalt verteidigen mußte.

Dr. Neuhaus, Bankier aus München, auch ich darf hinzufügen, daß ich einmal fast entführt worden wäre.

Olk, Sicherheitsberater, gestatten Sie mir, nichts hinzuzufügen.

Danke, meine Herren, sagt der Major. Den theoretischen Teil, Waffenrecht, Tragweise, Munitionswahl, Ballistik und so weiter haben wir hinter uns, das hat unser junger Freund leider verpaßt. Zwei Tage haben wir schon geübt den gezielten einhändigen weaver-Schuß und den gezielten beidhändigen, den Instinktschuß, den Hüftschuß à la FBI stehend, liegend, kniend, Hüftschuß auf multiple Ziele und Nachtschießen mit Stablampe und Leuchtspur.

Jetzt kommen wir zum Schnellziehen im Duell aus dem offenen Holster. Ich wünsche mit meinem Freund Diehl den Anfang zu machen.

Herr Major, rufe ich, ich habe alle Vorübungen versäumt. Ich bin nicht im Training, ich hab noch nichts gelernt.

Du Trottel, wozu haben wir dich in die Welt hinausgeschickt, tobt der alte Major, wozu haben wir dich beim Bund geschleift, wozu haben wir dich in alle Schulen geschickt, wozu haben wir 37 Jahre in dich investiert, wenn du dich jetzt unsern Befehlen verweigerst. Wir werden dich beseitigen müssen. Schanz, stellen Sie den Kerl an die Wand.

Zu Befehl, sagt Schanz.

Er will mich eben wegführen. Da tritt ein Mädchen, das Tina ähnlich sieht, vielleicht Tina mit neunzehn, hinter dem Stuhl des Majors hervor. Sie beginnt einen Striptease vor dem Alten, der zusehends zum Greis wird. Als sie nackt ist, sagt sie, ich bitte dich um Milde.

Der Greis wirft ihr die Kleider wieder zu und sagt: Dir zuliebe, meine Tochter, soll seine Verweigerung nur mit Gefangenschaft bestraft werden. Lebenslänglich, das ist das äußerste, was ich für ihn tun kann.

Ich greife nach Tina, ich spüre Handschellen.

Eine Männerstimme weckte ihn, die Stimme des Nachrichtensprechers. Kairo war das letzte Stichwort vor dem Wetter. Nichts mehr von Büttinger, Büttinger verschlafen.

Er stand auf, hatte Durst, holte eine Bierflasche aus dem Kühlschrank. Tina, fast freute er sich darüber, daß sie sich eben für ihn eingesetzt hatte. Sie hatte ihm einen Schrecken erspart.

Unter dem Radiogedudel vernahm er gedrückte Laute. Er versuchte hinter die Wände zu hören, das war es, ein Stöhnen Geröchel von zweien, gedämpft hinter der Schrankwand. Longerich, der schwule Herr Gerichtsvollzieher, wen hat der sich heute wieder gepfändet.

Diehl wurde wider Willen unruhig und stellte vorsichtig das Radio leiser. Plötzlich hellwach, versuchte er an den Stimmen zu erkennen, ob es Longerich mit einem Knaben trieb oder vielleicht doch mit einer Frau. Wenn er vom Balkon in Longerichs Apartment hätte schielen können, wäre er jetzt nach draußen gegangen. Aber was hätte er schon sehen können, Longerich als Arschficker, Longerich als ganzer Mann. Vielleicht trägt er sogar gestreifte Pyjamas zu seinen gestreiften Tapeten.

Nebenan wurde es still. Immer noch unruhig, trank Diehl sein Bier im Stehen. Er wollte den Gedanken abschütteln, bei Longerich Voyeur zu sein. Dieser schmierige Kerl mit den Kuhaugen. Er drehte das Radio wieder lauter, streckte sich wieder hin und griff sich den Playboy.

Das Bier machte ihn endlich müde.

Vom Laufen müde, ich will Ruhe haben, auf einer Wiese pennen. Da wird es laut, Stimmen und Gesänge, auf einem Hohlweg kommen mir Menschen entgegen, unendlich viele. Sie schieben sich langsam näher, Leute in schwarzen Kleidern, über ihnen schwankende Kruzifixe und rotgelbe Fahnen. Einer im roten Mantel drängt sich nach vorn und hebt die Hände. Er ist unbewaffnet, wie langweilig. Der Mann gibt mir in einem fremden Dialekt zu verstehen, er sei der Pilgerführer, die Menge walle nach Heinzerath, schließen Sie sich uns an, junger Mann.

Ich warte eisern, bis der Kerl, der nach Zwiebeln stinkt, stumm wird, den Kopf schüttelt und weitergeht. Ich steh an die Böschung gedrängt und lasse den Zug passieren. Es regnet, der Weg wird matschig, rücksichtslos sprechen sie mich mit ihren Litaneien an. Alte Bauersfrauen mit glühenden Wangen schleifen erschöpfte Enkel hinter sich her. Männer, die gewiß schon im Schlamm Rußlands gelegen haben, tun so, als dürften sie auch hier ihre Anstrengung nicht zeigen. Ich sehe in vielfacher Vergrößerung Krampfadern, das gestaute Blut zieht die Beine zu Boden, zu den spitzen, glitschigen Steinen. Viele junge Männer im Zug, in deren gläsernen Blicken die Angst zu lesen ist, nie mehr eine Frau zu kriegen, auch sie haben sich Kreuze aus Silberpapier um die Brust gelegt. Sie tragen einen mit verkrüppelten Beinen, das Jammern des Krüppels wie Lachen.

Wieder tritt einer auf mich zu, ein Riese und vielleicht fünfundzwanzig. Er kontrolliert meinen Ausweis und redet auf mich ein: Ja, wir wollen Ihnen helfen. Ich bin übrigens Speditionskaufmann, wir sind alle ordentliche Christenmenschen. Auch wenn Sie aus einer anderen Richtung kommen, lieber Herr Diehl, Sie brauchen nicht schamhaft beiseite zu treten. Jeder Mensch ist doch von sich aus schlecht, glückselig wird er nur, wenn er das Heilige verehrt und leiblichen Genüssen widersagt, kommen Sie mit!

Ohne lange zu überlegen, schlage ich ihm die Zähne ein. Er geht. Um mich herum lauter geschlagene Gesichter, Münder faltig und geschrumpft wie bei Toten, Leiber naß und verschwitzt, Bauern noch im Laufen gebeugt über die dünne Ackerkrume, beachtet nur von Kötern, die folgsam hinterhertrotten. Greisinnen tragen Körbe voller Steine, junge Frauen mit Krätze schwenken geweihte Blumen. Priester zeigen allen das Blut an ihren Händen, das Murmeln der Gebete schwillt wieder an, und der Regen dämpft wieder alles. Ich kann den Blick nicht abwenden und fühle mich immer mehr abgestoßen von diesem maroden Haufen, von den Wonnen der Selbstquälerei. So taumeln die Frommen die Armen ihren Zielen entgegen, zu irgendwelchen gefälschten Reliquien.

Als ich das denke, merke ich, wie ich das Ziel werde. Sie rücken mir auf den Leib, mit ihrem stummen frommen Lächeln, sie sehen nicht mehr so sanftmütig mild aus wie vorher. Sie strecken die Arme aus nach mir, an den Händen erkenne ich Schwielen, sie berühren mich kratzen mich brüllen: Was kann der Buntsprecht denn dafür, du stehst doch mitten in der Tür. Ich möchte meinen Verstand wieder haben, ich möchte raus aus dem Strom der Idioten, es sind zu viele, sie nehmen mir die Luft.

Dann bin ich in einer riesigen Bahnhofshalle. In einer Ecke, in der ich den Ausgang vermute, steht Büttinger, nein, Büttingers Onkel, ich bin Büttingers Onkel, behauptet er immer wieder. Er kommt auf mich zu und sagt, es ist gut, daß wir dich haben. Er faßt mich mit einem schnellen Griff an die Hoden, holt mir den Schwanz aus der Hose und packt den steifen fest. Ein Blitzlicht.

Aber den Fotografen kann ich nicht mehr erwischen. Ich sehe das Foto in einer Illustrierten, Farbfoto eine ganze Seite, und ich schäme mich, weil meine Augen so geil und neugierig aussehen. Das kostet uns, sagt jemand, eine einstweilige Verfügung.

Ich suche den Fotografen, renne durch die Nordeifel. Es ist die Gegend, in der Schanz sein Wochenendhaus hat an einem dieser Stauseen. Ich bin durstig und will mit jemand reden. Schanz hat Familie und immer sechs Sorten Bier im Keller, das zieht mich an.

Gut, daß du vorbeischaust, sagt Schanz. Wir haben den Keller voll Bier.

Heut gibt es Braten, sagt Wally Schanz aus der Küche.

Heut gibt es Schaden, rufen die Söhne, etwa sechs und acht. Sie tanzen um mich herum, mit ihren engen Bewegungen zeigen sie, wie klein das Haus ist, die Wände rücken immer näher, das ist ja wirklich nur eine Hundehütte, denke ich.

Hundehütte Hundehütte, rufen die Kinder, du bist der Hund in deiner Hütte. Sie tanzen wilder um mich herum, springen an mir hoch, ziehen mich zu Boden. Das Lachen von Mongoloiden in ihren Gesichtern, unerbittlich fixieren sie mich und belustigen sich an meiner Unsicherheit. Ich versuche, den Kopf zu drehen, und denke, ich könnte ja einfach die Augen schließen, aber dann werden sie erst recht merken, daß ich Angst habe. Endlich scheucht Schanz seine Söhne mit einem Geschirrtuch weg, aber die hören nicht auf, bewerfen mich mit Stricknadeln, mit Fischen aus dem Aquarium und schießen aus Wasserpistolen mit einer Tränengasmischung, mir wird sofort schlecht.

Wenn ihr so weitermacht, schreit Wally Schanz, werf ich die Gans aus dem Fenster.

Tus doch, sagt ihr Mann.

Da wirft sie die kaum aufgetaute Gans durchs Fenster, und die Scheibe bricht so, daß man in ihr noch die Umrisse der Gans erkennen kann. Staunend stehen wir alle vor dem Loch in der Scheibe, und die Bruchstelle ist der Beweis, daß eben nichts anderes als eine gefrorene und halb aufgetaute Gans da durchgeflogen ist.

Das war die Gans vom Schanz, sagt ein Kind.

Wir sind eine fröhliche Familie, sagt Schanz.

Durch das Loch im Fenster sehe ich fern hinten den Stausee blinken. Mir ist zum Umfallen übel. Das Klo, das ich endlich finde, ist ein großes Zimmer mit einem Kinderbett darin. Ich fliehe in einem VW.

Die Meldung einer schweizerischen Nachrichtenagentur, nach der Alfred Büttinger am gestrigen Abend in Frankfurt am Main freigelassen worden sein soll, hat sich inzwischen als falsch erwiesen. Die Agentur hat die Umstände der Veröffentlichung bedauert. Ein Regierungssprecher bezeichnete den Vorgang als Sensationsmacherei, die nichts als Verwirrung zum Ziel habe. Die Regierung werde sich auch dadurch nicht von ihrem Kurs der Vernunft abbringen lassen. Es werde weiterhin alles getan, um das Leben Alfred Büttingers zu retten.

Diese Sätze hörte Diehl im Halbschlaf. Als der Sprecher die Uhrzeit sagte, 8 Uhr 05, drückte er den Off-Knopf, tapste eine Runde durch seine Wohnung und legte sich wieder hin.

Ich fahre einen riesigen Wagen, das sicherste Auto der Welt, ein rundum gepanzerter Ford Lincoln. Ich spreche vor mich hin, Sicherheitsreifen mit Luftkammern, schußsichere Reifenblenden, Blockierautomatik bei Hindernissen. Kein PS fehlt zu meinem Glück, ich schaukel durch Kurven, der schwarze Luxuspanzer läßt sich leicht mit einer Hand lenken. Begeistert schlage ich immer wieder auf die Hupe. In diesem Wagen kriegt mich keiner, sage ich mir, keiner wird mich überfallen, keiner entführen, keiner erschießen.

Ich schaukel, im Auf und Ab der Straßen wird die Landschaft mir schön. Im weichen Hintergrund Berge. Ihre Ausläufer, die Wälder am Straßenrand neigen sich mir zu, das ganze Land bietet sich als Landungsgebiet an.

Ich begreife nur nicht, daß ich mich so schnell entschlossen habe, in die Eifel zu fahren. Ich habe doch einen Termin in Hamburg. Seit acht Jahren will ich die Eifel-Rallye gewinnen, und immer habe ich das Siegen aufgeschoben, und jetzt bin ich schon in der Ehrenrunde!

Auf den Gipfeln der Berge, die immer näher rücken, wehen riesige Fahnen, Nationalflaggen, aber mit ganz unbekannten Farbkombinationen. Ich bin auf der Aschenbahn im Stadion. Sehe an Bäumen und Hecken das alte Grün, die aus Grau und Braun gewachsenen Wiesen, sehe an den neuen Häuserwänden der Dörfer das ängstliche Weiß, all diese saftlosen Farben stehen im Kontrast zu den dichten Reihen leuchtender Flaggenfarben ringsum. Ich bin nicht im Stadion. Man feiert deinen Sieg, flüstert jemand, beeil dich, du darfst nicht zu spät kommen. In den Dörfern sind keine Menschen zu sehen, aber alles geschmückt, Girlanden an Häusern, was ist das für ein Fest. Auf den Feldern bleiben Traktoren stehen, und die Bauern ziehen ihre Mütze, wenn ich in der schweren Limousine vorbeifahre.

Die Zeit vergeht, die Zeit rennt unter den Reifen weg. Ich muß schon viel Zeit verloren haben, Stunden, Tage, Wochen vertan beim Schaukeln durch die Kurven, Jahre vertan beim Trödeln in dieser fahrbaren schußsicheren Zelle.

Ich komme zu spät, Hilfe, ich komme zu spät. Ich gebe mehr Gas, die Maschine wird nicht schneller, ich kann den Wagen nicht ausfahren, so krieche ich über die Landstraßen wie ein schwerbeladener LKW.

Ich begreife nicht, warum ich mir dieses Auto geholt habe, sage ich zu mir.

Sicherheit unbezahlbar, flüstert jemand hinter mir im Fond. Ein junger Bursche sitzt da. Ich habe gleich das Gefühl, der wird mich überleben, aus dem Sattel heben.

Ich fixiere ihn im Rückspiegel, und je mehr ich ihn fixiere, desto mehr kommt er ins Reden. Er behauptet, er hätte mir diese Sicherheitskutsche vermietet, für 1799 DM pro Tag plus Mehrwertsteuer. Das sei ein alter Präsidentenwagen, der schon alle Anschläge überstanden habe, und er erzählt lange Geschichten von Präsident Washington und Kaiser Wilhelm.

Ich begreife nicht, sage ich laut, warum ich Sie mitgenommen habe.

Mein Name ist Weckeiser, sagt er, Horatius Weckeiser aus Gymnich.

Langsamer als Schrittempo, der Wagen gibt nichts mehr her. Mit einem richtigen Panzer wäre ich schneller gewesen und sicherer und wäre nicht mal aufgefallen, so viele Panzer kreuzen hier die Wege. Ich will diesen Herrn hinter mir beschimpfen rausschmeißen, weg ist er.

Durch den Rückspiegel seh ich nur das Rückfenster und dahinter schwarz und weiß gekleidete Leute, die in Reihen feierlich hinter meinem Wagen herschreiten, alles ältere Menschen. Sie stehen auch rechts und links Spalier, die Männer ziehen Hüte, einige Zylinder oder Mützen. Von vorn eine Stimme: Den hab ich mir schon lange gewünscht. Die Stimme kommt mir bekannt vor. Ganz schwarz der Friedhof.

Ich tauche wieder auf im Krieg. In der Eifel ist Krieg, ein lautloses Getümmel und Gemetzel. Lange schaue ich von einem Berg aus zu und versuche, Frontlinien zu erkennen. Mal vermute ich den Feind hinter einer Hügelkette gegenüber, mal unten am Fluß, mal in entlaubten Wäldern auf der anderen Seite. Die Stellungen scheinen alle paar Minuten zu wechseln, es wird immer unklarer, wo der Feind ist, wer der Feind ist, wer gegen wen. Die meisten Soldaten sehen wie Amerikaner aus, viele Schwarze darunter, andere wie Türken oder Griechen in Bundeswehruniform, alle natooliv. Irgendwo muß der Russe doch sein, ich wäre gern ganz nah am Geschehen. Da juckle ich in einem Leopardpanzer über die Felder, der Kriegsschauplatz ist jetzt zur Besichtigung freigegeben, alles sieht so ernst und komisch aus. Zivilisten und andere mit Autos und Bussen angerückte Städter bewegen sich unerschrocken zwischen Granatwerfern, Gräben und Panzerstellungen, nur wenige Besucher scheinen getroffen zu werden. Autoschlangen auf Feldwegen, und niemand ändert die Route nach größeren oder kleineren Einschlägen. Bauern bahnen sich den Weg zu den Weiden, wo die überlebenden Kühe aufs Melken warten. Pilzsucher und Mineraliensammler gebückt an den Stellungen der Panzerabwehrrakete Roland. Lastwagen, die von Steinbrüchen kommen, tauchen lässig unter Granaten hindurch, Touristen suchen Platz für ihre Zelte in der Nähe einer Feldküche, Wanderer rasten in Schützenlöchern, Jeeps torkeln über Minenfelder, Hubschrauber holen das Getreide ein, Mönche geben vom Fahrrad aus den Segen nach allen Seiten, Düsenjäger halten am Himmel still. Es ist ein starker Sog in der Luft.

Neben mir sterben Menschen wie Marionetten, je mehr umfallen, desto sicherer bin ich, unverwundbar zu sein. Vielleicht geht der ganze Kampf um mich, vielleicht wird der Weltkrieg meinetwegen geführt. Mir ist es gleichgültig, wer die Schlacht um Diehl gewinnt. Hubschrauber aus allen Richtungen formieren sich zu einem Trauerflug oder einer Ehrenrunde über dem Schlachtfeld und senken sich langsam, vergiftete verendende Tiere, mit einer letzten lahmen Bewegung neben ihresgleichen in den blühenden Wacholder.

Siegesfeier, es spricht mein alter Kompaniechef, Major Manderscheit. Er steckt mir einen bunten Orden an und sagt: kein Haus ohne Bruch, kein Baum ohne Einschuß, kein Weg ohne Krater – es lebe der Kater! Ein Tusch der Big Band der Luftwaffe, Tanz. Ich misch mich unter die Soldaten, sie unterhalten sich über Skatspiele und übers Kinderkriegen, kein Kamerad will ein Kind.

Die Party wird langweilig, ich werf mich ins Auto. An der nächsten Kreuzung kann ich mich nicht entscheiden, ob ich dem Schild Neustadt oder dem Schild Flughafen folgen soll. Eine Frauenstimme aus Richtung Flughafen, also diese Straße. Rechts und links verwesen die Leiber abgesackter Flugzeuge, Kanonen angeschlagener Panzer richten sich ziellos gegen die Wolken. Immer mehr Schlaglöcher, das Auto ruckelt nur noch, bewegt sich kaum vorwärts, die Schweißnähte der Karosserie brechen, Blechteile fliegen einzeln ab, Räder legen sich müde an den Straßenrand, das Fahrgestell im Rost zerbröselt, der Motor verlöscht. Ich mit dem Lenkrad allein auf der Hochebene, nackt.

neun

So nahm Diehl von Büttinger Abschied, ohne es zu wissen, tagelang. Er spürte nur das schweißtreibende Gedankenfieber und die Furcht aufzufallen, Diehl spinnt, Diehl leistet nichts mehr, Diehl schweigt wie ein Idiot, Flüstergerüchte an jeder Ecke. Aber er wahrte die Beherrschung, im Straßenverkehr, im Büro und bei seinen Freunden, auch vor Tina nahm er sich zusammen. Er fiel aus keiner Rolle. Kein Amoklauf, kein Unfall, nur ein kaum sichtbares Streifen der Leitplanken. Nichts Bedrücktes in seinen Unterhaltungen, nichts Fieberhaftes in seinen Bewegungen. Nur selten brauchte er die Ausrede Kopfschmerzen.

Die Tage vergingen mit Arbeit, Roland Diehl schrieb Reden auf Vorrat. Die Aktion Samthandschuh rollte, und der Ghostwriter war erleichtert über die neuen kriegerischen Zeiten. Sein polemisch grundierter Stil war gefragt. Er hielt sich an die Aufträge der Vizechefs und der Generäle und zog sich zurück hinter seinen Wall von Papieren und Zeitschriften, immer angriffslustig gegen das Diktiergerät.

Er versuchte, in den ihm zugeteilten Etagen zu bleiben, hinter dem schützenden Stahlbeton des Verbandshauses, hinter den heimatlichen Apartmentwänden. Die Enklaven, wo er sich auskannte und wo ihn niemand störte, wurden die Wirklichkeit, die zählt, die Gegend der verläßlichen Wahrheit. Aufpassen, jeden Stillstand, jeden Leerlauf vermeiden und immer aktiv bleiben. Sonst säufst du ab.

Es wunderte Diehl nicht, als ihn eines Morgens Generalgeschäftsführer Lampe rufen ließ. Sie haben dich also doch beobachtet, jetzt kommt die erste Warnung. Es wunderte ihn nur, daß Lampe ihn zunächst ganz sachlich anredete.

Dr. Schanz gehe zum Quartalsende bedauerlicherweise weg

zum CBA-Konzern als Pressechef, und Diehl möge sich überlegen, ob er als Nachfolger von Schanz die Abteilung Medien Öffentlichkeit Versachlichung übernehmen wolle, zunächst ein halbes Jahr auf Probe. Das sei auch der Vorschlag von Bräsig und Vierabend. Gerade in der gegenwärtigen Lage sei Diehl, mit seiner journalistischen Erfahrung, mit seinem Geschick im Umgang mit dem gesprochenen und geschriebenen Wort, der geeignete Mann, das habe auch Vierabend gesagt. Die Verbandsspitze traue ihm mehr Führungsenergie für diese Abteilung zu als allen anderen Hauskandidaten.

Lampe blickte Diehl an, als wolle er sagen, auch Büttinger würde mit dieser Entscheidung einverstanden sein, aber er sagte das nicht.

– Wir wollen mitten im Strom, sagte der General, nicht die Pferde wechseln. Also überlegen Sie sich das in den nächsten 48 Stunden, aber bitte für sich allein!

Es wunderte Diehl nicht, nach zehn Minuten schon wieder draußen auf dem Gang zu stehen. Der Teppichboden schwankte. Diehl versuchte fest aufzutreten, gern hätte er jetzt seine Spur auf dem weichen Grund hinterlassen. Dann setzte er sich in Bewegung, erst mit schleifenden Schritten, dann federte er über den Teppichgang und hörte sich schon ja ja ja rufen, aber er nahm sich zusammen.

Schanz also der Verräter, der Feigling kündigt doch nur wegen der Büttinger-Geschichte, und was hat er immer den starken Mann markiert und mit seinen Reserveübungen geprahlt, dieser Hosenscheißer, soll er doch zur Chemie gehen, dachte Diehl und hielt die Augen fest auf dem Bild an der Wand, auf den von oben und unten gleichzeitig begehbaren Treppen und den geschäftig aufwärts- und gleichzeitig abwärtssteigenden gesichtslosen Menschen. Der wird schön ins Schwitzen kommen, wenn er für die Giftmischer die Kohlen aus dem Feuer holt und sich um tote Fische kümmern muß. Soll Schanz sich vor die Mikrofone stellen und vom Restrisiko schwafeln, von Störfallabwehrplanungen ganz lässig, soll der doch den Schlamm der Kläranlagen deuten und Quecksilber wegdementieren und das Chlor unter Parkplätzen. Nein, mich drängt es nicht dahin, in den vordersten Schützengraben, das ist was für Schanz. Das geschieht ihm recht, der Kleinkram da, jeden Monat den Zukauf einer Firma verteidigen, die neuen betrieblichen Menschenführungsmaßnahmen erläutern, öde Bilanzen kommentieren, Sicherheitsdiskussionen offensiv führen, keine Gefahr aber Risiko nie auszuschließen wir sind alle nur Menschen, das alles juckt mich nicht, diese Schmiere hab ich nicht nötig, Schanz geschieht es recht, daß er mir diese Stelle weggeschnappt hat.

Die Treppen auf dem Bild waren untereinander verbunden, man könnte treppauf treppab im eckigen Kreis gehen, im Dreieck mit Geländern an den gefährlichen dunklen Löchern vorbei. Die vorübergehend Hinabsteigenden schritten, auch wenn sie horizontal im Bildausschnitt lagen, so sicher über die Stufen, als stiegen sie doch hinauf, als müßten sie nur einen Moment lang hinab, um wirklich oben zu sein. Ein Triumph über die Schwerkraft, und auch die Dimensionen waren verrutscht. Aber je länger Diehl nun hinsah, desto brüchiger und unheimlicher wurde die Konstruktion, desto weniger wußte er sich zu orientieren.

Im neuen Büro werd ich den Druck nicht mehr aufhängen, das steht fest.

Tinas Anrufe und Annäherungen überraschten ihn inzwischen nicht mehr. Seit dem großen Krach schien sie anders geworden zu sein, nicht mehr so gereizt, fast verdächtig kuschelig. Das irritierte ihn, er hatte noch nicht herausgefunden, ob sie den Kampf gegen ihn und gegen seine Gewohnheiten einfach aufgegeben hatte oder ob ihre feinfühlige Anpassung nur eine neue Taktik war, mit der sie ihn am Ende für eine Zusage zu irgendwelchen Lebensplänen weichkriegen wollte. Einmal sprach sie die Urlaubsfrage wieder an, sie habe sich das überlegt, sie komme doch gern mit nach Senegal oder woandershin, sie sei gar nicht so festgelegt.

Er beschloß, auf der Hut zu bleiben, aber es wuchs auch seine

Neugier, hinter die wahren Absichten seiner Freundin zu kommen. Vielleicht sollte ich auch ihre Taktik einschlagen und sie damit überholen, überlegte er manchmal, vielleicht sollte ich sie mit noch deutlicheren Angeboten aus der Fassung bringen und ihr die Versprechungen machen, die sie erwartet. Nur so könnte ich rauskriegen, was sie wirklich von mir will. Aber in der Ahnung, daß sie erlöst wie Dornröschen einfach zustimmen könnte, behielt er diesen Plan erst mal für sich.

Es macht ja doch keinen Unterschied, dachte er, als sie mit aufwendigem Essen in einem Bonner Restaurant den Aufstieg zum Abteilungschef zu feiern versuchten, ob ich ihre wirklichen Absichten kenne oder nicht, du mußt jetzt erst mal auf dich selber aufpassen, Roland, erst mal bist du dran, pack deine Chance, alles weitere wird sich finden. Es gefiel ihm, mit dem Gedanken zu kokettieren, daß alles möglich war und alles aufs Gleiche hinlief, Tina heiraten oder Tina wie gehabt. Mit ihr eine Wohnung teilen, mit ihr Ringe aussuchen, mit Frau Diehl beim Empfang auftreten, das konnte er sich vorstellen, aber es war nichts Aufregendes daran.

Er lächelte sie an, aber sagte nichts von alledem. Tina war mißlaunig, auch noch beim Melonensorbet mit frischen Himbeeren, sie weigerte sich, Begeisterung zu zeigen über Rolands Karriere. Ihr Freund sollte ihr Vorgesetzter werden, so hatte sie sich die Zukunft nicht vorgestellt. Das sagte sie ihm, ausgerechnet an diesem Abend und ganz direkt. Er fand das ungehörig, fast hätte er die Beherrschung verloren.

Das Ende der Schuldgefühle. Ohne Absicht half ihm Moritz Moos, wieder in den kühlen Takt seiner inneren Sicherheit zu finden. An einem Nachmittag, als die beiden die anstehende Beförderung mit Cognac feierten und dann beim Kaffee über die Erfolge der Kontaktkreise sprachen, das offensive Konzept der systematischen Kontaktpflege der Menschenführer mit allen meinungsbildenden Persönlichkeiten einer Region, plauderte Moos über Karnevalsvereinsvorsitzende als Multiplikatoren, hielt plötzlich inne und gab seinen Einfall zum besten:

– Was wär eigentlich, wenn heute Rosenmontag wär und Büttinger immer noch verschwunden? Humba – humba – tätärä – Rosenmontag wie immer.

Auch Diehl fand das witzig. Erst hinterher konstatierte er, daß er gelacht hatte. In dem Moment war er gar nicht auf den Gedanken gekommen, daß Büttinger ja noch lebte irgendwie. Er hatte es also endlich geschafft, er hatte über Büttinger lachen können.

Es war ihm, als begriffe er etwas. In der Sache Büttinger ist nichts so fehl am Platz wie Mitleidsgefühle, nichts so gefährlich wie ein persönliches Interesse an Büttinger. Zwar wird angeblich immer noch um ihn verhandelt, zwar muß hin und wieder noch einmal sein Name fallen, aber wer den Namen auszusprechen wagt, spricht leise, entschuldigt sich schon mit dem Beileidstonfall und der Eile, in der das Wort Schicksal in jede Bemerkung über Büttinger eingefügt wird. Alles ist entschieden, Büttinger ist verloren in seinem Versteck, schon als Verlust abgeschrieben. Auch Moritz hat seinen Büttinger schon begraben, sonst hätte er diesen Rosenmontagswitz nicht machen können. Das Leben muß schließlich weitergehen, und meines erst recht.

Und er, der Chefdenker Roland Diehl, hatte das vier fünf Wochen lang nicht kapieren wollen, was sonst offenbar alle wußten, die Politiker Journalisten Menschenführer. Er hatte den Mann, den er mochte, immer noch ernstgenommen, wie ein Familienangehöriger hatte er an ihn stets als einen Lebenden gedacht. So naiv war er gewesen, so ein sentimentaler Dummkopf, und fast hätte er sich mit seinen Gefühlen ins Aus manövriert, das machte ihm die Bemerkung von Moos schlagartig klar.

Ein paar Tage vorher war er über eine ähnliche Bemerkung noch still entrüstet gewesen. Als er in einer Tankstelle 40 Liter Super bezahlte, hörte er, wie der Mann, der die Geldscheine in die Kasse klemmte, zu einem andern sagte: Büttinger, ach hörn Sie doch auf! Und als der andere, der gerade eine Zeitung mit den dicken Titelzeilen eingesteckt hatte, stumm nachfragte, sagte der, der wohl der Tankstellenpächter war: Ich kann den Namen nicht mehr hören... Da wird doch nichts mehr draus... Die sollen ihn abknallen und Schlußaus... Und dann klar Tisch...

Jetzt schien Diehl diese Reaktion verständlich. Wer wollte noch was wissen von Büttinger, niemand. Die Leute waren lang genug gezwungen, sich mit dem Chef der Menschenführer zu identifizieren. Aber mit den Wochen hatte die Nähe zu diesem unbekannten Mann jede Spannung verloren, ein Mann, der keine guten Versprechungen mehr machte, kein Held mehr war und an einem nicht existierenden Ort saß. Peinlich und lästig war die Erinnerung an ihn geworden, und deshalb versuchte jeder, die Last Büttinger schnell und unauffällig loszuwerden.

Als Diehl endlich ein wenig von dem allen erfaßte, kam es ihm vor, als sei er allmählich wieder im Lot, sein Verstand.

Einer hat Glück gehabt, er paßt an die richtige Stelle im Apparat, er wird gebraucht. Er fällt die Treppe rauf, ohne Bewerbungsschreiben abzirkeln zu müssen, ohne beim Ausfüllen der Testbogen sich in die Testpsychologen versetzen und beim Einstellungsgespräch ganz offen verstellen zu müssen, ohne durchleuchtet geröntgt und auf Herz Lunge Schweiß Gesinnung geprüft zu werden.

Hinaufgehoben wird er, ihm wird eine funktionierende Abteilung in die Hand gegeben. Endlich Vorgesetzter. Er wird die Redakteure Christa Hanneköther und Jens Süßmilch führen, die PR-Expertin Georgia Arndt kontrollieren und motivieren, den Kommunikationswissenschaftler von Breydelitz und den Volkswirt Jürgen Schmiede, genannt Kabel-Schmiede. Die Hostessen werden ihm unterstehen. Er wird sich vornehmen, seine derzeitige Freundin nicht zu bevorzugen und nicht zu benachteiligen, aber es wird ihm gefallen, Macht über sie zu haben.

Einer ist froh, die dumme Welt von oben zu sehen. Er wird das Privileg haben, acht Stunden am Tag im Plural zu reden ohne Bedenken, wir unter uns uns. Acht Stunden am Tag wird er Interessen vertreten, die er für seine halten wird. Einer wird sich wieder bei den Siegern fühlen und erleichtert sein, eine konkrete Aufgabe zu haben, die ihn, wie er immer wieder sagen wird, ausfüllt.

Einmal kam Frau Majonika herein mit der störenden Bemerkung, sie wolle nicht stören, sie wolle sich nur verabschieden, sie fahre sechs Wochen zur Kur, ja das Herz. Als er pflichtgemäß gute Erholung gewünscht und nach dem Kurort gefragt hatte, streckte sie ihm die Hand entgegen.

Auf diese Geste war er nicht gefaßt. Es war ärgerlich genug, daß sie, die ihm bis zum Quartalsende noch zu dienen hätte, einfach verschwand ohne Rücksicht auf ihn. Nun sah er auf der alten Hand helle braune Flecken, die Haut spannte sich kantig über die Fingerknochen, und auf den Nägeln war der rote Lack etwas abgeplatzt. Das widerte ihn an, aber er nahm sich zusammen, es sollte nicht peinlich werden, die ausgestreckte Hand anzusehen statt sie zu ergreifen, also faßte er rasch die Finger, die kalt waren, und sagte: Ja, dann auf Wiedersehen und gute Erholung! und: Ja, Sie habens gut, ich könnte auch mal eine Kur gebrauchen.

Frau Majonika, die Diehls Verlegenheit verständnislos beobachtet hatte, wich zurück und drehte sich an der Tür noch einmal um, wie sie es dienstfertig immer tat. Aus der Entfernung fand er die alte Frau nicht mehr so unnötig, eher harmlos mit ihrem billigen Schaumperlenschmuck und ihrer brüchigen Dauerwelle. Da geht sie hinüber, und die Hände so gefleckt, das ist ein Zeichen. Das hatte er vorher an ihr nie wahrgenommen.

Rasch blickte er wieder auf seine Papiere, tat so, als müsse er sich eilig konzentrieren, und schuldbewußt, als hätte sie sich zu entschuldigen für den Eintritt in sein Leben, schlich sie durch den Türrahmen hinaus.

Verstohlen inspizierte er seine Hände, war zufrieden mit den kräftigen flecklosen schmucklosen Pranken, musterte die Linien der Handfläche. Fast hätte er die eigene Hand beschnuppert. Da war doch eine Zigeunerin gewesen vor Jahren, Bundeswehrjahre Kneipe Koblenz, die hatte die Hand des Fahnenjunkers Roland Diehl gelesen, eine vielversprechende Lebenslinie, er war stolz auf seine unbekannte glorreiche Zukunft schon damals.

Du wirst nicht ins Gras beißen, so schnell nicht, du läßt dich bald an größeren Schreibtischen nieder, wahlweise Esche schwarz oder Esche natur, du hast deinen gepolsterten Chefsitz, funktionierende Zuträger, du kannst in jedem Hochhaus das Echo deiner Arbeit hören, für deine Botschaft gibt es keine Grenzen, deine Stimme wird Feinde und Partner einschüchtern, vor deines Verbandes Druck werden sie alle weichen, werden zerrieseln und ihr Weiterleben ganz von euch abhängig machen, die von dir und dem Verband Geführten werden sich mit jedem neuen Arbeitstag und mit jedem erstickten Feierabend staunend an euch klammern, und da die Umstände ihrer Arbeit ständig verändert verbessert verschlechtert werden und jede Veränderung als Erfolg gewertet sein will, wirst du viel zu tun haben, wirst du dir keine Müdigkeit leisten, wirst du nicht ruhen, bis sie am Ende sind, bis kein Widerstand mehr kommt und auch kein Widerspruch, und da immer noch Widerspruch aus den umliegenden Ritzen dringt und Widerstand von immer entfernteren Erdteilen gemeldet wird, wirst du viel zu tun haben, die Ordnung zu sichern, und die Erbschaft der Väter und deine Welt Meter für Meter durchwühlen nach Gold und jeden Stein, jeden Dreck, der sich vergolden läßt, als Fortschritt verkaufen, und außer diesen allesfressenden Innovationen wird sich nichts mehr verändern, denn du wirst nicht kampflos aufgeben, niemals, und niemand soll mehr ungefragt dein Territorium betreten, und wenn dich noch einmal ein Schrecken befallen sollte wie eben der Schreck über die halbtote Frau, wie vor Tagen oder sind es schon Wochen der Schreck über den so gut wie toten Büttinger, dann weißt du, du mußt drüber weg, das Leben geht weiter, du hast keine Chance mehr auszusteigen, deine einzige Chance bist du, deine Wunderdroge heißt Weitermachen, sich ans Verläßliche halten, an die Ehrlichkeit der Technik, an die Ordnung und Sauberkeit der Zahlen Statistiken Bilanzen, die auch dir ein langes Leben versprechen, halt dich an die guten Gewohnheiten. Die gute Gewohnheit sagt zum Beispiel, ein solcher Sieg kann nicht oft genug gefeiert werden.

Diehl rief Peter Poll an, mit Poll hatte er den Aufstieg noch nicht begossen.

– Und bring doch mal deine Neue mit, du weißt schon.

– Ich werds versuchen, weil dus bist. Und was ist mit Tina?

– Tina wird mich nicht vermissen.

Diehl wird viel zu tun haben. Er wird, wie bisher Freund Schanz, die Argumente zuspitzen, die ihm die Abteilungen vorlegen zum Zuspitzen. Was die Hausvolkswirte zur Kritik der Kaufkrafttheorie, die Statistiker zur Arbeitszeitverkürzung, die Juristen zu den wichtigen Referentenentwürfen erarbeitet haben, das wird er in kurze, kernige Sätze fassen und von seinen Mitarbeitern fassen lassen. Den Diskriminierungsfeldzug des Partners gegen die Rechte der Menschenführer wird er attackieren, die wahnwitzige Formel vom Recht auf Arbeit vom Tisch fegen und die wachstumsschädliche Lohnpolitik angreifen lassen. Er wird mitsprechen, wenn die Argumente geschärft werden gegen die Ausweitung kollektiver sozialer Sicherungssysteme, gegen die Rationalisierungsverteufelung und immer wieder gegen die Machtergreifung des Partnervereins.

Die Meinungen des Verbandes wird er nachrichtenmäßig aufbereiten lassen, so daß die Journalistenkollegen am anderen Ende der Fernschreiber das Material ohne großen Redigieranfall übernehmen können. Aber er wird seinen Leuten auch beibringen, daß Journalisten ein bißchen was zum Streichen brauchen. Sonst verlieren sie ihre Selbstachtung, aber man muß ihnen solche Sätze zum Streichen geben, die sie an ihre Gewissensreste packen, damit sie beim nächstenmal uns mehr Platz einräumen, langfristiger Zeilengewinn, Sendeminutengewinn. Diehl wird, besser als Schanz, die Meldungen und Meinungen noch mehr versachlichen oder humantouchen, so daß sie auch außerhalb des Wirtschaftsressorts plaziert und dem ökonomischen Laien nähergebracht werden.

Die Wirtschaftspresseagenturen weiß Diehl hinter sich und damit jedes Lokalblatt. Die Abdruckergebnisse werden Jahr für Jahr heftiger steigen. Diehl wird die eigene Meinung im Hörfunk hören. Über die Wirtschaftssendungen im Fernsehen wird er sich nicht beklagen, und wo in anderen Programmsparten menschenführerfeindliche Aussagen mit ordnungsverändernden Tendenzen in Erscheinung treten, wird seine Mannschaft sofort zur Stelle sein mit Protest Gegendarstellung Abgewogenheit. Mit Genugtuung wird Diehl beobachten, daß sich kein Menschenführer mehr im Fernsehen blamiert. Jeder fernsehgerecht in Pastelltönen meistens blau gekleidet, aufrechter entkrampfter Sitz, souveräner Blick in die Kamera, jeder Menschenführer vorzeigbarer Sympathiewerber betont stets das öffentliche Interesse und weicht ohne zu stottern unangenehmen Fragen aus.

Diehl wird sich von Ludwig Schanz noch in die Details einweisen lassen und dann an einen Werbemonat denken, an einen Versachlichungsfeldzug mit Nutzung aller verfügbaren Kommunikationswege zur Stabilisierung des Menschenführerbildes. An den Ausbau der Schlagkraft der Dokumentationen Berichte Broschüren Bücher Argumentations-Handouts flankierenden Analysen, auch an die verstärkte Mobilisierung der Menschenführer der Pressebranche.

Mit Netzplantechnik wird er arbeiten, mit einem Verbundsystem zum Ziel der Resonanzverstärkung der informationspolitischen Maßnahmen durch thematische und zeitliche Koordinierung. Er wird mit seiner Mannschaft überlegen, welche Instrumente und Argumentationshaushalte zu welchen Zeitpunkten eingesetzt werden und wie damit die besten dramaturgischen Effekte erreicht werden können.

Abgeschirmt vom öffentlichen Getöse, unbeobachtet hinter schußsicheren getönten Scheiben waren sie alle bei der Arbeit, eingeordnet und heimisch in dem mächtigen, mit Stockwerken und Gängen nicht zu messenden Gehege des Verbandes. Sie waren froh, sich irgendwo einpassen zu können, und die Gewißheit, in diesem Haus einen Platz, einen Schreibtisch und Leitlinien von oben zu haben, machte Gehorsam so überflüssig wie Befehle. Sie waren stolz darauf, von sich sagen zu können, daß sie funktionierten, alles fit und o. k., wenigstens auf dem ihnen zugeteilten Aufgabenbereich.

Und doch fürchteten sich manche, wenn sie, noch seltener als Diehl, sekundenlang einen Schwindel spürten und die Tabletten vergessen hatten und kein Mittel gegen das fanden, was sie der Konzentrationsschwäche, dem Treibhaus-Klima oder dem lähmenden Kunstlicht zuschoben. Wer diesen einen Moment wankte und, wenn es schlimm kam, in Gedanken über sich selbst taumelte, mußte sich selbst gleich danach für verrückt erklären, denn anders hätte er diesen Taumel nicht verstanden. Jeder wußte ja, er wurde gut dafür bezahlt, daß solche Momente der Leere und Müdigkeit nicht aufkommen durften. Jeder sah ein, sicherer als hier in der Zentrale der Menschenführer konnte man nicht sitzen, wer hier aus den Latschen kippt, der spinnt, der ist verloren.

So hatten sie sich in diesem Bau eingerichtet, in dem erdbebensicher gebauten Kasten mit seinen sechzehn Stockwerken, mit strahlensicheren Stahlbetonplatten mit starker Bewehrung gegen den in Köln zu erwartenden Maximaldruck. Kein Riß im Beton unter der Stahlverkleidung der Außenwände. Alles war sauber verfugt, keine Ritzen für Spinnen und Ameisen, jede Tür präzis im Rahmen, nie sollten Heuschreckenschwärme die Gelegenheit haben, über die lichtgrünen Teppichwiesen herzufallen. Es war alles getan, um die Angestellten im vollen Einsatz zu halten, vor dem Haus Polizei nach Wunsch, drinnen ein fein abgestimmter Geschäftsverteilungsplan. Die Büros waren nach dem Rat der Einrichtungspsychologen gestaltet, die Fenster verhinderten unerwünschte Blicke nach drinnen, die Aluminiumfensterrahmen waren bakterienabweisend, und täglich wurden Reinigungskolonnen auf alle faßbaren Krankheitskeime an Telefonhörern und Fahrstuhlknöpfen angesetzt. Die Kälte war ausgesperrt und die Hitze, die Jahreszeiten vergessen. Kein Wind war zugelassen, keine ungefilterte Luft. Dies war der Ort nicht, an dem Menschen schwach wurden, in Ohnmacht fielen, mit einem Unfall davonkamen oder sich die Frechheit erlaubten zu sterben. Immer, wenn einer in das Alter kam, in dem er die Bezeichnung alt hingenommen hätte, wurde sein Gesicht gegen ein jüngeres Gesicht ausgetauscht, und die frischeren Zellen in der alten Funktion durften wieder beweisen, daß dieser Teil Arbeit noch cleverer noch schneller noch effizienter erledigt werden konnte. Auch Schweiß war verboten, und die Wärme wurde zentral zugeteilt. In den Korridoren der scharfe Geruch völliger Reinheit. Kein Lärm war im Haus zu hören, keine Schreie, nie hatte es hier jemand nötig gehabt zu brüllen, und die geräuscharmen Fernschreiber, die superleisen

Schreibmaschinen und Kopiergeräte gaben den Ton an. Die wenigen Geräusche in den genormten Zimmern und auf den Gängen schluckten die Teppichböden weg, sie fingen alles auf, was als wütender Schritt hätte verstanden werden können.

Das einzige, was immer wieder störte, war der Gestank, den der Wind von Südwest von der nahen Brauerei durch die Klimaanlage trieb. Dann roch es im ganzen Haus nach Maische nach Faulem nach Schimmel, ein Proletengestank, sagte Moos, der steigt mir in den Kopf, sagte Kabel-Schmiede, schlimmer als der Föhn in München, sagte Schanz, und alle Fachleute blieben hilflos dagegen.

Gegen jede andere Störung wußten sie sich zu wehren. Der Fall Büttinger, mit dem sie sich noch vor seinem Ende abgefunden hatten, und das Ende war immer noch nicht da, durfte sich nicht wiederholen. Weil das, was mit Büttinger geschah, in diesen Räumen unvorstellbar war, richteten sich die Gedanken auf alle möglichen Unsicherheitsfaktoren. In den Köpfen schäumten Sicherheits-Phantasien und wurden auch vom besten Gewissen nicht verscheucht. Also waren die Pläne schnell genehmigt für die Sicherung der Außenwände der Chefetage mit panzerfaustfesten Stahlplatten. An den Eingängen sollten Video-Kameras und Drehtürschleusen für Besucher installiert werden, in den Chefräumen Radarbewegungsmesser jede unerwünschte Person melden, verschiebbare Stahlwände machten den Konferenzraum abhörsicher, und Schwingungs-Generatoren an den Fenstern wiesen jedes feindliche Richtmikrofon ab.

Je mehr sie sich abschirmten, je mehr sie sich hinter die unsichtbaren Schreckdrähte zurückzogen, desto lauter sprachen sie von der Notwendigkeit, miteinander zu reden, alle gesellschaftlichen Gruppen müßten mehr miteinander reden. Über die Schutzmauern hinweg forderten sie die Wiederherstellung der verlorengegangenen Dialogfähigkeit. In aller Stille verbreiterten sie ihre verborgenen Kommunikationswege zu den Ministerien und zu den Orten der Entscheidung. Sie eroberten neue Spielräume, sie warben mit Grundwerten, und nur wenn es einmal ernst wurde, zeigten sie die Zähne.

Und doch wollte sich die letzte Sicherheit oder eine länger als neunzig Minuten anhaltende Zufriedenheit nicht einstellen. Da hielten sie sich nun alle kalkulierbaren Gefahren und allen Dreck mit dem zweitbesten Geld der Welt vom Leib, da bezahlten sie ihre Leute, die andere dafür entlohnten, daß ihnen der Toast gewärmt wurde, der Kaffee gepflückt, die Scheiße weggepumpt, die Rohstoffe zusammengekratzt, die Raketen geschmiert, die Tabletten gerührt, die Bremsbeläge gewechselt und die Rechenanlagen in Schuß gehalten wurden für sie, die höheren mittleren Angestellten des Landes, und doch störte sie immer noch etwas. Es störte sie, daß sie die Welt außerhalb ihres Hauses nicht besser in den Griff bekamen.

Selten blickten sie auf, blickten mit gewandter Gleichgültigkeit auf das wütende Wettrennen der Autos auf der Uferstraße, blickten über den geduldig seine Last fortwälzenden, den geräuschlosen und nie mehr berührbaren und immer noch gemächlich sich bewegenden Strom. Und zwischen dem leise trommelnden Surren der Klimaanlage hörten sie dann und wann ein trotziges Flügelschlagen der Hubschrauber über den Dächern. Dann zogen sie ihre Fühler rasch wieder ein und füllten, immer weniger unterscheidbar in ihren Karrierebahnen, weiter ihre Posten aus, immer feindseliger gegeneinander, und ließen sich weiter treiben, als wollten sie nicht wissen, was sie taten, als wollten sie nicht wissen, was geschah.

Mogadischu Fensterplatz

Ich werde den Antrag nicht ausfüllen. Name, Staatsangehö-
rigkeit, Beruf, das ist schnell beantwortet, aber wenn ich gefragt werde, Welche Körperschäden haben Sie durch eine Gewalttat (§ 1 OEG) erlitten?, dann kann ich nur sagen: nein, so
nicht. Denn ich weiß nicht, ob ich wirklich Schaden genommen
habe, ob die Körperschäden zu beschreiben oder zu messen sind
und ob ich sie mit Geld gemildert haben möchte.

Die andern Fragen sind noch verrückter. Was tun sie mir da an
mit ihrem Antrag auf Versorgung nach dem Gesetz über die Entschädigung für die Opfer von Gewalttaten (OEG)! Den Tatort
nennen, als wüßten den nicht alle Leute seit Wochen auswendig!
Meine mögliche Verwandtschaft zum Täter angeben, seine
Adresse sogar, und am Ende wünscht man Auskunft, ob ich schon
einen Behinderten- oder Beschädigten-Ausweis beantragt habe.
Nein, ich bin nicht behindert, bin nicht beschädigt von dieser
Reise zurückgekehrt, im Gegenteil! Es war ein Umweg und sonst
nichts!

Kein Beamter soll mich versorgen, kein Psychologe beleidigen,
von Journalisten und Polizisten laß ich mich nicht länger auspres-
sen. Zu lange habe ich mitgespielt. Die Aufmerksamkeit hat mir
geschmeichelt, die Trinkgelder waren auch nicht schlecht, aber jeden Tag wurden meine Antworten routinierter, schneller, falscher. Jeden Tag mehr Verkürzungen, Beschönigungen, Klagen.
Und jetzt dieser Antrag! Ich muß von vorn beginnen, noch einmal. Warum regt so ein albernes Formblatt mich auf, reißt mich
zurück, lädt das Gedächtnis auf, schwemmt die Bilder, Grimassen
und Laute heran, brennt mir den Gestank auf die Haut und
schließt mich wieder ein in das Flugzeug?

Weit entfernt sehe ich eine andere Andrea Boländer, die vor fünf Wochen mit leichtem Gepäck in Palma einstieg, den Fensterplatz besetzte in der Reihe 10, nach dem Start sich zurücklehnte und einen Brief begann, Lieber Stefan, und drei oder vier ungeschickte Sätze schrieb, das Blatt vom Block riß mit der Absicht, das Nötige in einem Satz zu sagen, der aufhören sollte mit dem Wort «aus».

Plötzlich Schreie wie Blitze, ganz nah, von allen Seiten, schrille, zänkische Mädchenstimmen, hartes, unverständliches Befehlsgebrüll, kratzendes Englisch, polternde Schritte, die Schreie gleichzeitig vorn und hinten, immer lauter und bellend. Die Gedanken beschäftigt mit dem einen, schlagenden Satz für den Brief, nur das Gehör war schon hellwach mitten in der neuen Situation, von der ich noch nichts begriff, es sortierte die verschiedenen Heftigkeiten und Tonlagen der Geräusche: Angstkreischen, Zetern, Frauenschreie, Männergebrüll, Schreckensrufe. Nichts davon paßte in ein Flugzeug. Die überraschende und anhaltende Detonation menschlichen Lärms sagte mir zuerst nichts, sie zeigte nur an, daß etwas Unerhörtes geschehen war oder beginnen sollte. *Hands up! Hands up! Hands up!*, das war das einzige und ständig wiederholte Gebrüll, das immer deutlicher alles andere übertönte.

Hände, lauter Hände, einzeln und paarweise, Arme, immer mehr Arme wurden zögernd in die Höhe gereckt, vorsichtig angewinkelt, als sei noch nicht sicher, ob der Befehl ein Befehl ist. Ich klemmte den Schreibblock mit dem Kugelschreiber ins Netz vor mir und gab, beinah ohne Angst und Hast, den Befehl an die Muskeln weiter. Sie gehorchten. Der Anfang einer Schwimmbewegung. Ich reihte mich ein. Schwamm reglos mit. Alle Passagiere, die ich von meinem Platz aus sehen konnte, hatten die Arme nach oben gestreckt. Die Protestrufe ebbten ab, die deutschen Schrecklaute verschwanden, aufgeregte und ängstliche Äußerungen eines winzigen Widerstands, aber es blieben die Kommandostimmen von Frauen und das Gebell eines jungen Mannes und hallten wider im Ohr und wurden wiederholt in der einzigen Sprache, die von nun an galt, *Hands up! Hands up! Don't move!*

Eine der schreienden Frauen schritt an uns vorbei und hielt in ihrer Hand einen metallenen, faustgroßen Gegenstand, den ich nur in Filmen gesehen hatte und sofort erkannte, eine Handgranate. Ihr gellendes Gekreische *Don't move! Hands up! Don't move!* machte mir mehr angst als die Granate, die sie wie ein Pfand hochhielt oder wie ein Beweisstück, als hätte sie sonst nichts, was ihr die Kraft geben könnte zu schreien mit einer erregten, explodierenden Stimme, die tatsächlich eher aus der Granate als aus dem Mund zu dringen schien. Und das war nur eine von mehreren Stimmen, denen wir einige zehn Sekunden lang und damit schon entschieden zu lange gehorchten, von Befehlen und Waffen überwältigt, zurückgedrückt in die Sessel und aufgehängt an den eigenen Händen.

Von vorn wurden Leute durch den Mittelgang getrieben, Stewardessen darunter, und weiter nach hinten gedrängt, ein junger Mann mit Pistole befahl die Richtung. Sie wurden gegeneinander gedrückt, wehrten sich mit verzögerten Schritten und versuchten, Körper an Körper stehend, im Gedrängel Schutz zu finden. Niemand wollte im Schußfeld der Pistole sein. Die Leute hielten die Hände hoch, aber nur halbhoch, in Kopfhöhe, denn sie mußten sich gleichzeitig festhalten beim Geschobenwerden. Das aufgerissene Gesicht einer Frau in meinem Alter, die sich empören wollte, aber nur irrend und geschlagen um sich blickte und Hilfe suchte in einem andern Gesicht, traf meinen Blick. Sie begriff nichts oder begriff doch alles, sie ahnte vielleicht, daß es jetzt nicht mehr darauf ankam, was wir begriffen. Sie, so schien es mir, sah mich genau so an wie ich sie, zwei Gesichter, die einander als Spiegel dienten und im gleichen Moment darüber erschraken. Es war wie in einer dunkel bekannten und plötzlich hart aufleuchtenden Filmszene, und erst mein kaltes Zittern verriet mir, daß wir nicht im Kino saßen. Eine abgewürgte Angst lief durch den Körper. Ich holte Luft, um gegen die Salve der Schreie der Bewaffneten anzuschreien. Aber die Gesichtsmuskeln waren steif geworden, die Kiefer öffneten sich nicht, die Stimmbänder blockiert und trokken, und zwischen den Zahnreihen hörte das Zittern nicht auf.

Die Hände hoch, wußte ich nicht, wohin mit dem Kopf. Mal

hielt ich ihn geduckt, mal neugierig gereckt. Mit einer halben Drehung nach hinten konnte ich das Gedränge im Mittelgang sehen, die Leute wurden einzeln auf die freien Plätze im Heck befohlen. Wieder stießen neue Schreie auf die Echos der kurz zuvor gehörten Schreie, so daß es nicht die kleinsten Pausen gab und keine Gelegenheit, die eigene Reaktion zu überdenken.

Wir in der Reihe 10, ungefähr in der vorderen Mitte der Maschine, konnten sitzen bleiben. Wir wurden nicht getrieben, getreten, geboxt mit Faust und Pistolenlauf. Doch die Befehlsschreie kamen mir, obwohl sie mir nicht galten, so schlimm vor wie Hiebe. Sie trafen wie Schüsse, Schüsse, die durch die Ohren drangen, das Hirn löcherten, Schüsse, die keine Wunden zurückließen und doch auf eine ärgerliche Weise schmerzten und den Schmerz verstärkten, den die Ohren im Dauerfeuer des wiederholten *Hands up! Don't move! Hands up!* auszuhalten hatten, ein Befehl, der überdies unnötig und absurd wurde, da wir längst alle gehorchten und in beflissener Ängstlichkeit die Arme hochreckten wie ungelenke Anfänger eines Gymnastikkurses.

Einer der Bewaffneten trieb einen Mann vor sich her, den Piloten, in dunkelblauer Uniform mit goldnen Armstreifen unter den erhobenen Händen. Er war blaß, ergeben, erstarrt. Sofort sah ich das Cockpit leer, keine Hand am Steuerknüppel, niemand vor den Instrumenten und dem Funkgerät, wer fliegt uns denn jetzt, niemand, gleich stürzen wir, ein Selbstmordkommando, gleich stürzen wir, ab in die Tiefe, torkeln hinunter auf Felsen, aufs Meer, zerschellen auf Wasserbeton, bloß nicht ersaufen müssen, von Wellen erschlagen, ersaufen. Es rettete mich der Gedanke, daß mindestens zwei, vielleicht drei Männer die Maschine steuerten. Einer von ihnen war offenbar entbehrlich. Das Flugzeug glitt weiter über die Wolken hinweg, ruhig, mit zuverlässig pfeifenden Düsen. Als der Pilot oder Kopilot, das wußte ich in diesem Augenblick nicht, an uns vorbeigeführt wurde wie ein trauriger, gefangener Häuptling, sagte er leise:

– Alles tun, was die sagen! Alles tun, was die sagen!

Die Worte beruhigten mich, weil sie vernünftig klangen und weil es meine Sprache war, angenehm, vertraut, als hätte ich viele

228

Tage in einem fremden Sprachgebiet gelebt. Gleichzeitig nahmen sie mir die Hoffnung, es könnte alles vielleicht doch nur ein Traum sein, ein Scherz, eine Übung. Die Pistole im Rücken der Uniform war erstaunlich klein. Die Augen der Passagiere folgten der Pistole, dem Piloten, dem brüllenden Mann, der mit der Waffe das Tempo der Bewegungen diktierte, und gingen dann ruckartig zu den Gesichtern der Nachbarn, als suchten sie, weit aufgerissen in einer fast verlegenen Hilflosigkeit, einen Halt wenigstens in der Nähe. Die Gesichter hatten sehr schnell alles Maskenhafte verloren, keines schien mehr getrimmt auf Schönheit, Erfolg, Urlaubslaune, so offen und ungeschminkt lag in ihnen allen der Schock. In der Erstarrung, die sich wie ein Mantel um die schüchterne Angst legte, war mir, als rückten auch die Uhrzeiger nicht weiter. Ich suchte Schutz und drückte mich an die Wand.

Mehrere Leute wurden umgesetzt, größere Kinder nach vorn geschubst, junge Männer von den Gangplätzen entfernt und auf Fensterplätze geschickt. Das zierliche Mädchen, das in meiner Reihe am Gang saß, wurde neben mich befohlen, und auf ihren Platz kam eine ältere Frau, die ihren Körper vor das heruntergeklappte Tischchen zwängen mußte.

Die meisten Passagiere waren beim Essen gestört worden, sie hielten nun die Hände weit über die Tabletts hinauf in die Höhe. Die Bestecke der Leute links neben mir in der Reihe 10 lagen griffbereit an den Hühnchenknochen. Das Zellophanpapier über den Nachtischschälchen war noch nicht aufgerissen. Ich hatte das Essen abgelehnt, weil ich nach dem späten Frühstück keinen Hunger hatte und endlich den Brief schreiben wollte. Nun bekam ich plötzlich Appetit auf das Süße, das da unangetastet unter der Plastikverpackung in meiner Reichweite lag. Ich hätte sofort zugegriffen, selbst wenn es der schäbigste Vanillepudding gewesen wäre, hätte am liebsten drei oder vier Schälchen auf einmal geleert, hielt aber weiter, so tapfer wie feige, die Hände hoch, spürte das Süße oder die Einbildung des Süßen in der Nase, auf der Zunge, und dieser Geschmack linderte die Schreie.

Alles geschah blitzschnell. Stimmen, Bewegungen, Blicke kreuzten sich, prallten gegeneinander und zerfielen, neue Bilder schoben alles durcheinander, und leisere Befehle wie *You should be quiet!* oder *Hey, put your hands up!* klangen beinah milde. Nach außen hin wurden die Passagiere immer ruhiger, und Panik, so schien es, zeigten nur die Bewaffneten, schreiend, gestikulierend, es ging ihnen alles zu langsam. Einer rannte durch die Maschine, hielt hier einem die Faust vors Gesicht, dort die Pistole, kommandierte, schlug und keifte, bis er endlich vorn verschwand.

Sechseinhalb Zeilen läßt der Antrag für die <u>Genaue Schilderung des Tathergangs</u>. Mit sechseinhalb Zeilen kann ich nicht einmal das Durcheinander der ersten lärmenden Sekunden schildern, in denen sich die Ereignisse gegenseitig überlagerten, auslöschten, überboten.

Ein Schlag aufs Trommelfell, ich riß den Mund auf, ein Schrei aus dem Lautsprecher. Eine männliche Stimme, heftig und überraschend nah in unerträglicher Lautstärke. Fast hätte ich die Hände heruntergenommen, um die Ohren zuzuhalten, aber ich streckte sie, erschrocken über meinen Reflex, rasch wieder hoch und ließ geduckt das Gebrüll über mich ergehen wie den Krach eines Tieffliegers. Ein Tiefflieger verschwindet, aber dieser Krach blieb über uns und hieb auf das Trommelfell ein, nichts war zu verstehen, nur furchtbares Englisch, in einem rauhen, drohenden Akzent. Ich meinte Wortfetzen herauszuhören wie *Follow the instructions, shot, executed.* Endlich schien der Mann zu merken, daß seine Anstrengung umsonst war. Er befahl eine Stewardeß zu sich. Von hinten kam Schluchzen. Dann schrie er wieder los und versuchte seine Ansage leiser und verständlicher zu machen. Aber er schaffte es kaum, die erregte Stimme kippte ihm wieder in bellendes Geschrei hinauf.

Er nannte sich Captain und fügte einen unverständlichen Namen an. Er brüllte etwas wie: *This airplane is under my command!* Er sagte: *Whoever refuses to follow my command will be executed immediately!* Er wiederholte: *Will be executed immediately!* Die Stewardeß übersetzte: Wer meinen Anweisungen nicht Folge leistet, wird erschossen. Sie übersetzte die Wiederholung nicht und sprach die Ausrufungszeichen nicht mit, sie bemühte sich, den gewohnten Stewardessenton beizubehalten.

– Tun Sie bitte, meine Damen und Herren, was Captain Jassid sagt.

Sogleich ging es weiter, in englischer Brüllsprache: *Wer die Hände nicht über den Kopf hält, wird erschossen!* Wir hielten die Hände schon viele Minuten lang hoch wie befohlen, und ich konnte mir nicht vorstellen, wie wir das noch länger aushalten sollten. Er brüllte: *Wer redet, wird sofort erschossen!* Er machte eine Pause, als wollte er horchen, ob jemand zu widersprechen wagte. *Wer nicht sofort das Rollo am Fenster schließt, wird erschossen!* Ich überlegte einen Augenblick, wie ich mit erhobenen Händen das Rollo herunterziehen sollte. Auch andere auf den Fensterplätzen schienen zu zögern, dann wurde der Mann am Mikrofon deutlicher: *Alle, die am Fenster sitzen, sollen die Rollos schließen und sofort wieder die Hände über den Kopf halten!* Wir warteten auf die Übersetzung und zogen gehorsam die Rollos herunter, und ich nahm nicht einmal die Gelegenheit wahr, noch einen Blick auf ein Wolkengebirge oder hinab auf das Meerblau zu speichern. Ich folgte eilig dem Befehl wie die anderen, war beinah erleichtert, die aufdringliche Helle, den unendlichen, ärgerlich freien Raum hinter dem Guckloch wegschieben zu können und meine geschützte Ecke dunkel zu haben. Der Schreihals schien mit uns zufrieden zu sein, in milderem Ton sagte er: *Wer redet, wer auch nur ein Wort redet, wird erschossen!* Als die Stewardeß das übersetzt hatte, klang unser Schweigen anders als in den Pausen vorher. Ich merkte, wie ich nickte, stumm mein Einverständnis gab.

Und jetzt die Bestecke! Wer nicht sofort alle Eßbestecke in den Mittelgang wirft, wird erschossen! Ich sah auf das Besteck meiner Nachbarin, das noch auf dem Tablett am Gangplatz über den Knien der älteren Dame lag. Wir fixierten das kurze Messer, den Teelöffel, die schmale Gabel. Die Dame am Gang fühlte sich offenbar nicht zuständig, sie wandte den Blick nach vorn, als gehe von dem fremden Eßbesteck eine Gefahr aus oder als wolle sie prüfen, was die anderen Leute taten. Meine Nachbarin zögerte, nach dem Besteck hinüberzugreifen, sie sah ratlos hin, dann fragend zu mir. Erst jetzt entdeckte ich, daß das Plastikmesser und die Plastikgabel schon abgewischt und ordentlich am Tablettrand lagen, als hätte die Benutzerin sie gerade in die Handtasche packen wollen zum Andenken an eine Lufthansareise oder als Mitbringsel für Kinder. Die anderen Passagiere gegenüber hatten Messer und Gabel und Löffel längst in den Gang geworfen, plötzlich griffen beide Frauen neben mir entschlossen zu, vielleicht um die Gelegenheit zu nutzen, einem der Arme für einen kurzen Moment etwas Bewegung zu verschaffen, und die Jüngere war schneller, vielleicht weil sie sich von mir ertappt fühlte. Als ich das Besteck auf dem kotbraunen Läufer im Mittelgang verstreut liegen sah, die spitzen Zinken und geschliffenen Schneiden, begriff ich endlich den Befehl. Es waren Waffen. Es wären Waffen gewesen, wenn irgendeiner der Passagiere imstande gewesen wäre, ein brüchiges kleines Messer, eine Gabel ins Auge oder ins Herz eines Angreifers zu stoßen. Nun lagen diese lächerlichen und unbrauchbaren Waffen da wie achtlos hingeworfenes, billiges Beutegut nach einem verlorenen Feldzug. Wir hatten nicht einmal gekämpft und schon verloren, da lag wieder ein Beweis.

Im Antrag steht etwas von Abwehr. Sind Sie bei der Abwehr des rechtswidrigen Angriffs von anderen Personen unterstützt worden? Ja – nein. Gegebenenfalls von wem? Wer kann, wer will begreifen, daß wir uns nicht einmal gewehrt haben? Ich habe keinen Angriff abgewehrt, es hat mir niemand geholfen. Auch ich habe keiner Person geholfen, nicht einmal meiner Nachbarin, nicht einmal mit ein paar Worten. Stumm haben wir die Gewalt über uns ergehen lassen, reglos, eingerollt, stumm.

Ein Kind weinte, es redete im Weinen. Wird der Kerl das Kind anbrüllen, schlagen, erschießen? Ich hätte ihm alles zugetraut. Er befahl vier älteren Frauen, das Besteck aufzuheben und nach vorn in die Erste Klasse zu bringen. Die Frau, die für den Mittelbereich eingeteilt war, sah niemanden an, blickte verschämt auf den Boden, krümmte den Körper und bückte sich, während hinter ihr eines der Mädchen mit der Handgranate stand, wurfbereit, jede Bewegung kontrollierend. Das Kind weinte leiser. Dann mußten die Eßtabletts eingesammelt und nach vorn gebracht werden. Die Hände der Frau, die das Tablett in unserer Reihe wegnahm, zitterten, ich fürchtete, sie werde es nicht festhalten, sie werde nicht mehr als zwei Tabletts tragen können, alles fallen lassen oder stürzen, aber sie ging mit vier oder fünf davon. Ich trauerte den Süßspeisen nach.

Das Kind weinte nicht mehr. Die Stille der Düsengeräusche wurde nur vom Klappern der Tabletts unterbrochen, bis eine ältere männliche Stimme von vorn durch die Kabine krähte:

– Was fällt Ihnen ein! Ich habe noch nicht aufgegessen!

Ich streckte die Arme weiter nach oben, um den Kopf unauffällig höher heben zu können. *Don't talk! Don't talk! Shut up! Don't move!* Eins der Handgranatenmädchen herrschte den Alten an und die Frau, die nicht wußte, ob sie dem Befehl folgen und das Tablett wegnehmen sollte.

Der Alte ließ sich nicht einschüchtern oder verstand nichts, er protestierte sogar heftiger:

– Was fällt Ihnen ein! Ich bin noch nicht fertig! Ich will weiteressen! Lassen Sie mich in Ruhe!

Ein Tumult, ein überraschender Widerstand brach auf, der Anführer verließ das Mikrofon und brüllte, die dolmetschende Stewardeß kam hinzu. Man redete hin und her, und die Stimme des Alten stach immer seltener von den anderen ab. Nach kurzer Verhandlung ging jeder wieder auf seinen Platz, der Alte schwieg.

Sofort waren die Schreie aus dem Bordlautsprecher wieder da, böser und härter als vorher. *Wer Waffen dabei hat, legt sie in den Gang!* Niemand rührte sich. *Alle harten Gegenstände, Messer, Feuerzeuge, Kämme, raus damit!* Pause. *Wer jetzt noch Waffen bei sich hat, wird erschossen!* Die Männer wurden aufgefordert, einer nach dem andern, in den Gang zu treten. Sie wurden durchsucht. Manche geschlagen. Minuten, die nur unterbrochen waren vom klatschenden Geräusch einer Hand, die in ein Gesicht traf. Der Captain schrie *What's that? What's that?* Er hielt eine Nagelfeile hoch. *That's a weapon! Weapon!* schrie er und schlug wieder zu. Bei jedem Schlag zuckte ich zusammen, als täte es mir weh, und es tat mir weh, ich saß wie gelähmt und versuchte, die hochgestreckten Arme gegen die Ohren zu pressen. Das Mädchen neben mir lehnte seinen Oberarm an meinen. Wir sahen nicht hin, wenn geschlagen wurde, wir hörten nur das häßliche Klatschen von Fleisch und Knochen gegen Fleisch und Knochen, begleitet von Schreien, die nicht die Schreie der Geschlagenen waren, sondern die Schreie der Schläger. Frauen blieben von der Durchsuchung verschont. Uns trauten sie offenbar keine Angriffsabsichten und keine versteckten Taschenmesser zu.

Der selbsternannte Captain war mit seinen Kommandos noch nicht fertig. *Jeder wirft seinen Ausweis auf den Gang! Und alle zionistischen Waren, raus damit!* Ich warf den Ausweis hin und überlegte, was er mit zionistischen Waren meinte. Wir kamen nicht aus Israel. Orangen hatte ich nicht dabei. Ich erinnerte mich nicht, in letzter Zeit Waren mit dem Aufdruck Made in Israel gesehen oder gekauft zu haben. Woher sollte ich plötzlich die Herkunft der Gegenstände kennen, mit denen ich mich umgab? Und warum sagte er nicht israelisch, wenn er israelisch meinte? Oder meinte er Waren, die irgendwo in der Welt von Juden gefertigt oder verkauft wurden?

Schon folgte der nächste Befehl. Das Handgepäck sollte bereitgehalten werden zum Einsammeln. Ich nahm meine rostrote Leinentasche auf den Schoß. Alles tun, was die sagen. Die Zeitung und den Schreibblock mit dem Kugelschreiber im Netz vor mir prüfte ich kurz und entschied, daß das alles nicht zum Handgepäck gehörte. Ich befolgte den Befehl nicht hundertprozentig. Zum erstenmal in diesen chaotischen, von einer neuen Ordnung diktierten Minuten spürte ich den Wunsch nach einem winzigen Widerstand, und ich wußte, ich würde nur die Dumme spielen können, wenn man mir mit Vorwürfen oder Schlägen käme. Aber der Wunsch war stärker, die wenigen Sachen bei mir zu haben, die ich mir für den dreistündigen Flug zurechtgelegt hatte. Die Bereitschaft zu einem ersten, kleinen Risiko war für einen Augenblick größer als die Angst. Von vorn die Brüllstimme: *We don't want your money, lady! We don't need your jewels! Keep it! Keep it!* Die kleinere der beiden Frauen umklammerte die Handgranate in der einen Hand und nahm meine Tasche in die andere, ich spürte ihren Blick. Du bist also auch dabei! Das war nicht einmal böse gemeint, fast wie der Begrüßungsblick des Flugpersonals beim Betreten der Maschine. Unter der Granate baumelte der herausgezogene Sicherungsstift. Sie ging stumm zur nächsten Reihe vor und ließ sich weiter beladen. Ich dachte, die kennst du doch! Du kennst eine, die so aussieht wie die da!

Captain Jassid schrie durch die Lautsprecher, wir sollten weiter die Arme hochhalten, aber wir dürften sie auch auf die Lehne des Vordersitzes stützen. Nach der Übersetzung folgten keine weiteren Anweisungen. Ich wollte die Arme sofort nach vorn sinken lassen, aber sie waren schon so schwer und wie gebrochen in einen Befehl gegipst, daß sie nur verzögert reagierten, bis sie aus der wackligen Starre fielen. Heftig krallte und spannte ich die Finger, bis das Blut wieder zu kreisen begann und wie eine feine Spur nachlassenden Schmerzes von den Armen aus durch den Körper und bis in den Kopf zog.

Der geordnete Ablauf der einzelnen Etappen dieses Überfalls hielt mich so in Atem, daß die Fragen nach dem Warum immer wieder zurückgedrängt oder von neuen Ereignissen überlagert wurden. Alles, was da geschah, war so irreal wie eine Traumszene, die in einen Alptraum umkippte. Das Irreale aber wurde mit größter Sorgfalt abgewickelt. Wie sie uns plünderten, einschüchterten, wehrlos machten, das hatte eine Ordnung, eine Logik, die sich kaum von der Logik der Anweisungen für Notlandungen unterschied. Eher verblüfft als hilflos war ich meinen Beobachtungen und Empfindungen ausgeliefert. Alles ging zu schnell und zu langsam zugleich. Erst allmählich stellte sich der Begriff für all diese Vorgänge ein, Entführung. Es ist tatsächlich eine Entführung, was hier stattfindet! Und diese Leute da, das also sind Entführer!

Im Magen ein Würgen. Ich wollte die Hand auf den Bauch legen. Etwas essen. Der Magen gab dem Kopf das Signal, endlich Fragen zuzulassen. Der Kopf stellte sich dumm, kam noch nicht darüber hinweg, daß er gefangengehalten war von Pistolen, Handgranaten und Befehlsschreien. Der Kopf wußte nicht weiter. Alles tun, was die sagen. Niemand wußte, wer die vier Bewaffneten waren, was sie wollten und was sie ausgerechnet von uns wollten. Aus ihrer dunkleren Hautfarbe und aus dem Befehl, zionistische Waren abzugeben, ließ sich schließen, daß es sich um Araber handelte, vielleicht Palästinenser. Auch der Name Jassid wies in diese Richtung. Aber was konnten die vier mit einer Lufthansamaschine voll Urlaubern vorhaben?

Die Angst kam schubweise. Sie rollte mit diesen Fragen heran, die in den ersten Minuten oder Viertelstunden blitzartig, dann immer wuchtiger und nacheinander durch Magen und Kopf schossen. Schnell schoben sie mich auf das Ende zu. Die schöne Sicherheit des Gedankens: Tod, Schluß, Aus.

FASTEN SEAT BELT – bei jeder kleinen Turbulenz in der Luft kommt die Aufforderung zum Anschnallen, aber nun, da wir geradeaus in den Tod fliegen, leuchten die Signale nicht auf! Nicht die schußbereiten Waffen, nicht die turnstundenhafte Ordnung unserer aufgereihten, hilflosen Hände, nicht diese Lähmung war es, die mich an den Tod denken ließ. FASTEN SEAT BELT, das war das höhnische Menetekel, wir werden sterben und sind nicht einmal angeschnallt! Ich war ganz nüchtern, als mir zum erstenmal der Gedanke kam, wir werden sterben, es dauert ein paar Minuten, und alles ist vorbei. Ich hatte Angst davor, unangeschnallt abzustürzen, aber fürchtete kaum den Tod. Ich rettete mich hin zu der Vorstellung, was ist, wenn ich tot bin, was ist dann? Einfach tot sein und lauter Fehler gemacht. Nicht einmal Stefan den Laufpaß gegeben, den Brief viel zu lange hinausgezögert. Schon vor der Reise hätte ich sagen können, mach dir bitte keine Hoffnungen mehr. Nichts als Unordnung werde ich hinterlassen. Ach, es war alles egal. Wenn ich tot bin, wird er weinen? Hätte er geweint, wenn er den Brief bekommen hätte? Nein. Und Rainer, wird der weinen? Beide weinen, die ungleichen Freunde, aber jeder anders, und wie wird das aussehen? Ich dachte kaum an die Eltern, die Kollegen, die Freundinnen. Stefan und Rainer weinten im Wettstreit miteinander, als kämpften sie zum letzten- oder zum erstenmal um mich. Ich wäre gern dabeigewesen. Im schwarzen Anzug Rainer vor dem Spiegel, er rasiert sich, welches Rasierwasser hat er auf der Haut bei meiner Beerdigung? Ich sah im Spiegel mich, ihm über die Schulter blickend, der Spiegel beschlug. So klammerte ich mich an die Vorstellungen vom Ende, an die schmeichelnden Phantasien, andere um mich trauern zu sehen. Nein, ich hatte mich noch nicht aufgegeben, im Gegenteil, der Gedanke an mein Begräbnis hielt mich am Leben. Sonne schien auf dem Friedhof. Ich hielt die Schaufel fest, ich gab sie nicht aus der Hand. Es war die einzige Schaufel, die Zeremonie geriet durcheinander, wurde unterbrochen, die Leute liefen lachend zum Ausgang und warfen sich in die Autos.

Ich könnte sagen, ich bin tot gewesen, viele Male tot in diesen fünf Tagen, das wäre keine Übertreibung. Aber es käme mir übertrieben vor, von Körperschäden viel Aufhebens zu machen. Zwei Zeilen für die Frage, Welche Körperschäden haben Sie durch eine Gewalttat erlitten? Habe ich gelitten, und was habe ich erlitten? Zu solchen Wörtern greifen die Herren aus den Ämtern, wenn sie mal nicht bürokratisch sein wollen!

Die schmerzenden Arme erhoben, nicht angeschnallt, ohne Gepäck, im letzten Hemd, rechts das vom Rollo abgedeckte Fenster, nein, kein Sargfenster. Nach links alles offen. Ich war nicht allein, mein Arm berührte den Arm meiner Nachbarin, ein Mädchen von siebzehn oder achtzehn Jahren. Ich traute mich nicht, das Sprechverbot zu übertreten und flüsternd nach ihrem Namen zu fragen. Alles tun, was die sagen. Sie seufzte mehr als ich, sie zitterte mehr, sie war jünger, blonder, hübscher als ich, nichts wußte ich von ihr, aber sie schien mir langsamer im Begreifen, und ich war plötzlich sicher, sie wird vor mir verrückt werden.

Bloß nicht verrückt werden! Du bist nicht persönlich gemeint. Bleib ruhig. Alles tun, was die sagen. Alles tun, was die sagen. Du bist nur ein Objekt für diese Leute. Wenn du eine Chance hast, dann die: Möglichst gelassen bleiben. So tun, als wärst du schon tot. Als wäre alles Schlimme hinter dir. Als könne dir nichts mehr passieren. Schlaf oder schau hin. Bleib die du bist, die Forscherin. Auch wenn es nichts mit deiner Zoologie zu tun hat, ein Experiment ist es auf jeden Fall. Alles tun, was die sagen. Alles beobachten und im Gedächtnis speichern, was du hörst, was du siehst, was du fühlst in deinen Nervenzellen!

Mit der Vernunft immer geradeaus, mit den Beruhigungsformeln allein im Kabinenschlauch, mit dem Forschertrost zwischen die starr nach vorn gerichteten Sessel gepfercht. Alles tun, was die sagen. Die Vernunft ließ mir keine Ruhe und wollte wenigstens die Richtung wissen. Die Fenster zugezogen, es gab nicht den geringsten Hinweis, ob wir über das Meer, über die Alpen, über deutsche Felder hinwegflogen oder längst abgedreht waren nach Süden, nach Osten oder sonstwohin. Mit neunhundert Kilometern in der Stunde schossen wir in eine unbekannte Richtung, gefesselt in einer geräumigen und doch viel zu engen Rakete, aus der Welt herauskatapultiert, abhängig nur von den Treibstoffvorräten, ziellos und abgehoben, vergessen und eingesperrt in der Atmosphäre, im Luftraum irgendwo über Europa. So ist das, in der Luft zu hängen, sagte die Vernunft. Die unermeßliche Fallhöhe unter den Füßen, gefangen im unsichersten aller Elemente schwebend, nichts Festes zum Greifen, kein Boden zum Stehen, keine Möglichkeit anzuhalten, zur Schnelligkeit verdammt, und keine Chance zu entkommen. EXIT. Die Tür so nah. EXIT für Fallschirmspringer. Alles tun, was die sagen. Entweder entkamen wir alle oder es entkam keiner. Wir gehörten alle zusammen, Freund und Feind. Wenn wir nicht abstürzen wollten, hatten wir auf die Entführer Rücksicht zu nehmen, und sie auf uns. Die Jungen und Mädchen mit den Handgranaten, sie müssen besonders vorsichtig sein, sagte die Vernunft. Ihre Waffen können sie hier oben gar nicht benutzen. Trotzdem sah ich es genau vor mir, das Loch in der Bordwand, ein Schußloch, ein Granatenloch, die eisige, sauerstoffarme Luft dringt ein, die Maschine taumelt, wir werden im Sturz zerfetzt vom Luftstoß, vom Aufschlag aufs Meer oder auf einen albernen Felsen, ich sah das Loch, spürte den Luftzug, fiel unangeschnallt und stürzte, wieder einmal kopfüber aufs Ende zu. Im Fallen der Trost, die Waffen sind wirklich sinnlos, viel zu gefährlich. Solange wir in der Luft bleiben, kann nicht viel passieren. Alles tun, was die sagen. Alles tun, was die sagen.

Die Arme schmerzten so heftig, daß ich nur auf mich und meinen Körper sah und die vernünftigen Vorsätze wieder vergaß. Kein Blut in den Händen, die immer schwerer wurden. Dann und wann streckte ich die Finger, ballte sie zur Faust, spreizte sie wieder und versuchte so, das Blut besser zirkulieren zu lassen. Es kribbelte nicht mehr in den Armen, sie blieben wie abgestorben. Ich fühlte mich von ihrem Gewicht erschlagen. Zwei oder drei Meter entfernt stand die wachsame Entführerin, die jeden anherrschte, der die erschöpften Arme für einen Augenblick sinken ließ. *Hands up! Put your hands up!* In Reihen geordnet hintereinander sitzend mit leeren, kraftlos gestreckten Gliedern – das Bild kam mir bereits vertraut vor. Wir gaben unseren Körpern den Anschein einer soldatischen Ordnung oder einer Unordnung, wie sie die Geschlagenen, die leicht Verwundeten an den Tag legen, die nicht mehr im Gleichschritt, aber noch in einem einheitlichen Gefüge marschierenden oder schlurfenden Kriegsgefangenen.

Gefangen, aber mit welchen Unterschieden! Wir saßen und durften uns nicht bewegen. Wir hatten nicht geschossen, wir marschierten nicht. Wir hatten an alles andere als an Krieg gedacht, an Gefangenschaft und Bombennächte. Mit der Scheckkarte sind wir in ein Reisebüro geschlendert und nach Mallorca geflogen. Wir wollten Ruhe, Sonne, Abwechslung. Und jetzt auf engstem Raum zusammengepfercht, der nur in Zentimetern zu messen war. Der Abstand von Rückenlehne zu Rückenlehne, achtzig Zentimeter vielleicht. Auf schmale Polstersitze gezwängt, millimeternah am Sitznachbarn. Von Beinfreiheit keine Rede, die Füße steckten wie in einem Kasten. Wenn ich sie einmal, die Hacken aneinander,

nach außen wendete, war die ganze Bewegungsfläche schon ausge-
füllt. Unmöglich, die Beine hochzuziehen, anzuwinkeln oder in
anderer Weise zu bewegen, und so wurden sie schwerer und
schwerer. Wenn ich die Arme ganz hoch reckte, wichen die
Schmerzen für einen Moment, und ich erreichte die Deckenverkleidung, tastete die Luftdüse ab, den Lampenschalter, und vermied es, den Rufknopf zu berühren. Leicht war meine Zelle auszu-
messen, nach links hin offen und begrenzt von zwei Menschen und
hinter dem Mittelgang noch einmal drei, bis zur Wand gegenüber
also sechs Passagiere auf vielleicht vier Metern aufgereiht. So
hockten wir und warteten nach nur einer Stunde Gefangenschaft
schon auf nichts anderes als auf eine kleine Erleichterung.

Jede Regung, jedes kleinste Körpergefühl war abhängig von denen, die uns in ihrer Gewalt hatten. Die Schmerzen, die Empfindungen, alles wurde von ihnen diktiert. Alles tun, was die sagen.
Ich konnte nichts tun, nichts ändern, ich hatte nur meine vernünftigen Vorsätze. Ich war froh, nicht Stewardeß zu sein und nicht die
Verantwortung der Piloten zu haben, die versuchen mußten, Einfluß auf die Entführer zu gewinnen. Ich hatte keine Aufgaben,
keine Rechte, keine Stimme, ich konnte denken und wünschen,
was ich wollte, es war völlig unerheblich.

In der Skinnerbox lief die Ratte herum, eben eingesetzt in den Käfig, eingesperrt zwischen Holz, Metall und Glas, und hinter dem
Glas das Kameraauge. Sie tappte, schnupperte, prüfte alle Winkel
ihres Kastens ab. Die Ratte brauchte Stunden, um sich an die Enge
zu gewöhnen, Stunden, um die Hebel zu entdecken. Wie lange
brauchte sie, um herauszufinden, daß beim Drücken eines bestimmten Hebels Futter in den Napf fiel? Wie lange brauchte sie,
bis sie gelernt hatte, ihre Entdeckung zu wiederholen und sich mittels Hebeldrücken regelmäßig Nahrung zu verschaffen? Wie lange
brauchte sie, um sich heimisch zu fühlen in ihrem Kasten? Die
Ratte lief mir schwarzweiß vor die Augen wie in dem Film für
Biologiestudenten des ersten Semesters.

Nah vor mir, in der Mitte der Maschine, war eine der beiden jungen Frauen postiert. Mit großen, hündisch wachsamen Augen stand sie da, einsatzbereit mit ihrer Granate, die sie mal in die Rechte, mal in die Linke nahm, immer hochgereckt und wurfbereit, in drohender Haltung. Die schwarzen Haare hingen ihr auf die Schultern. Sie war groß und stämmig, ein mürrisches Wesen, unberechenbar. Ihr Gesicht wirkte fast traurig, trotz aller Aufmerksamkeit nicht verkrampft, und es gelang mir nicht, eine Antwort darin zu finden, was sie mit uns vorhatten. Je länger ich sie beobachtete, desto weniger Haß entdeckte ich in ihren Zügen. In dem jungen Gesicht fielen die dicklichen Wangen auf. Wie ihre Komplizen war sie wenige Jahre jünger als ich. Anfang bis Mitte Zwanzig.

Ganz vorn stand der zweite Mann, mit Pistole. Er wirkte weniger aufgeregt als die andern. Er brüllte weniger, er schien fast schüchtern. Er sah auffällig aus, dieser Pirat in seinem pastellgrünen Anzug, eher ein Dressman, mit blitzendblauen Augen, schwarzem Haar. Einer, den jede Gans als gut aussehend bezeichnen würde, mit einem Charme, der auch mir gefiel. Aber je länger ich ihn betrachtete, desto mehr fiel das Routinierte seines Gehabes auf, die gefährliche Glätte eines Filmschauspielers, das unsympathisch Perfekte. Wie er sein Brusthaar vorzeigte, so gekonnt unaufdringlich, das Hemd nur so weit offen, wie es für eine Andeutung erforderlich war, das verriet einen, der es nötig hat anzugeben und der deshalb der Gefährlichste, der Kälteste von allen werden konnte.

Sie redeten sich untereinander mit Nummern an. *Number sixteen, go there! Number thirty-one, wait!* Das paßte zu ihrer Befehlssprache, aber es beunruhigte mich mehr und mehr. Der Verzicht auf Namen bedeutete etwas, das mit den Regeln der Konspiration allein nicht zu erklären war. Sie hätten sich ja auch mit Decknamen anreden können oder mit den Nummern eins bis vier. Aber sie gebrauchten so undurchschaubare Zahlen wie 16, 22, 28 und 31. Was für Personen sind das, die auf ihre Namen verzichten? Teile eines fernen Apparats, dem sie gehorchten? Waren wir gar nicht vom Wohlwollen oder den finsteren Plänen dieser vier Entführer abhängig, sondern von ganz anderen Hintermännern, die ihre Nummern 16, 22, 28, 31 auf uns losließen?

Eine ganze Weile hatte ich gehofft, die Entführer wollten nichts anderes als Geld, etliche Millionen Mark oder Dollar. Nun landet endlich und laßt euch von irgendwem die Millionen auszahlen, damit wir bald wieder frei sind! Ich gönn euch die Millionen, ihr seid so jung, ihr habt etwas erreicht, haut endlich ab und verjubelt eure Millionen! Ich wünschte ihnen alles Gute, nur um nicht über das Naheliegende spekulieren zu müssen, einen Überfall von Palästinensern. Aber die Nummern störten, sie verrieten einen politischen Hintergrund, sie paßten zu der drohenden Frage nach den sogenannten zionistischen Waren. Die Ahnung, in ein politisches Drama hereingezogen zu werden, war nicht länger zu verdrängen. Von vorn, aus dem Cockpit oder der Ersten Klasse, war hin und wieder die Schreistimme des Anführers zu hören. Vielleicht diktierte er unserem Kapitän das Ziel oder verhandelte mit Flughafenleuten über die Route, die Forderungen, die Landung. Ich war froh, ihn wenigstens nicht zu sehen, diesen Schreihals mit dem irren Blick.

Nur sekundenlang half mir der Vorsatz, alles wie aus der Ferne gelassen zu betrachten. Ich wehrte mich dagegen, meine Beobachtungen für wahr zu nehmen. Vier junge Leute hielten achtzig oder neunzig Passagiere in Schach. Und wir, wir hatten die uns aufgezwungenen Regeln von einer Minute auf die andere anerkannt. Alles tun, was die sagen. Alles tun, was die sagen. Sie hielten uns passiv, keine Bewegung!, kein Gespräch!, wir reckten die Hände hoch und parierten. Nicht einmal Eltern und Kinder hatten protestiert, als sie voneinander getrennt wurden. Jedes Tier hätte aufbegehrt, gebissen, getreten, gewimmert. Wir parierten und wußten schon nicht mehr, ob das Zittern in den Armen von der allmählichen Versteifung der Glieder kam oder aus Angst. Alles tun, was die sagen. Was blieb uns anderes übrig? Was Waffen hätten werden können, hatten sie weggenommen, nicht einmal eine Handtasche war uns geblieben, die wir einem der vier auf den Kopf hätten schlagen können. Nur die Fäuste waren noch da, Hände, die blutleer, unbrauchbar, nutzlos in der Luft hingen. Und doch musterten uns die Entführer, als seien wir zu heftigem Widerstand bereit oder fähig, als lauerten wir, die nicht einmal die Namen voneinander wußten, auf ein Zeichen zur Gegenwehr, als schlummerten in uns noch unerwartete, explosive Kräfte. Die Entführer hatten keine Ahnung, wie schwach und willenlos wir schon waren. Keine Ahnung, welch lähmende Wirkung von dem Schock ausging, daß die gefürchteten Fernsehstars, die Terroristen, so plötzlich Realität geworden waren, hautnah, mit Stimme, Ton, Grimassen, und allen Requisiten. Mir fehlte der Rahmen zu dem, was ich sah, der Kasten, die hellere Beleuchtung, der Abschaltknopf. Die Bilder wurden immer größer, lebensgroßes Bildschirmformat, die Geräusche quadrophon, und kein Schnitt, kein Abspann erlöste uns. Wir waren weder Statisten noch Zuschauer, wir wußten nicht, was wir mit dieser Erfahrung anstellen sollten, die nicht von einem Regisseur gelenkt wurde. Niemand wollte mit dem Terror etwas zu tun haben, niemand wollte in die Geschichte mit den Palästinensern hineingezogen werden, auch ich versteckte mich vor der Gefahr und schloß die Augen.

Lenk dich ab, denk an die Arbeit der nächsten Wochen! Am Montag soll das neue Versuchsprogramm starten, wir setzen die Untersuchung der Ultraschallsinne der schädlichen Schmetterlinge fort, wir mischen uns in den Ultraschallkrieg zwischen Fledermäusen und Nachtfaltern ein, wir untersuchen, wie der Kiefernspanner mit seinem Flügelschlag Hörorgan und Schallorgan verdeckt und freilegt. Seit Jahren, ab Montag wieder hat der Professor den Ehrgeiz, mit Ultraschallautsprechern, künstlichen Fledermäusen, die Schädlinge zu bekämpfen, und nun wird es darauf ankommen, Frau Boländer, die an den Beinen sitzende Schallmembran aus Chitin so zum Zittern zu bringen, daß die Tiere auch im Labor die richtigen hochfrequenten Schwingungen erreichen. Ehrgeizig sind wir, wie alle in Tübingen ehrgeizig sind! Ab Montag wieder, ab Montag wieder, am Montag hast du alles längst überstanden!

Schlafen, schlafen, bis alles vorbei ist! Bloß nicht sehen, was ist. Vergessen, wegdenken, abtauchen, fallen! Ich floh zu Rainer, in sein Büro, das er immer zu eng findet, ein riesiger Raum, so kommt es mir vor, von hinten schleich ich heran, will ihm die Hände vor die Brille halten. Er ist zu weit entfernt. Er schielt auf die Uhr. Ich öffnete die Augen, Viertel nach drei. Vorne der Schönling in seinem grünen Anzug nahm die Pistole aus der rechten Hand in die linke. Augen zu! Rainer schiebt die Entwürfe nicht beiseite, er starrt aus dem Fenster, sieht mich an, macht sich ein Bild von mir, dösend im Flugzeug, ein Getränk nippend und ganz entspannt ihm entgegenfliegend. Er traut mir ein bißchen kribbelnde Flugangst zu, mehr nicht. Er trommelt mit den Fingern unter der Herzgegend, es knistert, er trägt das Telegramm in der Jackentasche, ERWARTE NUR DICH STOP DONNERS- TAG 18.51 UHR HAUPTBAHNHOF NON-STOP ANDREA. Er hat noch über drei Stunden Zeit. Ich habe ihn nicht nach Frank- furt bestellt, ich wollte nicht in dieser riesigen, glitzernden Men- schensortieranlage abgeholt werden, lieber zwei Stunden im Inter- city langsam nach Stuttgart mich tragen lassen. Erwarte nur dich, damit war alles entschieden, auch für ihn, den ich vor vierzehn Tagen verlassen hatte mit der Begründung, ich müsse mich end- gültig entscheiden zwischen ihm und dem andern.

Aus welchen Gründen hielten Sie sich am Tatort auf? Wenn ich den Antragsbogen ausfülle, müßte ich hier wahrheitsgemäß ant- worten: Weil ich mir nach dem wochenlangen Durcheinander mit den Herren Stefan E. und Rainer M. diesen Alleinurlaub verordnet habe. Weil ich vierzehn Tage Ruhe haben wollte vor den beiden. Weil ich nicht mir nichts dir nichts vom einen zum andern sprin- gen wollte. Oder war es die Jahreszeit, die mich an den Tatort brachte? Denn wohin im Oktober, wenn nicht Mallorca? Oder doch die Liebe? Denn ich flog zwei Tage früher zurück, weil es mich zu Rainer zog, weil ich die Nase voll hatte vom Alleinsein. Und dann die Maschine erwischt, die zum Tatort wurde, so einfach war das. Aus wie vielen Gründen hielt ich mich am Tatort auf?

Nicht länger als zwei, drei Minuten konnte ich die Augen geschlossen halten. Immer wieder mußte ich überprüfen, ob das alles wahr war, ob die andern Leute ebenso grotesk die Arme ausstreckten, ob sie sich tatsächlich von der bloßen Anwesenheit der vier Bewaffneten fesseln, krümmen und zum Schweigen bringen ließen. Ob die Augen geschlossen oder offen waren, es machte keinen Unterschied für das aufgeregt schlagende Herz, den bohrend leeren Magen und das Blut, das aus den Armen durch den immer schwerer werdenden Körper in die Beine sackte.

Am schlimmsten die Enge. Ständig die Beine, die Schultern, die Arme einer Fremden berühren zu müssen oder den Berührungen auszuweichen war schon lästig genug. Gesteigert wurde meine Nervosität durch das hautnahe, säuselnde Stöhnen des Mädchens neben mir. Auch die Frau auf dem Gangplatz bewegte sich unruhig, als sei ihr alles zu eng, und sie verengte damit unsere Zelle noch mehr. Ich wollte von den beiden nichts wissen, sie störten, sie behinderten mich und vergrößerten meine Qual, und ich wußte, daß sie beide ähnliches dachten, daß sie den gleichen Haß gegen mich entwickelten, daß sie mich beneideten um den Fensterplatz, etwas abseits von den gefährlichen Leuten und mit einer schützenden Wand zur Seite statt eines Menschen, der drängelt, schiebt, schwitzt. Es war mir egal, ob sie mehr litten als ich und was sie empfanden. Ich wollte sie nicht sehen. Ich weigerte mich, die Passagiere in meinem Umkreis genauer zu betrachten. Ich wünschte sie alle fort. Aber ich brauchte sie, brauchte die vielen Leute als Schutz, damit die Waffen, die Schreie, die tötenden Blicke nicht auf mich allein gerichtet blieben.

Rainer, er wird noch eine Stunde über seinen Entwürfen sitzen, dann heimfahren, die Wohnung herrichten und dann viel zu früh am Bahnsteig stehen und warten, nichts ahnen von dem Ungeheuerlichen, das seiner Freundin zugestoßen ist. Sicher gab es noch keine Nachrichten, es wurden noch keine Wörter bereitgestellt für das, was uns geschah. Selbst für mich setzten sich die Bruchstücke der Beobachtungen noch nicht zusammen zu einem großen umwerfenden Ereignis, ja, es war noch gar kein Ereignis, sondern es gab nur Einzelteile eines Schreckbildes, das ich nicht übersah, weil ich mitten darin saß und dadurch blind den Abläufen, die ich nicht bestimmen konnte, ausgeliefert war. Blind, weil ich, wenn ich die Augen öffnete, nichts weiter sah als lauter unbekannte Menschen mit erhobenen Armen und die jungen Leute mit den Waffen. Nur das Verrückte, das Theaterhafte dieses Überfalls begann ich zu verstehen, aber nichts von dem Sinn des Stücks, in dem wir eine solch beschämende Rolle spielten. Eine stumme Rolle überdies, die uns nicht einmal erlaubte, das zu unserer Körperhaltung passende Geheul und Geschrei anzustimmen, sondern im Gegenteil, die Schmerzschreie unserer verkrampften, beengten Körper zu unterdrücken. Ich wünschte mir, daß man uns draußen so sähe, so kläglich, erniedrigt. Es war kein Ende abzusehen – und wir stießen ins Leere vor, immer weiter, immer geradeaus durch die Luft, und was uns eben überwältigt hatte, das war für die Zuschauer auf der Erde, zu Hause noch nicht einmal das Billigste und Schäbigste, was die Medien aus Tod und Leiden herausschlagen, eine Nachricht. Ich fühlte mich in ein Vakuum gezogen, ich wußte, es gibt uns noch nicht für die da unten, es wird uns nicht geben, wir verschwinden in aller Stille und mit höchster Geschwindigkeit, es wird viel zu lange dauern, bis man da unten merkt, daß hier oben nichts mehr planmäßig läuft, daß wir aus allen Zeitplänen und Lebensplänen hinausgestoßen werden.

Der einzige Trost waren die Entführer selbst. Sie mußten ein Ziel haben, sie mußten ihrem Unternehmen einen Sinn, eine Lösung geben. Alle Hoffnung setzte ich in den widerlichsten Kerl, den Anführer, der sehr geschäftig war und sich meistens vorn aufhielt. Die Tür zwischen Cockpit und Erster Klasse schien er offen zu lassen. Man hörte ihn manchmal reden, zum Kapitän oder in das Funkmikrofon. Vielleicht hatte er seine Sprüche und Forderungen längst durchgegeben, und die Angestellten der Flughäfen, die Politiker, Polizisten, Presseleute wußten viel mehr über den Zweck dieser Aktion als wir. Vielleicht täuschten mich meine Befürchtungen, und sie alle rotierten da unten schon um eine Sensation, eine Herausforderung, hingen aufgeregt um Telefone, Kameras, Fernschreiber herum, arbeiteten hektisch an unserer Rettung, während wir, im Zentrum des Sturms, unbeweglich, still und ermüdet saßen und warteten, nur warteten.

Die Triebwerkgeräusche schienen lauter zu werden, die Maschine neigte sich, flog eine Kurve. Als sei die Schwerkraft wieder zu fühlen. Die Lähmung schwand. Endlich, endlich geht es runter! Und wenn es nur die leeren Tanks sind, die uns zum Landen zwingen, das ist immerhin eine Aussicht! Je mehr wir uns senkten, desto leichter wurde mir. Als die Aufforderung zum Anschnallen kam, in der vertrauten, freundlich-routinierten und wie seit ewigen Zeiten nicht mehr gehörten Stewardessen-Stimme, da war ich nahe daran zu klatschen, so begeistert war ich über die Rückkehr zum Gewohnten. Das Glück der klickenden Gurtverschlüsse! Ich wußte nicht, wo wir landeten. Doch es reichte schon diese winzige Veränderung, daß ich mich angeschnallt befreit fühlte. Die Gewißheit der Landung wehte alle Ängste fort. Na bitte, jetzt komm ich wieder, etwas verspätet, aber ich komme, der Spuk wird gleich aufhören, und alles wird gut werden jetzt, jetzt gleich.

Die Maschine war noch nicht ausgerollt, da wurde wieder geschrien *Hands up! Don't move! Hands up!* Ich gehorchte zögernd, widerspenstiger, wie von einer dummen Anweisung belästigt, und ließ die zum Überdruß bekannten Befehle unwillig über mich ergehen, *Don't talk! Leave your windows closed! Don't talk!* Der Anführer stellte sich in den Gang, fuhr mit der Pistole durch die Luft, setzte sie einem Passagier an die Stirn und schrie *Don't move! Don't move! You are not allowed to move!*

Das Flugzeug stand, Triebwerke abgeschaltet. Besser, als ziellos in der Luft herumzujagen, zwischen den Wolken herumzuwakkeln. Ich saß lockerer. Die Spannung drückte auf die Schläfen. Du mußt Geduld haben, Geduld! Der Spuk wird gleich aufhören, und alles wird gut werden, jetzt, jetzt gleich. Eine Erfrischung wenigstens, bitte eine kleine Erfrischung, Stewardessen mit dem Servicewagen. Was möchten Sie trinken? Leise reibend pfiffen die Luftdüsen auf uns hinab. Mit Soda oder mit Eis?

Ruhig atmen, tief durchatmen. Das Warten, das Warten mußt du lernen. Der Aschenbecher mit Namen PUSH. Stewardeß, haben Sie Feuer? Die Tür heißt EXIT. Wer hat sie erfunden, die hochklappbaren Tische mit den dürren Stützen und dem einfachen Kipphebel? Das Warten mußt du aushalten, das Warten ist das Geringste, was du zu deiner Befreiung beitragen kannst. Stewardeß, wo bleibt der Kaffee? Wo bleiben die Informationen, Herr Kapitän? Wo bleibt der Trost? Ja, mit Milch und Zucker, bitte. Ja, ich habe verstanden, es wird alles gut enden. Ja, es ist mir nicht entgangen, wir sind auf die Erde zurückgekehrt und nicht mehr mit unsern Entführern allein. Auf welcher Rollbahn, auf welchem Standplatz wir warten, das soll mir gleichgültig sein, ja, wir werden gesehen, ja, es tröstet mich, Herr Kapitän, es sind Menschen um uns herum, Helfer vielleicht, Verhandlungspartner und andere Augenzeugen, die filmen und fotografieren. Es wird alles für uns getan, ganz bestimmt, Herr Kapitän, ich werde weiter geduldig sein und Sie nicht mehr belästigen, Sie haben genug zu tun. Was ich trinken möchte? Vielen Dank, ich warte.

Aus dem Cockpit drang trotz Tür und Vorhang das Geschrei des selbsternannten Captains. Jassid, der Diktator der Maschine, war auch der Befehlshaber, der mit den Leuten draußen im Flughafengebäude die Verhandlungen führte. Ich wollte wissen, ob der Tower vor oder hinter uns, rechts oder links von mir lag, und richtete das Gehör ganz nach vorn. Ich versuchte, die englisch verzerrten Brüllaute und Befehlschreie zu verstehen, die Wörter darin zu identifizieren und zu übersetzen. Es gelang mir nicht, Hinweise auf unsere Situation zu ermitteln. Sicher war nur, daß es dem Mann bitterernst war. So wie er uns überfallen und traktiert hatte, schien er nun mit den Leuten draußen zu verfahren, und sein zunehmendes Geschrei ließ darauf schließen, daß die nicht so widerstandslos gehorchten wie wir.

Solange verhandelt wird, wird nicht geschossen. Der Satz, von einem pausbäckigen Politiker gesprochen, schepperte mir durch den Kopf. Mit solchen Sprüchen kann man Reden schmücken, vielleicht Politik machen, aber er reichte nicht aus, mich zu beruhigen, im Gegenteil. Zwar wurde nicht geschossen, es waren alle Passagiere noch am Leben, gut, aber wenn ich den Kopf reckte, sah ich die Leute um mich herum zittern, als stehe eine Erschießung unmittelbar bevor. Ob geschossen wird oder verhandelt, das schien auf das gleiche hinzulaufen, es waren die beiden Möglichkeiten eines Zustands: eine Art Kriegszustand. Es wird verhandelt und nicht geschossen, dieser Trost war zu dürftig. Das Zittern ging auch ohne Schüsse weiter. Der Krieg, dachte ich plötzlich, besteht ja nicht nur aus Schüssen und Bomben, aus dem albernen Gezappel und Gebrüll und Geknalle der Uniformierten, nein, viel eher aus dem bangen Warten auf das Unabänderliche, aus der schamvoll verborgenen Furcht vor dem unberechenbaren, Leben und Tod zuteilenden Ritual, und aus den immer heftigeren Wunden, die von nie gesehenen Waffen herrühren, erwartet und überraschend zugleich, und aus der Ahnung, daß der Feind an ganz anderen Orten sitzt als da, wo er bekämpft wird. Im Krieg, da kann man nichts tun, außer aufs Glück hoffen oder desertieren.

Die Frau am Gang bewegte unaufhörlich die Lippen, es war nicht deutlich, ob sie betete oder sich etwas erzählte oder Gedichte memorierte, der ganze Körper hilflos, angewidert, halb hängend, halb sitzend, stumm und allein – zum erstenmal brannte sich das Wort Geisel in meinen Kopf. Nicht erschossen, beinah wie erschossen, bedroht vom Erschossenwerden, wie dreckig es uns jetzt gehen mag, wir sind Geiseln! Wir sind etwas wert, wir sind etwas Besonderes, wir sind viel mehr als unsre Namen, als unsre Körper! Wir Geiseln, wir müssen nur an unsern Wert denken, unser Kurswert steigt vielleicht von Minute zu Minute, während wir uns immer schwächer, ärmer, müder fühlen und uns nicht bewegen dürfen, nicht einmal zur Toilette, und nichts zu trinken kriegen! Geiseln sind wir, Verhandlungsobjekte, jeder von uns einzeln und wir alle zusammen, mit uns wird jetzt gepokert und geschachert. Mit uns wird Politik gemacht, Geschäfte, wir werden

249

abgerichtet für ein Tauschgeschäft, je dreckiger es uns geht, desto wertvoller sind wir, desto eher werden wir ausgetauscht und befreit! Der Spuk wird bald aufhören, es wird alles gut enden, bald, bald!

Oder könnten wir irgendwo in der Wüste gelandet sein, weit weg von allen Diplomaten und Fotografen, in irgendeinem Versteck in Nordafrika? Die Frage ließ mich nicht los, und als die junge Frau, die meistens in der Mitte der Maschine nah an unserer Reihe postiert war, einmal weiter nach hinten ging, schob ich kurz entschlossen mit dem Ellbogen des erhobenen rechten Arms die Jalousie hoch und duckte den Kopf. Ein Stück Betonbahn und Grasfläche daneben. Ich war enttäuscht, dann dachte ich: das Gras! Also nicht in der Wüste gelandet! Das Gras war nicht saftig regengrün, eher dünn und ausgebrannt, weggewelktes Oktobergras, also mußten wir irgendwo in Südeuropa sein, Frankreich, Italien, Spanien. Gras, wie man es von Flughäfen am Mittelmeer kennt, das schüttere Gras, das man beim ersten Blick nach der Landung neben der Piste zu sehen bekommt und das schon im frühen Sommer tot und trostlos aussieht.

Ja, das Gras hätte auch das Gras von Palma sein können. Palma! Waren wir nur im Kreis geflogen? Alles nur ein Spaß oder ein Test, und dieser schreiende Captain Jassid wird gleich den Vorhang zur Ersten Klasse beiseite schieben und strahlen und uns zu einer bestandenen Prüfung gratulieren, seine schwarze Perücke abnehmen, sich blond als ein Lufthansamanager oder Psychologe vorstellen und für die Schrecken und Schreie entschuldigen, alles nur ein Test!, nur ein Test!, und jedem von uns einen Freiflugschein nach Wahl oder fünftausend Mark als Entschädigung anbieten und immer wieder, um Beifall kämpfend wie ein Samstagabendunterhalter, rufen: Es ist vorbei! Alles nur ein Test! Sie haben gewonnen! Sie haben fünftausend Mark gewonnen!

Das Mädchen neben mir war nahe daran zu weinen. Sie sah mich fragend an, als hätte sie meinen Blick nach draußen bemerkt. Die Tusche krümelte an ihren Wimpern. Gerötet und müde die braunen, ängstlich eingezogenen Augen. Ich zuckte mit den Schultern. Wenn ich hätte reden dürfen, hätte ich sagen können: Weder Deutschland noch Wüste, sondern irgendwo dazwischen. Nur einmal lautlos flüstern, sagte ich mir, selbst wenn du erwischt wirst, das wird dich das Leben nicht kosten! Und als unsere Wächterin sich ein wenig entfernte, versuchte ich es:

– Keine Ahnung.

Sie schien erleichtert über die Mitteilung, die keine war. Wahrscheinlich fühlte sie sich gar nicht von der Information, sondern vom Flüstern getröstet. Ich hatte sie immerhin angesprochen, ernst genommen, etwas für sie gewagt. Dabei hatte ich es eher für mich getan, mir selbst wollte ich beweisen, daß ich mich nicht völlig einschüchtern ließ und zu einem hauchdünnen, nur uns beide wahrnehmbaren Widerstand imstande war. Gern hätte ich ihren Namen gewußt, aber ich wollte nicht zuviel auf einmal riskieren.

Noch einmal wurden einige Leute umgesetzt. Soweit ich sehen konnte, wurden alle Männer auf Fensterplätze verteilt. Das schien mir richtig so. Falls einer von ihnen noch an Rebellion dachte, hätte er erst aufstehen und an den Knien der andern vorbeidrängeln müssen. Wir Frauen waren in der Überzahl, und ich konnte, ich mußte auf meinem Platz bleiben. Gern hätte ich gewechselt, nur um ein paar Sekunden lang Bewegung in den Körper zu bringen. Einige Kinder durften zu ihren Eltern zurück.

Die beiden Bewacherinnen tauschten ihre Plätze. Die kleinere, vielleicht die Jüngste der Gruppe, die mir das Handgepäck weggenommen hatte, war nun für die Mitte zuständig und verschaffte sich sogleich Respekt. Sie herrschte einige Leute an, weil sie die Arme nicht hoch genug reckten. Auch sie war gut trainiert, die Hand mit der Granate darin immer wurfbereit zu halten. Kurze Haare, die halbe Stirnseite frei, die andere hinter einer Locke, und ein Gesicht, das mir zuerst besser gefiel als das ihrer Kollegin. Wieder mußte ich überlegen, wem sie ähnlich sah. Die Augen wirkten gefährlich, wach, flink und gnadenlos. Hinter dem Gefälligen dieses Gesichts lag etwas Gehässiges, eine Bereitschaft zur Gemeinheit, die ich an der anderen Frau nicht entdeckt hatte. Sie spielte nicht nur die Rolle einer perfiden Aufseherin, sie war es auch. Vielleicht war an dieser Einschätzung mein Vorurteil gegen die kleinen, schwarzhaarigen Frauen beteiligt. Ich traute ihr noch weniger Verständnis oder Mitleid zu als der anderen. Heidrun! Plötzlich wußte ich, woher ich sie kannte. Sie sah aus wie Heidrun, die jahrelang hinter mir gesessen hatte in der Schule. Heidrun mit dem giftigen Blick in der Tanzstunde, weil sie länger auf die Jungen warten mußte als ich, Heidrun, die angab mit ihrem französischen Brieffreund, der in Wirklichkeit eine Freundin war. Heidrun, jetzt hab ich dich!, dachte ich.

Sogleich regte sich der Wunsch, ihr ein Schnippchen zu schlagen, mit irgendeiner Geste mich gegen sie zu behaupten. Noch einmal winkelte ich den Ellbogen so, daß er an den schmalen Rollogriff herankam, und schob ihn, als sie einige Reihen vor uns beschäftigt war, in die Höhe und lehnte den Körper zurück. Ich spähte in die Richtung, die ich beim erstenmal nicht beachtet hatte, nach vorn, über die Tragfläche hinweg. Diesmal ließ ich den Ellbogen langsamer herunter.

Drei graugrüne gepanzerte Fahrzeuge, auf dem vorderen die Aufschrift POLIZIA. Dahinter und daneben mehr Fahrzeuge ähnlicher Art. Wir waren umstellt, die Geschütze auf uns gerichtet. Gab es Befehl, gegen die Maschine vorzugehen, sie zu beschießen, zu stürmen? Standen wir schon vor dem feurigen Finale? Nein, es sah eher nach Stillstand aus, ein bedrohlicher Stillstand der Waffen. Der Mann im Cockpit tat mir ein bißchen leid, der seine Verhandlungen führte im Angesicht der Panzer, die auf ihn gerichtet waren.

POLIZIA, das war ein Hinweis: Italien. So viel Urlaubsitalienisch hatte ich im Kopf, aber ich war verwirrt und wollte ganz sicher sein. Französisch war das nicht, Spanisch nicht, im Serbokroatischen hätten andere Konsonanten das Wort für Polizei verlängert, im Griechischen andere Buchstaben. Italien, kein Zweifel, wir sind in Italien! Mailand, Rom, Neapel oder Sizilien vielleicht? Ich hätte es gern genauer gewußt, obwohl es an unserer Lage nichts geändert hätte. Das wäre ein besseres Futter für die Phantasie gewesen als die graugrünen Fahrzeuge. Eine Postkartenerinnerung an Rom oder lieber Neapel mit Vesuv und blauem, blauem Mittelmeer, das wäre doch eine traumhafte Ablenkung wert gewesen, oder noch lieber Mailand, der Bahnhof von Mailand, das Anrollen und langsame Beschleunigen eines Zuges aus dem Bahnhof heraus, nichts ersehnte ich in diesen Augenblicken mehr als ein Eisenbahnabteil für mich allein nordwärts, die Alpen hinauf, und immer die festen Gleise unter den Rädern und laufen, endlich laufen können in den langen Gängen der ratternden, schaukelnden Waggons hin zum Speisewagen, dann ein Schluck Wein oder erst ein Schluck Wasser, was möchten Sie?, ein Schluck nur, gegen den Durst, was möchten Sie trinken?, bitte, ja bitte, mein Durst, nein, ich durfte nicht weiterdenken, beherrsch dich, Andrea, beherrsch dich!

Italien! Ich gab meine Information an die Nachbarin weiter, aber das Land schien ihr so gleichgültig zu sein wie alles andere. Selbst mein Flüstern nahm sie ohne einen dankbaren Blick hin, als sei es selbstverständlich, daß ich ihretwegen ein Verbot zu übertreten wagte. Das ärgerte mich. Aber dann, in einem neuen Anfall von Vernünftigkeit, nahm ich mir vor, freundlich zu bleiben. Freundlichkeit könnte eine bessere Investition für die nächsten Stunden sein als Ärger.

Was hatten sie mit uns vor? Immer wieder ging ich die Möglichkeiten durch, die mir einfielen. Ich bedauerte, nicht die Phantasie der Entführer zu haben. Geld oder die Einreise in ein bestimmtes Land oder politische Forderungen, alles war vorstellbar. Die Forderungen könnten mit Deutschland zu tun haben, da wir in einer Lufthansamaschine saßen, mit Israel, da sie nach zionistischen Waren gefragt hatten, mit Spanien, da wir von dort abgeflogen waren, oder mit Italien. Da es keine deutschen Entführer waren, schied ein Zusammenhang mit der Entführung des Industriepräsidenten aus. Wenn es schlimm kommt, dachte ich, werden sie uns gegen andere Palästinenser eintauschen wollen, die, wenn es noch schlimmer kommt, in Israel sitzen.

Keine dieser Spekulationen half, sie verwirrten, sie ängstigten nur. Immer wieder, mit Unterbrechungen, drang die Stimme des Jassid durch, aber kein Wort, keine Abkürzung, und auch von unseren Piloten oder Stewardessen nichts, was Aufschluß gegeben hätte. Es schien mir allmählich vernünftiger, nichts zu wissen, nicht nach dem Sinn dieses Unternehmens zu suchen. Misch dich nicht immer mit dummen Gedanken in die Verhandlungen ein! Es steigert nur deine Angst, wenn du Bescheid weißt, wofür wir als Pfand dienen sollen. Sei vernünftig, du bist eine Geisel und sonst nichts, stumm, blind, ein stillgelegter Körper im Wartezustand Krieg, und wenn du nicht desertieren kannst, dann hoff auf dein Glück!

Worin sehen Sie den Anlaß für das zur Schädigung führende Ereignis? Ich sehe keinen Anlaß, ich sehe am hochgereckten Arm meine Uhr. Ein Bleigewicht am Gelenk. Ich schüttle den Unterarm, es fällt nicht ab. Besser so, ich kann die Zeiger anstarren. Steht die Uhr? Tatsächlich, sie steht. Ich versuche, den Kopf an den Arm zu legen, den Arm anzuwinkeln und das Ohr so nah wie möglich an das Gehäuse zu halten. Gleich ist der Arm unten, paß auf. Ich reiß ihn wieder hoch und bilde mir ein, das Ticken gehört zu haben. Schau zwei Minuten nur auf den großen Zeiger. Die Uhr geht doch. Jetzt erst nehme ich die Uhr des Mannes vor mir wahr, eine Digitaluhr, und die winzige Uhr meiner Nachbarin, fast an jedem gestreckten linken Arm eine Uhr. Überall Uhren, an all den leicht gebräunten, schlaffen Handgelenken arbeiten diese kleinen Maschinchen vor sich hin, als hätten sie sich bereits von uns getrennt und selbständig gemacht, nein, mehr als das, sie arbeiten für die andere Seite. Sie nehmen uns die Sekunden weg, eine Sekunde, wieder eine, noch eine Sekunde, eine Sekunde nach der andern. Sie machen jede Minute, in der nichts passiert, zu einem Punktgewinn für unsre Entführer. Ich überlege, was ich tun könne gegen die

Uhren, diese Verräter. Aber es fällt mir nichts anderes ein, als mir die Uhrzeit zu merken, fünf vor fünf, merk dir wenigstens das, gelandet und ausgerollt vor etwa einer Stunde, kurz vor vier, und die Uhren entdeckt, nein, entlarvt um fünf vor fünf. Ich lenke mich ab mit einer genaueren Betrachtung aller Uhren, keine Uhr kann ich schön finden, alle unnötig, ärgerlich, kalt, das abstoßende Gold. Sie zählen unsere Zeit ab. Herzlos! Sie kümmern sich nicht um uns, sie zittern nicht mit, es ist ihnen alles egal. Sie hätten auch an den Gelenken der Entführer hängen können. Wir hängen schon an ihren Gelenken. Ich zähle, zähle alle Uhren an den schlapp ge-streckten Armen. Achtzehn, beim zweiten Zählen siebzehn. Sieb-zehn Uhren allein in meinem Gesichtsfeld. Fragen Sie lieber die Uhren nach dem <u>Anlaß für das zur Schädigung führende Ereignis</u>!

Die Entführer gaben sich gefaßt und überlegen, locker mit ihren Granaten und Pistolen in der Hand, aber sie schienen nervöser zu werden. Sie tigerten immer öfter durch die Reihen und musterten die Passagiere einzeln. Nummer 31, die wie Heidrun aussah, tat sich besonders hervor, indem sie manchen Leuten lange in die Au-gen starrte und, wenn die ihrem Blick nicht standhielten und wie schuldbewußt wegsahen, triumphierend weiterging. Ich ver-suchte, ihr auszuweichen und unauffällig eine andere Blickrich-tung zu wählen, wenn sie in unsere Nähe kam. Die Bewacher schienen vom langen Warten überfordert. Sie wußten, daß wir von Panzern umstellt waren. Sie hörten das Gebrüll von vorn, sie ver-standen mehr als wir und kannten die Ziele, den Plan, die Schwie-rigkeiten. Alles hing jetzt vom Geschick ihres Chefs ab.
    Es häuften sich die bellenden Befehle. Die 31 schrie eine Frau in der Reihe vor mir an, *You must not talk! Don't talk! Shut up! I tell you, shut up!* Vielleicht hatte die Frau geflüstert, gehört hatte ich nichts, vielleicht hatte sie eine verdächtige Bewegung mit den Lippen gezeigt, vielleicht nicht einmal das, und die Bellaute waren wie die Blicke nichts weiter als Einschüchterungsmanöver. Sie hörte nicht auf zu schreien, zwei Minuten, vier Minuten, und schleuderte, während sie im Gang ein paar Schritte vor und ein

paar Schritte zurück lief, wie ein Raubtier, ein junger Panther im Käfig, und mit dem gleichen, eleganten Schwung den Körper an den beiden Endpunkten wendete, die immer wiederholten, längst bekannten Befehle auf die Frau, die nun zu schluchzen anfing. Ich dachte, ich kenne dich, Heidrun, du bist immer zu kurz gekommen, du Biest, wenn du dich so aufführst, dann mußt du schon sehr nervös sein, da erwartest du nichts Gutes heute, hattest du nicht oft Schläge von deinem Alten bekommen und Stubenarrest am Wochenende?

Unten am Boden kam es mir immer gefährlicher vor als in der Luft. Hier konnten die Bewacher, nervös vom Schluchzen der Passagiere oder vom Gebrüll aus dem Cockpit, schießen oder ihre Handgranaten explodieren lassen, ohne befürchten zu müssen, mit uns abzustürzen und spurlos zu verschwinden. Denn eine Spur wollten sie ja mindestens hinterlassen, und wenn es keine politische Aktion wurde, dann wenigstens ein Spektakel. Hier unten konnten sie von Polizisten, von Soldaten oder einem Sprecher im Tower gereizt werden und ihre Wut an uns auslassen. Wenn die Uniformierten draußen den Befehl erhielten, in die Reifen des Flugzeugs zu schießen und uns festzunageln auf diesem Platz, werden sich die Entführer nicht sofort rächen an uns? Hier unten hatten sie Zuschauer, und auf nichts waren sie so angewiesen wie auf Zuschauer. Hier waren gewiß nicht nur die Geschütze, sondern auch die Kameras auf uns gerichtet. Hier unten konnten sie, unberechenbar und in die Enge getrieben, wie sie waren, aus Ärger, aus Verzweiflung oder des Showeffekts wegen sich mit uns oder uns allein in die Luft sprengen.

Ja, wir waren auf eine Bühne gezerrt worden. Das Stück war noch nicht geschrieben, aber die Rollen waren schon verteilt. Die Sicherungsstifte baumelten unter den Granaten, es konnte in jeder Minute losgehen. Mal hielten die Helden uns mit drohendem, mal mit lächelndem Blick fest, als wüßten sie die Fortsetzung selber nicht. Als fehlten ihnen noch die passenden Zuschauer, die gefügigen Kamerateams für die Liveübertragung in alle Welt. Gewiß kam es nicht auf den Ablauf des Stückes an, sondern auf ein möglichst großes Publikum. Ohne die Zuschauer an den Bildschirmen, vor denen unsere Stars sich in Szene setzen wollten, ohne Zuschauer wären wir sicherer. Wenn niemand zuschaut, reagiert, niemand Beifall gibt oder sich gruselnd abwendet, dann lohnte die ganze Inszenierung nicht!

So verschob sich allmählich die Perspektive meines Entsetzens. Ich bekam mehr Angst vor denen draußen. Ich wünschte uns in die Luft. Es schien mir viel sicherer da oben. Das ewige Sitzen und Warten wollte ich nicht länger ertragen, anderthalb Stunden waren es nach der Uhrzeit, aber es kam mir schon wie ein halber Tag vor. In einer Maschine zu hocken, die für die schnellste Bewegung gebaut war, auf engstem Raum mit blutleeren, vom Körper weit entfernten Armen, und nicht vorwärts zu kommen, ich wußte nicht, wie ich das noch länger als ein paar Minuten aushalten sollte. Der taube Schmerz aus den Beinen kam hinzu, sie waren schwer und steif geworden, immer öfter geriet ein Muskel außer Kontrolle und ließ den Oberschenkel zucken. Der auseinanderfallende Körper suchte Bewegung, Abwechslung, leichten Trab, und schrumpfte statt dessen immer mehr ein in dem engen, sich weiter verengenden Raum.

Ein Motorengeräusch, dann ein härterer Schlag, ein Rumpeln von Metall gegen Metall an irgendeiner Stelle der Maschine, die mit einem sanften, winzigen Schlingern antwortete. Es waren technische Geräusche, kein Angriff. Dann folgte ein leichtes Pfeifen, das dem Pfeifen der Luftdüsen ähnlich war, nur dunkler, von einem starken Motor getrieben. Das Flugzeug wurde aufgetankt. Ein wohltuendes Geräusch, das mir die Ängste und die Fragen nahm und lange anhielt. Mein Wunsch war in Erfüllung gegangen. Es geht weiter, es geht endlich weiter, es ist nicht das Ende hier irgendwo in Italien!

Der Anführer lief durch die Maschine, mit schnellem, hektischem Schritt, der das Signal gab: Vorsicht, jetzt passiert wieder etwas! Es war weniger die Angst vor neuen Schlägen als das Unberechenbare dieses Mannes, das mich still und zurückgezogen machte. Eine junge Frau, zwei Reihen vor mir, wagte es, ihn zu fragen, *Toilet, please, toilet, please.* Jassid blieb vor ihr stehen, drehte seinen Kopf ruckartig nach rechts, nach links und starrte die Frau an. Seine schwarzen, gelockten Haare, der kräftige Schnurrbart im Halbprofil. Rote Flecken im dunklen Gesicht. Er konzentrierte sich, er arbeitete mit den Augen, es war, als pumpe er alle seine Kraft in die Augen hinein. Er war nicht groß, dieser Mann, aber er strengte sich an, mit seiner bloßen Erscheinung wie ein Ungeheuer zu wirken – in einer anderen Lage wäre er mir wie die Karikatur eines Monsterdarstellers erschienen. Es gelang ihm, den Blick eines Irren zu simulieren, der gefährlich nur seiner Unberechenbarkeit wegen war. Ich saß in der Gefahrenzone, die bösen, häßlichen Augen in dem kleinen, dunklen Gesicht gingen hin und her, und aus den Winkeln fixierten sie auch mich. Plötzlich machte er eine zackige Bewegung, riß die Pistole hoch in die Luft, nahm sie mit einer kreisenden Geste herunter, legte den Lauf an die eigne Stirn und tat so, als wolle er abdrücken. Dann senkte er die Waffe und zielte auf die Frau, die das Gesicht wegdrehte.

You are not allowed to move! Sit down! Everybody has to be quiet!

Danach ging er, weiter vorn, auf ein Kind zu, lachte es an und strich ihm über den Kopf. Die Mutter fuhr erschrocken zur Seite. Jassid sagte etwas wie *You will be home soon, my dear!* Seine Freundlichkeit wirkte nicht gestellt.

Die Aufforderung zum Anschnallen kam, ich versuchte, mir die Uhrzeit einzuprägen. Die Uhrzeit! Immer habe ich versucht, mir irgendwelche sinnlosen Uhrzeiten zu merken. Trotzdem kann ich die Frage des Antrags nicht beantworten, <u>Tatzeit (Wochentag)</u>, <u>den (Datum), um Uhr Min.</u> Wären es doch nur Minuten gewesen!

Nach ungefähr zwei Stunden am Boden rollte die Maschine wieder, sie rollte schneller und dröhnender, hob ab und stieg auf. Der Druck in den Ohren war leicht auszuhalten. Die Ungewißheit über die Pläne der Entführer, die Ungewißheit über das nächste Ziel belastete mich nicht. Der unerträgliche Stillstand war vorbei, das Fliegen war ein Stück Normalität, das Fliegen gab der ganzen sinnlosen und rätselhaften Unternehmung immerhin den einen Sinn, vorwärts zu kommen, als Flugzeuginsassin befördert zu werden, zu fliegen, zu fliegen.

zwei

Wir durften die Rollos hochziehen. Die Sonne streifte von hinten auf die Tragflächen. Kein Zweifel an der Flugrichtung. Graue Wolkengebilde vor der Himmelsfläche aus tiefem, immer blauer werdendem Blau. Vor uns im Osten die Wand der Nacht mit rasch wechselnden Farben, blausilbergrau, lilagrau, über allem für einige Minuten der letzte rötliche Schimmer. Erst jetzt wurde mir klar, daß ich in dieser Nacht nicht mehr nach Hause kommen würde, nicht einmal bis Frankfurt.

Eine Stimme im Lautsprecher, der Kapitän nannte seinen Namen, Lothar Krüger, und bat darum, die Gurte anzulegen. Im gleichen Moment blitzte es hinter den Fenstern. Wie angenehm, die Arme bewegen zu dürfen! Wie angenehm, eine väterliche, deutsch sprechende Stimme zu hören! Genüßlich langsam tat ich die vorgeschriebenen Handgriffe. Ein zweiter Blitz erhellte das Fensteroval. Ohne spürbare Abweichung flog die Maschine, immer geradeaus. Die Blitze kamen häufiger, ich meinte, den Donner zu hören, der sich gegen den Triebwerklärm freundlich grummelnd abhob. Wir streifen eine Gewitterfront, die Stimme des Kapitäns beruhigte eine Weile. Doch dann begann die Maschine zu schlingern, sie wackelte, taumelte durch den Sturm. Obwohl ich wußte oder mir einbildete zu wissen, daß Flugzeuge und ihre Insassen vor Gewittern sicher sind, kroch ein neues Gefühl durch den Körper, das aus dem Rhythmus der Flugzeugbewegungen kam, aus dem kurzzeitigen Absacken, dem trügerischen Aufgefangenwerden, dem Vibrieren der Verschalung der Handgepäckfächer über den Köpfen und dem Knistern in den angeblich festen Stahlgelenken: der Absturz wird ganz plötzlich kommen. Die überraschende, nicht wegzuschiebende Gegenwart dieser Gefahr machte die Frauen und Männer, die uns in Gewalt hielten, immer unwichtiger, puppenhafter, sosehr sie sich anstrengten, ihre Heldenrolle durchzuhalten und sogar während des Gewitters aufrecht im Gang stehend eine imposante Figur abzugeben. Ein verrücktes

Ende wird das, im Gewitter hinabstürzen ins Meer samt den Entführern, so wird es ausgehen, es wird keine Sieger geben und keine Verlierer, wir werden einfach aufs Meer schlagen, banal und eklig wird es enden! Ersoffen und aufgefressen wir alle, Freund und Feind, Mann und Frau und Kinder als Fischfutter vereint! Ich klammerte die Augen an das Schild LIFE JACKET UNDER YOUR SEAT, es schien mir ganz unglaublich, daß es noch LIFE JACKETS geben sollte. Die Entführer werden so dumm sein, uns, wenn wir in die Tiefe rauschen, nicht einmal die Schwimmwesten anlegen zu lassen, sie werden lieber mit uns untergehen, bis zur letzten Sekunde mit ausgestreckten Handgranatenfäusten, und wir mit den leeren, zu keiner Schwimmbewegung mehr fähigen Armen!

Wie legt man diese Westen an? Wieder hatte ich beim Start nicht aufgepaßt. Wann muß man an welcher Schnur ziehen, nicht zu früh, nicht zu fest in diesem gelben Ding zappeln? Ungeschickt und hastig machte ich die falschen Handgriffe im falschen Moment, alle hatten die Weste schon an, nur ich nicht, alle warteten auf mich, endlich lag mir das kalte Gummi an Hals und Brust, ich wurde getragen und sah mich im Wasser schaukelnd und gleichzeitig Rainer auf dem Bahnsteig in Stuttgart. Der Zug lief pünktlich ein, Rainer suchte und sortierte die Frauen schon von weitem, die Figuren, die Haare. Ich schnappte mühsam nach Luft, unfähig zu schreien. Er rannte ein paar Schritte, meinte mich weit vorn zu sehen, aber es war doch eine andre. Die Wellen nahmen mir immer wieder die Sicht. Alle Leute, die sich begrüßten und küßten, waren ihm im Weg, der Bahnsteig wurde allmählich überschaubar, und Rainer dachte zum erstenmal, keine Andrea, sie hat den Zug verpaßt, wo ist Andrea? Ich schwamm durch den Bahnhof, erreichte ihn fast, sah ihn zur Halle zurücklaufen, und an der Stelle, wo früher die Sperren waren, hielt er Ausschau, in alle Richtungen. Ich schwamm ihm nach, die Weste erlaubte keine zügigen Bewegungen, Rainer fuhr sich aufgeregt über die Stirn, er wollte es nicht wahrhaben, daß ich nicht aus dem angekündigten Zug gestiegen bin. Erwarte nur dich, 18 Uhr 51, so stand es im Telegramm, Erwarte nur dich. Salzwasser spuckte ich weg und merkte, wie er

nach Gründen suchte: Sie hat den Zug verpaßt, das Flugzeug hatte
Verspätung, oder sie hat beim Zoll lange warten müssen. Eine neue
Welle über den Kopf, und Rainer vor der Ankunftstafel, der nächste Zug aus Frankfurt in einer guten dreiviertel Stunde. Die Wellen
trieben mich hinter ihm her, unruhig und unauffällig schlenderte
er durch den Bahnhof, achtete mehr auf die Auslagen der Geschäfte als auf die Leute, ging die Treppen hinab und wieder hinauf. Das Salz brannte in den Augen, meine Arme erstarrten, die
Beine sanken ab, ich sah den Geliebten auf den steinernen Treppen
ohne Geländer immer auf und ab steigen, ich ans Wasser gefesselt,
er auf den Treppen des Bahnhofs ungeduldig, und ich wurde mir
zu schwer, sank, kippte, ersoff im Meer, wer hält mich fest, wenn
ich falle, halt mich fest, wenn ich falle.

Als ich die Augen öffnete, sah ich den Anführer Jassid, wie er
durch den Mittelgang näher kam mit langsamen Schritten, die er
dem Schlingern anzupassen versuchte. Doch es wirkte so, als sacke
unter seinem Gewicht das Flugzeug jedesmal weg, als trete er mit
der Gewalt seines Körpers oder im Zorn über das Gewitter, das
stärker war als er und ihn lächerlich machte, die Maschine nach
unten, die sich mühsam wieder hob, aber nur, um ihm wieder und
wieder die Gelegenheit zu geben, alles noch weiter nach unten zu
treten bis auf den Grund. In diesem Augenblick haßte ich ihn,
diesen jungen Kerl mit seinen unruhigen Gesten, der so gebieterisch daherkam mit seinem herrischen Schnurrbart und seinem
Einschüchterungsblick, diesen schwarzhaarigen Wicht, der ohne
seine Pistole gar nichts war, diesen Schreihals, der Angst vorm
Gewitter zeigte und vielleicht sogar ein Verrückter war, jedenfalls
unberechenbar wie ein Verrückter, der das Kommando hatte und
die Kommandostimme dazu, und der sich anmaßte, in mein Leben
einzugreifen und nicht nur in meins, der uns entführte aus all unsern Verbindungen und Gewohnheiten, durch die Gewitterhölle
schaukeln ließ und in einen ungewissen Krieg hineinzog. Der
Herrscher über meine Gefühle, der Diktator meiner Ängste! Ich
wußte mich nicht mehr zu beherrschen und weinte, den Kopf zwi-

schen den Armen verborgen und auf den Sitz vor mir gelehnt, so still ich nur weinen konnte.

Rainer auf dem Bahnsteig, suchend, ratlos, verärgert, ich sah ihn auch am zweiten Zug vergeblich warten, ins Bahnhofsrestaurant gehen, ein Bier trinken gegen die Fragen, mit dem Vorsatz, noch den dritten Zug abzuwarten. Ein Fernseher war eingeschaltet, und Rainer sprang plötzlich auf und stürmte nah an den Apparat, Lufthansamaschine von Mallorca nach Frankfurt entführt, soundso viele Passagiere und fünf Besatzungsmitglieder, Ziel unbekannt, Forderungen noch nicht gestellt, Sondersitzung in Bonn – und Rainer, was wird Rainer machen, plötzlich hatte ich kein Bild mehr von ihm, eine Störung, ich konnte mir keine Einzelheiten vorstellen, wie er aussieht, wenn die Nachricht auf ihn knallt und ihn umwirft oder schwitzen läßt oder elektrisiert, welche Bewegung er machen wird, wenn sein Gehirn die Fernsehnachricht mit seinem langen Warten am Bahnhof verbindet. Rainer verlor seine Kontur, er verschwamm und verschwand, je mehr ich sein Bild zu fassen versuchte. Nonstop Andrea hatte ich auf der Post in Palma Nova ins Telegramm geschrieben, nonstop Andrea hatten die Fernschreiber in Stuttgart auf das Telegrammpapier gedruckt, das kam mir nun wie eine hämische Ironie vor, nonstop flog ich fort von ihm, immer weiter fort, nonstop Andrea, und ärgerte mich über meinen billigen Telegrammwitz, ich hätte es wissen müssen, ich hätte mich nicht so selbstsicher geben dürfen, nun hatte ich die Quittung, nun hatte er die Quittung. Ich machte mir Vorwürfe, als hätte ich mich selbst in diese Lage begeben, als hätte ich die Entführung selbst angezettelt, als hinge alles an meinen beiden läppischen, übermütigen Telegrammsätzen.

Nach zwei oder drei Stunden eine neue Landung, aber keine Veränderungen: die Arme hoch, Redeverbot, kein Schritt, wieder nur warten und das Geschrei gedämpft aus dem Cockpit. Wieder der Versuch, ganz still zu sitzen und an nichts zu denken. Wie in der

Schule, du mußt dringend aufs Klo und wartest stundenlang auf das Klingeln. Wenigstens das Schminktäschchen, wenigstens ein Spiegel! Ich stellte immer noch Ansprüche und merkte, daß das ein Fehler war. Gleichgültig muß dir alles werden! Ich redete mir ein, es sei gleichgültig, wo wir gelandet waren, es sei völlig nutzlos, über eine schnelle Befreiung zu spekulieren, und noch nutzloser, mich in jeder Viertelstunde von neuen Ängsten und Hoffnungen beuteln zu lassen und immer wieder in alten Enttäuschungen zu versinken. Alle schon gedachten Gedanken wollte ich vergessen und jedes Gefühl so klein wie möglich halten. Abschalten, alle Sinne abschalten. Meditieren müßte man können, ein Yogi sein, jetzt wie Freundin H. hinhocken und aufs Innerste des Körpers konzentrieren und die Welt vergessen! Oder wenigstens das stöhnende Mädchen neben mir und die vier Leute mit ihren Pistolen und Granaten!

Ich kannte mich nicht aus in dieser Kunst, ich mußte üben. Zuerst starrte ich auf die blaßgelb und orangedünn gemusterten Sitzpolster, ich sah die Farben und Muster zum erstenmal genau an, häßlich und lieblos hingezirkelte Streifen, denen noch nicht einmal die Designer einen genauen Blick gegönnt hatten. Schräg gestellt, sollten sie Dynamik vortäuschen, die Farben so schwach, weil sie niemanden ärgern oder anregen sollten. Das waren nun mein Gegenüber, meine Polsterbezüge in meinem Flugzeug, und ich ließ sie vor den Augen verschwimmen und brachte sie in Schwingung, ich wünschte das Häßliche fort und ließ sie durch den Raum tanzen, gab frische Farben hinzu, tapezierte mir die Enge mit immer kräftigeren Rotfarben und Gelbtönen aus, ließ mir Rhythmen und dann Melodien dazu einfallen, phantasierte Bilder, Kreise, Strudel aus immer neuen Mischungen von Rot und Gelb zusammen und brach ab, als sich alles zu Wolkenbildern verfestigte und ich mich in diesen Wolken, wieder im Flugzeug, gefangen sah. Ich hatte mich gezwungen, auf die Uhr keinen Blick zu werfen, setzte alle Hoffnung in die schnell verrinnende Zeit und meinte, seit Beginn meiner Meditation über die Farben und Muster könnte eine halbe Stunde vergangen sein. Aber nur neun Minuten waren vorüber, nicht einmal neun Minuten!

Als nächstes die Plastikwand an meiner Rechten. Ich fixierte das Weiß, das bei der matten Beleuchtung mal elfenbeinfarben, mal schwach gelblich wirkte. Minutenlang zwang ich den Blick auf einen winzigen Punkt. Der Punkt wurde dunkel, schwarz, füllte sich mit Bildern auf. So, dachte ich, wird es den Irren in ihren weißgekalkten Anstalten ergehen. Die Irren als Vorbild nehmen! Immer gefügig lächeln und tun, was die Ärzte sagen, damit die nicht noch gefährlicher werden, immer die Augen aufs Weiß pflanzen und die Welt im eignen Kopf aufblühen lassen! Alles tun, was die sagen, die Ärzte, die dich in der Zwangsjacke haben und jede Regung, jede Bemerkung, jeden Protest mit neuen Schmerzen beantworten, die mit Instrumenten und Fingern und bösen Medikamenten bewaffneten Ärzte, die nicht einmal verraten, welches Experiment sie mit dir anstellen, was sie dir wegschneiden, was sie dir austreiben wollen. Ich versuchte, die Irre zu spielen, ich konzentrierte mich. Ich übte, Abwechslung in die zweckdienlich gepreßte Kunststoffverkleidung zu bringen. Öl, es ist alles Öl, schon sah ich das dreckige Öl sprudeln, den Bohrturm, die Pipeline, die Tanker, die Tanks, sah meinen Kunststoff in der Fabrik, das Öl gemischt mit anderen Chemikalien und gefärbt, verdünnt und in Preßmaschinen gegossen, von Greifmaschinen ins Wasserbad getaucht und dann gestapelt, verladen und wieder ausgepackt in einer Flugzeughalle irgendwo in den USA, von Hilfsarbeitern an diese Maschine herangekarrt, von Mechanikern gegriffen, gewogen, angepaßt und geschraubt oder genietet, meine Wand, meine Stütze, weich und von meinem erschöpften Körper gewärmt. Ich faßte Zuneigung zu diesem Stück Kunststoff. Es war für mich geschaffen, das gehärtete Öl, mein Kissen. Ich versenkte mich in das Weiß, spielte die verschiedenen Weißtöne durch, und färbte es in Gelb um, in Braun, und nach einigem Training gelang es, eine rote Wand neben mich zu zaubern, eine blaue, eine violette. Schwarz wollte ich nicht, doch je mehr ich mich dagegen wehrte, die Wand nur schwarz und immer schwärzer zu sehen, desto schwerer ließ sich die Nachtfarbe wegwischen, und ich hatte mich bereits so weit auf den Farbentrip gewagt, daß ich einige Augenblicke lang wirklich nicht wußte, wie ich diesen Versuch abbrechen sollte.

Die Nachbarin klappte ihr Tischchen herunter.

– Es gibt zu trinken, flüsterte sie.

Im ersten Moment sah ich das Kunststoffweiß zu Milch werden, die Milch wurde in Gläser geschüttet, ein Glas frische, kalte Milch wurde mir entgegengestreckt.

Plötzlich war die Maschine voll von emsigen, halblauten Bewegungen, Arme wurden heruntergenommen, Tischchen zurechtgerückt. Die Stewardessen, die seit Stunden zwischen den Passagieren untergetaucht und wie verschwunden schienen, waren aufgestanden und begannen Getränke auszuteilen. Die Entführermädchen erstickten mit ihrem Gebelle *Don't talk! You are not allowed to talk! Shut up!* das Flüstern, das da und dort aufkam. Wir hatten die Wahl zwischen Cola und Orangensaft, in halbvollen Plastikbechern. Ich ließ mir Cola geben. Nach dem ersten hastigen Schluck wußte ich, daß das ein Fehler war. Damit verstärkte ich nur den Durst, den Hunger, die Wachheit. Ein halber Becher des süßen Zeugs genügte, den Durst erst richtig bewußtzumachen. Es ging auf halb zehn, und ich hatte seit dem ausgiebigen Frühstück im Hotel, seit zwölf Stunden nichts gegessen und nichts getrunken. Seit neun Stunden nicht auf dem Klo gewesen. Die andern auch nicht, selbst die Kinder nicht.

Die Plastikbecher wurden eingesammelt. Die Stewardessen mußten schweigen wie wir, sie bemühten sich, gefaßt und freundlich auszusehen, es schien nicht so, als wüßten sie mehr als wir. Dennoch wurden die Bewegungen und Gesten der drei Frauen im Lufthansakostüm von den Aufpassern mißtrauisch verfolgt, als fürchteten sie, die Stewardessen hätten geheime Botschaften weiterzugeben oder könnten uns zu einem Aufstand anstiften.

Auf das Geschrei im Cockpit folgten Tankgeräusche. Ich nahm alles gleichgültig hin, ich hatte nichts anderes erwartet. Immer stärker der Druck in der Blase. Die anderen Passagiere mußten den Druck ebenso spüren, aber niemand regte sich. Ich darf die andern nicht ansehen, dachte ich, dann platzen sie los, oder ich muß heulen oder kichern und kann es nicht mehr halten. Ich verbot mir, auf meine Nachbarinnen einzugehen, mit ihnen zu flüstern und in ihren Mienen zu lesen. Sogar die Gesichter der entfernter sitzenden

Passagiere schienen mir gefährlich, ich fürchtete, darin nur mich selbst wie in einem Spiegel zu entdecken, verkrampft, mutlos, stumm. Endlich fand ich einen Trick zur Ablenkung, eine neue Übung. Ich visierte die Haare aller Leute, die in meinem Blickfeld saßen, die Haare ohne die dazugehörenden Köpfe, ohne die Gesichter. Die häßlichen, wulstigen Männernacken waren zum Glück hinter den Lehnen versteckt. Zuerst registrierte ich die Verschiedenheit der Farben, sortierte und zählte und hielt mich lange mit der Klassifizierung der Blondtöne auf. Dann die Formen, ich schied die natürlichen Locken von den Dauerwellen, die kleinen von den größeren Wellen, und fixierte abschätzig die glatten, die auffällig gepflegten und die lieblos gekappten Herrenhaare. Was grau war, blieb grau. Wie eine Friseuse suchte ich weitere Unterschiede, dünnes und dickes Haar, trocken und strapaziert, fettglänzend und frisch gewaschen, strähnig und verschuppt. Ich nahm die Haare wie Perücken und setzte sie von einem Haupt zum andern, bis möglichst viele komische Kombinationen zustande kamen. Sah mich mit Skalpellen hantieren, wie auf einem Markt Skalpelle hochhalten und anbieten für Sammler, Touristen, die wie ich ihre Witze darüber machten, und der Gedanke schoß weiter bis zu dem Bild von den Haarbergen der in den Lagern Ermordeten. Die Haare abgeschoren und zusammengekehrt, gehäuft, eine halbe Baracke voll Haaren, bereit zur Verwertung, sah uns alle kahl und wehrlos zur Vernichtung und Verwertung bereitgestellt, sitzend zwar, aber ebenso stumm, willenlos und gefügig gemacht. Sogleich sträubte sich alles in mir gegen den Vergleich, ich versuchte ihn mit hundert Argumenten wegzuschieben, griff mir ins Haar, riß an meinen Haaren und gab allen Leuten die gewohnte Haartracht zurück, und brauchte doch viele Minuten, bis mein Herzschlag wieder ruhiger war und ich mich an der Überlegung festklammern konnte, daß wir nicht die Objekte einer Vernichtungspolitik seien, sondern nur Tauschobjekte. Nur. Zum Tausch konditioniert. Aber wofür? Warum verrieten sie uns nicht, wofür?

Die Kehle wurde trocken und trockner, gleichzeitig der Schmerz in der Blase stärker. Den Gedanken an Durst konnte ich mir nicht leisten und wurde ihn doch nicht los. Unter dem Zwang der Bewegungslosigkeit, in der Haltung einer an den Armen erhängten Frau, und unter dem Druck der nutzlos, ereignislos verrinnenden Zeit redete ich mir immer wieder zu, ich hätte es bald gelernt, geduldig zu sein. Doch als die Maschine aufgetankt war, die Vorbereitungen für einen neuen Start angeordnet wurden und die Triebwerke aufdröhnten, da fiel plötzlich alle Beherrschung von mir ab, mein Panzer, den ich mir hatte aufzwingen lassen, mein Panzer, in dem ich mich eingerichtet hatte, brach auf, riß mir in allen Muskeln, und ich schrie, ich hörte mich schreien, lauter und durchdringender als alle Schreie der Entführer zuvor gellte mein Schrei: ES REICHT JETZT, IHR SCHWEINE! ICH MACH DAS NICHT MEHR MIT! ERSCHIESST MICH ODER LASST MICH NACH HAUSE, IHR SCHWEINE!

Die Stille nach dem Schrei war so laut wie der Schrei. Alle anderen Geräusche, alle fremden Bewegungen wie beiseite geworfen. Völlig erschöpft hörte ich den Echos nach, den Partikeln meines Schreis, die sich verteilten und zerstoben und jedes Ohr treffen mußten. Endlich hatte ich etwas getan. Endlich mußte sich etwas ändern!

Es geschah nichts. Niemand trat auf mich zu. Niemand brüllte mich an. Niemand drehte sich nach mir um, nicht einmal meine Nachbarin. Die Frau mit der Handgranate, es war die größere, Nummer 28, schien beschäftigt, als hätte sie zu prüfen, ob bestimmte Passagiere angeschnallt waren. Ich hob den Kopf und versuchte, so weit wie möglich nach vorn und nach hinten zu spähen, vielleicht hatte eine andere Frau diesen Schrei getan, und ich hatte ihn nur als meinen gehört, weil er genau meinen Gedanken in dieser Sekunde entsprach. Nichts rührte sich. Niemand wollte für den Schrei verantwortlich sein. Niemand wurde bestraft. Waren wir alle schon durchgedreht? Oder nur ich? Oder keiner?

Die Maschine begann zu rollen, und ich sann darüber nach, warum wir alle so passiv blieben und nicht aufsprangen auf einen Schlag und losschrien, wie ich eben geschrien hatte. Wenn alle schreien, kreischen und nicht mehr aufhören, den Entführern die Nerven zersägen, sie kleinsingen und die Waffen wegbrüllen! Irgendwann mußten wir unsere Überlegenheit doch einsetzen, in Kraft und in List verwandeln, hundert oder achtzig Leute gegen vier, also zwanzig zu eins, worauf warteten wir denn noch? Wenn sich je zwanzig von uns einen oder eine von denen vornehmen, in die Enge treiben, festhalten, mit Judo oder einfach mit mehreren Körpern zu Boden werfen, entwaffnen, k. o. schlagen, fesseln, auch auf die Gefahr hin, daß zwei oder drei von uns verletzt werden! Einmal muß doch jemand das Zeichen geben, einmal müssen wir doch anfangen, den Spuk wegzuwischen!

Das Flugzeug raste, in seinen Verstrebungen knisternd, über die Piste und hob ab, wackelnd, unwillig, zögernd Höhe gewinnend, vorwärts zur nächsten Station. Ich sah keine Antwort in den Gesichtern der andern Passagiere, und sie sahen gewiß keine Aufforderung in meinem Gesicht. Alles tun, was die sagen. Alles tun, was die sagen. Es ist zu spät, es ist nicht der richtige Zeitpunkt, es ist unklug, den Helden zu spielen, es wird sowieso bald friedlich zu Ende gehn – mit solchen Gedanken oder Ausreden versuchten wahrscheinlich alle den lästigen Zustand zu überdauern. Angeschnallt und die bleischweren Arme schon wieder in die Höhe gestreckt, ließen wir uns weiter ins Abseits treiben. Es ging steil nach oben, ich fiel nach hinten, mußte schlucken und schrie noch einmal, so laut ich konnte GENUG! ES IST GENUG! Diesmal wußte ich, daß keiner mich hörte. Auch ich hörte mich nicht, ich hörte diesen Schrei, isoliert von menschlichen Kehlen, und dann wie das Echo eines Echos sich immer weiter entfernen.

Es wurde ganz still in mir, und auch die Triebwerke klangen wie ausgeschaltet. Als liege die Maschine im luftleeren Raum.

Ein Knacken im Bordlautsprecher. Captain Jassid brüllte. Nach seinem ersten Wort duckte ich mich und erwartete den nächsten Tiefschlag.

– Sie dürfen die Arme jetzt herunternehmen! Sie können schlafen, aber der Sitz bleibt aufrecht! Verstanden?

Schon wieder eine Halluzination, dachte ich. Aber die Stewardeß wiederholte die Mitteilung tatsächlich in unserer Sprache und freundlicheren Worten. Selbst die Anweisung, die uns Erleichterung verschaffen sollte, pflegte Jassid wie ein Todesurteil auszusprechen.

Ich ließ die Arme sofort fallen, aber im Fallen spürte ich den Schmerz der Sehnen am Ellbogen viel stärker als vorher. Mein linker Arm stieß mit dem rechten der Nachbarin zusammen, wir blickten uns einen Moment in die Augen, ein erschöpftes Lächeln. Ich sagte meinen Vornamen.

– Petra, flüsterte sie.

Wenn ich wenigstens reden dürfte mit ihr!, dachte ich.

– Es bleibt dabei, keine Gespräche, keine Bewegung! Ich habe Ihnen noch eine wichtige Mitteilung zu machen. Morgen früh wird das Kommando Ihnen bekanntgeben, wann Sie frei sein werden.

Am Schluß sagte er *ladies and gentlemen*, und ich meinte, danach etwas zu hören wie *imperialists*, aber es hätten auch andere, ähnliche Wörter sein können. Die Stewardeß übersetzte nur: meine Damen und Herren.

Wann und von wem ist Erste Hilfe geleistet worden? Das war die Erste Hilfe, als wir zum erstenmal die Körperhaltung verändern durften und der Krampf und die Schwere allmählich aus den Armen wichen. Ich winkelte und streckte sie, soweit die Enge es zuließ, zur Seite, nach vorn, nach unten, massierte, schüttelte die Handgelenke und spreizte die Finger. Die Arme bewegten sich aufeinander zu, schmiegten, rieben, schlängelten, verknoteten sich fast. Ich drückte sie, unter der Brust verschränkt, fest an die Rippen, an den Bauch, um mich ihrer Rückkehr zu vergewissern. Im Glücksgefühl, wieder vollständig zu sein, fing der Körper behutsam zu schaukeln an, neigte sich, wie vom Gewicht der verschränkten Arme gezogen, nach vorn und fiel sanft zurück in den

Sitz, und so hin und her, als müsse der erschöpfte Leib eine neue Balance finden oder als suchte er, aus eigener Kraft sich selbst in den Schlaf zu wiegen.

Morgen früh! Elf Uhr. Nach neun Stunden Gefangenschaft konnte ich mir nicht vorstellen, noch eine ganze Nacht durchzuhalten. Morgen früh! Der böse Gutenachtwunsch gellte durch den Kopf. Morgen früh, hatte der Kerl gebrüllt, dann alles inspiziert, seine Komplizen für die Nachtwachen eingeteilt und war wieder im Cockpit verschwunden. Das Kommando, er war doch selbst das Kommando, warum konnte er nicht wenigstens ich sagen, der Feigling! Frei sein, frei sein werden, das versprach nichts Gutes, wenn diese Aussicht von Wörtern wie Kommando und Imperialisten eingerahmt war. Oder hatte er doch nicht Imperialisten gesagt? Das ist die entscheidende Frage, dachte ich. Wer uns Imperialisten nennt, wird uns eher umbringen als einer, der es bei Damen und Herren beläßt. Oder gerade andersherum? Welche Täuschungen gehörten zum Handwerk? Morgen früh! Er träufelte uns eine winzige Dosis Hoffnung ein, aber auf solch eine höhnische Art, daß die Aussicht auf eine mögliche Befreiung noch unerträglicher wurde als die Angstgefühle vorher. Eine Nacht lang konnten wir nun spekulieren, auf welche Art sie uns am Morgen den Kopf abschlagen oder uns freilassen werden, wo und wie und wann.

Die Kinder, wie sollten die Kinder das aushalten, die ganze Nacht, und die Alten! Es war erstaunlich ruhig, nur selten drang eine helle Stimme von vorn oder hinten bis zu mir. Vielleicht haben sie alle schon in die Hosen gepinkelt, sitzen im Nassen und schweigen aus Scham! Bald wird es stinken, überall stinken, und ich werde mir die Nase zuhalten müssen oder stinken wie alle!

Die Frau mit Nummer 31 war mit Jassid nach vorn gegangen, die andere und der Schönling patrouillierten abwechselnd durch den Gang. Auch ihren Gesichtern war nicht abzulesen, was uns bevorstand. Sie blickten verbissen und kalt auf die Damen und Herren Imperialisten hinab. Die Handgranaten zu halten schien ihnen immer noch nicht lästig zu werden. Wenn ihr mich Imperialistin nennt, dann werde ich euch auch Namen geben! Deutsche

Namen! Nazi-Namen, ja! Du bist Sieglinde, sagte ich zu der jungen Frau, die mit Nummer 28 angeredet wurde. Schon entspannten sich ihre Gesichtszüge, es lag ein eher schüchternes als hämisches Lächeln darin. Und du, Nummer 22, dich werde ich Reinhold taufen, nein, Gerold ist besser, oder Gunther! Und Jassid, dein Name ist viel zu schön für dich, Joseph sollst du heißen oder Adolf, Adolf, Adolf!

Sind Sie mit dem Schädiger verwandt oder verschwägert? ja – nein. Ich habe sie mir zu Verwandten gemacht, zu Bekannten, zu Schulfreundinnen, Heidrun, Sieglinde, Gerold. Damit ich sie richtig hassen, damit ich sie besser verstehen konnte. In welchem Verhältnis stehen Sie zu dem Schädiger (Verlobter, Lebensgefährte etc.)? Ich habe sie wiedererkannt, ich mußte mit ihnen auskommen, ich habe sie geduzt, meine Lebensgefährten.

Die Leute verstanden den Satz Sie können jetzt schlafen! als Befehl und versuchten, auf dem schmalen Sitz eine bequemere Lage zu finden. Nur die Dame auf dem Gangplatz, die fast immer die Lider zugeklappt hielt, blieb starr wie immer. Von der anderen Seite unserer Reihe war das heftige Atmen des älteren Mannes zu hören. Es klang nach Asthma. Petra wünschte leise gute Nacht. Immer die Handgranaten im Visier und die Gesichter dazu. Ich schloß die Augen, versuchte den Schlaf langsam über die Haut in den Körper hineinkriechen zu lassen.

Jede Erinnerung, fürchtete ich, jede nach draußen gerichtete Phantasie werde mich nur empfindlicher für die Bedrohungen drinnen machen. Als müßten mich alle Ablenkungsversuche nur heftiger in die Situation hineinstoßen, der ich entfliehen wollte. Aus Angst kein Schlaf. Ich konnte nicht ausweichen, nicht einmal in Träumen aus meinem Gefängnis ausbrechen. Eingemauert, alle ließen mich allein. Petra schien zu schlafen. Die Stewardessen brachten nicht einmal Wassersuppe. Der Kapitän, der Kopilot waren unerreichbar. Die Entführer würdigten mich nicht der Aufmerksamkeit. Die anderen Gefangenen stöhnten oder schliefen. Von ihnen war nichts zu erwarten. Ich lehnte mich zurück und hörte dem Dröhnen der Triebwerke zu. Das gleichmäßige Geräusch erschien mir zeitweise sehr laut, dann war es beinah verschwunden. Ich versuchte, auf den Wellen dieses Geräuschs zu schwimmen, mich forttragen zu lassen weit hinaus.

Ein Kind lachte hell auf, weit hinten. Der Schlaf ließ sich nicht zwingen. Die Ungewißheit riß mich immer wieder in den Wachzustand zurück. Der Speichel klebte im Mund. Ich spürte den schneidend leeren Magen. Der Druck in der Blase war so stark, daß ich Angst hatte, in die Hosen zu machen und im eignen Urin sitzend aufzuwachen. Am meisten quälte mich, warum sie uns nicht verrieten, was sie mit uns vorhatten, warum sie uns als Geisel nahmen und gegen wen, warum sie uns zu allen Leiden noch mit Ungewißheit bestraften.

Was mir noch blieb, war die Wut gegen mich selbst. Du hättest dein Mittagessen nehmen sollen, dann wärst du nicht so hungrig wie jetzt! Wie überlegen kamst du dir vor, eine Frau von Welt, die es sich leisten kann, die kleinen Gaben zurückzuweisen, nach denen jeder Tourist grapscht, ängstlich darauf bedacht, nichts zu verschenken! Als wäre dein Verzicht eine besondere Leistung gewesen, nach dem späten und ausführlichen Frühstück! Du wolltest deinen Brief schreiben, deine kleinen Privatturbulenzen ordnen, ausgerechnet im Flugzeug! Geschäftig, überlegen, snobistisch, aus achttausend Meter Höhe dem gekündigten Freund Lebewohl sagen! Nun hast du nicht einmal das geschafft und den Hunger obendrein! Wenn du gewußt hättest! Wenn du, ja, wenn! Und als ich bei diesen Vorwürfen angelangt war, du hättest, du hast, du hättest, du hast, fiel mir wieder der größere Zufall, die größere Dummheit ein. Du sitzt im falschen Flugzeug! Nicht in dem, das du zuerst gebucht hattest! Dein Rückflug, eigentlich war er für den Samstag vorgesehen, nach Ablauf der Zweiwochentour! Aber du wolltest es anders! Nach einer guten Woche hattest du schon genug vom Alleinurlaub, wolltest schnell zurück zu ihm, und am

Montag entschieden, noch drei Tage zuzulegen, und umgebucht auf Donnerstag, Donnerstag mittag! Wolltest es bequem haben, dich morgens nicht hetzen beim Packen und abends zum Essen bei Rainer sein, nein, nicht zum Essen, ins Bett zu ihm! Bei ihm in Echterdingen bleiben übers Wochenende und am Montag nach Tübingen, nach Hause! Die Bahnverbindung von Frankfurt nach Stuttgart notiert, gleich auf die Post gerannt, das Telegramm aufgegeben, damit er dir rechtzeitig das Bett bezieht!

So quälte ich mich auf dem Sitz herum, sehnte ich mich zurück in mein Hotelbett in Palma Nova, das ich bezahlt hatte für diese Nacht und für die kommende. Es stand mir zu, jetzt, genau jetzt hätte ich darin schlafen können, ich hatte es verschenkt. Ich sah es vor mir, griff immerzu danach, aber das Bett entfernte sich von mir oder ich entfernte mich von ihm. Endlich gelang es mir, das Holzgestell zu packen, festzuhalten, die Kleider abzuwerfen, mich hinzulegen und mir auszumalen, wie ich mich streckte auf der dünnen Matratze und drehte und die Beine anzog ganz nach Belieben, wie ich die Spülung aus dem Bad im Nebenzimmer hörte, das Quietschen von Autoreifen vor dem Fenster und eine Tür im Gang.

Mallorca, die Pirateninsel. Was sind Piraten? Die Seeleute Mallorcas, mehr als hundert Jahre lang waren sie die gefürchtetsten Piraten im Mittelmeer, etliche Generationen lebten sie gut von ihrem Terrorismus. Aber dann wurden sie zu ehrgeizig, zu erfolgreich und forderten die anderen Seefahrerstaaten zum Gegenangriff heraus. Die Piraten wurden heftiger bekämpft und schließlich geschlagen – dann kehrte sich alles um, die Piraten aus anderen Ländern fielen über Mallorca her. Die Mallorquiner wurden brave Bauern und Fischer und endlich so schlau, an den Küsten breite Gürtel mit Kiefernwäldern wachsen zu lassen, so daß die Piraten kaum mehr bis ins reiche Innere der Insel vordringen konnten.

Aber die, was waren das für seltsame Piraten! Sie hatten versichert, sie wollten nicht unser Geld und den Schmuck. Petras Goldkettchen, es lag verrutscht, ein Widder hing daran, vom Brustkorb sanft gehoben und gesenkt. Wäre er aus Gold, hier wäre eine kleine

Beute gewesen. Aber die Piraten hielten sich zurück, sie wollten keine Räuber sein, nicht einmal Robin Hood spielen. Die Piraten wollten keine richtigen Piraten sein. Wenn sie es doch wären, dann hätten sie uns ordentlich ausgeraubt und dann nach Hause fahren lassen! Was für eine erstaunlich moralische Truppe war das! Die edlen Räuber standen nur herum, krümmten uns, bis jetzt jedenfalls, kein Haar, wechselten hin und wieder die Wache, und einer dirigierte unser Schiff vorn im Cockpit. Vielleicht fürchteten sie sich sogar mehr vor uns als wir uns vor ihnen, sie fürchteten sich ja schon vor unsern Worten, vor ein paar Bewegungen im Gang und sogar vor einem unbewachten Verschwinden ihrer Geiseln in der Toilette!

In einem Großraumbüro, oben an einer kahlen Wand, fast unter der Decke steht ein Fernsehapparat mit hölzernem Biedermeier-Rahmen. Mein Chef deutet darauf: Das ist meiner! Ich steige auf eine Leiter, versuche ihn abzumontieren. Er hilft, aber der Apparat fällt, nach hinten durch die Wand. Durch das Loch kann ich ihn sehen, unten im Gestrüpp, er fängt an zu brennen. Explosionsgefahr, ich renne zu den Feuerwehrschläuchen, bin vor dem Chef da, schleppe sie nach draußen zu dem brennenden Apparat und beginne zu löschen. Das Wasser aus dem Neckar. Der Chef hilft, aber dadurch wird alles nur schwieriger. Muß ich denn immer alles machen?, frage ich ihn. Darf ich Sie küssen?, fragt er zurück. Schon liegt der Professor nackt auf mir, ich will ihn kratzen, kneifen, wegschieben, aber ich habe keine Arme mehr. Eine männliche, fast zärtliche Stimme rettet mich. Rainer ist da, kickt den Alten wie einen Fußball fort und will sich zu mir legen.

Eine männliche Stimme, in einem fast zärtlichen Ton forderte sie zum Anschnallen auf.

– Anschnallen, hat er gesagt, es geht wieder runter! murmelte Petra neben mir.

Die Aussicht, zum drittenmal zu landen, ließ mich gleichgültig.

Ich versuchte, meinen Traum weiterzuträumen, war angenehm entfernt von allem. Mattes Wohlbehagen breitete sich im Körper aus, je mehr das Flugzeug sich senkte. Ich hielt die Augen geschlossen und spürte das gemächliche Sinken, langsam wie mit Schwingen, schwebend auf Kissen und aufgefangen in der Luft, ein Gleichgewicht zwischen der Schwere des Körpers und der Stärke der federnden Luftmassen. Es war, als hätten der Hunger und der Durst oder die lange Schlaflosigkeit den Körper endlich von mir und meinen Ängsten abgetrennt, losgelöst und sanft sah ich ihn, einige Meter entfernt und doch spürbar nah, zur Erde gleiten und hüpfend aufsetzen und gelassen ausrollen und stehen bleiben, zufrieden, gleichgültig, unbeteiligt.

Als ich den Gurt ablegte, die beiden kalten Metallstücke auseinanderzog und rechts und links in den Händen hielt, da wußte ich auf einmal nicht weiter, wußte nicht, wie diese Stücke zusammenpassen könnten und wozu der Gurt gut sein sollte. Es erschreckte mich, was ich da tat und willenlos tat, alle zwei, drei Stunden wieder. Es erschreckten mich meine Hände, die auf den immer gleichen Befehl, der etwas sinnlos Militärisches hatte, mechanisch reagierten und immer die gleiche Bewegung, deren Zweck ich nicht wissen wollte, an dem Gurtverschluß stumpfsinnig wiederholten, auf und zu, auf und zu, und wieder auf.

You will be executed! You will be executed immediately! Ich konnte nicht sehen, wen Jassid anbrüllte.

Der Zustand der Entspannung war verflogen. Es paßte nichts mehr zusammen. Es war gegen zwei. Morgen früh wird, der Satz war wieder da, Morgen früh wird das Kommando Ihnen bekanntgeben, wann Sie frei sein werden. Hinter den Rollos war alles finster. Es war mir völlig unklar, nach welcher Zeit wir uns richteten. Könnte es nicht sein, daß wir weit aus dem Bereich der mitteleuropäischen Zeit herausgeflogen waren, weit nach Osten, Libanon, Irak, Iran? Sind sie da nicht zwei oder drei Stunden weiter? Dann könnte es hier, wo wir gelandet waren, schon fünf Uhr sein? Bald wird es hell werden, dann wird die Sonne aufgehen, dann wird etwas passieren! Eine greifbare Information, ein Austausch, die Freilassung von Alten und Frauen und Kindern. Morgen früh

wird das Kommando – irgend etwas tun, das den Zustand der Lähmung, der Versteinerung endlich verändert!

Frei sein werden, frei sein werden, ich klammerte mich an diese
Formulierung und achtete auf jede Bewegung und jedes Zeichen in
der Kabine, das eine Veränderung verraten könnte. Die Bewacher
waren wieder zu dritt, als sei die Arbeit schwieriger geworden,
wehrlose, mutlose, stumme und übernächtigte Menschen in
Schach zu halten, die nur das eine Interesse hatten, so schnell wie
möglich die Blase und den Darm zu leeren. Vereinzelt meldeten
sich Leute und flehten die Entführer an, endlich auf die Toilette
gehen zu dürfen, aber es wurde jedesmal abgelehnt. Ein Zeichen
für die bevorstehende Entlassung. Der ständige Druck im Unterleib schob die Hungergefühle weg und ließ sogar den Durst vergessen. Schon sah ich das Geschiebe im Mittelgang, alle auf einmal
werden aufstehen und zu den Ausgängen drängeln oder direkt
durch den Notausgang ins Freie! EXIT, weniger als ein Meter bis
EXIT!

Eine der Stewardessen lief durch den Gang. Ich meinte, sie noch
nie gesehen zu haben, jedenfalls nicht mehr seit dem Überfall. Wie
ein außerirdisches, ein nicht entführtes Wesen kam sie daher, in
ihrer dunkelblauen Uniform und mit entschlossenem Blick. Noch
ferner unserer Wirklichkeit schien sie mir, als sie auf die Nummer
28 zuging und mit ihr sprach, als wäre es eine selbstverständliche
Sache, mit einer schwerbewaffneten jungen Frau einen kleinen
Plausch zu halten.

Die Entführerin nickte, winkte eine ältere Frau aus der Reihe 8
zu sich und ging mit ihr nach vorn in die Erste Klasse. Nach einer
Weile kamen beide wieder, die ältere hielt ein Fläschchen in der
Hand und setzte sich. Dann rief sie nach der Stewardeß, aber die
Araberin, die ich Sieglinde nennen wollte, kam auf sie zu und
fragte in ärgerlichem Englisch, was denn nun noch fehle.

– *Stewardess, I need the stewardess, please*, sagte die Ältere. Sie
könne sich die Tropfen nicht allein in die Augen geben, sie habe
keinen Spiegel dabei, sagte sie, *and my hands, look at my hands*. Sie

machte den Versuch, über ihre Hände zu reden, brach den Satz schnell wieder ab. Vielleicht wollte sie mit dem Zittern ihrer Hände argumentieren, und das Wort für Zittern fiel ihr nicht ein oder sie wußte es nicht. Sie bat noch einmal um die Hilfe einer Stewardeß.

Nummer 28 legte die Handgranate nach unten, auf den Boden, dann sicherte sie die Pistole, die sie nur selten vorzeigte, und steckte sie in ihre Kleidung. Die Sitze nahmen mir die halbe Sicht, aber die Bewegungen der Entführerin waren eindeutig.

– *Five, only five*, sagte die Sitzende.

Die jüngere Frau bog mit der linken Hand den Kopf der älteren zurück und tropfte ihr mit der Rechten das Medikament in die Augen.

– *Thank you!*

Das Mädchen nickte und hob, ohne ein Wort zu sagen, die Handgranate wieder auf, holte die Pistole hervor und entsicherte sie. Sie schien mit sich zufrieden und wandte sich mit einer fast priesterlichen, leicht geneigten Drehung, beide Waffen drohend den Zuschauern entgegengestreckt, den Oberkörper erst der rechten, dann der linken Kabinenseite zu, als müsse sie sofort wieder ihre Gefährlichkeit vorführen.

Die Stewardessen gingen mit Tabletts durch die Reihen. Sie krümmten den Rücken für die Passagiere, boten etwas an. Nach den stundenlangen Befehlen und Qualen, nach dem trostlosen Schluck Cola verneigte man sich endlich wieder, tat uns die Ehre an, bedient zu werden. Ein Imbiß, eine halbe Scheibe Brot mit Wurst für jeden. Ich spürte den Hunger nicht mehr, als ich endlich das Stückchen Brot in der Hand hielt, der Magen war mir wie zugenäht, ich merkte nur, wie die Zunge, wie die Geschmacksnerven sich regten, wie im trocknen Mund Speichel sich sammelte, so daß ich das Brot mit der Salamischeibe nicht länger zurückhalten konnte und langsam den ersten Biß tat und noch langsamer kaute, Krümel für Krümel kostend durchkaute und ebenso den zweiten, den dritten, den vierten Happen, meine Langsamkeit noch steigernd, ohne Genuß, mit feierlichem Ernst verzehrte.

Das Essen beruhigte. Die Minuten liefen ab wie halbe Stunden, halbe Stunden wie Minuten. Alle Leute schienen beherrscht und hatten vielleicht die gleichen Vorstellungen wie ich: Noch eine, noch zwei Stunden durchhalten, dann wird alles überstanden sein! Hell wird es werden, und wir werden frei sein, die haben ja nun lange genug verhandelt. Ich wußte genau, wie die Befreiung ablaufen wird. Erst die Kranken und die Alten, dann die Frauen mit Kindern, dann die anderen Frauen, ich sah mich mitten im Pulk, alle unauffällig drängelnd, begierig, ihren Körpern voranzufliegen und nicht die letzte zu sein, die das rettende Ufer, den waffenlosen Raum, die frische Luft, die freie Sicht erreicht, und doch alle unruhig geduldig, diszipliniert mit letzter Kraft, über die Köpfe der Männer blickend, die noch länger zu warten haben, die Männer, die ausnahmsweise mal in der Minderheit sind, die ausnahmsweise mal länger zu dulden haben als wir und beleidigt und von trotziger Hoffnung gefüttert zum erstenmal bedauern, keine Frau zu sein, während wir, wankend in den Beinen, mit zitternden Knien der Tür entgegenschieben, und auch ich werde drängeln, ohne mich als Dränglerin ertappen zu lassen, werde vielleicht in dem Augenblick, in dem ich den frischen Luftzug von der Tür her spüre, einer andern den Vortritt lassen, und dann die Gangway hinunterstolpern ohne einen Blick zurück auf die Männer, die nach uns kommen werden. Nur zögernd wird sich die Gewißheit einstellen, gerettet zu sein, in einer kalten, weiß getünchten, von Werbeplakaten geschmückten Flughafenhalle, da werden wir wagen, uns zu umarmen, da werden wir, vielleicht schon wieder kichernd vor Begeisterung über die kommende Erleichterung, vor den Klos Schlange stehen und dann endlich etwas trinken und essen, werden lange Zeit nicht sitzen wollen, sondern wie auf einer Party im Stehen den Imbiß verzehren, Kaffee, Cola, Cognac und Bier durcheinander trinken und uns zuprosten, und nur die Frauen, deren Männer noch in der Maschine gefangen sind, werden sich zurückhalten, aber wir, die vielen einzeln reisenden Frauen, werden endlich wieder laut werden, endlich wieder zu den eigenen Stimmen zurückfinden und endlich zu schimpfen anfangen und zu fluchen und die erste Schicht unseres Hasses auf die Entführer abtragen, einige werden ihre Erschöpfung im Liegen ausklingen lassen und sich von Rotkreuzhelfern bemuttern lassen, und irgendwann wird man uns endlich die Ankunft einer Maschine melden, die uns nach Hause tragen wird, endlich nach Hause!

Sehr langsam kam mir ein Geräusch zu Bewußtsein, mit dem ich aber nichts anzufangen wußte. Es mußte zum Flugzeug gehören und von einem kleineren Motor stammen. Es paßte nicht zu der bevorstehenden Freilassung, es paßte nicht in meine Tagträume. Das Tanken schloß ich aus, es konnte nicht schon wieder gestartet werden! Viele Sekunden lang wollte ich nicht akzeptieren, daß es das vertraute Tankgeräusch war. Unmöglich, das ist doch ganz unmöglich! So nahe sind wir daran auszusteigen, so kurz vor dem glimpflichen Ende! Sie haben uns die Freiheit versprochen, da können sie uns doch nicht wieder in die Luft schicken! Die Maschine wurde tatsächlich aufgetankt, und ich zuckte wieder vor Unruhe, alle mühsam eingedämmten Ängste brachen hervor. Der Herzschlag am Hals.

– Das ist doch ein Witz! Ein Witz ist das doch! flüsterte ich Petra zu, wieder das gleiche Spielchen!

Sie seufzte nur, zuckte mit den Achseln. Sie verriet nicht, aus welchen Träumen ich sie aufgestört hatte. Ihr Gesicht zeigte nur Abscheu vor allem, vielleicht sogar eine Abscheu vor meiner Erregung, als hätte sie sich gerade zur Gleichgültigkeit entschlossen.

Spielchen, ja, was für ein grausames Spiel! Fliegen, landen, warten, starten, fliegen, landen, warten, starten, und wieder und wieder, das dauerte nun schon mehrere Ewigkeiten. Ich mußte nachrechnen, wie oft wir in den letzten Stunden gelandet und gestartet waren, einmal, zweimal, dreimal, ja, dreimal. Es kam mir vor wie dreißigmal, jede Runde war schon eine zuviel gewesen.

Es tat mir weh, ständig das gleiche, brummende, bohrende Geräusch im Ohr zu haben. Jeder Liter Kerosin, den sie in die Tanks pumpten, wird die Gefangenschaft verlängern! Den Durst und den Hunger verstärken, den Körper noch mehr lähmen und die Nervenbündel endgültig durcheinanderwirbeln! Weghören half nicht. Es gelang zwar, das Tankgeräusch vorübergehend aus der Wahrnehmung zu streichen, aber es blieb das schmerzende Gefühl, als spritze mir jemand ein Serum in die Venen, eine dickflüssige, widerlich stinkende Petroleumsubstanz, die nicht für mich, nicht für den menschlichen Körper bestimmt ist und nur unter Zwang verabreicht wird, die mir die gräßlichsten Schmerzen zufügt, in allen Nischen und Zentren des Körpers, und die dann von innen her alles anfrißt, wegätzt, aushöhlt und das ganze funktionierende Gefüge der inneren Organe lahmlegt, bis ich eine Puppe sein werde, unter der Schale tot und leer, bis es nur noch meine Knochen und Kleider sind, die mich zusammenhalten!

– Ich halt das nicht mehr aus, flüsterte Petra, ich halt das nicht mehr aus!

Ich wußte nicht, ob das eine späte Antwort sein sollte auf meinen geflüsterten Fluch oder ob sie endlich den Mut gefunden hatte zu einer Äußerung.

Mit meiner linken griff ich nach ihrer rechten Hand. Nicht die Kälte war es, die mich erschreckte. Eher die blitzartige Freude, daß es diesen Körper neben mir wirklich gab und er unter meiner vorsichtigen Berührung nicht zusammenfiel, daß Fleisch und Knochen standhielten. Ich zog die Hand nicht zurück und wartete, bis die Kälte aus der anderen Hand wich und in den fremden Adern das warme Pulsen des Blutes zu spüren war. In jeder anderen Situation wäre es mir peinlich gewesen, einer unbekannten Frau die Hand zu halten, aber nun waren die Schamgesetze des Alltags außer Kraft gesetzt.

Die Hand ließ ich los, als das Anschnallen befohlen wurde. Erst in diesem Augenblick wagten wir, uns richtig ins Gesicht zu sehen. Petra lächelte, und auch ich versuchte, meine Verlegenheit zu überspielen. Wir hatten die Befehle befolgt, nicht geredet, uns nicht vom Platz gerührt, die Jalousie nicht hochgeschoben, und trotzdem eine Gelegenheit zum Widerstand gefunden. Festgeschnallt, wagten wir nicht, die Berührung fortzusetzen. Wir wurden in die Luft gehoben, legten die Gurte ab und trieben dahin.

Ich ließ die Augen zufallen und gab mir keine Mühe zu schlafen. Es wäre zwecklos gewesen. Ich meinte das Wimmern eines Kindes zu hören, aber die pfeifenden Fluggeräusche und das stetige Dröhnen der Triebwerke deckten es ab. Ich drückte den Rücken in das Polster. Ein Platz am Strand. Grelles Kindergeschrei, ich schlenderte weiter und suchte eine wenig belebte Ecke für mich. Es war heiß, ich hörte weg. Das Badetuch rollte ich auf dem vor Hitze stinkenden Sand aus, zupfte es gerade und streckte mich hin wie fast an jedem der letzten zehn Tage. Ich tauchte zurück, tauchte unter die Sonne, und der von der langen Schlaflosigkeit gereizte Körper suchte Schutz in der samtenen Wärme. Ich streckte die Beine so weit nach vorn wie möglich. Ich war nur eine von Tausenden am Strand. Es kam auf mich nicht an. Nichts wäre hier anders, wenn ich nicht hier wäre. Ich grub mich tiefer in den Sand. Die Sonne und ich. Sie blendete, sie hatte es auf mich abgesehen, auf alle andern auch, aber auf mich besonders. Die Haut war ausreichend mit Öl versorgt, die Beine schmierig, wenn ich sie übereinanderschlug. Die Sonne brannte durch den Stoff des Bikini, trieb mir den Schweiß durch die Poren, ließ mich geduldig auf dem Rücken liegen. Die Hitze strömte durch alle Glieder, machte mich ergeben, stumm, lahm, satt und stopfte mir die Ohren, als sei eine Schallschutzwand aufgebaut zwischen mir und dem Gekreisch der Badenden, dem fröhlichen Gezeter der Strandfamilien. Ich trieb auf den Hitzewellen, immer weiter fort. Als ich nicht mehr wußte, wo ich war, blinzelte ich, erst mit dem einen, dann mit beiden Augen. Sofort mußte ich sie zukneifen, so stark war die Helligkeit. Ich tauchte in die Wärme zurück, fiel in den wohligen Zustand der Gleichgültigkeit. Befreit von der Anstrengung, in jeder Sekunde meines ungewissen Zustands Hoffnungen züchten, nähren und durchbringen zu müssen, ließ ich mich treiben, aufheizen von der Sonne und den Kopf leerbrennen von allen Gedanken an die hautnahe Gefahr, bis die vorausgeahnten Schreckbilder endlich schrumpften oder mich nicht mehr störten, minutenlang.

Es wurde heiß in den Kleidern. Mit Jeanshosen, T-Shirt und Pullover hatte ich mich schon auf die deutschen Oktobertemperaturen eingerichtet. Nun konnte ich nicht unterscheiden, ob es wirklich immer heißer in der Maschine wurde oder ob meine Kleidung nur unpassend und lästig war. Ich zog den Pullover aus. Das half kaum. Ich fand nicht mehr zurück in die Strandillusion, und bald erschien es mir ganz verrückt, mich zurück unter die Sonne zu wünschen.

Den Pullover stopfte ich ins Netz vor mir, hinter Schreibblock und Zeitung. Das war alles, was mir geblieben war. Wenn du wenigstens lesen könntest! Dann erst fiel mir ein, daß ich mich an ein Leseverbot gar nicht erinnern konnte. Hatten sie dies Verbot nur vergessen oder hielten sie die Zahl der lesenden Leute für belanglos oder den Vorgang des Lesens für harmlos oder rechneten sie damit, daß in dieser Situation sich niemand hinter einer Zeitung, hinter einem Buch verkriechen würde? Ich meinte den Widerhall der Brüllstimme im Ohr zu haben, *You are not allowed to read! You are not allowed to read!*, aber ich wußte immer weniger, ob der Befehl vom Anführer Jassid oder, nach all den Verboten, schon von mir selber kam.

Die schwache Kabinenbeleuchtung hätte ohnehin nicht zum Lesen gereicht. So versuchte ich, in neue Träume, in angenehme Vergangenheiten zu fliehen. Das gelang nicht. Die Zeitung ließ mir keine Ruhe. Es war eine Zeitung, die ich sonst kaum las, aber es war neben der Bildzeitung und einer österreichischen das einzige Blatt, das beim Einsteigen in Palma angeboten wurde. Die nicht gelesene, fremdartige Zeitung machte mich immer neugieriger. Erst jetzt merkte ich, wie wertvoll dies eine Exemplar werden könnte, zum Ablenken, zum Zeittotschlagen, und vielleicht gab es sogar etwas zu entdecken darin, irgendwo versteckt einen winzigen Hinweis auf uns, auf unsere Lage oder das Ziel der Entführung! Wenigstens die Überschriften lesen!

Welche Überschriften lesen sie jetzt, in den Morgenzeitungen? Sind da immer noch welche, die warten? In der Ankunftshalle in

Frankfurt, die Verwandten, die Freunde? Was erzählt man ihnen, den Angehörigen? Wie werden sie informiert, brauchen sie die Zeitungen? Setzen sie schon die Anzeigen auf, die trauernden Hinterbliebenen? Trauern sie? Schlafen sie?

Schlafen, schlafen, Winterschlaf. Die Temperatur deines Körpers sinkt, dein Herz schlägt weniger, der Stoffwechsel wie in Zeitlupe, du brauchst weniger Sauerstoff, der Kreislauf darf beinah stillstehen, du bleibst immun gegen Krankheiten, du ruhst wie der Bär, du schlummerst wie der Hamster, du schläfst wie das Erdhörnchen und verschläfst die kalten bösen Zeiten, du machst deine Augen zu vor den Gefahren und erholst dich noch dabei! Was für ein Wirkstoff ist das, welches Hormon, welcher Eiweißstoff? Wie können wir den isolieren? Wie synthetisch herstellen? Wann endlich anwenden auf den Menschen? Du solltest dein Forschungsgebiet ändern! Gleich, sofort, ab Montag!

Ein paar Minuten oder zwei, drei Viertelstunden schlief ich. Die Landung wurde angekündigt, und wieder blieben Nummer 28 und Nummer 22 stehen. Er lehnte sich an die Bordwand zur Ersten Klasse, sie stand aufrecht, mit gespreizten Beinen die Balance haltend, die Granate in der einen Hand, und mit der andern an eine Rückenlehne geklammert. Vielleicht hatten sie bei den ersten Landungen noch an einen möglichen Überraschungsangriff geglaubt und sich deshalb nicht angeschnallt, nicht einmal hingesetzt. Jetzt war nur die Pose davon übrig, ein billiges Heldenspiel. Ich wünschte ein hartes, stoßartiges Aufsetzen, damit sie beide hinknallten, sich den Kopf rammten oder ein paar Glieder verrenkten. Aber die Piloten taten uns nicht den Gefallen, sie brachten die Maschine sanft auf die Piste.

Die Helligkeit hinter den Rollos war stärker geworden. Die Uhr zeigte sechs. Wenn ich mich nicht völlig getäuscht hatte, waren wir der Sonne entgegengeflogen. Wir hatten Zeit verloren, Zeit gewonnen. Meine Uhrzeit galt nicht mehr, es mußte zwei oder drei

Stunden später sein an diesem unbekannten Ort. Hier werden wir die Maschine verlassen, also faß dich in Geduld! Es kann das gefährlichste Land der Welt sein, Hauptsache, sie verhandeln jetzt nicht mehr lange und lassen uns endlich laufen!

Die Kabinenbeleuchtung wurde ausgeschaltet, wir saßen dösend im Schummerlicht. Ich bildete mir ein, die Luft, die auf unsere Köpfe strich, rieche nach Meer.

Durch den Mittelgang schritt der Kapitän. Er erschien zum erstenmal unter seinen Passagieren. Ich erkannte ihn eher an seinen bedächtigen, aufmerksamen Bewegungen als an seiner Uniform. Lothar Krüger. Er blickte in die Gesichter der Leute, versuchte möglichst viel von unserem Zustand zu erfahren und uns gleichzeitig zu verstehen zu geben, daß auch er nicht reden dürfe und trotzdem alles tue für uns. Ernst, müde und blaß warf er noch einen Blick zum Heck hin und ließ sich dann auf einen freien Platz in der Reihe 7 fallen. Nach ihm tauchte der zweite Pilot auf, der als Herr Fuchs vorgestellt war. Auch er versuchte ein paar hilflose Ermunterungsblicke und setzte sich im hinteren Teil der Maschine.

drei

Geweckt von der Mikrofonstimme, vom erregten Englisch des Anführers, vom sanften Deutsch der Stewardeß.

– Wir haben der imperialistischen deutschen Regierung unsere Forderungen übermittelt. Wir fordern, daß neun deutsche Genossen aus den faschistischen deutschen Gefängnissen entlassen werden und zwei unserer palästinensischen Genossen aus der Türkei ebenfalls. Sobald diese Genossen befreit sind, werden Sie, Damen und Herren, das Flugzeug verlassen können. Es hängt also jetzt allein von der imperialistischen deutschen Regierung ab, wann dieser Austausch durchgeführt wird. Wenn die deutsche Regierung unsere Forderungen nicht erfüllt, werden wir das Flugzeug mit allen Passagieren in die Luft sprengen. Wir hoffen, daß Ihre Regierung sich beeilt. Das ist alles, was das Kommando Ihnen im Augenblick mitzuteilen hat.

Es war, als kippe Jassid seine Sätze über uns aus wie einen Eimer Putzwasser und als versuche die Übersetzerin, gleich wieder alles wegzuwischen. Mit den Ohren allein war das nicht zu fassen, ich brauchte alle Fasern meines Körpers, um irgend etwas in diesen Sätzen zu begreifen. Am heftigsten polterten die Wörter imperialistisch und faschistisch im Kopf herum, sie waren so ungewohnt, ja abstoßend, daß sie das Verstehen der ganzen Mitteilung behinderten. Im heiseren Englisch klangen diese Fremdwörter hart und stachlig, aber auch in der Übersetzung und von der weiblichen Stimme gesprochen hörten sie sich sperrig und feindselig an. Mein Gehirn wollte die beiden Wörter nicht annehmen, nun blockierten sie alles übrige, legten einen Stacheldraht um die ganze Mitteilung.

Langsam rückte ein anderes Wort in den Vordergrund, *exchange*. Eine ganze Weile mußte ich an Wechselstuben denken, bis ich endlich das Schlüsselwort erkannt hatte, Austausch! Austausch von Gefangenen!

Jetzt wurde ausgetauscht! Verhandelt, gespielt, gereizt, gepokert! Endlich passiert etwas! Leben gegen Leben! Wir selbst die Trumpfkarten! Wir konnten endgültig die Hoffnung fahrenlassen, daß wir einiger Millionen Dollar wegen als Geiseln genommen waren oder daß unsere Entführer in einem ihrer Traumländer Asyl begehrten. Jetzt war von Gefangenen die Rede, von Genossen und von der deutschen Regierung! Jetzt ging es um die Baader-Leute, andere Genossen konnten ja kaum gemeint sein! Plötzlich waren wir Objekte der Regierung, plötzlich in die hohe Politik hinaufkatapultiert.

Austausch! Der Überfall hatte also doch einen Sinn! Es war nicht nur die Tat von vier Verrückten. Es steckte ein Plan dahinter, immerhin. Austausch! Nach siebzehn, achtzehn Stunden mit wechselnden, von Unwissenheit geschürten Ängsten hatten wir endlich eine Information. Sie nahmen uns ernst, sie hielten uns für würdig, angesprochen und aufgeklärt zu werden. Erst nach und nach begriff ich, auf welch infame Weise wir, die Insassen dieser Maschine, aufgewertet waren. Mit ihrer Forderung hatten die Entführer uns zu bedeutenden Leuten gemacht und uns gleichzeitig versichert, es gehe nicht gegen uns persönlich. Aber das war nicht alles. Werden wir das Flugzeug mit allen Passagieren in die Luft sprengen. Kein Grund zur Beunruhigung. Mit allen Passagieren, unmöglich! Das brauchen sie als Drohung, das hat nichts zu bedeuten!

Petra stieß mich an.

– Guck mal, die gehn ja aufs Klo!

Tatsächlich, vorne gab es Bewegung unter den Passagieren. Ein glatzköpfiger junger Mann verschwand eilig in Richtung Erste Klasse, während eine ältere Dame umständlich sich auf ihrem Platz niederließ. Nach so vielen Stunden Passagiere aufrecht zu sehen schien ganz unglaublich. Sie setzen die Leute nur um, dachte ich.

– Hinten gehn sie auch, flüsterte Petra.

Nach zwei, drei Minuten tauchte der junge Mann wieder auf, warf lässig seinen Blick in unsere Richtung, zuckte mit den Mundwinkeln und konnte schließlich sein glückliches Grinsen nicht unterdrücken. Im gleichen Augenblick ging eine Schwarzhaarige nach vorn. Der Schöne, Nummer 22, dirigierte die Leute mit seiner Pistole, er achtete darauf, daß sie einzeln gingen und keine Warteschlangen sich bildeten. Wie ein englischer Polizist regelte er, gleichmütig lächelnd und streng, Reihe für Reihe, den Zugang zur vorderen Toilette.

Wir konnten uns ausrechnen, wann wir dran waren, eine halbe Stunde, zwanzig Minuten. Viel zu lange, unmöglich, weiter zu warten und ständig Leute zu sehen, die die Erleichterung schon hinter sich hatten. Plötzlich verstärkte sich der Druck in der Blase und im Darm noch einmal, ich fühlte Risse, immer mehr Risse im Unterleib, ich vergaß meinen Durst, meine Lähmung, meine festgewachsene Zunge und war nahe daran aufzuspringen, aufzuschreien oder mir in die Hose zu machen. Ich rutschte auf meinem Sessel hin und her, hob mich ein wenig und setzte mich wieder, in jeder Sekunde erwartete ich das Platzen der Blase und war in jeder Sekunde fünfmal empört über die Mitgefangenen, die so viel Zeit brauchten, und ließ keine Nachsicht gelten gegenüber denen, die nach relativ kurzer Zeit wiederkamen. Zum erstenmal war Gelegenheit, die Gesichter der entfernteren Passagiere zu sehen, zum erstenmal andere Gesichter als die der Entführer, der direkten Nachbarn, der Besatzung. Zufrieden und entspannt sahen die Zurückkehrenden aus, zeigten sich trotz der Pistolen angstlos, ja beinah leutselig. Trotzdem wuchs in mir der Haß gegen all diese Leute. Es waren zu viele, sie waren mir im Weg. Schon längst wäre ich dran gewesen, wenn das Flugzeug nur halb besetzt gewesen wäre! Was sind wir für ein armseliger Haufen, dachte ich, was werden die Politiker mit uns anfangen? Nicht einmal hundert Wähler, das können sie doch verschmerzen, nicht einmal hundert einfache Leute, ein Haufen müder, matter Menschen, die man vergessen kann, abschreiben unter dem Stichwort Herausforderung des Rechtsstaats oder wie sie das nannten, Bewährungsprobe, Handlungsfähigkeit oder was immer sie für Wörter parat hatten, um unsere Lage zu beschönigen, diese dicken Wortplatten, Grabplatten. Der Unterleib brannte vor Schmerz, und wieder meinte ich, die inneren Häute lösten sich auf oder seien schon geplatzt, und die Ausscheidungen drängten und flössen mir durch den Leib, ätzten mir bereits die Magenwände, die Gewebe, die Knochen, und ich müßte mich schnellstens verbinden lassen, eine Operation. Es muß sofort eine Operation gemacht werden, wenn sie mich retten wollen, ich will mich retten, ja, das wäre die Rettung, wenn sie dich als Schwerkranke rauslassen auf einer Rotkreuzliege und sofort in ein Krankenhaus schaffen! Alles brannte mir, und noch immer war ich nicht an der Reihe, alles drückte sich in mir und gegen mich zusammen, ich gab auf, mir blieb nur noch der Haß, ich haßte sie alle, meine Nachbarinnen, die Entführer, die Politiker und die Passagiere, die nun lauter wurden, jedes Flüstern wie ein halblauter Scherz, sie verhöhnten mich alle, sie machten mich alle kaputt, alle waren beteiligt, sie waren alle gegen mich, und ich war allein gegen alle.

Der Kerl in der hellgrünen Jacke schickte endlich unsere Reihe los, zuerst die Dame auf dem Gangplatz, dann Petra. Als die Ältere wieder erschien, da gab er endlich mir den Wink, auf den ich so lange gewartet hatte, mit einer lässigen Drehung seines rechten Unterarms, während er die Pistole in der anderen Hand wog. Schieß nur, du Schwein, dachte ich, es ist sowieso alles zu spät, schieß nur, es macht mir gar nichts aus!

Meine Beine wußten nicht mehr, was ein Schritt ist, ich taumelte, hielt mich an den Kopfstützen fest, tappte mit der Hand daneben, an den Dutt einer älteren Frau, entschuldigte mich nicht, taumelte weiter mit Beinen steif und schwer, die mich nach unten zogen, und was mich vorwärts schob, war eher der Druck im Unterleib als die Gehwerkzeuge. In der Ersten Klasse die Berge des Handgepäcks, Plastiktüten aus dem Duty-free-Shop, Fotoapparate, der ganze Müllhaufen kümmerte mich nicht. Endlich vor der WC-Tür, vor der Nummer 28 Wache hielt und den Weg ins Cockpit versperrte. Ich versuchte, Augenkontakt mit ihr herzustellen, und sagte ihr mit meinem Blick: Was macht ihr nur mit uns! Sie gähnte bloß, und ich dachte, ich wollte dich Sieglinde nennen, du Flintenweib! Sieglinde, du verdienst nicht einmal den scheußlichen Namen Sieglinde! Nummer 28, du sollst eine Nummer bleiben! Ihr behandelt uns wie Kinder, ihr wollt, daß wir uns selbst beschmutzen, noch wehrloser in der eignen Scheiße sitzen, und dann bestraft ihr uns dafür, ihr Schweine, die ihr die Klotüren zusperrt einen ganzen Tag!

Noch einmal mußte ich warten, ein letztes Mal warten, bis Petra öffnete. Ich schob sie zur Seite, fiel auf den Klositz und schloß dann erst die Tür. Die im Schmerz verkrampften Schließmuskeln lösten sich auf einen Schlag, die Pisse stürzte aus mir heraus und so schnell von mir weg, daß ich meinte, nun ganz leicht oder vom Gegendruck in die Luft gehoben zu werden. Als der Darm geleert war, starrte ich lange auf das Türschloß, war nicht sicher, ob ich wirklich abgeschlossen hatte, und erst da kam mir zu Bewußtsein, daß ich mich in einem geschützten Raum befand, keine Pistole und keine Handgranate im Nacken oder vor den Augen. Trotz der Enge und des Gestanks von Urin, Kot und Desinfektionsmitteln hätte ich mich gern für längere Zeit eingesperrt, aber schon polterte die Stimme der Entführerin vor der Tür, *Hurry up! Hurry up!* Ehe ich den Slip hochzog, warf ich einen Blick auf den feuchten Fleck darin, der jedoch kleiner war als erwartet. Dem Gesicht im Spiegel wich ich aus, wollte nichts wissen von den Falten des Schreckens, den verwischten Schminkkrümeln, wundgebissenen Lippen und geröteten, verquollenen Augen. Der Spiegel war so erschreckend groß. Aus der Wasserdüse fielen nur einzelne Tropfen heraus, die ich mit der linken Handmulde auffing und dann zwischen beiden Händen zerrieb. Einen Moment lang dachte ich daran, eine Hand unter den Seifenspender zu halten und ein paar Seifenkrümel mitzunehmen für einen späteren Augenblick, in dem ich angewiesen sein könnte auf einen anderen Geruch, auf etwas wie Parfüm. Das Gesicht wischte ich mehr mit dem Papiertuch als mit Wasser ab.

Hurry up! Hurry up! rief Nummer 28 wieder, als ich die Tür öffnete und ein älterer, fast schneidiger Mann sich vorbeidrängte. Du hast zu viel Nudeln gefressen, Mädchen, dachte ich nur. Meine Lust zum Widerspruch war auf einmal wieder da, und ich konnte nur lachen über den unverschämten Ton, mit dem sie nun zur Eile antrieb, nachdem sie uns vorher fast einen Tag lang zum Stillsitzen

290

gezwungen hatte. Es kam mir vor, als ginge ich mit ausgebreiteten Armen durch die Kabine zurück, sehr langsam, entspannt, noch nicht frei von Schmerzen, aber schon ihres Verschwindens gewiß. Ich versuchte, mir die unbekannten Gesichter einzuprägen, nicht als Vorsichtsmaßnahme, sondern weil ich nach der langen Isolation von meinen Mitgefangenen endlich etwas anderes sehen wollte als behaarte Hinterköpfe oder schwitzende Glatzen und fettige Nacken. Die meisten Menschen blickten weg, sie wollten nicht auffallen, sondern verschwinden, einer hinter dem andern untertauchen. So viele Gesichter, jedes für sich, und auch in sich noch weiter isoliert, und ich sah all diese Nasen und Brillen und Augen, die Falten, die Blässe, die Angst und bei einigen das hoffnungssüchtige Lächeln um den Mund.

Als der ältere Herr aus der Reihe hinter uns wiederkam, dachte ich: Sieht der nicht aus wie ein bekannter Politiker, wie dieser F., der hin und wieder im Fernsehen auftaucht? Ein Prominenter, das macht den Austausch einfacher!

– Wasser, es gibt Wasser!

Die blonde Stewardeß und Nummer 31 begannen in der ersten Reihe. Die Entführerin hielt drei Flaschen im Arm, die Stewardeß goß das Wasser in die Plastikbecher und reichte sie den Passagieren entgegen. Nur langsam kamen die beiden näher, sie murmelten den Leuten etwas zu. Die Bewaffnete, so schien es verabredet, hätte das Wasser mit ihrer Granate verteidigt, wenn ein Durstiger die Nerven verloren und nach den Flaschen gegriffen hätte. Ich fürchtete, das Wasser werde weg sein, ehe sie uns erreichten. Wieder einmal kam mir der Platz in der Mitte besonders ungünstig vor. Als sie endlich vor unserer Reihe waren, ließ der Mann auf der anderen Seite sein Asthmastöhnen hören und wurde zuerst bedient.

– Nur die Kehle anfeuchten, sagte die Stewardeß, wir haben nichts mehr zu trinken. Wir wissen nicht, wann wir wieder was bekommen. Und die Becher, hebt die bitte auf.

Sie sprach leise, sie sprach es nur für unsere Reihe, so wie sie vorher zu den jeweils fünf oder sechs Menschen in einer Reihe gesprochen hatte. Die Mahnung klang wie eine Formel, eine Beschwörung. Wie für jeden Passagier wurden ein paar Kubikzentimeter Wasser auch für mich in einen Plastikbecher gegossen, der Becher mit einer langsamen, feierlichen Bewegung übergeben. Ich griff, begierig, aber beherrscht, um ja nichts zu verschütten, den Becher, führte ihn vorsichtig an die Lippen und kippte ihn, ließ das Wasser in den Mund laufen und versuchte, zuerst nur den Mundraum zu spülen und die Kehle anzufeuchten, wie die Empfehlung lautete, und schluckte dann doch viel zu schnell alles hinunter, weil ich es nicht fassen wollte, daß diese paar Tropfen Wasser wirklich alles waren, was man mir zugestand, und wurde die Einbildung nicht los, nun noch stärkeren Durst zu haben als vorher. Ich schluckte und schluckte noch einmal, als hätte ich eine neue Ration bekommen oder als könnte ich das Wasser mittrinken, das die anderen getrunken hatten.

Die Stewardeß trug die leeren Flaschen nach vorn, kam mit vollen Flaschen zurück, und die beiden Frauen entfernten sich in den hinteren Teil der Maschine, mit dem gleichen priesterlichen Murmeln wie vorher. Es fehlte nur, daß wir uns hinknieten und zum Wasser noch ein Stückchen Weißbrot bekamen, dann wäre das Abendmahl perfekt gewesen. Still und ergeben fügten wir uns der sakralen Zeremonie. Das Wasser wirkte wie der Wein auf mich, als ich vierzehn war, Konfirmandin, und aufstand nach dem zittrigen Schluck und das Weiche in den Knien spürte und nicht wußte, ob das vom Alkohol kam oder von dem drückend feierlichen Brimborium und den tief im Körper vibrierenden Orgelklängen. Der kleine Schluck Wasser hinterließ eine ähnliche Benommenheit, die plötzlich aufriß und das Groteske, das Parodistische dieses Vorgangs zeigte: Die Priesterinnen reichen den Plastikkelch von Mund zu Mund! Teufel und Engel einträchtig bei der Verteilung des Sakraments!

Ich wagte nicht, laut aufzulachen. Aber meine Laune wechselte schlagartig. Sie sollen mich lachen sehen, die Politiker, dachte ich, wenn ich mich den Entführern schon nicht lachend zeigen kann. Oder wir müßten alle lachen, immer wieder lachen, den Entfüh-

rern den furchtbaren Ernst weglachen, sie totlachen, alle vier totlachen!

Immer optimistischer wurden meine Spekulationen. Bonn, was
ist jetzt in Bonn? Alles geheim. Wahrscheinlich hat unsere Geschichte doch mit dem entführten Präsidenten der Industrie zu tun.
Um seine Freilassung wurden ähnliche Forderungen gestellt. Geheime Verhandlungen, große und kleine Krisenstäbe, allbekannte
Gerüchte. Nun wir, und wieder ein Krisenstab. Nein, über uns wird
man ebenfalls in der seit Wochen amtierenden Runde verhandeln.
Wie geht das vor sich? Sie sitzen an großen Tischen. Sie tun etwas,
sie beraten, sie machen Pläne. Telefone, Fernschreiber, alles klingelt, rattert, spricht, bewegt sich für uns. Gut, daß die Politiker über
uns entscheiden und nicht die Entführer! Die Politiker sind besser
einzuschätzen, sind berechenbarer, sie müßten zumindest so etwas
wie Fürsorgepflicht für uns haben. Sie werden nicht hundert Touristen opfern für elf Terroristen. Oder waren es neun, hatte er nicht
neun gesagt? Ja, neun. Daß sie für einen Industriepräsidenten nicht
zehn Gefangene freigeben, das ließ sich verstehen, aber jetzt hat sich
das Verhältnis umgekehrt, von $1:10$ auf $10:1$. Es gibt keinen Grund
mehr, diese Forderung abzulehnen. Und zugleich mit uns werden
sie auch den Entführten endlich freikriegen. Niemals werden sie
hundert Urlauber, und selbst wenn wir nur achtzig sind, achtzig
Deutsche, niemals werden sie so viele Menschen den Terroristen
ausliefern! Wir sind sogar mehr als achtzig oder hundert Wähler,
wir haben Familien und Freunde, wir sind so etwas wie ein beliebi-
ger Querschnitt durch die Bevölkerung, wir sind Mallorca-Urlauber, wie jede Bundesbürgerin, jeder Bundesbürger ein Mallorca-
Urlauber oder ein potentieller Mallorca-Urlauber ist. Wir sind das
Volk, wir sind die Mehrheit, uns können sie nicht einfach in die Luft
sprengen lassen! Wenn diese Geschichte zu Ende geht, dann kann es
nur ein gutes Ende geben. Wir werden uns um den Staat verdient
machen, um die Demokratie, und ich hörte schon die Reden und sah
die Orden und kalten Buffets. Du darfst wirklich lachen, es wird dir
nichts geschehen, Andrea! Auch der Anführer Jassid, dachte ich,
muß an einem guten Ende interessiert sein. Er brüllt wie ein Brüll-
affe, aber auch er will kein Blut sehen und keine Leichen!

So etwa trieb ich meine Gedanken voran, zu beruhigenden Schlüssen hin. Jassid hielt sich die meiste Zeit im Cockpit auf, und seine Abwesenheit förderte das allgemeine Gefühl der Entspannung. Er hatte zu verhandeln, wir hörten ihn brüllen, das Sprechen schien ihm nur in der Form des Brüllens möglich zu sein. Auch seine Komplizen wirkten weniger nervös. Sie waren geübter in ihrer Tätigkeit, und sie hatten endlich verstanden, daß von uns keine Gefahr ausging. Sie drohten nicht mehr so häufig mit den Pistolen. Sie hoben nicht sofort die Granaten, um irgendein Getuschel oder eine vermeintliche Bewegung zu ersticken. Alle drei sahen übernächtigt und überfordert aus, nun zeigte sogar Nummer 31 einmal ein Lächeln. Sie hatte die Handgranate in die Hosentasche gesteckt und die Pistole in den Gürtel geklemmt. So wirkte sie mädchenhafter, lässiger und gleichzeitig wie amputiert, als fehle ihr etwas – bis dahin hatte ich sie nur verwachsen mit ihren Waffen gesehen.

– Guck mal, ihre Jeans, flüsterte Petra.
  – Was denn?
  – Na, das Schild.
  JESUS stand über dem Hintern der Piratin, auf dem Markenschildchen.
  – Gehst du in die Kirche? fragte ich.
  – Ja.
  – Katholisch?
  – Ja.

Immer öfter war jetzt Flüstern zu hören, vor und hinter uns, leises, ängstliches Sprechen. Die unauffälligen Unterhaltungen wurden geduldet. Aber die Entführer ließen uns im ungewissen, ob das Verbot noch galt oder nur vorübergehend oder aus Nachlässigkeit aufgehoben war. Also blieben wir vorsichtig, tasteten mit den Wörtern aus der Deckung des allgemeinen Flüsterns heraus, immer zum schnellen Rückzug bereit.
  In unserer Reihe, auf der anderen Seite, sah ich die Lippen der älteren Frau sich bewegen.

– Wenn ich wenigstens wüßte, wenn ich wenigstens wüßte, sagte sie.

Der heftig atmende Mann neben ihr neigte sich herüber zu uns und stellte sich als Herr Schmidt vor und wiederholte immer wieder den Namen Schmidt, wie eine Beschwörung, Schmidt wirds schon packen, wir werdens schon packen.

Ich wollte mit Petra ein Gespräch anfangen, wenigstens den einen oder anderen Gedanken aussprechen und loswerden, schnell die Gelegenheit nutzen, bevor sie uns wieder zum Schweigen verurteilten für unzählige Stunden. Doch unter dem Druck, plötzlich reden zu dürfen, reden zu müssen, sperrte sich alles. Die Gedanken verdichteten sich nicht auf Sätze hin oder auf Fragen. Es wurde wärmer und stickiger in der Maschine. Ich wollte vermeiden, direkt über unsere Lage zu sprechen, und diese Anstrengung verschloß mir den Mund noch mehr. Petra saß stumm neben mir, und ich sah ihr an, daß es ihr ähnlich ging. In diesem Moment erst kam mir unser verdrücktes Schweigen komisch vor, und sofort war die erste Frage da.

– An wen denkst du, an deinen Freund?
– Ja.
– Wie heißt er?
– Jürgen.
– Wo wohnt ihr denn?
– Unna, sagte sie und rückte den Körper auf dem Sitz zurecht, als wehre sie sich gegen meine betulichen Sozialarbeiterfragen, und begann zu erzählen.

– Weißt du, es ist so verrückt, ich hab nämlich die Nacht vorher auch nicht geschlafen, zwei Stunden nur. Zwei Nächte hintereinander ohne Schlaf, das ist mir noch nie passiert, und jetzt ist mir so, jetzt ist mir alles so egal, ich will nur meine Pillen wiederhaben. Weißt du, wie ich wieder an die Pillen kommen kann?

– Wenn sie uns jetzt schon reden lassen, dann kriegen wir auch bald die Taschen wieder, sagte ich.

In raschen Sätzen erzählte sie ihre Geschichte, die anfing mit ihrem ersten Urlaub mit Jürgen im Sommer in einem der großen Hotels von Arenal und die weiterging mit den Besuchen in einer

Discothek, unter deutscher Leitung, wie Petra betonte, und den wöchentlichen Schönheitswettbewerben dort. Die Geschichte biß sich fest an Jürgen, der an allem schuld sei, weil er sie gedrängt hatte, daran teilzunehmen, und fand ihren Höhepunkt mit Petras Krönung als Disco-Miß vom Juni und dem ersten Preis, eine Woche im Oktober kostenlos Mallorca inclusive Teilnahme am Endkampf um den Miß-Titel der Discothek.

– Und das war gestern, schloß sie ihre Erzählung, nein, vorgestern.

– Hast du gewonnen?

– Nein, fünfte. Aber dann, wir haben die ganze Nacht durchgemacht bis um sieben und dann noch weiter im Hotel, wir hätten fast die Maschine hier verpaßt.

– Stimmt, ich hab euch gesehen, als wir schon alle drin saßen, da kamt ihr. Alles deine Miß-Kolleginnen?

– Ja, so zehn, zwölf waren wir. Wenn ich denke, daß dieser Discotyp uns nur noch mit Gewalt hier reingekriegt hat...

– So darfst du nicht denken.

– Ich will ja nur, daß ich an meine Pillen komme. Aus dieser Scheiße, da komm ich schon raus, das weiß ich. Aber wenn ich meine Pillen nicht bald habe, der Jürgen wird mir den Kopf abreißen, wenn er das rauskriegt... Der war sowieso schon dagegen, daß ich fahre. Der hat mir immer gesagt, ich weiß schon, was die mit dir vorhaben. Ich hab ihm gesagt, das weiß ich auch, aber ich kann auf mich selbst aufpassen. Am Ende hatte ich gar keine Lust mehr auf die Reise und bin nur noch geflogen, um ihm zu zeigen, daß er nicht über mich bestimmen kann. So war das. Ja, und ich bin standhaft geblieben, nur am letzten Morgen und voll mit Sekt... er war nicht schlecht, der Junge... na, vergiß es... macht nichts, wenn ich nur meine Pillen wiederkriege...

– Frag doch mal die Stewardeß.

– Und du?

– Ich hab Glück, Spirale.

Nun wollte ich zu reden anfangen, fragen nach ihrer Arbeit und wo der Freund sie erwarte, in Frankfurt oder Unna. Noch lieber hätte ich von mir erzählt, irgend etwas, es sollte nur mit meiner

Person zu tun haben, ich suchte Boden unter den Füßen, meinen Boden, einen Punkt meiner Vergangenheit, auf den ich mich berufen und festlegen könnte, um wieder freier zu sein für die Situation jetzt. Ich brauchte nur irgendwo anzufangen, mit den Gärten in Alfabia vor drei Tagen, mit der Flucht aus Bad Nauheim oder mit dem Institut in Tübingen oder einfach zu reden von dem Zufall, der mich in diese Maschine gebracht hatte, von Rainer und meinen Gründen, von ihm wegzufahren, um ihm näherzukommen. Mein Plan wurde immer anspruchsvoller, bis mir kein Satz mehr über die Lippen kam. Außerdem klebten die Kleider auf der Haut, es wurde heißer, und es war bequemer, sich dem Stöhnen über die Hitze zu überlassen und den neuen Wellen der Müdigkeit.

Kapitän Krüger, der drei Reihen vor uns gesessen und offenbar geschlafen hatte, stand auf und ging nach vorn. Gleich darauf kam ein kühlerer Luftstrom aus den Düsen. Der Kapitän blieb im Cockpit. Die Hitze wurde fortgeweht, aber die Müdigkeit konnte ich nicht mehr abwehren. Nach den langen, schmerzenden Wachzuständen wurden die Augenlider immer schwerer. Ohne Kraft zu reden döste ich vor mich hin, starrte auf die Zeitung von gestern. Die Nachrichten von vorgestern. Ich wartete auf die Nachrichten von morgen. Oder die von heute, das wäre auch schon was! Ich beneidete alle, die eine aktuelle Zeitung vor sich hatten. Alle zu Hause starren die Zeitungsbuchstaben an. Man spricht über uns, man spricht über mich. Nur Rainer weiß, daß ich in der Maschine sitze, die jetzt Schlagzeilen macht. Die anderen erwarten mich erst am Montag zurück, und doch werden sie an mich denken, ich als eine von achtzig oder neunzig Leuten. Eine deutsche Maschine voll mit deutschen Urlaubern, das kann die Deutschen nicht ganz kalt lassen, da werden sie hastiger nach den Zeitungen greifen, da werden sie öfter die Nachrichten im Radio einschalten, und sie werden viel mehr wissen als ich, wahrscheinlich kennen sie die genaue Zahl der Passagiere und den Namen unserer Maschine, sie kennen die Orte unserer Landungen am Abend und während der Nacht und den Namen des Flugfelds, auf dem wir gelandet sind, man diskutiert über die Forderungen der Entführer, und vielleicht haben flinke Journalisten schon herausgefunden, wie und wann die Regierung den Austausch plant. Es gibt wirklich keinen Grund zur Unruhe, alle denken an uns, alle kümmern sich um uns! Wenn wir nur mehr Platz hätten, leichtere Kleider und endlich etwas zu trinken, zu essen!

Von heftigen, polternden Schritten wachte ich auf, eine Frau in rotem Hemd eilte durch den Gang, die feurig leuchtende Farbe signalisierte so etwas wie einen Angriff, es schien, als versuche jemand, gestärkt vom rebellischen Rot, einen Aufstand anzuzetteln. Wer spinnt denn da! Ausgerechnet jetzt, wo sich alles beruhigt hat!

Im gleichen roten T-Shirt kam Nummer 22 daher, und nun war mir klar, daß die Frau vorher Nummer 28 gewesen war. Auf dem Hemd war schwarz ein Kopf abgebildet, mit Baskenmütze und Schnurrbart, das bekannte Gesicht von Bildern oder Plakaten, Studenten hatten es vor einigen Jahren auf Demonstrationen mit sich herumgetragen – aber der Name wollte mir nicht einfallen. Die drei Bewacher und ihr Anführer waren nun schon von weitem an ihren roten Hemden zu erkennen, mit artigen weißen Kragen, alle trugen diesen jesusähnlichen Männerkopf vor sich her. Petra erklärte, sie hätten sich, einer nach dem andern, umgezogen, während ich geschlafen hatte.

– Wie lange?

– Stunde vielleicht.

Der Anführer gab mit einer Stimme, die mehr triumphierte als drohte, den Befehl, die Tischchen herunterzuklappen, und behauptete, es werde gleich etwas zu essen geben. Wieder hieß das: Warten. Wieder konnten sie uns mit einem Trick quälen.

Die Stewardessen schwärmten aus und verteilten Tabletts, auf denen Imbißschachteln lagen.

– Zu trinken gibt es auch gleich, sagte die Blonde.

Ich wollte zuerst trinken, vor dem Essen den Mund anfeuchten und etwas Frisches auf der Zunge spüren, aber ich öffnete ohne zu zögern den Plastikdeckel, fand Hühnchen, Brot, Wurst, Butter, Käse, Pudding. Ich wußte nicht, wo anfangen, riß zuerst den Dekkel der Puddingschale ab und schlang die Hälfte des süßen Zeugs in mich hinein. Mit dem Schokoladengeschmack auf der Zunge biß ich in das Hühnerbein. Dann erst zwang ich mich zur Langsamkeit und wartete auf das Wasser. Sorgfältig, mit zitternder Hand, strich ich die Butter über das Brot.

Da fielen mir die Buchstaben auf der Verpackung auf, AIRPORT DUBAI. Dubai, das war nur ein Klang, zwei Silben eines fremden, leeren Worts, von dem mir noch nicht einmal klar war, daß es ein Ort war, eine Stadt, ein Land. Dubai, diese erste Information über unseren Aufenthaltsort hatte nichts Sensationelles, der Ort war mir in diesem Augenblick völlig gleichgültig. Zu sehr war ich damit beschäftigt, auf das Wasser zu warten, und beim Warten meinte ich zu spüren, wie der Magen das Hühnerfleisch annahm, mißtrauisch oder feindselig nach dem vierundzwanzigstündigen Hunger, wie die Fleischfasern gierig von der Magenstraße aufgefangen und den Schleimhäuten gepackt wurden, wie sie in den Schokoladenpudding gezogen und mit den Magensäften vermischt wurden. Ich hatte die Bissen zu schnell heruntergeschlungen, fürchtete zu erbrechen. Endlich kam das Wasser, ein ganzer Becher voll mit prickelndem Mineralwasser, das ich wegnippte mit kleinen Schlucken. Nun erst aß ich das Brot, kaute jeden Bissen mehrfach durch, so langsam wie möglich, und sagte mir, du weißt nicht, wann du wieder was zu essen kriegst. Es kostete nicht viel Mühe, den süßlichen, plastikdurchsetzten Geschmack des Schmelzkäses zu einer Köstlichkeit zu verzaubern.

– Airport Dubai, sagte Petra, weißt du, wo Dubai liegt?
– Keine Ahnung.
– Dubai, Dubai, das kenn ich doch irgendwoher.
– Hört sich afrikanisch an oder arabisch.
Auch in der Reihe hinter uns sprachen sie über Dubai, wir drehten uns um und ließen uns informieren. Der Herr, der dem Politiker ähnlich sah, beugte sich vor und sprach durch den schmalen Spalt zwischen den Sitzen. Dubai gehöre zu den Golfstaaten, den Arabischen Emiraten.

– Wo das Öl herkommt, fügte er nach einer Pause hinzu. Die sind hier westlich orientiert, von denen haben wir nichts zu fürchten.

Ich wußte nicht, ob er diesen Zusatz machte, um uns zu ermuntern oder zu imponieren mit seinen politischen Kenntnissen. Er hatte eine erstaunlich helle, krächzende Stimme, er war nicht der Politiker, für den ich ihn gehalten hatte.

Die neue Information paßte zu den Ereignissen der letzten Stunden, zu den Informationen, zur Toilettenerlaubnis, zu den Gesprächen, zum Essen und Trinken. So viel Entgegenkommen auf einmal! Das war schon die halbe Befreiung!

– Aber sonst wars ein toller Urlaub, sagte Petra, ich hab sogar Wasserski probiert.

Ich hatte den Wunsch, mehr von ihr zu erfahren und von ihren Erfahrungen als Miß, wollte wissen, was sie zu tun, was sie vorzuführen hatten und in welcher Kostümierung.

– Bikini natürlich, sagte sie. Nur drei Aufgaben hatten wir. Zuerst einen Hula-Hupp-Reifen um die Taille schwingen. Dann unter einer niedrigen Stange durchtanzen, so Füße vor und breitbeinig zum Publikum hin, verstehst du, und dann nach den Hobbies sich ausfragen lassen.

– Wer hat euch ausgefragt?

– Der Discjockey.

– Und der hat entschieden, wer gewinnt?

– Nein, das Publikum, mit dem Beifall. Der wurde gemessen, verstehst du?

– Und was sind deine Hobbies?

– Tanzen und Kino und John Lennon.

– Und warum hast du nicht gewonnen?

– Eine hat als Hobby gesagt: Reiten. Reiten und schlafen. Da haben die Kerle natürlich geklatscht wie wild.

Sie schien immer noch eifersüchtig auf die Gewinnerin zu sein. Oder war sie, wie die anderen Verliererinnen, enttäuscht von dem ganzen Schauspiel, für das sie sich hergegeben hatte und einfliegen lassen aus Unna? Nein, sie wirkte nicht so, als hätte es ihr keinen Spaß gemacht, die Hüften kreisen und die Brüste wippen zu lassen, die Beine breit zu öffnen und den Jungens zu zeigen, was sie hinter dem Slip hatte. Sie schien eher enttäuscht, nicht so clever gewesen zu sein.

– Gabs denn was zu gewinnen?

– Fünfhundert für die erste.

– Mark oder Peseten?

– Für Peseten wär ich nicht angetreten.

Die Imbißschachteln wurden eingesammelt.

– Die heißt Jutta übrigens, sagte Petra und deutete auf die blonde Stewardeß, die Zigaretten verteilte, und die Schwarzhaarige, das ist Anita, und die andere Erika.

– Woher weißt du das?

– Vorhin, als du geschlafen hast, da haben sie uns ihre Namen gesagt, und wir können sie ruhig duzen, wenn wir wollen.

Ich nahm die zwei Zigaretten an, die mir die blonde Jutta hinstreckte, obwohl ich mir im Sommer erst das Rauchen abgewöhnt hatte. Ich roch am Tabak und gab das Geschenk an Petra weiter. Wegen dieser blöden Entführer fang ich doch nicht wieder das Rauchen an!, dachte ich.

Überall stiegen Rauchwölkchen auf. Ein friedliches Bild, wenn nicht die Araberin im Gang mit dem Bügel der Handgranate die Asche von ihrer Zigarette gewischt hätte.

Plötzlich schrie Jassid, seine Schreie wurden übersetzt:

– Es geht nicht, daß die Nichtraucher im Qualm ersticken! Alle Raucher gehen in den hinteren Teil der Maschine! Die Nichtraucher nach vorn!

Viele Leute standen auf und drängten in die befohlene Richtung. Ein allgemeines Geschiebe und Durcheinander, bis die Entführer allen zu sitzen befahlen und dann, Reihe für Reihe, die Raucher von den Nichtrauchern trennten.

– Darf ich?

Zuerst ein braungebackenes Gesicht, und dann sah ich die Frau dahinter. Ich nickte. Sie, in einem roten Hosenanzug, blieb stehen, blickte prüfend nach vorn, aber kein Platz in dem nun für Nicht-raucher bestimmten Bereich schien ihr besser als der Mittelplatz in der Reihe 10. Umständlich ließ sie sich nieder.

– Sie rauchen nicht? fragte sie.

– Nein.

– Alle Laster dieser Welt, aber Rauchen nie. Sie lachte.

Ich versuchte mitzulachen.

– Ach, wie gut, daß man mal neue Gesichter sieht, sagte sie.

Ich stimmte ihr zu, obwohl ich ihr lieber widersprochen hätte. Im gleichen Augenblick war mir klar, daß ich einen Fehler ge-macht hatte. Ich hätte Petra folgen sollen. Unsere kleine Freund-schaft war mir wichtig geworden. Außerdem hätte ich den Körper wieder einmal bewegen, die Beine vertreten können. Was für eine Dummheit, die Zigaretten zu verschenken!

– Ich hab, sagte die neue Nachbarin, neben einem Herrn geses-sen, einem älteren Herrn, der die ganze Zeit nach seinem Schnaps jammerte, nach Whisky. Der litt schon unter Entzugserscheinun-gen, glaube ich. Übrigens, Ingeborg Wendland mein Name.

Ich murmelte meinen Namen, sie fragte nach meinem Wohnort, ich fragte zurück.

– Heusenstamm. Heusenstamm bei Frankfurt. Da hab ich mein Studio. Kosmetik, Sonnenbank, Maniküre und so weiter.

Ich schwieg, obwohl es jetzt an mir gewesen wäre, die Vorstel-lung mit meinen Berufsangaben fortzusetzen oder ein Geplauder über Sonnenbänke zu beginnen. Sie wandte sich an die Frau links neben ihr, die noch immer steif und sprachlos auf dem Gangplatz hockte und vor sich hin brütete.

Die neue Nachbarin war mir schon im Flughafen aufgefallen, im Duty-free-Shop in der Kosmetikecke, eine braungebrannte, vor Schminke glänzende, silberblond getönte Vierzigerin vor den Schachteln mit Tuben, Dosen und Flakons, die sie einzeln durch-musterte, als fehle ihr noch etwas zur Vervollkommnung ihres Äußeren. An der Kasse hatte sie hinter mir gewartet, im Korb zwei

Flaschen, aber keine Kosmetika. Nun hatte ich die Erklärung, sie kriegt ihre Waren im Großhandel!

Als sie die Konversation mit der einsilbigen Frau beendet hatte, sprach ich sie auf die Szene im Duty-free-Shop an. Es war ihr ein bißchen peinlich, aber, ganz souveräne Geschäftsfrau, antwortete sie:

– Ich hab nur mal die Preise vergleichen wollen. Ich muß meinen Kundinnen ja sagen, daß es sich gar nicht lohnt, auf den nächsten Flug zu warten oder auf den Mann, der meistens auch noch das Falsche mitbringt von der Geschäftsreise. Übrigens, wissen Sie schon, es gibt ein Ultimatum, und es läuft bis übermorgen.

Im ersten Moment dachte ich, dir glaub ich gar nichts. Und dann: was, zwei Tage neben dir?

– Woher wissen Sie das?

– Die Stewardeß, die Jutta, die hat es gesagt. Und wir sollen es weitersagen, hat sie gesagt. Und wir sollen uns nicht beunruhigen, es wird alles gut. Es wird nur noch ein bißchen dauern, zwei Tage. Die brauchen ja auch eine Weile, bis sie die Terroristen zusammengetrieben haben und bis die hier sind und so weiter.

– Sprechen Sie das Wort Terroristen lieber nicht aus, sagte ich.

– Sie haben recht, Sie haben recht! Man weiß ja nie, man weiß ja nicht, ob die uns nicht doch den Hals umdrehn am Ende!

Während sie davon sprach, daß nun alles halbwegs erträglich geworden sei, wenn wir nur etwas zu essen und trinken bekämen und aufs Klo dürften und ein bißchen reden, betrachtete ich ihren Hals und die Falten in der Halshaut. Irgend etwas Masochistisches lag in ihrer Formulierung vom Halsumdrehn, sie mußte etwas gegen ihren Hals haben und nicht nur gegen die Falten. Die Haut am Hals schien schneller gealtert als alles andere und paßte schlecht zu den auffälligen Wimpern und den langen, mildroten Fingernägeln. Ihr Gesicht hatte den feuchten Glanz unter der Bräune behalten, nur die Rougetöne, die sie über ihre goldbraune Haut geschminkt hatte, waren verlaufen, und die silberblaue Augentusche verwischt. Auch ihr war die Handtasche geraubt, nun konnte sie nicht nachschminken, sie sah aus, als hätte sie auf der

Toilette nur kurz die gröbsten Verwischungen mit den Fingern korrigiert. Ich dachte, du wirst auch bald unter Entzugserscheinungen leiden. Sie soff offenbar nicht, sie rauchte nicht, aber sie brauchte die Farbe, die Schminke, um ihren Körper zusammenzuhalten und die Fassung zu bewahren.

– Ich will jetzt in den Garten! krähte es von vorn. Wieder der Greis, der plötzlich im Gang stand und seine stattliche Figur zeigte. Aber er konnte sich nicht entscheiden, ob der Weg in den Garten über den Ausgang vorn oder hinten führte. Schon war ein Passagier bei ihm und versuchte ihn auf den Sitz zu zwingen.

– Lassen Sie mich! Ich bin den ganzen Tag noch nicht im Garten gewesen! Die Äpfel, ich muß dringend nach den Äpfeln sehn! Was fällt Ihnen ein, sich an einem Offizier zu vergreifen, Sie!

So schimpfte er, immer leiser. Zu dritt schafften sie es, den Alten zur Ruhe zu bringen.

Zwei Tage noch. Die Alten werden es nicht aushalten. Die Kinder nicht. Ingeborg Wendland nicht. Und ob ich es packen werde, ob ich die Fassung bewahren konnte, und wie lange, wußte ich noch weniger. Ich versuchte, diese Fragen wegzuschieben und mir Mut einzureden. Zwei Tage, das ist doch vernünftig, da hat die Regierung Zeit, alles zu überlegen, da können sie die Leute aus den Gefängnissen zusammenholen und den Austausch ohne Hektik organisieren, es ist alles in Ordnung, es wird alles wieder in Ordnung kommen, besser zwei Tage als ein Tag, an einem Tag schaffen sie das nie. Also stell dich ein auf zwei Tage, Stunden zwei mal vierundzwanzig, Minuten nicht zu zählen, Sekunden vergehen sowieso von allein, eine nach der andern, schon wieder rauschen die Sekunden weg, zähl die Sekunden ab, wenns dir zu lang dauert, irgendwann werden die Sekunden abgelaufen sein, irgendwann ist das Ultimatum erfüllt, irgendwann wirst du endlich raus können. Halte dich an die Sekunden, wenn du sonst nichts findest, schiebe die Sekunden weg, bis sie zu Minuten werden, häufe dir die Minuten zusammen, die Stunden, irgendwann wird es ein halber Tag, dann ein Tag, dann zwei Tage, und du bist frei – und kannst wieder in den Garten gehn, wie gestern, vorgestern, am Tag vor gestern, wie viele Jahrzehnte lag das zurück? Die berühmten Gärten von Alfabia, am zweitletzten Tag, bei eher wolkigem Wetter die Fahrt mit dem Bus über Land, durch die Berge, ich finde mich auf schmalen Alleen laufend, die scheckige Schale an den Stämmen der Ahornbäume betrachtend, die Erholung vom stumpfsinnigen Hotel- und Strandleben ist sofort zu spüren, ich wandere unter dem altgewordenen, herbstlich braundunklen Grün, tauche durch flockige Schatten. Im alten Torbogen die auffälligen arabischen Schriftzeichen, der Reiseführer liefert sogar eine Übersetzung, immer wieder Allah, im Sinne von Allah ist groß, alles kommt von Allah und Allah sei Dank für alles.

Vor drei Tagen, jederzeit, ja, ich kann jetzt zwei, drei Stunden durch den Park schlendern, mich abseits von den Wegen halten, auf denen die meisten Besucher flanieren, habe die Wahl zwischen breit ausladenden und kleineren Treppen, zwischen exotischen und weniger exotischen Pflanzen. Was ist dir lieber, die Olivenbäume oder die Eukalyptusbäume oder die Palmen, ziehst du die Rasenflächen vor oder die Lauben mit Brünnchen? Und da, die Entdeckung von Alfabia, zwischen den Sträuchern, in der unscheinbarsten Ecke, eine Abart des ordinären mitteleuropäischen Springkrauts, mein Springkraut, die erste Proseminararbeit in Biologie über das Springkraut, eine Untersuchung über die Schleuderbewegungen seiner Früchte, die bei leichter Berührung an den vorgebildeten Nahtstellen aufreißen und ihre Samen in die Umgebung werfen, eins der lustigsten Gewächse, beliebt seit Kinderzeiten, vor sechs Jahren hat es mein Interesse für die Reiz-, Sinnes- und Nervenphysiologie bei Pflanzen und Tieren angestiftet. Und was tut die Biologin, die Zoologin Andrea Boländer nach ihrer glücklichen Entdeckung? Sie legt sich einfach ins Gras unter die Akazien und vergißt ihr Interesse für Gärten, Pflanzen und die Reizphysiologie, sie denkt nicht einmal an die Kiefernspanner, die in Tübingen warten, sie träumt, bis ein Wärter sie hochscheucht, sie möchte das riesige Areal der Gärten für sich allein haben oder für sich und den Freund, die vielen Menschen stören, die beflissen neugierig herumlaufen und grobe deutsche Laute, manchmal auch Englisches ausstoßen. Dabei ist sie gar nicht auf Einsamkeit aus, sie fühlt sich einfach wohl in diesen kunstvollen Gärten, sie will sie nicht bewundern müssen oder an die Gesten der Bewunderung erinnert werden. Ein letztes Bad im Grünen vor dem kommenden, zu Hause schon drohenden Winter.

– *Come on, come with me! You, come on!*
Ein Befehl, von einem der beiden Entführermädchen ein paar Reihen hinter mir gesprochen, stach plötzlich aus allen Geräuschen heraus. Ich öffnete die Augen, sah Nummer 31 eine Frau in einer blauen Hose durch die Kabine treiben bis hinter den Vorhang zur Ersten Klasse. Alle Gespräche brachen ab, alles Wispern und Flüstern. Ich versuchte, meine Empfindungen von Alfabia nicht zu verlieren, sie wachzuhalten, zu retten, allein für mich. Die Luftdüsen pfiffen auf der immer gleichen Frequenz, und ich zwang mich, auf den gewundenen und geraden Wegen der Gärten zu bleiben, dachte mir neue Pfade und Querverbindungen aus, schritt frisch gepflanzte und schon fertige, prächtige Ahornalleen ab, ließ das exotische Pflanzenwerk schneller und weiter wachsen, bis ich mich dahinter verstecken konnte, baute neue Lauben hinzu, zog die wegbegrenzenden Büsche höher und ließ die Gärten zu wuchernden, ungepflegten Labyrinthen aufblühen, in denen ich mich zu verlieren suchte und die ich brauchte gegen die verrückte Lage, in der ich mich befand. Es wurde gebrüllt, die Stimme des Anführers tobte wieder los. Er schrie die Frau an. Was sie antwortete, war nicht zu verstehen. Ich will jetzt in den Garten!, schrie ich und sog den frischen Geruch der Blätter auf und die Geräusche des plätschernden Brunnenwassers und hörte den Kies, wie er knirschend gegen die Schuhe protestierte. Wieder das harte Klatschen eines Schlags in ein Gesicht. Ich hielt die Augen geschlossen, die Arme verschränkt und log mir das ängstliche Wispern der Passagiere in Laubgeraschel um. Die heisere Brüllstimme wurde von Wimmern unterbrochen. Dann kam der selbsternannte

Captain durch die Kabine gestürmt, polterte bis nach hinten, wir drehten uns vorsichtig um, es wurde ganz still.

– *Are you jewish? Are you jewish?*

Die Frage wurde übersetzt. Eine Kinderstimme sagte:

– Nein.

Jassid stapfte wütend durch den Gang, ohne nach rechts und links zu blicken. Er brüllte hinter dem Vorhang weiter, schlug aber nicht mehr. Ich lief davon, rannte durch meinen Park, und lief und lief, denn ich brauchte die Bewegung und konnte mir einbilden, die Starre der Glieder löse sich und das Laufen bringe mich aus der Todesgefahr heraus und dem Leben wieder näher, und so lief ich fort, und die Flucht gelang, zumindest für Sekunden. Bald kam die Frau hervor, zitternd, taumelnd, auf die Kopflehnen gestützt ging sie nach hinten, den Blick starr auf ihr Kind gerichtet, ohne Interesse für die eher überraschten als mitleidigen Passagiere.

Die tückische, gemeine, rücksichtslose Piratin mit der Nummer 31 erschien mit einem grünen Reisepaß in der Hand und ging, jedes Gesicht genau musternd, durch die Reihen. Zuerst war ich ganz sicher, daß sie es auf mich nicht abgesehen hatte. Dann fühlte ich den Schweiß in der Hand. Ich dachte, Ingeborg ist schuld, Ingeborg mit ihrer blöden Formulierung vom Halsumdrehn! Sie blickte starr geradeaus, als das Biest zu unserer Reihe kam, merkte dann aber, daß sie sich dadurch eher verdächtig und damit zum Opfer machte, und drehte der Entführerin das Gesicht zu. Auch ich setzte mich dem Polizeiblick freiwillig aus. Wir alle unterwarfen uns dieser Musterung, und das Mädchen, das Gewalt über uns hatte, brauchte nicht einmal den Befehl zu geben, sie anzuschauen, das Ohr frei zu machen, die Brille abzunehmen. Durch das wilde Gesicht auf ihrer Brust war die kleine Entführerin nun mit zwei Köpfen ausgestattet und hatte ihre Autorität verdoppelt. Endlich fiel mir der Name ein, Che Guevara. Sie fixierte mich, beide fixierten mich. Sie ging weiter. Sie fand das Opfer, das sie gesucht hatte. Wieder wurde eine Frau abgeführt, eine Dicke mit grauem Kurzhaar. Ich blieb auf meinem Platz, blieb in Alfabia, machte die Schloßführung mit, aufmerksam gelangweilt, bis wir zu einem auffälligen Stuhl geführt wurden. Ich will jetzt in den Garten!, die

Stimme des Greises tröstete mich. Der Stuhl des San Martin, erklärte der alte Fremdenführer. Wir bewunderten die ausgetüftelten Schnitzereien. Jassid brüllte weniger laut. Ich klammerte mich an den Stuhl. Der Führer forderte zuerst die jungen Mädchen, dann alle Frauen auf, sich einmal auf dem Stuhl niederzulassen, und zeigte dabei ein verdächtiges Lächeln. Alle zierten sich, auch ich fürchtete eine Tücke, dachte an den elektrischen Stuhl, dann gab ich mir den kleinen Ruck und wollte einen Schritt nach vorn tun. Doch da hatte der Alte schon eine andere zum Sitzen genötigt. Kaum hatte die es sich bequem gemacht, gratulierte er ihr umständlich und verkündete mit vielen Komplimenten, daß sie noch in diesem Jahr heiraten werde. Das Mädchen wurde rot, sprang auf, die Leute lachten. Jassid schien sich beruhigt zu haben, es drangen keine Schreie durch und keine Schläge. Der Führer gab die Legende zum besten, daß jedes Mädchen oder jede ledige Frau, die sich auf diesen Stuhl setze, im gleichen Jahr heiraten werde. Er fragte, wer sich noch setzen und die Gelegenheit nutzen wolle, und ich sah ihm an, daß er uns allen gern einen Grund zum Heiraten eingepflanzt hätte. Niemand ging mehr auf sein Spielchen ein, und ich war froh, daß der Spott nicht mich getroffen hatte.

Die dicke Frau wurde lange festgehalten, aber, wenn man nach den Geräuschen gehen konnte, nicht so schlimm behandelt wie die erste. Bleich, verlegen lächelnd tappte sie zurück.

Die Prozedur wurde noch einmal wiederholt und durch die Wiederholung beinah lächerlich, weil Nummer 31 wieder dies ernste, um Gemeinheit und Schärfe bemühte Gesicht machte, das aber nur wie eine Kopie des vorherigen wirkte. Hätte ich mich doch auf den Stuhl in Alfabia gesetzt!, dachte ich, dann wäre ich alle Ängste los! Ich hielt mich an der Frage fest, ob ich, wenn ich mich auf den Stuhl gesetzt hätte, mit dem kleinen Aberglauben trösten könnte, in diesem Jahr noch zu heiraten. Nicht wegen der Heirat, sondern wegen der Aussicht, lebend und heil aus dieser fliegenden Hölle herauszukommen.

Die Schreie der älteren Dame, die sie zum Verhör geholt hatten, verscheuchten mir diese Gedanken nicht. Es schien so, als entfalte der Heiratsstuhl von Alfabia seine magischen Kräfte selbst hier, im gekaperten Flugzeug, vielleicht nur hier vor den Pistolen und Granaten der Entführer. Immer wieder hörte ich das Wort *jewish*, und immer wieder, immer leiser schrie das Opfer.

– Nein, nein, nein! Das können Sie nicht tun!

Das können sie nicht tun! Das können sie doch tun! Sie können alles mit uns tun! Schon war die Angst wieder da und die Verwirrung, die Frage, ob ich mein Todesurteil gesprochen hatte durch die Scheu, mich zu setzen auf den berühmten Stuhl und mir eine Art Zukunft zu geben. Die Gelegenheit hatte ich ja gehabt, mich einmal kurz hinzusetzen und mich zu Rainer zu wünschen, als die anderen Leute schon in den nächsten Raum liefen. Was hätte ich verloren, wenn ich diesen kleinen Schritt, die halbe Kniebeuge gewagt hätte in aller Heimlichkeit? Niemand hätte es gesehen, niemandem hätte ich es verraten, auch Rainer nicht, natürlich nicht, wer spricht denn von Heiraten in unseren kurzen oder mittelfristigen, aufgeklärt-leidenschaftlichen Liebschaften? Das können sie nicht tun! Das können sie doch tun! Sie können alles mit uns tun! Die Augenblicke wiederholten sich, vor drei Tagen vor dem Stuhl stehend, nun im Flugzeug gefangen sitzend, die Augen auf das Schnitzwerk gerichtet, da ist wieder der irritierende Gedanke: Rainer ist es, von dem ich ein Kind möchte, falls ich jemals, gern und freiwillig, ein Kind möchte. Vor drei Tagen hatte ich Angst gehabt vor diesem Wunsch, nun brauchte ich ihn. Doch er wurde immer mehr von taktischen, von händlerischen Überlegungen durchsetzt. Schon war ich bei dem Vorsatz angelangt: wenn du hier lebend rauskommst, Andrea, dann wirst du ein Kind auf die Welt bringen, ja, ein Kind.

Endlich wurde die ältere Dame freigelassen. Ein grau gewordenes Gesicht mit querlaufenden Falten. Mitten im Gang begann sie zu schluchzen.

– Ich hab doch nur ein Visum im Paß, ein Visum!

Sie schien empört, daß niemand ihr geholfen hatte, und blickte im Weinen nicht nach unten, sondern weit über uns hinweg, kilometerweit.

Der Anführer ließ seine Stimme durch den Lautsprecher knallen.

– The three jewish witches will be executed tomorrow morning!
They will be killed at eight o'clock!

Er verlangte keine Übersetzung. Es blieb ganz ruhig in der Maschine. Niemand wagte ein Gespräch. Ich wußte nicht, ob eine neue Stufe des Terrors begonnen hatte. Oder ob es eine Steigerung im Theaterspiel war. Alles nur Theater, Erpressungstheater. Aber was spielen sie da, das kennen wir doch, das grausame alte Stück, die spielen Selektion! Sie spielen, noch haben sie keinen umgebracht, noch haben sie keinen Grund erfunden, jemanden umzubringen. Aber einen Grund hatten die Nazis auch nicht! Ich war zu dumm, die neue Show zu begreifen, diese lächerlich todernsten Verhöre. Sie erpreßten uns mit der Vorführung ihrer Ernsthaftigkeit und verlangten, daß wir ihr Theater ernst nahmen und die Spielregeln anerkannten und den Winken der Regisseure und Regieassistentinnen blind folgten! Was ist das für ein Spiel? Werden sie jetzt wahllos weiter Leute zu Juden und Jüdinnen erklären, werden sie weiter selektieren, verhören, prügeln und wirklich Leute erschießen? Ich lasse mich nicht zur Jüdin machen! Ich lasse mich nicht zur Antisemitin machen! Und warum suchten sie immer Frauen aus? War es die Lust dieses Mannes, die Frauen zu quälen und zu schlagen? Oder waren das alles nur die Tricks der Profis, uns nicht übermütig werden zu lassen, uns einzuschüchtern, zu lähmen?

Die Absicht gelang. Aber das reichte Jassid noch nicht. Er nahm sich einzelne Passagiere vor und schrie ihnen den Befehl zu, die Hände zu heben und zu schwören, niemals wieder zionistische Waren zu kaufen.

– Ich schwöre.

– Ich schwöre.

– Ich schwöre.

Auch ich hatte zu schwören. Er schnaufte, fixierte mich, als versuche er, mit seinen Pupillen etwas in mir auszulöschen, wegzuschneiden. Ich sprach den verlangten Schwur und dachte bei mir: Ich schwöre, ich werde ein Kind kriegen, wenn... Und als Jassid, zufrieden mit seiner Pistole schlenkernd, von mir abließ, erschrak ich. Ich wußte nicht mehr, ob mein Wunsch echt war oder ob ich es dringend nötig hatte, mit einem ungewöhnlichen Versprechen mir Aussicht auf etwas Hoffnung zu erkaufen. Hatten sie mich schon so weit gebracht, daß ich mich auf Tauschgeschäfte mit mir selber einließ? Mir Ultimaten setzte und mit mir selber meine Freilassung aushandelte? Wie weit wirst du noch gehen, wirst du etwa anfangen zu beten oder wieder an Gott glauben und diesem unbekannten Herrn im Himmel irgendwelche Offerten machen?

Auf einmal wußte ich, was in den Köpfen der anderen Passagiere vor sich ging. Lauter Schwüre, lauter Gelöbnisse! Alle Leute damit beschäftigt, ihr Leben zu überdenken und Besserung zu geloben für den Fall einer schnellen Befreiung. Sie werden versprechen, das Rauchen aufzugeben, das Trinken einzuschränken, ihre Frauen nicht mehr zu betrügen, ihren Männern öfter zu widersprechen, etliche werden beten und wieder öfter in die Kirche gehen wollen. Und dazu werden all die guten Vorsätze zum neuen Jahr wieder hervorgeholt. Ich war sogar bereit, ein Kind in die Waagschale zu werfen. Andere Frauen vielleicht auch. In allen Köpfen Änderungsabsichten, Pläne, ein besserer Mensch zu werden, Gedanken an das sogenannte Wesentliche im Leben, eine allgemeine Konjunktur der Besinnung. Was für eine moralische Bande waren wir geworden in so kurzer Zeit!

Eine Stunde lang herrschte völlige Ruhe in der Kabine, niemand wagte die geringste Bewegung. Wir kontrollierten uns gegenseitig, mit feigen Blicken aus den Augenwinkeln. Wir bespitzelten uns, wir fürchteten uns für die, die aus unserer Gemeinschaft der Gehorchenden ausbrechen könnten. Niemand wollte der nächste Geschlagene sein, und jeder wäre erleichtert gewesen, wenn es vor ihm den Nachbarn oder die Nachbarin erwischt hätte. Niemand wollte sich hervortun und als Adressat für die nächsten Angriffe der Entführer aus der Menge gezerrt werden. Jeder für sich, das schien der beste Schutz zu sein. Ich fühlte, wie wir uns immer ähnlicher wurden, unsere Körper sich anglichen bis in ihre Risse und Falten hinein, bis zu der grauen Fleischfarbe unserer Gesichter. Wir hingen an den unsichtbaren, allgegenwärtigen Fäden der

Befehle und Einschüchterungen, und wenn niemand die Fäden bewegte, hockten oder lagen wir da wie gelähmt.

Das Unerhörte war, wir hatten plötzlich Zeit, zum Kotzen viel Zeit.

Der Tag ging vorüber, und ich wünschte, die Männer in der Regierung sähen uns und hörten mit, was hier geschah. Aber sie kümmerten sich nicht. Sie funkten uns nicht einmal eine Nachricht zu, Grüße von den Angehörigen, einen Trost, einen freundlichen Appell, eine hilfreiche Lüge. Sie schlürften Mineralwasser oder Fruchtsäfte in ihrem großen oder kleinen Krisenstab, schenkten Kaffee nach und wogen alles ab. Sie hatten noch Zeit bis zum Ablauf des Ultimatums, sie hörten den Experten zu und gähnten. Sie machten sich ihre Überlegungen nicht leicht. Aber was sie auch taten, ihre Diäten wurden weiter überwiesen, die Kameras wurden weiter auf sie gerichtet, sie prüften die Prinzipien des Rechtsstaats und dachten an ihre Wähler, sie dachten vielleicht auch an uns, sie hatten vielleicht die Entscheidung für unsern Austausch schon getroffen, aber sie ließen uns allein. Nicht einmal ein Telegramm waren wir ihnen wert, ein paar Worte, die uns die Schläge, das Gebrüll, die Fragen und das Warten hätten besser ertragen lassen.

vier

– **Ich bitte um Ruhe**. Alle Passagiere bleiben sitzen! Und legen Sie die Gurte an! Hören Sie zu! rief Captain Jassid in verhältnismäßig ruhigem Ton.

– Ich habe etwas Wichtiges zu erklären! Ich nehme an, daß ihr Deutschen nichts wißt über die Geschichte Palästinas, nichts über das Leben der Palästinenser und nichts über den Kampf des palästinensischen Volkes.

Er begann, die Geschichte seines Landes zu erzählen. Er ließ sich Zeit, wartete geduldig die Übersetzung von zwei oder drei Sätzen ab und setzte wieder an, griff weit in die Geschichte zurück, zweitausend Jahre, und sprang voraus in die Gegenwart heutiger Kämpfe. Jedes dritte Wort war Kampf. Trotz seiner abgebrochenen, ausschweifenden und impulsiv ausgestoßenen Sätze wurden nach und nach einige Zusammenhänge erkennbar.

Immer hätten die Palästinenser in ihrem Land am Jordan gelebt, und immer wieder seien sie von fremden Herrschern unterdrückt worden. In ihrem Land seien drei Weltreligionen entstanden, deren Anhänger friedlich nebeneinander gelebt hätten. Aber das Volk sei immer wieder ausgebeutet worden, erst von den Römern, dann von den Persern, dann von den arabischen Kalifen, dann von den Ägyptern, und 1516 seien die Türken gekommen und hätten vierhundert Jahre lang das Volk unterdrückt.

Bis dahin hatte er etwa eine halbe Stunde gebraucht und Dutzende von Jahreszahlen und Namen fallenlassen, die sich in meinem Gedächtnis sofort gegenseitig auslöschten, die ich auch gar nicht behalten wollte, die aufgesogen wurden von der Müdigkeit einer 6. Schulstunde. Zuerst hatte ich wegzuhören versucht, wollte mich nicht belehren lassen, von diesem Kerl schon gar nicht. Aber wir hatten ja Zeit, viel zuviel Zeit, und so brachte der konfuse Vortrag etwas Abwechslung. Das brüchige, aggressiv gefärbte Englisch stand in einem komischen Kontrast zu der um Friedfertigkeit bemühten Stimme der Dolmetscherin, die uns behutsam

Wörter wie Volk, Kampf, Unterdrückung servierte. Wie eine Schülerin sträubte ich mich gegen die Aufzählung der Kaiser, Könige, Kalifen, mit denen ich nichts zu tun haben wollte, und wenn er schon Kalifen nannte, dann war es mir egal, ob der Oman hieß oder Jassid. Nur 1516 blieb mir im Kopf, weil ich meinte, das sei ein wichtiges Jahr in der deutschen Geschichte gewesen, irgend etwas mit Luther.

Ingeborg Wendland war diese Geschichtsstunde noch peinlicher, sie sagte nichts, aber ich merkte es ihren unruhigen Augen an, ihrem zuckenden Hals, ihrem Rutschen auf dem Sessel. Wir wagten nicht zu flüstern, wir kontrollierten uns gegenseitig mit den Blicken, und ich sah bei den anderen, zu Schulkindern degradierten Passagieren ebensolche peinlich berührten, verlegenen Gesichter. Ein Kind wurde zurechtgewiesen. Niemand drängte zur Toilette. Wir paßten aufeinander auf, keiner durfte sich danebenbenehmen und schülerhaft albern werden. Es war Abend geworden, müde waren wir alle, doch ich hatte den Eindruck, alle achteten darauf, daß niemand einschlief und mit seinem Schnarchen den Lehrer provozierte. Allen schien es darauf anzukommen, daß alle sich fügten, still und bescheiden auf dem Platz saßen und alles über sich ergehen ließen.

– Und nach dem Ersten Weltkrieg haben die Briten im Bündnis mit dem Weltimperialismus die Palästinenser betrogen und unser Land an die Zionisten verschachert, erst 1920, dann 1947. In den zwanziger und in den dreißiger Jahren mußten wir zu Tausenden vor den Zionisten fliehen, und dann im Krieg von 1948 und 49. Ich wette, niemand von euch hat von Deir Yassin gehört und von den andern Massakern. Ganze Dörfer haben sie niedergemetzelt, Frauen, Kinder, Greise ermordet, so zwangen sie uns zu fliehen, eine Million Palästinenser haben sie zur Flucht getrieben, wußten Sie das, meine Damen und Herren?

Ich wußte es nicht, und ich fürchtete plötzlich, daß es ein Fehler war, nichts davon zu wissen. Jassid ließ mehr und mehr von seinen Phrasen und politischen Begriffen ab. Je länger er sprach, desto schwächer wurde mein Haß gegen ihn. Nur seine Stimme erleichterte mir die Abwehr, sein herrischer Akzent, seine kratzigen Vokale, seine tückischen Konsonanten, seine heisere, unerbittliche, zuschlagende Stimme. Solange er redet, schlägt er nicht.

Er benutzte ein Wort, das die Stewardeß mit heimatvertrieben übersetzte.

– Heimatvertrieben, der spinnt doch! flüsterte Frau Wendland. Ich bin aus der Heimat vertrieben worden als Kind, aber der doch nicht!

Erst jetzt bemerkte ich die ungewöhnliche Länge ihrer Fingernägel. Sie schienen in den paar Stunden kräftig gewachsen zu sein, spitzer und schärfer geworden. Ingeborg rieb sich nervös die Hände, und ich fürchtete, sie werde sich kratzen mit ihren langen Nägeln.

– Und Kofre Kaddum, wer von euch kennt das Dorf Kofre Kaddum? Alle Bewohner sind von den Zionisten niedergemetzelt worden, kein Kind, kein Greis hat das Massaker überlebt! Alle getötet, alle! Und die Zionisten haben sogar Journalisten zu dieser Aktion eingeladen. Sie haben sich noch nicht einmal geschämt, diese Mörder! Und deshalb haben wir unser Kommando nach diesem Dorf benannt, Damen und Herren, um die Welt auf die Greuel der Zionisten aufmerksam zu machen.

Und Jassid stieß nach, auch der Krieg von 1967 sei von den Israelis nicht gegen Ägypten, sondern gegen die Palästinenser geführt worden, wieder seien Zehntausende ermordet, Zehntausende vertrieben worden.

– Bitte zahlen! rief die alte Frau vorne. Bitte zahlen, ich möchte gehen!

Sie stand auf, murmelte vor sich hin.

– Wo ist mein Mantel? Haben Sie irgendwo meinen Mantel gesehen?

Stewardeß Erika zerrte die Frau auf ihren Sitz.

Jassid schien die Unterbrechung nicht bemerkt zu haben, oder die beiden Alten störten ihn nicht mehr. In immer längeren Sätzen beschrieb er das Elend seiner Familie, der man wie vielen andern das Haus und das Land weggenommen habe, die jahrelang im Zelt in der Wüste habe leben müssen, erzählte von den Briefen, die sie an die UNO geschrieben, von den Resolutionen und Verhandlungen seit Jahrzehnten, die zu nichts geführt hätten. Er fragte, bettelnd, weinend fast, ob wir wüßten, wie die Palästinenser in den Lagern lebten, im Libanon, ständig von Artillerie beschossen, zwischen Ruinen und wackelnden Bunkerwänden, in Erdlöchern, von Hunger bedroht und ohne Medikamente, in Schächten ohne Licht, wo sie verrückt werden, wenn sie überleben wollen.

– Versteht ihr jetzt, warum wir Freiheitskämpfer sind und keine Terroristen?

Sie ließen uns nicht Zeit, darüber nachzudenken. Die Komplizen klatschten in die Hände und forderten einzelne Passagiere ebenfalls zum Beifall auf. So kam, erst zögerlich, dann kräftiger, ein allgemeiner Beifall zustande, ein Anstandsbeifall. Wir Gefangenen gaben userm Oberwärter recht. Nicht nur, weil wir gezwungen wurden. Nein, es war eine befreiende Aktion, eine erste gemeinsame Tat, mit der wir die Lähmung, die Einsamkeit wegklatschten und den Zusammenhalt stärkten. Gleichzeitig spürten wir, wie der Beifall auf Jassid wirkte, wir besänftigten den Henker: Wir haben dich schon verstanden, Junge, reg dich nicht auf! Der Beifall gefiel ihm, gab ihm neuen Schwung.

– Und die Zionisten hören bis heute nicht auf, unser Volk aus seiner Heimat zu vertreiben, zu verfolgen und zu töten! Und warum? Warum? Weil sie ein Buch haben und behaupten, da steht drin, daß ihnen unser Land gehört! Ich frage euch, was würdet ihr machen, wenn Fremde aus der ganzen Welt in euer Land kämen und behaupten, wir haben ein Buch, und da steht drin, daß alles uns gehört, was ihr da habt? Was würden die Deutschen machen?

Er wartete nur einen Teil der Übersetzung ab und schrie:
– *They would fight and fight and fight!*

Ein lauter, harter Knall. Ein Schuß. Wie ein Ausrufungszeichen zum letzten Wort. Ich zuckte zusammen. Wir duckten den Kopf. Die Stewardeß übersetzte nicht. Niemand schrie. Niemand regte sich. Der Schuß mußte weit vorn gefallen sein, vielleicht im Cockpit, wo Jassid saß. Aber der schwieg.

Da regte sich der Gedanke: er hat sich doch nicht selbst...?

Schon war, ungewohnt leise, die Stimme wieder da:

– Verzeihung, Damen und Herren. Ein Schuß hat sich aus meiner Pistole gelöst. Nichts ist passiert. Ich fahre jetzt mit meinen Ausführungen fort.

Er schien beschämt, zumindest erschrocken, und ich vermutete, daß er während seiner wilden Rede mit der Pistole herumgefuchtelt und sich dabei so aufgeregt hatte, daß ihm der Schuß einfach losgegangen war.

– Überall, schon sprach er wieder heftiger, wird unser Volk zu Bettlern degradiert. Wir betteln seit dreißig Jahren vor der UNO um unsere Rechte. Und selbst bei unseren arabischen Brüdern müssen wir betteln gehen! In Jordanien werden wir abgelehnt, in Ägypten verachtet. Sie sind alle nicht besser als Israel, das Israel, das uns zermalmt!

Nummer 22 und Nummer 31 befahlen Beifall.

– Wir haben nichts gegen die Juden, wir haben nur etwas gegen die Zionisten.

Beifall.

– Das zionistische Regime in Israel ist die Fortführung des Nationalsozialismus. Der Zionismus ist die Speerspitze des Imperialismus in der arabischen Welt. Der Bonner Neo-Nazismus ist neben den USA sein wichtigster Verbündeter.

Ganz dünn kam der Beifall. Jetzt, dachte ich, macht er wieder alles kaputt mit seinen Phrasen. Sie wurden auch nicht erträglicher durch die Übersetzung. Die Rede hatte sich schon anderthalb Stunden hingezogen und erschöpfte sich immer mehr in den Kämpferparolen des palästinensischen Volkes, heiser von Jassid und milde aus dem Mund der deutschen Stewardeß gesprochen.

Ich konnte nicht mehr klatschen. Ich sah Ingeborgs Fingernägel immer länger werden und spürte die Enge der Kabine, den Druck von den Wänden, den Druck des Sitzes, den Arm der Nachbarin, den Druck von den Seiten, von oben und unten. Nur noch den Wunsch, klein zu werden, immer kleiner, zu schrumpfen auf Fliegengröße und schnell zu entwischen durchs Fenster im Cockpit. Ich wollte dieser Sprache ausweichen, sie traf mich, sie tat mir weh, das Klatschen tat weh, ich wollte fliehen vor der Brutalität dieser Wörter und der Brutalität des Mannes, der seine Wörter unterstrich mit Pistolen, Handgranaten, Schlägen.

– Deswegen kämpfen wir zusammen mit den deutschen Genossen gegen den Weltimperialismus und werden die deutschen Gefangenen aus den Foltergefängnissen befreien. Oder wir sterben für die deutsche Sache, wie in Entebbe Deutsche für uns gefallen sind.

Pause. Zögernder, dann stärkerer Beifall. In das Klatschen hinein schrie eine männliche Stimme von hinten:

– Was geht mich das an! Ich will nach Hause!

Stille. Dann tobte Captain Jassid durch den Vorhang, blieb stehen und brüllte:

– *Who wants to cry? Who is crying here? Who?*

Der Passagier meldete sich nicht. Niemand verriet ihn. Jassid ging langsam wieder nach vorn, drehte sich zu uns um und lächelte beinah freundlich, als wäre er ein bißchen stolz auf uns: So feige sind sie also doch nicht, meine Deutschen.

Er schien mit sich zufrieden. Er hatte sich leergeredet. Er wurde sanft und ging noch einmal durch die Kabine, um Beifall einzusammeln.

– Noch eine Mitteilung. Die drei Jüdinnen brauchen sich morgen nicht bei mir zu melden.

Die Rede ging im Kopf weiter. Am meisten wunderte mich, daß er einen solchen Aufwand getrieben hatte, sich zu rechtfertigen. Das zeigte seine menschliche Seite. Er hatte uns immerhin eine Begründung angeboten. Er wollte, daß wir sein Motiv kannten. Und er hatte mehr erreicht als das. Ich zum Beispiel war nahe daran, ihm recht zu geben. Worin sehen Sie den Anlaß für das zur Schädigung führende Ereignis? Selbst wenn man vieles als Propaganda wegstrich, es blieben immer noch genügend Informationen übrig, die den Hintergrund dieser Aktion aufhellten und die Wut und Entschiedenheit der vier Leute erklärten. Wäre der Kerl nur nicht so unsympathisch mit seiner Brüllstimme, seinem stechenden Blick und seinen dauernden Todesdrohungen, ich hätte zumindest Mitleid mit ihm empfinden können. Aber Mitleid, das wollte er am wenigsten. Er hatte seinen Haß begründet, und ich konnte nun darüber nachdenken, weshalb er den Haß gerade an deutschen Urlaubern austobte. Worin sehen Sie den Anlaß...? Vielleicht war es gerade die Unbeholfenheit seiner Rhetorik, die mich für kurze Zeit vergessen ließ, daß das, was den Palästinensern angetan worden war, nichts mit den in deutschen Gefängnissen sitzenden Gewalttätern zu tun haben konnte. Ich dachte tatsächlich: Gewalttäter. Ich wollte den nicht länger Terroristen nennen, der mein Leben in der Hand hatte! Aber die Bezeichnung Freiheitskämpfer schien mir noch verrückter.

Jassids Sätze und Parolen schepperten lange durch den Schädel, und auf einmal konnte ich den Gedanken nicht mehr abwehren, daß auch ich es war, die diese Sprache voller Phrasen, diese Parolen provozierte, weil ich nichts über die Palästinenser hatte wissen wollen und weil sie, um auf ihre Rechte zu pochen oder überhaupt gehört zu werden, zu immer gröberen Wörtern, gröberen Mitteln greifen mußten. Auch ich hatte in den Zeitungen hinweggelesen über die drei Buchstaben PLO, hatte nie die Menschen dahinter sehen wollen und nur weggehört bei den immer gleichen und immer kürzer werdenden Meldungen über die immer gleichen Anschläge, Morde und Gegenmorde, die es längst unmöglich machten, daß man für eine Seite Partei ergriff. Ich hatte mich immer dagegen gewehrt, Partei ergreifen zu müssen oder Teil einer Partei zu sein, und ich nahm es dem Kerl übel, ausgerechnet mich vor die unsinnige Wahl gestellt zu haben, für ihn oder für die Zionisten, wie er sie nannte, Partei zu ergreifen. Worin sehen Sie...?

Ich wurde wütend auf ihn, weil er mein Gewissen anrührte, mein hilfloses, dummes, kleines Gewissen. Mit seiner Rede hatte er uns heruntergeschubst von den bequemen Fernsehsesseln, von denen aus wir die Vertreibungen und Morde, das Elend und die Katastrophen der Welt in Farbe betrachtend zu vergessen gewohnt waren.

Wütend auf ihn, weil ich mich schämte, mich selber zu wenig gewehrt zu haben in meinem kurzen Leben. Mein einziger Aufstand war der Ausstieg aus der Laufbahn der Anwaltsgehilfin, ein doppelter Aufstand gegen den Chef und gegen die Eltern, und die Mühen, immer wieder von vorne anzufangen, auf dem zweiten Bildungsweg das Abitur, und wieder von vorne, erstes Semester Biologie, mit 23 Jahren, immer strebsam vorwärts bis zum Diplom, nun mit 30 die kleine Assistentin, und nicht einmal das Verweigern richtig gelernt.

Doch, bei der Präparation eines Rinderauges streikte Andrea Boländer aus unerfindlichen Gründen. Der Dozent verteilte frische Rinderaugen, die von Muskeln und Bindegewebe gesäubert wurden. Andrea fertigte mit scharfem Skalpell einen Ringsumschnitt in der Äquatorialebene des Auges. Es gelang ihr, den Glaskörper nicht zu verletzen. Sie nahm die beiden Augenhälften auseinander. Plötzlich verließ sie den Raum. Sie blieb dem Präparationskurs zwei Wochen unentschuldigt fern. Dann nahm sie, mit wachsendem Fleiß, das Studium wieder auf.

In der Toilettenkabine. Der Spiegel entsetzlich groß. Ein Gesicht zum Wegschauen. Ich spürte, wie dünn die Wände waren, tastete das Resopal ab, dachte den Körper gegen die Wand zu werfen und auszubrechen. Ein Stemmeisen, eine Axt!

Ich spähte nach meiner Bewacherin, und als ich sicher war, daß sie weit genug entfernt stand, steckte ich die hinter dem Schreibblock eingeklemmte Zeitung nach vorn und rückte sie so zurecht, daß ich ein Viertel der ersten Seite überblicken konnte. Das Dämmerlicht reichte, um in den schwarzen Balken der Überschriften die Buchstaben zu entziffern. Aber ich hatte beim Umstecken nicht richtig aufgepaßt und nun das rechte obere Viertel der Zeitung im Blick. Die politischen Meldungen von Tumulten und Dementis irgendwelcher Äußerungen irgendwelcher Politiker interessierten mich nicht. Ich fixierte mich ganz auf die Überschrift Motorrad-fahren macht gemütskrank und den Verweis auf die Innenseite Aus aller Welt. Darunter Eine Lanze für Wieland Wagner. Die Oper und ich.

Ich wagte nicht, die Zeitung herauszunehmen und umzudrehen. Ebenso gefährlich schien es mir, den Kopf zum Netz hinab zu beugen und die Lektüre der mir zugewandten Spalten zu versu-chen. Ich fixierte die Bruchstücke, Überschriften, und verfiel auf die Denksportaufgabe, mir selbst die Meldungen auszuschmük-ken.

Bei der nächsten Gelegenheit wendete ich die Zeitung so, daß ich das erste Viertel der Titelseite vor Augen hatte. Ein Foto aus Ost-Berlin, Schelte für die deutsche Presse, irgend etwas aus dem israelischen Kabinett. Schnell verlor sich meine Neugier. Nichts davon interessierte mich, etwas Unwichtigeres und Langweilige-res als diese Spitzenmeldungen konnte es nicht geben. Nur der tief in der Zeitung versteckte Artikel über das Motorradfahren lockte mich.

Das Licht fiel aus, alles kippte um in völlige Dunkelheit. Gleich-zeitig brach das vertraute Grundgeräusch der Luftdüsen ab.

Ich wartete ab. Die Augen schmerzten und blieben in eine totale Schwärze versenkt. Alle warteten ab. Die Ohren betäubt von einer unbekannten, reißenden Stille. Niemand wagte, gegen die Dun-kelheit und gegen das Schweigen anzureden. Es kam keine Ansage. Nur ein Fluch weit vorn von Jassid. Ich tastete nach meiner linken Hand, kniff mich ins Gelenk und spürte den warmen Arm Inge-borgs auf unserer gemeinsamen Armlehne. Ich tastete meine Um-gebung ab, die Wand zur Rechten, den Sitz vor mir. Alles wie gewohnt, nichts geträumt. Die Augen stellten sich allmählich um, die Umrisse des Kopfs von Ingeborg und der anderen, entfernte-ren Köpfe tauchten auf. Doch wir blieben ehrfürchtig still, als hätte uns jemand versteinert oder in hundertjährigen Schlaf ge-schickt.

Die Entführer zeigten sich nicht. Sie blieben unsichtbar in der Dunkelheit, wie ausgelöscht oder aufgesogen von der umwerfenden Schwärze. Hätte ich an einer Tür gesessen, ich hätte mich nur ein wenig erheben, den Griff nach unten reißen, die Tür aufdrücken können und wäre frei gewesen. Ich tat nichts, ich fügte mich der Dunkelheit. Ich hielt sie für eine zusätzliche Gefahr und wollte nicht begreifen, daß sie der beste Schutz für eine Flucht gewesen wäre. Direkt vor mir in der Reihe 9 der Notausgang. Ich hätte nur aufzustehen brauchen, durch meine Reihe und die Vorderreihe drängeln, zielstrebig auf EXIT zu, Türhebel auf, ein Sprung auf die Tragfläche, und ich hätte alles, alles hinter mir gehabt. Ich tat es nicht. Niemand tat es. Als hätte in diesem Flugzeug nie das EXIT-Schild geleuchtet oder als habe niemand mehr die Kraft, endlich der Hölle zu entfliehen.

Es dauerte eine Weile, bis die Entführer wieder die Sprache fanden gegen die Dunkelheit und gegen die Stille.

Number thirty-one und *number sixteen* gaben Befehle weiter. Sie wurden lauter, um sich Mut zu machen und uns, da wir die Waffen nicht sahen, mit ihren Stimmen einzuschüchtern. Es sprach sich herum, daß der Strom ausgefallen sei. Kein Benzin mehr, kein Licht, keine Klimaanlage.

Heiß war es schon gewesen in der Maschine, aber nun wurde es heißer und heißer. Der Schweiß trat aus den Poren der Schläfen, brannte mir in den Augen und floß in den Mund. Der Hals wurde glitschig von Schweißnässe. Ich öffnete alle Knöpfe der Bluse. Nichts half gegen die teuflische Hitze, die mich nicht mehr zum Atmen kommen ließ. Ingeborg Wendland neben mir ging es ebenso, sie stöhnte heftiger und schniefte auf eine böse Art, die nicht ihrer verstopften Nase zu helfen, sondern allein gegen mich gerichtet schien.

Die Nacht hatte längst begonnen. Es mußte also rasch kühl werden! In allen Filmen und Romanen erzählten sie uns doch, in der Wüste sei es nachts immer bitter kalt. Je mehr ich auf das Ende der Hitze wartete und nur noch Kühle wünschte, nur noch an Kühle dachte, desto mehr kam ich mir vor wie in den Tropen – mit Winterunterwäsche, drei Pullovern und Fellmantel am Amazonas.

– Muß doch endlich kalt werden, sagte ich zu Ingeborg.

– Nein, das ist die Körperwärme.

Sie stöhnte, ich stöhnte, wir hörten die anderen stöhnen. Mit jedem Stöhnen stieg die Hitze noch, die Körper produzierten die Hitze selbst, unter der sie ächzten, und steigerten sie dadurch immer mehr. Im engen Flugzeugschlauch gefangen, fügten wir uns selbst die Folter zu. Einer folterte den andern. Jeder sich selbst. Die Folterknechte brauchten sich nicht die Hände schmutzig zu machen, ihre Arbeit lief von allein. Ein Dreh am Schalter der Klimaanlage, ein paar Liter Benzin, und die Hitzefolter wäre vorbei. Aber sie hatten offenbar kein Interesse daran oder sie schafften es nicht. Über die technischen Probleme wurden wir nicht informiert.

Die Jeans klebten am Körper. Ich wollte sie ausziehen, öffnete aber nur den Knopf und den Reißverschluß. In der Reihe vor uns kippte eine junge Frau um. Eine Stewardeß kümmerte sich. Ingeborg schnappte nach Luft. Sie wird auch umfallen, dachte ich. Bloß nicht auf mich, sie hat zuviel Gewicht, das halte ich nicht auch noch aus! Bis zum Bauch saß ich wie in warmem, klebrigem Wasser. Aus den Achselhöhlen rann immer neuer Schweiß und rann über den alten, stinkenden, halb angetrockneten Schweiß. Männer saßen mit bloßem Oberkörper im Dunkeln. Ich zog die Bluse aus. Den Büstenhalter behielt ich an, weil ich dachte, wenn du umkippst, dann sollen sie dich nicht nackt sehen, nicht nackt durch den Gang schleppen. Wieder das Geräusch eines hinschlagenden Körpers. Wieviel Grad, vierzig, fünfundvierzig, fünfzig oder mehr? Es spielte keine Rolle, es war keine Steigerung mehr denkbar.

– Herzattacke, rief eine Stewardeß.

– Asthmaanfall, kam es aus einer anderen Ecke.

Englische Satzfetzen wie *Come here!* oder *Help us!* oder *This lady first!* zeigten, daß die Stewardessen und die Entführer, die, wenn sie durch den Gang liefen, im Halbdunkel kaum voneinander zu unterscheiden waren, offenbar wie ein eingespieltes Team arbeiteten. Sie folgten jedem Notruf und eilten mal hier, mal da zur Ersten Hilfe, immer öfter mit Geräten, die wie Sauerstoffflaschen aussahen.

– Durchbluten lassen! sagte Ingeborg.

Ich versuchte, ihrem Rat zu folgen und locker zu sitzen.

– Mein Kreislauf, sagte sie, ich schaffs nicht mehr!

Ihr Stöhnen ließ nicht nach. Auch ich atmete schwerer. Ich wußte nicht mehr, welche Körperhaltung ich einnehmen sollte, festgeklebt auf meinem Sitz.

Wir verständigten uns, die Hosen auszuziehen.

– Besser im Slip als umkippen, meinte Ingeborg.

– Wie lange kann man es in der Sauna aushalten? fragte ich.

– Übungssache.

Ich lehnte mich so weit zurück, wie ich konnte. Mit nackten Beinen zu sitzen verschaffte ein wenig Erholung. Der Bauch war die kritische Stelle, ich mußte vermeiden, ihn einzuquetschen und die Zirkulation des Blutes zu bremsen.

Immer empfindlicher wurden die Ohren, die das Stöhnen von allen Seiten auffingen und die Notrufe, die beherrschten Panikstimmen der Entführer und Stewardessen. Das Stöhnen kam in allen Stimmhöhen, von Männern, Kindern, alten und jungen Frauen, ich konnte und wollte das nicht mehr hören, und erst recht nicht das Stöhnen der ältlichen Ingeborg neben mir, das von herrischem Schniefen unterbrochen, unterstrichen, begleitet wurde, als wollte sie mit dem Rotz auch noch den Schweiß und den Schweißgeruch hochziehen und in der Nase verstecken. Der Ekel wuchs an allem, was ich hörte, roch und sah. Die Schweißdrüsen der vielen Leute um mich herum produzierten nicht allein Hitze und Gestank, jede menschliche Regung schien nur noch dazu angetan, meinen Abscheu zu steigern. Die Menschen waren mir alle widerwärtig, sie griffen mich an mit ihrem Gestank, sie schwitzten mich an, von allen Seiten schwammen und wölbten sie sich auf meinen Körper zu, sie stahlen mir den Sauerstoff aus der Luft, sie nahmen mir den Platz, sie quetschten mir die Glieder ab, und es war mir ganz egal, ob sie zusammensackten oder vor sich hin keuchten, ich haßte sie alle, weil sie nicht aufhörten, ihren stinkenden Schweiß abzusondern und unser Schwitzbad noch weiter aufzuladen. Es waren einfach zu viele, zu viele Menschen in dieser Maschine, zu viele Menschen, die fliegen, zu viele Menschen in Mallorca, überall zu viele, das ist das Übel! Wenn ich nur allein wäre! Allein könnte ich diese Tortur aushalten und vielleicht noch größere Hitze ertragen, allein käme ich durch, allein wäre ich dreimal so stark, allein wäre ich gar nicht erst eine Geisel geworden, allein hätte mich niemand gefangen und gefoltert! Aber nun kämpften sie alle gegen mich, alle allein gegen mich, brachten mich in Gefahr, nahmen mir den letzten Sauerstoff weg und ließen mich ersticken, ersticken!

Plötzlich hieß es, eine Tür sei geöffnet worden. Ohnmächtige, Kreislaufschwache oder andere, die sich einfach hatten fallen lassen, wurden nach vorn geschleppt. Die Entführer und die Stewardessen sprachen ihre Beruhigungsformeln deutsch und englisch. Der Anführer hatte eine Taschenlampe aufgetrieben, und mit der dirigierte er nun die Menschen zum Luftholen, während die drei andern überall anpackten, mit beiden Händen. Sie hatten die Waffen weggesteckt, die waren überflüssig geworden. Wir sahen ein, daß die Ohnmächtigen Vortritt hatten, und blieben sitzen. Die frischere Luft drang nicht bis zu uns in die Mitte. Die Leute hinten klagten laut über Gestank. Jassid befahl, auch die Hecktür zu öffnen, so gab es wenigstens einen milden Durchzug.
Endlich erhielten Ingeborg und ich die Erlaubnis aufzustehen. Wir zogen die Hosen wieder an und drängelten zur hinteren Tür. Acht oder zehn Leute standen um das Türloch herum, ich atmete wieder, ganz vorsichtig zuerst, weil ich einen Schock befürchtete, Lungenschock, gibt es so etwas?, dann immer heftiger, der Sauerstoff und die Kühle der Luft gaben mir so viel Kraft, daß ich mich immer weiter vordrängte. Ich stand endlich nah an der Tür, auf der anderen Seite Nummer 22 als Bewacher. Keine Gebäude zu sehen, nicht einmal Lampen in der Ferne. Wüste. Airport Dubai, es gab keinen Airport Dubai. Das Nachtlicht draußen heller als die Dun-

kelheit drinnen. Sekundenlang dachte ich an Flucht, einfach ab-
springen, runter auf die Rollbahn, dann unter der Maschine verstecken, was ist ein gebrochenes Bein gegen die Freiheit! Ich war
aber auf nichts anderes versessen als auf frische Luft, Luft und
Kühle, Luft auf Vorrat, und schob damit die leisen Gedanken an
eine Flucht zurück. Außerdem hatte ich mich bisher unauffällig
verhalten, mich in jeder Situation hinter den anderen verstecken
können, und nicht etwa irgendein Solidaritätsgefühl, sondern der
egoistische Wunsch, diesen Schutz zu behalten, hinderte mich
daran, die fürchterliche Gemeinschaft zu verlassen, die andern im
Stich zu lassen oder ihnen auf meine Kosten die Hölle noch heißer
zu machen. Der Pirat fixierte mich, er schien meine Gedanken zu
erraten, er paßte auf mich besonders gut auf, und ich war sicher, er
wird mich springen lassen und mir von oben in den Rücken schießen. Wir waren zu acht oder zehnt, leicht hätten wir ihn aus der
Tür stoßen können, mit den anderen dreien wären wir in der Dunkelheit auch fertig geworden. Aber niemand machte Anstalten
zum Widerstand. Judo müßte man wenigstens können, dachte ich,
und pumpte die Lungen voll.

Nummer 22, den Ingeborg den Schönen nannte, versteckte ein
Lächeln hinter seinem Lächeln und drängte mich fort. Es waren
nun andere an der Reihe. Ich wurde zurückgeschoben in den Brutkasten. Die meisten Passagiere waren einmal an der Tür gewesen
oder hatten die Aussicht, gleich ihre Ration Luft zu bekommen,
darum klang das Stöhnen nun weniger hoffnungslos. Aber die
Hitze in der Mitte des Flugzeugs schien mir nun schlimmer als
vorher. Ich wollte mich fallen lassen, um schnell wieder zur offenen Tür zu kommen. Stewardeß Jutta sagte:

– Zieht aus, was ihr wollt! Ihr braucht euch nicht zu schämen!

Noch im Gang streifte ich die Hose ab. Ingeborg ebenfalls, sie
zog auch endlich die Bluse aus. Fast nackt setzte ich mich, der Sitz
war immer noch feucht vom Schweiß. Viele Passagiere hatten erst
die Aufforderung der Stewardeß gebraucht, sich weiter zu entklei-
den. Weiß leuchtete die Unterwäsche durch das Halbdunkel. Ich
dachte, erstaunlich, wie viele Leute noch weiße Unterwäsche tragen. Ich griff nach der Zeitung in der Sitztasche, nahm sie ausein-

ander, faltete einige Seiten zu einem Fächer und gab andere Seiten an die Nachbarinnen weiter. Mit heftigen Bewegungen fächelten wir die Luft, es war tatsächlich eine Erleichterung. Wie Haremsdamen sitzen wir hier im Unterzeug, den Fächer vorm Gesicht und tatenlos herum, dachte ich, und warten und warten. Ingeborg Wendland begann wieder zu stöhnen und zu schniefen. Immer vorwurfsvoller ging ihr Atem.

Ganz vorn die laute, kantige Stimme des Alten:
– Oma, wo ist die Taschenlampe?
– Ich finde sie nicht, ich kann sie einfach nicht finden.
– Dann geh rauf und hol die andre!
Nun tappte die alte Frau an uns vorbei, weiter nach hinten. Ein Körper fiel hin. Schritte hinterher, mehrere Leute schienen sich um die Alte zu kümmern.
– So nicht! schrie ein Mann. Pause.
– Gleich bist du wieder da, Oma, sagte eine Frauenstimme.
Dann wieder die Alte:
– Ich will jetzt endlich schlafen! Wo ist mein Bett?
– Hier ist dein Bett.
Von fern ein Summen, die Melodie von «Maikäfer, flieg». Es war so still, als hörten alle Passagiere den Tönen zwischen Summen und Singen zu. «Schlaf, Kindchen, schlaf.» Nie zuvor war mir aufgefallen, daß beide Texte die gleiche Melodie hatten. Maikäfer, schlaf. Schlaf, Kindchen, flieg. Die Väter im Krieg, bei den Schafen. Die Mütter im Pommerland, bei den Bäumen. Und was für Bränden! Was für Träume! Es paßte alles, es mischte sich alles.

Sie schlossen die Türen. Motorengeräusche, Stimmen draußen. Brachten sie Benzin? Also Strom für die Klimaanlage? Sehr lange fuhrwerkten sie draußen herum, polterten mal gegen den Flugzeugbauch, taten geschäftig mit Rufen. Jeden Moment erwartete ich, daß das Licht anginge und die Luftdüsen das mühsame Fächeln überflüssig machten. Ich stellte mich auf die Überraschung ein, plötzlich geblendet, halb nackt und schweißverklebt im Licht zu sitzen. Mit dem Licht wird die Scham wieder anfangen, aber dies elende Jammern und Stöhnen wäre endlich vorbei! Hose und Bluse waren griffbereit. Vorsorglich kniff ich die Augen zusammen. Lange Minuten hielt ich sie geschlossen und war nahe daran einzuschlafen, wollte aber nicht im Schlaf ersticken und hielt mich wach.

Nichts von dem, was ich erwartete, geschah. Das Stöhnen wurde immer stärker, enttäuschter. Alle hatten auf die Stimmen draußen, die Motorengeräusche gehofft. Nun tat sich nichts. Wir wurden nicht informiert. Sie ließen uns einfach weiter schmoren. Vom Cockpit vorn drangen immer wieder aufgeregte Stimmen durch, aber ich konnte nicht deuten, ob sie immer noch um Benzin, um Strom verhandelten. Ganz zerstreut zwischen Erschöpfung und Atemlosigkeit war ich mir einer Überlegung sicher: Sie lassen uns nicht absichtlich schwitzen und in Ohnmacht fallen. Sie haben doch ein Ultimatum gestellt, und sie können uns nicht umbringen oder umkippen lassen vor dessen Ablauf, wir sind doch ihr Kapital, nur wenn wir am Leben und halbwegs gesund sind, können sie mit uns handeln, mit uns arbeiten für ihre Forderungen! Und außerdem, es konnte das Interesse der Entführer nicht sein, daß sie immerzu als Rotkreuzhelfer beschäftigt waren.

Als die Klagen wieder lauter wurden und die Stewardessen mit dem Sauerstoffgerät öfter gerufen wurden, versuchten sie es wieder mit Beschwichtigungen. Es werde gleich wieder Kerosin geben, gleich sei der Strom wieder da, Captain Jassid sei bemüht, alles so schnell wie möglich wieder erträglich zu machen. Das klang mehr nach Krankenschwesterformeln als nach der Wahrheit.

Plötzlich schrie der Anführer in die Kabine hinein:

– *Don't be afraid, ladies and gentlemen! You will hear me shoot now!*

Er ließ den Satz nicht übersetzen, lief zur vorderen Tür, die wieder offen war, und schoß. Er begnügte sich mit einem Schuß.

Nichts tat sich. Ich griff wieder zum Zeitungsfächer. Nach langer Zeit endlich Motorengeräusch. Stimmen, Megafonstimmen.

Aufgeregtes Geschrei des Captains. Befehle. Getrampel. Dann Schüsse, sechs oder acht Schüsse. Stille.

Nichts deutete darauf hin, daß sie uns aus dem Brutofen befreien wollten. Vielleicht sind es gar nicht die Entführer, die uns hier schmachten lassen, sondern die draußen! Die spekulieren damit, uns weich zu kochen und damit den Jassid zu erpressen! Der Gedanke belebte mich für einen Augenblick. Alles war möglich, alles war richtig. Auch die draußen wollen uns gar nicht helfen, sie pokern, sie spielen mit uns! Das regte mich nicht einmal auf, es war letzten Endes egal, es lief auf das gleiche hinaus. Meine Kräfte ließen nach. Ich konnte kaum den Fächer bewegen. Die Hände verkrampften sich. Der Schweiß rieb die Haut auf, schmierte den Hals ein, schabte den Rücken ab. Der rauhe Polsterstoff kratzte am schweißwunden Körper. Ich wußte keinen klaren Gedanken mehr zu fassen.

Sie öffneten wieder beide Türen und gaben etwas Wasser aus. Die Finger waren so geschwollen, daß sie den Plastikbecher kaum packen und festhalten konnten. Das frische Wasser auf der Zunge, der letzte Gnadentrunk vor dem Ende. Der Stau in den Beinen, als sei alles voller Krampfadern. Die Füße wie rohes Fleisch. Die Schenkel steif und zu keiner entlastenden Ausgleichsbewegung mehr fähig. In den Ohren das Jammern und Stöhnen. Vor den Augen die dämmrige Dunkelheit, und allein diese Dunkelheit hatte etwas Freundliches, Versöhnliches, man verschonte uns immerhin, das ganze Elend der matten, ächzenden, sterbenden und in ihrem Schweiß verdurstenden Leiber ansehen zu müssen. Dann und wann hielt ich mir die Nase zu, bremste den Gestank ab, spürte dafür aber stärker die schmerzenden Schweißströme, die an mir trieften, fetteten, brannten, klumpten. An der Kehle fraß wie der der Durst, fraß mich von innen her an, höhlte mich aus. Ich war sicher, daß kein Sauerstoff mehr in die Lunge, bis in die Lungenbläschen drang. Ich atmete schneller, aber davon wurde mir nur flau, das Herz schlug schneller, alle wütenden Bewegungen des Herzmuskels halfen nicht, der ganze Körper wurde steif. Ein

329

Fisch auf dem Trockenen. Wie atmen die Fische? Beim Einatmen Wasser in die Mundhöhle, beim Ausatmen Mund geschlossen, Wasser zwischen Kiemendeckel und Körperwand nach außen gepreßt. Wie heißt die entscheidende Membran am Rand des Kiemendeckels? Vergessen. Blut fließt dem Wasserstrom entgegen, Sauerstoffabgabe. Nein, es ist komplizierter. Gegenstromprinzip, alles vergessen, drittes Semester. Nichts zu lernen von den Fischen!

Ich richtete mich darauf ein, auch ohne Sauerstoff weiterzuleben. Was noch an Willen da war, sagte: Nicht immer dran denken, schlaf lieber ein! Ich brauchte Minuten, um das Tischchen herunterzuklappen. Ich bettete die Arme darauf und legte den Kopf auf die Arme. Mein Willen sagte: An nichts denken, an nichts denken, einfach fallen lassen! Ich gehorchte und ließ mich fallen, suchte die Traumwelt tief unter meinen Füßen, den bleiernen Füßen, die mich tiefer hinabzogen in hellere und luftige Gefilde, wo ich jemanden erwartete, wo mir jemand, vielleicht sogar Rainer, entgegenkommen und die Hoffnung auf ein gutes Ende einreden könnte, die Gewißheit, die Tatsache, irgendwann wirst du aufwachen, und alles ist vorbei.

War das nicht Alec Guinness, der Soldat im Film, gefangen in einer Blechkiste, bei tropischer Hitze in seiner Kiste schmorend viele Wochen? Und nur einmal am Tag kam einer von seinen Feinden und brachte Wasser? Hat er ihm auch die Läuse geknackt? Warum quälten sie ihn mit der Hitzefolter? Warum die Brücke am Kwai?

Die Sekunden tropften dahin. Der Schlaf kam nicht. Das Atmen wurde nur schwerer. Ich richtete mich wieder auf. Nach vorn gelehnt, wurde der Bauch eingequetscht und der Blutkreislauf zusätzlich erschwert. Die Muskeln flatterten, zuckten. Ich wußte nicht mehr, wohin mit meinem Körper. Literweise Schweiß abgesondert und von innen ausgehöhlt, durfte er eigentlich gar nicht mehr dasein, der Körper. Gleichzeitig wurde er schwerer und schwerer. Ein letztes Mal brachte ich die Kraft auf, mit den Unterschenkeln und Füßen gymnastische Drehungen und mit dem Oberschenkel angedeutete Laufbewegungen zu versuchen. Die Schweißwunden unter den Armen brannten. Alles glitschig, flach, aufgelöst.

Zum erstenmal dachte ich: besser, sie erschießen uns. Alles ist besser als hier zu Tode schmoren. Was haben sie mit uns vor, was haben sie mit dir vor? Die Fragen fraßen sich wieder neu ins Fleisch. Ob die Entführer verantwortlich für das alles waren oder ihre Gegner und Verhandlungspartner draußen, machte keinen Unterschied. Sie arbeiteten offenbar zusammen, auf unserm Rücken, mit unserm Schweiß. Erst machen sie dich zum Fisch, dann werfen sie dich aufs Trockne und lassen dich verenden. Nein, das war es nicht. Sie treiben uns in eine Mutation hinein, machen uns zu Amphibien, bleckende, häßliche, hornhäutige Tiere, nicht mehr auf dem Land zu Hause, noch nicht im Wasser. Alle Vergleiche stimmten nicht. Aber ich fühlte deutlich, das Leben, das ich vorher geführt hatte, ging zu Ende. Entweder ging es direkt auf den Tod zu, oder es wird auf eine völlig andere Weise weitergehen, wie nie geträumt, nie befürchtet. Sie spielten mit meinem Leben. Ich wurde hin und her geschleudert, bis ich nur noch ein Klumpen wurde, ein unförmiger, bibbernder Klumpen. Sie sprachen dem, was ich bis dahin gewesen war, jeden Wert ab, sie hielten mich nicht nur tagelang gefangen, sie zwängten mich stundenlang in diesen Schwitzkasten, in dies Labor. Sie experimentierten mit mir, sie operierten an mir herum, sie zapften mir die Schweißtropfen ab, sie tauschten meine Zellen aus, sie bauten mich neu zusammen, aber absichtlich schief und falsch, sie verknoteten die Nervenstränge so, daß die Schmerzen an diesen Punkten nie mehr nachließen, sie verpflanzten meine Organe, setzten die Lunge ins Gehirn, das Hirn in den Magen, das Herz in die Galle und immer so fort.

Welches Tierherz gleicht weitgehend dem Herz des Menschen, Fräulein Boländer? Das Schweineherz. Wie präparieren Sie ein Schweineherz? Ich hole mir beim Metzger oder im Schlachthof ein Schweineherz. Die Ansätze der Blutgefäße sollen unversehrt sein. Beide Kammern und Vorkammern müssen gründlich ausgespült werden, da sich sonst Blutgerinnsel bilden. Ich lege das Herz auf einen großen Teller oder in eine Präparierschale. Weiter! Ich schneide den Herzbeutel auf. Weiter! Ich taste die glatte Innenwand ab und streiche über die Außenhaut der beiden Herzkammern. Die Innenwand des Herzbeutels sondert eine bernsteinfarbene Flüssigkeit ab, die die Reibung des Herzens vermindert. Ich trenne mit der Schere den Herzbeutel so ab, daß nur ein Rest an den beiden großen Arterien stehenbleibt. Weiter! Ich lege die Blutgefäße frei, entferne die Reste von Speiseröhre, Luftröhre, Lungen, Fett und Bindegewebe. Weiter! Weiter! Ich lege das Herz mit der hinteren Seite nach unten. Weiter! Mit einem scharfen Messer ziehe ich einen Schnitt vom Ansatz der Lungenarterie zur Herzspitze, einen zweiten Schnitt von der Herzspitze...

Ich wußte nicht, wieviel ich aushalten konnte. In jeder Minute dachte ich, die übernächste Minute wirst du nicht mehr erleben. Und dazwischen immer wieder die dümmste aller Fragen: Warum ich, warum ausgerechnet ich?

Den ganzen Tag über hatte ich mir einreden können, ich sei nur eine Randfigur dieser Ereignisse, eine Zuschauerin, die zufällig relativ nah am Tatort steht. Aber die Endlosigkeit dieser Nacht des Schwitzens, Brütens, Wachens hatte jeden Unterschied zwischen mir und den anderen weggeschmolzen, ich war mit der neuen, höllischen Realität völlig verwachsen, saß stinkend, kochend und zerfallen, zu keiner Bewegung mehr fähig, zwischen lauter halbnackten Leibern, die in einer Blechkiste zusammengeworfen waren, aufeinandergeprallt und nebeneinandergeschichtet, abgerichtet im Wohlverhalten, stöhnend und unter verdrückten Schreien begraben. Die fremden Körper stießen mich ab und rückten immer näher, ich wurde sie nicht los. Nichts hatte ich gewußt vom Leben

vor dem Tod, von dem, was Menschen sich antun. In allen Tonlagen grunzten und stöhnten sie, jammerten standhaft, und ich hörte
standhaft weg und hörte doch alles. Ich achtete nicht mehr darauf,
ob andere umfielen, ob jemand unter Herzattacken oder Asth-
maanfällen litt, ich hatte mich ganz in meine eigenen Anfälle versenkt, ließ die Attacken auf Lunge und Herz und Zunge geduckt
über mich ergehen und glaubte nicht mehr an ein Ende dieses Zustands totaler Ergebenheit. Von allen Leidenschaften war nur der
matte Wunsch geblieben, es möge alles schnell vorübergehen.

Ein Stöhnen hob sich von anderen ab und drängte immer deutlicher vor. Petra. Ich dachte an die Sitznachbarin vor ein paar Stunden, ich meinte, sie stöhnen zu hören, Petra kurz vor der Ohnmacht, jammernd und wimmernd, sie war sehr empfindlich, leicht
umzuwerfen, ihr Blutdruck wird zu schwach sein, Petra immer
noch ohne die Pille, Petra wird schwanger sein, Petra kann gar
nicht anders als schwanger sein, in diesem Brutkasten, da sind die
Stunden wie Monate, im wievielten Monat wird Petra jetzt sein,
ich sah sie hinter mir bei den Rauchern mit leicht gewölbtem
Bauch, fünfter Monat, und der Bauch wuchs und wuchs, wurde zu
dick für die schmalen Sitze, er wuchs nicht nur nach vorn, auch zur
Seite an die Armlehnen heran, sie trug nun ein Hängekleid darüber, die perfekt ausgerüstete Schwangere im achten Monat, dann
war das Kleid verschwunden, als wollte sie ihre einmalige Wöl-
bung kurz vor der Niederkunft fotografieren lassen, schweißglän-
zend die faltenlose Bauchhaut, der Nabel trat hervor, der Bauch
reichte nun bis an den Sitz vor ihr, jetzt stöhnte niemand mehr im
Flugzeug außer Petra, sie versuchte vorschriftsmäßig zu atmen,
aber sie war zu aufgeregt, mit ihren Wehen bewegte sie den ganzen
Flugzeugleib mit, sie schüttelte die Maschine durch wie ein Gewitter, Petra lehnte sich weit zurück, ihre Beine verschafften sich
Platz, sie winkelte sie leicht an, das Flugzeug ein Kreißsaal, die
Passagiere rückten zusammen und bemühten sich um Hilfe für die
Gebärende, wir alle stöhnten Petra zuliebe mit, wir alle sehnten
das Ende der Schmerzen herbei, die Wehen steckten uns an, der

Schmerz biß durch die Körper, Petra atmete heftiger, sie wollte es endlich hinter sich haben, sie schrie, sie schwitzte, die Stewardessen bereiteten alles zur Entbindung vor, Petra preßte, stöhnte, warf den Kopf zurück, die Stewardeß Erika stützte den Kopf, Jutta redete ihr gut zu, Anita und die beiden Entführerinnen waren die Hebammen, Petra preßte und stöhnte und schob aus ihrem roten Fleisch ein schwarzes Köpfchen heraus, Petra preßte und stöhnte, ein blutverschmiertes Körperchen wuchs nach, die größere Entführerin nahm das Kind in Empfang, und Captain Jassid trennte persönlich die Nabelschnur durch, er lachte, er gratulierte Petra, er ließ sich gratulieren, als sei er der Vater, aber der Schöne kam, Nummer 22, und wollte das Kind haben, ein kurzer Disput, dann fügte er sich dem Anführer, lächelte hinter dessen Rücken Petra in einer Weise zu, die das Einverständnis über die wahre Vaterschaft verriet, ich wurde eifersüchtig auf Petra, warum treibt ers ausgerechnet mit ihr, egal, ein Kind war geboren, ein Junge oder ein Mädchen, das verriet man uns nicht, das Kind schrie leise und zart, alle waren wir so gerührt, daß wir mit Schreien und Stöhnen aufhörten, ich fühlte mich geehrt als Tante, ich hatte schließlich zuerst neben Petra gesessen, mir hatte sie als erster die Schwangerschaft verraten, aber man kümmerte sich nicht um mich, alles drehte sich nur um das Baby und die junge Mutter, und ich suchte einen passenden Namen für den Mann, der zwischen Petra und mir stand, Nummer 22.

Ich erwachte von der Helligkeit und vom leisen Surren der Luftdüsen. Der Luftstrahl traf direkt ins Gesicht. Ich sah ausgestreckte Hände, die sich an die kalte Luft zu klammern schienen, nach einer kalten Dusche gierten und den Strahl auf die Gesichter lenkten. Nackt und beschämt fanden wir uns unter der Kabinenbeleuchtung wieder. Ingeborgs Gesicht und Hals voll Hitzepickel. Ein älterer, dicklicher Herr im Netzhemd saß auf dem Platz am Gang, wo vorher die stumme Dame gesessen hatte. Ich hatte nicht die Kraft, mich darüber zu wundern. Die Hitze verschwand nur langsam. Ich wollte mich nicht gleich wieder anziehen, drehte den

Körper zur Seitenwand hin. Hinter den Rollos war es hell geworden, aber es sah noch nicht so aus, als sei die Sonne bereits aufgegangen.

– Es besteht kein Grund mehr, sich zu entblößen, rief Captain Jassid durch den Lautsprecher, bitte, ziehen Sie sich wieder an wie zivilisierte Menschen!

Schade, daß der Lautsprecher wieder funktioniert, dachte ich, aber Jassid hat bitte gesagt, er hat zum erstenmal bitte gesagt!

Ich griff nach der verschwitzten, dreckigen Bluse. Auch die anderen Passagiere rührten und zwängten sich gehorsam in die klammen Kleidungsstücke. Aber etwas war falsch, war verdächtig an unseren Bewegungen, und als ich die Bluse zuknöpfte, merkte ich, welche Dummheit wir begingen. Wir hätten uns nicht ankleiden sollen! Im Gegenteil, wir hätten uns weiter ausziehen müssen, die Büstenhalter weg und die Unterhosen, wir hätten uns nackt zeigen müssen, winken mit den Brüsten, locken mit den Schamhärchen! So könnten wir diese Jungens weich kriegen und gefügig machen, sie zittern doch schon, wenn sie uns halbbekleidet im Schummerlicht sehen, sie sagen bitte!, wenn sie nur unsere Nabel sehen. Dieser Herr Anführer, hat er solche Angst, verführt zu werden? Oder wird er einfach in Ohnmacht fallen, wenn seine Pubertätsträume wahr werden, wenn er zehn, zwanzig, dreißig junge Frauen nackend und zum Greifen nah vor sich hat, Schönheitsköniginnen darunter, das begehrte Blond in großer Auswahl? Unsere Nacktheit ist die einzige Waffe, die uns geblieben ist, nur völlig entblößt sind wir stark, wir haben ein einziges Mittel, diese blutigen Krieger schwach zu machen, aus ihren Uniformen zu locken, sie zu entwaffnen und zu besiegen, und wenn sie nicht von allein zu uns kommen, dann können wir sie, da wir die Mehrheit sind, leicht vergewaltigen, diese Knaben! Aber was wird mit den beiden Mädchen, die strenge 31 und die freundlichere 28? Für die hätten wir Männer genug, in vielen Exemplaren braungebrannte junge Kerle, denen es sicher nicht schwerfällt, auch störrische Mädchen anzumachen – aber die Mädchen sind schwer zu berechnen. Alle Soldaten legen die Waffen aus der Hand, wenn sie schnell mal eine Frau hinlegen können, aber die Soldatinnen, die scheinen zäher, wie verhalten sie sich bei solch einer Gelegenheit? Man müßte es versuchen wenigstens! Nicht den Befehl befolgen, so beschämt und emsig, sondern das Gegenteil tun, anbieten, vorzeigen, was wir haben, wir haben doch sonst nichts mehr! Warum schämen wir uns denn vor diesen schamlosen Kerlen, warum verhalten wir uns im Flugzeug anders als am Nacktstrand? Sicher hätten die meisten jüngeren Passagiere nichts dagegen gehabt, sich nackt nebeneinander in den heißen Sand zu legen, warum aber tun sie es hier nicht, hier im heißen Flugzeug? Da schämen wir uns, da gehorchen wir sofort, auch ich, ich ganz besonders!

Ich verstand mein Verhalten nicht mehr. Und als die Chance vertan war, da gab ich mich überzeugt, ich hätte mich lieber von dem angenehmeren der beiden Männer, den ich Gerold oder Gunther nennen würde, nehmen lassen, als noch weiter in diesem Gefängnis zu hocken. Aber ich brauchte das nicht mehr abzuwägen, die Chance war vertan, wir hatten uns freiwillig zurück ins Raster der Gewalt begeben, bereit als Opfer, bereit als Austauschobjekte, bereit zum Tod, wir Idioten, alle miteinander Idioten!

– *Put your hands up!*

Mitten im Gang stand der Kapitän, einen Kopf größer als Jassid, ruhig, blaß, die Hände im Nacken.

– *On your knees!*

Langsam ging der Kapitän in die Knie. Die Pistole folgte dem sinkenden Kopf, bis der von meinem Platz aus nicht mehr zu sehen war.

– *I tell you, ladies and gentlemen, this man is to blame for all the trouble last night! Here, he knees, the only one, who is guilty! Your captain! He is a traitor! He gave informations to people outside! Do you admit?*

– *Yes.*

– *Louder, louder!*

– *Yes.*

– *You have heard, he admits! He admits! Now you will tell all passengers that you have been trained in the army!*

– *Yes.*

– *And the people who came to bring us groundpower, they have been your friends from the army? Do you admit?*

– *No.*

– *Why are you lying, you fool! Do you admit?*

– *No.*

– *You don't admit?*

– *No. They have been people from our company.*

– *Okay, show us what you have learned in the army! Get up!*

Der Kapitän in voller Größe.

– *Turn! March on! Go on! One two three four! One two three four!*

Der Kapitän marschierte im befohlenen Rhythmus, die Hände am Hals, durch die Kabine bis nach hinten.

– *Now turn! Come back! One two three four! One two three four!*

Jassid ließ ihn weiter marschieren, brüllte ihn an, stellte Fragen nach seinem Verrat, wann und wo, aber es blieb mir völlig unklar, worüber er sich so erregte. Mehrmals marschierte Lothar Krüger an uns vorbei, er versuchte mit selbstbewußten Blicken auf die Passagiere seine Stärke zu demonstrieren, er wirkte ungebrochen, gab mit fester Stimme seine Antworten und wehrte sich nicht gegen die schäbige Show. Er blieb ruhig, überlegen. Er wußte, er wurde gebraucht, er konnte gedemütigt und eingeschüchtert werden, aber er würde der Sieger bleiben. Vielleicht schwitzte er innerlich vor Angst, aber so, wie er durch den Gang schritt, machte er uns Mut. Jassid merkte das, sein Gebrüll wurde noch wütender, hilfloser, ihm fiel nichts mehr ein außer den immer gleichen Schimpfworten und seinen albernen Exerzierkommandos *One two three four.*

Da stand ganz vorn einer auf.

– So, jetzt muß ich mir aber wirklich die Beine vertreten!

Die bekannte, schneidende Offiziersstimme aus einer der ersten Reihen. Der alte Herr wollte offenbar hinter dem Kapitän hermarschieren.

Jemand versuchte, ihn wieder auf den Sitz zu drücken.

– Was fällt Ihnen ein, junger Mann! Lassen Sie mich!

Eine Rangelei, Jassid und andere kamen hinzu und schoben den Alten zu seinem Platz. Aber der ließ sich nicht beruhigen.

– Ich mache meinen Spaziergang, wann ich will! Da haben Sie mir gar keine Vorschriften zu machen! Mir nicht! Wo sind wir denn hier! Oma, was sagst du dazu?

Als sie den alten Mann endlich zum Sitzen gebracht hatten, schien Jassid das Interesse am Kapitän verloren zu haben.

– *Nobody is allowed to speak with him, okay!* rief er und wies ihm einen Platz zu.

Sonnenlicht erhellte trotz heruntergezogener Rollos die Kabine. Das natürliche Licht förderte die Müdigkeit. Die Temperatur war wieder erträglich geworden. Die Menschen verkrochen sich in ihre Erschöpfung und wußten nicht, ob sie den Machtkampf zwischen Kapitän und Captain für wichtiger halten sollten als die eben überstandenen, nachtlangen Ängste.

Nicht traurig und nicht erschrocken waren die Gesichter um mich herum, nur leer und beleidigt, verschmiert. Die Geschminkten waren zusätzlich entstellt. Bartstoppeln gaben den Männern etwas Zerzaustes, Einsames. Die Haare in klebrigen Strähnen. Hitzepickel auf den Hälsen. Selbst die zappelige, schniefende, rasch zu einem Spruch aufgelegte Ingeborg Wendland hatte einen erloschenen, zaghaften Blick bekommen. Ihre Bräune war über Nacht verflogen. Die weit auseinanderstehenden Augen gaben ihrem Gesicht einen hilflosen, zerflossenen Ausdruck. Die in den Urlaubstagen eingebrannten Energien schienen nun auch bei ihr verbraucht. Ihre gestern noch mustergültig gepflegte Haut war von einer flachen, rötlichen Blässe überzogen wie von einer Krankheit.

Was mich daran am meisten erschreckte, war der Gedanke, so wie die andern siehst du auch aus. Weder tot noch lebendig. Ich saß noch auf meinem Platz, ich war immer noch Mrs. Boländer auf der Passagierliste, aber es saß nur noch mein Körper da, krank, mit dem Sitz verklebt und von allen lebhaften Empfindungen getrennt. Als hätten sie mir das Mark ausgesaugt, wie die Eskimos den Robben Mark aussaugen, ehe sie die Tiere zerlegen. Es hatte, so schien es jetzt, nicht einmal weh getan. Die Verbindung zwischen Gehirn und Körper war unterbrochen. Ich spürte keine Beunruhigungen mehr, kein Mitleid mit Kapitän Krüger und keine der billigen Hoffnungen auf Befreiung. Alle Erwartungen und alle Ängste waren verschwunden. Es mußte etwas Ungeheuerliches in dieser Nacht geschehen sein. Selbst wenn ich annehmen konnte, nicht tot zu sein, so wußte ich doch, ich hatte den Tod hinter mir oder ein Stück Tod. Ich hatte ihn überholt. Nach all den Schrecken und Strapazen war ich nun in einen Zustand hineingeraten, der mit meinem Leben, das ich bis dahin geführt hatte, nichts mehr zu tun hatte. Ein angenehmer Gleichmut erfaßte mich.

Man brachte Frühstück. Das pappige Brot, den köstlichen, gummiartigen Schmelzkäse, die tiefsüßrote Marmelade aß ich mit kleinen, begeisterten Bissen. Ein Begrüßungsmahl aus einer fremden Welt. Sogar der Aufdruck auf der Serviettenfolie, die Herkunft des Einwickelpapiers und der Essensschachtel gaben uns sonderbare Signale, AIRPORT DUBAI. Zwar standen wir an diesem rätselhaften Ort angeblich schon einen ganzen Tag und eine ganze Nacht, das wußte ich gerade noch, aber dieser unbekannte, nie gesehene Flughafen in diesem unbekannten, von keinem Passagier betretenen Land konnte eine Erfindung sein, ein magisches Nichts, eine Chiffre für den Airport Jenseits. Es kam mir vor, als sei das Frühstück von unbekannten Göttern und nicht von vorstellbaren arabischen Arbeitern angeliefert worden. Ich genoß den Schwebezustand zwischen den verschiedenen Unwirklichkeiten, ehe mich eine schlafwandlerisch aufgeräumte Stimmung befiel. Der Kaffee bestärkte eher die trunkene Müdigkeit. Ich war gewiß, alles Schreckliche hinter mir zu haben. Ich hatte nichts mehr zu fürchten, also fürchtete ich nichts mehr. Der Zustand des Kriegs, beim Stillstand der Waffen, in der Feuerpause.

Auf einer Holzbank, wartend, kurz vor der Anwaltsgehilfenprüfung. Der Prüfer schiebt mich auf einen Zahnarztstuhl und fragt etwas wie: Auf welche andere Weise als durch Rechtsgeschäft kann Eigentum an beweglichen Sachen erworben werden? Ich weiß die Antwort nicht. Er wird zudringlich, seine Stimme zerrt an mir, sein Atem laut, ich wache auf.

Jassid stand neben uns und forderte den älteren Mann auf, mit mir den Platz zu tauschen. Ich vermied es, Jassid in die Augen zu se-

hen, nahm mein kleines Gepäck, Schreibblock, Zeitung, Strumpfhose, Pullover und zog um. Der Herr stellte, sich entschuldigend,
als Herr Walter vor. Der Schreibblock ließ sich nur schwer ins
Netz zwängen. Schreiben, dachte ich plötzlich, du mußt alles aufschreiben! Alles protokollieren, was dir geschieht und den andern,
alles festhalten, beobachten, notieren! Erst eine halbe Seite beschrieben, ich hatte längst vergessen, was da stand, aber da waren
neunundneunzig leere Blätter und ein Kugelschreiber! Zwei Tage
schon den Block vor den Fingern, und nie war ich auf die Idee
gekommen, damit etwas anzufangen! Welche Möglichkeiten!
Welcher Schatz lag da! Ich könnte mich beschäftigen, ablenken,
irgend etwas aufschreiben, Briefe, Träume, den Alptraum der Anwaltsgehilfenprüfung. Nein, nicht ablenken, besser das Gegenteil,
ein Tagebuch, ein Protokoll, eine einmalige Gelegenheit, ein Protokoll aus dem Jenseits, vielleicht kriegst du sie schreibend zu fassen, deine nebelhafte Nüchternheit zwischen Leben und Tod!

   Ich nahm mir vor, bei der Szene zwischen dem Kapitän und dem
Captain anzufangen, die einzelnen Sätze und Befehle zu notieren.
Nein, zu anstrengend, zu gefährlich. Du mußt mit etwas ganz Einfachem anfangen. Also das Frühstück, was gab es, welche Verpak-
kung, wie schnell habe ich gegessen, was hat mir geschmeckt und
warum, wohin habe ich öfter geblickt, auf das Tablett, auf den Sitz
vor mir, auf meine Nachbarin, auf ihre langen, spitzen Fingernägel, auf die Haare der andern, und wer hat mich beobachtet? All
das ließe sich festhalten. Aber ich zögerte, zum Block zu greifen
und anzufangen. Was ist, wenn die Piraten es als Angriff, als Widerstand auffassen, wenn jemand mit Papier und Stift hantiert?
Reicht es, einfach harmlos zu tun und naiv? Es käme auf einen
Versuch an. Ausrede bereithalten: es ist nur ein Brief, ein Testament. Nur nicht den Anschein erwecken, als wolltest du etwas
herausschmuggeln. Ganz bei dir sein, nur für dich schreiben, lok-
ker und genau.

Unruhe hinter dem Vorhang in der Ersten Klasse. Dann erschien
Jassid.

– *Ladies and gentlemen, we are happy to celebrate the birthday of our air-hostess Anita.*

Er grinste wie ein schlechter Showmaster und machte eine kleine Verbeugung, wippte zur Seite und hielt den Vorhang weit auf. Nun trat die braunhaarige Stewardeß auf, sie trug eine Torte vor sich her, eine große Torte mit vielen brennenden Kerzen. Sie ging bis zur Mitte der Maschine, wendete und blies die Kerzen aus. Sie schien am Ende ihrer Kräfte, sie hielt die Torte schief. Einige Passagiere klatschten.

– *Ladies and gentlemen,* sagte der Anführer, *you all are invited to our birthday-party, you all. We are pleased to serve you some cake and some champagne too. Please, wait just a minute for the champagne!*

Wieder Klatschen.

– Sekt! juchzte eine Frauenstimme.

– Stimmung! schrie ein Mann von hinten.

Auf meinem neuen Platz am Gang hatte ich gute Sicht. Stewardeß Erika schnitt den Kuchen in kleine Stücke, Jutta servierte die Stückchen auf Servietten, den Kindern zuerst. Danach wurde Sekt verteilt, vielleicht war es sogar Champagner, für alle Erwachsenen einen guten Schluck in die Plastikbecher. Wir warteten mit dem Trinken, bis der Captain festgestellt hatte, daß alle versorgt waren, und seinen Becher hob und sagte:

– *Long live Anita!*

Er stieß mit ihr an. Wir riefen Glückwünsche nach vorn. Ingeborg hielt mir ihren Becher hin, wir drückten sie vorsichtig aneinander. Ich trank zuerst einen winzigen Schluck, der fremd gewordene, prickelnd bittere Geschmack tat mir gut. Aber das Beste daran war, daß das Getränk noch fast eiskalt war.

– *We hope you will have many good years doing your job as air-hostess.*

Jassid ahmte den Tonfall der Stewardessen nach.

– *Because of this birthday I will take down the explosive device.*

Nach der Übersetzung jubelten wir und klatschten. Er ging zur Ersten Klasse, hantierte da eine Weile herum. Das konnte ein Zeichen sein, endlich ein Zeichen! Vielleicht hatte die Regierung schon vor dem Ablauf des Ultimatums reagiert und den Austausch versprochen. Es konnte keinen anderen Grund geben für die gute Laune des Anführers! Ich nahm den zweiten, größeren Schluck, spülte die Zunge, die Mundhöhle aus, und war wie alle mittendrin in der Laune des Prostens und Lachens. Eine kleine Party begann, die nur deshalb ungewöhnlich war, weil wir alle saßen, nur unseren nächsten Nachbarn zuprosten und in eine Richtung blicken konnten. Jassid kam wieder, dankte für den Beifall mit einer kleinen Verbeugung.

– *Ladies and gentlemen, the explosives are disconnected now.*
Neuer Beifall, Hochrufe.
– *But just for five minutes.*
Er lachte, in einem freundlich bedauernden Ton.

Das mußte ja kommen! dachte ich. Ingeborg fiel die Kuchenserviette von den Beinen. Die Passagiere schwiegen entsetzt. Tränen auf Ingeborgs Gesicht. Auch ich war enttäuscht, aber ich fühlte, meine Enttäuschung hätte größer sein können. Ich sah mich wieder entfernter von allem. Die Rolle der Beobachterin war mir in diesen Stunden näher als die des Opfers. Immer noch hatte ich den Vorsatz mitzuschreiben. Nun hatte sich die Geburtstagsfeier vor die anderen Beobachtungen geschoben. Das eben Gegenwärtige wurde zu rasch von einer neuen Erlebnisschicht überlagert. Ich konnte die Ereignisse nicht mehr auseinanderhalten. Das Simultane, Widersprüchliche, Verrückte schien mir nicht faßbar. Ich konnte nicht einmal diesen Mann enträtseln, der eben noch einen anderen erschießen wollte und nun Sekt und Kuchen verteilen ließ. Gestern hatte er die Frauen geschlagen und einen Vortrag gehalten, dann uns fast zu Tode schwitzen lassen und gleichzeitig für Sauerstoffflaschen gesorgt, heute den Kapitän mit Erschießen bedroht und danach eine Geburtstagsfeier mit kühlen Getränken ausrichten lassen. Ich nahm mir vor, erst die Risse in unserer Hauptperson zu ergründen und dann das Geschehen in unserm Gefängnis zu protokollieren.

Ich beobachtete Jassid, wie er den Plastikbecher in seiner Hand zerdrückte. Er sah nicht hin dabei, unterhielt sich weiter mit seinen Kumpanen. Er schickte Nummer 22 weg, der den Sprengstoff wieder zündfertig machte. Ich hörte Jassid reden, seine Rede von gestern, nicht die Worte, nur den Tonfall, das Brüllen eines Verwundeten, der von nichts anderem als von seiner Wunde sprechen konnte und mit wiederholten klagenden Gesten darauf zeigte und sie immer wieder wie sein persönliches Kennzeichen beschwor. Er schien nicht daran interessiert, seine Wunde heilen zu lassen, er brauchte die Wunde offen und empfindlich, er brauchte die Schmerzen zum Leben. Als er sprach, von sich und seiner Familie, hatte er die Befehlssprache vermieden und deshalb kaum Angst verbreitet, höchstens die Angst vor einem Kranken mit einer stinkenden, ansteckenden Wunde. Er hatte seinen Schmerz erklärt, aber er hatte mit jedem Wort gewarnt: kommt mir bloß nicht zu nah! Wollte er niemanden anstecken? Warum drohte er mit Ohrfeigen, Tritten, Schlägen jedem, der Verständnis für seine Schmerzen signalisierte? In seiner Rede hatte es nur Gut und Böse, Opfer und Täter, Gläubige und Ungläubige gegeben. Diese unerbittliche Sucht zur Zweiteilung, dachte ich, ist vielleicht der Schlüssel, diesen Mann zu verstehen, das Entweder-Oder-Schema, mit dem er alles in zwei Teile riß. Nach seiner Logik gab es nur den ewigen Kampf zwischen Ungläubigen und Gläubigen. Eine Kriegslogik, eine Kriegsreligion. Diese Logik brauchte er, nur mit dieser Logik war die Entführungsaktion zu erklären. Diese jungen Palästinenser, vielleicht waren sie oder ihre Familien wirklich so verfolgt worden, wie sie behaupteten. Aber was außer ihrer Kriegsreligion konnte ihnen so viel Kraft geben, daß sie sich nun im Recht glaubten, auch Unbeteiligte verfolgen zu dürfen? Was dachten sie dabei, ausgerechnet uns, eine von den tausend Zufälligkeiten der Ferientermine, von Schönheitswettbewerben und Wetterlagen, Liebschaften und unserm kleinen Reichtum zusammengewürfelten Menge deutscher Mallorca-Urlauber, in die Zange ihrer Probleme zu zwingen?

Ich wußte, das waren alles meine Fragen, nicht ihre. Sie führten einen Krieg. Für sie gab es Befehle, Ziele, Strategien. Das Nachdenken konnten wir uns leisten, das war unsere Sache, die wir keinen Krieg führten, keinen Krieg wünschten und nicht begreifen wollten, daß wir uns in einem Kriegszustand befanden.

Der Anführer hatte einen Arm um die junge Frau gelegt, die ich Heidrun nannte, und mit seinem Kontrollblick fuhr er weiter über die Köpfe der Passagiere. Wir duckten uns unter diesem Blick. Er blieb mißtrauisch auch in den entspannten Momenten. Ich konnte mir nicht vorstellen, daß er irgendwann in den letzten achtundvierzig Stunden geschlafen hatte. Er sah zu, wie die Stewardessen, als wären sie seine Dienerinnen, die Kuchenservietten einsammelten. Plötzlich schien ihn eine Bewegung im hinteren Teil der Maschine zu irritieren, er nahm den Arm von der Schulter des Mädchens und legte die Hand an die Pistole. Rot leuchtete sein Hemd. Das eine Auge des Che Guevara auf seiner Brust war in einer Falte versteckt. Das Schwarzweiß dieses Gesichts ließ weder etwas Freundliches noch etwas Finsteres erkennen. Dies Bild, wofür war es Vorbild? Jassid tänzelte auf seinem Platz, wurde nervös. Ich erwartete den nächsten Haßausbruch, aber ich fürchtete ihn nicht mehr, weil ich längst darauf gefaßt war, daß diese Ausbrüche irgendwann einmal auch mich treffen werden – und wer am Gang saß, kam eher dran. Ich hatte keine Angst und fühlte auf einmal, daß meine Angstlosigkeit gefährlich für mich werden konnte. Selbst wenn du keine Angst vor ihm hast, dann mußt du Angst zeigen, sagte ich mir, dann wird er dich am wenigsten behelligen. Denn er wollte ja nur das eine, gefürchtet werden. Je mehr wir ihn fürchteten, desto eher schien er zufrieden, desto weniger mußte er mit seinen Aggressionen drohen. Die Augenblicke der Entspannung waren die gefährlichsten für ihn. Er mußte sich steigern zu einer noch nicht dagewesenen Einschüchterungsaktion. Er wurde unruhig, wenn er keine Furcht mehr in unseren Gesichtern sah. Er zehrte davon.

Aber es war ihm nicht anzusehen, welche Erwartungen er hatte, ob er mit einer Niederlage oder mit einem Austausch rechnete, mit seinem oder mit unserem Tod. Auf einmal hatte ich den Verdacht, daß ihm das Ergebnis völlig gleichgültig war, daß es ihm nur auf die Aktion ankam, auf einen tollkühnen Streich oder einen tollkühnen Tod. Aber als er wieder einmal auf ein Kind zuging und es mit Grimassen zum Lachen zu bringen versuchte, war ich mir auch dieses Verdachts nicht mehr sicher.

Ingeborg kam von der Toilette zurück.

– Scheiße, jetzt krieg ich auch noch die Tage! Die Pille in der Handtasche, kein Wunder!

Ich dachte, gut, daß ich sie grade hinter mir hab, diese Qual bleibt mir erspart. Vielleicht hätte den meisten die Pille gar nichts genützt, die Aufregungen reichten ja schon, uns das Blut auszutreiben.

Ingeborg warnte mich, aufs Klo zu gehen, es stinke so furchtbar, nicht zum Aushalten.

In der Reihe vor uns bat ein Mann um eine Zigarette. Nummer 28 erfüllte ihm den Wunsch, sie schickte ihn nicht einmal in die hintere Hälfte der Kabine. Sie gab ihm Feuer und behielt dabei die Handgranate in der Faust. Der Stift unter der Granate baumelte um ihren kleinen Finger, während sie mit dem Daumen das Feuerzeug zündete. Das Kunststück gelang, und ich zitterte erst, als sie mit ihrem Sprengstoff einige Meter entfernt war.

Sie wollen uns zittern lassen und immer wieder überraschen! Wenn man sich weder wehren noch verkriechen noch anpassen darf, dann ist der Terror komplett. Alles, was Jassid und seine Komplizen uns taten, lag auf dieser Linie. Die beinharten Techniken der Einschüchterung funktionierten nur, wenn sie nicht vorhersehbar waren. Die Entführer demonstrierten ihre Gewalt immer dann, wenn wir nicht damit rechneten. Sie brauchten die Lage Sekt, um den nächsten Schlag vorzubereiten.

Jassid, der Chef, verschwand Richtung Cockpit. Er drehte ab wie ein Offizier auf dem Richtplatz, und wieder hatte ich den furchtbaren, den rettenden Gedanken: Alles, was wir hier mitmachen, das ist ja nicht neu, die Methoden, die Gesten, der Kampf der Herrenmenschen gegen die Wehrlosen! Er drehte ab wie ein Offizier an der Rampe, der hundert, fünfhundert Fälle erledigt hat und nun eine kurze Pause macht, um mit energischem Schritt und bellender Stimme gleich wieder aufzutreten. Nun konnte ich nicht mehr so tun, als käme dieser Terror, dem wir ausgeliefert waren, aus dem Nichts, aus der Sinnlosigkeit oder aus dem bösen Charakter dieses widerlichen Burschen und seiner Hintermänner. Jassid hatte den Terror geerbt. Was uns geschah, war die Erbschaft des

Terrors, der den Palästinensern von den Juden angetan worden war, der Terror der Juden wiederum war geerbt vom Terror der Nazis, war ein Teil jener rücksichtslosen Selbstbehauptung, moralisch gedeckt nach alldem, was die Nazis ihnen angetan hatten. Da war ich wieder bei unseren Vätern, Großvätern. Sie waren schuld, wenn hier jemand schuld war, sie hatten den Keim für den Terror gelegt! Weiter wollte ich nicht fragen, woher unsere Alten die Erbschaft hatten. Nein, dachte ich, so kann man alles entschuldigen, so kann man alles sich zurechtordnen, wo keine Logik und kein Sinn und keine Humanität mehr zu finden sind, da landen wir bei den Vätern und Großvätern. Ich verfluchte mich, weil ich zu wenig wußte von der Geschichte und den Motiven unserer Naziväter, ich verfluchte sie und war ihnen dankbar, denn nun hatte ich endlich die passenden Feinde gefunden, die ich haftbar dafür machen konnte, daß wir in diesen Kreislauf hineingezogen wurden.

Wir, was spielten wir für eine Rolle in diesem Spiel? Wir waren betroffen, wir waren beleidigt, daß unser Leben plötzlich so wichtig, daß alles so ernst wurde. Wir waren aus aller Unschuld gerissen, ausgerechnet wir, die wir immer so taten, als seien wir die friedlichen Nachkriegsdeutschen, in die eigne Harmlosigkeit, Tüchtigkeit und Gutwilligkeit verliebt. Wir, die Unschuldigen mit einem Rechtsanspruch auf Sicherheit, Unverletzlichkeit und auf unbeschwerte Freizeit, wir konnten uns nun nicht mehr heraushalten, wir braungebrannten Voyeure des Weltgeschehens. Dreißig, zweiunddreißig Jahre nach Kriegsende rissen sie uns plötzlich die Fernsehapparate vor den Köpfen weg und stellten uns selbst ins Bild. Es kamen diese Rotzbuben und garstigen Mädchen aus dem Orient daher und hielten uns nicht nur gefangen, sie waren auch noch so frech und erinnerten uns an unsere Verantwortung, und wir erschraken gehorsamst, weil wir plötzlich merkten, daß wir vielleicht wirklich verantwortlich waren für die Schüsse vor einem arabischen Haus in einem Dörfchen in den von Israel besetzten Gebieten!

Gerade in diesem Augenblick sah nichts nach Terror aus. Die Pistolen und Handgranaten steckten in Taschen oder waren meinem Blick verborgen. Am Durchgang zur Ersten Klasse parlierten die Stewardessen mit Nummer 31. Die Passagiere saßen ruhig und gelassen auf ihren Plätzen. Vier F, sagte Frau Schmidt. Getroffen, sagte Herr Schmidt. Sie spielten Schiffchen versenken. Ich schmeckte der Süße des Kuchens nach. Auf den ersten Blick war es wie auf einem Routineflug, eine kurze Wartepause vor dem Start. Nur in den Gesichtern lagen die grausamen Schnitte der letzten achtundvierzig Stunden. Selbst in der vergleichsweise lockeren Stimmung blieb das Entsetzen in den Augen, in den Falten um den Mund. Das Entsetzen auch über den Irrsinn dieses Zusammenpralls im engen Flugzeuggefängnis: Alles hatte mit allem zu tun, alle waren wir füreinander verantwortlich. Keiner, ob Freund oder Feind, konnte sich heraushalten. Da kamen ausgerechnet diese Palästinenser daher und predigten mit ihrer Pistole die Moral der Nächstenliebe! Die Piraten, waren das vielleicht die letzten Idealisten?

Alles schien ins Gegenteil verkehrt, und diese Verkehrung war es, die trotz des Sprengstoffs an der Wand für eine gewisse Stimmung sorgte. Zwei Schluck Sekt und ein Löffelchen Torte, das wirkte eine Weile als belebender Kontrast. Die normale Welt erschien schon als die verkehrte Welt, und es fehlte nicht viel, und ich hätte mich daran belustigen können. Also hielt ich still.

Ruhig brachten wir den Nachmittag hinter uns. Wieder gab es Hühnchen zu essen, dazu eine Apfelsine, die ich aufhob. Die Stewardessen servierten in neuen, leichten Kleidern. Ingeborg bat um Binden oder Tampons. Jutta sagte, sie müsse sich gedulden, sehr viele Frauen hätten in den letzten Stunden ihre Periode bekommen, sie hätten schon am Mittag Vorrat bestellt. Sie wandte sich aber gleich zu Nummer 28 und verhandelte mit ihr, die daraufhin die Bitte an den Anführer weiterzugeben schien.

Den Kindern wurde Spielzeug gebracht, batteriegetriebene Autos, Raumfahrzeuge, Roboter und ähnliches Zeug. Bald hörten wir vorn und hinten das Sirren, Fiepen und Brummen dieser Maschinchen. Die Kinder waren bisher erstaunlich ruhig und unauffällig gewesen, sie schienen sich noch besser als die Erwachsenen anzupassen, und nun erst, als man ihnen eine Abwechslung bieten wollte, wurden sie lästig. Wenn ich im Taumel meiner Erschöpfungen einen Halt suchte und kurz vorm Einschlafen war, schreckte eine Kindersirene mich sofort wieder auf.

Mit Ingeborg plauderte ich über Kosmetik. Ihre Wimpern, die ich für angeklebt gehalten hatte, seien echt, versicherte sie. Um ihre Wimpern sei sie immer beneidet worden, deshalb sei sie Kosmetikerin geworden. Ich wagte nicht, nach ihren Fingernägeln zu fragen. Sie wuchsen in unserm Treibhaus anscheinend schneller. Während wir über Hotels und Strände in Mallorca sprachen, mußte ich daran denken, daß sie mit solchen Nägeln ihren Kundinnen nicht die Creme einmassieren kann. Ingeborg regte sich über die hohen Einzelzimmer-Zuschläge auf.

Bald hatten wir nichts mehr zu reden. Ich hatte keine Kraft mehr, vorwärts zu denken. Es stellten sich keine Bilder aus der Vergangenheit ein. Die Freunde, die Kollegen, die Eltern, sie alle rückten immer weiter weg, als hätten sie, die Angehörigen, mich längst verabschiedet. Ich merkte, wie meine eigene Geschichte hinter mir verschwand, sie wurde ganz und gar überflüssig. Von Stunde zu Stunde wurde es immer unwichtiger, wer ich war und wann ich, ehe ich in diese Maschine gestiegen war, dies und das getan, gefühlt, gedacht hatte. Mit welchen Schwierigkeiten ich mich durch meine paar Jahre Leben geschlagen oder gewunden hatte, das interessierte keinen mehr, nicht einmal mich selbst. Meine Biographie spielte keine Rolle, und deshalb sah ich auch keinen Sinn darin, Bilanz zu ziehen.

Zum erstenmal seit Jahren der Wunsch zu stricken. Aber die Bewacher würden sofort die Nadeln beschlagnahmen. Sie behielten uns ständig im Blick. Sie versahen ihren Dienst wie routinierte Beamte. Artig hoben wir die Hand, wenn wir auf die Toilette mußten und auf einen Wink warteten. Der Wink war freundlich, auch wenn er mit der Pistole gegeben wurde. Der Terrorist, dein Freund und Helfer. Ingeborg schlief, den Kopf auf das Tischchen gelehnt. Lange Zeit hatte ich es ausgehalten, nicht auf die Toilette zu gehen. Die vordere war gesperrt, voll mit Müll. In den beiden hinteren, hieß es, stinke es unerträglich. Ich versuchte so lange wie möglich zu warten. Herr Schmidt auf der anderen Seite kratzte sich nervös in den Haaren. Mit einem Finger massierte er ein Stück seiner Kopfhaut. Flöhe oder Kopfschmerzen, aber warum kratzt und reibt er sich so? Seine Schiffe hatten die Schlacht verloren. Nun wurde ich nervös, weil er nicht aufhörte mit seiner Kratzerei.

Ohne an die Frage der Erlaubnis zu denken, griff ich zur Zeitung. Das Format war zu groß für Flugzeuginsassen, ich hatte Mühe, die Seiten zu wenden und zu kniffen, ohne meine Nachbarin zu wecken. Nummer 28 kam vorbei, aber sie verbat mir das Lesen nicht. Unkonzentriert las ich über die meisten Artikel hinweg, suchte nach Meldungen über die Entführung des Industriepräsidenten. Ich fand nichts. Eigentlich suchte ich die Zeitung nur darauf ab, ob sie Nachrichten über uns enthielt oder Andeutungen. Ich hatte nicht vergessen, daß ich die Zeitung von vorgestern mit den Nachrichten von vorvorgestern in der Hand hielt. Aber ich wollte mir einbilden, es müsse über uns etwas zu finden sein, über mich. Vorzeichen, es muß doch Vorzeichen geben! Ich las Artikel mit Appellen zur Bekämpfung des Terrorismus, daneben das Foto eines gangsterhaft grinsenden Politikers, der sich der Bekämpfung des Terrorismus verschrieben hatte. Vier mutmaßliche Anarchisten waren in Rotterdam festgenommen worden. Ein anderer Politiker verteidigte irgendeine Zitatensammlung. Ein Historiker wurde gepriesen, weil er unbekannte Tagebuchnotizen von Generalfeldmarschall Rommel entziffert hatte.

So streifte ich die Seiten durch bis in die letzten Absätze langatmiger innenpolitischer Berichte, irgendwo mußte es ihn doch geben, diesen Satz: Alle Geiseln sind frei. Und wenn das vielleicht zuviel verlangt war, dann wenigstens das: Die Bundesregierung hat soeben den Austausch beschlossen.

Ein Zucken im Hirn oder der erste Stich von Kopfschmerzen – ich war sicher, daß sie in diesen Augenblicken in der Regierung den Beschluß faßten. Es war nicht schwer, die telepathische Verbindung herzustellen. Zuerst ein geschlossener Raum und darin eine Runde gefüllter Herrenanzüge um einen großen Tisch. Alles grau, mattblau, blaß. Dann die Herren in ordentlicher Haltung, aber erschöpft. Sie waren sich einig. Sie hatten zu viel Kaffee getrunken. Sie hatten lange genug beraten, sie wollten nach Hause. Wochenende. Ihre Hemden waren nicht verschwitzt. Sie hatten ihren Frauen einen freien Abend versprochen. Sie brauchten keine Dusche, sie stanken nicht, sie wollten nur endlich etwas anderes sehen als immer die gleichen Gesichter dieser Beratungsrunde. Sie klappten die Aktendeckel zu. Sie ließen den Kaffeerest in der Tasse kalt werden. Sie hatten alles abgewogen, sie brauchten nicht abzustimmen. Die Mehrheit war eindeutig. Der Krisenstab hatte die Krise gelöst. Sie lockerten die Schlipsknoten. Sie hatten ihre Pflicht getan. Die Einzelheiten konnten die Experten klären. Noch eine Nacht und ein Vormittag bis zum Ablauf des Ultimatums. Einer erinnerte an die Vertraulichkeit. Sie stimmten dem Kommuniqué des Sprechers zu. Wer noch viel vor hatte, nahm einen Schluck Fruchtsaft. Sie standen auf, sie blickten sich aufmunternd an, einige liefen erleichtert zu den Telefonen. Andere zu den Toiletten. Die persönlichen Bewacher gingen in Stellung. Die Wagen fuhren vor.

Mit solchen Bildern versuchte ich einzuschlafen, aber die Sirenen der Spielzeuge hielten mich wach. Sie klangen nach Polizei, Krankenhaus, Gefahr. Sie taten weh, schnitten ins Gehör. Die Batterien, hoffte ich, müßten bald verbraucht sein. Ich hielt mir die Ohren zu, sah Petras Kind vor mir, das kräftig gewachsen war, ein kreischendes Dreijähriges, das nun mit Robotern und Autos spielte, mit denen es noch nicht richtig umgehen konnte und die es fiepen und brummen ließ. Diese Töne vermischte das Kind mit dem eigenen Quengeln und war mit nichts zufrieden und ging allen auf die Nerven, selbst Petra, die allein war mit dem Kind und wütend auf den Vater, der sich nicht blicken ließ und nur das scheußliche elektrische Spielzeug schickte, Petras Kind hier im Flugzeug zwischen den andern Kindern, mit den Sirenenfahrzeugen der Söhnchen der reichen Araber spielend, allen lästig und gleichzeitig von allen bemitleidet, das arme Kind, eingesperrt und ohne Papa, von niemandem zu bändigen, von niemandem abzustellen, niemand traut sich, den Kindern die Batterien wegzunehmen.

– 17 Uhr 15, sagte jemand hinter uns, wer hat denn jetzt die Bundesligaergebnisse?

Ich lachte mit, leise.

– HSV gegen Bochum 4:1, rief ein anderer.

– 10:1.

– Nein, nein, meinte ein Experte ernsthaft, Bochum spielt heute in Köln. Und der HSV ist in Kaiserslautern, glaub ich.

Ein anderer setzte sich mit der Meinung durch, daß Pokalspieltag sei. Frankfurt in Schalke, das wisse er schließlich als Frankfurter genau. Jeder lobte die von ihm favorisierte Mannschaft.

Die Frauen hatten andere Probleme. Unter uns flüsterten wir die Meldung weiter, es seien Binden geliefert worden. Noch in dieser Situation achteten wir darauf, die Männer mit solchen Nachrichten nicht zu behelligen. Sofort gingen viele Hände hoch, und es dauerte fast eine Stunde, bis alle Frauen sich versorgt hatten.

Mir fiel die Geschichte meiner Freundin H. ein, die als Sechzehnjährige auf dem Petersplatz in Rom stand und im Gedränge auf den Papst wartete, plötzlich eine Hand unter ihrem Rock spürte, sich drehte und nur leise aufschrie, weil sie fürchtete, den Papst zu erschrecken, der gerade erschienen war, aber den Mann noch sah, der hinter ihr im Gedränge verschwand, und wie sie floh, heulend in die andere Richtung rempelte und sich tagelang nicht beruhigen wollte vor Angst, der Grapscher habe ihre Binde berührt.

Auf dem Weg zur Toilette schlug mir der Gestank mit jedem Schritt stärker entgegen, aber ich hatte noch so viel Kraft, den Atem anzuhalten, die Tür aufzureißen und nach einer Minute wieder auf dem Gang zu stehen. Ganz langsam ging ich zurück, entdeckte Petra, sprach sie an, aber sie reagierte so apathisch, daß ich nicht einmal sicher war, ob sie mich überhaupt noch kannte.

Als die Kinderspielzeuge allmählich verstummten, merkte ich, daß es Abend geworden war. Ich versuchte, nach draußen zu denken, zu Rainer. Es war zu mühsam. Ich fürchtete, mit dieser Anstrengung zu viele meiner Energien zu verbrauchen. Ich hatte die größte Angst vor einer zweiten Nacht im Brutofen, aber ich war sicher, daß der Kapitän und der Kopilot vorgesorgt hatten. Sie wirkten jedenfalls, wenn sie auftauchten, nicht nervös, nicht übermäßig besorgt.

Das müde Kind, das nicht einschlafen will, wenn es noch hell draußen ist. Die Flecken an der Wand, die Muster der Tapete, der Staub gesprenkelt mit Fliegendreck im Lampenschirm. So fängt das Schlummern an, so werden Träume gebaut. Ich suchte solche Flecken, Unregelmäßigkeiten an der Decke der Kabine, an den Gepäckablagefächern, an den plastikbeschichteten Wänden rechts und links. Nichts, wo der Blick anhalten, ausruhen und phantasieren konnte. Kein Summen, kein Fliegentanz. Die Flugzeugkabine neu und makellos, das perfekte Äußere und Funktionale paßte nicht zu den Verwundungen, die wir spürten. Das Kackgelbbraun und das optimistische Orangerot der Polster, alles bremste die Phantasie. Die Griffe der Fächer, die Knöpfe für Luft, Licht, Bedienung, das reichte nicht, um mir Gesichter vorzustellen oder Tiere, galoppierende Bilder in Schwarzweiß, farbliche oder figürliche Entsprechungen der Schrecken des vergangenen Tags. Eine Sekunde lang dachte ich, die Leute im Gefängnis haben es besser, sie dürfen wenigstens solche Spiele machen. Das Licht blieb an. Der Herr hinter uns schnarchte leise. Ich überlegte, ob ich gern die Träume tauschen würde mit Ingeborg Wendland aus Heusenstamm. Kurz darauf lag ich auf einer Sonnenbank.

Die Leute in den Gefängnissen, nur selten dachte ich an die, die gegen uns getauscht werden sollten, die jungen Frauen und Männer, die sich als Armee bezeichneten. In all den Jahren, in denen so viel von ihnen geredet wurde, hatte ich sie nie verstanden, ihre

Anschläge nicht, ihre Sprache nicht, ihre Ziele nicht. Ich lehnte sie ab, weil alle sie ablehnten, aber ich hielt sie nicht für so gefährlich, wie sie dargestellt wurden, ich hatte keinen besonderen Haß auf sie, nur Abscheu. Ich war sicher, daß sie mit den falschen Mitteln arbeiteten, und ebenso sicher, daß sie mit den falschen Mitteln bekämpft wurden, und daß der Polizei diese Gruppe im Grunde sehr gelegen kam. Aber ich fühlte mich von ihnen nicht bedroht und hatte mich nie näher mit ihnen befaßt, und ich hatte es eher für ein Zeichen ihrer Schwäche gehalten, daß ihnen nichts anderes mehr einfiel, als die Freilassung ihrer gefangenen und verurteilten Freunde zu erzwingen. In dieser Nacht aber sah ich sie in einer ähnlichen Lage wie mich, in größeren Zellen, aber lebenslänglich, sah sie schwitzen, stöhnen, schreien, sah sie schlaflos, traurig, verbissen, ich wußte, meine Träume könnten ihre sein, mein Herzschlag, mein Kopfschmerz, meine verzweifelten Beruhigungsformeln kratzten nicht nur an den Wänden dieser Flugzeugzelle, und alle Hoffnungen ballten sich in den einzigen, den explosiven Wunsch: Raus! Raus hier! Raus!

Den Kopf auf die Arme gelehnt, sehnte ich mich nach Bewegung. Ich lief, lief mit Kindern um die Wette, es waren meine Kinder und schon so groß wie ich, etwa fünfzehn Jahre alt, ein Junge und ein Mädchen. Sie rannten schneller als ich, sie überholten mich, hängten mich ab. Aber dann wurden sie kleiner und kleiner, die Beine immer kürzer, und ich holte sie wieder ein, ich war außer Atem, aber schneller als sie, die immer mehr schrumpften, bald auf die Größe von Sechsjährigen, dann von Zweijährigen. Ehe sie mir in der Hand zerschmolzen, lud ein Mann mit schwarzer Hautfarbe uns zu einem Vortrag ein. Es saßen lauter Juristen in einem Saal, der nach hinten hin offen war und in eine Schrebergartenlandschaft überging. Der Bundeskanzler sprach. Die Kinder langweilten sich und wurden nun wieder größer. Meine alte Tante Elli stand neben mir und sagte, kommt doch mit, ich habe dahinten einen Garten, die Johannisbeeren sind reif und die Erdbeeren. Die Kinder gingen mit, ich auch, obwohl ich das Gefühl hatte, der Bundeskanzler spreche nur zu mir.

Wie in einer dünnen Schale wachte ich auf. Vorsichtig bewegte ich die Glieder, die Schale bröckelte. Es war der getrocknete Schweiß auf der Haut, der seit Tagen gespeicherte, verkrustete Schweiß in den Falten der Bluse, der Hosen. Der eigene Gestank war ebenso widerwärtig wie ein fremder. Es war kein Trost, nicht die einzige zu sein, die so stank. Ingeborg massierte sich mit affektierten Bewegungen die Hände. Und jetzt die Maniküre, dachte ich. Ich machte ihr die Massagebewegungen nach.

Rainer ist nicht überrascht, als ich ihn einlade, mit mir zu kommen. Er zögert nicht, schon im Fahrstuhl zieht er mir die Bluse aus, den Rock. Der Fahrstuhl hält auf einem weitläufigen Dachgarten, ich knie halbbekleidet auf dem Gras. Er hat die zärtlichsten Hände. Rainer mit Gerolds Gesicht. Ich streichle ihn, er wird immer verrückter, wir laufen voreinander weg aufeinander zu. Gerold mit Rainers Gesicht. Durch das hohe Gras der Blick auf ein Flugzeug weit oben.

Der Morgen dämmerte. Nach meiner Uhr war es vier, also mochte es hier sieben Uhr früh sein. Die Stunden bis zur Entscheidung an zwei Händen, bald an einer Hand abzuzählen.
– Sonntag heute, sagte ich zu Ingeborg und meinte, es werde alles gutgehen.
– Egal, ich geh nicht in die Kirche, sagte sie.
– Ich auch nicht.
Am Abend, bei einem ihrer Einschlafversuche, hatte sie die Hände gefaltet.

– *I will kill you! This is your second fault! You will be executed immediately!*
Jassid schrie und schob Herrn Fuchs, den zweiten Piloten, vor sich her, drückte ihn mit einer Pistole auf einen freien Sitz. Dann tobte er mit einer Uhr in der Hand durch den Gang, schlenkerte sie vor den Augen einiger Passagiere und fragte:
– *This is a jewish watch, isn't it?*

Ich zuckte ängstlich die Schultern, andere schüttelten mit einer unmerklichen Bewegung den Kopf. Der Anführer rannte wieder zum Kopiloten, befahl ihm aufzustehen, die Hände zu heben. Kapitän Krüger trat dazwischen und versuchte, Jassid zu beruhigen. Ich hörte einen Mann weinen. Der Anführer argumentierte nicht mit dem Kapitän, er wies ihn fort und hob die Pistole an die Schläfe des Kopiloten. Der drehte schluchzend den Kopf zur Seite, aber damit erreichte er nur, daß der Chef der Piraten ihm die Pistole noch fester an den Schädel drückte.

Ich dachte nicht daran, mir die Ohren zuzuhalten. Der Kapitän stand daneben, redete, hob die Arme, und sprach so laut, daß er den suggestiven Ton eines Befehls traf, und gerade so leise, daß sein Satz nicht als bedrohliche Überheblichkeit gegenüber Jassid verstanden werden konnte:

– *Don't do it, Captain!*

Der Anführer ließ die Pistole an der Schläfe, riß mit seiner linken Hand wieder die Uhr hoch und fragte den Kopiloten, ob er nicht wisse, daß dies ein jüdisches Zeichen sei.

– *I really don't know, Captain!*

Er klang nicht resigniert, er schrie fast, erstaunlich laut für einen, der gerade geweint hatte.

Jassid grinste und ließ Wort für Wort übersetzen:

– Meine Damen und Herren, nun zeigen wir Ihnen, daß wir Freiheitskämpfer und keine Terroristen sind. Wir können Ihnen alles verzeihen. Pilot, tritt deine Uhr kaputt!

Er nahm die Pistole vom Kopf des Kopiloten und ließ sie langsam sinken. Die Uhr gab er an den Delinquenten weiter und befahl noch einmal:

– *Crush this zionistic stuff!*

Der Pilot schleuderte sie auf den Boden, trampelte auf ihr herum und schrie mit panischer Stimme:

– *Believe me, believe me, this is just a normal fucking watch!*

Blaß und schwitzend, fluchend und heulend trat er auf der Uhr herum.

Jassid grinste, befahl aufzuhören, bückte sich, hob das Gehäuse auf, hielt es in die Luft und ging wieder durch die Reihen.

– *How many points has the jewish star?* brüllte er.

Alle schwiegen.

Er ließ die Frage übersetzen. Niemand wagte zu antworten. Ich dachte, ich hätte es eben noch gewußt, hätte es immer gewußt, aber nun wußte ich plötzlich nicht mehr, ob fünf, sechs oder acht.

– Vier, antwortete jemand.

– Fünf.

– Ich weiß es nicht, murmelte Ingeborg Wendland. Vielleicht sechs.

– Ja, sechs, flüsterte ich und dachte, nein, fünf!

Jassid stieß bis zu unserer Reihe vor, ich sagte leise: five. Er lief zurück und kam mit einem Blatt Papier wieder, darauf hatte er den Davidstern gezeichnet. Er ging langsamen Schritts und mit drohenden Augen durch den Gang bis nach hinten und wiederholte, mal lauter, mal leiser, den Satz:

– *Look, that is the sign of the pigs! You have to bear that in your minds! You have to know that, you German bastards! Look, six points, six, six, six!*

Dann griff er zu seiner Pistole, hielt sie am Lauf, legte das Uhrgehäuse auf eine Armlehne und hämmerte mit dem Schaft darauf herum. Endlich schien er beruhigt und lachte zufrieden in die Runde.

Die ganze Szene kam mir wie eine Szene von gestern vor, ein Stück Vergangenheit, die wir längst überwunden, fast vergessen hatten. Nach der relativ ruhigen Nacht war diese Form des Terrors, in der ein Mann einem andern eine Pistole an die Schläfe drückt, überflüssig, unwirklich, peinlich. Obwohl ich für Herrn Fuchs gezittert hatte, konnte ich die Bedrohung nicht recht ernst nehmen. Alles nur Manöver, alles Tricks, um uns ängstlich und gefügig zu halten! Sie wollen die Starken zuerst einschüchtern, gestern den Kapitän, heute den Kopiloten. Wenn sie die zum Zittern kriegen, dann zittern wir alle! Wenn sie denen zeigen, daß sie die Chefs an Bord sind, dann brauchen sie sich um uns nicht mehr viel zu kümmern!

Aber die Aufregung über die angeblichen Judensterne, war die etwa echt? Ich wußte es nicht. Der spinnt doch mit seinem Judenhaß! Und meine Aufregung? Ich schämte mich, im entscheidenden Moment nicht gewußt zu haben, wie viele Zacken dieser Stern hat, es wuchs die Scham über die Blockade im Kopf wegen der Angst vor einer Antwort, vor den Folgen einer falschen Antwort oder vor den schlimmen Folgen einer richtigen Antwort. Der Anführer hatte wie ein böswilliger Lehrer geschrien, hysterisch, ärmlich, ein fanatischer Rohrstockmensch, ein immer zu kurz gekommener SA-Mann, und ich sah uns in eine alte Zeit versetzt, unsere Väter und Großväter im gleichen Schritt, im ruhig festen Tritt marschieren und Befehle brüllen und mit dem Grinsen derer, die Gewalt haben, und mit dem pubertären Grölen einer Horde, die sich ihrer Gewalt freut, unsere Väter und Großväter, als sie den Stern, den sechszackigen, auf Schaufenster und Hauswände schmierten, Deutsche, kauft nicht bei Juden!, als sie den Stern, den sechszackigen, in den Hetzblättern belachten, als sie den Stern an die Mäntel und Jacken ihrer Nachbarn heften ließen und ihm auswichen auf den Straßen, in den Warteschlangen, bis sie die Sternträger aus den Gaststätten und Straßenbahnen und von den Parkbänken verbannten, ihnen das Telefonieren und die Haustiere verboten, bis sie die Güterwagen bestellten und rollen ließen und die Namen abhakten und alles auslöschten, was den Stern trug, den sechszackigen, und die Väter löschten selbst ihr Gedächtnis an die Sternträger aus und das Gedächtnis ihrer Kinder gleich mit, so daß wir nun belehrt werden mußten von der nächsten Generation der Judenhasser, wir, die wir an nichts mehr schuld sein wollten!

Als ich die Genehmigung erhielt, zur Toilette zu gehen, sagte Herr Walter:
– Nehmen Sie Papier mit! Oder gehen Sie besser gar nicht, es ist eine Katastrophe!
Ich setzte mich wieder und zerriß den Reiseteil der Zeitung in passende Stücke. Ich mußte mich ein zweites Mal melden, hob artig die Hand. Nummer 31 gab mir endlich den Wink, und ich kämpfte mich durch die Wellen des Gestanks nach hinten. Petra schien noch zu schlafen. Oder sie war von den bestialischen Gerü-

chen betäubt, ohnmächtig, und niemand merkte es. Daß die Leute in diesen Reihen ruhig sitzen und das aushalten konnten! Sie hielten es nicht aus, was blieb ihnen anderes übrig, sie hielten es aus. Vor den Klotüren ein See von Urin. Beide Klos, die nebeneinander lagen, waren verstopft, die winzigen Kabinen voll mit Papier, Abfällen und offenen Kartons mit benutzten Binden. Der Gestank von Urin und Kot war gemischt mit dem Geruch von Menstruationsblut und einer chemischen Lösung, die diese Gerüche dämmen sollte, aber sie nur schärfte oder zu einem noch gemeineren, alle feineren Geruchsnerven wegätzenden Gemisch steigerte. Es stank, als hätte die ganze Menschheit hier alle Ausscheidungen und Ausdünstungen zusammengeworfen. Es ekelte mich so, daß ich gleich wieder umdrehen wollte. Ich hörte meine Sohle in der Urinpfütze schmatzen. Ich wählte das Klo, in dem der Brillenrand noch am saubersten schien. Aber auch hier war es unmöglich zu sitzen. Ich stand, leicht in der Hocke, damit ich den aufeinandergehäuften Kot der andern nicht berührte. Niemals wirst du hier deine Scheiße loswerden, dachte ich. Ich versuchte die Luft anzuhalten, biß die Zähne zusammen, schloß die Augen. Ich redete mir ein, ich müsse die Gelegenheit nutzen, denn wenn ich jetzt wieder zurückginge auf meinen Platz und vielleicht in zwei Stunden wiederkäme, dann werde es noch mehr stinken, dann werde man hier nicht einmal mehr stehen können vor lauter Scheiße. Eher voll Wut als voll Ekel über diese Zustände kackte ich meinen Haufen dazu und floh wieder auf den Gang. Schon in der Mitte kam es mir vor, als sei ich an der frischen Luft angelangt. Die Hände rieb ich an den restlichen Blättern des Zeitungspapiers ab.

Jassid tauchte auf, mit Sonnenbrille und frischem Hemd. Mürrisch und streng ging er durch die Maschine bis ans hintere Ende, schielte über den Brillenrand, kam rückwärts laufend wieder und blieb neben mir stehen.

– Die Frauen sollen Strümpfe und Strumpfhosen ausziehen und abliefern, sofort!

Ich überlegte nicht lange, was das zu bedeuten hatte. Die

Strumpfhose, die ich längst abgestreift hatte, kramte ich aus der Sitztasche. Stewardeß Anita ging durch die Reihen mit einem Arm voll Strümpfen, einige Strumpfbeine baumelten herunter, wehten ihr ums Kleid, und sie ließ sich von den Passagieren immer neue Bündel aufpacken. Ich war froh, das stinkende Nylonzeug los zu sein.

Danach kam der Anführer wieder und brüllte ins Mikrofon:

– Die Maschine wird bis 9 Uhr aufgetankt. Wenn das nicht geschieht, werde ich um 9 Uhr mit den Erschießungen beginnen. Alle fünf Minuten einer!

Er lief durch die Kabine und zeigte auf eine junge Frau und einen jungen Mann.

– *You are number 1, you number 2! You are the first ones!*

Er hielt den Zeigefinger wie eine Pistole und legte mal auf diesen, mal auf jenen Passagier an.

– *You are number 3, you 4, you 5, you 6, you 7, you 8, you 9, you 10! That's enough! Don't forget your numbers!*

Nummer 6 war Herr Walter, mit dem ich den Platz getauscht hatte. Er war nie aufgefallen, meistens schlief er oder musterte alles schweigend mit steifem Blick. Auch jetzt reagierte er mechanisch, starrte zu Jassid hin, der längst nicht mehr zu ihm hinsah, und wischte sich mit der Hand über die Stirn.

Die beiden, denen die Nummer 1 und 2 verpaßt worden waren, wurden mit der Pistole nach vorn dirigiert. Sie mußten hinknien am Durchgang zur Ersten Klasse. Nummer 31 und Nummer 22 hielten ihnen die Pistolen an den Kopf. Sie zielte auf die junge Frau, er auf den Mann. Jassid sprach mit dem Tower und gleichzeitig ins Kabinenmikrofon.

– *Okay, we are ready now. Give us petrol immediately! Immediately! If the petrol is not here within ten minutes, I will start the execution of the passengers. One passenger every five minutes! Okay?*

Er schwieg eine Minute lang.

– *Nine minutes to go.*

Schweigen.

– *Eight minutes.*

Schweigen.
– *Seven minutes.*
Schweigen, langes Schweigen.

Der Countdown wurde nicht fortgesetzt. Aufregung im Cockpit, das Kabinenmikrofon wurde abgeschaltet, wir konnten nichts mehr verstehen. Bald hörte ich einen Wagen heranrollen, und es folgte das pfeifende Brummen des Pumpenmotors. Die beiden Opfer durften aufstehen und wurden auf ihre Plätze in den ersten Reihen entlassen.

Gleich darauf wurde Frühstück serviert. Schon wieder Hühnchen, schon wieder kaltes Fleisch, schon wieder pappiges Brot. Ich hatte auf nichts Appetit und wollte das Tablett zurückgeben. Hätten sie das Frühstück auch gebracht, wenn die beiden tot wären? Ich wußte es nicht, ich traute ihnen alles zu, möglich war alles, vielleicht hätten sie nach der Erschießung sogar Sekt angeboten.

Anderthalb Tage lang waren wir verschont geblieben von der Willkür der Entführer. Nun machten sie uns wieder zur Zielscheibe, so kurz vor dem Ablauf des Ultimatums. Auftanken, also weiterfliegen, also zu einem Ort der Befreiung. Aber warum hatte er das Tanken erzwingen müssen? Warum wollten sie da draußen nicht, daß wir abflogen? Die Fragen konnte ich abwürgen, aber mit dem ersten Durchatmen nahm ich den Gestank wieder wahr, den ich während der bedrohlichen Augenblicke vorher nicht gespürt hatte. Wieder roch ich den alten Schweiß in den Kleidern, den Schweiß unter der Achsel, auf dem Bauch und in den Falten der Haut, ich roch den frischen Schreckschweiß, wie ein Misthaufen roch ich, und nicht anders roch der Schweiß von Ingeborg und der Schweiß der näheren und der ferneren Nachbarn, der vermischt war mit dem Uringestank und dem Kotgestank und dazu das Menstruationsblut von vielen Frauen, und zum erstenmal glaubte ich das Gerücht von den Toten, die im Frachtraum verwesten, denn ein süßlicher, fiebrig grünlicher Geruch mischte sich hinzu, den selbst die Klimaanlage nicht zu vertreiben vermochte. Es war mir, als hätten sich die Leichen da unten in dem Augenblick gemeldet, als hier oben neue Leichen gemacht werden sollten, und als wollten sie nun mit ihrem aufdringlichen Gestank, der durch die Ritzen, den Fußboden und sogar durch Aluminiumwände drang, den Lebenden ihre Forderung mitteilen: Es muß Schluß sein endlich, wenn ihr nicht aufhört da oben, dann werden wir euch noch mehr belästigen, bis euch Hören und Riechen vergeht!

Ich konnte das Fleisch, das Brot nicht einmal ansehen und hielt der Stewardeß Jutta das Frühstückstablett hin.

– Eßt, ihr braucht Kraft! sagte sie streng.

Sie schob das Tablett wieder auf mein Tischchen zurück. Aus bloßer Angst vor der Übelkeit war mir übel. Herr Walter, der die Nummer 6 sein sollte beim Erschießen, befolgte den Rat der Stewardeß sofort. Als ich ihn essen sah, der auf der Todesliste stand und nun hastig zugriff und zubiß wie ein eiliger Autofahrer in einer Imbißstube, wurde mir leichter. Ich holte das Brot vor die Nase, um etwas anderes zu riechen als den gewohnten Gestank, schnüffelte gierig an dem lappigen Backwerk herum, bis ich den Duft des Mehls, der Körner, der Teigmischung zu spüren meinte, und sog den Geruch von Butter und Marmelade ein, ehe ich sie verschmierte. Das Hühnerbein aß ich mit geschlossenen Augen. Als der Kaffee kam, fühlte ich mich schon besser, das Riechen war wichtiger als das Trinken. Das Kalbfleisch rührte ich nicht an, denn ich meinte an dessen Rändern rötlichbraune und in der Mitte leicht grünliche Verfärbungen zu sehen.

Die Stewardessen erhielten den Befehl, neben den Papptabletts und Essensresten auch das Plastikbesteck vollständig einzusammeln. Gestern hatte es diesen Befehl nicht gegeben. Sie bekamen also wieder Angst vor uns, die Damen und Herren Entführer, Angst vor ein paar dünnen Plastikmesserchen! Ich konnte mir nicht erklären, was das zu bedeuten hatte. Ein gutes Zeichen war es nicht.

Auf beiden Seiten wuchs die Angst. Das Ultimatum lief in drei Stunden ab. Diese Frist schweißte uns zusammen, trennte uns. Die Piraten wurden uns immer ähnlicher. Sie litten unter dem Gestank wie wir. Sie waren übermüdet wie wir. Die Männer hatten die struppigen Dreitagebärte, die ihnen ein beleidigtes, mürrisches, geschlagenes Aussehen gaben. Das Lächeln unter dem kargen Bartwuchs sah verlogen aus. Wären nicht die Hemden gewesen und die Waffen, die sie nur gelegentlich, wie zur Abmahnung einer Erinnerung, hochhielten, sie wären von den Passagieren ihres Alters nicht zu unterscheiden gewesen. Alle vier hatten den fiebrigen Blick, auch sie wollten rasch zum Ende der Aktion gelangen. Aber wovor hatten sie Angst? Was hatte das Auftanken zu bedeuten? Noch drei Stunden, aber im Cockpit schien nicht gerade Hektik zu herrschen. Warum hatten sie uns die Strümpfe abgenommen?

Ein Ultimatum ist dazu da, daß es verlängert wird. Ein Ultimatum heißt, es fängt etwas Neues an. Wenn sie Strümpfe und Bestecke einsammeln, dann ist das ein neuer Anfang. Kein Grund, die Hoffnung aufzugeben. Es war der vierte Tag. Erst jetzt fiel mir das ein: der vierte Tag! So lange hatte ich schon durchgehalten auf dem schmalen Sitz am Fenster und am Gang in Reihe 10. Vier Tage mit fünfzig Zentimetern Beinfreiheit und achtzig Zentimetern Kopffreiheit in meiner offenen Einzelzelle. Mit meinem Platz konnte ich zufrieden sein, wenn ich ihn mit den unerträglichen Mittelplätzen verglich, in denen man ständig von zwei Nachbarn bedrängt wurde. Ich war noch gut dran, ich hatte keine Schmerzen außer in den Beinen, ich hatte nicht die Qual mit der Periode, ich hatte hin und wieder ein wenig schlafen können. Ich hatte vier Tage überstanden – und warum sollte ich nicht noch vier Tage aushalten? Also, stell dich drauf ein, noch weitere vier Tage!

Nur dieser elende Gestank! Den Gestank müßten sie endlich abstellen! Augen ließen sich schließen, der Mund zukneifen. Schon schwerer, Ohren und Nase zuzudrücken. Ich versuchte es immer wieder, hielt mir die Nase zu, aber das half nicht viel, weil ich in dem Moment, in dem ich Finger und Daumen von den Nasenlöchern nahm, von einem noch heftigeren Gestank getroffen wurde. Die kurze Erholung bewirkte das Gegenteil, sie machte erst richtig bewußt, in welcher Jauchegrube ich saß. Immer wieder versuchte ich zu schlafen. Ich lehnte den Kopf zurück, ließ die

Augenlider zufallen und konnte mich am Strand liegen sehen. Solche Phantasien hielten nicht vor, alle Tricks halfen nicht. Jemand verbreitete das Gerücht, ein Absaugwagen sei gekommen, die Klos seien bald wieder sauber. Ich merkte nichts davon.

Im Mund hielt sich der scharfe Geschmack des Kaffees. Ich konzentrierte mich darauf, sammelte die Kaffeespucke, bis ich meinte, einen ganzen Schluck Kaffee im Mund zu haben, spielte mit der Zunge durch die Kaffeepfütze und sah mich in einem Café sitzen, die halb gefüllte Tasse Cappuccino vor mir, den Blick frei, frei auf eine belebte Straße, eine städtische Straße, Palmen dahinter, das passende Meer dazu und Rainer. Da bin ich wieder, sagte er, als habe er keine bessere Entschuldigung. Ich brauchte viele Anläufe: Rainer am Cafétisch, mit Rainer durch die Straßen, sein Arm auf meiner Schulter, Rainer am Strand. Aber er spielte nicht mit, er blieb blaß, alle Konturen verwischt. Er wurde nicht warm neben mir, ich brachte ihn nicht zum Reden, und seine Bewegungen waren eckig, wie von mir dirigiert, die Marionette.

Es erschrak mich, ihn so entfernt zu wissen. Vier Tage wie vier Jahre. Tausende von Kilometern, tausend abgetrennte Nervenstränge. Ich mußte eine Möglichkeit finden, wenigstens sein Bild zu erhalten. Wollte ihn heranholen, hineinziehen ins Flugzeug, neben mich zaubern. Aus Herrn Walter oder Herrn Schmidt oder aus dem jüngeren Mann in der Reihe 9 Rainer machen. Es gelang nicht, also bewegte ich mich nach draußen, lief über zu ihm. Was wird er jetzt tun, in diesen Augenblicken, am Sonntagmorgen? Was würde ich tun, in diesen Augenblicken, am Sonntagmorgen, wenn Rainer in dieser Maschine säße, ich draußen? Auch in der Nacht Nachrichten hören, das Ultimatum kennen, müde, aufgeregt vor dem Radio hocken, das sanfte Discogeplätscher ärgert ebenso wie die feierliche Sonntagsvormittagsmusik, Beerdigungsmusik, also das Radio abschalten und bis zur nächsten vollen Stunde warten, wieder die Nachrichtenleute verfluchen, die stündlich die gleichen Formulierungen anbieten und keine Neuigkeiten verraten. Wann gibt es die Tagesschau am Sonntagvormittag? Auf jeden Fall muß man lange warten, bis sie wieder das Foto von der entführten Maschine einblenden oder vielleicht einen neuen Film zeigen. Das Flugzeug in Farbe von außen, ein Stück Wüste und einen Teil des Flughafens. Wenn ich draußen wäre, ich würde auf die Maschine starren, vielleicht sind die Rollos zu erkennen, oder ein Reporter verrät, daß sie heruntergezogen sind, und trotzdem werde ich hinter dem verdeckten Fenster sein Gesicht erwarten, werde ihn sehen wollen und werde ihn sehen, aber in dem Moment, in dem ich ihn entdecke, die Umrisse des Gesichts eines Gefangenen hinter dem Bullauge, werden sie eine neue Einstellung, eine neue Szene, ein neues Interview einblenden, während ich noch lange nicht fertig bin mit der Betrachtung der ins Abseits gestellten Maschine und deshalb auf die nächste Tagesschau warten muß, in der Teile aus der vorigen wiederholt und neue hinzugeschnitten werden. Immer die Maschine im Mittelpunkt, und ich werde mir die Augen ausgucken, werde ihn wieder hinter der Aluminiumwand in Farbe sehen, aber nichts wissen von dem, was drinnen vorgeht.

Es konnte sein, daß ich mich auch darin täuschte. Die Journalisten, stellte ich mir vor, haben vielleicht unser Schreien und Stöhnen schon mit ihren Richtmikrofonen auf Band genommen, längst verkauft und gesendet, vielleicht haben sie inzwischen Kameras und Filme herangeschafft, die nicht nur durch die Dunkelheit hindurch infrarot, sondern auch durch Aluminium hindurch Bilder fressen und uns beobachten. Gewiß lassen sie sich kein Bild entgehen, vielleicht wissen sie längst alles von uns, zeichnen alles auf, weiden sich an uns und lassen uns schmachten. Vielleicht sind ganze Flugzeuge mit Kameraleuten und Illustriertenjägern hinter uns hergeflogen, immer auf unseren Spuren, immer mit der entsicherten Kamera, immer unsere Maschine im Visier, immer schußbereit, und nun haben sie sich an der richtigen Stelle postiert mit dem nötigen Sicherheitsabstand, sie verkaufen einander die Senderechte, es wird noch gefeilscht, sie drängeln um die beste Aussicht da draußen. Überall um mich herum sah ich die Geier hocken, mit Teleobjektiven und Recordern, bereit zum Sturzflug auf die noch nicht erkalteten Leichen, das Ultimatum lief, die Kameras liefen und ich spürte den Hunger der Zuschauer auf mein zuckendes Fleisch.

Ich zwang mich, nur an ihn zu denken. Rainer, der Zuschauer. Er wartet, wartet wie ich. Nein, ganz anders. Wer draußen ist, kann wählen. Laufen, liegen oder sitzen. Die eine oder die andere Musik, Stimmen oder keine Stimme. Getränke nach Wunsch. Auto fahren, spazierengehen, lesen, arbeiten, telefonieren. Fernsehen, Rainer hat es gut, das Fernsehen ordnet ihm alles. Lesen wird er nicht, höchstens die Zeitungen von gestern noch einmal durchsehen und die Artikel, die von uns, die von mir handeln, ausschneiden und zur Seite legen. Ich hörte ihn sagen, ich heb das für sie auf, wenn sie wiederkommt, wird sie doch wissen wollen, wie alles war und wie es dargestellt wurde, und wenn sie nicht wiederkommt... eine Erinnerung an die Freundin des Jahres 77. Das wird er nicht laut denken, nein, nein. Er wird viel mehr wissen als ich, wird wissen, wie die Regierung mit dem Ultimatum verfährt, er ist ein Angehöriger oder könnte sich über meine Eltern als Angehöriger ausgeben, und die haben vielleicht bessere Informationen als die Presse. Er wird trotzdem die Spannung nicht aushalten, die zusätzlich beladen ist mit der verschlafenen Leere der Sonntagvormittage, er wird etwas trinken, soviel Kaffee wie er mag, obwohl er aufgeregt genug ist. Er wird es nicht aushalten in seiner Wohnung, noch zwei Stunden bis zum Ablauf des Ultimatums. Ich sah mich, dann deutlicher ihn nach den Zehn-Uhr-Nachrichten, keine neuen Informationen, den Mantel nehmen und hinausgehen, den Fahrstuhl holen und in dem Augenblick, in dem er die Tür aufzieht, einen Schreck kriegen und die vier Stockwerke hinablaufen, abergläubisch wie vor einer Prüfung setzt er die Schritte behutsam, wie übertölpelt sah ich ihn durch die leeren Straßen gehen, gegen seine Gewohnheit das Grün der Ampeln abwarten, obwohl kein Auto naht, die Sonntagszeitung kaufen und mit den neuesten Fotos beladen den Rückweg antreten, vor den Kirchgängern den Kopf schütteln, die Kneipen meiden, die eben zum Frühschoppen öffnen. Ich spürte, wie er, an einer Ampel mitten im sonntagsöden Echterdingen, von einer zähen Resignation befallen wurde, und ahnte, daß er nie mehr so flott wie bisher mit seinem Spruch «Hier kommt Rainer, der Designer» durchs Leben springen wird, und sich gleichzeitig gegen diese Ahnung wehrte, mit heftigen Bewegungen, und den nicht länger erträglichen Stillstand mit Laufen bekämpfte, immer eiligere Laufbewegungen gegen die Ungewißheit. Ich sah ihn immer wieder auf die Uhr blicken, um pünktlich zu den Zwölf-Uhr-Nachrichten zu Hause zu sein. Er hat frische Luft, es regnet, gibt es noch Regen, ja, es regnet, und er weiß nicht, was es heißt, sich so zu bewegen, frei, im Regen, im Regen!

sechs

– Wir starten, sagten Stimmen hinter uns.

– Wir werden in Kürze starten, sagte die Stewardeß, als seien wir gerade eingestiegen und flögen mal eben von Stuttgart nach Hamburg. Die Raucher wurden gebeten, das Rauchen einzustellen, die Sitzlehnen sollten in aufrechte Position gebracht und die Gurte angelegt werden. Es fehlte noch, daß sie Aufmerksamkeit für die Anweisungen für Notfälle forderte. Die normierte Höflichkeit der Stimme schien mir verräterisch, aber dann interpretierte ich sie als Zeichen für eine Entspannung, als ersten Hinweis auf die anstehende Befreiung. Anderthalb Stunden lang hatte ich weder auf die Uhr geschaut noch andere nach der Uhrzeit gefragt, nun erst drehte ich die Uhr am Handgelenk wieder nach oben und sah, das Ultimatum war abgelaufen, es war kurz nach zwölf deutscher Zeit.

Kurz nach zwölf, und die Gurte klickten wieder. Ich reagierte wie alle und tat so, als stehe ein Routineflug bevor. Meine Gefühle wußten noch nicht, ob sie in Richtung Angst oder Beruhigung kippen sollten. Ich lehnte mich zurück und erlebte den Start wie zum erstenmal. Ich atmete tief durch. Das Flugzeug ruckte an, es knisterte, rollte lange über Beton, blieb stehen, die Triebwerke auf Vollgas, rollte an, rollte schneller und schneller über die Piste und hob ab. Ich war glücklich in diesem Moment, glücklich, wieder in Bewegung zu geraten, Geschwindigkeit zu erleben, endlich wieder in der Luft und nicht mehr an den Boden geschmiedet, und glücklicher noch, weil eine Etappe nun abgeschlossen war. Ich schluckte den Druck weg. Die schlimmen Tage, die schlimmen Nächte von Dubai lagen hinter mir. Schlimmer konnte es nicht kommen. Es stand etwas Neues bevor, wir flogen, egal wohin, wir flogen. Es gab nur eine Richtung. Dahin, wo sie uns besser austauschen können.

– Gehts jetzt heim? fragte Ingeborg.

Ich zuckte mit den Schultern. Wir durften die Rollos hochziehen. Über die Tragflächen hinweg war Wüste zu erkennen, nur Wüste. Auf der anderen Seite ein Meer. Im wolkenlosen Raum segelten wir über Wasserblau und Sandgelb dahin, und ich fühlte eine ganze Zeit lang nichts, was mich beschwerte. Ich hörte allein auf die Triebwerke, konzentrierte mich ganz auf die Schallwellen vor den Ohrmembranen, das Dröhnen, das Brummen, das Rauschen. Mal hämmerten die Motoren wie mit tausend Filzhämmerchen. Mal rauschten sie wie ein Wasserfall, nah an der Ohrmuschel. Ein Luftfall, genaugenommen, waagerecht fallende, gleitende Strömungsstöße.

Zwischen Wüste und Meer, und über der Wüste die Sonne. Jedes Tier in unserer Lage wüßte sich zu orientieren, die Vögel, die Fische, die Insekten, die Bienen, ein bißchen Licht genügt. Ich war nicht imstande, irgendeinen Zusammenhang herzustellen zwischen Sonnenstand und Himmelsrichtung.

Rinder, von hinten fotografiert, in der Zeitung, die Seite Aus aller Welt, Hunderte von Rindern nebeneinander in fünf oder sechs Reihen, davor zwei Bauern mit krummen Beinen. Rindermarkt in der Schweiz. Grauenhaft ordentlich die Tiere wie zum Appell. Ich dachte: Soldaten. Ich dachte: Schlachthof. Deiche in Italien waren gebrochen, sechzehn Personen ums Leben gekommen. Es war immer noch die Zeitung vom Donnerstag, das war der Stand von Mittwoch mittag, vorvorvorgestern, weitere Dammbrüche wurden befürchtet. Endlich der Artikel über das Motorradfahren, zwei Psychologen meinten, der Nervenkitzel sei eine Erklärung für den Motorradboom, der Wunsch, sich der Gefahr auszusetzen, und der Genuß, die Gefahr auszuhalten. Danke, meine Herren. Ich suchte unterhaltende Lektüre, aber die Zeitung schien voller Anspielungen auf unsere Situation zu sein.

Vielleicht kriegst du die Wartezeit besser hinter dich, sagte ich mir, wenn du diese Artikel einfach abschreibst. Immer noch hatte ich 99 leere Blätter, damit konnte ich wuchern gegen die Zeit.

Nein, haushalten, auch mit dem Schreibblock, wenn es noch vier Tage so weiter geht, dann kannst du pro Tag 25 Seiten vollschreiben, abschreiben, die Zeit vollschreiben und wegschreiben, und wenn dann noch vier Tage kommen, dann hast du immer noch die Rückseiten, das ist eine Möglichkeit für die nächsten Stunden, Tage, wenn nur der Kugelschreiber...

Auf einmal hatte ich die Antwort auf die alte Frage: Welches Buch würden Sie auf eine einsame Insel mitnehmen? Eins mit leeren Seiten.

Die Entführerinnen, 28 und 31, sorgten für Unruhe in den ersten Reihen, sie fuchtelten an den Leuten herum, eine Pistole in einer halb erhobenen Hand, und Strümpfe in der andern. Ich hatte nicht mitbekommen, ob jemand da vorn verrückt geworden war oder ob die Mädchen verrückt spielten. Aber dann war es nicht zu übersehen: sie fesselten die Leute! Sie fesselten sie mit Strümpfen! Ich tuschelte Ingeborg die Beobachtung zu, sie reckte den Kopf und gab die Nachricht an Herrn Walter am Fenster weiter. Der schwieg, schloß die Augen, als sacke er noch mehr in sich hinein.

Hinter den Mädchen hantierte Nummer 22, der Sprengmeister, an der Wand zur Ersten Klasse. Er brachte Plastikfladen an. Sprengstoff, das hatte ich inzwischen gelernt. Er arbeitete ruhig wie ein Handwerker, legte die Schnüre vom Sprengstoff hinüber zum Erste-Klasse-Abteil.

Die Mädchen hatten nun die Waffen weggesteckt, eine arbeitete auf der linken, die andere auf der rechten Seite. In der Mitte des Ganges hatten sie den Haufen mit unseren Strümpfen und zerschnittenen Strumpfhosen liegen. Niemand erklärte etwas, niemand gab auch nur einen Befehl. Es genügte eine winzige Geste, und schon verstanden wir, daß wir uns zu unterwerfen hatten. Nummer 22 kam hinzu und half den Mädchen. Er lächelte nicht, ich hatte ihn so ernst noch nicht gesehen. Er schien die Knoten fester zu ziehen, denn immer mehr Passagiere ließen ein verbissenes, verzweifeltes Au! hören. Erst jetzt fiel mir auf, daß nur Männer gefesselt wurden. Niemand protestierte. Nach den Männern waren wir dran. Ich fühlte mich schon gelähmt, ehe ich gefesselt war. Ingeborgs Gesicht, das auffällig breite Gesicht, wurde in der Folge der Schrecken noch breiter und schien nun fast auseinanderzufallen, der Abstand zwischen ihren Augen wurde immer größer.

Jassid inspizierte die Aktion und prüfte die Fesseln. Vielleicht sah er die Schmerzen der Gefesselten, vielleicht beschwerte sich jemand bei ihm, plötzlich gab er den Befehl, die Knoten lockerer zu machen. Seine drei Leute gingen nach vorn und hantierten wieder an den Gelenken herum.

Meine Gedanken blieben ganz sachlich. So wird man also gefesselt, vor der Hinrichtung. Nun werden sie uns in der Luft zerreißen. Das Gnadengesuch ist abgewiesen. Alle Ultimaten abgelehnt. Das ist das Ende. Freigelassen sind wir viel zu gefährlich für diese Gangster, sie werden erst Ruhe geben, wenn wir alle tot sind! Ich Dummkopf, ich hätte eher darauf kommen müssen! Jassid, der Teufel, zeigt sich zum Schluß noch mal von seiner guten Seite, er läßt die Fesseln ein bißchen lockern! Wir sind nicht austauschbar, wir sind nie austauschbar gewesen! Und dafür wollen sie Rache, sie wollen uns zu Komplizen ihrer Todespläne machen! Was für ein Dummkopf bin ich gewesen, daß ich darauf nicht gekommen bin! Ich sah das Bild vor mir, das Foto wurde ein Film, die Bilder einer in der Luft explodierenden Maschine, in Farbe. Aber ich sah keine Leichen. Ich sah auch mich nicht tot. Ich hatte keine Wut auf meine Mörder. Ich dachte nur, so ist das also. Auch die Katastrophe bleibt im Rahmen, alles wie erwartet, alles wie in einem Fernsehfilm.

Andere Passagiere in anderen Maschinen auf den Luftstraßen neben oder unter uns, ganz in der Nähe, das Luxus-Alphabet im Bordbuch durchblätternd, A wie Armani, B wie Bacardi, C wie Chanel, D wie Dunhill, ein Fläschchen Sekt vor sich, Mozart im Ohr, oder den Film auf der schmalen Leinwand, immer wieder den einzigen Film.

Nummer 28 wollte gerade einem Mann in der Reihe vor uns die Fesseln anlegen, da kam eine Ansage von vorn, in arabischer Sprache. Sie ließ den Strumpf, den sie über der Schulter liegen hatte, fallen und schubste den Mann auf seinen Platz zurück. Plötzlich gingen alle drei daran, an den Fesseln zu zerren und sie zu öffnen. Die Knoten waren zu fest, sie hatten viel Mühe damit, sie wurden nervös und forderten einige Passagiere auf, ihnen zu helfen. Nummer 31 kam mit einer Schere und schnitt kurzerhand die Fesseln durch. Nummer 22 rollte unterdessen die Zündschnüre ein, wickelte sie sorgfältig über die Hand und verpackte den Sprengstoff. Die Männer hielten die geschwollenen Hände hoch und schüttelten sie. Die Stewardessen waren verschwunden, nun kam eine Ansage in deutscher Sprache:

– Meine Damen und Herren. Wir bereiten uns auf eine Notlandung vor und bitten Sie, die Anweisungen, die ich Ihnen gleich geben werde, genau zu beachten.

Eine Notlandung!

Alle wurden geschäftig. Die Stewardessen sammelten Flaschen und Gläser ein und forderten uns auf, alle losen Gegenstände fest zu verstauen.

– Geben Sie bitte alles ab, was spitz ist, Kämme, Kugelschreiber, Broschen, Haarklammern, Ketten und Brillen und vor allem die Gebisse. Ich wiederhole...

Anita und Jutta gingen durch die Reihen mit Abfallbeuteln und sammelten alles ein. Ich nahm mein Kettchen ab, hielt den Kugelschreiber bereit, griff dann aber zu einer Serviette, die ich mir aufgespart hatte, wickelte den Kugelschreiber hinein und stopfte ihn zwischen die Sitze. Auch aus den Mänteln und Jacken mußten die spitzen Gegenstände entfernt werden.

Jutta rannte aufgeregt hin und her und war auf einmal durch die Lautsprecher zu hören.

– Alles aufpassen! Hauptsache, ruhig bleiben! Ihr wißt ja mittlerweile, wie gut unsere Piloten sind. Ich bin sicher, es wird alles gutgehen! Nur ruhig bleiben! Wir werden es schaffen! Nur ruhig!

Sie brach ab oder wurde unterbrochen, man hörte Getuschel, Streit, zwei Stewardessen kämpften miteinander, aber dann stell-

ten sie das Mikrofon ab. Nach einer halben Minute Erikas Befehls-
stimme, voll unterdrückter Wut:

– So, meine Damen und Herren, wir üben jetzt für die Notlan-
dung. Es ist eine Übung, aber machen Sie bitte alle mit! Drücken
Sie die Rückenlehne nach vorn! Legen Sie den Kopf auf die Knie!
Falten Sie die Hände im Genick, und spannen Sie die Muskeln an!

Als ich den Kopf auf die Knie legte, kam ich meinem Gestank
wieder näher. Der Gestank der Bluse, des Büstenhalters, der Unterhose, der Jeans, der Gestank des Schweißpanzers auf der Haut
unter den Achseln, unter den Brüsten, auf dem Bauch, der Gestank der Scheide und der Gedärme, der Gestank der ungewasche-
nen Füße, alle Sorten des leiblichen Gestanks vereint und konzentriert zu einem einzigartigen Gestank, dem persönlichen Kennzeichen der Andrea Boländer. Das ist es, was von dir übrigbleiben
wird, unverwechselbar, dein Gestank! Wieder der Brechreiz. Du
sollst üben, üben! Den Körper zusammenklappen wie ein Messer!

– Kopf hoch! Und jetzt noch mal! Kopf runter! Gut so! Nun
wieder hoch! Und noch eins, nach dem ersten Stoß bei der Landung nicht sofort aufrichten, sondern den Kopf weiter unten halten! Meistens folgen noch mehrere Stöße.

Jassid war in diesen Minuten nicht zu sehen. Die beiden Mädchen saßen irgendwo, vielleicht auf den Plätzen vorn. Die Maschine senkte sich. Ganz nah das Wasser, nur Wasser. Nummer 22
stand immer noch auf seinem Wachplatz, die Pistole in der einen
und die Handgranate in der anderen Hand. In Heldenpose stand er
da, als wünsche er, in dieser Haltung zu seinem eigenen Denkmal
zu erstarren, ein Freiheitskämpfer, nein, Schauspieler, mutig und
kompromißlos, bis zur letzten Sekunde bewaffnet im Dienst.

Jutta schrie ihn an:

– *Sit down!*

Er gehorchte.

Draußen die Wasserfläche, weithin das Meer. Ein Schwenk, und
dann erst entdeckte ich entfernt weiß leuchtende, niedrige Gebäude.

– Achtung! Lehne nach vorn! Kopf runter! schrie Jutta.

Wir duckten uns, und nun, als es wirklich ernst werden sollte, störte mich endlich der Gestank nicht mehr, im Gegenteil, ich warf mich meinen Ausdünstungen entgegen, verkroch mich in meinen Geruch, in die eigne Schale.

Plötzlich wurde das Flugzeug hochgerissen. Neuer Druck im Magen, im Kopf. Schwindel wie in der Achterbahn. Kreisen, dann wieder absacken. Ingeborg neben mir keuchte. Ich konnte ihr nicht einmal die Hand geben, meine Hände drückten auf das Genick. Wozu noch die Hand geben, jetzt keine Sentimentalitäten, schon gar nicht mit Ingeborg! Nun gab es nur noch das Zittern und das Warten auf das Ende allen Zitterns, und nun merkte ich, welchen Blödsinn ich mit dem Kugelschreiber gemacht hatte. Du wirst dich aufspießen, dich oder andere! Vom eigenen Kugelschreiber ermordet! So wird es enden!

Ich konnte nicht länger so gebückt sitzen, hob den Kopf ein wenig, holte tief Atem. Wieder ein Kommando, diesmal vom Kapitän:

– Und jetzt Sitzlehnen nach vorn und Köpfe runter!

Ein harter Aufprall, ein Schlag in den Magen, ein paar plumpe Sprünge. Etwas krachte über uns, neben mir. Ich hielt meinen Kopf fest, fest zwischen Beinen und Händen. Das Flugzeug stand. Ingeborg war noch da. Niemand schrie. Die Triebwerke heulten nach, dann wurden sie abgeschaltet. Niemand weinte, es war ganz still in der Kabine. Ich hörte Ingeborg atmen, nicht aber mich. Vorsichtig drückte ich mit dem Körper die Rückenlehne wieder in die aufrechte Position. Andere saßen schon wieder, ein wenig geduckt, aber neugierig nach allen Seiten spähend. Ein Stück der Deckenverkleidung lag neben mir im Gang, sonst schien alles in Ordnung. Kein Wort, auch die Entführer blieben still. Vor den Fenstern Staub, eine Wand von Staub.

Die beiden Piratinnen lachten. Es war kein höhnisches Lachen wie sonst. Sie lachten wie Teenager.

Der Kapitän, der Kopilot und Captain Jassid traten auf, gingen gemeinsam durch die Reihen. Sie bemühten sich, kein Gefühl zu zeigen, aber sie lächelten alle in der gleichen Weise, stolz, verlegen, entspannt. Jemand fing an zu klatschen, sofort applaudierten alle Passagiere. Der Kapitän sah nach dem Schaden an der Decke. Die Fenster immer noch wie von Staub verhangen.

Jassid sprach. Diesmal brüllte er nicht. Der Kopilot sei geflogen, er habe eine wundervolle Landung gemacht, im Sand, man habe nur im Sand landen dürfen. Er gratulierte ihm, er schien stolz auf ihn.

Wir klatschten wieder. Bravorufe. Der rötliche Staub lichtete sich. Nun spürte ich den Sand im Mund.

Wir konnten nicht ermessen, in welcher Gefahr wir gewesen waren. Nur aus dem erleichterten Lächeln des Kapitäns, des Kopiloten und der Dankesrede Jassids war zu schließen, daß ein unerwarteter, ungeheuerlicher Abgrund übersprungen war. Wir klatschten unsere verspätete Angst weg. Die Sonne war eben untergegangen.

Den Blick nach draußen verboten sie diesmal nicht. Gern hätte ich wieder am Fenster gesessen, ich hatte Mühe, an Ingeborg und Herrn Walters Kopf vorbei durch die Scheibe zu starren in die Dämmerung hinaus. Ich wußte nicht, was ich sah oder was ich mir einbildete, Soldaten, vielleicht waren es wirklich Soldaten, die heranstürmten in gemäßigtem Laufschritt, auf die Maschine zurobbten, die Gewehre hochrissen und auf uns zielten. Nun blickten Herr Walter und Ingeborg hinaus, auch die Passagiere vor uns hatten sich den Fenstern zugewandt. Es war schwierig, neben den Köpfen der Nachbarn noch einen Ausguck zu finden. Panzerwagen ordneten sich zwischen den Soldaten ein. Sie hielten einen gewissen Abstand. Die militärischen Bewegungen draußen sahen inszeniert aus, absurd. Wieder hatte ich den Eindruck, eher im Theater zu sitzen als in einer realen Gefahr. Die Nacht kam schnell, und je mehr die Soldaten schemenhaft in die Dunkelheit tauchten, desto deutlicher meinte ich den Ring zu sehen, den sie bildeten. Ich saß im Theater, die Beleuchtung auf der Bühne wurde schwächer, und es war nicht zu erkennen, ob hinter der ersten Reihe Soldaten noch eine zweite Reihe aufgebaut war. Je mehr ich die Augen anstrengte, desto mehr verschwanden die Uniformen, die Waffen und zuletzt auch die Gesichter der Schauspieler. Sie blickten auf uns, sie zielten auf uns. Die Vorstellung wird gleich beginnen oder gleich zu Ende sein. Im Zuschauerraum war es nun ganz dunkel. Ich meinte, von draußen her Gewisper zu hören, leise Befehle, Signallaute – und alles in einer Frequenz, die das menschliche Ohr nicht erfassen kann, als hätte der Sturz in den Sand mir die Fähigkeit gegeben, den Ultraschall zu hören, die Laute der Tiere, die Gesänge der Heuschrecken, das Flüstern entfernter Menschen. Mein müder Kopf, umzingelt von Gewehren und geheimnisvollen Geräuschen.

Alles Theatereffekte! dachte ich, jetzt sind wir schon über vier Tage gefangen, und ich weiß schon gar nicht mehr, was wir alles erlebt haben in diesen achtzig, nein, mehr als achtzig Stunden! Immer wird uns etwas Neues geboten, eben eine Notlandung im Wüstensand, jetzt die Aufführung einer Soldaten-Oper mit großem Chor. Es hätte mich nicht gewundert, wenn sie angefangen hätten zu singen wie mürrische Don-Kosaken.

Es blieb dunkel in der Maschine, es wurde warm. Man öffnete die Türen. Einer der Piloten schrie durch ein Megafon, in englischer Sprache:

– Nicht schießen! Wir sind friedliche Leute! Dies ist ein deutsches Flugzeug. Wir mußten eine Notlandung machen. Wir möchten mit einem deutschen Vertreter sprechen, einem westdeutschen Vertreter!

Die Soldaten schossen nicht. Sie sangen nicht. Sie hatten keine Sprechrolle. Vielleicht waren sie gar nicht mehr da. Vielleicht waren sie nie dagewesen. Vielleicht alles eine Fata Morgana.

Dann schrie Jassid in seiner Sprache etwas nach draußen. Auch er bekam keine Antwort. Vielleicht hatte er die gleichen Halluzinationen wie wir. Vielleicht hatten ihn diese vier Tage auf eine versteckte Weise verrückt gemacht, vielleicht sprang seine Verrücktheit, die uns in der endlosen Gefangenschaft schon längst normal erschien, nun auf eine höhere Stufe, vielleicht hatte die stumpfe, tödliche Landung im Sand ihm das Gehirn verdreht wie uns allen, vielleicht waren wir längst ertrunken im Sand und bildeten uns nur noch ein zu leben. Jassid schrie in die Nacht hinaus, als wollte er wirklich nur die Bestätigung haben, daß er eben lebendige Wesen gesehen hatte. Wir hofften auf eine Lösung, eine Entscheidung, eine Nachricht wenigstens, und wir hatten Soldaten gesehen, der ganze Sand voll Soldaten, und nun waren sie abgezogen, von der Nacht verschluckt.

Niemand antwortete. Das war die größte Beleidigung, die wir bis jetzt erlebt hatten. Sie sprachen nicht einmal mehr mit uns!

– Warum funken wir denn nicht mit denen? fragte der Herr hinter uns.

– Der Kapitän kennt die Frequenz nicht, das ist das Problem, sagte die Stewardeß Erika.

Also warten, wieder warten und warten. Es blieb dunkel.

Die Stewardessen gaben Wasser aus. Dann stellten Jutta und Erika sich mit der Abfalltüte und einer Taschenlampe in den Gang und verteilten die vor der Notlandung eingesammelten Gegenstände. Sie hielten zuerst die Kettchen hoch, beschrieben Farbe oder Form des Anhängers, und gleich zu Anfang hatten sie meine Silberkette gegriffen. Es war mir recht, nicht länger aufpassen zu müssen. Brillen, Kugelschreiber, Broschen, alles wurde sorgfältig vorgezeigt und beschrieben, bis es an die einzelnen Eigentümer durchgereicht wurde. Ingeborg achtete darauf, daß sie genau die richtigen Haarklammern zurückbekam. Am längsten dauerte die Verteilung der Gebisse. Die Leute mußten im Zweifelsfall ausprobieren, ob es die richtigen waren. Mit großem Ernst waren sie bei der Sache, eine Gemeinschaft für sich, denn niemand schien sich davor zu ekeln, ein Gebiß in den Mund zu nehmen, das eben erst am Gaumen eines anderen gehaftet hatte.

Währenddessen wagte ich nach meinem Kugelschreiber zu kramen. Ich fand ihn an der erwarteten Stelle nicht und griff immer tiefer zwischen die Polster, fingerte alles ab, bückte mich, bei dem schwachen Licht war er auch unten am Boden nicht zu entdecken.

Jede Bewegung schmerzte, das Blut lag schwer in den Beinen, es fraß mir an den Adern, es wollte nicht mehr durch den Körper kreisen. Mit hilflosen Griffen an den Waden versuchte ich, es wieder auf die Bahn zu schicken. Die Kiefermuskeln gelähmt, und zu allem der tönende Schmerz im Kopf.

Draußen die schwarze Wüste. Ich war sicher, die Soldaten waren nur vorgeschickt worden, uns zu täuschen. Jeder Flughafendirektor, jeder General, jeder Politiker mußte wissen, daß wir einen anderen Empfang verdient hatten als diesen. Wir hatten ein Recht darauf, endlich zu erfahren, was man mit uns vorhatte. Vor einigen Stunden hatte ich noch gedacht, na gut, wenn es sein muß, dann stell dich auf weitere vier Tage ein, sicherheitshalber. Aber jetzt ging das nicht mehr, jetzt ging gar nichts mehr, jetzt saßen wir fest im Sand, jetzt mußte man uns hier herausholen, sofort.

Draußen blitzte eine Waffe auf, beleuchtet wie von einem weit entfernten Scheinwerfer. Das Licht kam wieder, es kam von mehreren Seiten gleichzeitig. Der Mond war aufgegangen! Ich konnte ihn nicht sehen, nur seinen schwachen Lichtfilm auf den bewaffneten Gestalten.

Endlich eine Megafonstimme. Jassid antwortete in seiner Sprache. Er schrie immer heftiger, drohender, verzweifelter. Es hörte sich nicht gut an, nicht gut für ihn, nicht gut für uns. Jassid verhandelte mit den Piloten und schrie wieder nach draußen. Unverständliches Geschrei in der Nacht, die Megafone draußen, Jassids Brüllen, alles mischte sich in meine Müdigkeit. Einmal verstand ich *Okay, okay!*, aber es hörte sich an, als sei gar nichts okay.

Ich versuchte zu schlafen. Die Männer draußen hatten ihre Auseinandersetzung beendet. Die hintere Treppe wurde heruntergelassen, damit der Kapitän die Maschine inspizieren konnte. Seine Schritte kaum hörbar, als hätte er Turnschuhe an. Jassid befahl, die Rollos herunterzuziehen. Noch ein Blick auf den Schnee draußen, das Mondlicht, das die Steine, den Sand und weiter hinten die militärischen Gestalten und Gegenstände schneeweiß färbte. Hinter dem Rollo Schnee, und drinnen wurde es heiß.

Die Lämpchen in der Kabine leuchteten auf. Der Luftstrahl erreichte wieder die Haut. Auf den Kapitän war Verlaß.

Sofort machte sich wieder Optimismus breit. Niemand sprach vom Ultimatum. Von hinten wurde eine Frauenzeitschrift durchgereicht, deren Titelblatt Ingeborg eine Weile wie verstört betrachtete. Weihnachtsgeschenke zum Selbermachen, STRIKKEN, NÄHEN, STICKEN, BACKEN, BASTELN. Hinter mir, neben und vor mir wurde spekuliert, wo wir gelandet sein könnten. Herr Walter nahm das Bordbuch zur Hand, versuchte die Flugzeit in Zentimeter zwischen Daumen und Zeigefinger zu übersetzen und schlug einen Zirkel um Dubai. Die Städtenamen, die er anbot, waren mir alle gleichgültig. Er lebte auf bei diesem Ratespiel, als habe er gewonnen, das Große Los, die freie Auswahl, eine Reise durch den Orient. Ich las in der Frauenzeitschrift die großgedruckten Sätze mit, die Fangwörter in den Anzeigen für Geschirr, Staubsauger, Zigaretten, Waschmittel, Joghurt, Kosmetika.

Schneelicht flimmerte vor den Augen, es zog mich hinaus aus der Maschine, weg von allen Fesseln, ich sah mich laufen durch leuchtenden, knirschenden Schnee, weg von zu Hause, weg von der Enge, dem Muff und dem Immergleichen, weg von Bausparhäusern, Vorgartenfriedhöfen, Straßenlaternen. Fünfzehn oder sechzehn muß ich gewesen sein, als ich weglief ohne Plan abends, weg von den Straßen, hin zu den Feldwegen am Stadtrand, über den hellen Schneeteppich, der über den Äckern holprig und über den Wiesen flauschig war, den Berg hinauf hinter der Stadt. Es wurde mir immer wohler, ich lachte über meinen Mondschatten, hielt mich fest in der kristallklaren Luft, ich war allein und wollte die Schneekönigin sein und endlich richtig erwachsen. Weit unter mir das Städtchen, das erbärmliche Städtchen Nauheim, der aufgeplusterte Kurort, das Nest, ich hatte das Nest verlassen, einfach so, einfach hinaus in die Kälte, ins Mondlicht, ich wußte, nun werden sie mich allmählich erwarten zu Hause, und ich verwünschte den Familienabendbrottisch und die abendlichen Rituale, ich begnügte mich mit Mond und frischem Schnee. Ich haßte das Nauheimer Nest und wußte auf einmal, daß ich vor der Zukunft keine Angst zu haben brauchte. Ich faßte den Vorsatz, diesen Augenblick, diesen Gedanken niemals zu vergessen und ihn niemals zu verraten außer vielleicht dem künftigen Geliebten zum Beweis, daß ich schon damals, schon an diesem Abend an ihn gedacht hatte. Merk dir das, wie du hier zwischen Mond und Schnee stehst, wenn es dir mal dreckig geht! Mach deine Schritte allein, lauf nicht den Fußstapfen der anderen hinterher! Alle pubertären Wünsche und Träume überfielen mich, und endlich wünschte ich mir den Jungen herbei, den ich mir in meine Phantasien holte, der sich aber nicht heranwagte an mich. Es wurde mir immer heißer bei meinen Gedanken, ich hätte mich gern ausgezogen und wäre, wenn ich die Kälte hätte wegzaubern können, am liebsten nackt zwischen Mond und Schnee weitergelaufen und über die Stadt geschwebt, einfach mal nackt an seinem Fenster vorbeisegeln, wie wäre das. Es war mir alle Scham verflogen, aber als ich merkte, was ich mir da ausgedacht hatte, erschrak ich über die Heftigkeit meiner Wünsche und blieb stehen. Ich spürte die Fesseln wieder, und mit den Fesseln konnte ich nicht mehr die Schneekönigin sein. Ich fror und trottete, mißmutig über den viel zu kurzen Ausbruch, wieder den Berg hinunter und hielt meine wirbelnden Gedanken an den Autolichtern auf der fernen Autobahn fest, die gleichmäßig und beharrlich das Weite suchten, im Norden oder im Süden wegstürzten und mich zurückließen in einer schäbigen, leeren Mitte.

– Lothar, wo bist du? schrie der Kopilot. Er schrie durch das Megafon von der offenen Tür nach draußen.

– Lothar, komm zurück! Komm sofort zurück! Die erschießen dich sonst!

Er schrie in Deutsch und in Englisch, er wiederholte seine Rufe an der hinteren Tür.

– Lothar, Lothar!

Er schien keine Antwort zu bekommen.

Der Anführer brüllte ebenfalls nach draußen und ließ gleich danach seine Stimme durch den Bordlautsprecher scheppern.

– Wenn der Kapitän nicht wiederkommt, jage ich das Flugzeug

in die Luft! Wenn er zurückkommt, werde ich ihn exekutieren. Das sind die beiden Möglichkeiten, die es gibt! Dieser Verräter, ich werde ihn bestrafen! Oder ich bestrafe euch, euch alle!

Ich konnte nicht glauben, daß er verschwunden war, der Kapitän. Der wirkte in jeder Minute bedächtig und beherrscht, hatte für jeden einen ermunternden Blick und sprach mit uns, wenn es erlaubt war, tröstend, ruhig, sachlich. Er ließ sich von der Hektik der Entführer und ihren wechselnden Gefühlen nicht beeindrukken, also konnte er auch jetzt nicht die Nerven verloren haben und einfach davongerannt sein. Er hatte die Aufgabe, den äußeren Zustand der Maschine zu überprüfen, das hatte ich mitbekommen, dafür wurde die Treppe heruntergelassen. Da wird sich ein Kapitän doch nicht einfach aus dem Staub machen! Aber warum antwortete er nicht? Er mußte die Megafonstimme seines Kollegen doch hören. Wir warteten. Ein bißchen beneidete ich ihn. Wo er auch war, er hat diese ewige Enge verlassen, hat sich Bewegung verschafft, frische Luft, freien Blick. Er braucht die brutalen Stimmen nicht zu hören, die bärtigen Gesichter nicht zu sehen, er hat sich die Freiheit genommen, auf die wir alle warten! Vielleicht sprach er mit den Soldaten draußen? Verhandelte er ohne Jassids Einverständnis? Er mußte wissen, wie gefährlich das war. Lothar, komm doch endlich! Wir warteten. Der Kopilot rief weiter. Ich stellte mir den Schneesand gefährlich glänzend vor. Die Soldaten schienen nicht auf unserer Seite zu sein. Also auf Jassids. Oder sie waren gegen uns und gegen Jassid. Der Gedanke an die singenden Kosaken half nicht mehr. Mit jeder Sekunde, die wir warteten, wurde es ernster. Je später er kam, desto gefährlicher wurde es für ihn, für uns. Wir warteten, und ich wollte nicht wahrhaben, wie die Minuten verstrichen.

Jassid räusperte sich und sprach in ungewöhnlich leisem Ton.

– Die Autoritäten haben den Piloten endlich gefangengenommen. Sie werden ihn uns zur Exekution übergeben. Er hat mich verraten. Er hat euer Leben für sein lausiges Leben aufs Spiel gesetzt. Deswegen muß er sterben.

Die vertraute, verhaßte Stimme war anders geworden. So hatte sie noch nie geklungen, so ruhig, so überlegt, so kalt. Die Stewardeß unterstrich die Wirkung noch mit ihrer fast tonlosen Übersetzung.

Nun war ich sicher, daß Jassid Ernst machen würde. Ihn töten oder uns. Er befahl, die Gurte anzulegen. Ich hoffte, daß Kapitän Krüger schnell käme, damit wenigstens dieses Warten ein Ende hatte und die Ungewißheit, wer das Opfer sein sollte, er oder wir. Vielleicht geht es ja gut aus, und er wird nur geschlagen, ein paar Tritte, ein paar Schläge ins Gesicht, wie wir das mehrmals erlebt hatten. Jassid brauchte den Kapitän doch auch, wir alle brauchten ihn, waren auf ihn angewiesen. Ich starrte zum Fenster hin. Ich beneidete ihn nicht mehr. Er hat sich Bewegung verschafft, ja, frische Luft und freien Blick, und sich die Freiheit genommen, auf die wir alle warten, ja, aber er hat die Gemeinschaft verlassen, unsern einträchtigen Gehorsam unterlaufen, er hat uns alle gefährdet! Er ist ein verteufeltes Risiko eingegangen, und nun muß er das auch verantworten! Selbst wenn er verzweifelt versucht, uns zu retten und mit irgendwem zu verhandeln, was für ein Idiot ist er, wenn er dabei unser Leben aufs Spiel setzt! Er soll endlich kommen und sich stellen und alle Mißverständnisse aufklären, er soll uns nicht länger hinhalten, nicht quälen mit dieser Warterei, wir brauchen ihn doch!

– *Here he comes!* schrie Jassid.

Die hintere Treppe knarrte. Die Maschine ruckte, als der Kapitän hochstieg.

– *Close the door!*

Die Treppe wurde eingefahren, und der Kapitän ging durch den Gang nach vorn, merkwürdig aufrecht. Ich sah auf seinen breiten Rücken. Vor dem Durchgang zur Ersten Klasse befahl Jassid anzuhalten. Alle Hälse reckten sich.

– *Down! Down!*

Der Kapitän neigte den Kopf und ging auf die Knie. Auch in dieser Haltung wirkte er wie ein Riese. Durch die neugierigen Köpfe vor mir konnte ich außer den erhobenen Händen nicht viel sehen. Das Gebrüll hörte ich genau.

– *This is a tribunal of the revolution! You traitor, what did you do? You did endanger your passengers! Do you want us to blow up the airplane? You betrayed me twice! This time I don't forgive you. Are you guilty or not guilty?*

– *Captain, there have been difficulties. I couldn't come back to the plane.*

Ein Schlag wie ein Schlag ins Gesicht.

– *Guilty or not guilty?*

– *Excuse me, Sir, may I explain, please, there have been dfficulties…*

Wieder ein Schlag. Keiner stand auf, keiner sagte ein Wort.

– *Guilty or not?*

– *Sir, please, let me explain. I couldn't come back to the plane.*

Ein Schlag. Ein Knall.

Im Fuß spürte ich ein Vibrieren. Ist da ein Körper gefallen? War das wirklich ein Schuß? Schüsse hörten sich anders an, jedenfalls im Kino, nicht so laut, nicht so trocken. Vielleicht hat er nur mit einer Platzpatrone geschossen. Sekundenlang blieb es verdächtig still, nur ein Aggregat brummte leise, bis eine Kinderstimme zu hören war, in der Stille doppelt laut:

– Was hat da bumm gemacht?

Eine Frau schluchzte auf. Ein Feuerschein vorn, jemand zündete sich eine Zigarette an. Die Frau schluchzte heftiger. Dann schrie Jassid auf:

– *Don't cry! Don't talk! You will be executed as well, if you start to cry now!*

Die meisten Leute hatten den Kopf längst eingezogen wie ich. Noch einmal wagte ich mich vor. Jassid rauchte. Nummer 31 bot Zigaretten an in den vorderen Reihen. Am Boden lag der massige Körper, der nicht stöhnte, nicht zuckte. Dann gingen die beiden mit Nummer 22 nach vorn Richtung Cockpit. Sie lachten. Nummer 28 blieb auf dem Posten.

Zuerst war ich ganz ruhig und rechnete. Jetzt werden sie den Kapitän rauswerfen, und dann wissen die draußen endlich, daß sie sofort austauschen müssen. Ich rechnete, jetzt müßten sie draußen begreifen, wie ernst es den Piraten ist. Ich rechnete, 80 oder 90 minus 1 gleich 11, das ist doch eine vernünftige Gleichung. Sie können nicht 90 Leute opfern und 11 behalten. Die Strategie der Entführer war leicht auszurechnen: Wer einen umbringt, der schießt auch andere nieder. Das müssen die draußen verstehen. 90 minus 1, bald heißt es 90 minus 2, 90 minus 5, minus 10 und so weiter, wenn sie nicht endlich was tun. Wenn sie nicht endlich mitrechneten und mit allem rechneten, dann gingen wir alle drauf.

Der tote Körper blieb liegen, wie er gefallen war. Ich wollte nicht hinsehen, lehnte mich zu Ingeborg Wendland und riskierte dann doch wieder einen Blick. Ich sehnte mich nach meinem alten Platz am Fenster hin. Ich wollte nicht Augenzeugin sein, ich zitterte selbst genug. Mord, war das ein Mord? Noch nie eine Leiche gesehen, und nun war diese zu weit entfernt, um sie richtig in Augenschein nehmen, und zu nah, um sie übersehen zu können. Ich wußte nichts anzufangen mit ihr, ich hatte nichts zu tun mit ihr. Sie störte. Sie störte mich. Ich wünschte, daß sie so schnell wie möglich aus meinem Gesichtsfeld verschwand.

Sie schafften den Toten nicht weg. Sie dachten nicht daran, mit ihm Politik zu machen, ihn zur Unterstützung ihrer Forderungen zu benutzen. Sie ließen ihn einfach liegen und lachten. Sie ließen ihn liegen, als wollten sie uns in Schrecken halten, bis wir versteinerten. Als ob wir solche Beweise brauchten! Als ob wir nicht schon zahm genug waren! Nach viereinhalb Tagen! Sie ließen ihn liegen, als Hindernis. Der Mann, die Leiche, das Hindernis. Ich sah die verschreckten, eckigen Bewegungen einer Stewardeß, die über den Leichnam hinwegzusteigen versuchte, erst zögerte, dann, auf die Armlehnen der Sitze gestützt, sich nach vorn hangelte.

Es war ganz still in der Maschine, und das Summen der Klimaanlage riß die Stille immer weiter auf. Die Menschen wußten nichts mehr zu sagen, sie durften nichts sagen, sie schwiegen trotzig. Vielleicht rechneten sie alle vor sich hin wie ich. Vielleicht verkrochen sie sich, einer nach dem andern. Noch weniger als vorher wollte man auffallen, keiner wollte der nächste sein. Jeder verdrückte sich hinter dem andern. Das Lachen im Cockpit hatte aufgehört, aber der Nachhall klang böse weiter in den Ohren. Ich versuchte mich an etwas Vernünftiges zu klammern, und so blieb mir nichts anderes übrig, als meine Berechnungen hin und her zu bedenken. Ich wurde immer zorniger auf die da vorn, nicht einmal deshalb, weil sie den Kapitän erschossen hatten, sondern weil sie keine Anstalten machten, ihn fortzuschaffen. Erschossen, vergessen. Ich überlegte, ob sie ihn mit Absicht liegen ließen oder ob sie selber Angst vor dem Toten hatten, ob sie unsern Ängsten neuen Stoff geben wollten oder selber vor Schreck nicht weiter wußten. Alles war möglich bei diesen Idioten, diesen Mördern. Was haben sie davon, daß sie uns immer weiter quälen, diese Sadisten. Das Schlimmste war, daß nichts geschah. Ich hatte einen Menschen untergehen sehen, und nun mobilisierte dieser Tote meine verschütteten Gefühlskräfte. Ich wehrte mich dagegen, daß ich mit ihm unter einem Dach, in einem Sarg liegen sollte. Ich begann den Toten zu hassen.

– Ich muß los, ich habe einen wichtigen Termin! die Stimme der Greisin.

– Ich bin doch heute beim Friseur angemeldet, fuhr sie fort. Ich darf nicht zu spät kommen! Um sechs Uhr beim Friseur!

– *What's going on?* fragte Nummer 28.

– Ich muß auch los! sagte der Alte und stand sofort auf.

– *She says, she has an appointment with the hairdresser*, sagte Jutta.

Nummer 28 lachte.

– Ich auch, ich auch! rief die alte Frau wieder.

– *Hairdresser*, sagte Nummer 28, nahm die Handgranate von der einen in die andere Hand und lächelte mitleidig. Der Alte stand und guckte sich um, als suche er den Ausgang.

Einige Passagiere murrten. Manche flüsterten. Andere wurden lauter.

– Setz dich! rief einer.

– Halts Maul, Alter!

– Wer haut dem endlich eins unters Kinn!

Ein Klicken war zu hören. Ich dachte zuerst an die Handgranate, aber es war ein Gurt. Ein junger Mann stand auf, stellte sich vor den Alten und versetzte ihm einen Schlag, daß er auf seinen Platz sank und stöhnte.

Wasser wurde ausgegeben. Das Gerücht, wir sollten bald weiterfliegen. Keine Zeit, über diesen Wahnsinn nachzudenken. Ohne Vorwarnung kam der nächste Schlag.

Plötzlich saßen wir im Dunklen. Die Luftdüsen setzten wieder aus. Eine kurze Störung, dachte ich erst. Aber dann war die Erinnerung da an die Stunden in der Sauna, im Brutofen vor vielen Wochen, vorgestern. Der letzte Tropfen Benzin verbraucht, jetzt geht das wieder los, eingesperrt in die Finsternis, betäubt vom Gestank, festgeschmiedet an den eignen Schweiß!

Die Entführer befahlen Herrn Fuchs ins Cockpit. Ich hörte ihn rufen:

– Macht eine Taschenlampe an! Ich kann sonst nicht rüber!

Kein Lichtstrahl hellte das Dunkel auf. Man hörte den Kopiloten ächzen, leise fluchen, dann seine Schritte.

Man gewöhnt sich, sagte ich mir, man gewöhnt sich an alles. An die Hitze, die noch nicht da ist, aber schon unter der Haut brennt. An die Dunkelheit. Man gewöhnt sich an die Anwesenheit einer Leiche. Man gewöhnt sich an die schniefende Ingeborg. Man gewöhnt sich, andere über Leichen stolpern zu hören. Bald wirst du dich gewöhnen müssen, selber über diesen riesigen toten Körper zu steigen. Man gewöhnt sich an die Stimmen draußen. Es sind immer die gleichen Stimmen, die befehlen. *You have to start as soon as possible!* Man gewöhnt sich an die verzweifelte Stimme des Kopiloten. *It is not possible, it's absolutely impossible!* Man gewöhnt sich, die Antwort zu hören, noch ehe sie an die Ohren dringt. *You have to! You have to! You have to leave immediately!* Man gewöhnt sich an die ersten Schweißperlen. An die Zeitung als

Fächer. Man gewöhnt sich, alle Erwartungen auf Null zu bringen. Man gewöhnt sich an das Brennen in den Augen. Man gewöhnt sich, die Uhr zu vergessen. Man gewöhnt sich an die ersten stummen Ohnmachtsschreie. Man gewöhnt sich, keine Hoffnung mehr zu haben außer der Hoffnung auf einen Schwall kühlerer Luft. Man gewöhnt sich an das Rauschen der Nerven. Die schwarze Wand zu sehen als das Ende von allem. Man gewöhnt sich an die Monotonie des einzigen Gedankens: Bloß nicht noch einmal starten, es muß Schluß sein endlich, Schluß egal wie, bloß nicht noch einmal starten! Man gewöhnt sich an die Schweißströme. An den Hitzeschmerz unter den Achseln. An die Schreie nach Wasser. Man gewöhnt sich, wieder halbnackt zu sitzen wie im Totenhemd. Man gewöhnt sich an das Kochen in den Adern, an den Kopfschmerz und das Aufplatzen der Venen in den Beinen. An die Schweißwunden unter den Armen. An das Keuchen und Zetern und Klagen. Man gewöhnt sich an das Knacken der Türen hinten und vorn und an den ersten milden Durchzug.

Man gewöhnt sich an die Erlaubnis, zur hinteren Tür gehen zu dürfen. An das Gedränge. An den tierischen Gestank vor den Toiletten. Man gewöhnt sich daran, mit der einen Hand die Nase zuzuhalten und mit der anderen an den Rückenlehnen entlangzutasten und dabei anderen Leuten ins Gesicht, in die Haare zu fassen. Man gewöhnt sich, im Halbdunkel nah der Tür zu erschrecken vor den anderen. Die Altfrauengesichter der Schönheitsköniginnen, die Stadtstreicherbärte der Männer. Man gewöhnt sich, im Schußfeld zu stehen, draußen die Gewehre, drinnen die Pistolen. Man gewöhnt sich an die andere Luft, feucht und heiß. Man gewöhnt sich daran, daß es keine Erholung mehr gibt. Man gewöhnt sich, auf den Todessprung in die Freiheit großzügig zu verzichten. Man gewöhnt sich daran, an alles gewöhnt zu sein, was drinnen geschieht, in der Hölle. Alles Ungewohnte, alles, was draußen ist, stellt nur eine Gefahr dar und sonst nichts, auch daran gewöhnt man sich wie an das Bild von den Soldaten. Man gewöhnt sich an den Käfig. Man gewöhnt sich daran, nichts mehr aushalten zu können und trotzdem immer weiterzumachen. Man gewöhnt sich an die Höflichkeit gegenüber Mördern. Man gewöhnt sich an die

Plauderstündchen mit ihnen in der Dunkelheit. Man gewöhnt sich an den Satz, den Nummer 28 fast im Vorübergehen sagt: *Don't mind, we are dead already.* Man gewöhnt sich an immer neue Wellen des Gestanks. An den neu aufquellenden Verwesungsgestank der Toten aus dem Frachtraum. An den süßlichen Gestank der Leiche des Kapitäns. An sein Blut, das stinkt wie das Blut geschlachteter Tiere. Man gewöhnt sich, eingekesselt zu sein von Leichen. Man gewöhnt sich, das Atmen aufzugeben und ohne Sauerstoff zu leben. Die Verwesung des eignen Körpers zu spüren. Man gewöhnt sich an die Starre in den Beinen. An den Schneidbrenner im Gehirn. An das Verfaulen der Lunge. An die unendliche Langsamkeit des Herzens. An den leeren, geborstenen Kopf. Man gewöhnt sich, das eigene Geschlecht zu vergessen. Man gewöhnt sich an den Haß auf die andern. An den Sarg. An die Enge im Sarg, ja, man gewöhnt sich, man gewöhnt sich. Sogar an die Überraschung, an die Wasserflasche, die aus dem Finstern durchgereicht wird. Man gewöhnt sich, den Becher zu finden und im Dunkeln einzugießen. Man gewöhnt sich an die Vorsicht. Man gewöhnt sich an den ersten Schluck und an die zehn Sekunden Erholung. Man gewöhnt sich an den nächsten Hitzeschub und die nächste Lage Schweiß. Man gewöhnt sich an die neue Hitzewelle, an 50 Grad, an 55 Grad, an 60 Grad. Man gewöhnt sich, den Körper aufzugeben. Man gewöhnt sich zu schweigen, zu stöhnen, zu seufzen, zu schniefen. Man gewöhnt sich an den Gedanken, daß alles schon mal da war, daß man alles schon mal überstanden hat, daß andere solche und schlimmere Situationen durchgestanden haben und daß das trotzdem nicht hilft und nie helfen wird. Man gewöhnt sich an den schleichenden Übergang zum Tod. Man gewöhnt sich, sagte ich mir, an das Gewöhnen, man gewöhnt sich an alles.

Aber ich gewöhnte mich an nichts, nicht einmal an mich selbst.

Unser Team im Labor, eine Feier, wir sitzen an einem Kindertisch. Mein Geburtstag. Alle haben Kakaopulver in den Tassen, ich hole Milch aus dem Kühlschrank, und erst, als ich alle Becher vollgegossen habe, merke ich, daß es nicht Milch, sondern Traubensaft ist. Lauter enttäuschte Gesichter vor dem ekligen Gemisch. Das Labor ist eine Zahnarztpraxis, der Bohrer pfeift los. Da ich Geburtstag habe, bin ich zuerst dran.

Sie klappten den Sargdeckel wieder auf, sie blendeten uns mit Licht, sie sorgten für frischere Luft. Draußen Finsternis. Sie hatten uns eine Ration Benzin gegeben, damit wir etwas atmen konnten. Und mit dem Benzin das gemeine Licht, das die Augen zerschlug. Licht wollte ich nicht, nur die kühle Luft und Ruhe, stumpfsinnig dösen, träumen, schlafen.

Die Entführer aber waren unruhig, sie gaben sich kurze Kommandos. Ich nahm mir vor, mich von ihnen nicht stören zu lassen, und mußte ihnen doch zusehen. Sie machten sich an der Leiche des Kapitäns zu schaffen. Sie befahlen einer Stewardeß, den Garderobenschrank auszuräumen. Zu dritt hoben sie den Körper an. Einer schrie:
– *Don't move! Don't turn your head!*
Sie hatten ihm eine Decke um den Kopf gelegt. Sie ächzten, sie schleiften den schweren Körper durch den engen Gang. Der Kapitän erwies sich als zu breit für sein Flugzeug, oder er widersetzte sich schon wieder. Er war der einzige gewesen, der sich einige Minuten lang Jassids Befehlen nicht unterworfen hatte, und nun wehrte er sich noch einmal. Die Mörder mußten sich anstrengen. Ich sah nicht auf das Gesicht unter der Decke. Ich sah aus den Augenwinkeln nur den Arm baumeln, als der Körper an unserer Reihe vorbeigeschleppt wurde. An der Hand glänzte der Ehering und baumelte mit. Ich dachte, wenn jetzt seine Frau wüßte, daß ihr Mann tot ist! Wenn ich jetzt tot wäre, mein Arm würde auch so baumeln, und keiner wüßte was von mir!
Sie schleppten ihn nach hinten. Selbst wenn es erlaubt gewesen wäre, ich hätte mich nicht umgedreht. Es polterte. Sie kamen mit dem sperrigen Körper nicht zurecht. Sie brauchten eine ganze Weile, bis sie ihn in den Garderobenschrank gezwängt hatten. Die Tür knarrte.

Sie liefen nach vorn. Wo der Tote gelegen hatte, machten sie große Schritte. Der Blutfleck war riesig, rotschwarz. Sie holten Papiertücher und wischten das Blut auf. Ich sah weg und wieder hin, das Blut auf dem weißen Papier, und wieder weg. Als ich dachte, sie müßten nun fertig sein, kam Nummer 31 mit einer Kehrschaufel. Ich atmete erleichtert durch. Sie bückte sich und fegte etwas auf. Dann stand sie auf, hielt einen Augenblick inne und reckte die Schaufel zur Seite. Ich konnte nicht erkennen, was darauf lag. Ich wollte es nicht. Ich war nicht sicher, ob die Piratin sich ekelte oder eine Geste des Triumphs versuchte. Sie verschwand, fast taumelnd, die Schaufel neben sich, in der Ersten Klasse. In diesem Augenblick war ich sicher: Es war das Gehirn! Sie haben ihn in den Kopf geschossen! Und sie hat die Gehirnmasse aufgefegt!

Ich fing meine Litanei wieder an, man gewöhnt sich, man gewöhnt sich, aber diesmal wirkte sie nicht mehr. Es war zuviel. So viele Gräßlichkeiten auf einmal, und ich konnte sie nicht mehr fassen oder mit Beruhigungsformeln zudecken. Ich war an nichts anderem interessiert als an einem schnellen Ende. So viele Gräßlichkeiten, so viele Todesarten, ich war nicht mehr wählerisch, es mußte nur schnell gehen und möglichst schmerzlos. Ich glaubte nicht mehr an einen Austausch. Selbst wenn ich daran geglaubt hätte, es hätte mir nicht geholfen. Keine Hoffnung hätte geholfen. Alles, was ich tun konnte, war, meinen sitzenden Leib zusammenzuhalten, ihn zu krümmen, die Beine hochzuziehen und wenigstens im Sitzen die Schutzhaltung des Embryos einzunehmen, die Augen zu schließen, vielleicht noch einen Schluck Wasser annehmen und dann endlich dem Druck und allen Aufregungen nachgeben und versinken im Boden der blutschwarzen, stinkenden Zelle.

Das Gerücht, ein neuer Start stehe bevor, kümmerte mich nicht. Mit Schnaps bekämpften sie den Blutgestank, eine angenehme Betäubung. Über den Blutfleck breiteten sie eine Illustrierte, mit dem Titelblatt nach oben. Die Türen wurden verschlossen, es war mir völlig gleichgültig. Wieder die Gurte. Ich sackte immer mehr zusammen. Die Maschine holperte über den Sand. Das Tankfahrzeug verstärkte die Kopfschmerzen. Ich war sicher, mit der kaputten Mühle kämen wir weder richtig hoch noch richtig runter. Ich war gefaßt. Kein Unterschied zwischen einem Absturz und einem Tod wie dem des Kapitäns. Das Ende, ohne Rückblick, ohne Vorsätze, und ich wünschte nur eins, den sanften Übergang, schlafend.

Bilde dir nichts ein auf deine Gefühle! Gefühle gibt es nicht, denk an die Pawlowschen Hunde, Gefühle lügen. Nach jedem Elektroschock ein gutes Stück Fleisch, und nach ein paar Tagen wird der höchste Schmerz zum höchsten Glück, und begeistert winselst du nach der nächsten Qual!

Die Triebwerke wurden angeworfen.
– Feuer! Es brennt! Es brennt! Feuer!
Ich riß die Augen auf, die Kabine voll Rauch, der aus den Luftdüsen schoß. Es brennt! Jetzt schnell raus aus der Maschine und fliehen vor dem Feuer! Der Notausgang, zwei, drei Schritte!
Die Triebwerke wurden ausgeschaltet. Eine Stewardeß lief durch den Gang, der Nebel wurde dünner. Falscher Alarm. Wasserdampf. Kalte Luft, die in die Hitze der Kabine kommt, erklärte Erika. Auch diese Hoffnung, in einer Sekunde gekommen, in der nächsten verflogen. Auf der Illustrierten über dem Blut leuchteten weiß die Zähne aus dem Schönheitsgesicht.
Irgendwann pfiffen die Triebwerke, irgendwann liefen sie auf vollen Touren, irgendwann schlich die Maschine los, kroch über die Rollbahn, hoppelte mühsam vorwärts, und irgendwann hoben wir ab.

Im Halbschlaf blinkte der Gedanke auf: noch einmal Nähe, noch einmal Lust, noch einmal den Körper bewegen nach eigenen Rhythmen, eigenen Wünschen! Mit wem? Ich konnte mir keinen andern als Gerold vorstellen. Erst hatte ich ihn als Schönling abgetan, jetzt brauchte ich ihn. Mein letzter Mann. Ich hatte ihm einen deutschen Namen gegeben, schon das ging zu weit. Längst hatte ich keine Kraft mehr, ihn zu hassen. Ich wußte, daß ich zu weit ging, aber er war der einzige, der in meine Träume paßte. Ich wußte, daß es meine Pflicht war, ihn zu hassen, ihm die Waffen wegzunehmen, ihm die Augen zu zerkratzen oder mir wenigstens seine Gesichtszüge in allen Einzelheiten einzuprägen für den Fall einer Rettung, für den Fall einer Fahndung, für die Richter, die ihn zu lebenslänglicher Haft verurteilen werden, den Entführer, den Mörder, den guten Mann, der mich, obwohl er hundert Gelegenheiten hatte, nicht ermordet hat, mich leben und träumen läßt!

Wie ein Stein vom Himmel fällt, so könnten auch wir fallen, mit der beschädigten Maschine über einem Meer, mit der Bruchmaschine vor einer drohenden Wolkenfront, mit einem einzigen Piloten, der vier Tage nicht geschlafen hat und mehrmals knapp am Tod vorbeigekommen ist, in einer fremden Gegend am frühen Morgen. Ein Luftloch, eine falsche Reaktion vor den Instrumenten, und wir fallen vom Himmel wie der Stein, welcher Stein fällt und wann...

Auch diesen Gedanken wehrte ich nicht mehr ab. Ich sah, von außen, das Flugzeug in die Tiefe stürzen nicht wie ein Flugzeug, sondern wie ein Stein, aufs Wasser knallen und dann langsam in waagerechter Lage durch alle Schichten des Meeres sinken bis auf den tiefsten Grund. Der Vorteil, es wird schnell gehen, so oder so, ob wir beim Sturz die Knochen brechen, beim Aufprall mit den Schädeln aneinanderschlagen oder ersaufen oder ersticken, oder ob die Haie kommen eins zwei drei durch die geborstene Tür mit dem Schild EXIT. Oder wir sitzen heil und tot auf den gewohnten Plätzen, und die Fische glotzen heißhungrig durch die Fenster auf die ihnen vorenthaltene Beute. Oder wie die Verschütteten, von der Lava oder vom Schlagwetter überrascht, und ein paar hundert Jahre später die Taucher, die neunzig unbeschädigte Passagiere entdecken, versteinert mit den Mienen des Schreckens, nein, eher mit der Zufriedenheit, daß alles vorbei ist, mit dem geöffneten Mund der Bestürzung, mit einer eindeutigen Haltung am Leben hängend. Doch wir unter Wasser werden nie so berühmt werden wie die Leute von Pompeji! Es werden allenfalls unsere Skelette bleiben, vielleicht wird man der Lage der Knochen nach etwas von unseren letzten Schrecken und Gefühlen ablesen können, man wird jedenfalls nicht mehr die Entführer und ihre Opfer unterscheiden können, man würde, fänden wir noch zueinander, Gerold und mich für ein Liebespaar halten, man wird uns nicht mehr trennen von den Toten im Gepäckraum und im Garderobenschrank, man wird die Skelette von den skelettierten Sitzen sammeln, falls man uns überhaupt finden, falls man uns überhaupt ausgraben wird, falls wir überhaupt sterben, falls wir überhaupt fallen, fallen wie ein Stein, hinab aus der klaren Morgenluft.

sieben

Das Flugzeug fiel, aber es fiel in gleitenden, gleichmäßigen Sprüngen und sanften Kurven auf das Meer, auf eine Wüstenlandschaft zu. Die Aufforderung zum Anschnallen. Ingeborg wachte auf und sagte:

– Landen, landen, wenn er das noch packt, wenn er das noch packt!

Sie war schneller angeschnallt als ich.

Auch ich dachte an den Piloten: Wenn er das noch schafft, die kaputte Maschine weich aufzusetzen und zum Stehen zu kriegen ohne neuen Bruch, ohne Feuer! Der Anführer ermahnte uns wie ein Steward, die Rollos herunterzuziehen.

Je tiefer die Maschine sackte, desto weiter schien mir die rettende Piste entfernt. Ich schloß die Augen, aber damit vergrößerte ich nur die Fallhöhe und sank eine endlos tiefe Treppe hinab, ein Fall von Stufe zu Stufe.

Die Maschine berührte den Boden, schoß über die Bahn, die Triebwerke heulten im Bremsschub, alles wackelte, knisterte, vibrierte, und noch in voller Fahrt begannen sie hinten zu klatschen. Ingeborg und Herr Walter und ich klatschten mit, wir waren glücklich heruntergekommen, wieder festen Boden unter uns, nicht mehr den fürchterlichen Gesetzen der Physik ausgeliefert, den Zufällen der Technik, des Wetters, des Feuers. Die Maschine machte einige Wendemanöver, dann standen wir still.

Der Kopilot sprach:

– Wir sind wieder einmal gelandet. Ich darf Ihnen nicht sagen, wo wir sind. Wie es nun weitergeht, weiß ich auch nicht.

Wir sind wieder einmal gelandet, dieser Satz hörte sich an wie: Wir haben wieder einmal überlebt. Wieder einmal, alles geschah immer wieder und noch einmal und wieder einmal, immer ein wenig anders, immer mit neuen Schrecken. Wieder einmal gelandet, wieder einmal überlebt, ich konnte längst nicht mehr mitzählen, wie oft wir in den letzten Tagen überlebt hatten.

Er wußte nicht, wie es weiterging. Aber er sagte das mit einer heiteren, beinah gelassenen Stimme. Aus dieser Stimme schloß ich, hier wird das Fliegen wenigstens ein Ende haben. Die konnten uns mit diesem Flugzeug und diesem einen Piloten nicht noch weiter hetzen. Was immer das für ein Ort war, es war ein Ort der Entscheidung. Jeder Flughafen war ein Ort der Entscheidung gewesen, aber jetzt mußte endlich etwas geschehen, jetzt mußte man etwas für uns tun, jetzt konnte es keine Ausflüchte und keinen Aufschub mehr geben. Ich war sicher, jetzt dauert es bestimmt keine drei, keine zwei Tage mehr, jetzt ist Schluß, so oder so.

Der Kopilot meldete sich noch einmal.

– Captain Jassid hat mir angeboten, das Flugzeug zu verlassen. Aber ich werde hier bleiben. Ich möchte nicht nachher neben dem Kapitän im Schrank stehen.

Einige lachten. Ich lachte mit, bis ich über diese Formulierung und über mein Lachen erschrak. Ich dachte, wie kann er so reden über seinen Kollegen, wie kann er Witzchen machen über die Leiche seines Freundes! Wird er jetzt verrückt, oder sind wir alle schon verrückt? Können wir, zwischen den Toten und unsern Mördern eingeklemmt, nur noch kichern wie langjährige Insassen einer Irrenanstalt? Vielleicht ist er wirklich verrückt geworden da vorne, keiner hält so was aus, ohne verrückt zu werden, und er hat am meisten mitgemacht von uns allen, er wird der erste sein, der verrückt wird! Ein Irrer fliegt mit uns um die halbe Welt, das wäre noch eine Steigerung unserer Abenteuer, das hatten wir noch nicht, das könnte auch noch kommen! Nein, das fängt schon an, wir sind längst so verrückt wie er, bald können wir aus der Maschine direkt in die Anstalt gehen, von einem Gefängnis ins andere, und wir werden glücklich sein dabei, die harmlosen Irren aus Mallorca, die sich jeden Tag darauf freuen, eine halbe Stunde Ausgang zu haben, und die sich beschweren, wenn die Klos zu sauber sind und nicht mehr stinken, die sich beschweren, wenn sie das Essen an langen Tischen einnehmen sollen und wenn sie die Kleider wechseln oder die Zähne putzen müssen und die Wärter ihre Handgranaten vergessen!

Wieder wurde heftig über den Landeort spekuliert. Bald setzte sich das Gerücht durch, wir seien in Somalia, in einer Stadt namens Mogadischu. Ingeborg und ich griffen nach dem Bordbuch und schlugen die Karte mit den außereuropäischen Flugrouten auf. Mogadischu, Mogadischu, ich suchte die arabische Halbinsel ab, dann die ägyptische Küste, immer am Meer entlang.

– Da liegt es, da unten an der Ecke! sagte Ingeborg.

In Afrika! Wir waren tatsächlich in Afrika gelandet, nicht weit vom Äquator!

– Oje, so weit sind wir schon! sagte Herr Walter.

Ich hatte gehofft, wir kämen endlich wieder in vertrautere Gegenden, ins Europäische hinauf, und war enttäuscht. Aber dann regte sich so etwas wie Stolz, wir sind in Afrika! Nie in Afrika gewesen, und nun eine kleine Weltreise so nebenbei! Afrika beschäftigte mich mehr als das Ultimatum, ich wußte nicht einmal mehr genau, welches Ultimatum gerade lief, welche Bedingungen und bis wann. Es ist besser in Afrika, dachte ich, mit den Afrikanern können sie leichter verhandeln als mit den sturen Arabern!

Jutta ging durch die Reihen und sagte, mal lauter, mal leiser:

– Ich habe eben mit dem deutschen Botschafter gesprochen. Ich habe ihm gesagt, daß wir nicht länger durchhalten können. Ich habe ihm gesagt, daß unser Kapitän tot ist. Daß wir Kranke, Alte und Kinder an Bord haben. Die Regierung weiß jetzt alles. Der Botschafter hat verstanden. Ich habe das sichere Gefühl, daß wir in ein paar Stunden frei sein werden.

Allein das Stichwort deutscher Botschafter war eine Verheißung. In den vielen Tagen und fürchterlichen Nächten hatten wir von keinem Regierungsvertreter, von keinem Botschafter oder Konsulatsgehilfen auch nur eine Silbe gehört. Jedes nichtssagende Wort hätte uns Kraft gegeben für Stunden, jede Phrase hätte uns beruhigt und immerhin verraten, daß sie uns nicht völlig aufgegeben, nicht völlig vergessen haben – und nun wirkten diese paar Silben, von Jutta gesprochen, deutscher Botschafter, schon wie die halbe Erlösung.

Das Frühstück kam spät. Brötchen, Äpfel, Ziegenkäse und Milch. Die Milch roch fremd. Ich schnupperte daran und probierte einen winzigen Schluck. Sie schmeckte herb und verbrannt.

– Was ist denn das? fragte ich.

– Keine Ahnung, sagte Ingeborg, Ziege vielleicht.

Herr Walter beteiligte sich am Rätselraten. Er meinte, Ziegenmilch sei das nicht, Stutenmilch auch nicht.

– Kamel! sagte er plötzlich mit einem glücklichen Gesichtsausdruck, das ist Kamelmilch!

Er erzählte, er kenne diese Milch aus dem Krieg, Afrika-Korps. Er war froh, fast gierig darauf, noch einmal in seinem Leben Kamelmilch trinken zu dürfen. Ich bot ihm meine an, denn es ekelte mich vor der Milch, und ich sagte mir, wir werden in ein paar Stunden frei sein, da brauch ich mir keine Kamelmilch mehr in den Hals zu zwingen.

Herrn Walters Augen leuchteten, und ich fürchtete, er werde nun ausholen und mit seinen Erlebnissen unter Rommel prahlen und die Kamelmilch in seine stolze Soldatenzeit mischen. Aber ich täuschte mich, er warf einen abschätzigen Blick auf uns Frauen. Er merkte selber, daß wir nicht das richtige Publikum für seine Erinnerungen waren, und trieb sich mit der Kamelmilch allein auf die Schlachtfelder zurück. Ich sah ihn träumen vom Krieg.

Jassid verkündete ein neues Ultimatum, das endgültig letzte Ultimatum habe er soeben dem Botschafter gestellt, es laufe in knapp fünf Stunden, um 15 Uhr, ab, und keine Sekunde länger! Er brüllte wieder, er brüllte uns an, als hätte er mit uns zu verhandeln.

Noch ein paar Stunden mit geschwollenen Beinen, noch ein paar Stunden mit dem schweren, leeren Kopf, noch ein paar Stunden mit den steifen Armen und brechenden Knien, noch ein paar Stunden im eignen Gestank schmoren, noch ein paar Stunden nicht reden aus Angst vor der Ungewißheit, noch ein paar Stunden Kotzgestank und quälende Hitze, noch ein paar Stunden diese Bartgesichter ertragen, noch ein paar Stunden die Pistolen sehen und die Handgranaten, noch ein paar Stunden den toten Kapitän im Rücken, den Geruch der Verwesung in der Nase, noch ein paar Stunden die lähmenden, immer gleichen Fragen an die Politiker, ich wollte die Stunden nicht zählen und trotzdem die Zeit fortschlagen und keine neuen Hoffnungen anwachsen lassen.

Ich suchte nach Ablenkungen, blätterte in dem Lufthansa-Bordbuch herum, starrte die Seiten mit dem Streckennetz an und überlegte, wo würdest du gern hinfliegen, wenn du freikommst? Welche Ecken der Welt möchtest du sehen, in welche Meere dich werfen, in welchen Städten den Kaffee schlürfen? Alle Erdteile lagen vor mir grün und bräunlich abgestuft, und ich dachte, sie werden dir einen Freiflugschein zu einem beliebigen Flug spendieren als kleine Entschädigung, und du wirst die freie Auswahl haben. Der Verwesungsgeruch oder was ich dafür hielt drang süßlich und gemein in immer neuen Schwaden näher, ich hielt mir die Nase zu, aber dieser Geruch zog mich aus meinen Phantasien in die Kabine zurück. Es war nicht möglich zu fliehen, keine freie Auswahl, auch der Kapitän hat keine freie Auswahl mehr! Ich wußte auf einmal, wenn ich wieder zu Hause sein werde, dann werde ich nie wieder fliegen, werde nie wieder ein Flugzeug sehen wollen, keine hundert Pferde und kein noch so lockendes Reiseziel werden mich noch einmal in eine solche Kabine zwingen, in diesen Sarg, diesen Hundertpersonensarg! Ich werde nie wieder fliegen, egal, ob ich hier lebendig herauskomme oder nicht, nie wieder fliegen, nie wieder Mallorca, nie wieder Teneriffa, nie nach New York oder Hongkong! Ich möchte nicht nach Hause fliegen, wenn wir jetzt frei sein werden, ich werde mich erkundigen, ob dieses elende Nest Mogadischu einen Hafen hat, und werde ein Schiff nehmen, ein Schiff nach Hamburg oder Rotterdam! Solange sie die Schiffe nicht entführen, werde ich keinen Flughafen betreten, und wenn ich zu Hause bin, vielleicht werde ich nie wieder weg von zu Hause wollen, nie wieder reisen, immer mich einsperren in der Wohnung, im Labor, nie wieder diese Piratengesichter oder solche, die ihnen ähnlich sind, nie wieder fliegen, fliegen nie mehr! Der Gedanke war nicht quälend. Eher eine Erleichterung, ein Schlußstrich, das ist vorbei, ein für allemal! Nie wieder fliegen!

Halb elf. Noch ein paar Stunden, noch ein paar Stunden. Wieder ein Versuch, die Zeitung zu lesen. Vom Reiseteil waren noch Seiten übrig, ich redete mir ein, lies dies, lies das, du wirst nie wieder reisen, du kannst von nun an über das Reisen nur lesen, Reisebücher, Reiseberichte. Mit Landrover, Flugzeug und Dromedar durch Tunesien. Aber mehr und mehr hatte ich Schwierigkeiten mit den Sätzen, ich verstand den ordentlichen Bau der Sätze nicht mehr, die solide Grammatik mit Subjekt Prädikat Objekt und Punkt, diese komplizierten einschränkenden oder ausgreifenden Nebensätze. Ich war nur Befehlssätze gewohnt oder Seufzer und die Stakkatosätze mit den Warnungen und Ermunterungen. Jede andere Sprache, jede Form des Begründens oder der einfachen Mitteilung war mir fremd geworden, das früher Gelernte so durcheinander, daß mir die komplizierte Ordnung dieser geschriebenen Sprache wie ein Hohn vorkam.

Die Anzeigen mit den kurzen Sätzen verstand ich besser. 1978 soll Ihr Glücksjahr werden – mit den Goldmann-Tageshoroskopen! Das war ein verständliches Versprechen. Ich las Schinkenhäger, las Geldanlagen, las Xerox Kopierer, und hielt mich lange an der Anzeige für die Deutsche Bootsausstellung fest. Die selbstbewußten Texte und die kräftigen Fotos machten mir klar, daß das Leben draußen weiterlief und weiterlaufen werde unabhängig von uns. Die Säulen standen noch, sie standen so fest, daß es gar keine Rolle spielte, wie alt die Zeitung schon war, die Banken hatten in diesen fünf Tagen noch mehr angelegt, die Horoskope versprachen schönere Aussichten, die Kopierer waren weiter verbessert worden, und die Bootsbauer konnten letzten Donnerstag genauso mit ihrem Freizeitangebot protzen wie heute. All das war weitergelaufen ohne uns, unabhängig von unserm Tod oder Leben. Und an allen diesen glänzenden Dingen wird es nicht den geringsten Kratzer geben, wenn sie uns doch noch in die Luft jagen sollten in letzter Minute!

Bei den Todesanzeigen sah ich weg und zwang mich dann, nicht abergläubisch zu sein. Ich machte die Probe und setzte meinen Namen ein, Ingeborgs und Petras Namen, aber nicht einmal der Name des Herrn Walter hätte in diese Anzeigentexte gepaßt. Hier starben nur ältere Herren, Geschäftsführer, Minister a. D. und Aufsichtsratsmitglieder.

Ich war nahe daran, mir einen Anzeigentext für uns auszudenken, da gab es ein Rumoren hinten in der Maschine. Nummer 22 lief nach vorn und forderte einen jungen Mann auf mitzukommen. Von hinten wurde geflüstert: Sie tragen den Kapitän raus! Ich wollte mich nicht umdrehen, hörte aber das Schaben, Schleifen und Rucken. Ich dachte, man müßte den Aufschlag hören, und wartete. Dann kam der junge Mann zurück, und ehe er sich auf seinen Platz setzte, machte er eine halbe Drehung. Er war bleicher als vorher.

Etwas später sagte der Kopilot:

– Keine Angst, wenn ich die Maschine jetzt wieder bewege. Wir werden nicht starten. Ich habe nur die Anweisung, auf eine andere Position zu fahren.

Viertel nach elf. Ich verkroch mich in meinen Sitz. Ich konnte nicht schlafen. Lesen war unmöglich. Nichts mehr zu sagen. Jetzt helfen nur noch Kreuzworträtsel. Knochenfisch mit 5 Buchstaben, griechische Göttin mit 4, eigentlicher Nachname Canalettos mit 7 Buchstaben. Kein einziges gesuchtes Wort fiel mir ein. Die Seite mit dem Wetter, ich las die Temperaturen von Mittwoch, 13 Uhr, leise vor mich hin. Plötzlich hatte ich eine Idee. Ich lieh mir von Herrn Walter den Kugelschreiber, nahm den Schreibblock und schrieb wie wild die Wetterangaben ab. Ich schrieb Berlin 14 Grad, Bonn 16 Grad, Braunlage 12 Grad und so weiter. Ich schrieb die ganze Tabelle ab, das deutsche Wetter, das Wetter im Ausland, und als ich mit Rom und Istanbul und Kairo 30 Grad am Ende war, zögerte ich nicht lange und schlug die Seite mit den Börsenkursen auf, faltete sie in ein handliches Format zurecht und begann zu schreiben mit Aach.Mü.-Vers., Aach.Rück, Adler und schrieb und schrieb eine Seite nach der anderen voll und versank in den Zahlen und der Poesie der Firmennamen und dem geheimnisvollen Auf und Ab der Kurse, es schneite Zahlen und Namen auf mich herab, ich deckte mich zu mit ihnen, sie wärmten mich, ich schützte mich unter ihnen und vergaß die Zeit.

Plötzlich hieß es, 13 Uhr, in zwei Stunden laufe das Ultimatum ab.

Ich tauchte aus kurzem Schlaf auf, Schreibblock und Zeitung noch auf den Knien, den Kugelschreiber in der Hand.

– Was heißt in zwei Stunden? fragte ich Ingeborg.

– Was weiß ich.

Ich schob die Utensilien ins Netz, gab den Kugelschreiber Herrn Walter zurück, ordnete meine Kleider und versuchte, gefaßt zu sein. Schnell und gelassen akzeptierte ich den Gedanken, daß in zwei Stunden alles vorbei sein könnte. Immerhin eine Entscheidung, ein Schlußpunkt. Ich schämte mich nun für meine stumpfsinnige Beschäftigung. Drei Stunden vor dem Tod hat sie Wetterdaten abgeschrieben! Wenn das Rainer erfährt oder meine Eltern, was werden sie von mir denken! Sie werden mich für verrückt halten, unnachsichtig für verrückt. Es beruhigte mich, daß niemand davon erfahren wird, meine beiden Mitwisser, Frau Wendland und Herr Walter, werden schweigen wie ich. Wenn ich dran bin, sind sie es auch. Meine letzten Dummheiten wird niemand erfahren. Natürlich hätte ich die Zeit besser nutzen können, aber warum und womit? Ich konnte mit den Nachbarn nicht mehr reden, mit den Entführern nicht verhandeln, alle Todes- und Schlußgedanken hatte ich in den letzten Tagen und Nächten hundertmal durch den Kopf jagen lassen. Es war alles getan, alles gesagt, alles gedacht.

Auf dem freien Platz auf der anderen Seite, neben den Schmidts, saß Kopilot Fuchs. Während ich geschlafen hatte, mußte er dorthin dirigiert worden sein. Die Uniform zerknittert, das Gesicht hinter den Bartstoppeln verborgen, der ganze Mann erschöpfter und verlassener als alle andern. Er hatte die Augen geschlossen und murmelte immer wieder die gleichen Worte vor sich hin:

– Ich Idiot, ich Idiot!

Nach einer Weile wagte ich ihn anzusprechen, und irgendwann sagte er:

– Und ich Idiot, ich hab diesem Scheißkerl das Leben gerettet!

Ich fragte nach, und dann erzählte er, flüsternd, abgehackt, er habe bei der vorigen Landung, in Aden sei das gewesen, schon aufsetzen wollen im Sand, aber plötzlich entdeckt, daß Jassid nicht angeschnallt gewesen sei, deshalb habe er die Maschine im letzten Moment hochgezogen, sonst wäre der durch die Scheibe gesegelt, mausetot, und alles aus, und wir gerettet!

Ich war nicht imstande, ihm Vorwürfe zu machen. Ich sah den Blutfleck vorne, die feucht gewordene Illustrierte hatten sie wieder fortgenommen.

Zwei Stunden, da kann noch viel passieren! Bisher war kein Ereignis so abgelaufen, wie es erwartet oder angekündigt war. Immer hatte es in letzter Sekunde eine überraschende Wendung gegeben. Zwei Stunden. Eine Warnung, nichts weiter. Sie verhandelten immer noch da draußen, die Regierung war informiert, wir waren nicht allein.

Ich spürte starken Hunger, aber ich war froh, daß sie keine Anstalten machten, ein Mittagessen zu bringen. Ich hätte das übliche kalte Hühnerbein nicht essen können ohne den Gedanken: Henkersmahlzeit. Ich sah mich im Restaurant essen, sah uns in zwei Stunden auf der Gangway stehen, draußen, wir rieben uns die Augen, feierten die Befreiung mit Sekt und ließen uns ein ordentliches Essen spendieren im Flughafenrestaurant, am Fenster sitzend, den Blick auf unsere Maschine. Was wirst du bestellen? Ein Steak? Nein, bloß kein Steak! Irgendwas mit Bratkartoffeln. Ja, Bratkartoffeln müssen es sein, mit Spiegelei und Speck, Bratkartoffeln in Mogadischu.

Der Anführer räusperte sich, ehe er seine nächste Ansage machte.

– Wer noch auf die Toilette will, soll das sofort tun. In einer Viertelstunde ist es nicht mehr erlaubt. Dann haben wir nur noch eine Stunde, bis das Ultimatum abläuft.

Ich versuchte, seine Stimme zu interpretieren, die verhältnismäßig leise war. Aber es gelang mir nicht herauszuhören, wie ernst es ihm war und ob er uns wirklich nur noch eine Stunde zubilligen wollte.

Es meldeten sich nur wenige. Ich blieb sitzen. Nicht noch einmal wollte ich mich ins Zentrum des Gestanks vorkämpfen, vor allem aber wollte ich nicht auffallen, lieber mit eingezogenem Kopf diese Stunde abwarten als noch einmal mich allen zeigen. Ich schämte mich und wußte nicht wofür.

Nummer 22 brachte an der Wand zur Ersten Klasse neue Sprengladungen an und legte Zündschnüre. Wenn es wirklich nur noch eine Stunde ist, dachte ich, dann wirst du doch nicht mehr an die frische Luft kommen und nie mehr spazierengehen, nie mehr! Nie mehr ins Grüne! Nie mehr in Alfabia, nicht einmal im öden Nauheimer Kurpark oder am Neckar in Tübingen! Wenn ich noch einen Wunsch frei hätte, dann den: noch einmal zwei, drei Stunden durch einen Park laufen. Oder durch Wiesen, endlose Wiesenschaumkrautwiesen im Mai!

Nach einigen Minuten griff Jassid wieder zum Mikrofon.

– Ich habe Ihnen eine wichtige Mitteilung zu machen. Die faschistische deutsche Regierung ist auf unser letztes Ultimatum nicht eingegangen. Wir haben vier Tage lang verhandelt. Die faschistische deutsche Regierung will, daß Sie sterben. Sie zeigt keine Humanität, nicht mit unseren gefangenen Genossen und auch nicht mit Ihnen. Es tut mir leid. Das Ultimatum läuft in 51 Minuten ab.

Noch ehe ich richtig verstanden hatte, sprang Stewardeß Jutta auf und sprach mit Jassid. Der nickte. Sie gingen zum Cockpit. Sie ließen die Tür auf. Jutta verlangte den deutschen Botschafter zu sprechen. Sie sprach gleichzeitig ins Bordmikrofon. Sie redete englisch, langsam, stockend und laut, aber es waren nur Fetzen zu verstehen.

– Daß wir sterben müssen... tapfer... daß es schnell geht... in einer Welt, in der so etwas möglich ist... verstehe die Regierung nicht... verantwortlich für... Schuld auf dem Gewissen leben... wortwörtlich... das Ende ist...

Jutta konnte nicht mehr. Sie sprach direkt zu uns.

– Ihr habt es gehört. Ich habe noch einmal alles versucht. Sie haben abgelehnt. Es ist aus. Ich habe keine Hoffnung mehr. Wir können jetzt nur noch beten. Betet, betet!

Nummer 22, als hätte er Deutsch verstanden, schrie:

– *Pray! Pray!*

Das war ein Befehl. Ich starrte auf die Strümpfe und Strumpfreste, die ihm vom Arm baumelten. Es fehlten ihm die Handgranaten, die Pistole. Wie ein Hausierer sah er aus, bärtig und nervös, man hatte ihm die kostbare Ware durcheinandergewühlt. Er hatte seine Arbeit als Sprengmeister erledigt und schien nun verlegen zu sein, mit Damenstrümpfen überm Arm dazustehen, eine lächerliche Figur mit lächerlichen Requisiten, das paßte nicht zu seiner Heldenrolle. Als ich ihn so zappelig, ärmlich und begierig auf ablenkende Geschäftigkeit sah und merkte, welche Angst in diesem coolen Burschen steckte, da gab es keinen Zweifel mehr, daß es nun ernst wurde. Der Anführer dagegen, der sonst die Rolle des Hysterischen und Nervösen spielte, wurde immer ruhiger und sagte mit einer fast weichen, mitleidvollen Stimme:

– Es tut mir leid, meine Damen und Herren. Ich hasse das, was wir jetzt tun müssen. Aber die deutsche Regierung läßt uns keine andere Wahl. Wir haben noch 43 Minuten.

Die Männer mußten sich, einer nach dem andern, in den Gang stellen und die Hände auf den Rücken legen. Nummer 22 fesselte, Nummer 31 fesselte, und Nummer 28 schob die Gefesselten auf ihren Platz zurück und schnallte sie an. Jassid half mit und rannte dann wieder ins Cockpit, er stapfte nicht mehr so gebieterisch durch den Gang wie vorher. Das Team war eingespielt, sie schienen Übung darin zu haben, andere fürs Sterben fertig zu machen.

Ganz allmählich und gleichmäßig wuchsen der Schreck und die Wut. Stumm mußte ich zusehen, wie alles rationell und ohne Zögern auf das Ende zulief, das schäbigste Ende, festgeschnallt auf dem Todessitz, dem elektrischen Stuhl. Nun bringen sie uns wirklich um, diese Schweine! Die deutsche Regierung läßt uns keine andere Wahl, hatte er gesagt. Diese Schweine, sie alle sind Schweine, diese vier und die in der Regierung genauso, wer sind die größeren Schweine? Wer bringt uns um? Die uns hier in die Luft sprengen oder die uns hier nicht rausholen, obwohl sie es könnten? Wer fesselt uns? Die hier oder die uns einfach opfern, als wären wir nichts? Als wären wir nie jemand gewesen in unserem Land oder so nichtswürdig, daß man nicht einmal mit uns redet, nicht einmal eine Trostfloskel durchgeben läßt oder eine Ermunterung, mit der sie uns andeuten, wir kümmern uns, wir tun was für euch! Wer fesselt uns, daß wir in Schreie ausbrechen allein von den Schnitten der Nylonfäden an den Handgelenken? Wer hält uns den Sprengstoff vors Gesicht, die hier oder die, denen das Gefängnisleben von neun Staatsfeinden lieber ist als die Freiheit von neunzig Passagieren? Wer sind diese Staatsfeinde, die für uns einfache Reisende keine Gefahr bedeuten, die werden doch nur deshalb nicht freigelassen, weil sie den Herrschaften da oben gefährlich werden könnten!

So wehrte ich mich gegen die Fesseln. Dem Anführer ging es nicht schnell genug, er feuerte seine Leute an, half mit, schnürte fester, zog da und dort einen Knoten nach, als hinge davon noch etwas ab.

Es kamen nun die Frauen an die Reihe. Was für ein Vorrat an Strümpfen! Sie reichten für alle. Ingeborg nahm schnell ihre Uhr von der Hand und hängte sie ins Netz. Die vier wurden hastiger. Sie fesselten erst Ingeborg, dann mich, schubsten uns auf die Sitze und schnallten uns an. Obwohl die Strümpfe gar nicht so fest am Gelenk schnürten, wie ich erwartet hatte, wuchs meine Wut. Ich sah mich gefesselt als kleines Kind, wir spielten Räuber und Gendarm oder Indianer, und einmal hatte mich der Nachbarsjunge Roland, der große, freche Roland, so fest gebunden, daß ich nicht entkommen konnte und geschrien habe, gefesselt geschrien. Nun in der gleichen Lage, ich war das Kind, gefesselt, aber es war schlimmer, denn ich schrie nicht, ich konnte nicht schreien, ich schrie nur in mich hinein. Räuber und Gendarm, da gab es zwei Parteien, aber dies war ein neues Spiel, endlich verstand ich die Regeln, jetzt hatten sich die Räuber und die Gendarmen gegen uns verbündet, sie arbeiteten alle zusammen, sie dachten alle nur an sich, und uns benutzten sie nur, damit sie ihre Rolle weiterspielen durften, damit sich ja nichts ändere in der Welt! Uns lassen sie in die Luft fliegen, in zweiundzwanzig Minuten, hat er eben gesagt, die Räuber und die Gendarmen, die selber die größte Angst haben, in die Luft zu fliegen, und niemanden freilassen, weil sie die eigene Haut retten wollen! Und unsere Haut, was zählt schon unsere brennende, klebrige, stinkende Haut, wir sind Verbraucher, Steuerzahler, Wählerstimmen, wir werden geopfert, auf die schweißfeuchten Sitze geschmissen und in die Luft gejagt! Nur damit die, die wir gewählt haben, die aus allen Parteien mit ihrer großartigen Einigkeit, sich ein bißchen sicherer fühlen dürfen auf ihren Posten da oben! Ich wünschte alle die Herrschaften ins Flugzeug, die über unsere Hinrichtung beschlossen hatten, ich wünschte sie gefesselt und fertiggemacht und hoffnungslos, eingefettet von ihren eigenen Wörtern, Paragraphen und Phrasen, die ihnen aus den Münden tropften.

Ich wollte nicht sterben und für die schon gar nicht! Nicht für den Staat, nicht für diesen Staat. Nie werde ich mich in so einen Mann hineinfühlen können, der mit oder ohne Begeisterung für sein Land sich zerreißen läßt! Ich dachte zum erstenmal, daß es solche Männer nur in der Legende gibt. Niemand will krepieren, auch nicht der größte Dummkopf von Patriot. Aber sie schienen so etwas zu erwarten, die Generäle, die Minister, die Bürokraten, die Juristen, sie waren mir alle eins, ich sah sie an großen runden Tischen sitzen, die staatspolitische Entscheidung mit dem Zigarettenrauch wägend und ausatmend, mit einem Schluck Cognac die Staatsräson abschmeckend, diese Juristen, ich kannte ihre Gesichter, ich war schließlich Anwaltsgehilfin gewesen lange genug. Vor ihrer Gleichgültigkeit und ihren Paragraphen und ihrer Gewinnsucht war ich geflohen, und nun entschieden sie über mich, diese Herren, die vergessen haben, daß wir hier Menschen sind, neunzig Menschen und kein bißchen Staatsräson in unseren Köpfen, ich sah sie da sitzen, tatenlos warten, bis das Ultimatum abläuft, noch zwanzig Minuten, halb tot wie Fische zappelten wir über den Kabinettstisch, der Sauerstoff ging aus, noch zwanzig Minuten, dann werden die toten Fische endlich tot sein und die Herren nicht mehr belästigen, die schon weiterdenken und ihr Bedauern vorformuliert haben, die Trauerfloskeln liegen parat für uns, die toten Fische im Kübel, die Rede an die Nation ist längst vorbereitet, und uns geben sie noch neunzehn Minuten zu leben! Und ich sah uns alle beim Staatsbegräbnis wieder, aber ich lag nicht auf dem Sarg-bett ausgestreckt, ich stand, festlich gekleidet, vor der offenen Grube, ich war es, die den Staat begrub und die Schaufel in der Hand hielt, eine Schaufel für den Kanzler, eine Schaufel für den Krisenstab, eine Schaufel für das Grundgesetz, und ein Männer-chor raunte immer wieder den einen Satz DIE WÜRDE DES MENSCHEN IST UNANTASTBAR, und alle Leute traten auf mich zu und drückten mir die Hand, aber niemand sprach das Wort Beileid aus.

Ich hing an meinem letzten Restchen Leben, an den Händen, die mir brannten, an den hundert Kilo schweren Beinen, den kochen-den Venen, an dem zersprengten, konfusen, zuckenden Schädel, an dem Gestank, der aus den Falten des Körpers und den Falten der Kleider kroch, ich hing an dem ranzigen Geruch, der alles ein-schnürte, hing an der schniefenden Ingeborg und dem Kamelmilch trinkenden Altlandser neben ihr, hing an den schäbigen braungel-ben und orangeroten Mustern vor meinen Augen, die ich fünf Tage lang gebraucht hatte als Unterlage zum Nachdenken, und hing an dem ganzen Dreck und der Erschöpfung, an allem, was ich zu sehen noch fähig war. Ich konnte nichts mehr hergeben, womit ich mein Leben hätte verlängern können, meine Flüche, meine Tauschangebote nützten nichts mehr. Beten konnte ich auch nicht, ich wollte es nicht einmal versuchen, es war alles gelaufen, niemand hörte mich, niemand wird mich mehr hören. Ich war allein und hätte auch die nutzlose Wut abstreifen können. Ich ver-suchte, Frieden zu machen mit allen, mit mir selber, es ging nur noch um mich, noch siebzehn Minuten nur um mich, und alles andere war mein Problem nicht mehr.

Die beiden Mädchen, 28 und 31, rasten nach vorn und kamen wie-der, mit mehreren Schnapsflaschen bepackt, die sie unterm Arm und in der hochgereckten Hand hielten. Im ersten Augenblick dachte ich, sie werden uns Gin oder Wodka einflößen und mit uns auf den Tod prosten oder auf ähnliche Art eine heilige satanische

Kommunion feiern. Dann waren Schläge zu hören, harte Schläge und ein Gluckern. Sie schlugen die Flaschenhälse ab und schütteten den Alkohol auf dem Boden aus. Aber sie schafften es nicht, die Flaschen beim ersten Schlag zu köpfen. Zweimal, dreimal, viermal hieben sie mit den Flaschenhälsen auf die Sitzlehne ein. Sie waren aufgeregt. Ein paar Minuten vor dem Ende spielten sie noch die starken Helden, sie hätten die Verschlüsse einfach aufdrehen können, aber nein, sie mußten sich noch an den Glasflaschen austoben, ehe sie den Gang entlangliefen und alles auslaufen ließen wie Kinder, die endlich einmal mit Wasser spielen dürfen. Als sie den Bodenteppich getränkt hatten, holten sie noch mehr Flaschen von vorn, griffen sich alles aus den Tüten des Duty-free-Shop, die sie uns anfangs mit dem Handgepäck geklaut hatten, schlugen umständlich die Hälse ab und schütteten den Cognac, den Whisky und die Liköre, den Gin und den Magenbitter über den Köpfen der Passagiere aus. Sie gingen rechts und links, systematisch wie immer, durch die Reihen und vergossen den zollfreien, den steuerfreien Alkohol und vergaßen niemanden, auch die Kinder nicht, und näßten alle Köpfe, Hemden, Blusen.

Auf uns kam lächelnd Nummer 31 zu, die ich Heidrun nennen wollte, anmutig schwenkte sie den Arm, wie eine Tänzerin trat sie heran, ein schwebender, gütig lächelnder Engel taufte uns mit Johnny Walker, ich sah das Etikett genau und den nun auf dem Kopf gehenden Mann mit Hut, Stock und schwingenden Schritten, und es fiel mir der Werbespruch ein, Der Tag geht und Johnny Walker kommt. Der Tag ging und der Tod kam, der Tod lächelte wie ein verrückter, harmlos gewordener Engel und ging weiter nach hinten, und ich hörte seine hohe Stimme: *You shall burn in a beautiful way!* Der Alkohol kühlte und vertrieb den Körpergestank. Eine Erfrischung, ein freundlicher Abschiedsgruß, und in dem Lächeln der kleinen Hexe war etwas wie eine Verheißung zu lesen, ein Vorgeschmack auf den Himmel: Wartet nur, noch zehn Minuten, und ihr seid im Himmel! Nach dieser Taufe vergaß ich fast meine Fesseln. Es war angenehm, die hundert Schweißgerüche nicht mehr in der Nase zu haben. Ich leckte die Lippen, atmete kräftig ein und hoffte, mir einen kleinen Rausch zu verschaffen.

Ich sog den Whiskygeruch ein, schloß die Augen, hörte das dumpfe Krachen und Rollen leerer Flaschen, die gegen eine Wand geworfen wurden und nicht zersprangen, sondern polternd und höhnisch weiterrollten. Warum wollen sie jetzt noch Scherben haben, überlegte ich. Noch elf Minuten nach Ingeborgs Uhr. Hoffentlich geht es jetzt ganz schnell! Das Leben, es war so kurz, aber diese Minuten, sie waren mir viel zu lang. Ich fühlte keine Angst mehr, nur Ungeduld. Ich hatte alles hinter mir und wollte endlich die lange Wartezeit hinter mich bringen. Worauf warten die eigentlich noch? Worauf warte ich eigentlich noch? Es ist doch vorbei, alles vorbei!

Ich bedauerte nicht mich, sondern die andern. Rainer, der mich nie wiedersehen wird. Papa und Mama, nie mehr werden sie mich Papa und Mama sagen hören. Sie machten sich alle mehr Sorgen um mich als ich, sie hofften noch, daß ihnen ein Trauerfall erspart bliebe. Ich werde ihnen nichts hinterlassen, kein Kind, keine Wertsachen, kein Testament, nur eine Lebensversicherung und einen Bausparvertrag, einen lächerlichen Bausparvertrag. Wie werden sie sich darüber einigen? Ich werde einfach verschwinden und ihnen Umstände machen. Ich bedauerte sie, weil sie nicht wußten, wie einfach, wie banal das Sterben ist und wie wenig Angst man hat, wenn alles entschieden ist. Das Leben, es lief vorbei, reduziert auf einen einminütigen Diavortrag. Das war es schon, das bißchen! Noch zehn, nein, neun Minuten, neuneinhalb. Die Uhr hatte keinen Sekundenzeiger. Am liebsten hätte ich mich nur an die Uhr geklammert, die letzten Runden des Sekundenzeigers verfolgt und keinen Blick sonst und keinen Gedanken, und dann Auf Wiedersehen im Jenseits, Andrea! Aber die Uhr erfüllte mir den Wunsch nicht, die letzte Anbetung der Zeit, und ich sah wieder auf, sah unsere übergossenen Körper. Es klebten die Hemden und Blusen auf der Haut, die Haut schien durch. Naß, gehäutet, schlachtfertig. Die Haare fielen in nassen Strähnen hinunter, und jetzt erst kam mir die Überlegung, warum machen sie das, warum überschütten sie uns? Wollen sie uns noch einmal erschrecken und demütigen? Nein, sie wollen, daß wir besser brennen. Sie wollen, daß wir besser brennen! Aber warum, wenn sie doch Sprengstoff haben? Oder haben sie nicht genug? Fliegen wir nicht einfach in die Luft als brennende Fackeln? Ich versuchte, mir alles genau vorzustellen. Sie werden eine Granate zünden, und dann wird es sofort ein einziges Flammenmeer geben, und wir werden verbrennen *in a beautful way*. Lebende Fackeln, falls wir nicht zerrissen werden, das wird schnell gehen, aber was wird sein, wenn wir nur langsam verbrennen? Alle Todesarten waren mir willkommen, nur das Verbrennen nicht.

Nun hantierten sie vorne an den Sauerstoffflaschen herum. Sie hatten doch Sprengstoff genug, oder vielleicht doch nicht genug? Warum brauchten sie Sauerstoff? Sie haben nicht genug Sprengstoff, um uns alle auf einmal umzubringen! Deswegen schleppten sie nun alles heran, was sie finden konnten, damit das große Feuer auch tatsächlich brennt. Oder machten sie das nur, um sich zu beschäftigen, mit neuen Aktivitäten abzulenken? Sie wollen doch auch nicht einfach abwarten und sterben, auch für ihre Sache starb es sich nicht leichter. Sie blieben geschäftig. Noch fünf Minuten, immer noch volle fünf Minuten!

Noch viereinhalb, ich mußte mich entscheiden, welche Haltung ich einnehmen wollte. Ich überlegte, völlig ruhig, ob ich besser warte, bis die Flammen den alkoholgetränkten Körper am Rücken oder an den Beinen erfaßten, und ob ich den Kopf so weit wie möglich nach unten halte oder ob ich ihn weit nach oben recke, damit die Sprengladung mir den Kopf wegreißt und alles schnell geht. Nein, ich wollte nicht sehen, wie das Schreckliche auf mich zu kam. Trotz der Angst vor dem langsamen Verbrennen entschied ich, auf Tauchstation zu gehen. Dann aber kam eine andere Überlegung hinzu: Egal wie du umkommst, ob es dir weh tun wird oder nicht, du sollst nicht in einer feigen Haltung sterben, geduckt, gekrümmt und blind. Also: Den Kopf oben behalten, wenn es soweit ist, alles sehen, – in aufrechter Haltung bis zum Schluß, vielleicht damit die Sache abkürzen, auf jeden Fall aber die Würde behalten, ich dachte wörtlich Würde.

Ingeborg murmelte etwas. Es hörte sich nach Gebeten an. Andere beteten lauter vor sich hin. Ich redete mit mir selber. Ich drückte die auf dem Rücken gekreuzten Hände aneinander. Ich spürte den Druck meiner Hände, die gefesselt sich grüßten zum Abschied. Ich sagte Auf Wiedersehen, Andrea, und war in diesen Sekunden ganz sicher, daß ich mich nach dem großen Knall irgendwo wiedertreffen werde, in der einen oder der anderen Gestalt, nicht in Himmeln oder Höllen, aber in anderen, helleren Welten. Ich mußte nur stillhalten und geduldig sein, die letzten dreieinhalb Minuten.

Noch drei Minuten. Jassids Stimme. Ich dachte, er ist nicht pünktlich, sein Kommando kommt zu früh. Aber er sprach mit denen draußen. Dann über den Bordlautsprecher zu uns.

– *We just decided with three to one votes to extend the deadline to another half hour. We don't want that anybody of the Somalian people will be hurt or killed. We are waiting for the complete withdrawal of the soldiers outside.*

Ich hörte der Übersetzung zu und konnte es trotzdem nicht fassen. Der Aufschub verwirrte mich mehr als die Minuten vorher. Eine halbe Stunde länger warten, eine halbe Stunde länger mit der Warterei quälen, eine halbe Stunde länger gefesselt und durchnäßt sitzen! Eine halbe Stunde, damit sie ihre kostbaren Soldaten aus der Gefahrenzone wegschaffen können, die unschuldigen Soldaten! Als seien wir nicht auch kostbar! Eine halbe Stunde noch, was fängst du mit einer solchen halben Stunde an, der letzten halben Stunde? Gar nichts, unter diesen Umständen gar nichts, am besten gar nichts denken. Was für eine blödsinnige Rücksicht! Vielleicht wollten sie den Flughafen besser schützen gegen die Explosion, der schöne Flughafen, man wird alles wieder aufbauen müssen, wenn wir in die Luft fliegen, man wird sofort schätzen, wie viele Millionen das alles kosten wird, der Sachschaden, der Sachschaden! Eine halbe Stunde, was ist eine halbe Stunde? Oder war alles nur ein Vorwand? Vielleicht haben sie die Soldaten absichtlich nicht so rasch abgezogen, Jassid hatte offenbar schon vorher darum gebeten, daß sie mehr Abstand halten.

Abstand, alle nahmen Abstand von mir. Mein Körper sank ab, traktiert, balsamiert, in die Tiefe. Der Druck wurde stärker, man trampelte auf mir herum. Alle, an die ich denken konnte, profitierten von mir, ich war ihnen tot genug. Kein Sachschaden, bloß kein Sachschaden! Sie feierten ihren Sieg. Sie schwangen die Beine. Ich sah sie alle tanzen, sie tanzten auf meinem Grab, sie alle waren dabei, die Entführer, die Politiker, die Bilderjäger, ihre Schritte paßten gut zusammen, sie tanzten flott, vorwärts seitwärts Schritt und Schritt, sie trampelten die Erde über mir fest, sie brauchten mich, sie brauchten in bestimmten Abständen ihre Ration an Leichen, um überleben zu können, sie feierten, sie tanzten sich frei über mir, und erst jetzt, ganz am Ende, sah ich mich immer weniger als Geisel der Entführer, immer deutlicher als Geisel der Politiker und noch viel deutlicher als die Geisel dieser Bilderjäger vom Fernsehen und den Illustrierten, vorwärts seitwärts Schritt und Schritt, sie alle taten etwas dazu, damit wir umgebracht wurden, sie alle rührten mit am Terror, vorwärts seitwärts Schritt und Schritt, sie alle profitierten davon, sie alle halfen uns nicht, sie tanzten immer wilder, ich hörte das rhythmische Knirschen ihrer Schuhe auf meinem umgekippten Grabstein, auch die Polizisten waren dabei und die deutschen Terroristen, und ich sah diesen Zeitungshelden Baader, wie er mit dem Oberpolizisten tanzte, vorwärts seitwärts Schritt und Schritt, und beide machten sich Komplimente, riefen sich zu: Sie sind der einzige, der mich versteht!, und der andere antwortete mit den gleichen Worten, sie herzten und küßten sich, sie waren glücklich miteinander, und laut riefen sie: Ich liebe Sie! Ich liebe Sie!, dann polterten sie wie zwei Faune auf meinem Grab herum, umarmten sich, rissen die Hosen runter und ließen einander nicht los.

Nein. Nicht kotzen. Ich zwang mich, auf die Uhr zu sehen. Aufrecht sitzen, vierzehn Minuten. Den Kopf hochhalten in dreizehn Minuten. Vorn im Cockpit redeten sie weiter, hinter der geschlossenen Tür. Meiner Hinrichtung zuschauen in zwölfeinhalb Minuten, und immer noch zwölf Minuten warten und warten und warten. Das kostbare, nutzlose Leben ablesen auf der winzigen Uhr. Elf mal sechzig Sekunden. Jetzt die Augen schließen, egal wie viele Minuten, wie viele Stunden.

acht

– Free! Free! They are free!

Eine Frauenstimme, arabisch. Ich hielt die Augen trotzig geschlossen, wollte nicht schon wieder auf einen Trick hereinfallen. Nicht noch einmal gefoppt werden oder hingehalten mit einer neuen Überraschung. Ich kniff die Lider zu und fürchtete mich vor neuen Halluzinationen. Noch sieben Minuten oder sechs oder vier. Bleib ruhig!

– Frei! Leute, wir sind frei!

Das war Jutta. Ich dachte, sie spinnt, jetzt dreht unsere gute Jutta durch, und riß die Augen auf. Aufrecht stand sie im Gang, die Hände erhoben, ohne Fesseln, die Haare naß und verklebt, und mit einem Gesicht, das lachend weinte oder kurz vor dem Weinen stand und schon verzerrt war, eine unentschiedene Grimasse, die sich erst wieder löste, als sie den Satz, den Schrei wieder neu hervorbrachte.

– Wir sind frei! Frei! Frei!

Und ich dachte, jetzt wirst du verrückt, Andrea, jetzt bist du es, die durchdreht! Nummer 28 riß an den Fesseln der Stewardeß Erika. Nummer 22, Gerold, hielt das jüngste Kind im Arm, küßte es, drehte sich mit ihm einmal um die eigene Achse und rief *Free! Free! Free!* und gab es zurück. Nummer 28 lief zum Kopiloten in unserer Reihe vor und nahm ihm die Fesseln ab, und erst als immer mehr Passagiere zu schreien anfingen: Wir auch! Wir auch!, da begann ich zu begreifen, daß nicht ich verrückt war, nicht Jutta verrückt, daß niemand hier durchdrehte, sondern eine neue Lage entstanden war.

Alles schrie, ich schrie mit. Jeder wollte als erster die Fesseln loswerden. Der Stau im Blut, die Schnitte auf der Haut wurden erst in diesem Moment wirklich unerträglich. Die Stewardessen halfen beim Entfesseln, Jutta hatte sogar eine Rasierklinge in der Hand, sie war zuerst bei uns, schnitt mit ein, zwei Bewegungen die Strümpfe in meinem Rücken durch und befreite Ingeborg, befreite

Herrn Walter. Ich sprang auf, umarmte Ingeborg, umarmte Herrn Walter, ich wäre gern weiter gegangen, aber der Gang war schon verstopft mit jubelnden, weinenden, staunenden Leuten. Wir fragten noch nicht, warum wir nun frei sein sollten und woher die plötzliche Wendung kam. Wir lärmten gegen die Todesstille an, die uns vor drei Minuten noch gelähmt hatte, wir atmeten nach der langen Zeit, die wir fast ohne zu atmen ausgehalten hatten, endlich wieder aus und pumpten die Lungen voll.

Wir kommen raus! Wir kommen bald raus! Wir werden ausgetauscht! Die Regierung tauscht aus! Solche Parolen gingen hin und her, aber wir verstanden sie nicht, bis Jassid verkündete:

– *Finally your government accepted! You will be exchanged today. In the last ten minutes they promised me everything that I am asking for the last five days!*

– Es wird ausgetauscht! Noch heute! Wir sind frei! Noch heute frei! übersetzte Jutta.

– *Okay, the lady who has the appointment with the hairdresser, will get her hair dressed soon.*

Er lachte, wir lachten mit.

Er fragte, ob jemand Schmerzen habe. Fast alle streckten die Hände hoch. Er sagte, das tue ihm leid.

– *I'm sorry for that. I really damned that moment, when we had to chain you and to hurt you. But your government, they would have killed us all together. We would have died together. Died like a family.*

Jassid zögerte nicht, einigen älteren Leuten die Hände und Arme zu massieren. Er machte gymnastische Bewegungen vor, damit die Durchblutung wieder in Gang käme.

Meine Finger blau gefärbt, auch ich fing an, die geschwollenen Hände zu bewegen und zu massieren, und spürte, wie das Blut wieder zu kreisen begann und der Stoff auf der Haut trockener wurde unter den beweglichen Muskeln.

Jassid verschwand mit dem Kopiloten im Cockpit, und ich dachte, er ist wirklich kein Killer, er wollte nicht töten, er ist wirklich glücklich, daß er uns nicht töten mußte!

Als sie wiederkamen, sagte Jassid, sie hätten die Flugzeit von Frankfurt ausgerechnet, es werde noch acht oder zehn Stunden dauern, dann sei alles vorbei!

Acht oder zehn Stunden! Wir kommen tatsächlich raus! Zehn Stunden erschienen nun kurz, weil eine Gewißheit mit dieser Ankündigung verbunden war. Zehn Stunden, das war sicher, das war das Äußerste, damit konnte man rechnen. Besser zehn Stunden warten als eben gestorben sein! Acht oder zehn Stunden, das wäre um Mitternacht oder zwei Uhr früh, nach deutscher, nach mitteleuropäischer Zeit, wir hatten die Uhren nicht verstellt, hatten uns nie auf die Ortszeiten eingestellt, selbst wenn sie uns einmal mitgeteilt wurden. Ich sah die Uhr nun wieder anders an, der Minutenzeiger hatte ausgedient, jetzt kam es wieder auf die Stunden an, acht oder zehn Stunden, noch einen Abend und eine halbe Nacht.

Jassid ließ den Sprengstoff an den Wänden abmontieren, dann verteilte er Zigaretten. Plötzlich schrie jemand auf deutsch:

– Kein Feuer, Mensch!

Pause.

– *No light! No light!*

Der erschrockene Pirat wiederholte:

– *No lights! No light! Don't smoke! Don't smoke!*

Da hatte er selber einen Moment lang nicht aufgepaßt, der Chef der Entführer. Der Boden, die Sitze, die Kleider waren noch getränkt von Alkohol – ein Streichholz, und alles hätte in Flammen gestanden. Aus Dummheit, am guten Ende aus Dummheit verbrannt!

Der Schrecken war Jassid noch anzusehen, als er mit der strengen Miene eines guten Polizisten von allen Passagieren die Streichhölzer und Feuerzeuge forderte und einsammelte, der Freund und Helfer, der Hüter unseres Lebens.

Die Gefahr war noch nicht vorbei. In zehn Stunden kann noch viel passieren. Besser, nicht zu viel erhoffen. Erst einmal warten und wieder warten und warten. Fühlen, wie die Schweißkruste am ganzen Körper bröckelt, wie der Todespanzer langsam sich löst von der Haut. Und wenn die Schlacke, die Schuppen und alle dreckigen Klammern abgefallen sind in zehn Stunden, auch dann sind die Gefahren nicht vorbei! Wie wird der Austausch ablaufen? Die Regierung wird doch nicht so einfach sagen: Hier habt ihr eure Terroristen, bitte schön! Vielleicht umständliche Manöver, Täuschungen, Schießereien. Schaff dir keine neuen Ängste, frei wirst du sein in zehn Stunden!

Immer wieder wurde laut auf die Regierung geschimpft, und es spielte keine Rolle, ob Jassid, die Stewardessen oder einzelne Passagiere ihrem Ärger Luft machten.

Anita war am aufgedrehtesten, sie ging ans Mikrofon und sprach, lachend und zornig zugleich:

– Was haben sich die Leute in der Regierung eigentlich gedacht, diese Herren, als sie mit ihren dicken Hintern in den Sesseln saßen und mit unserm Leben gepokert haben! Das lassen wir uns nicht gefallen! Wir werden einen Skandal machen! Wir werden die Presse mobilisieren!

Wir applaudierten, die Entführer ebenso wie wir.

Es war nun erlaubt, umherzugehen und laut zu reden. Herr Walter drängelte in unsere Reihe zurück, drehte sich zu mir und fragte:

– Wollen Sie nicht wieder tauschen? Ich sitze lieber am Gang.

Es war mir recht, wir fragten nicht um Erlaubnis, ich setzte mich wieder in mein Versteck Fensterplatz. Herr Walter brachte die Nachricht, die Chefstewardeß bereite schon alles für den Austausch vor. Sie schreibe Zettel mit unseren Namen, gruppenweise, ja, sieben Gruppen zu elf Leuten, ja, für den Austausch, elf Leute von uns gegen einen von denen, nein, Auskunft über die Namen gäbe es nicht, nein, er habe es versucht, aber es sei ja auch verständlich, jeder wolle der erste sein, und dann gäbe es doch nur Mord und Totschlag.

Ich rechnete. Sieben mal elf, also 77 Leute auf der Liste. Ein paar Leute und die Crew blieben übrig, aber ich fürchtete nicht, daß der Zufall mir übel wollte und mich mit den letzten festhielte. Gewöhnlich entlassen sie zuerst die Kinder, die Alten, die Frauen. Auch in dem Entführungsgeschäft gab es eiserne Rituale, nie hatte ich gehört, daß sie die Männer vor den Frauen freiließen. Ein seltsamer Brauch. War es eine geheime Achtung vor den Frauen oder doch die Soldatenmoral, daß die Männer die eigentlichen Kämpfer seien und die Gefangenschaft länger aushielten oder zum Abschlachten vorherbestimmt? Dabei war ich sicher, daß wir Frauen diesen Irrsinn besser ertrügen. Natürlich wollte ich zu den ersten gehören, die die Maschine verlassen. Nicht die erste ganz vorn im Visier der Schützen hinter den Maschinengewehren und Kameras, lieber die vierte, die fünfte, die achte. Solange alles ordentlich abgewickelt wurde, brauchte ich keine Angst zu haben. Wenn nur die Stunden, die restlichen Stunden schneller vergingen! Endlich das Ende, in acht Stunden, in sieben, in sechs Stunden!

Wieder die Beklemmungen des Wartens. Warten und nichts tun. Warten und das Geschrei eines Kindes nach seinem Spielzeug hören. Warten und den Schmerz in den Kniekehlen verdrängen. Warten und auf die Uhr schauen. Warten und immer auf die gleichen Hinterköpfe starren. Warten und nicht schlafen können. Und doch war es ein anderes Warten, ein kitzelndes, erregendes Warten auf das kaum glaubliche gute Ende. Ich stellte alle Klagerufe ein, kappte die Todesängste, vergaß die Schmerzen und den Gestank und versuchte mich an den Gedanken zu gewöhnen, daß der Gestank nicht stärker werden konnte und die heftigsten Schmerzen abgeklungen und die Schrecken gemildert sein mußten.

Trotzdem wurde ich nervös. Die Gewißheit, sterben zu müssen, hatte mich, zweimal vor dem zweimal hinausgeschobenen Ende, eher ruhig gemacht. Als nichts mehr zu hoffen blieb, war ich gefaßter gewesen. Nun aber, als ich die neue Situation begriffen hatte, bedauerte ich fast, meine Gewißheit, die in Minuten zu messen war, verloren zu haben. Bei aller Erleichterung war ich doch irritiert von der Ankündigung, nicht sterben zu müssen. Zwei oder drei Stunden brauchte ich, um zu akzeptieren, daß wir nun doch wieder ins ersehnte Leben zurückgestupst wurden. Natürlich wollte ich leben, aber es fiel mir nicht leicht, die Last, die ich schon abgeworfen hatte, wieder zu schultern und den Schwierigkeiten und Anstrengungen der nächsten Stunden, Tage und Monate entgegenzusehen. So lange wie möglich hielt ich die Zukunftsgedanken von mir fern und richtete mich in einem Schwebezustand ein, halbwach, den Kopf tief in die Lehne gedrückt, und – verkroch mich in meiner Erschöpfung.

Ingeborg sprach schon wieder von der Sonnenbank. Ihr Gesicht fett, gedunsen, schwere Tränensäcke. Hinter uns wurden Essenspläne gemacht, vor uns ein Apfel umständlich in drei Teile geteilt. Die Schmidts schliefen. Mit niemandem wollte ich reden. Auch Petra, mit oder ohne Kind, ging mich nichts an. Ich mochte die Zeitung nicht sehen, und vor allem den Schreibblock nicht, weil ich nicht an meine verrückte Schreibphase erinnert sein wollte. Ich empfand nun zum erstenmal in diesen fünf Tagen, daß ich wirklich allein war. Es war eine andere Art Einsamkeit als die der letzten Minuten des Ultimatums. Jetzt zog ich mich freiwillig auf mich zurück, und je stärker die Gedanken dann doch nach vorn drängten, desto isolierter fühlte ich mich. Das war mir recht so. Ich sprach mit dem Stoffmuster der Sitze, mit dem hochgeklappten Tischchen und dem Drehhebel, der es festhielt. Ich nahm das Plastikrollo und das müde Beige vor dem Fenster wieder wahr. Ich sah mich langsam ins Leben zurücktappen, irgendwann einmal den unerreichbaren Ausgang, die Tür vorne erreichen, das Schild EXIT dicht über meinem Kopf, und dann die frische, die ölgetränkte Flughafenluft einatmen und den üblichen Weg stolpern durch eine alte, eine neue, auf den Kopf gestellte Welt. Ganz allmählich verließ ich dies Grab, diesen Sarg, verdreckt, zerzaust, verschwitzt, und flog in ein paar Stunden, geduscht und neu eingekleidet, mit einer anderen Maschine, zurück in die Sicherheit Mitteleuropas, fuhr mit dem Zug in Stuttgart ein. Auch wenn sich gar nichts verändert hat, es wird alles anders sein. Schon mußte ich genau überlegen, was es hieß, mit dem Eisenbahnzug unterwegs zu sein oder in einen Bahnhof einzufahren, mußte das ausprobieren, setzte mich in den Zug, in ein leeres Abteil sicherheitshalber,

Fensterplatz, ein freier Blick in die braungraunasse Landschaft, aber schon bei der Vorstellung der Landschaft versagte mir die Phantasie. Die Freiheit der Augen, weite Entfernungen abzutasten, war mir ganz fremd. Und das gleitende Rasen der Wagen, das singende, schwingende, sichere Gefühl auf den Schienen, das vermochte ich nur für kurze Momente mir einzubilden, denn der anhaltende Stillstand auf dem verhaßten, fünf Tage besetzten Sitz machte es selbst den Tagträumen unmöglich, mir längere Bewegungen vorzutäuschen.

Ich baute den Stuttgarter Hauptbahnhof vor meine Augen, den steinernen, düsteren, eckigen Kasten, in dem die lauten Schritte immer wie Stiefelschritte klangen. Aber ich kam mit den Dimensionen nicht zurecht, ich erinnerte mich, es war die Höhe, die zu bedenken war, die enorme Höhe und die beachtliche Breite, nichts gegen Frankfurt, aber auch hier zwölf, fünfzehn Bahnsteige nebeneinander. Eingesperrt so viele Tage in den Flugzeugschlauch, hatte ich jeden Begriff für Höhe und Weite verloren. Die Maße in der Maschine und die Maße draußen waren unvergleichlich geworden, ein Meter hier drinnen war etwas ganz anderes als ein Meter draußen. Eine Handbreit, lebenswichtig hier, war draußen nichts.

Einfacher wurde es, als ich mir Rainer auf den Bahnsteig stellte und ihn in Bewegung setzte, ihn mir entgegenstürzen sah, Rainer im hellen Mantel, Rainer mit ausgebreiteten Armen, Blumen in der Hand oder keine Blumen, ungewöhnlich für ihn, mit Blumen am Bahnsteig zu stehen, aber es ist so viel Ungewöhnliches vorgefallen, daß vielleicht auch Rainer seine Gewohnheiten ändert. Er lief mir entgegen. Als er mir nah war, ganz nah, verlor er sein Gesicht, ich konnte nicht mehr erkennen, wie dicht seine Augen an der Nasenwurzel standen, wie spitz oder breit sein Kinn war, ich konnte mich nicht entscheiden, ob er die Mundwinkel eher nach oben oder eher nach unten zog. Wenn Ingeborg gefragt hätte, wie sieht er aus, dein Freund, ich hätte ihn nicht beschreiben können. Ich sah ein merkwürdig aufgeräumtes, beinah leeres Gesicht vor mir, ein Gesicht, das sich selber wegrasiert hatte, mit unbekannten Augen darin, dazu eine erschreckend ordentliche Frisur. Inmitten der geschlagenen, nur mühsam dem Leben zu gewandten Gesichter war mir die Vorstellung entschwunden, wie ein menschliches Gesicht aussehen könnte, ein Gesicht ohne Strapazen, Schmerzen, Schweiß, Gestank.

Keine Kraft mehr, mir die eigene Wohnung vorzustellen. Wie sieht ein Bett aus, eine Küche, eine Stereoanlage, ein richtiges Fenster? Nie kam ich mit den Gedanken richtig zu Hause an. Es verschwamm mir alles, was einmal gewesen war und was mir nun wieder bevorstand. Nur der aufgeräumte Schreibtisch im Institut stand fest an seinem Platz. Die Kollegen standen um mich herum, sie wollten etwas hören von mir, sie waren stolz auf mich, Andrea, die Heldin des Tages, wie war es denn, nun erzähl mal, wo sind deine Kriegserlebnisse, bitte! Ich drehte mich zur Seite. Ich fürchtete, es werde nichts mehr wie vorher sein, kein Blick, kein Händedruck, kein Wort. Keine Gewohnheit wird mehr passen, kein Name. Auch ich, fürchtete ich, müßte mich selber wieder ganz neu zusammensetzen. Vielleicht mußt du noch einmal durch die Welt gehen und alles neu benennen, durch Wälder und Heide und Gärten und alle Pflanzen neu benennen wie Linné! Noch einmal alle Tiere beschreiben wie der alte Brehm! Und die Menschen! Das Verhalten der Menschen ganz neu beobachten lernen!

Sofort nahm ich mir vor, mein Gedächtnis zu überprüfen und die Forschungsschritte für den Herbst und Winter, für die laufende Woche zu memorieren. Es wehten nur Fetzen durch den Kopf. Professor S. wollte in diesem Semester noch das Anwendungsprogramm fertigstellen, die Abwehr der Kiefernspanner durch Ultraschallmauern, das war alles, was ich erinnern konnte. Das ganze Fachwissen, wie weggespült. Nur das eine Bild, das zitternde Bein des Kiefernspanners mit der Schallmembran.

Einmal schrak ich auf, als jemand von der Toilette kam und einen Schwall ätzender, stinkender Luft nach sich zog, den ich selbst an meinem Außenplatz noch so deutlich roch, daß vor den geschlossenen Augen Farbbilder auftauchten. Giftige Violettöne mischten sich mit Grün und wurden von breiten dunkelgrünen Feldern abgelöst, aus denen gelbe Stalagmiten wuchsen, die das Dunkelgrün in blaue Strudel verwandelten, und in diesen Mischungen und Drehungen bewegten sich die Farben weiter, nur selten kamen Rottöne dazwischen, nur selten Hellblau und niemals Schwarz. Es erinnerte mich an einen der wenigen guten LSD-Trips, vor Jahren. Ich legte mich in den Strudel dieser Farben hinein, ließ mich treiben und flog davon, flog an Steinbrüchen vorbei, die voller Tonkrüge waren, von den Bäumen rieselte Geschirr, Staubsauger und Lampenschirme begegneten mir in den Wolken, Güterzüge fuhren senkrecht ins Meer, und ich wehte wie eine Zeitung im gleitenden Flug und raschelnd an allem vorbei. Dann saß ich auf einem Pilotensitz, starr und angeschnallt und rutschte in eine dunkle Stube. Jemand sagte, jetzt gibt es was zu essen, und schob mich auf eine Holzbank. Lange Zeit begriff ich nicht, was da vor mir auf dem Tisch lag. Die Leiche eines älteren Mannes, nackt und mit kurzen Beinen, kurzen Armen und einem winzigen Kopf. Der Körper bestand fast nur aus einem fetten, mächtigen Rumpf, und die offene braunschwarze Wunde im Bauch schreckte mich nicht so sehr wie die Haut, die ekelhaft rosa war wie die eines gerupften, tiefgefrorenen und fast aufgetauten Hühnchens. Als eine fremde Stimme in einer fremden Sprache, aber doch deutlich mir befahl, den Mann umzudrehen, gehorchte ich und berührte mit den Fingerspitzen das eiskalte, glibbrige Rückenfleisch. Vor Schreck wachte ich sofort auf.

Ich beschloß, mich nie wieder in Schlaf fallen zu lassen in dieser Maschine. Nie wieder, und wenn es noch drei Tage dauert!

Die Stunden zählen. Vier Stunden. Es gab Trinkwasser.

Jassid spielte noch einmal seine alte Rolle.

– Auf der ganzen Welt werden wir euch verfolgen, wenn ihr den Mund nicht haltet. Wenn ihr irgend jemandem, der Presse oder der Polizei, verratet, was ihr gesehen habt, wenn ihr berichtet, wie wir bewaffnet sind und wie wir aussehen und wie wir hier gearbeitet haben, dann seid ihr dran. Keine Informationen, verstanden?

Er ließ Zettel verteilen. Er wollte wissen, wo jeder von uns später zu finden war. Wir schrieben Namen und Anschrift auf, und er sammelte die Zettel wieder ein.

Ich musterte sein Schnurrbartgesicht, das von Tag zu Tag mit immer längeren Bartstoppeln zugewachsen war, ein dunkles, schwarzes Gesicht, das ich immer noch nicht verstand und nicht berechnen konnte. Eben hatte er uns angebrüllt und mit seinen Redesalven in die Sitze gedrückt – und jetzt lächelte er höflich und versuchte, die Einschüchterung wieder rückgängig zu machen. Ich dachte nicht mehr, so sieht dein Mörder aus, sondern ich dachte: So sieht dein Lebensretter aus! Er hat es geschafft, daß du in ein paar Stunden draußen bist! Er hat geschickt verhandelt, er hat dir nichts Böses tun wollen und auch den andern nicht! Ich dachte kaum an den toten Kapitän, kaum an die Quälereien all die Tage, ich dachte nur: Er ist es, dem du es verdankst, daß du, wenigstens du, lebend rauskommst. Hatte er nicht das Ultimatum verlängert von sich aus, um die somalischen Soldaten zu schonen? Ist die Regierung nicht erst auf den Austausch eingegangen, als das Ultimatum schon abgelaufen war und wir gefesselt und schnapsübergossen zum Sterben fertig waren? Ich kam mit der Zeitfolge der Erinnerungen nicht mehr zurecht, ich war zu verwirrt, um die Bruchstücke der Schrecken in die richtige Reihenfolge zu bringen. Aber ich wußte plötzlich sehr genau, daß unsere Regierung uns in die Luft hätte jagen lassen, wenn er, der Anführer, nicht zufällig oder aus Taktik oder aus menschlichen Gründen Rücksicht auf die Somalis genommen hätte. Wäre es nach der Regierung gegangen, wären wir schon ein paar Stunden tot! Jassid war mein Retter, nicht die Regierung! Aber ich wußte auch, daß ich ihm nicht zu nah kommen durfte. Daß er mich sonst erschießt, zum Dank für meine Dankbarkeit, mein Retter, mein Mörder!

Jassid gab bekannt, die Maschine mit den freigelassenen Häftlingen aus Deutschland sei um 19.30 Uhr in Frankfurt gestartet. Auf meiner Uhr war es kurz vor 22 Uhr.

– Wie ihr wißt, sagte er, sind wir Freiheitskämpfer und keine Terroristen und keine Räuber. Wir wollen weder euer Geld noch eure Wertsachen. Wer will, kann jetzt nach vorn kommen und das Handgepäck untersuchen, ob Geld oder Schmuck oder sonst etwas fehlt!

Er bot außerdem an, die zerstörten Gegenstände wie Kugelschreiber und Uhren zu ersetzen. Sofort standen einige Leute auf und drängten in die Erste Klasse. Ich wollte nicht ausschließen, daß er wieder eine Falle stellte und diejenigen, die ihm mißtrauten, mit einer neuen Schikane treffen wollte. Aber die Passagiere kamen nacheinander zurück und sahen zufrieden aus. Mit energischem Griff hielten sie ihre Taschen fest, klammerten sich an ihre kleine Habe.

Frau Schmidt wandte sich an andere Passagiere:

– Ich hatte noch Gemüse dabei aus Mallorca. Aber die Tüte ist nicht zu finden. Kann mir jemand sagen, wo die ist? Die muß doch irgendwo sein!

Dann begannen die Piraten, das übrige Handgepäck zurückzugeben. Nummer 28, Sieglinde, hielt eine Tasche nach der anderen hoch und wartete, bis sich jemand meldete. Es ging alles sehr langsam, aber es war mir recht so. Wichtiger als die Handtasche war, daß die Zeit verging.

Ein knackendes Geräusch, ich blickte auf, die Tür rechts von mir war fortgerissen, und mit dem Außenblick des linken Auges sah ich die Tür auf der linken Seite der Maschine verschwinden. Plötzlich zwei ausgefräste Löcher im Flugzeugrumpf, und da waren, rechts und links in der gleichen Sekunde, zuerst Pistolen, dann Hände, dann Arme und schwarze Köpfe. Das Gesicht, das etwa einen Meter von meinem entfernt war und wie ein Springteufel aus dem Kasten in unseren Kasten sprang, hatte etwas Freches, Listiges, Kasperhaftes, und ich dachte, die Neger, was wollen die Neger jetzt hier? Befehle zerhackten die Luft, und Schüsse jagten den Befehlen hinterher. Kommen jetzt die Schwarzen und machen uns alles kaputt? Ich ließ mich fallen, spürte den schmerzenden, steifen Körper kaum, der nun Platz fand in dem engen Raum vor dem Sitz. Ich hörte: Köppe runter!

Köppe runter!, als ich den Kopf unten hatte. Auch Ingeborg hatte sich geduckt, nur Herr Walter war etwas langsamer. Ich verstand überhaupt nichts. Diese Schwarzen, was ist mit denen, warum schießen sie jetzt, und woher können sie Deutsch? Wir kauerten auf dem Boden, und ich wimmerte und fluchte innerlich. Alles ging wieder von vorn los! In zwei oder drei Stunden wären wir frei gewesen, und nun machen sie uns alles kaputt mit ihrer Schießerei! Es blitzte und knallte, das Licht explodierte und drückte uns noch mehr auf den Boden, und dazwischen wurde gebrüllt. In Deckung! Beine weg! Köppe runter! Da erst merkte ich, daß es nur deutsche Stimmen sein konnten, solch ein Deutsch können die Neger nicht, es war das Befehlsdeutsch, in einer ungewohnt heftigen Lautstärke.

Ganz nah rief einer: Komm in Arsch, Otto! Die Wörter trafen wie ein Blitz, sie kippten endlich alles um. Das war die Befreiung! Unsere Leute mit geschwärzten Gesichtern! Es wurde nicht mehr deutsch geflüstert oder im schlechten Englisch laut oder befehlend gerufen. Die Deutschen schrien: Wo sind die Schweine?, und auf eine verrückte Weise war die Welt wieder auf die Füße gestellt, es war die Welt, in der etwas auf eine idiotische Weise in Ordnung war, eine Welt von früher, in die ich gehörte und nun nicht mehr gehörte, geduckt hinter dem Sitz neben der Nottür. Ich sah Soldatenstiefel, schwarz, hochgeschnürt, und braungrün gemusterte Hosenbeine und spürte den Luftzug, den frischen, unglaublichen Sauerstoff – die Freiheit ein, zwei, drei Meter entfernt und schon zu riechen! Über unseren Köpfen schossen und brüllten sie wie wild. Warum hörten sie nicht endlich auf, unsere Leute, sind es wirklich unsere Leute? Was ist, wenn sie eine Granate schmeißen, die einen oder die andern, und dir auf den Kopf, auf den Rücken, und die explodiert, dann hast du fünf Tage gelitten und alles überstanden und kriegst in der allerletzten Sekunde doch noch was ab, oder einen Schuß, oder der Sprengstoff geht los, nichts hatte ich überstanden, es ging wieder alles von vorn los!

Rauskommen! Rauskommen! Die Befehle pfiffen an mir vorbei. Ich wollte sie nicht verstehen, obwohl in der Reihe vor mir die Leute schon rausgeschoben wurden oder raustappten durch die offene Tür auf die Tragfläche. Erst die Beine, dann den Kopf! schrie jemand. Nackte Füße, Schuhe, Sockenfüße, Hosenbeine zögernd vor dem Ausgang, bis sie verschwanden. Die einzig richtige Lösung, dachte ich. Gleichzeitig krachte es heftig und nah am Trommelfell, Patronenhülsen rollten über den Boden. Ich wagte nicht den Kopf zu heben, ich hielt mich an Ingeborg fest oder Ingeborg sich an mir, und ich war ganz sicher, jetzt gehts doch noch schief, ein Schuß wird mich treffen, oder wir fliegen in die Luft, die Maschine fliegt in die Luft, die Maschine kann immer noch explodieren, wenn sie nicht endlich aufhören zu knallen. Raus! Raus! rief jemand über mir. Was wird, wenn die Maschine explodiert, dann wird es brennen, dachte ich und schob Ingeborg zum Gang, verbrennen wollte ich auf keinen Fall. Ingeborg kroch zu langsam. Besser erschießen als verbrennen. Die einzig richtige Lösung: Raus! Und ich kroch und fluchte über den Mann über mir, der uns anherrschte und nichts verstand mit seinem Raus mit euch! Raus!, und erreichte endlich den Gang, ging in die Hocke und war mit zwei Schritten an der Tür.

Es war nur ein Sprung, ein einziger behutsamer Sprung, ins Offene, ins Leere, das markiert war von zwei kräftigen Kerlen, die mir die Arme entgegenstreckten und Eile diktierten, und erst im Sprung wurde die schwarze Leere erkennbar als unendlich weites Feld der hellsilbrig glänzenden Tragfläche. Es war eher ein Schritt als ein Sprung, steilabwärts, metertief, denn ich spürte kein Fallen, sondern die Langsamkeit meiner Bewegung. Es war, als bliebe, mitten in der Flucht, die Zeit stehen. Die neue Luft, lauwarm, feucht und salzig, die ich mit dem ersten Atemzug einholte, warf mich fast zurück, ich spürte die blitzartige Eroberung des Sauerstoffs sofort in den Adern, den Nervensträngen und im Gehirn. Die Belebung wirkte wie eine Betäubung. So tauchte ich ohnmächtig unter, schritt oder sackte auf die beiden soldatischen Männer zu, die mich packten und festhielten und energisch begleiteten bei meiner verzögerten Bewegung aus der Maschine hinaus.

Die Helfer warteten, bis ich auf beiden Füßen stand, barfuß auf der glatten Metallfläche, und nicht mehr taumelte. Ich wünschte zu taumeln und weiter zu fallen, aber die beiden sagten: Da lang! Sie schoben mich weiter auf die offene Tragfläche hinaus in die Richtung, in der ich Herrn Walter gerade in die Tiefe, ins Dunkle springen sah. Die Kavaliere schoben, und ich tappte, als hätte ich eben das Laufen gelernt, zwei, drei Schritte vorwärts, fand mich zwischen einigen anderen, ebenso benommenen Passagieren auf der Fläche, die mir riesig vorkam, obwohl ich überall ihr Ende und ihre Kanten sah. Ich wollte nicht geschoben werden, lieber stehen bleiben und diese Luft einatmen, die warme, frische, zärtliche Luft, die betäubende, schockierende Frische, die erste Ration Sauerstoff nach hundertsoundsoviel Stunden Totenluft und Saunaschweiß und Klimaanlagenstaub. Nicht einmal eine, zwei Sekunden stand ich so still, so fassungslos, bis ich die erstaunliche Helligkeit mitten in der Nacht wahrnahm, ich wandte den Kopf zur Seite, nach oben, und war geblendet von den leuchtenden Sternen, ein klarer Sternenhimmel, wie ich ihn nie zuvor gesehen hatte, die Sterne blinkten und funkelten nicht nur, jeder einzelne Stern im endlosen Lichternetz schien eine gewaltige Strahlkraft zu haben. Ich stand auf der Tragfläche und dachte, verdammt, es gibt das alles, es gibt einen Himmel, es gibt Sterne, es gibt eine andere Luft!

Weiter! Weiter! riefen die Uniformierten. Es war nicht vorgesehen, daß man hier stehenblieb, und mein Fluchtimpuls wurde wieder wach. Immer mehr Leute, eben aus dem Notausgang gesprungen, drängten nach. Überall Befehle, in der Maschine Schüsse und draußen die befehlsmäßigen Ermunterungen wie Weiter! Weiter!, Da lang!, Na los, Oma!, Das schaffen wir schon!, Lauft weiter!, Da lang! Ich tappte weiter zu der Stelle, wo die Passagiere, einer nach dem andern, von der Tragfläche sprangen oder sich auf eine Leiter bemühten. Unten warteten die nächsten Helfer, aber mein Blick fiel zuerst, von den Sternen noch geblendet, auf eine ganze Reihe von Krankenwagen, Feuerwehrfahrzeugen und weit hinten matt helle Gebäude, und überall Menschen, einige in Uniformen, laufende und stehende menschliche Figuren überall, und ich dachte, wo kommen all die vielen Leute her, denn ich hatte bis vor ein paar Sekunden noch gedacht, wir sind ganz allein und wir bleiben ganz allein, hatte nichts gehört von heranschleichenden und heranfahrenden Helfern, Soldaten und Wagen. Weiter! Weiter! riefen sie hinter mir. Fallen lassen! Einfach fallen lassen! riefen sie unter mir, und ich konnte mich nicht entscheiden, ob ich die Leiter nehmen oder springen sollte. Unten stand wieder einer von diesen Männern, sein Gesicht war nicht geschwärzt. Er rief: Spring, Mädchen! Spring! Es klang lockend, vielversprechend, doch im zweiten Moment störte mich etwas an der Stimme, und ich lenkte mich zur Leiter hin, merkte aber, wie schwer meine Beine waren, geschwollen und taub vom ewigen Sitzen, und wollte lieber dem in die Arme springen als auf der Leiter einen Krampf kriegen und stürzen, und sprang.

Ich sprang auf den Mann zu, der, weil ich endlich sprang, ein Grinsen riskierte, das schmale, feinlippige Grinsen eines triumphierenden Kerls, der eine Frau auf sich zufliegen sieht und in seinen starken Armen erwartet. Ich war im Sprung und konnte nicht zurück, er sah nicht wie ein souveräner Retter aus, aber er war mein Retter, der Engel, das Schwein, ich wollte gerettet sein endlich, aber nicht auf Kerle wie diesen angewiesen sein, nicht auf Soldaten, ich war im Sprung und wäre lieber in einen Heuhaufen, eine Sandgrube, ein Sprungtuch gefallen als in die Arme, die sich mir hilfreich entgegenstreckten, und je näher ich seinem Gesicht kam, desto heftiger wünschte ich den Flug zurück, das Gesicht und die schwarzen Haare stießen mich ab, ich kannte diese Augen, diese bitteren, stechenden, zynischen, gewalttätig grinsenden Augen, aber schon hatte er mich geschickt aufgefangen und abgefedert, hielt mich fest und doch nicht zu lange fest, wie ich befürchtet hatte, und stellte mich auf den Boden. Er wartete, bis ich auf den eigenen Füßen nicht mehr wankte, sah mich kurz und prüfend an, ob alles in Ordnung sei. Ich dachte, gib ihm schnell einen Kuß, deinem Retter, du bist draußen, endlich draußen! Schon hatte er meinen Kuß auf der Wange, doch als ich zurückwich von seiner kalten Haut, erkannte ich das Gesicht wieder, es waren die Augen des Anführers, der einschüchternde, herrische, beleidigende Blick Jassids, und ich schrie kurz auf. Er starrte mich an, sagte: Da lang! Er wollte mich loswerden, er hatte noch mehr zu tun, und ich wollte ihn loswerden. Riesig sah ich das Flugzeugmetall über mir und das Gewimmel, die soldatisch sparsamen Bewegungen, das Taumeln der befreiten Geiseln, immer noch waren Schüsse zu hören, und ich lief davon.

Lief weg von diesem Mann, der mir in dieser Sekunde wie das Abbild eines Terroristen erschien oder selber einer war oder nur verkleidet die Rolle des Retters angenommen hatte, ich lief los und wußte, ich spinne, ich lief los und wußte nicht, ob vielleicht alle Männer jetzt so aussahen wie der, wie Jassid, ich lief und gehorchte, lief in die angedeutete Richtung, in die andere vor mir liefen, lief ihnen nach, lief fort von der Höllenmaschine, meinem hochexplosiven Sarg, lief fort von Jassid und allen Jassidmenschen, und fluchte auf meinen Retter und liebte ihn, mein Kuß war vielleicht ehrlicher als das Phantombild, aber es blieb die Angst, eine unermeßliche und ganz neue Angst, und ich lief weg, lief um zu laufen, es war auf einmal möglich zu laufen, ich merkte im Laufen, daß ich barfuß lief, die lästigen Schuhe lagen unter dem Sitz, beim Sprung auf die Tragfläche und beim Sprung auf die Betonpiste hatte ich das Fehlen der Schuhe kaum bemerkt, erst jetzt, als ich lief und plötzlich meine Füße wieder spürte, die Zehen, die Fersen, die Muskeln, endlich kam Leben in den Körper zurück, ich lief und steigerte mich in den Rausch der Bewegung, die unerwartete Bewegung riß mich fort, frei unter freiem Himmel, in freier Luft, mit jedem Schritt lief ich freier, während mein Kopf noch nichts von alledem verstand.

Und ich lief über den Sand, frei von der dumpfen Härte des Flugzeugbodens, über nachtwarmen Sand, sprang über Disteln, die Disteln piekten und rissen die Sohlen auf, aber ich lief weiter, der Schmerz schmerzte kaum, ich war frei für diese Sorte Schmerz, etwas, was mit dem Leben zu tun hatte, ich wich den nächsten Disteln aus, lief langsamer vorwärts, immer noch mußte ich möglichst viele Meter zwischen mich und das Flugzeug bringen, lief auf einen Sandhügel zu, hinter dem die Geretteten schon jubelten, ich stolperte und lief und merkte im Laufen, wie jemand neben mir lief und mich überholte und vor mir herlief und mir den Weg abschnitt, mich zu langsamerem Tempo und Umwegen zwang, ich entdeckte eine Kamera vor seinem Kopf, eine Filmkamera, da lief ein Idiot vor mir her und filmte mich, wie ich lief und meiner Rettung entgegenlief! Ich dachte: was macht der denn schon hier? Er hatte eine gehetzte junge Frau vor der Linse und hinten die umkämpfte Maschine. Auf der Flucht vor den Schüssen und Schreien, längst nicht in Sicherheit, rannte ich, da stolperte dieser Kerl schon mit und filmte das alles, ich lief in seinen Film hinein, ich war eine Darstellerin, ich lief direkt in eine Tagesschauszene, lief in die Schlagzeilen hinein, ich lief auf die Interviewgeier zu, mit wundgerissenen Sohlen, und so wie ich mich in panischen Bewegungen durch den Sand quälte, mal stürzte und die Hände voll Sand hatte, so war ich für die, die mich sahen, eine Attraktion, das Entsetzen live, das war Action, sie machten Geschäfte mit mir, ich war das Objekt, nicht mehr ich selbst, Andrea Boländer verwertet, verbraucht, vergessen in all dem Rummel und nach dem Rummel mit Presse, Polizei, Politikern, ein Fall fürs Versorgungsamt, ich lief von all dem fort und auf all das zu, ich wußte es und wußte es nicht, ich lief, ich schlug einen Haken, um dem Kameramann auszuweichen, hatte nur noch eine kurze Strecke bis zur Sandkuhle, in der ich schon zwei, drei Dutzend Menschen erkannte, die sich um den Hals fielen und weinten, und ich wollte mit den letzten Schritten dem Mann mit der Kamera, der mich hartnäckig behinderte, einen Tritt geben, ihn stolpern lassen, und ich streckte das Bein, aber fiel selbst hin, fiel weich in den Sand, heulte, heulte vor Freude, Erschöpfung, Wut und fühlte weiter das gnadenlose Auge der Kamera auf mich gerichtet, und ich spürte zugleich, wie mein fassungsloses Heulen gerade recht kam für den laufenden Film, und heulte, weil ich frei war und wußte, ich werde mich in keinem Film erkennen und in keinem Spiegel, und nichts wird werden, wie es vorher gewesen ist, ich hörte plötzlich keine Schüsse mehr, nur den Jubel, und griff in den Sand und warf, was mir nicht aus der Hand rieselte, in Richtung Kameramann, aber der hatte schon neue Opfer im Visier, und ich schrie, zornig und glücklich, den längsten und stillsten Schrei meines Lebens und sah mit nassen Augen die winzige Menge Sand durch die Luft wehen vor dem Hintergrund des erleuchteten Flugzeugs.

Roman

Himmelfahrt eines Staatsfeindes

Ich habe ihn geliebt.

Horst Herold (BKA) über
Andreas Baader (RAF)

1 **Der Schuß tat nicht weh**: ich lag auf dem Rücken, auf den warmen Wellen meines Bluts, und schwebte, ohne Arme oder Finger zu rühren, höher und höher: alle Gewichte fielen vom Körper ab, immer neue Schübe der Erleichterung, und ich stieg auf: in ein helles, freches Glück hinein, das die Zeit aufhob, mich allem überlegen machte, Wände und Horizonte wie mit Laserstrahlen aufschnitt: im Tod das Auge offen wie nie im Leben und süchtig nach Bildern –

2 **Im fernen Metallgeflirre** zwischen Gleisen, Masten und Stromdrähten erscheint ein Punkt, der sich im sonnigen Dunst bewegt, vergrößert und Farbe gewinnt: Augen und Kameras erfassen nach und nach den roten Leib einer Lok, einen Zug von vier Wagen, der mit abnehmender Geschwindigkeit dahin gelenkt wird, wo die Spannung steigt, in die von Scheinwerfern erhellte Bahnhofshalle: eine Fernsehkamera verfolgt die letzten Umdrehungen der Räder, Handfunkgeräte wachsen an männliche Ohren, Polizisten rücken mit leicht gespreiztem Schritt auffälliger in Positur, und ausgewählte Zuschauer, unter den Bögen zwischen den Bahnsteigen, im weiten Halbrund zwischen Blumenkübeln und rotweiß gestrichnen Absperrgittern, recken die Hälse –

Im schönsten Kopfbahnhof Europas (roter Sandstein, neubarocke Außenwände, Innenausbau Jugendstil, breites Blätterrankenwerk zwischen Werbehalleluja für Lotto, Zigaretten, Versicherungen) quietschen Bremseisen, und die Lok hält kurz vor dem Prellbock am Bahnsteig 1 –

So wird es sein, es war einmal, wer erinnert sich: auch wenn ich unsichtbar blieb, werde ich alles gesehen haben oder doch mehr als die meisten Zuschauer: und da ich auch mit dem Schuß durchs

Hirn nicht völlig gestorben bin und neben der Pistole liege wie ein erledigter Käfer, lebe ich noch heute ein paar Sekundenstunden und darf sagen: es war einmal –

Auch wenn ich nicht weiß, aus welcher Stadt das Polizeiorchester kommt und ob die musikalische Darbietung *Der Wolf ist tot, der Wolf ist tot* oder *Kaiser-Franz-Trauermarsch* heißt: schmissige Takte jedenfalls, die einigen Herren aus der Reihe der Ehrengäste das Signal geben, auf rotem Teppich, begleitet vom Haufen der Presseleute, an den ersten Wagen heranzutreten, dessen Tür von innen geöffnet wird: mit gesenktem Blick, grauem Mantel und schwarzer Armbinde steigt ein älterer Herr aus, dem mehrere dunkel gekleidete, überwiegend weibliche Personen folgen, die sich verwundert umschauen –

Das hättest du nicht gedacht, Mutter, wie ein Staatsgast empfangen zu werden im Scheinwerferlicht, mit Musik, Buchsbaum und einem halben Dutzend Politiker, die es auf deine Hände abgesehen haben: meinetwegen: Kondolenz plus Erleichterung, daß er endlich tot ist, dein Sohn –

Vor dem dritten und vierten Wagen des Zuges gibt der Kameramann ein Handzeichen: die Türen öffnen sich, nachlässig gekleidete, schlecht frisierte, mürrisch dreinschauende junge Leute treten zögernd auf den Bahnsteig: einige verdecken, als sie die Kamera eingeschaltet sehen, ihre Gesichter mit Tüchern, drehen sich dem Wagen zu und zeigen die ausgebleichten Rückseiten ihrer Jeansjacken und fassen erst Mut, als immer mehr von ihnen sich auf den Bahnsteig schieben: eine schwarz gekleidete Gruppe hebt sich auffällig vom 1. Klasse-Waggon ab: sie wirken bedrohlich und unbeholfen, aber nicht irritiert von der Hundertschaft bewaffneter Polizisten: die auf sie zurückt in ruhigem Schritt und ohne aggressive Gebärden und auf dem engen Bahnsteig die wilde Meute in die Mitte nimmt –

So wird es sein, so ist es gewesen: als mich, aufwärts fallend, zum ersten Mal der Gedanke juckte: *Im Tod hört alle Feindschaft auf* –

Die Kamera wird zur Mitte des Zuges gerollt, nah an den zwei-

438

ten Waggon, einen fabrikneuen Gepäckwagen, vor dessen Ladetür eine kleine Treppe aus Leichtmetall gestellt ist: ein Trommelwirbel, Tür auf, und sechs Polizisten marschieren auf das Treppchen zu, steigen in den Gepäckraum und kehren mit einem weißlackierten Sarg zurück: Hüte werden abgenommen, Fotoapparate höher gehoben, Standbeine gewechselt: unbeirrt von den Blitzlichtern tragen die Beamten den Sarg mit eingeübten Bewegungen über die vier Stufen und an Honoratioren und Hinterbliebenen vorbei, den schmalen Bahnsteig entlang, und verharren auf der Höhe der Verkaufsstände, drei Männer mit der rechten, drei mit der linken Hand die Last des Holzes und einer Leiche am Tragegriff umklammernd –

Sie warten auf eine zweite Gruppe von Uniformierten, die, von Trommlern, Kameras und Augen der Zuschauer begleitet, einen zweiten Sarg aus dem Waggon holt und hinter den Kollegen aufstellt: und noch einmal sechs Polizisten transportieren, exakt wie ihre Vorgänger, einen dritten Sarg auf den Bahnsteig –

Da hören die Trommelwirbel auf, und für einen Augenblick klopft nur das Echo trockener Schläge durch die Halle: andere Polizisten tragen Kränze und Blumengebinde aus dem Gepäckwagen und schließen zur Gruppe der Sargträger auf, zwischen ihnen postieren sich drei Beamte, die Kissen aus rotem Samt in Händen halten: auf zwei Ordenskissen liegen je eine Pistole, auf dem dritten Kissen ein zusammengerolltes Elektrokabel –

Nun setzt sich alles in Bewegung, vornweg das Polizeiorchester, dann die Polizisten mit den Särgen, dahinter ihre Kollegen mit den Ordenskissen und Kränzen, Hinterbliebene und Honoratioren folgen, und am Schluß der Pulk junger Leute, eingerahmt von Beamten in Kampfanzügen und weißen Helmen: alle begleitet und gestört von zappligen Fotografen und herrischen Kamerateams, die eine ordentliche Formierung des Trauerzugs behindern, der nach und nach das große Spruchband passiert, das hoch in der Halle gespannt ist: WIESBADEN BEGRÜSST SEINE TERRORISTEN –

Also auch mich, und da bin ich –

3 **The whole world meets in Wiesbaden**: damit die Lüge wahr wird, bin ich dabei, ohne mich ist die Welt nicht vollständig: da bin ich, getarnt als Kurgast, Flaneur in der Fußgängerzone, unsichtbarer Schwimmer im Staatsbad, einmal dem Jungbrunnen des heißen Natriumchloridwassers entstiegen, aufgestanden, auferstanden, wie es die Art oder der unbändige Trieb der Seelen ist –

Einmal die Kugel durchs Hirn, und plötzlich bin ich: ein Vogel: ein Luftgeist: ein Wesen unerreichbarer Leichtigkeit oder ein Spaziergänger im *Nizza des Nordens* an einem Herbsttag so mild –

Ich trage mich ein im zweitbesten Hotel der Stadt unter dem Namen Jörg Dreifaldt und zahle in bar die Kurtaxe, die man mir in der Hölle erstatten wird, gehe die vorgeschriebenen Wege zwischen Kaiser-Friedrich-Bad und Hotel, zwischen Fußgängerstraße, *the pedestrian zone always has a tumultuous life*, und Kurpark: die *Stadt des Rückzugs, der Entfernung aus dem Kampf ums Dasein*, und beobachte die Laubmänner, wie sie mit Harken die letzten Blätter einfangen und auf Gabeln wie eine kostbare Beute oder wie eine tote Ratte in die Behälter tragen, ja *the whole world* –

Meinetwegen: der Körper im weißen Sarg in den Hauptbahnhof und dann durch die Stadt kutschiert: was ließe sich aus unserm Begräbnis nicht alles machen, eine große Schau der Großzügigkeit, Einsicht, Versöhnung: *im Tod hört alle Feindschaft auf:* einfach meiner Leiche die Feindschaft verweigern: wenn das kein Anstoß ist für die Seele zum großen Sprung: Salto mortale ganz allein für mich –

Wer gesteht einem wie mir: dem Mörder, vierfach, zehnfach, tausendfach, Zahlen spielen keine Rolle in dieser Bundesliga: noch eine Seele zu, sogar eine, die auffliegt und frei sich bewegt: wem das zu weit geht, der denke bitte an die Bildungslücken: ein Vogel, der aus des Sterbenden Mund geflogen kommt –

Ich weiß jetzt, da mich mein Atem nicht mehr schmerzt, wo es langgeht: *up, up and away*, jetzt kann ich von oben und unsichtbar allgegenwärtig dazwischenfahren und über alles hinwegfliegen, was da passiert: meinetwegen: schneller, höher, weiter steigen: das letzte Schlußwort meinen lieben Trauergästen –

Ich gegen alle und alle gegen mich, wie es seit zehn Jahren geht, in jeder Minute Kampf: und wie wir einander fixieren bis in die Ritzen der Träume, und immer noch und jetzt erst recht, und in späteren Zeiten wird gefragt: *warum nur, warum?* oder alle Schlagersänger vereint am Samstagabend im Finale vor dem Wort zum Sonntag: *warum nur, warum?* was treibt einen bayrischen Buben wie mich zu dem, was man Wahn nennt, kämpfen und schießen und bomben? welche Einflüsse, Versäumnisse, Kränkungen, welche schlimmen Flüsterungen, bis das verdiente böse Ende: wenn am Ende aus dem Machandelbaum das geschlachtete Brüderchen fliegt als Vogel: kiwitt, da bin ich: und von den Hausdächern singt:

mein Mutter, der mich schlacht,

mein Vater, der mich aß,

mein Schwester, der Marlenichen,

sucht alle meine Benichen,

bindt sie in ein seiden Tuch,

legts unter den Machandelbaum,

Kiwitt, kiwitt, was für ein schöner Vogel bin ich!

Schön muß ich singen, schööön, dann winkt die Belohnung: denn Elvis Presley, Sepp Herberger und Ernst Bloch sind schon gestorben in diesem Jahr, Chaplin an den Rollstuhl gefesselt und Beckenbauer an Cosmos New York, Mao liegt im Schneewittchensarg: wie gut, daß es noch einen Helden gibt, meinen Selbstmörderleichnam von weißbehandschuhten Polizisten getragen: ein schönes Begräbnis wünsch ich –

Ein unvergeßliches Fest: das Verkehrsamt verspricht nicht zu viel rund um den Hessischen Landtag inmitten der Bannmeile: *et là où se trouve le marché, on fait aussi de la politique, en petit et en grand:* ein Fest voller Staus und Mißverständnisse und Farben, wie nur ein deutscher Herbst sie zaubert: meinetwegen wird noch am Mittag geputzt und gehämmert, volle Bierfässer rollen in die Keller, Stühle werden zurechtgerückt, Eisfabriken sorgen für Nachschub, Sektkellereien stellen Probepackungen kalt, die neuesten Hits werden in die Musikboxen versenkt, Klaviere gestimmt, Lautsprecher installiert, Kabel entrollt, Erbsensuppen vorgekocht, Autolack gewienert, und wenn meine Deutschen ein Volk wären, das Ochsen am Spieß liebt, wären die Feuer längst entzündet und das Vieh gewürzt: *here the people know what celebrating means, simply because they are happy people –*

Meinetwegen: *Wiesbaden wunderbar* auf dem Faltprospekt im Hotelzimmer, und wenn ich aus den Kissen höher steige, weiter schaue: Tausende von Menschen auf den Beinen: das Spektakel, mich endlich tot und begraben zu sehen: in der Stadt, ein *Platz, wo Kräfte gesammelt werden*: in überfüllten Zügen rücken sie nach, im dichten Verkehr auf Autobahnen, auf Nebenstraßen, alle wollen sie möglichst nah ran: ein Tag der offenen Tür –

Alle rücken zusammen, gehen aufeinander zu: meinetwegen in der Stunde der Not, die Herausforderung, die ich ihnen geliefert, bestanden: der Staat seine Reifeprüfung: ein großer Tag für das Kleingewerbe in Zelten und Buden an den Feststraßen der Landeshauptstadt: *to see and be seen is the motto for many people –*

Bald seid ihr mich los, ein Friedhof findet sich immer, und alle Märchen werden wahr: die Mutter kocht mich als Sauerfleisch und setzt es dem Vater auf den Tisch, dem schmeckt es so gut wie noch nie, der will gar nicht aufhören: *als wenn das alles meins wäre:* das geschlachtete Brüderchen unterm Machandelbaum, guten Appetit! unterm Wacholderbaum, Prost! und schon auf dem Dach in der Höhe das Vorspiel zum Happyend: *kiwitt, kiwitt, was für ein schöner Vogel bin ich –*

4 **Auf dem Platz vor dem Bahnhof** warten mehr als tausend Menschen: Spannung löst, Spannung steigert sich, als fünf Motorradpolizisten gestaffelt auf der Fahrbahn Position beziehen und drei Pritschenwagen der Marke Ford Transit aufrücken, der erste schwarz, der zweite rot und der dritte goldgelb lackiert, hinter ihnen drei schwarze Opel-Limousinen: der zackige Schlagtakt der Instrumente und die buffenden Akkorde, die aus dem Bahnhof dringen, versprechen das Ende langen Wartens: Fotografen schwärmen ins Freie, lehnen über Absperrgitter, und hoch in der Luft verharrt ein Hubschrauber im Standflug –

Und ich da oben: das Ich verläßt den Körper, der sich in der Zelle streckt und noch nicht mit den Würmern anfreunden muß: aufwärts und raus aus der Kälte der Leichenkammern und vorsorglich weg vom Sektionsbesteck: auf und davon ohne die frische Wunde, in der die Ärzte stochern, ohne die Narben, die im Takt des grausamen Herzmuskels pochen –

Da höre ich lieber polizeiliche Musik, die alle anderen Geräusche wegschiebt und neue Zuschauer anlockt, die aus Bussen entlassen werden: Uniformen bringen an jeder Ecke Farbe und Ordnung ins Bild, aber die grünen Beamten sind gerade in der Stärke eingesetzt, die dem Ereignis eher einen feierlichen als einen bedrohlichen Rahmen verschafft: die weißen Särge werden auf den Vorplatz hinausgetragen, und nur die Langsamkeit der Schreitenden, vielleicht auch der Respekt vor dem Fernsehen, hält das Publikum davon ab, Beifall zu klatschen –

Es ist mir egal, ob man das wieder als Größenwahn auslegt: wenn ich meine Stichworte dem Reporter zuflüstere, der den Zuschauern an den Bildschirmen die Erklärungen liefert, leise und ehrfürchtig, und die Namen Sigurd Nagel, Elisabeth Jeschke, Rainer Wollzeck nennt und andere Namen, wenn den Särgen die nächsten Verwandten und Honoratioren folgen, Vertreter der Stadt, des Landes, des Bundes –

Nie so nah bei mir selbst wie jetzt: wenn Trommelwirbel und Blitzlichter gleichzeitig: der erste Sarg wird auf den schwarzen Ford gehoben, der zweite Sarg auf den roten, der dritte auf den goldgelb gestrichenen Pritschenwagen: wieder ein Trommelwirbel, schwarzrotgoldene Fahnentücher werden auf die Särge gedeckt und befestigt, Motoren gezündet, die Hinterbliebenen tauchen in die Limousinen, Musikanten und Kissenträger formieren sich neu –

Die fünf behelmten Fahrer der Polizeimotorräder führen den Zug um die Kurve, hinein in die Bahnhofstraße: vor ihnen der Wagen des Fernsehens, dessen Kamera über flatternden Fahnen die Totale aufnimmt: den sandsteinleuchtenden Bahnhof in voller Breite mit kurzem Zoom aufs Gesims, auf einen über einer Germaniafigur mit Medusenkopf thronenden Adler, ebenfalls aus

443

Sandstein, der die Bahnhofstraße hinaufstarrt, genau in die Richtung des Trauerzugs, in die Kamera: Gelegenheit für den Reporter, endlich den vorbereiteten Satz abzulesen: *Seit Kaisers Zeiten, seit Kaiser Wilhelm dem Zweiten und den feierlichen Begrüßungen am Fürsteneingang hat der Hauptbahnhof des Staatsbades ein solch festliches Bild nicht mehr erlebt –*

Ja, das gibt mir neuen Auftrieb: wenn ich von unten den Empörungsruf höre: ja, wo leben wir denn?

Wir leben im *Jahr des Kindes,* oder irre ich mich? und das Glück liegt zwischen frischem Atem und der Einzelradaufhängung, oder irre ich mich? zwischen Sangrita für Feinschmecker und dem Marantz-Kopfhörer mit höchsten Entzerrungsspitzen, und es ist das Lächeln, das eure Welt zusammenhält, und wer da immer noch rätselt über mich und nicht erklären kann, *warum nur, warum,* dem sag ich: ich wollte euch das falsche Lächeln abgewöhnen, nichts weiter, das anfotografierte Werbelächeln, das Täuschlächeln, das wie der Krebs von innen her frißt, das ewige Hochzeitslächeln, mit dem ihr ganze Kriege tarnt –

Wollte alles verraten, was euch teuer ist, ihr Weltmeister in allen nichtolympischen Disziplinen: Weltmeister der Empfindlichkeit auf 100 Metern und des Vorauseilenden Angsthabens auf 10 000 Metern, Europameister im Jammern (Freistil), durchtrainiert auf 8524 Bundeskegelbahnen, wollte euch in die Knie gehen sehen: fünfzig Millionen Fernsehzuschauer, und fünfzig Millionen Fernsehzuschauer können nicht irren, sitzen gepolstert und gehen nicht in die Knie, höchstens vor dem Papst am Ostersonntag urbi et orbi im Wohnzimmer: und spielte darum die andere Rolle, die ihr sehen wolltet, den Bösewicht urbi et orbi, den Staatsfeind von allerhöchsten Gnaden, hier habt ihr mich endlich, nehmt mich fest und nehmt mir das Rätsel: wann fing sie an, die unversöhnliche Stimme in mir, Eskalation, Subversion, Aggression, all diese lieben Begriffe? und die einen behaupten: mit der ersten Demonstration, mit dem ersten rebellischen Buch, mit dem ersten Trip, dem ersten Bruch muß es angefangen haben, und andere sagen: nein, viel früher, welches Elternhaus und so weiter: warum ich euch hassen mußte: oder was für eine Art Liebe mein Haß –

Ich bin sowieso eine Erfindung: einen größeren Verbrecher als mich gibt es nicht: und ihr seid meine Erfindung: Charaktermasken, die ich mehr liebe als ihnen lieb ist: also sind wir kwitt, kiwitt, kiwitt –

Was mich trägt und hebt, ist euer Schrecken, der mich allgegenwärtig macht, unberechenbar laß ich euch rechnen, wann ich niederfahre und zum nächsten Schrecken aushole –

Und tauche zwischen rasenden Flugmaschinen durch, die den Himmel besetzen und in jeder zweiten Minute zweihundert oder fünfhundert Passagiere zum Erdboden befördern und in der nächsten Minute ein ähnliches Gewicht ganz ähnlicher Menschen in die Höhe heben und mit tonnenschwerem Schub hinwegtreiben aus der Gegend Rheinmain, und jeder darin angeschnallt im Getümmel des Luftraums schiebt die Angst fort: es könnte die Bombe ihn treffen, die ich –

Ich hab es darauf nicht abgesehen, auch wenn eure Angst mir schmeichelt: ich liebe den Blick von oben: gönnt mir nach fünf Jahren hinter den Mauern, nach Jahren des Versteckens und Versteckwerdens noch einmal den ruhigen Blick hinab auf die verstädterte Dorflandschaft: dort hat einmal ein Krieg stattgefunden, und nun sind alle stolz darauf, den Krieg und die Selbstverständlichkeit schneller Tode besiegt zu haben –

Nein, ich heule nicht, aber man wird ja noch milde werden dürfen, wenn alle Uhrwerke einstürzen und der Raum in fünf, sechs, sieben Dimensionen zersplittert und der letzte Blick alles vergoldet oder in Blau taucht –

Weinberge herausgeputzt wie unter Denkmalschutz, Kartoffeläcker Bauerwartungsland, Wälder Naherholungsgebiet, jeder Autobahnkilometer ein Stück Wiedergutmachung: *pourquoi aller chercher si loin la beauté à portée de la main, Monsieur Dreifaldt?*

Und jetzt komm ICH und verstreu mein Herz zwischen die guten Leute, streue meine Hautfetzen und Gewebeteile über ihnen aus, und das Schlimmste: ich versprech einen neuen Krieg und lach mir einen und staune, mit welcher Ruhe sie ihre Einsamkeit besiegen, wie fest sie die Lenkräder halten, als wüßten sie den einzigen Weg –

Adieu, verdammt, adieu –

Die Kunst des Abschiednehmens ohne zu klagen: ein Herzschlag, ein Lächeln, und weiter geht das wadenstarke Leben auf den
Trimmpfaden, wer impft das Grundwasser, setzt Larven aus und
Antilarven: alle Siegfriede drängeln schon wieder um die Quelle,
nichts ist überzeugender als der Erfolg, die Krankheiten der Zukunft sind bekannt, Versicherungen zahlen Schmiermittel, und alles, was nicht unters Bruttosozialprodukt fallen will, wird leise
enteignet: die Macht stützt sich auf Lieferscheine: wer spricht von
Gewehrläufen –

Manövergebiet, Hubschrauberlandeplätze, Kasernen, Polizei-
schulen: wo bin ich, wenn ich heule: das kleine Ich spielt keine Rolle
mehr, wer von Subjektivität spricht, ist der letzte Romantiker auf
der Rheinschiene: bitte einmal die Bahnstrecke Bingen–Koblenz
hin und zurück oder lieber als gute Seele in der Luft –

Ich schwimme, ich schwamm, ich werde schwimmen, ich werde
geschwommen sein: im Blut, mit Verlaub, und schon in der Höhe:
und ruhig fließt der Rhein und wäscht eine Landschaft, in der sich,
wer kann, groß und stark fühlen darf und mit samtenen blauen
Scheinen alles erlauben: was für eine schöne Gegend könnte das
sein, Adieu: mit dem Hotelprospekt in der Hand, *each stone is a
story and a presence full of live, Mister Dreifaldt* –

Adieu mein Land, das mir nicht gehört und niemals gehören
wird: dickwandige Partykeller, die in die Nässe der Äcker und
sauren Wiesen eingebunkert sind, und daneben die verstopften Autobahnen: meinetwegen die Züge im Abstand von Signal zu Signal:
meinetwegen sogar auf Nebenstraßen im Raum Wiesbaden Staus:
meinetwegen Gewimmel, die Welle am Rheinufer, da bin ich, *am
Rhein, da läßt sichs leben, da kann man glücklich sein:* die letzten
Blätter, die aus den Pappeln winken, die Bewegung: bin: ich –

Sie haben schon recht, meine verehrten Trauergäste, wenn Sie mir
und meinen letzten: was sage ich: allerallerletzten Phantasien nicht
trauen: gestatten, Sigurd Nagel, Falschname Jörg Dreifaldt, Falschname Ahab, Falschname Ernst Kottwitz, der schlimmste Ganove
der Nachkriegsgeschichte: objektiv bin ich sowieso nicht –

Aber bei *Sympathy For The Devil* sind Sie glücklich, schunkeln und kiffen: schauen Sie also auf die Tatsachen: hinein in die Bahnhofstraße, wo auf Wunsch des Protokolls der Stadt, des Landes oder Bundes die Delegationen der Partnerstädte in bunten Trachten zur Sympathie mit den Teufeln angetreten sind: das können Sie wie zehntausend Augenzeugen oder Millionen Fernsehzuschauer live in diesen Minuten erleben –

5 **Alles geschieht im falschen Augenblick**, immer überschneiden sich die interessantesten Termine, dachte ich, als ich erfuhr, daß unser Gespräch bei Dr. T. und das Begräbnis auf den gleichen Tag fallen sollten. Es hatte mich viele Briefe und Telefonate gekostet, einen deutschen Mediziner zu finden, der bereit war, mit Niels Tinkenör, Alain Roussel und mir über einige offene Fragen beim Selbstmord der Margret Falcke zu diskutieren. Anfang September konnten wir uns endlich auf einen Termin Ende Oktober einigen. Dann platzten die deutschen Morde und Selbstmorde dazwischen. Wir in der Kommission waren uns einig, das so bescheidene wie aufwendige Vorhaben, den Tod der Margret Falcke aufzuklären, von den neuen Schüssen nicht blockieren zu lassen. Es störte mich allerdings, daß die Verabredung bei Dr. T. mit dem Begräbnis von Sigurd Nagel, Elisabeth Jeschke und Rainer Wollzeck kollidierte. Erst ein Blick auf die Landkarte beruhigte mich: ich konnte am Nachmittag in Wiesbaden und am Abend in Neuwied bei Dr. T. sein (ich neige dazu, mir Deutschland immer etwas gigantischer vorzustellen, als es ist). Ich konnte also, und so war es mit der Kommission abgesprochen, die Gelegenheit nutzen, ein paar Stunden lang die Wiesbadener Trauerfeierlichkeiten zu beobachten.

Früh morgens fuhr ich von Ferrara nach Mailand, flog von dort nach Frankfurt, landete kurz nach 12 Uhr. Meine Reisetasche, in der ich weit unten die Kopien des Falcke-Materials mehr oder weniger versteckt hatte, dazu den Essay-Entwurf «Verbrecher, die gegen das Verbrechen kämpfen», wurde nicht kontrolliert – schon das schien mir ein Triumph. Am Bahnschalter des Flughafens vergewisserte ich mich, daß die Fahrt über Wiesbaden kein Umweg sei und ich mich bis 17.58 Uhr dort aufhalten könne, um immer noch pünktlich in Neuwied zu sein.

Eine gute halbe Stunde S-Bahn – aber sie fuhr nur bis Wiesbaden-Ost. Wir sollten in Busse umsteigen, «wir bitten um Ihr Verständnis». Trotz meiner Deutschkenntnisse hatte ich kein Verständnis, aber ich gehorchte und wurde trotzdem bestraft. Beim ersten Schritt verstauchte ich mir den Knöchel, humpelte Treppen hinab, durch eine lange Unterführung, viele Leute überholten, schubsten mich zur Seite, als müßten sie schon hier um den nächsten Sitzplatz kämpfen, ich hinterher, Treppen hinauf. Es war wie ein erstes Verhör. Warum laufen Sie nicht so schnell wie die andern, mein Herr? Ich hätte das als Warnung nehmen sollen.

Ich bilde mir ja gern ein, einer der wenigen Italiener zu sein, die mit den deutschen Sitten und Gebräuchen keine großen Schwierigkeiten haben (deutscher Großvater, «Blut ist ein besonderer Saft»). Aber in letzter Zeit muß ich wieder öfter gegen die alberne Neigung kämpfen, aus flüchtigen Eindrücken Stoff über den Nationalcharakter zu sammeln. Plötzlich hält man sich bei simplen Formulierungen auf: «wir bitten um Verständnis». Was für ein Fortschritt: keine Befehle geben, aber um Verständnis bitten – und trotzdem keine Gründe nennen für die Umstände, die das Verständnis erfordern.

Ehrlich gesagt, ich freute mich wie jedesmal nach den italienischen Lässigkeiten auf den Kontrast, auf das Feste, Solide, Pünktliche, Bequeme. (Daher mein schlechter Ruf unter den Kollegen in Ferrara.) Aber das erzwungene Umsteigen, der Schmerz im Fuß, die stockende Fahrt im Bus (vielleicht auch die Müdigkeit nach kurzer Nacht) verdarben mir alles. Wieder das Gefühl, aufpassen zu müssen, alles richtig zu machen. Dafür rächt man sich dann mit gehässiger Wahrnehmung und unterstellt ihnen vorsichtshalber das Schlimmste.

Zugegeben, ich staune immer noch, wenn über meinem Kopf eine Videokamera sich dreht, wenn schon am Vorstadtbahnhof ein «Haus für Sicherheit» wirbt, wenn Schlösser und Türen immer dicker werden – und die Absagebriefe bei der Aufklärung der Todesursache Falcke dünner, wenn überall gemauert, geschwiegen wird, sobald die Buchstaben R und A und F auftauchen.

Der Verkehr wurde dichter, der Bus bremste öfter. Es war mir nicht klar, ob die Fahrgäste alle zur Begräbnisfeier wollten. Den Gesichtern ließ sich nicht viel ablesen. Nur wenige junge Frauen im Bus, kaum ein Lächeln, kein freundliches Blond, kein verzögerter Blick.

Beim Lesen des «Spiegel» auf einmal der Gedanke, daß sich die Sprache gewandelt hat. Ich begreife ja den Jubel über den Befreiungsschlag von Mogadischu, die Erleichterung, den Knoten zerschlagen zu haben. Aber da im Bus, zwischen lauter stummen und eher finster blickenden «Gästen», fiel mir zum ersten Mal dieser verlogene Ton auf: alle wollen Sieger sein. Die Redakteure, als wollten sie nichts als ihre eigene Treffsicherheit demonstrieren, verpassen den stürmischen Ereignissen mit flinken Gags nachträgliche Höhepunkte: «Kein Zweifel, Wagner was here, geortet von außerhalb und umjubelt wie nie» usw. In jedem Absatz, auf allen glänzenden Seiten der begeisterte Ton, der Stolz beim Setzen der Anführungszeichen, die Erregung, bei etwas Tollem, Einmaligem dabeigewesen zu sein und sich noch nachträglich auf die Schulter zu klopfen mit den knalligen, triumphierenden Zitaten der Auslandspresse.

Ich las fasziniert und mit Abscheu, erlag dem Sog der Bilder und Bildunterschriften. Wollte alles später genauer nachlesen, dachte schon daran, im Seminar untersuchen zu lassen, wie sich hier eine neue Sprache, ein anderes, ein stolzeres Deutsch entwickelt hat. Selbst in dem Artikel über die Fahndung. Um jedes Komma herum das Fieber der Perfektion bei der Suche nach den Tätern, das Stochern und Stechen an jedem Ort, in jedem Absatz. Das ganze Land mit Haut und Haar bei der Sache, aber bei welcher eigentlich?

Stockende Fahrt, Stau, Platzangst. Wachsendes Unbehagen über den Fahndungsjubel, Befreiungsjubel, Selbstmordjubel, Krisenbewältigungsjubel. Jede dreispaltige Seite ein dreifacher Fanfarenstoß.

Ich hielt das nur schwer aus, wollte raus an die Luft, saß eingeklemmt. Der Stau brachte Bewegung in die Leute. Manche standen auf, andere reckten die Hälse. Endlich wurde es laut, viele wollten aussteigen, der Busfahrer weigerte sich, die Türen zu öffnen («keine Haltestelle hier!»).

Vor mir ein hochgewachsener junger Mann, der nervös wirkte, sich ständig umblickte und unter dem Gedränge der Autos und der weit vorn sichtbaren Menschenmenge zu leiden schien. Erst später erkannte ich ihn wieder.

6 **Damen und Herren** in mittelalterlichen Trachten winken mit dicken Sträußen aus Azaleen und Begonien den grünweiß uniformierten Männern auf den grünweißen Motorrädern an der Spitze des Trauerzuges entgegen. *Die Vertreter der Part-* nerstadt *Gent, der Stadt der Tuchmacher und Drahtzieher,* sagt der Reporter. Am Anfang der Bahnhofstraße sind Abordnungen der europäischen Partnerstädte plaziert, *mit ihrem lockeren und heiteren Auftreten geben sie einen harmonischen Auftakt für festliche Stimmung:*

Nach Burschen und Frauen im Bergbauernkostüm aus Montreux ziehen Basken aus San Sebastian über den Bildschirm, ohne Tracht, aber mit ihren berühmten Mützen. Sie bewegen sich untergehakt im Takt der Marschmusik, zum Tanzen bereit.

Die farbigen Bilder wirken entspannend auf Bernhard Schäfer im Chefbüro. Der Wechsel zwischen den Gesten der Trauer und der Freude, zwischen dem Arrangement des Protokolls und den spontanen Gefühlsregungen der Zuschauer gefällt ihm. Es stört ihn nur die Gruppe aus Klagenfurt, die von der heimischen Holzmesse das neueste Sortiment Schlagstöcke mitgebracht hat und zum Takt des Marsches die Stöcke über die Köpfe wirbeln läßt wie eine Damenriege die Keulen.

Schäfer hat frischen Kaffee vor sich, streckt die Beine aus, sieht Sigurd Nagels Sarg im Fernsehen und gleichzeitig sein Fotogesicht auf der Vorzimmertür. Das erste Fahndungsplakat als Erinnerung an die wilden Zeiten des Aufbruchs. Dazu das Plakat mit den jeweils neu gesuchten Gesichtern, in rechteckiger Ordnung und gleichmäßigem Abstand Belohnung versprechend: Hinweise nimmt jede Polizeidienststelle. Ein Hinweis an sich selbst und an die Besucher, die Gefahr hört nie auf, hinter dieser Tür beginnt der Terror.

Die Särge interessieren ihn weniger als die Köpfe, die er vom Schreibtisch aus stets im Visier hat: die Meistgesuchten und die früher Meistgesuchten, tot, angeklagt, verurteilt oder versteckt unter den aktuellen Fahndungsfotos, wer warnt wen vor Schußwaffengebrauch. Schäfer braucht den Blickkontakt, damit er sie besser greifen kann. Er braucht die Gesichter, obwohl er sie kennt bis in die Falten und unveränderlichen Kennzeichen hinein, obwohl sie ihn im Traum begleiten und auf jeder Dienstreise und allgegenwärtig sind in der Öffentlichkeit der Ämter und Poststellen, der Flughäfen und Litfaßsäulen, der Tankstellen und Bahnsteige.

Die Toten werden an der Delegation aus Berlin-Kreuzberg vorbeigefahren, die nicht mehr zu bieten hat als die Fahne Berlins, unter der das Häuflein schwarz und grau gekleideter Lokalpolitiker versammelt ist, verschüchtert von der Fröhlichkeit der Spanier und Österreicher. Im schwachen Wind wedelt der Bär mit schwarzen Tatzen und streckt die Zunge, unter ihm tragen Schäfers Kollegen Pistolen und Kabel auf Kissen vorbei.

Bernhard Schäfer ist bemüht, keine Emotion zu zeigen, obwohl er allein im Büro sitzt. Niemals hat er eins der Gesichter mit dickem Stift durchgestrichen, wenn einer aus der Garde der Mutmaßlichen gefangen oder tot war. Er hakt keinen ab, streicht keinen durch, stößt keinen, nicht einmal die Toten, aus dem trauten Kreis derer, die sich Family nennen. Er hat die Plakate persönlich mit Tesafilm an die Tür geklebt. Er läßt die Gesichter weiter sprechen, hört ihnen zu, er braucht sie, braucht Nagel, den er am längsten kennt und mit dem er jeden Tag Zwiesprache sucht, jetzt zischt er ihm zu:

«Ganz schön weit gebracht hast dus!»

Bernhard Schäfer trinkt den ersten Schluck Kaffee immer zu früh, verbrennt sich die Zunge und macht, da er guter Laune ist, seinen Gegner dafür verantwortlich.

Nagel, dessen Gesicht nicht so häßlich und abstoßend ist wie das

Foto dem Publikum weismacht, lebt auf, wenn er angesprochen wird. Schäfer kennt die Parole «Der Kampf geht weiter», also stört er sich nicht daran, daß Nagel hört, was er sagt und sagen will, seine Terminpläne kennt, seine Telefonate, seine Anweisungen, seine Berater und Kollegen Abteilungsleiter. Nagel sieht, wenn er den Schlips zurechtrückt oder den Hodensack, merkt, wann er unter der Klimaanlagenluft leidet, unter der Länge des Dienstwegs, unter einer Fahndungsspanne, unter dem Dauerregen vor dem breiten Fenster, liest mit ihm die Akten und fährt mit ihm durch die Dateien. Nagel ist Ikone, Spiegel, versteckte Kamera, die Schäfer fürchtet, und die Wanze, die er noch mehr fürchtet. Zu Nagel blickt er auf, und selbst seine ironischen Flüche richtet er an ihn: «Du bist schuld! An allem!»

Der Bildschirm zeigt nun weniger Farbe und viele männliche Personen. *Stellvertretend für die deutsche Beamtenschaft*, sagt der Reporter, *dürfen hier die Personalräte der Ministerien Abschied nehmen von den Toten...* Schäfer rechnet, wie viele Tassen er noch zu trinken hat bis zur Lösung des Problems Terrorismus. Angenommen fünf Jahre, dreihundert Arbeitstage, acht Tassen pro Tag, Schäfer rechnet im Kopf und kommt auf zwölftausend Tassen Kaffee. Die Rechnung müßte genauer sein, eigentlich dreihundertfünfzig Arbeitstage, also noch zweitausend Tassen drauf. Er stellt sich die lange Reihe der Tassen vor und nimmt vorsichtig den zweiten Schluck Kaffee.

Im Fernsehen wird gejohlt, die Gruppe der Sympathisanten zockelt vorbei, dahinter die Klagenfurter. *Ja, das ist doch*, ruft der Reporter, *der berühmte Drachen des Lindwurmbrunnen! Damit zeigen die Klagenfurter allen Fernsehzuschauern, daß sie den Drachen, den die Deutschen soeben zu Grabe tragen, schon lange bezwungen haben.*

Schäfer schmunzelt. Er wird erinnert an die befriedigende Wärme kurz nach einer Festnahme und schließt die Augen. Aus schwarzen Punkten fliegen winzige Gesichter auf ihn zu, vergrößern sich zu Paßfotos schwarzweiß. In den Sekunden zwischen Ermüdung und Konzentration reißen sich die grauen, schwach konturierten Gesichter junger Frauen und Männer aus der rechtwinkligen Ordnung der Plakate an der Tür. Die Gruppe, die Bande, die Armee schwirrt durch den Raum und startet einen kleinen Frontalangriff, bis Bernhard Schäfer den nächsten Schluck Kaffee nimmt und sie wortlos zurückbefiehlt an den Platz auf der Tür, zurück auf die schwarzgrauen Felder auf dem roten Papier.

Er schaut auf die Uhr, steht auf, verschwindet aus Nagels Blickfeld, an Frau Dornhauser im Vorzimmer vorbei («Videoraum, bin in zwanzig Minuten zurück!») auf den Flur zu zwei jungen Polizisten, die mit dem Ruf «Mahlzeit!» heranspringen.

Schäfer sagt: «Haus III, 2. Stock» und geht los. Einer läuft vor, einer hinter dem Chef. Beide schielen vorschriftsmäßig nach links und rechts und vorn und hinten. Gummisohlen quietschen auf Linoleum. Schäfer zufrieden mit den Bewegungen des Oberkörpers vor ihm, die dem Kenner das diszipliniert geschmeidige Verhalten junger Polizisten verraten. Sportler mit mittelstarkem Ehrgeiz. Der Wunsch, nicht als Kaufmann zu versauern, treibt sie in die Uniformen, in die Disziplin, zum Handeln im Notfall blitzschnell.

Der vordere stößt die Türen auf, der andere schließt sie, wenn nötig. Schäfer in der Mitte mit dem königlichen Gefühl, Türgriffe nicht berühren zu müssen beim Gang durch die vielen Türen, gegrüßt zu werden von den Untergebenen, die zwischen Schreibtischen und Labors hin- und hereilen und ohne Aufforderung anhalten, wenn der Chef mit kleiner Begleitung den Weg kreuzt und den Vortritt braucht auf engen Treppen und Korridoren. Er kann sich auf dreitausend Fachleute verlassen, er treibt sie täglich zu größerer Präzision und Effizienz. Er inspiriert Abteilungsleiter, diese stoßen Bereichsleiter voran, und die dirigieren Ermittler und Sachbearbeiter, die pausenlos nach Tätern jagen, Rauschgift, Waffenhandel, Mord und Totschlag, Raub, Erpressung, Sittlichkeit, Falschgeld, Autoschiebereien, Kunstraub, Diebstahl, Wirtschaftskriminalität, der ganze Gemischtwarenladen, und darüber die Krone aller Verbrechen, der Terrorismus, und darunter die Wissenschaftler der Kriminaltechnik, die Tüftler der Erkennungsdienste, Schußwaffen, Handschriften, Fotos und die nimmermüden Informatiker.

Nur selten grüßt Schäfer, Damen lieber als Herren, nickt hier und da den Kollegen zu, es spielt keine Rolle, ob sie ihm dem Namen nach bekannt sind oder nicht. Seine Geste Zuspruch, Motivationshilfe. Er wird respektiert im Haus. Sie alle wissen, daß er mehr arbeitet als alle andern, daß er sein privates Leben aufgegeben hat. Er ist Vorbild, aber ein Vorbild, das keiner erreichen will.

Nur über die hausinterne Bewachung wird manchmal gespottet. Old Bernt, im sichersten aller Ämter, habe wohl Angst, es könnte ein Fremder, der vier Schranken und drei Ausweiskontrollen und zwei Körperkontrollen passieren müßte, bis ins innerste Herz der Terrorabwehr vorstoßen und dann einen Mord begehen! Haben wir ein solches Mißtrauen gegen unsere Arbeit? Können wir den eignen Leuten nicht trauen? Oder ist da jemand nicht ausgelastet, Personalverschwendung, Beamtenbequemlichkeit, und so weiter?

Die Experten für Personenschutz haben entschieden. Sie können nichts ausschließen, wie immer. Unter den dreitausend Mitarbeitern könnten trotz aller Vorsorge und Abwehr zwei oder drei von den Terroristen eingeschleuste Leute sein, die auf eine Gelegenheit zum Mord hinarbeiten, denkt an den Spion als Kanzlerfreund. Noch weniger wollten sie ausschließen, daß einer der bewährten Beamten plötzlich dem Wahnsinn verfallen und dem Chef ans Leben gehen könnte. Sie verwiesen auf Feuerwehrleute, die Brandstifter, auf Wachleute, die Diebe, auf Ärzte, die Mörder werden, und auch unter Kriminalbeamten gebe es Ausnahmen mit solchen gegensinnigen Neigungen. Also folgt man den Experten, in diesen Zeiten, Herausforderung, kein Risiko. Personalverschwendung sei die Begleitung ohnehin nicht, denn man setze frisch ausgebildete Kollegen ein, die bei der Chefbewachung nur dazulernen, ein gehobenes Praktikum, ehe sie hinausgeschickt werden an die Front.

Noch eine Treppe, dann sagt Schäfer «Danke!» und öffnet die Tür selbst.

7 Alles in Bewegung, Wiesbaden und Rheinmain vereint in den Zuckungen des Stop and Go: meinetwegen: oben die Mittagsglocken und Mittagsjets, unten die Fernsehgeräte eingeschaltet, die halbe Nation im Begräbnistaumel: erlauben Sie mir zum Abschluß eine angemessene Portion Größenwahn, und ich erlaube Ihnen dafür, verehrte Trauergäste, daß Sie laut und leise sagen dürfen, Sie sind dabeigewesen –

Angetreten als meine Statisten, und es ist mir egal, ob Sie aus Niederhöchstadt oder Gent, aus Okriftel, Montreux oder Berlin-Kreuzberg antanzen und Zuschauer spielen unter den schwarzrotgold und rotweiß flatternden Textilien in der Bahnhofstraße –

So ist es gewesen, so wird es sein: mein Wunsch Befehl: ich verschreibe mir eine letzte Kur in Wiesbaden und lade Sie herzlich ein, mich zu betrauern: in dieser *klassischen Stätte des Genesens und des Genießens,* wo man sich des dümmsten aller Versprechen nicht schämt: *in dieser heiteren, lebensfreundlichen Stadt wird sich niemand langweilen* –

Mein Körpersack liegt auf dem Rücken, der linke Arm gestreckt, der rechte in Kopfrichtung angewinkelt –

Schon ist mir egal, was die sagen werden, die mich bald hier liegen sehen, wie das Gesetz es befahl –

Und keine Ahnung haben von den euphorischen Ausflügen der letzten Minuten –

Oder, was schlimmer ist, der Phantasie nicht trauen und der Realität noch viel weniger, und mißgünstig behaupten, alles an anderen Orten ganz anders gesehen zu haben –

Die sollen meiner aufsteigenden Seele nicht länger Blei an die Beine binden, die sollen rheinabwärts fahren, bis sie einen Regierungssprecher finden, der außer auf Monsieur Foucaults Frage *Wie kommt es, daß die Wahrheit so wenig wahr ist?* auf alles eine Antwort weiß –

Wir schalten um –

«Können Sie mir, ich bin Korrespondent des ‹Daily Mirror›, verdeutlichen, warum das Begräbnis der Terroristen mit so einem großen Umzug gefeiert wird?»

«Unsere Politik ist bestimmt vom Gedanken der Versöhnung

und des Abbaus von Gewalt, bestimmt von der Absage an den unchristlichen Geist der Rache. Obwohl die negativen Gefühle gegenüber den bekannten Selbstmördern verständlich sind, nicht zuletzt, weil diese mehrfachen Mörder indirekt auch mitverantwortlich sind für den Mord an Alfred Büttinger, der nach ihrem Tod verübt wurde, wohl der gemeinste und schäbigste Mord der Nachkriegsgeschichte, kann keine Regierung es hinnehmen, wenn Stimmen immer lauter werden, die da rufen: kein gemeinsames Grab, kein Zeremoniell, auf freiem Feld verbrennen, den Vögeln vorwerfen, ins Klärwerk versenken usw.

Hier mußte ein Machtwort gesprochen werden: *Wer tot ist, ist tot, und damit ist die Vergangenheit erloschen.* Und Sie dürfen es gern als Zeichen für die politische Reife der jungen deutschen Demokratie werten, wie schnell ein Satz wie *Im Tod hört alle Feindschaft auf* sich verbreitete, ja binnen weniger Tage eine allgemeine Bekehrung auslöste. Und wenn Sie heute die Leute auf der Straße befragen, werden Sie hören, mit welcher tiefen Erleichterung die Erinnerung an das Gebot der Nächstenliebe aufgenommen, ja angenommen wurde, mit welcher Begeisterung der Hinweis, die Feinde zu lieben, zumindest die, die tot sind aus welchen Gründen auch immer. Wer je an der Versöhnungsbereitschaft unseres Volkes gezweifelt hat, ist in diesen Tagen eines Besseren belehrt worden. Darum haben auch Politiker von Regierung und Opposition, höchste Polizeibeamte und Juristen nicht gezögert, dem Haß ein Ende zu machen und die harte Linie mit einer großen Geste der Milde zu krönen, mit diesem feierlichen Begräbnis. Und nicht zuletzt nehmen wir mit der öffentlichen Achtung, ja, der Anerkennung der Toten den verbliebenen Terroristen den Wind aus den Segeln.»

«Gregory Grant, ‹Washington Post›. Warum wird das Begräbnis gerade in Wiesbaden gefeiert?»

«Wir haben selber nicht erwartet, daß der Wandel zur Versöhnung eine solche Dynamik auslösen würde. Sie haben es in der Presse ja zum Teil verfolgen können, wie heftig der bundesweite Streit der Städte und Gemeinden geführt wurde um die Ehre, den toten Terroristen eine würdige Grabstätte zur Verfügung stellen zu dürfen. Erst drei, dann acht, dann vierzehn Städte wetteiferten darum, indem sie auf Geburt, Studium oder das Wirken der Verstorbenen in ihren Mauern verwiesen. Das öffentliche Feilschen um den Vorzug, den Toten den letzten Gang ausrichten zu dürfen, drohte unwürdige Formen anzunehmen, überdies war Eile geboten und kurzfristig Großes zu planen. Auch hier mußte ein salomonisches Machtwort helfen. Die Entscheidung fiel logischerweise für die Stadt, die diesen Toten beschäftigungspolitisch am meisten zu verdanken hat, also die mit dem größten Kriminalamt. Weitere Pluspunkte waren die ideale Verkehrsanbindung, der hohe Freizeitwert, die ausgezeichnete Hotelkapazität, überdies der gute Ruf einer weltberühmten Kurstadt. Nichts lag also näher als Wiesbaden, die vielfach bewährte Stadt der Feste und des Feierns, die nun das Privileg erhalten hat, für die ewige Ruhe der von der späten, aber nicht zu späten Liebe des Volkes erfaßten Toten sorgen zu dürfen.»

Was wäre die Antwort auf die Frage eines ungeduldigen Mannes von der Turiner «Stampa», warum die Firma Ford für den Transport der Särge den Zuschlag erhalten habe?

«Jede Autofirma mit geeigneten Wagen hat ihre Hilfe angeboten und entsprechende Vorschläge zum Sponsoring unterbreitet. Das Problem ist, wie so häufig, das Überangebot gewesen. Deutsche Firmen mußten schließlich zurücktreten. Das bekannte Stuttgarter Unternehmen deshalb, weil seine Produkte im Zusammenhang mit dem Terrorismus schon häufig genug im Licht der Scheinwerfer plaziert waren. Das bekannte Wolfsburger Unternehmen, weil man sich gerade bei einem solchen Ereignis nicht dem Vorwurf nationaler Engstirnigkeit aussetzen darf. Nach technischen und optischen Überlegungen, die zur Ablehnung verschiedener französischer, japanischer und italienischer Angebote geführt haben, war zwischen den halbamerikanischen Produkten aus Rüsselsheim und Köln zu entscheiden. Da Rüsselsheim vor Wiesbadens Haustür liegt – und damit der Verdacht von Vetternwirtschaft, Provinzialismus, usw. nahe –, konnte keine andere vernünftige Lösung als die für Ford fallen.»

Die letzte Frage vom Korrespondenten der «Neuen Osnabrücker Zeitung»: «Warum transportiert man die Särge nicht auf einer Lafette?»

Antwort:

Ja, es sei erwogen worden, die traditionelle Lafette einzusetzen, leere Geschützwagen der Bundeswehr, schlicht geschmückt und von Pferden gezogen. Diese Idee wurde jedoch mit dem völlig richtigen Argument abgelehnt, bei allem Respekt vor den toten Terroristen komme eine den höchsten Repräsentanten des Staates vorbehaltene Ehrung durch Lafette mit Pferdegespann für die jungen Leute, die überdies nicht einmal bei der Bundeswehr gedient hätten, nicht in Frage. Der Trauerakt, auch darin sei man sich einig, dürfe nicht den Charakter der Staatstrauer annehmen – er müsse im Gegenteil als ein freudiges nationales Ereignis gefeiert werden.

8 **Ich starrte auf den ausrasierten Nacken** auf dem Sitz vor mir, auf die Halswirbel, die mich gegen meinen Willen in die Akte Margret Falcke zogen: Halswirbel – wenn es Selbstmord war, hätten die Halswirbel ausgerenkt oder gewaltsam verschoben sein müssen – das waren sie aber nicht – also bleibt nur die Todesart Erstickung, aber dafür fehlen ebenfalls die Merkmale, Blutungen in den Augenbindehäuten, Vorquellen der Augen oder der Zunge, Blaufärbung des Gesichts – also was, wenn Margret Falcke weder ausgerenkte Halswirbel hatte noch erstickt ist?

Wenn wieder ein Mediziner sagt, daß alle nachprüfbaren Einzelheiten nur zu einer Todesart passen, Druck auf die Halsschlagader, Carotis, der als Reflex zum Stillstand des Herzens führe, kann ich als beschränkter Germanist nicht anders als an Kafka, E. T. A. Hoffmann oder Poe denken. Aber die Schlüsse, die ich aus der Literatur ziehe, darf ich nicht laut sagen. An die Öffentlichkeit, an die Presse gehen, dafür ist es zu früh. Es fällt mir immer schwerer, hinter jede Frage eine neue Frage zu setzen, wie wir das als Wissenschaftler gelernt haben: immer wieder Fragen wie Schachfiguren übers Brett schieben. Den Druck, mit diesem Material wie mit Staatsgeheimnissen herumzulaufen, das hab ich an dem Tag gemerkt, halte ich schlechter aus, als ich erwartet hatte.

Die stockende Busfahrt ins Zentrum von Wiesbaden bekam mir nicht. Ich sah eine Halsschlagader vor mir und war sofort bei der Hauptfrage für den Abend in Neuwied. Obwohl ich Dr. T. ungeheuer dankbar war, daß er sich an den Fall heranwagte und nicht wie alle seine Kollegen die offiziellen Gutachten erschrocken und mit Vorwänden zurückschickte, wollte ich ihn aufs undankbarste löchern: Wie paßt die Behinderung des Vagus, der Druck auf die Halsschlagader, mit den Aussagen der Gutachter zusammen, keine Spuren für Erwürgen gefunden zu haben? Warum ist am Hals im Bereich der Einschnürung, die der Handtuchstreifen gemacht hat, mit dem die Gefangene sich angeblich erhängt haben soll, keine Quetschung zu finden? Zwei Zusatzfragen, Herr Doktor. Kann man sich selber die Halsschlagader zudrücken? Kann man jemanden mit einem Handtuch spurlos erwürgen?

Manchmal, auch das muß ich mir vorwerfen, wußte ich schon nicht mehr, ob es mir mehr um Margret Falcke oder um mich ging. Immer öfter das Gefühl, alles mehr oder weniger allein machen zu müssen (so stolpert man in seine Fehler). Seit die These vom Selbstmord ein paar dicke Fragezeichen bekommen hat, ist bei mir mit der Spannung auch der Ehrgeiz gewachsen, in diesem Krimi die noch unbesetzte Rolle des Detektivs zu übernehmen. Je mehr die Deutschen, auch die feinen Genossen, die akademischen Kollegen und Espressofans zu verwirren sind mit der These: Margret Falcke könnte vielleicht doch nicht durch Selbstmord gestorben sein, desto mehr wollte ich sie provozieren. Sie haben sie ja alle einmal geliebt und sich von ihren Sätzen anstacheln lassen, aber wenn man ihnen sagt: seht her, es ist eine einfache philologische Arbeit, die verschiedenen offiziellen Gutachten und Aussagen zu vergleichen und mit Gerichtsmedizinern und andern Fachleuten die vielen erstaunlichen Widersprüche aufzudecken, um mehr als Vergleiche geht es nicht, dann blocken sie ab. Sogar die jungen Professoren, Beamte auf Lebenszeit, drücken sich auf ihren gepolsterten Drehstühlen herum (Stühlen mit Armlehnen, davon kann ich nur träumen in der Uni Ferrara!).

Dazu paßt, daß ihnen der letzte Funken Humor schwindet, wenn man von diesem Haufen spricht, der mal den deutschen Arbeitern die Revolution vormachen, mal mit zwei Dutzend Leuten die Eroberungen der USA durchkreuzen, mal nichts weiter als die Gesinnungsgenossen befreien wollte (jetzt wollen sie hoffentlich gar nichts mehr). Vielleicht hätten meine Akademikerkollegen längst das Problem gelöst, wenn sie die einfach ausgelacht hätten, weil die wie Kinder alles auf einmal, alles sofort wollen und am liebsten als Helden des Tages sich auf den Fernsehschirmen entdecken. Auslachen, weil die in sieben Jahren vielleicht eine politische Aktion zustande brachten, und auslachen, weil sie nicht merken, daß sie nur denen willkommen sind, die sie am heftigsten bekämpfen. Ich schätze, es wird noch lange dauern, bis sie für die Komik der Geschichte empfänglich sind: Das Land mit der größten Polizeidichte der Welt, die freiwilligen Hilfspolizisten nicht gerechnet, ist mit nichts anderem so beschäftigt wie mit der Jagd auf die kleinste Armee der Welt. Ich wäre froh, wenn ich mal einen Deutschen träfe, der diese Komik bemerkt! (Siehe: Skizzen für einen kleinen Essay zu diesem Aspekt.)

Im engen, stickigen Bus hab ich sie alle beschimpft, so leise wie möglich – aber auch mich und meine Schafsgeduld. Vielleicht haben wir das linke Völkchen, das mehr von den Ereignissen als von der Polizei gelähmt ist, diesem Sommer mit der Bitte um Unterstützung im Fall Falcke überfordert. Aber es hätte uns ja wenigstens *einer* bei dem lange vereinbarten Termin begleiten können. Und außer den Verwandten hätte sich ja mal jemand, vielleicht irgendein Politologe, für die feinen Unterschiede verschiedener Todesarten oder die Fremdwörter Cyanose und Vagus interessieren können! Das hab ich ihnen vorgeworfen, zu Recht, aber dieser Vorwurf hat uns selbst auch geschadet, mir jedenfalls. Ich hab sie oft genug gehört, die preußische, die mailändische Stimme: wenn wir paar Franzosen, Briten, Holländer und der brave Maurizio Serratta sich nicht kümmern, dann macht's keiner. Aber warum mischen wir uns in eine deutsche Angelegenheit? Gehen der Sache mit deutscher Gründlichkeit nach, zu der die Deutschen nicht fähig sind? Weil wir ihnen doch wieder so etwas wie

Faschismus unterstellen? Weil wir die Wahrheit suchen? Weil wir staunen, wie gelähmt sie tun, wenn nur der Name Margret Falcke fällt? Rechts und links die gleiche Sorte ängstlicher Rechthaberei, und wer dagegen ein paar Fragen stellt und sie beharrlich stellt, gilt als verbohrt, fanatisch, als Idiot. Ich, der Idiot des Tages, stieg am Hauptbahnhof aus, deponierte meine Tasche in einem Schließfach und lief erleichtert los.

9 **Eh ich zur Hölle** fahre der Aufstieg in den Himmel auf die Balkone: wir befinden uns, meine Damen und Herren, in einem der neuklassischen Wohnhäuser, so prächtig verziert mit Säulen, Sandsteinsimsen und ziegelroten Ranken über mächtigen Türrahmen, daß fast niemand hier wohnt, weil die besten Rechtsanwälte und vornehmen Kleinbanken, die zärtlichsten Haarwäscherinnen, die teuersten Lockendreher, Werbeagenturen und Lobbyisten Gewerbemieten zahlen: chic, schicker, am Superlativ der Einkommensspitzen durchs Leben tänzelnd und heute live dabei, weil an Festtagen das Betriebsklima steigt: gehobene Angestellte, aufsteigende Selbständige auf Bilderbuchbalkonen der Bahnhofstraße, da können sie: und zwischen ihnen ich: den ganzen Trauerzug überblicken –

Ihr wißt nicht, wer ich bin?

Ach, nur der, um den sich alles dreht –

Es gibt Minuten, in denen ich mich erinnern muß, daß ich einer der Toten bin, der da unten kutschiert wird, oder der Guerillero, so heldenhaft tot wie in der Zelle: unauffällig der Fisch im Wasser auf dem Balkon: wie gern blicken die Felddamen und Feldherren von der Anhöhe hinab und erst recht, wenn die Augen sich nicht satt sehen können an den Festtagskostümen der ostdeutschen Landsmannschaften: von hier oben nicht zu unterscheiden, wer da aus dem Sudetenland oder Oberschlesien, wer aus Pommern oder dem Egerland in den Raum Wiesbaden geflüchtet ist, aber das macht nichts, so genau will das keiner wissen außer denen, die sich wohl fühlen in Trachten und ergebener Teilnahme an einem nationalen Ereignis inclusive kurzem Fernsehauftritt –

Da erheben wir uns gern drüber, wir Unwiderstehlichen, wir Überlebenden: ich bin ein Werbetexter, ich ein Steuerberater, ich Augenarzt: und bin mitten in der guten Stimmung hier oben: Blick bis zum Bahnhof und Blick bis ins Herz der Stadt: und wären nicht drei Särge auf dem Weg zum Friedhof und Trauergäste dahinter, ließen wir uns vielleicht zu einer Konfettiparade nach New Yorker Vorbild hinreißen oder Sektkorken von Balkon zu Balkon fliegen –

Meinetwegen: ja, ich bin wo ich bin, die Wände zählen nicht mehr und die Entfernungen, unsichtbar den Bilderjägern bin ich der unerschöpfliche Videofilm und nehme euch auf und werde unauffällig die Füße küssen dem Schlesier, der die geplante Fahrt ins Blaue mit anschließendem Eisbeinessen meinetwegen absagen mußte und nun ernst in die Kameras schaut und heimlich nachzählt, wie viele Festzüge und Trauerzüge, Aufmärsche und Abmärsche mit Wochenschau oder Fernsehen er schon pflichtfreiwillig mitgemacht hat –

Da bin ich: zwischen den Designern der neuen Fröhlichkeit multivitamingestählt, zwischen den milden Herrscherinnen der Büros, zwischen gut riechenden jungen Frauen mit seidenfestem Selbstbewußtsein und schönen Fingern auf blitzneuen Tasten, *sie liebt die Wärme / sie taut in der Sonne erst richtig auf / sie könnte niemals im Schatten einer kühlen Blonden stehen / und raucht Ernte 23, Reemtsmas beste Tabakmischung*: Dienerinnen der unerbittlichen Propheten des Lächelns: Zähne zeigen, immer wieder Zähne zeigen oder die frisch eingepanzerten Gebisse meiner Erzfeinde, die ich ihnen zerstoßen könnte, wenn ja wenn: oder lieber doch nur die Provokation der Teppichböden: Matratzen, weich werde ich fallen in der Hölle –

Unten senken katholische Ordensschwestern und evangelische Diakonissen vor den Toten die Hauben, und die Särge ziehen an den Vertretern der Behinderten, in Rollstühlen aufgereiht, vorbei, dann an der dichten Kette der Sportler entlang, angetreten zum Abschied vom Terrorismus stehen Reiter ohne Pferde, Tennisspielerinnen in Burberrymänteln, Schwimmer im Straßenanzug, Golfer und Hockeyspieler, Wurftaubenschützen und Radfahrer,

Fußballer und Leichtathletinnen, Angler und Ruderer: sie alle, so weit der Blick reicht von oben, halten das Piktogramm ihrer Sportart hoch und werben mit ihren gesunden Gesichtern und den Eiterpickeln der Fitness –

Kommt her, ihr Sportschützen, ich weiß, die Bundesschießsportschule hat euch freigegeben über Mittag, damit ihr euch zeigen könnt mit den Kleinkalibergewehren: meinetwegen, euren gelehrigsten Schüler: wo bleibt euer Salut für meine Höllenfahrt? ihr könnt mir die Zähne nicht mehr ausschlagen mit den Kolben und die Lunge nicht durchsieben, selbst wenn ihr wolltet und ich freigegeben wäre als Festtagsbraten für alle –

Ihr wißt nicht, wer ich bin?

Das Rätsel bin ich –

Alle deuten an mir herum, versuchen mich zu fassen und zu bannen und nehmen teil an diesem Umzug, damit sie ganz sicher sind, daß sie mich endlich haben, wo sie mich haben wollen: unter der Erde, den Körper geviertelt, seziert, versenkt –

Aber je tiefer sie mich einbuddeln werden heute nachmittag, je fester sie die Erde über mir trampeln, je größer die Steine, die sie über mich decken, desto weniger werden sie den Bösen, den unersättlichen Störer loswerden: und ahnen nicht, wie sie fleißig meine kleine Unsterblichkeit vorbereiten, denn es wird Nachfolger geben, wie es schon jetzt Nachfolger gibt, Generationen sagen die Experten, als wären wir Computer oder von noch höherem Adel, und sie werden, wann immer ein wichtiger Mensch entführt oder erschossen oder mit Gewalt belästigt wird, auf mich zurückkommen wie auf den alten Adam oder den alten Ahab –

Ja, sie nannten mich Ahab: unter vielen blöden Namen vielleicht nicht der blödeste, eine Taufe in Ehren als Kapitän der *Pequod*, hoch auf den Wellen der Südsee zurück in die fiebernden Jungenträume von der Jagd auf Moby Dick: der Kapitän, keine Frage, war ich, und für die ganze mühsam angeheuerte Mannschaft unserer kleinen Armee reichte der Platz auf dem Walfängerschiff –

Sie nannte mich Ahab: Lisa teilte die Namen wie Orden aus: und ich der Kapitän, obwohl nie zur See gefahren, ohne Leidenschaft für Wale und andere Säugetiere, und keine Beinprothese aus

Walzähnen: ein Schuß ins Bein immerhin mit anschließender Beförderung zu lebenslänglichem Knast –

Ahab lenkt das Schiff über das wilde Meer: die Gesellschaft, der Staat, der Imperialismus: immer dachten wir an Maos Bild vom Revolutionär, ein Fisch im Wasser des Volkes, überall Freunde und Verstecke im Schwarm, überall im Wasser die zündenden Ideen und Sprengsätze legen –

Also Schiff und Fisch zugleich: ein endloser Wettkampf auf dem Wasser, im Wasser: *Seemannsbraut ist die See, und nur ihr kann er treu sein,* das war der dritte Bildungsweg der Schlagerparade, und der erste: Gedichtinterpretation Obertertia: *John Maynard war unser Steuermann:* wie weit hat die sprachfeste Lisa mit ihrem ruhigen Verstand den Ahab-Vergleich durchdacht? sich selber zum Smutje befördert immerhin: *der Koch hält die Töpfe spiegelblank und predigt gegen die Haie:* und ein paar anerkennende Anzüglichkeiten für Kapitän Ahab dazugeliefert: *und sollte tief auf dem Grunde seiner Natur etwas Krankhaftes sein eigensinnig grillenhaftes Wesen treiben, so tut das seinem dramatischen Charakter nicht den geringsten Abbruch –*

Danke, meine Damen und Herren, danke schön, danke: so weit die personality show, vergessen wir für einen Augenblick Seine Majestät Käptn Ahab –

Wer sind die Wale bitte schön, die wir jagen und fangen und zerlegen, damit wir was zu fressen haben und leeeeeben: die Bullen, die Schweine, die Pigs, denen wir mit Harpunen das Fleisch aufreißen und so weiter? was ist an dem Vergleich falsch oder richtig? ach, das sollen sie in Seminararbeiten untersuchen, vorwärts und rückwärts –

Und wer ist der weiße Wal bitte schön, auf den ich, wenn ich Ahab, es abgesehen habe, weil der mich einmal geschlagen, beleidigt, verletzt hat für den Rest meines Lebens? Moby Dick, das einzige Ziel meiner Rache: wer war, wer ist der Wal? irgendwas muß sich Lisa doch dabei gedacht haben –

Das hätt ich sie gern noch gefragt am Ende: oder heute auf der langen, langen Bahnhofstraße oder hier vom Balkon herunter oder weiter oben durch die Höhen streifend, im Aufwind vor den Taunusbergen: und aus dem Wind oder weiß der Teufel woher flüstert die Stimme mich an: vielleicht ist dein weißer Wal ein Adler?

Ein guter alter brauner deutscher Adler mit Narben und Krallen, der ewige Raubvogel über dir: im unerreichbaren Horst, mit weitgespannten Schwingen unter den Wolken kreisend?

Unter Naturschutz, weil er schon so viele deutsche Reiche überlebt hat: die Flügel mal ausgebreitet, mal milde gefaltet, mal fromm christlich, mal den Arm nazisteif gestreckt, mal bundesrundlich gluckenhaft unter dem immer gleichen, mal nach links, mal nach rechts gewandten Krummschnabel, der das Land geordnet hat und die Wunden geschlagen? ein Vogel, schön und furchtbar zugleich: überall auf den Simsen und Stempeln und Münzen, auf Wappen und Waffen, über den Gesetzen und über dem Gesetzgeber monumental und doch nirgends zu greifen?

Nur ich auf der Suche, nach dem einzigen Ziel: Rache und Kampf bis auf den Tod: mit bloßen Händen und etwas Logistik nahm ich den Kampf auf gegen das Schicksal, das der braune Adler mir bescherte: meine Wunde machte ich zur Wunde der Welt: nicht allein, wie jeder weiß: aber ohne mich hättet ihr ruhigere Jahre gehabt: *Dem Wal den Tod oder in Klump das Boot* hat die Mannschaft gebrüllt, und niemand soll jammern, das habe er oder mit Verlaub: das habe sie nicht gewußt –

Moby Dick riß den alten Ahab in die Tiefe des Meeres, mich zieht der alte Adler in den Todesminuten in die Höhe: Himmelfahrt der Seelen römischer Kaiser auf Adlern: zum schönsten Aufstieg vom Schlachtfeld, vom Trümmerfeld der Begierden zum Himmel der heitersten Gleichgültigkeit und der lässigsten Bosheit, wenn Herz und Hirn stillstehn –

Ach, bedient euch selbst, biegt euch selber die Legenden zurecht, die zum Überleben gebraucht werden –

In jedem Fall bewundere man unsern Humor: daß wir im Knast uns zu Romanfiguren machten, zur verlorenen Besatzung eines Schiffs, dessen Untergang bekannt und weltberühmt: *die Furcht vor Ahab war größer als die Furcht vor dem Schicksal*

Oder wieviel hast du schon geahnt, Lisa, als du uns die Namen verpaßt, mich zu Ahab befördert hast: daß wir alle untergehen

sollten, daß ich unterging an der Harpunenleine in einem als Mord
gefeierten Selbstmord hoch drei –

Wenn ich wüßte, wer oder was dich jetzt in Höhen oder Tiefen
treibt, Lisa: wo du steckst jetzt: jetzt und gegen wen dein mutiges,
zorniges Herz –

10 Kassette 1, Seite A:

Ich red jetzt einfach mal los ich muß endlich reden es ist
höchste Zeit und ich will dir ich will euch schnell noch einiges
sagen eh sie mich schnappen oder abknallen ich weiß noch
nicht wie ich hier rauskomm fürs erste fühl ich mich halbwegs
sicher hier in der Speisekammer mit Matratze aber es ist vielleicht
die letzte Gelegenheit noch was zu sagen eh sie kommen die Bullen
oder ihr mich erwischt /

Ja das halt ich für möglich weil ihr Schiß habt daß ich euch verrat
noch am Ende egal ich bin vielleicht immer eure Risikotante gewesen aber verraten werd ich euch nicht ich will nur eins sagen ihr
seid verrückt ich sag das gleich am Anfang damit das klar ist damit
das ganz deutlich ausgesprochen ist und ich will euch das erklären
hört mir zu hört mir wenigstens einmal richtig zu du auch Henner
gerade du kannst deiner Freundin deiner abgelegten Freundin vielleicht noch einmal zuhören ich mach das für dich hier hauptsächlich und ich hoff nur daß du irgendwann mal die Kassette kriegst
und mir zuhörst wenigstens einmal einmal noch /

Eigentlich wollte ich ja alles aufschreiben vorgestern da hab ich
den ganzen Tag immer wieder Sätze hingeschrieben immer einzelne Sätze verkrampft und ohne richtigen Zusammenhang mal
hier angefangen mal da bis ich dachte ich spinne daß ich mir im
Kopf nichts mehr ordnen kann und nicht weiß wie ich anfangen
soll na gut das macht mir nichts darauf kommts ja wirklich nicht an
aber die Hand /

Ich hab gemerkt wie meine Hand das nicht mitmacht das Schreiben länger als zwei drei Sätze auf dem Papier zu bleiben auf Linie
als könnte sie den Kuli nicht mehr halten oder als wollte sie sich

nicht aufhalten mit diesen Krickeleien dieser Fliegenschiß der Buchstaben einer nach dem andern egal es ging gar nichts mehr/

Ich dachte es liegt an dieser verdammten Kleinschreibung die wir uns angewöhnt haben diese ewigen revolutionären Kleinbuchstaben tak tak tak tak tak als seien wir die Deutschlehrer der Zukunft daß ich nicht lache die große Rechtschreibreform der RAF nur weil ein paar von uns irgendwann zu faul waren die Hebel für die Großbuchstaben zu drücken egal egal/

Vorgestern jedenfalls hatte ich plötzlich einen Satz auf dem Papier stehen ich kehre zur Großschreibung zurück und ich weiß daß einige von euch schon das als Verrat verteufelt hätten so weit sind wir gekommen egal das hat mir auch nichts genutzt ich bin auch mit dem Satz nicht weitergekommen also groß oder klein das wars nicht meine Hand hat nicht mitgemacht meine Gedanken nicht meine Hand als könnte sie nicht mehr schreiben egal egal ja ich seh euch grinsen ich weiß schon was ihr denkt die Hand die dem Kinderwagen den Schubs gegeben hat mit dem alles anfing jetzt hat sie wieder ihren zimperlichen Anfall die Zicke die Conni kriegt sie wieder ihren Moralischen ach deine billigen Sprüche Henner ich könnte dich so wie du mich fertiggemacht hast in den letzten Wochen/

Das kann ich dir nein nein Schluß Aus/

Also es ging nicht und meine Gastgeber haben mir gestern abend ich hab sie drum gebeten das Gerät hier gebracht und einen Stapel Kassetten ich red jetzt drauflos denn jeden Augenblick können sie hier sein ich red mal drauflos besser als hier verkommen zwischen Konserven Regalen Putzeimern ungekochten Spaghetti ich kann nicht von vorn anfangen ich fang mal lieber an mit dem Schluß mit dem Zickenanfall wie ihr das nennt mit dem letzten/

Ich war nämlich gar nicht ängstlich ich war nämlich endlich mal mutig als ich euch angeschrien hab ich weiß nicht mehr was ich hör mich selber noch schrein es ist verrückt was ihr da macht verrückt seid ihr wir sind alle schon völlig verrückt aber ihr habt mich überstimmt also hab ich die Schnauze zu halten und mitzumachen es ist ein Kommando/

Aber ich hab mich entfernt aus dem Kommando ich halt die

Schnauze nicht ich hab meine Stimme noch bitte sehr ich hör mich jedenfalls ich hab meine Stimme mit über die Grenze genommen es ging alles gut aber also zurück unser Streit ganz zum Schluß damit wollte ich anfangen Scheiße ich bin wirklich fertig völlig fertig/

Die Frage also was jetzt mit Büttinger ich geb zu ich war schon länger dafür ihn freizulassen gegen Geld oder gegen einen echten Vorteil ich hab es einfach nicht länger ausgehalten geb ich alles zu obwohl er es ja gar nicht so schlimm fand bei uns nach dem ersten Schock er hat ja nicht mal seine Tabletten gebraucht die er sonst immer brauchte er war eigentlich in ziemlich guter Verfassung nicht viel schlechter vielleicht als in seinem üblichen Managerleben eingesperrt natürlich und das ganze Spiel um sein Leben offen aber das wollte ich jetzt nicht sagen nach den sogenannten Selbstmorden lassen wir das jetzt ich weiß es ja auch nicht ich war nicht dabei/

Danach jedenfalls da hat doch der Staat da haben doch alle nur darauf gewartet daß wir ihn umbringen ja ja ihr habt feinere Wörter dafür aber die kriegt ihr von mir nicht mehr zu hören da müßt ihr euch schon selber belügen mit euerm feinen Begriff liquidieren und so weiter/

Alle haben drauf gewartet und das was sich da Krisenstab nannte die hatten ihn doch längst aufgegeben sie konnten ihn nur noch als Toten gebrauchen und ich hab getobt und geschrien selbst wenn er dich erkannt hat Enzo verschwinden müssen wir sowieso nur deshalb willst du ihn killen wir machen genau den Fehler den der Staat von uns erwartet wir wären Rächer Mörder und sonst gar nichts mehr/

Und ihr habt geschrien was jetzt ihn laufen lassen nach all der Aktion der Arbeit von Monaten umsonst eine Blamage wär das die schlimmste aller Niederlagen er hat uns erkannt weißt du was das heißt lebenslänglich das große LL und ich so blöd seid ihr so blöd lebenslänglich kriegen wir sowieso zehnmal lebenslänglich hab ich gesagt die schlimmste Niederlage ist die die ihr vorhabt sie paßt dem Staat den Bullen am besten ins Konzept daß wir schon so weit heruntergekommen sind daß wir auf so einen schmierigen sinnlosen Mord nicht verzichten/

Und ihr habt geschrien Mord Mord das ist doch kein Mord und ich nenns wie du willst und ihr du willst ihn einfach vor die Tür schicken und laufenlassen und ich /

Ich hatte darüber schon nachgedacht nein irgendwo aussetzen an einem symbolischen Ort meinetwegen in einer Fabrik in einer stillgelegten Fabrik im Ruhrgebiet oder am Obersalzberg da sind wir doch mal gewesen zwischen den ganzen Hitlertouristen und haben das durchgecheckt und ihr habt nur gehöhnt da kommt er wieder durch dein bürgerlicher Antifaschismus dein Sozialge-schmuse und ich hab geschrien immer noch besser als deine Bul-lenmoral das war zuviel es war zuviel damit war alles entschieden /

Warum erzähl ich das alles das weiß ich selber nicht es muß nur raus raus wochenlang oder Monate mit keinem Menschen richtig geredet oder immer nur die vorgeschriebenen Wörter und Sätze ich red jetzt einfach wies kommt ich weiß ja nicht mal wem ich das hier erzähle außer mir selber endlich mir selber endlich was für mich und ich muß ja selber erst rauskriegen ob ich den Mund rich-tig bewegen kann und wie die Stimme halblaut leise bloß nicht schreien wie bei dem letzten Streit /

Ich war schon vor dem Streit völlig fertig ich geb es ja zu und danach noch mehr und ich hab alles falsch gemacht ich hätt ja poli-tisch argumentieren können eiskalt politisch wie ihr es von mir erwarten konntet aber ich bin sicher ihr hättet auch darauf nicht gehört /

Alli hat es ja ab und zu leise versucht aber auch ihn habt ihr untergebuttert ihr vier immer ihr vier immer die Mehrheit immer die gleiche Mehrheit von euch vier alle Diskussionen immer demo-kratisch abgestimmt demokratisch ich kanns nicht mehr hören will es nicht mehr hören nicht mehr von euch jetzt jetzt jetzt red ich und solange ich will solange die Kassetten reichen und solange sie das Haus nicht stürmen /

Also Büttinger er hat uns doch so viel verraten wie er noch nie-mals vielleicht geredet hat und wir haben das alles auf Band und er hat es immer wieder bestätigt zwischendurch und wir waren doch ziemlich sicher ich jedenfalls bilde mir ein ich habe gemerkt wo er geschwindelt hat und wo nicht beim Verhör er hat ja selber wenn wir ihn falsch verstanden haben oder übertrieben haben bei einer Frage einer Zusammenfassung oder zu frech waren wie wir halt so reden dann hat er uns verbessert und immer freundlich gesagt nein das stimmt nicht das stimmt so nicht das muß man differenzierter sehen das war nämlich so so hat er uns richtig belehrt ich glaube wir haben alle irgendwas von ihm /

Ich wollte sagen gelernt wir haben alle was von ihm gelernt aber da mußte ich wieder nachdenken so stimmt es nicht es stimmt alles nicht so wies gesprochen kommt aber egal ich wollte was anderes ich kann nicht alles gleichzeitig sagen und noch richtig dazu /

Was wir da auf Band haben ich weiß nicht ob es eine Abrechnung war mit allem seine Lebensbilanz manchmal richtige Sätze wie ein Testament aber was er gesagt hat welche Skandale und wer von wem bestochen befreundet in die Zange genommen und all diese Aussagen hatten doch nur den einen Wert wenn dieser Mann am Leben bleibt die ganze Mafia in der Wirtschaft und Politik sie hätten ihn meiden müssen wenn wir ihn freigelassen hätten hätten ihn fallenlassen er hätte einiges dementiert oder alles ein furchtbares Durcheinander eine Entlarvung der ganzen Bande wäre das geworden das wäre immerhin ein Ergebnis und die ganze Scheiße wäre nicht völlig umsonst gewesen aber das wolltet ihr nicht und die Regierung auch nicht der ganze Krisenstab die hatten ja auch Angst hatten ja alle Angst vor dem was Büttinger ausplaudern könnte /

Ich hab euch gefragt ob ihr das nicht selber merkt wie ihr wie wir denen in die Hände wir Handlanger aber ihr immer unfehlbar immer überzeugt von euch selber und von Stärke und Kampf ihr habt das nicht kapiert ihr habt das nie kapieren wollen auch du nicht Henner du warst doch früher anders wie soll ich das nennen aber jetzt nur der starke Max der nicht zeigen darf wie er bibbert vor Angst /

Und wenn du einmal wenigstens auf meine /

11 **Wie viele Sportschützen,** Tennisfrauen und Schwimmer schließen sich dem Trauerzug an und laufen freiwillig mit, obwohl sie dahinten nichts hören von der marschierenden Musik weit vorn: vier, fünf Straßen weiter zappeln Schulklassen vor Neugier auf die Attraktion Sargwagen, die in der nächsten oder übernächsten Minute auftauchen könnten: warum hängen sie alle so an mir, dem Mann mit der Bombe?

Seid so freundlich und verzeiht mir, daß ich nicht mehr lebe –

Was mir in den Händen brennt, der ganze Sprengstoff, den ihr mir zuschreibt: es glaubt mir doch keiner, was ich wollte, mein bescheidener Wunsch, mit dem alles anfing: die Zellen leer eines Tages, und im Licht keine Täuschungen mehr und Freiheit etwas anders definiert, als Golfspieler und Wurftaubenschützen das tun –

Weitermachen, immer so weiter? da haben wir ein paar Fragezeichen gesetzt: und wenn ich mich überschätzen darf, wozu ich die satteste Absicht habe, dann sag ich: ich war die Frage an euch selber: deshalb diese in Wut getauchte, mit Verachtung gehärtete, diese mit Haß legierte Liebe zur mir –

Aber das ist zu hoch, das befriedigt all die lieben Menschen nicht und bringt die Einschaltquoten nicht: also macht es euch weiter so einfach wie möglich mit mir und spart euch die Wut, daß ich nicht mal meine Memoiren angeboten habe: meine Geschichte, von mir selbst erzählt –

Der Sohn des Historikers macht Geschichte: das hättet ihr gern noch von mir gehabt auf dreihundert Seiten, Vorschüsse gezahlt, Vorabdrucke, Live-Interviews, Talkshows, ein Bestseller gut für Platz 1 bis 5, Übersetzungen in fünfzehn Sprachen: voll Abscheu oder ergriffen oder mit Tränen hättet ihr gelesen, was ich euch hätte hinschmieren können oder in ein paar ruhigen Stunden in der Zelle mir selbst diktiert habe und jetzt abspule: mach dir ein paar schöne Stunden: mach dich selbst zum Kino –

Ich war der Sohn eines Geschichtsforschers und bereitete meiner Mutter, denn mein Vater starb am Ende des Kriegs, bis an mein Lebensende nichts als Sorgen. In den Nachkriegsjahren war der Kampf um Wohnung und Brot, den die Mutter allein zu führen hatte, schwer, und ich hatte viele müßige Stunden. Schon von der Schule her hatte ich nicht den besten Ruf. Erwachsene führten Klage über meine Frechheit, und die Freunde huldigten meinem erfinderischen, unberechenbaren Kopf. Einmal teilte ich uneigennützig alles, was ich hatte, zog meinen Pullover aus, wenn ich jemanden frieren sah, dann wieder konnte ich bedenkenlos einen andern um Geld erleichtern.

So könnte euch das passen, so hättet ihr mich gern, den leuchtenden Ritter des Bösen: wie alles anfing, ja, in jedem Gangster das gute Herz: ja, die schlimme Jugendzeit, ja, die vaterlose Generation, ja, die rauhen Nachkriegsjahre, auch er, jaja, hatte es schwer: das darf nicht fehlen im Drehbuch und erst recht nicht im Exposé oder Treatment, das ich euch liefere, wenn ein Vorschuß kommt für die *Geschichte meiner hundert Schüsse*, für den *Schußwechsel*, den ich uneigennützig geliefert, auch wenn immer noch niemand weiß, welches meine Schußhand war –

Also gut, hier ist das Bild von mir, das ihr erhofft, damit ihr Ruhe habt und die Illusion, mich abhaken zu können –

Obwohl ich mich jeder erzieherischen Maßnahme entzog, wollte ich mit 16 Jahren ein Buch für eine bessere Erziehung schreiben. Ich haßte den Sport, weckte meinen Geist an der Literatur und fand Gefallen daran, jedermann vor den Kopf zu stoßen. Da ich weder lernen wollte noch mich anpassen, mußte ich immer wieder die Schulen wechseln. Entweder man liebte oder man haßte mich.

Demnächst in diesem Theater laufen die Filme rückwärts: eine Bittschrift, ein Gnadengesuch könnte so anfangen, trotzdem biete ich mehr an Selbsterkenntnis plus Selbstkritik, als man von einem hellwachen Kämpfer erwarten kann: und erwarte keine Gegenleistung, nicht einmal Gnade, sondern den schönsten Aufwand beim Begräbnis für einen Toten, dessen Karriere gekrönt wird –

Mit dem Aufmarsch der Bundeswehr: vierundzwanzig Unteroffiziere des V. Pionierbataillons salutieren stumm und vorbildlich die Brust gereckt vor dem Leichenzug, schielen auf die Pistolen auf dem Ordenskissen, und neben ihnen die Abordnungen der US-Army, der französischen Truppen und der britischen Rheinarmee, an der Ecke Bahnhofstraße/Rheinstraße: wo aber bleibt die Royal Air Force, ist die immer noch beleidigt, weil wir ihr die Abkürzung geklaut haben und berühmter sind?

Soviel der Ehre für den inneren, den heißgeliebten Feind: sind wir nicht schon wieder mitten in einer sadomasochistischen Geschichte: alles muß man selber machen: meine egoistische Selbstkritik und eure Liebe zum Schlüsselloch werde ich unter einen Hut kriegen und daraus die Karriere eines Terroristen bauen –

Ich wollte ertrotzen, was mir verweigert wurde. Wo ich mißfiel, nahm ich mir vor, durch noch größeres Mißfallen erhöhte Aufmerksamkeit zu gewinnen. Die Mädchen und jungen Männer, die ich mir zu Partnern wählte, um sie bald mit bösartigem Spott zu überziehen, mißhandelten mich in der gleichen Weise. Mich drückte der Mangel an Geld, und mein eitler Versuch, in schönster Bekleidung aufzutreten, verschlang noch das wenige, was ich mir durch kleinere Geschäfte erwarb. Zu unwissend, meine Bedürfnisse durch größere Spekulationen zu befriedigen, zu selbstbewußt, mich in ein Angestelltenverhältnis zu knien, zu stolz, meiner angebeteten Freiheit zu entsagen, sah ich nur einen Ausweg, den schon Tausende vor mir und nach mir mit besserem Glück ergriffen haben, den Ausweg: mit Vernunft und List zu stehlen.

Diese Sprache paßt euch nicht, aber sie klingt gefälliger als meine rotzenden Wörter, und solang meine Spucke im Maul noch körperwarm ist, habt ihr die Chance zuzuhören: *mit Vernunft und List zu stehlen*, wie ich mir diese Sprache stehle, in der ich euch vormache, wie ihr mit mir umgeht –

Es liegt an mir, ob ich euch im Irrtum lasse oder zwischen den blinkenden Scherben der Wahrheit, wenn ihr doch nicht versteht, was Stehlen heißt: wenn da ein Traum von einem Motorrad wartet, wachgeküßt zu werden, blitzend in der Sonne und leicht zu zünden, und dann ab mit fünfzig, siebzig, hundert: danach die Runde mit der Freundin, die nun nicht mehr nein sagen kann nach dem Fahrrausch und den gefalteten Händen auf meinem Bauch in der Kurve auf zwei Rädern so schnell –

Sehr gut, da ist ganz nebenbei ein Motiv: er wollte immer der erste, immer vorn, uneinholbar sein, bitte merken, bitte merken, bitte notieren: denkt ruhig über das Motiv nach: während ich ertappt und verurteilt wurde und die Wochen abriß zwischen Wanzen und Kohlsuppen: und einer ohne mich zu fragen den Faden aufnimmt in sauber geordneten Sätzen –

Nach überstandener Strafzeit gesellte sich das drückende Gefühl des Mangels zu beleidigtem Stolz. Sich zu bessern nahm er sich vor, aber nur, um noch geschickter die geliebten Motorräder und Autos zu stehlen und der Polizei flinker zu entfliehen. Aber wieder hatte er das Unglück auf seiner Seite. Angehalten in einem entwendeten Fahrzeug, keinen Führerschein zum Vorzeigen, und wieder verurteilt, wurden ihm die, die seiner Freiheit Schranken setzten, endgültig zu Feinden.

Strafen ließen die Kette seiner Delikte nicht abreißen. Sein Trotz war ebenso wie sein Ruhm unter dem Gewicht des Unglücks gestiegen, das er als Angriff auf seine Freiheit deutete. Er bot sich Männern an, ihnen für einen Nachtlohn dienstbar zu sein. Es zog ihn zu den Künsten, unentschieden, wohin er seine Begabung lenken könne, verstieg er sich in Pläne, die keine Woche Bestand hatten. In allen Entwürfen getäuscht, von seinen Bekannten mehr und mehr zurückgewiesen, der ständigen Prügeleien und Auseinandersetzungen mit der Polizei müde, verließ er endlich seine Vaterstadt.

So brav geordnet ein krummes Leben, aufgereiht die Vergehen vor den Verbrechen, so einsichtsvoll hättet ihr mich gern –

Wer die Macht hat, den Daumen nach oben zu drehen oder nach unten, braucht die Momente des Nachschenkens, des Atemholens, der Besinnung, die es in meinem Leben nicht gab, die ich euch aber gern vorzaubere als Möglichkeit, als Haltepunkt für euch an den Tragegriffen: damit ihr wißt: hier hätte die Karriere eines Verbrechers angehalten und zum Besseren gewendet werden können, und er wäre nach Wunsch der Onkels und Tanten, Lehrer und Nachbarn in einem tüchtigen Verein gelandet auf dem Boden des Grundgesetzes wie hier in Wiesbaden: meinetwegen jetzt –

Ortsgruppe der Deutschen Kakteengesellschaft, Alpenverein, Imkerverein, Carnevalsgesellschaft Fidel: was für eine Riesenauswahl an Vereinen mit großer oder kleiner Gemeinnützigkeit, die

jetzt Spalier stehen zum letzten Geleit an der Rheinstraßennord-
seite, Rauchclub, Hausfrauenbund, Verband Deutsches Afrika-
korps, Astronomische Gesellschaft, alle suchen Nachwuchs,
bieten wertvolle Freizeitbeschäftigung und nehmen heute Aufstellung mit kleinen Infoständen, Bänken oder Sonnenschirmen vor
Fernsehen und Presse und den Tausenden, die dem Trauerzug
nachlaufen auf dem baumgesäumten Mittelweg und der Südseite
der Rheinstraße, ein Gehen, Schieben, Drängen: wir sind dabei:
nebenbei die Werbung für nützlich-gesellige Herzensbildung des
Vereinslebens: *sicher ist, daß die Terroristen nicht das geworden
wären, was sie wurden, wenn sie rechtzeitig Verständnis für ein
sinnvolles Hobby und dienende Tätigkeit gefunden hätten in
einem Verein:* es fehlten vielleicht ein oder zwei freundliche Menschen im richtigen Augenblick, ist das nicht das Zentrum der Tra-
gik?

*Nutzte er, dem nicht nur die Mutter Empfindlichkeit nachsagte,
den Abschied als Gelegenheit zur Besinnung? Begriff er selbst
mehr von seiner Gemütsverfassung als seine Richter, denen er seine
Unnachgiebigkeit, oder seine Geldgeber, denen er mit dem Körper
seine Nachgiebigkeit demonstrierte?*

*Jedenfalls kreuzte niemand seinen Weg, der ihm hätte bewußt-
machen können, wie sehr er in allem danach trachtete, den
schwach entwickelten Mut seines Vaters zu sühnen oder um ein
Vielfaches zu übertreffen. Die Mutter hatte ihm erzählt, der Vater
habe sich nach dem gescheiterten Attentat auf Hitler 1944 dem
Widerstand anschließen wollen. Nach ihrem flehentlichen Hinweis
auf die Familie habe der Historiker seine Idee des Widerstands
rasch wieder aufgegeben. Was die Mutter als Beispiel für Stärke
wertete, legte der Sohn als unverzeihliche Feigheit aus. Seine Deutung sah er bestätigt durch des Vaters ungeklärten Soldatentod, der
nicht genau zu datieren war. Als er das Versagen des Vaters zu
begreifen meinte und ihm zum Vorwurf machte, wollte er zumindest anders sein: alles, nur nicht ängstlich. So mündeten seine stürmischen Leidenschaften in den einen Vorsatz: jedem Gebot Widerstand zu leisten.*

Hier habt ihr mich, gesucht und gefaßt mit allen unerforsch-

lichen Motiven, aufs Streckbett geworfen, hinein in den aussichts-
losen Kampf gegen die Schwäche des Alten, der kein Nazi war und
kein Antinazi, weil er nichts so sehr scheute wie *die Tat*: da habt
ihr wieder ein Motiv, da habt ihr euern *Täter* –

Ach, irgendwann: also jetzt bin ich soweit, daß ich alles zugebe
wie es war und alles Wilde in mir zu einer Geschichte glätte, in der
alles folgerichtig wird: ich der Unnachgiebige, der Stier, der
Kämpfer gegen das falsche Lächeln: das hättet ihr auch früher
haben können, daß ich alles zugebe, aber mit mir habt ihr immer
nur: *Hände hoch oder das Leben!* gespielt –

Hier ist mein Leben, meine letzten Minuten, mein Fingerabdruck, den man nicht finden wird an meiner Hand, die mich erschossen hat: da ist der Fingerabdruck, bitte sehr, ich bin noch da,
so schnell verlaß ich euch nicht, meine Lieben, es wird noch dauern, bis ihr wieder grinsen könnt vor Glück und euch totlächeln
von mir aus, ohne daß ich oder einer wie ich dazwischenfährt: in
die Fresse, mein Herzblatt, Lisa: das alte Lied –

12 Vor zwanzig schwarzweißen Bildschirmen sechs Beamte, die
prüfen die elektronisch zugelieferten Gesichter. Zwanzig
Ausschnitte von Straßen und Plätzen der Stadt zeigen, in verwischten Grautönen verfremdet, Bewegungen von Autos und
Passanten, zeigen das wieder normale Geschiebe um den Bahnhof
herum, das Gewühl in der oberen Bahnhofstraße, Lautsprecher-
proben am Platz der deutschen Einheit und abgesperrte Straßen
vor dem Nordfriedhof. Zwölf Kameras, alle im Polizeipräsidium
um 359 Grad und für Nahaufnahmen und Weitwinkel lenkbar, haben die Brennpunkte der City im Visier. Acht weitere sind nur für
den Tag der Feierlichkeiten auf dem Weg zum Friedhof und in den
Bäumen zwischen den Gräbern installiert. Umfassender Lage-
überblick im Videoraum, geboten von übereinander und nebeneinander gestapelten Bildkästen.

Eine Premiere, so aufregend wie erleichternd, und Bernhard
Schäfer auf einem Drehstuhl der wichtigste Zuschauer. Zum er-

sten Mal können seine Männer die Videoanlage, vor vier Wochen mit dem Argument der besseren Verkehrsregelung angeschafft, auf dem Weg der Amtshilfe in die Ermittlungsarbeit einbeziehen. Mal fährt eine Kamera, immer schräg von oben, auf eine Gruppe zu, holt einzelne Gesichter heran, läßt sie einen Augenblick stehen, und geht dann wieder unsichtbar auf Distanz. Die geschmeidigen Bewegungen des Suchens und Findens, des Näherns und Schwenkens, des Tastens und Greifens werden im Polizeipräsidium gesteuert. Aber Schäfers Truppe hat genügend Zeit, unter den Tausenden von Zuschauern die auszuwählen, die ein Kriterium terrorrelevanter Auffälligkeiten zu erfüllen scheinen, und die Gesichter, wenn sie von den Videokameras erfaßt sind, zu speichern und mit dem vorhandenen Bildmaterial abzugleichen.

So laufen zwanzig Stummfilme nebeneinander, übereinander, alle mit ähnlicher Handlung. Auf Schirm 1, Bahnhofsplatz, greifen zwei zivil gekleidete Kollegen einen jüngeren Mann. Einer hält ihn fest, während der andere mit einer Metallsonde erst über die Kleider des Verdächtigen fährt, dann ihn abtastet und seine Reisetasche durchsucht, Wäsche und Bücher herauszieht. Wenn sie ihn wieder laufenlassen, ist sein Gesichtsbild aufgenommen, erfaßt und an die zuständigen Abteilungen weitergeleitet. Was dann geschieht, Einsätze, Ermittlungen, Observationen, das entscheiden die untergebenen Beamten, da braucht sich der Chef nicht einzumischen.

Die Arbeit läuft gut, auch wenn noch keiner von Nagels mutmaßlichen Nachfolgern sich zeigt, die Bewährungsprobe ist vorerst bestanden, Schäfer zufrieden. Er schaut immer öfter von den Videobildern zu den Fernsehapparaten, auf denen die Fahnder gleichzeitig den Weg des Trauerzugs im Auge behalten. Die Farben ziehen ihn an, buntes Vereinsleben auf der Rheinstraße, temperamentvolle Bewegungen der Gäste aus den Partnerstädten, die dem Trauerzug folgen. Der allzeit hellwache Polizeichef bewundert die geschickte Regie, die von den Särgen zum Publikum, von den Ordenskissen zu den Würstchenbuden, vom Stadtpanorama zu gespannten Kindergesichtern, vom Anfang des Zuges zu seinem Schluß schaltet, wo sich immer mehr Wiesbadener anschließen, die zuvor als Beamte oder Sportler, als Vertriebene oder Karnevalisten die Straßen gesäumt haben.

13 **Grünweiße Helme** über Motorrädern biegen in die Schwalbacher Straße, hinter ihnen Schellenbaum, Pauken und Posaunen, von schlankuniformierten Männern weithin hörbar bedient, und der erste, der schwarze Ford-Transit nimmt die Kurve, danach der rote und gelbe mit der unter Blumen, Flaggen und Holz verdeckten Fracht, da steigen, erst vereinzelt, zögernd, dann laut und vielstimmig, Schreie der Begeisterung auf, helle erregte Stimmen von einigen Hundert Schulkindern, die, zwischen Hunderten anderer Zuschauer, den Anfang der geschmückten, nach Norden auf die Taunushöhen führenden Straße säumen. Der Schrei sackt wieder ab, denn das erwachsene Publikum hält sich zurück, als sei es mit den Gefühlen noch nicht so weit wie die Kinder, die, von feierlicher Erwartung gekitzelt, den Auftritt der berühmten toten Helden in der Stunde ihres höchsten Triumphs wie die leibhaftige Erscheinung unerreichbarer Popstars oder frisch gebackener Weltmeister bejubeln.

Unter Firmenschildern und Produktnamen stehen Damen und Herren als Abordnungen Wiesbadener Betriebe, Gesichter stumm vor Erwartung und bereit für die durch Kameralinsen schleichende Werbung, darum lockerer als die Militärs und Vertreter der gemeinnützigen Vereine in der Rheinstraße. In der Nähe der hochgeschätzten Firmennamen drängeln immer mehr Bürger, Pensionäre, Kurgäste ins Bild, die sich die Freiheit genommen haben, ihre kleinen Beschäftigungen zu verschieben, um die Toten ein Stück auf ihrem Weg in die Zukunft zu begleiten und mit Stock, Hut und der Zurückhaltung älterer Herrschaften dabeizusein.

Der Trauerzug rückt zum Platz der deutschen Einheit vor, die zentrale innerstädtische Omnibushaltestelle, heute mit erhobenen, längs der Schwalbacher Straße aufgebauten Sitzreihen für VIPs und einer Bühne als Festplatz hergerichtet. Von einem Hydraulikkran schwenkt eine Kamera hinab auf die Köpfe der Menge, über Buden, Zelte, Imbißstationen rund um den Platz und die Seitenstraßen.

Der Kamerablick verweilt auf der vollbesetzten Tribüne, auf Gesichtern lockerer Damen und Herren. Im Einvernehmen mit dem Protokoll hat die führende Sektkellerei der Stadt etwa zweihundert Personen, die sich dem Trauerzug nicht anschließen und doch das Geschehen von herausragender Stelle beobachten wollen, Logenplätze angeboten. Unter einer riesigen Werbetafel *Henkell trocken – die Welt von ihrer schönsten Seite* können die Einheimischen die Gestalter des neuen liberalen Wiesbaden erkennen, die seit kurzem die Stadt regieren. Immobilienmakler, die wieder Zugriff auf städtischen Boden haben, Chefärzte, die vom strengen Liquidationsrecht befreit sind, Christdemokraten, die sich bei der Bekämpfung der Schulfreiheit und des Terrorismus ausgezeichnet haben durch Verhinderung einer Friedenswoche und einer Ausstellung russischer Malerei, durch Eingriffe in die Bestellpraxis der Stadtbibliothek und laute Angriffe auf das Staatstheater.

Über den Very Important Persons der Landeshauptstadt und des Sektgewerbes sitzen in der obersten Reihe wie Musterknaben etwa zwanzig Beamte des Bundesgrenzschutzes. Die Männer gehören zu der Einheit, der es, als das Los geworfen wurde, nicht vergönnt gewesen war, auf dem Flughafen Mogadischu Geiseln befreit, Entführer getötet und das Ende des Terrorismus mit List und Maschinenpistolen herbeigeschossen zu haben und mit dem Bundesverdienstkreuz ausgezeichnet zu werden. Die hier zuschauen, die Pechvögel, dürfen zum Trost als Ehrengäste an den Begräbnis-Feierlichkeiten teilnehmen und wenigstens als Vertreter ihrer Truppe bewundernde Blicke ernten.

Öfter als den nahenden Leichenzug zeigen die Kameras den Sog, den er auslöst. Die ordentlich gestaffelten Begräbnisteilnehmer werden mehr und mehr von Zuschauern überholt, die das Ende der protokollarischen Formation nicht abwarten und, statt sich hinten einzureihen, seitwärts vorbeidrängen zum Platz und auf seinen Mittelpunkt zu. Viele schauen nach dem Angebot der Buden aus, wieder andere genießen es, sich wie im Frankfurter

Waldstadion oder auf der Automobilausstellung von der Menge treiben zu lassen. Ein heiteres Durcheinander, Wechsel von raschen und stockenden Bewegungen, ohne Panik. Mit gelassener Erregung wird geschoben und gedrängelt. Auch für Hunde, Kinder und Narren ist es nicht zu eng. Immer neue Trauerfest-Touristen aus der näheren oder weiteren Umgebung stoßen hinzu, teils vom Bahnhof von Süden her, teils aus verspäteten Sonderbussen, die westlich der Innenstadt die Türen öffnen.

Die Menge macht nicht den Eindruck einer ins Schwarz verkrochenen Trauergemeinde. In ihrer Buntheit und Bewegung hat sie etwas Gefaßtes und Nüchternes, das sie schon auf den ersten Blick vom schunkelnden, kreischenden, tanzenden Publikum der Rosenmontagszüge unterscheidet. Wenig Alkohol ist im Spiel, niemand braucht Verkleidungen, und wer in der Nacht zu wem finden wird, scheint erst einmal nebensächlich. Kein Rosenmontag wird gefeiert, eher der fröhlichste Aschermittwoch aller Zeiten.

Es riecht nach Pizza, Popcorn, Bratwurst, verschüttetem Bier. Unter knallfarbigen Sonnenschirmen und hinter geschmückten Tapeziertischen feiern auch die drei großen Parteien mit. Die SPD verteilt Papierfähnchen, die CDU Luftballons und die FDP blaugelbe Pappschirmmützen. Für den Abend kündigt die CDU im Hotel Einhorn einen Vortrag von Manfred Kanther MdL an, *Freiheit statt Terrorismus*. Die SPD bietet in einer anderen Gaststätte Uwe Schröder MdL auf, der über *Innere Sicherheit* sprechen soll, und die FDP lädt zu einem Informationsabend: *Ratlos gegen Terroristen?*

An allen Ecken haben sich Straßenmusiker eingefunden. Wer zwischen Bühne und Tribüne hin- und herläuft, kann da das Mandolinen- und Zitherorchester, dort den Akkordeonclub hören. Neben einer Bus-Wartehalle spielt ein Posaunenchor *Nun danket alle Gott*, in der Nähe der Toilettenanlagen eine Bläsergruppe *Auf, auf, zum fröhlichen Jagen*. Dazwischen, wenn es einen Takt lang ruhig bleibt, das Zischen des Bratfetts aus der nächsten Imbißbude, das Knacken der Verschlüsse von Bier- und Coladosen, die große Trommel des näherziehenden, bald alles übertönenden Polizeiorchesters.

Die Motorräder an der Spitze des Trauerzugs erreichen den Platz, und hinter den Absperrgittern werden unaufhörlich Würstchen gewendet, zwischen Brötchen gesteckt und herausgereicht, Senf und Servietten in Selbstbedienung, alles muß schnell gehen. Lang ist die Schlange der Hungrigen, denn die meisten Zuschauer haben, um rechtzeitig einen guten Platz zu erwischen, auf Mittagspause und Imbiß verzichtet. Nun versuchen sie, beim Kampf um die Bratwurst nicht zurückzufallen und, auf Zehen wippend und drängelnd, das Geschehen auf der Schwalbacher Straße im Auge zu behalten.

Von der Tribüne blicken die bevorzugten Zuschauer, einige mit Feldstechern oder Operngläsern, den näherrückenden Sargwagen entgegen. Andere lassen sich von ausgesuchten Damen mit dem Sekt der Firma bedienen, die ihnen die bequemen Sitze verschafft hat, und halten die Gläser in Kinnhöhe. Herren zupfen, angetrieben von Blitzlichtern und vom roten Kamerasignal, an Krawatten und Taschenklappen der neuesten Boss-Mäntel.

Endlich der Höhepunkt der Stunde, des Tages, des Jahres, wer Fenster- oder Logenplätze erobert hat, darf sich mit dem Blick auf die Toten hinab doppelt erhoben fühlen: die Särge im Schrittempo durch die Mitte der Menschen, die Revolver blinken in milder Sonne auf den Ordenskissen. Die nationale Einheit der Farben, die stramme Musik und die uniformierte Ordnung des Trauerzugs sind es, die wohlige Schauer auf die Rücken vieler Zuschauer lenken: Jetzt, jetzt, jetzt, und wir sind dabei! Da verstummen die Mandolinensaiten, um dem Polizeiorchester den ganzen Triumph der Akkorde zu überlassen, da werden Plastikbecher mit Bier und Glühwein gehoben, da halten die Wurstesser im Kauen inne, da steigen Sektgläser vor gut gebräunten Gesichtern auf, da werden Papierfähnchen und Luftballons der demokratischen Parteien heftiger geschwenkt.

Einige Politiker in der Mitte des Trauerzugs, die vom Bahnhof an gefaßt laufend mitgespielt haben, winken diskret nach rechts und links, grüßen zur Tribüne hin Freunde und Parteifreunde aus Kanzleien, Direktionsetagen und Golfclubs. Man prostet ihnen zu. Als einer mit Gesten und Worten andeutet, daß auch er Durst habe, reicht man ihm Sekt vom Ausschank der VIP-Loge herüber. Auch andere Honoratioren fordern Erfrischung, sofort werden Gläser und Pappbecher gefüllt, und sie bekommen von der einen Straßenseite Sekt, dann, zwischen den an Sperrgittern stehenden Zuschauern hindurch, Bier von der anderen Seite.

So gerät der Zug ins Stocken. Zwischen den Limousinen und den trinkenden Politikern entsteht eine Lücke, und unbeherrschte Passanten wechseln die Straßenseite. Die Motorradeskorte bremst, also halten auch der Kamerawagen, die Musikanten, die Transporter, die Kissenträger und die schwarzen Opelwagen.

Einem der Kissenträger rutscht dabei die Pistole des Selbstmörders Wollzeck von der Mitte des Kissens an den Rand. Nervös und doch unauffällig versucht er, den schweren Gegenstand durch behutsame Schrägneigung wieder an den sicheren Platz gleiten zu lassen, aber der Samtstoff bremst. Da der Mann bemüht ist, die vorgeschriebene Haltung beider Hände unter dem Kissen zu bewahren, kann er das Problem nicht mit einem entschiedenen Griff lösen. Er hält das Ordenskissen für einen kurzen Moment schief und schiefer, bis sich die Pistole plötzlich löst, rutscht und fast auf den Asphalt gefallen wäre, wenn der beherzte Beamte nicht im letzten Augenblick das Kissen mit der Pistole an seine Brust gerissen und damit eine größere Peinlichkeit verhindert hätte.

Zwanzig Millionen Zuschauer in Deutschland und etwa acht Millionen per Eurovision in Österreich, der Schweiz, Luxemburg und Belgien sehen die höchsten Reliquien des Terrors in Gefahr. Europaweit ist die Erleichterung, als der Beamte, noch bleich vom glücklichen Ausgang des Mißgeschicks, wieder in gewohnter Würde die Arme mit Kissen und Pistole vorstreckt.

Die Prozession stockt. Die Politiker gehen ein paar Schritte, greifen im langsamen Gang noch diesen Becher, jenes Glas, dann bleiben alle, die den Aufstieg zum Nordfriedhof vor sich haben, zwei, drei Minuten stehen. In der Mitte nehmen die Sympathisanten die Pause gern an, doch unter ihnen scheint mit dem Neid auf die Etablierten auch der Durst zu wachsen. Der PR-Chef der Sektkellerei, in der ersten Reihe unter den VIPs, erkennt in der Gefahr sofort die Gunst des Augenblicks und weist die rotweiß geschmückten Bedienerinnen seiner Firma an, mit Piccoloflaschen und versöhnlichen Gesten auf die Außenseiter zuzugehen. Diese nehmen die Erfrischung an, auch ihre polizeilichen Bewacher lehnen sie nicht ab, nachdem der Hundertschaftsführer Erlaubnis signalisiert hat. Zu Verbrüderungen kommt es nicht, man trinkt überrascht, distanziert und dankbar den für seine Trockenheit berühmten Sekt, während einzelnen Politikern vorne schon Würstchen herübergereicht werden – doch dann setzen sich wieder alle in Marsch, an den Pappeln der Schwal- bacher Straße entlang, bergauf.

14 – Viel Papier hat der dabei, sieh mal an!

«Unzweifelhaft ist, daß Margret Falcke an einem Handtuchstreifen erhängt gefunden wurde.

Wird man trotz dieser unzweifelhaften Tatsache die eine oder andere Frage stellen dürfen?

Vielleicht die nach der Beschaffenheit jenes Handtuchstreifens?

Zuerst die schlichte Frage nach seiner Länge?

Was aber, wenn trotz beharrlichen Studiums aller Gutachten und Akten keine widerspruchsfreien Angaben über die Länge des bei der Abnahme der Leiche durchtrennten Stranges zu finden sind?

Wird man sich damit behelfen können, aus stark voneinander abweichenden Längenangaben, die von Teilen des Streifens gemacht wurden, und der Schätzung von anderen Teilen, die nicht gemessen wurden, die Gesamtlänge selber zusammenzustellen?

Wer sich auf solche Ungenauigkeiten nicht einlassen will, wird der nicht fragen müssen, warum es nicht zur deutschen Gründlichkeit, Amtspflicht oder Verfassungstreue der mit dem Fall beschäftigten Beamten gehört, die schlichte Länge des Stranges, also des entscheidenden Tatwerkzeugs, mit einem Zentimetermaß zu erfassen?

Oder wird man daraus schließen dürfen, daß diese Angaben für die Aufklärung der Todesursache unwichtig sind?

Welche Angaben gelten dann als wichtig?

Weiß man Näheres über die Tragfähigkeit jenes Streifens?

Auch hier keine Antwort?

Und die Art seiner Befestigung?

Hier ist die Antwort eindeutig: am Maschengitter des Fensters. Wird man trotzdem fragen dürfen, in welcher Weise dies geschehen ist?

Wenn es richtig ist, daß diese Fragen von den Gerichtsmedizinern nicht und von den Kriminalisten nur am Rande gestellt wurden, wird man dann nach den Gründen fragen dürfen?

Gelten sie als irrelevant?

Oder kann diese Großzügigkeit damit erklärt werden, daß schwer zu erklären ist, wie ein vier Zentimeter breiter, teilweise zu einem Strick gedrehter Handtuchstreifen ohne Hilfsmittel durch ein neun mal neun Millimeter großes Quadrat des Maschengitters am Fenster zunächst nach außen, dann um eine Strebe und wieder nach innen gezogen werden kann?

Daß in diesem Fall die üblichen Hilfsmittel der Gefangenen wie Löffel oder Gabel oder Gabelzinken nicht dienen konnten, weil die Quadrate viel zu klein sind?

Daß nur eine Pinzette oder ein ähnliches Instrument für diese Manipulation in Frage kommt?

Was aber, wenn in der Zelle keine Pinzette oder ein ähnliches Instrument gefunden wurde?

Muß dann doch die geduldige Benutzung einer Gabel vermutet werden?

Oder können andere Erklärungen angeboten, vertrauliche Hinweise auf noch unentdeckte Hilfsmittel gegeben werden?

Solange das nicht der Fall ist, läßt sich wenigstens über die Beschaffenheit des Handtuchstreifens selbst Genaueres sagen?

Wenn es unstreitig ist, daß es sich hier um ein Teilstück eines der üblichen blaukarierten Gefängnishandtücher handelt, warum ist dann die Trag- und Reißfestigkeit solcher Tücher nicht untersucht worden?

Oder sind solche Untersuchungen angestellt, aber nicht bekanntgegeben worden?

Warum ist nur eine solche Untersuchung bekanntgeworden, die von Gefängnisinsassen unternommen wurde?

Hätte man diese Untersuchung nicht wenigstens als Anregung für eine sorgfältige offizielle Untersuchung zur Kenntnis nehmen müssen?

Oder kümmert es niemanden, daß der Handtuchstreifen, wie die Häftlinge behaupten, schon bei relativ geringer Belastung riß?

Oder wird man alles darauf schieben können, daß diese Leute ein altes morsches Handtuch genommen haben, das zum möglicherweise erwünschten Ergebnis führte und sofort riß?

Aber was, wenn ein neues Handtuch, wie jene Gefängnisinsassen behaupten, keine wesentlich höhere Reißfestigkeit aufweist?

Muß man daraus schließen, daß ein Handtuchstreifen dieser Art und dieser Breite einer plötzlichen Belastung von 50 Kilogramm und angeblichen Strampelbewegungen, die ein Gerichtsmediziner als Erklärung für Verletzungen an den Beinen angibt, nicht standgehalten hätte?

Ja, aber wer wird denn ernsthafte Schlüsse ziehen aus einer Untersuchung, die erstens unter fragwürdigen Umständen und zweitens von Leuten gemacht wurde, die als mögliche Parteigänger oder Freunde der Toten gelten müssen?

Wenn gegenüber der Beweiskraft dieser Ergebnisse größtes Mißtrauen angebracht ist, warum hat sich niemand die Mühe gegeben, diese Ergebnisse zu überprüfen und gegebenenfalls zu widerlegen?

Sind sie nicht zu widerlegen?

Oder pflegt man diese Häftlinge mit eingeschränkten bürgerlichen Ehrenrechten und alle anderen Fragensteller keiner Antwort für würdig zu erachten?

Und wenn ja, warum?

Haben die Verantwortlichen sich überhaupt je solch ein Handtuch, das doch als Tatwerkzeug diente, angeschaut?

Wenn ja, ist es ihnen aufgefallen, daß solche Gefängnishandtücher 75 cm lang und 45 cm breit sind?

Wenn aber die Kriminalpolizei in der Zelle zwei Handtücher vorfand, eines in den üblichen Maßen, ein anderes aber, übrigens sauber, von 75 mal 38 Zentimetern, ist es dann richtig zu folgern, daß aus dem fehlenden, dem abgeschnittenen Streifen das Tatwerkzeug für die Erhängung wurde?

Ja, alles deutet darauf hin.

Wenn das als sicher gilt, stellt sich dann nicht sofort eine neue Frage?

Wenn nämlich feststeht, daß der abgeschnittene, zum Erhängen benutzte Streifen nur eine Breite von vier Zentimetern hat, bleibt dann nicht ein weiterer Handtuchteil von 75 mal 3 Zentimeter übrig?

Wenn es richtig ist, daß solch ein Reststück in der Zelle nicht gefunden wurde, kann man dann vermuten, daß ausgerechnet an Frau Falcke ein nicht normiertes Handtuch in den Maßen 75 mal 42 ausgegeben wurde?

Und daß sie ausgerechnet dieses benutzte, um sich zu erhängen?

Wir wollen versuchen, ohne Vermutungen auszukommen, und uns streng an die Fakten halten.

Kann Frau Falcke diesen zweiten Streifen nicht ebenfalls benutzt haben, da ein Streifen von 75 cm letztlich doch zu kurz ist oder sein könnte, um die geplante Erhängung effektiv durchzuführen?

Aber ergäbe das nicht ein Strangwerkzeug von 150 cm Länge?

Und wäre das nicht eindeutig zu lang, selbst wenn man mögliche Knotenlängen abzieht?

Und wie wäre diese Länge zu vereinbaren mit wenigstens einer der drei Längenangaben für die Schlaufe, die nach einer Version 80, nach einer anderen 68, nach einer dritten 51 Zentimeter betragen haben soll?

Dürfen wir die Fragen zu jenen Differenzen noch zurückstellen und bei der grundlegenden Frage bleiben?

Hat Frau Falcke sich mit einem 150 cm langen Strangwerkzeug erhängt?

Offenbar nicht mit einem Werkzeug dieser Länge.

Hätte sie sich damit erhängen können?

Offenbar nicht.

Hätte Frau Falcke, um auf eine für die Erhängung brauchbare

Länge zu kommen, nicht einen Teil dieses zweiten, drei Zentimeter breiten Streifens abschneiden oder abreißen müssen?

Aber hätte man dann diese Reste nicht in der Zelle finden müssen?

Oder hätte sie die in die Toilette werfen können?

Hätte sie, da dort keine entsprechenden Anhaftungen festgestellt wurden, andere Möglichkeiten gehabt, die Reste spurlos verschwinden zu lassen?

Ist dann nicht zu fragen: Warum hat man nach diesem zweiten Streifen oder seinen Teilen nicht gefahndet oder aus seiner Nichtauffindung Schlüsse gezogen?

Aber wir wollen nicht abschweifen und bei den Fakten bleiben.

Wenn feststeht, daß von jenem sauberen Handtuch, dessen Breite 45 oder 42 Zentimeter betragen haben mag, jener vier Zentimeter breite Streifen oder zwei Streifen von vier bzw. drei Zentimetern abgeschnitten wurden, an denen oder an dem die Tote hing, warum kann man sich immer noch nicht damit begnügen, das Tatmittel als solches ohne zusätzliche Fragen zu betrachten?

Bleibt da nicht die Frage offen nach dem Instrument zur Verwandlung des Handtuchs in das Tatmittel?

Wenn es unstreitig ist, daß jenes Teil abgeschnitten und nicht abgerissen wurde, wird man dann fragen dürfen nach dem Instrument, mit dem diese Schnitte erfolgten?

Oder sind etwa keine Schneidewerkzeuge in der Zelle der Frau Falcke gefunden worden?

Doch, eine Schere und ein Besteckmesser. Aber warum gibt auch diese Tatsache keine befriedigende Antwort?

Weil bei der kriminaltechnischen Untersuchung weder an der Schere noch am Messer Textilfasern nachgewiesen wurden?

Warum?

Wird man hier auf Schlamperei, bewußte Fahrlässigkeit oder auf ein neues Indiz schließen müssen?

Sind die kriminaltechnischen Untersuchungen im allgemeinen nicht die zuverlässigsten Beiträge zu diesem Sammelsurium von Ungereimtheiten?

Ja, aber wir wollen nicht zu weit abschweifen.

Es stellt sich also die Frage, wie Frau Falcke ohne Schere zwei Streifen von vier bzw. drei Zentimetern von einem Handtuch abgeschnitten hat, einen Streifen oder einen Teil desselben auf ungeklärte Weise verschwinden ließ, den anderen ohne Hilfsmittel durch ein 9 mal 9 Millimeter großes Quadrat in das Maschengitter gewunden und festgeknotet hat, sich dann an einem Stück Stoff, das zum Aufhängen wahrscheinlich entweder viel zu kurz oder zu lang war und das überdies ihr Gewicht kaum zu halten vermochte, aufgehängt und den Tod gefunden hat.

Oder stellt sich die Frage ganz anders, wenn wir berücksichtigen, daß die Länge der Schlaufe, in der sie erhängt gefunden wurde, nach wie vor ungeklärt ist?»

15 **Dies ist meine letzte große Fete:** und ich, der gefeierte Gastgeber, hätte ein Straßenmusiker werden können, Würstchenverkäufer oder, wenn ich meine gerichtsbekannte kriminelle Energie besser kanalisiert hätte, einer in der Ehrenloge der VIPs –

Nun bin ich berühmter als alle die Laffen, die meinetwegen von den bevorzugten Plätzen auf mich herabschauen: *the one and only* Nagel, Very Important Person unter den Schurken, ein Angeklagter für alle denkbaren Straftaten: nehmt das Strafgesetzbuch und häuft alle Vorwürfe auf die natürliche Person, die ich bin oder war oder sein werde, ich nehme alles auf mich: na los! es lohnt sich, an mir können nicht nur Anwälte sich goldene Nasen verdienen: Psychologen, Ärzte, Journalisten, immer her mit euch!

Verklagen könnt ihr mich für meine Neigungen, die den Juristen als kriminell gelten, verklagen für mein wildes Herz, verklagen für die allein auf mich gerichtete Gefühlsvernunft: so leicht bin ich zu fassen –

Verklagen, daß ich meine Jugend nicht in der Heimatstadt verdämmern wollte und an den Ort ging, wo sich die mit ähnlichen Neigungen trafen und von der Pflicht des Dienens und Kuschens absetzten: Berlin, wo die Häuser unübersichtliche Hinterhäuser jaja! und Kneipen schwach beleuchtet ohoh! und alle Äste absteigende Äste ohnein!: da mußte einer wie ich noch weiter verkommen, in dieser muffigen Hölle ließ ich mich anstecken, anregen, anwerben: so war es doch, oder?

Es war nicht schwer, die andern zu übertreffen und meine Eigenschaften zur Blüte zu bringen: unter Künstlern spielte ich das Genie, unter den Unzufriedenen den Rächer für jede Unzufriedenheit, aber den größten Erfolg hatte ich als Märtyrer der Polizei und Opfer der Gesetze, wenn ich ausholte und einer wachsenden Zahl von Zuhörern was vorweinte oder nachlachte von meinen Nächten hinter Gittern: es war mir ein Vergnügen –

So leicht bin ich zu fassen, mein Psychogramm mit Stempel vom Amtsarzt und signiert von mir: ich übertreibe und gebe, um das Verfahren nicht weiter zu erschweren, alles zu: ein Vergnügen, in eleganter Kleidung als Rüpel aufzutreten, mit Erzählungen von sexuellen Ausschweifungen zu schockieren, mal als erfahrener Autodieb, mal als philosophisches Wunderkind bestaunt zu werden: so hab ich alles gegeben, euch zu gefallen: darum muß das Fallbeil her: die Klage, das Urteil lebenslang –

Einige Portionen Lebenserfahrung, auch das gestehe ich, direkt von Zuhältern abgezweigt: die mittags beim Frühstück an meinem Küchentisch saßen mit ihren Mädchen, denen ich in der großen Wohnung Zimmer vermietet habe zum Ausschlafen: nicht was Sie denken, meine Herren –

Ich gestehe, aber nur, damit euer Bild schwarzweiß bleibt: ich liebte es schon immer, verachtet zu werden, und dafür geachtet zu werden, wenn ich andere verachtete, wenn ich schlug oder zurückschlug: wenn ich liebte und meine Frauen zu Votzen beförderte: keine war vor mir sicher –

Aber wenn ihr mir Liebe nicht zutraut, ist das euer Problem: ihr unterschätzt sowieso das Happyend auf den Matratzen und den Anteil des Geschlechtsverkehrs an der Gesellschaftskritik –

Alles der Egoismus eines Langschläfers, Nichtstuers, Künstlers, der keiner wird: wenn ich liebte, tat ich es aus Egoismus: und wenn ich haßte, nicht minder: ich drängte mich andern auf und hatte Spaß, sie zu verscheuchen: nie hatte ich viel zu verlieren, das machte mich mutig –

So gefall ich den Herrschaften, Sadismus und Masochismus einmal kreuzweise durch mich hindurchbuchstabiert: warum und wieso wollt ihr dann noch meine Motive wissen? ich wüßte selber gern, was für Augen ich gemacht habe, als ich zum ersten Mal den Satz las: hier sind Leute, die *ernsthaft dazu bereit sind, an die Welt Feuer zu legen, um ihr mehr Glanz zu verleihen* –

Oder war von euch jemand dabei, als ich das Flugblatt las: *gegen das Glück, gegen die Zufriedenheit, gegen das gute Gewissen,* nein, meine Herren Richter, so weit ging ich nicht, selber diese Blätter zu verteilen auf der Straße –

So sauber war mein Protest und hätte der Anfang einer Karriere der langen Nächte sein können als Pflastermaler, Straßengitarrist, Flugblattlyriker, ein Gammler mit ungewaschenem Nihilismus, ein Drogengespenst, ein verschlafener Störer, der nichts als sich selbst zerstört –

Bis ich entdeckte, daß ich mehr wollte oder nur das eine: besser und glücklicher sein als alle –

Er wußte nicht, was er wollte – nur das eine: besser und glücklicher sein als alle. Mit diesem Wunsch war Nagel nicht allein, doch er brauchte einige Zeit, das zu entdecken. Immer öfter an den Orten, wo Studenten sich tummelten, hörte er unter ihnen nur das, was ihm paßte. Immer lauter wurden die Klagen über wachsendes Unrecht, und der Unmut über die Selbstherrlichkeit der Politiker, der «Herrschenden», wuchs zum Protest gegen ihre und die allgemeine Heuchelei: von Freiheit zu sprechen, aber die frechste Unfreiheit zu fördern, im Namen der Freiheit sogar die größten Verbrechen gutzuheißen, nur weil sie in einem fernen Land geschahen.

Vietnam Ausrufungszeichen Fragezeichen Doppelpunkt: schon mal gehört oder was (wie lang muß die Erläuterung werden für die Enkel, für die Vietnam so weit weg wie die Krim oder der Dreißigjährige Krieg: eine Anmerkung, eine Seite, ein Kapitel, ein Buch, ein Film? bitte ankreuzen) –

Wünschen die Herrschaften ein Geständnis, ein Plädoyer, eine psychosoziale Studie über die Empörungsbereitschaft junger

Menschen in der Mitte der sechziger Jahre unter Berücksichtigung des Vietnamkriegs und der westlichen Kulturrevolution inclusive Musik plus Drogen? Aufstiege mit *Lucy In The Sky With Diamonds* und die Drohung, die ebenfalls aus London importiert wurde: *I Cant Get No Satisfaction* –

Gegen / versus / contre / against / verso,

Nichtzutreffendes streichen –

Die Internationale der Neinsager gegen die Fortsetzung des Terrors unter dem Zeichen *Jedem das Seine* oder *Glücklich ist, wer vergißt, was doch nicht zu ändern ist:* auf dem Fernsehsofa die Beine ausstrecken und durchatmen: wenn im Namen der Demokratie das Morden versachlicht programmiert wird und Menschenköpfe von Menschenrümpfen getrennt werden und Menschenhaut in Brand gesteckt und Kindern die Augen ausgestochen: und wie viele Mitglieder des Bundestages sagten stolz: Berlin wird in Saigon verteidigt und darum sind wir von Herzen dabei, wenn das Zeug abgeworfen wird, das so herrlich den Dschungel entblättert und die Menschenhaut zerfrißt und in Hamburg Arbeitsplätze schafft: und viele Verleger gingen an die Front und noch mehr Journalisten schrieben nach dem Motto *seit 5 Uhr 45 wird zurückgeschossen*: ach wer da stillbleiben könnt: mit intakten Augen und wachen Sinnen –

Bitte in diesem *Jahr des Kindes* eine Sekunde der Sensibilität des Mannes zu gedenken:

ich / meiner / mir / mich –

Oder was für ein Mönch war ich –

Und eine halbe Sekunde seines Zorns über die Fühllosigkeit anderer zu gedenken, denn das kam einigen verdammt bekannt vor: wie reagiert ein Mensch, der seine Sinne beisammen hat und nicht korrumpiert werden will durch das fortdauernde Hinnehmen von Verbrechen, die ihm verdammt bekannt vorkommen, wie fängt der zu fragen an, was er tun kann dagegen?

Der Versuch ist strafbar, ich weiß –

Aber ist es auch strafbar, an den eigenen Vater zu denken, den Toten, den Soldaten, den Feigling, der den Widerstand gegen die Mörder nicht geleistet und tatenlos abgewartet hat, weil der Versuch strafbar war schon damals? so billig kriegt ihr mich nicht, daß alles nur der idealistische Traum der Jugend war von einer Welt ohne Verbrechen –

Nein, die unschuldig reine Seele war ich auch nicht, der fortgeschrittene hochidealistische Motorraddieb: wie hat es Spaß gemacht, euch zu ärgern mit den von euch bejubelten und begründeten Verbrechen und abzutauchen in den Velvet Underground, *Take A Walk On The Wild Side* –

Wie reizte uns jede Beschwichtigung, jeder Verweis auf Ruhe und Ordnung, jede Drohung mit dem Gesetz und dem Satz: der Versuch ist strafbar!

Man wird ja wohl noch das Grundrecht wahrnehmen dürfen, zu mehreren angemeldet auf die Straße zu rennen in Richtung Amerikahaus: da saht ihr schon die Sintflut steigen, die erst nach euch kommen sollte –

Noch ehe wir den ersten kleinen Camembert und den Beaujolais im Laden mitgenommen hatten, waren wir schon eingeordnet als Kriminelle und Feinde: noch ehe wir wußten, was Terror, schon fertig als Terroristen: noch ehe wir sicher waren, welches unser Land war, sollten wir es schon verlassen –

Kein Mitleid bitte, denn so fing der Spaß an: was kümmert mich da, ob ich strafbar werde: wenn ich auf die Straße gehe mit einer Meinung, die in den Zeitungen und im Fernsehen nicht vorkommt, mit zwei Fingern auf Matrizen getippt, Blatt um Blatt durch die Maschine gekurbelt, auf schlecht lesbaren Zetteln, Plakaten und Leintüchern in die wunderbar feindselige Berliner Luft gehalten –

Strafbar: wer für die Schritte vom Gehsteig auf die Fahrbahn von Polizisten verprügelt wird, die sauer sind, daß sie am Samstag nicht in ihre Gärten dürfen: wem das Wasser des Wasserwerfers nicht schmeckt: strafbar, wer zusieht, wie es Tote gibt unter denen, die gegen das Prügeln sind: wer lesen kann, wie die kräftigen und kranken Nachbarn mit Lügen zur Gewalt gehetzt werden: gegen mich und alle, die sich, mit Verlaub, auf der Seite des Friedens und der Wahrheit und der Gewaltlosigkeit fühlten auch mit einem Stein in der Hand –

Und dann fängt ein neuer Blues an: zurückgeworfen von Pistolen, Wasserwerfern, Dreck in die Steinzeit, in der ein Stein, weil er in die Faust paßt, zum Argument wird, weil du nach sechs oder sechsundzwanzig solcher Erfahrungen der Schwäche erkennen mußt, nein: willst: mit Worten, Argumenten, Geduld ist da nichts mehr auszurichten, gegen die großen Verbrechen, gegen die Mauern der Gleichgültigkeit kannst du nicht länger so hilflos dastehen, da hilft nur die berechnete Verletzung der Regeln, da hilft am Ende nur die Gegengewalt genannte Gewalt –

Ein Ergebnis, meine Herren Richter, das meinem Temperament, zugegeben, durchaus entgegenkam: da blühte das Wörtchen Revolution zwischen uns auf und wucherte und verbreitete sich, bis es zur wunderblauen Folie für alles wurde –

Welche Fassung wünschen Sie?

Im ersten Gespräch mit einer studentischen Gruppe, die gegen die großen Verbrechen und die allgemeine Gleichgültigkeit von einem Kirchturm ein Protestplakat hinunterlassen wollte, schlug Nagel vor, gleich den ganzen Turm zu sprengen. Es sei nicht umsonst der Turm der Gedächtniskirche, nur so sei wirklich das Gedächtnis zu revolutionieren. Die Mehrheit lehnte das ab, befürwortete aber eine symbolische Sprengung mittels rauchender Kerzen.

Vielleicht hätte Nagel diese Runde wieder verlassen, wenn er dort nicht zwei Menschen getroffen hätte, die seine zerrissenen Wünsche in festere Bahnen lenkten. Eine junge Frau von hohem politischen Verstand und rigoroser Moral, Elisabeth Jeschke, gab seinem wild wuchernden Denken kräftige Nahrung und eine deutlichere Richtung. Ein junger Mann, der, was Nagel nicht ahnte, als Kundschafter des Staates in die Gruppe gesandt war, wußte ihm das zu beschaffen, was ihn lockte, Drogen und Waffen. Sie schenkte ihm die Moral, die ihm bis dahin gefehlt hatte, er das Material, mit dem er zu einem Mann der Tat werden konnte. Nagel war nun nicht mehr allein, und er muß überdies glücklich gewesen sein, etwas Gutes tun zu können, ohne seinen Charakter ändern zu müssen.

Nicht lange nach dieser Begegnung reisten Sigurd Nagel und Elisabeth Jeschke für einige Tage in eine andere Großstadt und

493

stellten, gegen die Verbrechen des fernen Krieges, in einem Kaufhaus zwischen Matratzen und in einem altdeutschen Schrank zwei selbstgebastelte Bomben ab. Der Explosionsbrand vernichtete Teile des Gebäudes und Warenbestandes, die Flammen verletzten aber, zur Beruhigung der beiden, keine Menschen. Allerdings waren sie so verliebt in ihre Aktion, daß sie sich zwei Tage in der Nähe des Tatorts aufhielten, bis sie entdeckt und verhaftet werden konnten. So wurden sie berühmt.

Das klingt ja, als hätten wir absichtlich...

So wurden sie berühmt. Alles redete über die Brandstifter und ihr Motiv, der Protest gegen die Gleichgültigkeit angesichts des Völkermords im Land Vietnam. Von der großen Mehrheit als gefährliche Idioten abgetan, wurden sie doch von etlichen jüngeren Leuten gerade deswegen geschätzt, von manchen gar verehrt, weil sie nicht geredet, sondern gehandelt, nicht gewartet, sondern den fälligen Gesetzesbruch gewagt hatten.

Brandstifter, Spinner, alles klar: trotzdem verweise ich auf die kämpfenden Gruppen ringsum in aller Welt, auf die Diskussionen an jedem hundertsten Kneipentisch, mit welchen knallharten Aktionen der Rahmen zu brechen sei –

Einer, zwei, drei wollten den ersten Versuch wagen: wenn wir es nicht gewesen wären, hätten ein paar Wochen später andere Benzin und Sprengstoff gemischt, in eine Flasche gefüllt, mit Wekker, Batterie und Zünder versehen und den Brandsatz an einem vielversprechenden Ort abgelegt: der Versuch ist strafbar –

Trotzdem habe ich nichts gegen die Diplomarbeit eines Innenarchitekten: Vergleich zwischen dem bayrischen Stilmöbelschrank zu Hause im Wohnzimmer und dem altdeutschen Schrank, in dem die Bombe –

Wer will entscheiden, ob ich es letztlich und vor allem meinetwegen tat, an meiner Situation etwas verändern wollte –

Oder wir zusammen mit uns beiden, Lisa: welche Triebkraft, welchen Schub wir brauchten als Liebespaar –

Die Paarbeziehung unter besonderer Berücksichtigung des § 311: Herbeiführen einer Sprengstoffexplosion: wie schön, wenn das, was zwei sich ausgedacht haben aus niedrigen, halbhohen oder höchst edlen Beweggründen, am Ende immer in irgendeinen Paragraphen paßt: *Wer anders als durch Freisetzen von Kernenergie, namentlich durch Sprengstoff, eine Explosion herbeiführt und dadurch Leib und Leben eines anderen oder fremde Sachen von bedeutendem Wert gefährdet, wird mit Freiheitsstrafe nicht unter einem Jahr bestraft –*

16 «**Ist es in der Hölle HEISS?**», die Frage streckte mir ein älterer Mann mit der Zeitschrift «Wachtturm» entgegen, als ich den Platz fast erreicht hatte. Fette Lettern, dahinter sprühendes Lavafeuer, der Mann trug dazu einen blauen Hut und eine kotbraune Jacke. Ich hielt inne, mußte lächeln, der Zeuge Jehovas lächelte zurück. Es war der erste und einzige Mensch an diesem Besuchstag in Deutschland, der Humor zeigte, und das Schönste daran war, daß er selber davon nichts wußte. Ich belohnte ihn, kaufte ihm die Zeitschrift für 50 Pfennig ab und wollte später auf die Frage zurückkommen: «Ist es in der Hölle HEISS?»

Ich war froh, endlich den Anschluß an den Trauerzug gefunden zu haben, nach einigem Schieben und Drängeln die Sargwagen von weitem zu sehen. Der Abstand auf Sichtweite genügte, ich wollte nicht näher heran. Ohnehin kam ich nicht gut vorwärts in der Nähe von Polizisten in Kampfanzügen, die darauf achteten, daß eine kleine Herde artig schweigender Jugendlicher mit langen Haaren, schwarzer Kleidung, Palästinensertüchern und Sektfläschchen eng beieinander stehend von niemandem belästigt wurde. (Die haben sie dem Publikum als «Sympathisanten» verkauft, zwei Tage später las ich: Wiener Schauspielschüler.) Polizisten und Jugendliche setzten sich fast im Gleichschritt, jedoch schleppend in Bewegung, hinter dem Beerdigungszug her.

Ich war schnell gelaufen vom Bahnhof in die Innenstadt, brauchte eine Pause, hatte Hunger. Man bot Pizzastücke an, Popcorn, gebrannte Mandeln, heiße Maronen. Ich nahm die landesübliche Bratwurst und einen Rheinwein im Plastikbecher (einer der ungeschickt-ironischen Versuche des Professors Serratta, unter

495

Deutschen sich als Deutscher zu tarnen? Das würde ich nicht abstreiten).

Auf einer Tribüne saßen feinere Leute unter einem Sektplakat, «Die schönste Seite der Welt». Ich stand gegenüber, kaute, und wenn mich der «Spiegel»-Artikel «Der bewunderte Deutsche» nicht aufmerksam gemacht hätte, dann wäre mir das Besondere vielleicht nicht aufgefallen. Gelassen verfolgten die Leute das Geschehen, in teuren und auffällig neuen Kleidern. Agile Geschäftsleute, auf diskrete Art strotzend vor Erfolg, mit frisch gefönten Haaren, sanft gepuderten Wangen für sanft gepuderte Küsse. Sich selbst die besten Kunden, die liebsten Konkurrenten. Sie tranken, tuschelten, winkten, Männer zeigten Zähne, Frauen kleine, kurze Locken. Im Gesichtsfleisch etwas ähnlich Selbstgefälliges wie die stolze Sprache. Sie gingen mich nichts an, aber mein Blick wurde schärfer und, ich geb es zu, vom Vorurteil getrübt. In ihren Gesten, ihren kleinen Bewegungen sah ich eine neue, triumphierende Zufriedenheit.

Ich stellte sie mir als Zuschauer einer öffentlichen Hinrichtung vor. Da so etwas nicht geboten wurde, schienen sie einverstanden, das bevorzugte Publikum eines festlichen Leichenzuges zu sein. Voyeure, die sich immer wieder selber sagen mußten: wir sind dabeigewesen. Sie konnten sich fern fühlen von allem, was Tod und Mord und Schande hieß, und bekamen doch den süßen Zipfel davon zu spüren als herausgehobene Teilnehmer der großen Parade. Die mit dem Feuer der Revolution gespielt hatten, waren nie eine echte Gefahr gewesen, aber doch Störenfriede, jetzt waren sie endgültig besiegt, hatten sich sogar selbst aus dem Weg geräumt – und nun war die Bahn frei. Obwohl die Zuschauer nichts oder wenig dafür getan hatten, traten sie doch so auf, als hätten sie einen Sieg erkämpft, als hungerten sie nach der Beute, als schiene ihnen etwas Gewohntes verbraucht, als müsse etwas Neues kommen, ein Anfang besserer Zeiten, Lust auf Eroberungen oder eine neue Lust auf sich selbst.

Ich sah sie plötzlich als Hamster, Goldhamster, und nach dem letzten Schluck Rheinwein sprach ich halblaut vor mich hin und prüfte die alberne Formel: Die Deutschen sehen aus, als ob sie Hamster wären. Die Deutschen sehen aus, als ob...

So federte ich durch die Menge. Noch nie war ich bei einem öffentlichen Fest auf soviel Werbung gestoßen. Brauereien, Sektkellereien und Colasorten hatten den Platz mit Schriftzügen und Signets geschmückt. Die Weltmarken chemischer Produkte, Zigaretten und Autos waren vertreten, und einige lokale Firmen, die ich nicht kannte, nutzten den Tag, an dem die Kameras auf Wiesbaden gerichtet waren, um ihre Produkte an eigens errichteten Schauständen vorzuführen. Körbe mit Werbegeschenken wurden herumgetragen. Fast hätte ich zwei freundlichen Blondinen, das Signet eines Elektronikkonzerns auf dem Jackett, eine Krawatte für 5 DM «Schutzgebühr» abgekauft, aber die war zu häßlich mit der Schriftzeile «Wir helfen Distanzen überwinden», schräg auf den grauen Schrägstreifen. Fliegende Händler boten Plastikpistolen, Cowboyhüte und Sheriffsterne an, frische Astern aus dem Taunus, alte Nelken aus Holland, Poster und bedruckte T-Shirts mit Köpfen der Popmusik, der siegreichen Grenzschützer und der geschlagenen Mini-Armee.

Das Treiben erinnerte mich irgendwie an die Festa dell' Unità, es fehlte nur das viele Rot, Hammer, Sichel. Hier dominierten statt dessen Werbefarben. Ebenfalls ein Fest der Einheit, auf dem Platz der Einheit, es waren keine Gegensätze zu erkennen. Die Leute bummelten umher, wie es im Gedränge möglich war, grüßten mal hier Bekannte, nahmen dort ein Getränk, musterten kunstgewerblichen Kleinkram an den Verkaufsständen oder betrachteten an der Bühne das geschäftige Fernsehteam, das sich auf das für 15 Uhr angekündigte Unterhaltungsprogramm vorbereitete.

Ich ließ mich treiben und bemerkte auf einmal, zwischen Getränkeständen und Imbißbuden, wie ich mich in all dem Getümmel – erholte. Ich hatte bis dahin nur einen Wein getrunken, und plötzlich war es mir zum ersten Mal nach vielen Monaten gleichgültig, bei welcher Todesart Blutungen von Augenbindehäuten auftreten, unter welchen Umständen ein Gesicht sich blau färbt. Wörter wie Asphyxie, Vagus und Cyanose, die ich ins Italienische, Deutsche und Englische übersetzen gelernt hatte, glitten weg. Ebenso der Zwang, immer sachlich zu bleiben, die Anstrengung, sich als Literaturwissenschaftler mit den Detailfragen von Obduktionsspezialisten zu überfordern. Ich nahm noch einen Riesling und spürte keine Lust mehr, das Karussell der Menschen um mich herum aufzuhalten und sie mit unangenehmen Fragen zu konfrontieren.

So locker und selbstbewußt hatte ich die Deutschen noch nicht feiern sehen. Als entdeckten sie ihre eigene Unverwundbarkeit, als dürften sie zum ersten Mal laut sagen: wir sind wirklich unschuldig, oder als wagten sie zum ersten Mal seit Sedan wieder einen Sieg zu feiern. Oder seit Arnheim. (Auf Arnheim komme ich, weil Werbezettel für die Veranstaltungen des Abends plus Kinoprogramm verteilt wurden: «DIE BRÜCKE VON ARNHEIM, Der letzte deutsche Sieg im Zweiten Weltkrieg.»)

Kein Siegeslärm war zu hören. Straßenmusiker bestimmten den Ton, kein übertriebener Triumph zu spüren, eher die Heiterkeit des Jahrmarkts, die Gelassenheit der Tage der offenen Tür, die Gerüche und Bewegungen eines großen Stadtfestes.

Aus einer Ecke hörte ich Geigen, aus einer anderen Gitarre und aus einer dritten Piccoloflöten, und rasch war ich dabei, meine kleinen Beobachtungen zu verallgemeinern und zu deuten. Stehend machte ich mir ein paar Notizen, die ich hier etwas ausformuliert habe, zu lesen bitte mit der nötigen Ironie aller vorläufigen summarischen Thesen:

«Der Tod bekannter Menschen löst große Mobilisierungseffekte aus, jedes Begräbnis hat etwas Versöhnliches und schließt die Beteiligten zusammen. Wenn die drei Toten, drei Selbstmörder durch die Mitte der Stadt gefahren werden, an Millionen Fernsehzuschauern und den Neugierigen vorbei, dann können alle noch einmal die Verbindung zu ihnen spüren. Der Gewinn, den die Gesellschaft von ihnen hatte, wird sozialisiert. Jedem wird die Chance gegeben, sich von den dreien, vom Terrorismus abzuheben, abzustoßen, und mit neuer Unschuld – die alten Wege zu gehen. Das Todesereignis, gut inszeniert, stiftet nicht nur Einheit, sondern bekräftigt sie auch. So entsteht neue Energie. Wenn mich nicht alles täuscht, wird mit diesen Toten auch etwas von der alten deutschen Biestigkeit begraben, vielleicht wird man von jetzt an alles ein bißchen leichter nehmen. Hier wird nicht nur der Abschied von der Bedrohung durch den Terrorismus gefeiert, hier wird ein Zeichen gesetzt für einen neuen Anfang, den Anfang der besseren Zeit. Haß und Verachtung scheinen von den Menschen genommen, mit Moral wird man ihnen von nun an nicht mehr kommen können. Gelöst und unmilitärisch bewegen sie sich umeinander, vielleicht auch, weil sie sich zum ersten Mal richtig als Demokraten fühlen. Unsere Karikaturen von den Deutschen stimmen nicht mehr.»

Bei einem raschen Blick nach oben, einer Drehung zur Seite, sah ich die männliche Figur wieder, die im Bus vor mir gesessen hatte. Da der Kerl wie ertappt wegschaute, wußte ich Bescheid. Er machte den Wunsch, mich mit meinen Deutschen zu vertragen, sofort zunichte und stieß mich ins Mißtrauen zurück. Seit ich am späten Vormittag gelandet war, tappte ich wie durch eine Zeitverschiebung, obwohl die Uhrzeiger nicht verstellt waren. Der Körper in einem verfremdeten Deutschland, der Kopf noch halb in Ferrara, so schabte ich an schrägen Wänden unsichtbarer Gebote entlang. Nun observierte mich einer, schon wieder mußte ich aufpassen.

Ich tat so, als sei mir nichts aufgefallen, ging näher an die Bühne heran. Niemand konnte Auskunft über das Programm geben. Zwei Schauspielerinnen memorierten Texte. Männer einer Trachtenkapelle rückten die Kleidung zurecht und gähnten. Techniker waren mit der Mikrofonprobe beschäftigt.

Noch gut drei Stunden hatte ich – und den Auftrag der Kommission. Ich überlegte, was Margret Falcke an meiner Stelle getan hätte. Den Kerl ignorieren, dem Trauerzug folgen. Also weiter, hinauf zum Friedhof. Ein Hubschrauber lärmte heran, warf Zettel ab, der Bundesgrenzschutz warb für eine Goodwill-Veranstaltung im Kurpark. Noch einmal kam mir der Kerl mit seinen Blicken zu nah, ich versuchte ihm auszuweichen und sah dem verschwindenden Hubschrauber nach. Ein Luftballon mit den drei Buchstaben CDU taumelte in den oktobermilden Himmel hinauf.

17 Kassette 1, Seite B:

Also Henner früher hattest du mehr Bedenken und ich war verbohrt heute ist es umgekehrt jetzt bist du verbohrt in deine Rachegefühle aus Angst glaub ich aus lauter Angst und weißt nicht mehr wie du aus der Scheiße rauskommst aus Angst hältst du immer noch fest am einmal gefaßten Plan was beschlossen ist ist beschlossen die Genossen aus dem Knast holen auf Teufel komm raus Genossen reimt sich auf beschlossen egal Befehl ist Befehl konsequent konsequent bis der Arsch auf Grundeis rennt /

Ach es ist sinnlos euch zu kritisieren mich zu kritisieren deine Conni weiß nicht mehr wo hinten und vorne und oben und unten ist Henner ich will nur einfach alles sagen alles gesagt haben was mir so einfällt jetzt in der engen Kammer eingemauert von Nudeln Konserven Kartoffeln und Marmeladen rede ich hier drauflos gegen die Platzangst die ewige Platzangst ich konnte ja mit keinem mehr richtig reden die letzten Wochen die letzten Monate ich versuch einfach alles rauszulassen was mir durch den Kopf geht eh sie mir in den Kopf ballern mit ihren Maschinenpistolen oder mit der Folter die Nerven einzeln rausziehen und eh mir die Bullen den Nachruf schreiben mach ich das lieber selber und wehe wenn ihr ein neues Kommando nach mir benennt na ja das werdet ihr nicht nach dem Krach und sowieso nicht wenn ihr das hier hört was ich hier /

Also mit Büttinger das hat mir den Rest gegeben aber die Fehler die liegen viel früher ich kann auch nicht genau sagen wann wir hatten ja nie richtig Zeit nachzudenken immer im Druck durch die nächste Aktion uns beweisen müssen immer schnell schnell wieder handeln oder so tun also ob immer war da ein Plan den irgendwer ausgeheckt hatte nein nein nicht alles kam von denen mal haben wir auch selber Pläne gemacht auf die wir besonders stolz waren weil es unsere waren aber alles abgeschmettert auf der Hetze zwischen Versteck und Versteck /

Immer erpreßt von der Führung das auf jeden Fall war ein Fehler immer gehorchen bewähren gehorchen ein Fehler daß wir zuerst nur an die Genossen im Knast dachten die sich so lieb um die armen Heimkinder gekümmert haben in grauer Vorzeit unsere

Großen unsere Vorbilder unsere Götter von Stammheim die uns erpreßt haben ja ich nenne es so Henner da kannst du dich auf den Kopf stellen das ist noch kein Verrat wenn ich das Erpressung nenne oder wenn dann ist es mir auch egal ich sage das so damit ihr endlich versteht was ich meine also erpreßt mit ihrer Autorität und der dauernden Aufforderung direkt oder indirekt und immer wieder holt uns hier raus holt uns hier raus /

Und jetzt wo ich das sage jetzt eben erinnert mich das nein lacht nicht ich sag es einfach mal an das Märchen wo das Brot im Ofen ruft hol mich hier raus hol mich hier raus sonst muß ich verbrennen und das gute Mädchen holt das Brot raus und nimmt die Äpfel vom Baum Frau Holle ja genau Frau Holle und am Ende wird sie mit Gold überschüttet egal ein blöder Vergleich aber wir haben vielleicht an das Märchen geglaubt wir wollten gut sein nichts weiter als schrecklich gut sein und jetzt das Pech /

Jedenfalls es drehte sich alles nur noch darum die rauszuholen obwohl alle wußten diese Chance kommt nur alle zehn Jahre mal und es ging uns oft auf den Keks daß wir so fixiert waren auf die Befreiung und keinen andern Gedanken mehr im Kopf hatten geschweige denn bei unsern Debatten diesen kläglichen Debatten um Motive Strategie Taktik und wenn mans genau überlegt wie bescheuert das ist den Staat immer da anzugreifen wo er am stärksten ist aber das traute sich niemand zu sagen ich auch nicht aber ich wußte ihr dachtet manchmal so was auch und mit den starken Sprüchen Wille zur Tat Wille zum Haß haben wir das weggewischt /

Immer der Kinderwagen ja als ich dem Kinderwagen den kräftigen Schubs gab über die Straße mein Gott was hab ich gezittert da hab ich die Hoffnung zum letzten Mal gehabt die ich mir eingeredet habe die Chance kommt einmal alle zehn Jahre jetzt hier ist sie hier an diesem Abend in dieser Stunde dieser Minute dieser Sekunde und du bist dabei und von dir hängt alles ab nicht alles aber wenn der Anfang nicht klappt der Kinderwagen den Büttingerwagen nicht stoppt aber als die Schüsse losgingen und meine auch und die Körper der Bullen zur Seite sackten du siehst ja jede Zehntelsekunde wie eine Minute in diesem Moment da war meine ganze winzige Hoffnung schon verflogen darum ging es gar nicht mehr /

Wenn ich nicht dabeigewesen wäre ich die Täterin ja ich gebe es zu nur gut daß ihr nicht seht wie jetzt meine Lippen zittern ich will keine Beichte hier und stottern so hab ich noch nie gestottert egal und wenn die Bullen das Band hier kriegen und irgendwann werden sies kriegen /

Aber sie kriegen das auch so raus was ich egal irgend jemand wird vor mir alles verraten einer ist immer dabei der oder eine die spricht weil irgendwann alles mal rausmuß was du geschluckt hast und geschluckt /

Und wer nichts erzählt von der Angst die uns getrieben hat in die nächste Angst den Schrecken mit dem nächsten mit dem noch größeren Schrecken bekämpfen das war doch die ganze Politik ich wollte fast stehenbleiben mit der Knarre und sehn wie der Film weiterläuft einfach nur zuschauen /

Also was wollte ich sagen bin schwer durcheinander wenn ich versuche dies Gefühl aus Angst und Kälte also ich sah diese Gesichter kippen tot oder nicht tot und ich weiß nicht ob ich mir bis dahin wirklich eingebildet hatte wir könnten solche Aktionen machen ohne Unbeteiligte zu töten die Unbeteiligten sind immer Beteiligte immer mitschuldig so einfach war das oder ich hatte auch darüber nie richtig nachgedacht jedenfalls nicht mehr als über Hindernisse weil immer nur das Ziel das eine idiotische Ziel wie ein Brett vorm Kopf oder ich hab mir da Illusionen gemacht wie immer Illusionen Connis Illusionensalat hat schon meine Mutter gesagt als ich achtzehn war und gleichzeitig Ärztin und Rennfahrerin werden wollte egal ich komme ab /

Meine Illusionen lassen wir das ich habe geschossen und da waren die Illusionen endgültig weg weggeschossen sozusagen und der Kinderwagen lag da und das Blech krachte und Schüsse und wie die Schüsse nachtackern im Ohr auf einmal war alles nackt nackt und direkt von diesem Moment an es waren zu viele Körper zu viele Leichen auf einmal auch wenn ich noch nicht wußte ob sie alle tot waren das Bild blieb alle Tage jede Nacht die kippenden Körper zur Seite nach vorn zur Seite nach hinten kippend /

Jedenfalls von der Sekunde der Flucht an und es war ja sofort wieder Flucht angesagt Flucht wie geplant rational den Stadtplan im Kopf ich will nicht behaupten da fühlte ich etwas so was wie unsere Ähnlichkeit mit ich weiß es nicht wann jedenfalls bald nicht mehr wegzudrängen war der Gedanke wir sind sind nicht viel besser als die Bullen und der Staat und diese Bilder gingen mir die ganzen Wochen nicht aus dem Kopf/

Im Grunde wenn ich das jetzt überlege waren wir doch schon lange nicht mehr die Kämpfer sondern die Verfolgten die ganze Stadtguerilla eine Organisation des dauernden Versteckens und Fliehens immer weg immer weiter weg von der Politik von uns selber von unsern Ängsten die Gruppe eine einzige Fluchthilfeorganisation/

Nein ich tu jetzt hier so schlau als wüßte ich das alles wies wirklich war und was uns wirklich bewegt hat ich weiß es auch nicht ich weiß nur daß ich früher hätte aussteigen sollen aber ich hing zu sehr drin ich fand die Tür nicht zum Aussteigen zum Rausspringen und wenn ich mal nah dran war dann rappelte immer dieser Satz durch den Kopf der Wahn ist kurz die Reu ist lang wie höhnisch hat der Körner das gesprochen der Deutschlehrer und ich hatte mir vorgenommen diesem Arschloch diesem Sadisten niemals recht zu geben ihm immer zu widersprechen und immer wenn ich nachdachte über das Aussteigen kam er mir dazwischen mit seinem rechthaberischen Satz ich glaube von Schiller egal der Wahn ist kurz die Reu ist lang aber über die Reue die schon mitten im Wahn anfängt haben sie nichts gesagt/

Ach ich wünsche ich könnte das alles ausdrücken was ich sagen will irgendwie kommt es mir vor als sei ich beschissen worden aber von wem von den Genossen von den Bullen von der Gesellschaft oder doch von mir selber/

Vielleicht bin ich in zehn Jahren mal soweit daß ich nicht immer alles auf die andern schieben muß egal irgend jemand hat mich da gelinkt und doch nicht nur ich selber daß ich jetzt hier auf einem Speisekammerboden im Ausland auf der Matratze liege und rede und rede als würde ich mir selber die Beichte abnehmen/

Nein ich will nicht erzählen wie es alles angefangen hat es ging ja am Anfang gar nicht um Gewalt die Gewalt hat uns ja hat mich ich will nicht mehr soviel wir sagen also die Gewalt hat mich ja nicht angezogen sondern im Gegenteil ich wollte mithelfen und den Genossen im Knast etwas Erleichterung verschaffen die Briefe die Kopien die Bücher und alles denn wie der Staat die behandelt und gefoltert hat egal das brauch ich jetzt hier nicht erzählen euch nicht also ich war genau gegen Gewalt und hatte eines Tages die Pistole in der Handtasche und die Parole Bullen sind Schweine /

Nein ich will nicht von vorne anfangen keine Kritik der Stadtguerilla ich kann mich auch gar nicht theoretisch messen mit euch ich will mich auch nicht messen bin keiner von diesen Wortheinis die erst große Sprüche machen für bewaffneten Kampf dann ein zwei Jahre dabei sind und hinterher schon wieder große Sprüche machen dagegen aber mit der gleichen großartigen Überzeugungskraft Prediger Missionare Führertypen was weiß ich und immer die Nase vorn /

Ich will von mir was sagen von mir was wollte ich ich will euch auch gar nicht mehr kritisieren es ist Schluß aus ich muß sehen wie ich heil davonkomme das ist alles /

Schweine wir haben uns selbst immer öfter als Schweine angeschrien militärischer als die Militärs war unsere großartige Armee und dann gezittert vor jeder roten Ampel ich bin jedenfalls froh wenn ich über irgendwas froh bin in dieser ganzen Scheiße über eine Sache daß mir das noch rechtzeitig aufgefallen ist und daß ich das euch noch ins Gesicht gesagt habe das mit der Bullenmoral /

Ich mußte erst mal ein Glas Sauerkirschen aufmachen Haferflocken dazu richtiges Essen krieg ich erst abends bedien dich in der Speisekammer haben sie gesagt aber laß dich bloß nicht in der Küche blicken die Nachbarn dann bist du verloren meine Leute hier sie sind in Ordnung distanziert aber freundlich noch ein paar Tage werden sie mich dulden Glück gehabt daß ich bis Luxemburg durchgekommen bin und an die richtige Adresse hier gehts nicht so hysterisch zu wie nebenan in Deutschland abends können sie die Vorhänge zuziehen ohne aufzufallen und ich hab Auslauf hab die Zeitungen Fernsehen Gespräche nein Gespräche eigentlich kaum sie vermeiden ausführliche Gespräche nur das Technische ist mir recht so bloß kein Gequatsche von Leuten die vielleicht was Richtiges sagen und ich mich wieder wehren muß ihnen recht zu geben nur weil es solche Leute sind egal sie werden mich in den nächsten paar Tagen noch nicht rauswerfen und mich weiter füttern mit Sauerkirschen Äpfeln Haferflocken Knäckebrot Sympathie ist doch was Schönes genaugenommen ich kann mich/

18 **Wer eine Explosion herbeiführt** und dadurch Leib und Leben eines anderen oder eine fremde Sache –
Das war kein Kinderspiel, kein Fitness-Kurs und kein Seminar von Porsche-Verkaufstrainern, es war ein langer Kampf vom altdeutschen Kaufhausschrank bis ins neudeutsche Geschichtsbuch: *wer es wagt, mittels Brandstiftung und Sachbeschädigung an einen Krieg zu erinnern: wird mit Freiheitsstrafe nicht unter einem Jahr bestraft:* also gab man uns drei Jahre: Haft, Knast, Vollzug, Loch, Paradies, Kiste: Freiheitsstrafe und was da noch in Gebrauch ist als Täuschwort für tausend Tage und Nächte Bunkerleben: was nützt dir die Berühmtheit, wenn du in die kratzenden Wolldecken wichst: ich fasse mich kurz: nach gut einem Jahr ließen sie uns raus, weil eine Revision des Urteils oder eine Begnadigung durch den Justizminister erwartet wurde, und die Freiheitsstrafe bestand darin, jeden Tag zur Polizei zu gehen und die persönliche Anwesenheit zu melden: da bin ich, da bin ich immer noch, Herr Wachtmeister, fangen Sie, fassen Sie mich doch, wenn Sie können!
Aber wir waren ja nicht nur die Bösen, wir waren die Edlen auch, und das Gesetz der Bescheidenheit gebietet, von guten Taten nicht selber zu reden –
Nagel und Jeschke machten sich nun daran, mit vorbildlichem sozialen Engagement neuen Boden unter ihren strauchelnden Füßen zu gewinnen. Sie gingen zu elternlos erzogenen, nach innerem Halt suchenden Jugendlichen, um sie mit Anteilnahme an deren Problemen zu stärken. In diesen jungen Menschen, vom engherzigsten Erziehungsdiktat geprügelt, in Heime gesperrt, schlecht ausgebildet und nach Befreiung dürstend, sahen Nagel und Jeschke zugleich auch die stärksten Kräfte für eine gesellschaftliche Um-

505

wälzung, die immer häufiger mit dem Wort Revolution beschwo-
ren wurde. Die beiden hatten eine einfache Art des Zugangs zu
diesen Jugendlichen gefunden: sie gaben ihnen in allem recht und
lehrten sie, daß sie sich gegen alles sofort wehren müßten und daß
im Zweifelsfall laute Stimmen wichtiger seien als Argumente. So
gelang es ihnen, rasch geliebt und zu Vorbildern erhoben zu wer-
den.

Doch die erwartete Revision wurde abgelehnt. Daraufhin flüch-
teten Nagel und Jeschke ins Ausland und ließen die Polizei ebenso
ratlos zurück wie die auf Fürsorge angewiesenen Jugendlichen.
Unschlüssig, ob sie sich der Schriftstellerei, den Waffen oder den zu
kleinen Rebellionen bereiten Heimkindern zuwenden sollten,
zogen sie durch die bequemeren Länder Europas. Sie fanden
Quartier, auch bei bekannten Leuten, wurden hier bewundert,
dort verabscheut. Viele steckten ihnen Geld zu. Die meisten Gast-
geber beeindruckte der heilige Ernst, mit dem die Gäste zu tun
forderten, was man denke, und zu denken, was man tue. Andere,
die ihnen ein Bett oder den Zugang zum Kühlschrank verweiger-
ten, kauften sich mit ein paar Scheinen von ihrer Zudringlichkeit
los.

Als schließlich auch das Gnadengesuch abgelehnt wurde, be-
schlossen sie, statt zweiundzwanzig Monate lang der eintönigen
Qual der Haft sich zu unterwerfen, ihr abwechslungsreiches Leben
im Untergrund fortzusetzen und Anhänger zu gewinnen.

Jetzt muß die Frage an den Experten im Studio gestellt werden:
Ton läuft, Kamera läuft –

Wenn dem Gnadengesuch stattgegeben worden wäre, Herr Dr.
Leguan, hätten die Täter sich dann nicht zu Terroristen entwik-
kelt? Oder waren sie es schon? Ein Zuschauer aus Bad Oldesloe
möchte wissen, ob die Gnade, wenn es sie denn gegeben hätte,
überhaupt noch rechtzeitig gekommen wäre, um Nagel und
Jeschke vor dem mörderischen Abgrund zu bewahren?

Nun, gewiß ist, die beiden waren ihrer Flucht müde.

Waren wir das, ja wir waren es irgendwann müde, ständig uns
verstecken, ständig reisen zu müssen –

Sie wußten nicht genau, was sie wollten.

Und wenn schon, wer wußte das schon in diesen wilden Zeiten: ich wußte immerhin, ich wollte lieber mit Lisa im weißen Mercedes durch Rom fahren als allein auf der bekannten Pritsche liegen –

Sicher waren sie nur in dem, was sie nicht wollten: unter keinen Umständen sich einer Justiz unterwerfen, die sie, nicht nur ihres Falles wegen, für verderbt ansahen.

Schön gesagt, da hat er recht.

Der Erlaß der längeren Haft hätte sie der sozialen Arbeit mit den schwierigen Jugendlichen eine Zeitlang erhalten, und es war nicht ausgemacht, ob die beiden mehr von deren schwankendem Realitätssinn oder die jungen Mädchen und Männer von den revolutionären Erziehungskonzepten ihrer Betreuer angesteckt worden wären. Die Idee, mit bewaffneten Aktionen das Ziel einer gedachten Revolution zu beschleunigen, lag in der Luft, und die Bereitschaft zur Revolte wuchs in ihnen allen.

Deshalb scheint es zweifelhaft, ob der Gnadenakt eines Ministers ausgereicht hätte, Jeschke und Nagel und den Kreis ihrer Freunde auf Dauer der Gesetzestreue zurückzugewinnen.

Zweifelhaft: mehr sag ich auch nicht: mehr werd ich auch jetzt nicht zu Protokoll geben, ich nehme den Zweifel mit, das Rätsel: das Rätsel bin ich: ich weiß nur, daß die Gnadenlosigkeit immerhin ein meßbares Ergebnis hatte: sie paßte uns ins Bild, sie bestärkte uns in unseren Ansichten über den Staat und ermunterte uns, weiter gegen ihn zu kämpfen: schlauer und effektiver und mit mehr Leuten –

Vor die Wahl gestellt, so oder so ein Opfer zu werden, blieb ihnen in der Konsequenz ihres schwankenden Gerechtigkeitssinns als einziger Ausweg: die Tat. Die Gesetze, meinten sie, seien allein für die Reichen und Mächtigen gemacht, also faßten sie den Vorsatz, sie nach Kräften und mit Vergnügen zu verletzen.

Sie kommen der Sache schon näher: das Spiel, das Abenteuer: du bist der Blues, bist der Film und immer live dabei –

Die Bombe, die sie im Schrank und zwischen Matratzen gezündet hatten, brannte nun in ihnen. Trotz der Explosion im Kaufhaus hatte sich an der beklagten Gleichgültigkeit gegenüber den bekannten Verbrechen wenig geändert. Schon während des Prozesses hatten sie gesagt, ihre Aktion sei ein Fehler gewesen. Aber welche Fehler sie in Zukunft nicht mehr begehen wollten, das zu erraten überließen sie ihrem immer größeren und gespannteren Publikum.

Jetzt müssen wir weitermachen, sagten sie und schmiedeten Pläne für den Aufbau einer flinken, schlagkräftigen Truppe. Als sie hörten, daß in Berlin bereits andere ähnliche Absichten hatten, flohen sie, wie stets verkleidet und mit fremden Papieren, zurück in die Geborgenheit der vertrauten Stadt. Zuerst versuchten sie denen, die sie am Rand der Gesellschaft stehen sahen, die Tapferkeit zu kämpfen zu vermitteln. Das Wort Revolution beflügelte viele Studenten. Nur wenige aber verstanden darunter das, was Nagel und Jeschke damit verbanden und was nun ihr Alltag war: Wohnungen mieten unter falschen Namen, Geld beschaffen, Kontakte knüpfen, die Polizei meiden. Wo sie in ihrem Umkreis auf Schwierigkeiten stießen, waren sie schnell mit dem Schimpfwort «bürgerliche Schizophrenie» zur Hand: nicht das zu tun, was man meine, und das nicht zu meinen, was man tue. Wenn dieser Vorhalt nicht wirkte, drohten sie mit ihrem schwersten Argument: wer ihnen nicht folge, unterstütze die Verwandlung der Gesellschaft in eine faschistische.

Dankschreiben aus allen Teilen der Bevölkerung, aus allen Teilen des Landes, von allen demokratischen Parteien: erfolgreich auf den Kopf gestellt die Begriffe: die komplizierte Welt ein wenig vereinfacht: als Sachverständigen für Neuen Faschismus und Anstifter benenne ich Dr. Glucksmann, Paris: abgelehnt: wenn nicht die Verhältnisse, dann die Begriffe zum Tanzen bringen: das wird noch Folgen haben –

So hab ich den Atem spendiert für den Urschrei der jungen deutschen Demokratie: die ganze Gesellschaft übt sich im neuen Ton, brüllt sich einen ab und geht in sich, und dann aber: mit neuer Kraft auf neuer Höhe vorwärts *Mehr Forschung, mehr Technik, mehr Leistung, mehr Spaß –*

Darum bitte ich alle Kondolenzschreiben als Dankschreiben abzufassen: die Anschrift der Hölle ist bekannt, der Seelenhenker hat den Namen Sigurd Nagel, also: Auf Wiedersehen! Adieu! Tschüs! Wir sehn uns! Schönen Tag noch!

19 **Gott sieht alles**, aber der Teufel ist auch nicht blind, der Teufel an der Wand erst recht nicht – Schäfer fühlt sich von mehr als zwei Augen beobachtet, als Frau Dornhauser mit dem Essen hereinkommt, einen Stapel Fernschreiben zur Seite schiebt, Frikadellen, frische Salzkartoffeln und dampfenden Rotkohl auf den Schreibtisch stellt, Orangensaft dazu. Rotkohl zu essen vor den lebendigen Augen eines Toten hat etwas Lächerliches, Schäfer meint ein Kichern zu hören, dreht sich vom Plakatgesicht des Sigurd Nagel weg, schneidet das Fleisch an und riecht wie ein Kenner am Kohl.

Der Kerl flüstert von der Tür her, und im Gehirn des Chefs aller Polizisten wird das Flüstern übersetzt: Einmal in der Woche, wenn es dir gutgeht oder wenn du dich an die guten Zeiten mit Marieluise erinnerst, läßt du dein Leibgericht bringen, da pfeifst du auf Nasi-Goreng, Steak minute und Forellenfilet! Wie paßt das zusammen, du Pantoffelheld, mit deinem höchsten Intelligenzquotienten, deiner messerscharfen polizeilichen Gesellschaftskritik, deinen endlosen Verfolgungsfahrten zwischen Bildschirm und Schreibtisch!

Schäfer möchte ein Tintenfaß nach ihm werfen, aber er kann sich beherrschen, er hat kein Tintenfaß, die Computer sind zu schwer. Er stößt auf ein Lorbeerblatt, das ihn irritiert, ein Kenner wie er, der den zart säuerlichen und kräftigen Geschmack des nicht zu weich gekochten roten Kohls liebt, will keinen Lorbeer dazwischen haben. Er wittert Gefahr und macht den an der Wand dafür verantwortlich. Der Teufel kann bekanntlich in vielen Gestalten auftreten, Hund, Rabe, Eber, Schlange, Lorbeer?

Ein Conférencier fuchtelt mit den Armen, schmatzt lautlos ins Mikrofon, hinter ihm auf der Bühne Musikanten in Lederhosen. Der Fernsehton ist abgedreht. Schäfer beißt und denkt: die Fahndung, die Fahndung total. Sie läuft pausenlos, aber wo sind die Fehler, die Reibungen? Sie liegen in der übertriebenen Erwartung, in den stillen Vorwürfen im Amt, den halblauten aus Bonn, den lauten in der Presse und an den Kneipentischen: wo sind sie denn, die Täter, warum schnappt ihr sie nicht endlich?

Die Täter sind bekannt. Das einzige Problem, sie sind aus dem leuchtenden Rot der Plakate weggetaucht in die blassen Farben des Alltags, versteckt, maskiert auf der Flucht, sie können im fernsten oder nahen Ausland sitzen oder im Kino an der Ecke. Ihre Gesichter schwarzweiß auf allen Litfaßsäulen, in allen Ämtern und auf den Rasterpunkten der Zeitungen und Fernsehschirme vervielfacht, und doch kann man sich ausrechnen, daß sie andere Haare, andere Blicke, andere Kleider haben als auf den Polizeifotos, die im Blitzlicht der Niederlage, der Demütigung angefertigt waren. Die Mörder laufen getarnt umher als Angestellte, als Sieger, sehen wie Handelsvertreter aus, wie Chefsekretärinnen, wie Sicherheitsbeamte. Da sie allgegenwärtig sind oder sein können, vermag niemand sie leicht zu entdecken. Da sie nirgends vermutet werden, muß jeder Winkel, jedes Dickicht, jede Hütte abgesucht werden.

Auf dem Bildschirm der Trauerzug, an der Steigung Schwalbacher Straße. Die Stadt, die man kennt, im Fernsehen erleben, das hebt die Stimmung, da wachsen die Ausschnitte freundlich zusammen, da zählt jede Blume, jeder Baum doppelt, Kameras streichen die vertrauten Fassaden mit leuchtenden Farben. Das Bekannte wird spannender, plötzlich in die Bewegungen des Films und gleichzeitig in die festen Rahmen gesetzt. Trotzdem gelingt es Schäfer nicht, sich zu freuen, daß die Verbrecher jetzt in den Särgen liegen. Was ihn belebt, ist die Hoffnung: irgendwo wird hier das Gesicht eines Gesuchten auftauchen.

Auf sechzehn Hauptverdächtige sind die Maschinenpistolen an Straßenrändern und in Hausfluren gerichtet, auf Parkplätzen und an U-Bahn-Ausgängen. Wenigstens einen der sechzehn Gesuchten hoffen die Beamten zu fassen, wenn sie auf der Standspur der Autobahn die rote Kelle heben und die Papiere der Mercedesfahrer und der Golffahrerinnen prüfen, wenigstens einen der sechzehn hoffen sie zu erwischen, wenn sie Raststätten im Stiefelschritt durchmessen, wenigstens eine soll ihnen auf dem Bahnsteig in die Arme laufen oder wenigstens eine andere in dem Bus sitzen, den sie auf einem Feldweg stoppen, auf einen der sechzehn soll ein richtiger Tip eines Taxifahrers fallen, wenigstens eine am Flughafen an ihrem falschen Paß erkannt werden, wenigstens einer der sechzehn Verdächtigen sich in einem Motorboot aufscheuchen lassen oder eine sich in einer Bank verdächtig machen, wenigstens einer mit der Aussicht auf die 800 000 Mark Belohnung überlaufen, wenigstens eine bei einem Zahnarzt in die Falle gehen.

Keiner erfüllt den Wunsch, keine läßt sich fassen, obwohl die Gesichter der Meistgesuchten überall anwesend sind, die sechzehn Körpergrößen, die besonderen Kennzeichen, sogar die Stimmen abrufbar. Tag und Nacht erfüllen übermüdete Polizisten, stets auf ein schweres, lebensgefährliches Gefecht eingestellt, ihren Auftrag, prüfen mit nie gekannter Ausdauer Papiere und Fahrzeuge und alle Auffälligkeiten, stundenlang, überstundenlang, legen sich, ständig abrufbereit, kurz in die Betten und laufen dann durch Kaufhäuser und Fußgängerzonen und verteilen Fahndungszettel, auf denen noch einmal das steht, was die Bürger aus Fernsehen und Zeitungen wissen und wieder und wieder lesen. In jedem Bundesland sind Telefonautomaten installiert, auf die anonyme Hinweise gesprochen werden können. Briefträger, Tankwarte und aufmerksame Bürger geben stündlich neue Fingerzeige. In den verdächtigen Neubauvierteln erfolgen Durchsuchungen und Observierungen ebenso aufmerksam wie in den verdächtigen Altbauvierteln. Die Bevölkerung, die in den Jahren zuvor die schwachen Fahndungserfolge spöttelnd hingenommen hat, zeigt endlich Bereitschaft, der Polizei bei der schwersten ihrer Aufgaben zu helfen.

Trotzdem ist bis zur Stunde niemand aus dem engen Kreis der Gesuchten gefaßt. Über zehntausend Spuren haben die Kriminalbeamten systematisch aufbereitet, über zehntausend Asservate liegen bereit für die Indizienüberprüfung. In der Woche seit Büttingers Tod sind eine Million Gesichter mit einer Million Ausweisen, eine Million Personaldaten mit den Daten der Gesuchten verglichen worden, eine Million Kraftfahrzeuge untersucht auf mögliche Tatzusammenhänge, in welchen Kofferraum passen welche Körper, wer fährt längere Wege zu welchem Videoladen, alles, alles umsonst, das Ergebnis beschämend: einige Autodiebe, ein paar Rauschgiftkonsumenten, mehrere Alimenteverweigerer und Ausländer ohne Aufenthaltsgenehmigung.

Schäfer spürt Nagels Schadenfreude hinter sich, die Scherzfrage: Weißt du eigentlich, warum der Igel gegen den Hasen gewonnen hat? Aber die Frechheit des Mannes von der Gegengeraden treibt ihn weiter in seine Überlegungen hinein. Mit dem Biß ins weiche Fleisch ist er sofort bei den Schwächen der Fahndung, bei der mal hier, mal da ein Netz ausgelegt und auf den Zufall eines guten Fangs gewartet wird. Die Täter sind gescheit, sie lassen sich nicht in die Fanggebiete locken, und wenn sie nicht wie vermutet im Ausland sind, hören sie den Polizeifunk ab, weichen Kontrollen aus, schicken vielleicht Freunde voraus, die ihnen per Funk Gefahren melden. Sie sind nur zu fassen, wenn das engmaschige Netz sowohl größer wie enger wird. Ausweitung der Verdachtsräume, systematische Wohnungsdurchsuchungen, Erfassung aller polizeilich nicht gemeldeten Personen zwischen 20 und 40 Jahren, hellwache Polizeibeamte hinter jedem Gebrauchtwagenhändler, Ausbau aller Telefonzellen mit Fangschaltungen, das wäre ein Fortschritt, aber nicht genug.

Also neue Vorschläge, immer wieder, Schäfer wünscht einen Durchschlag von allen Mietverträgen, einen Durchschlag von allen Kaufverträgen von Autos, die Numerierung aller terrorrelevanten Gebrauchsgegenstände von Weckern bis zu Videogeräten.

Wieder hat er den Rat des Arztes vergessen: Zeit lassen beim Essen, langsam kauen, nicht nebenher arbeiten! Er kaut langsamer, schaut dafür schneller zwischen Rotkohl, Bildschirm und den Fernschreiben hin und her. Die meisten Meldungen kommen von den Zielfahndern, den sechzehn kleinen Gruppen von Spezialisten, die unterwegs sind, um die sechzehn wichtigsten Tatverdächtigen zu greifen, irgendwo am Rhein, der zur logistischen Schlagader des Terrors geworden ist, oder im benachbarten Ausland.

Die Fahnder kennen ihre Zielpersonen besser als ihre besten Freunde, sie wissen von ihren Vorlieben, Schwächen, Bekanntschaften, folgen ihren Spuren, Zigarettenkippen weisen den Weg, Rechtschreibfehler machen Verdacht, an Blutstropfen erkennen sie den ganzen Menschen. Wie Jäger achten sie auf die Windrichtung, wissen, wo die Lichtungen sind, an denen das scheue Hochwild Futter sucht, haben alles fast greifbar im Visier, über Kimme und Zielfernrohr, hochmotiviert, immer schußbereit – nur schießen sollen sie nicht, höchstens in vorausschauender Notwehr.

Hundert mögliche Schüsse aus verschiedenen Kalibern, die Bevölkerung erwartet von den Jägern den Todesschuß. Aber Schäfer bleibt hart, er will keine unnötigen Schüsse, er haßt den Tod, er will den höheren Sieg: die Festnahme der Verbrecher und den Zugriff auf die kostbarste Beute, die sie mit sich herumschleppen, die Daten. Den Erfolg brauchen alle, die Polizei, der Staat, die Bürger und er selbst. Jeden Tag die ungeduldigen Gesichter aus Bonn, die vorwurfsvolle Schweigesekunde beim Minister. An jeder Ecke Journalisten, deren Gier auf Festnahmen nur übertroffen wird von ihrer Gier auf gescheiterte Festnahmen und Pannen. Die Fragen werden immer hysterischer, was über die beobachtende Fahndung hinaus zu tun sei, über die Großfahndung, Alarmfahndung, Ringalarmfahndung, Zielfahndung hinaus. Selbst beim Rasieren, im Traum, vor dem Bildschirm, vor dem Rotkohl werden die Fragen immer lauter: Wo liegen die Fehler? Wo wird noch kein Hinterhalt gebaut? Wo sind welche Gebäude noch nicht umstellt? Warum zeigen die Hasen auf der Flucht so wenig Panik?

Alle Hoffnungen setzt Schäfer auf seine achtzig besten Leute, die Jäger der Zielfahndung. Gruppe 4 hat das vermutete Kennzeichen der Terroristen, ein grünes Kleeblatt, an einer verdächtigen Wohnung in Amsterdam entdeckt, Gruppe 9 meint ihre Zielperson in einer Freiburger Vorstadt observiert zu haben, Gruppe 11 ist mit Gruppe 8 und 14 an den Grenzübergängen in Berlin im Einsatz, nachdem die Hinweise auf die Zielpersonen 8, 11 und 14 in Berlin-Charlottenburg sich verdichtet haben. Das ist viel. Das ist wenig. Nichts deutet auf eine bevorstehende Festnahme, auf die Krönung des Tages. Aber diese Neuigkeiten werden bereits von den Kollegen in die Rechner eingegeben, geordnet und abgeglichen, vielleicht ergeben sich da neue Zusammenhänge.

Das Fernsehbild wechselt von den Trauergästen im leichten Anstieg der Platter Straße auf einen Sänger vor dem Mikrofon am Platz der Einheit. Schäfer schiebt das Geschirr weg. Eine Kartoffel bleibt auf dem Teller und das Lorbeerblatt. Er hat keine Nachspeise bestellt. Er haßt Süßzeug. Das Süße schwächt den Verstand. Es gilt der Lehrsatz: Polizistenschwäche ist Fahndungsschwäche. Seine ganze Laufbahn lang hat er nach nichts so gefahndet wie nach den verschiedenen Polizistenschwächen.

«Ein Problem», hat er einmal ins Diktafon gesprochen, «liegt darin, daß viele Beamte noch immer nicht verstanden haben, mit wem sie es zu tun haben. Mit hochintelligenten Abenteurern nämlich, mit Abiturienten, mit Leuten aus bürgerlichen Kreisen. Da unsere Beamten aus der Mittelschicht und der oberen Unterschicht kommen, haben sie naturgemäß Schwierigkeiten mit den höheren Schichten und setzen die Skala Gut – Böse, Unverdächtig – Verdächtig immer noch viel zu tief an. Damit treffen sie meistens nicht den richtigen Täterkreis. Bürgerkinder terrorisieren Bürger, das ist das neue Problem. Und das Bürgertum ist unsern Beamten immer noch heilig, bedenken Sie das bitte, meine Herren. Sie trauen sich nicht, die Situierten, Gebildeten, Wohlhabenden genauso in Verdacht zu nehmen wie die Lumpen. Sie sortieren falsch, zögern bei Razzien zum Beispiel vor teuren Restaurants, vor Villenvierteln, nur wenige wissen in Luxushotels profihaft aufzutreten, sie machen sogar einen Bogen um Saunen, obwohl doch heute jede Sparkassentippse in die Sauna rennt. Da ist es schon ein Fortschritt, wenn sie in der 1. Klasse des Intercity oder im Flugzeug so aufmerksam arbeiten wie in der 2. Klasse!»

Schäfer beneidet sie da draußen dennoch, die Kollegen, auch wenn sie ängstlich und ungeschickt sind, beneidet sie um frische Luft, lange Wege, Abwechslung, um alles, was ihm nicht vergönnt ist hinter Panzerglasscheiben, auf der ausgetretenen Strecke zwischen Schreibtisch und Besprechungstisch, beim Blickwechsel vom Computerschwarz zum Nachtschwarz. Auch außerhalb des Amtes sitzt er in geschlossenen Räumen. Wo er sich aufhält, gilt es als lebensgefährlich, Fenster zu öffnen. Man trifft sich nur noch in Beratungsräumen, in denen Beschlüsse bei künstlichem Licht und künstlich gelenkter Belüftung gefaßt werden. Entschädigung gibt es nur auf den kurzen Wegen vom Auto zum Hubschrauber oder auf der Autobahn, wenn er dem Chauffeur langsames Fahren befiehlt, das gepanzerte Fensterglas absenkt und den Kopf zwei Minuten dem Fahrtwind aussetzt.

«Welche Möglichkeiten gibt es, die Länge des Handtuchstreifens von 75 cm oder der Handtuchstreifen von je 75 cm mit
den offiziell angegebenen Längen des als Strangwerkzeug die-
nenden Teils des Handtuchstreifens, der Schlaufe von 51, 68 oder
80 cm Länge in Einklang zu bringen?

Zunächst einmal ist der Begriff ‹Länge des Handtuchstreifens›,
der die Gesamtlänge meint, zu unterscheiden vom Begriff ‹Länge
bzw. Umfang der Schlaufe›, der nur die Länge des Handtuchstreifens zwischen Aufhängepunkt und Doppelknoten unter dem
Kinn umfaßt. Wenn die erste Messung der Schlaufe von 2 mal 34
gleich 68 cm richtig ist, so sind darin z. B. nicht die im Doppelknoten enthaltenen Stofflängen von 2 mal 11 gleich 22 und nicht die
freien Stoffenden enthalten, die laut Obduktionsbericht 11 plus 12
gleich 23 cm lang waren.

Wenn die Gesamtlänge also 68 plus 22 plus 23 gleich 113 cm
beträgt, muß man dann nicht schließen, daß zwei Streifen aus jenem 75 cm langen Handtuch verwendet wurden?

Und daß damit das Rätsel des zweiten Streifens geklärt ist?

Und damit einige der weiter oben gestellten Fragen obsolet geworden sind?

Ja, aber wären dann für eine funktionstüchtige Schlaufe nicht
zwei Knoten erforderlich gewesen?

Warum ist aber immer nur von einem Knoten, dem Doppelknoten unterm Kinn, die Rede?

Oder können die Teile zusammengenäht worden sein?

Wenn es auch dazu keine Angaben gibt, wären zwei zusammen-
genähte oder sonstwie zusammengefügte Streifen nicht noch
weniger haltbar als der Handtuchstoff ohnehin gewesen zu sein
scheint?

Oder sind wir hier allzusehr auf Spekulationen angewiesen, weil
weder die Gerichtsmediziner noch andere Beamte es für nötig
hielten, die Gesamtlänge des oder der Handtuchstreifen zu messen
inclusive Knoten und freien Enden?

Zumal offenbar niemand beantworten kann, warum auch die

fragwürdige Tragfähigkeit von den auf unbekannte Weise zusammengefügten Handtuchteilen nicht überprüft wurde.

Wenn wir aber darüber nicht spekulieren wollen, sollten wir nicht besser dort weiterfragen, wo definitive Maßangaben vorliegen?

Zum Beispiel bei den Maßangaben der Schlaufe?

Warum liegen für eine Schlaufe drei verschiedene Maßangaben vor?

Wie könnte es zu dieser Vielfalt gekommen sein?

Hing die Leiche bei ihrer ersten Besichtigung wirklich in einer Schlaufe von ca. 80 cm?

Oder ist die Messung richtiger, die kurz darauf, bei der rechtsmedizinischen Leichenschau, vorgenommen wurde?

Darf es als richtig gelten, daß hier zweimal 34 cm, also 68 cm, gemessen wurden?

Warum waren es dann zwei Stunden später, bei der Obduktion, nur noch 51 cm?

Noch einmal von vorn. Was ist zu den drei Längenangaben zu sagen, die wir jetzt haben: 80 cm bei der ersten, 68 cm bei der zweiten, 51 cm bei der dritten?

Wenn wir eine einheitliche Eichung der Meßwerkzeuge voraussetzen und die Orientierung aller Professoren an den vom Urmeter vorgegebenen Skalen, wie kommt es zu diesen Unterschieden?

Oder, wenn hier schon eine Hypothese erlaubt ist, zu diesen Verkürzungen?

Betrachten wir zuerst die Differenz zwischen 68 cm und 80 cm.

Wenn die Angaben derer, die bei der Erstbesichtigung dabei waren, richtig und die vorgelegten Fotografien von der hängenden Leiche echt sind, ist dann wirklich eine große Schlaufe zu erkennen?

Aber sind die 80 cm nicht eine Schätzung, die 68 cm eine exakte Messung?

Wie wurden diese 68 cm gemessen?

Als die Leiche noch hing, bei der rechtsmedizinischen Leichenschau. Doch wie lang war der Abstand zwischen dem Aufhängepunkt des Stranges am Gitter und dem Doppelknoten, der die Schlaufe unter dem Kinn zusammenschloß?

34 cm. Ist es nicht logisch, daß man diesen Abstand mit zwei multiplizieren muß und dann auf 68 cm kommt?

Aber ist es nicht so, daß diese beiden geraden Strecken dem tatsächlichen, runden Verlauf der Schlaufe um den Hals nicht entsprechen?

Muß man deshalb nicht, wie ein nachträglich vergleichender Gutachter meint, an jeder Seite etwa 6 cm hinzurechnen, insgesamt also 12 cm?

So seien diese 68 cm also kein Widerspruch zu den 80 cm?

Aber wer kann heute noch mit Sicherheit sagen, daß der messende Mediziner diese Rundung nicht berücksichtigt hat?

Da dieser jede Auskunft verweigert, müssen wir die Frage offenlassen. Ist die Differenz zwischen den definitiven Angaben von 68 und 51 cm nicht ohnehin interessanter?

Die Frage, warum es zwei Stunden später 17 cm weniger waren?

Zunächst, wie wurden diese 51 cm ermittelt?

Nachdem der Strang beim Herunternehmen der Leiche durchtrennt worden war, wurden laut Obduktionsbericht zwei Strangstücke von 26 cm und 25 cm zu 51 cm addiert. Der Schnitt wurde im Abstand von 1 cm vom Aufhängepunkt am Fenstergitter gemacht. Sind die 26 und 25 cm also die Maße der Strangstücke vom nicht geöffneten Doppelknoten bis zur Schnittstelle?

Gibt es irgendeine offizielle Erklärung für die Differenz von 17 cm gegenüber der vorhergehenden Messung?

Ist bekannt, ob die Differenz wenigstens den Obduzenten auffiel?

Wenn auch das verneint werden muß, wird man die Verwirrung noch steigern dürfen, wenn man erwähnt, daß es ein und derselbe Professor war, der beide Messungen durchführte?

Wenn dieser auf Nachfrage seinen Gutachten nachträglich nichts hinzuzufügen hat und wenn die mit dem Fall betrauten Stellen ebenfalls die Auskunft verweigern, wird man dann eigene Überlegungen anstellen dürfen?

Ergeben sich irgendwelche Folgen aus der möglichen Verkürzung?

Könnte es sein, daß mit der bei der offiziellen Obduktion vorgelegten Schlaufe von 51 cm die Gutachter darin gehindert werden sollten, die Frage der Aufhängung der Toten überhaupt zu untersuchen?

Sollte damit der Darstellung des Erhängungsvorgangs eine unzweifelhaft eindeutige Tendenz gegeben werden?

Auch wenn wir niemandem böse Motive unterstellen wollen: könnte es Gründe gegeben haben, die Erhängungssituation falsch oder grob unkorrekt darzustellen und die Fachleute in die Irre zu führen?

Ehe wir diesen Fragen weiter hinterherfragen, müssen wir, da wir uns vor voreiligen Antworten hüten wollen, uns einigen einfachen Fragen zuwenden.

Mit welcher der angegebenen Handtuchstreifenlängen kann sich ein Mensch überhaupt erhängen?

In der kürzeren, da sind sich die Fachleute einig, weil sie sich eng um den Hals schließe, der Kopf aus ihr nicht herausfallen könne?

In der längeren also nicht?

Warum ist es nicht möglich, sich in einer längeren Schlaufe zu erhängen?

Stimmten die ersten Beobachter, Mediziner und Sanitäter, nicht darin überein, daß die Tote in einer Schlaufe hing, die einen Umfang von ca. 80 cm hatte und demgemäß einen Kreislaufdurchmesser von 26 cm?

Ja.

Kann sich nicht jedermann leicht davon überzeugen, daß eine Schlaufe von diesem Durchmesser leicht über den Kopf gestreift werden kann und daß man den Kopf ebenso leicht wieder herausziehen kann?

Ja.

Haben andere Mediziner nicht darauf hingewiesen, daß es sich bei einer solchen Schlaufe im Prinzip um eine Glissonschlinge handelt, deren Anwendung zur Entlastung der Wirbelsäule bei Verletzungen dient?

Ja, auch das.

Was geschieht aber, wenn man eine solche Schlinge benutzt, um sich darin zu erhängen?

Müßte man dabei nicht den Kopf nach vorne nehmen und den Unterkiefer auf die Brust führen, weil sonst die Schlinge keinen Halt für den Körper hat?

Stellt sich dann nicht das Problem, daß man diese Kopf- und Kinnhaltung nur so lange beibehalten kann, als man noch bei Bewußtsein ist?

Was passiert aber bei Eintritt der Bewußtlosigkeit?

Sind da Willkürbewegungen noch möglich?

Nein, denn der Muskeltonus verschwindet in zunehmendem Maße. Was wäre die Folge?

Fiele die so hängende Person nicht aus der Schlinge heraus, gemäß dem Zug, den der hängende Körper auf den Kopf ausübt?

Ja. Und wenn der Kopf nach hinten geneigt würde?

Würde dann die Schlinge das Kinn und den Kopf nicht ebenfalls nach oben drücken?

Wäre die Folge, daß eine Fixierung der Schlinge um den Hals nicht mehr möglich wäre?

Ja. Würde die Schlinge überdies keine Strangulierungsmarke hervorrufen wie die, die bei der Toten bestand?

Weil die Schlinge über dem vorderen Teil des Halses liegt und sich über den seitlichen Halsteil frei hinwegspannen würde, da sie, weil sie nicht um den Hinterkopf herumführt, auseinandergehen mußte?

Und ist die Vermutung des medizinischen Begutachters der Gutachten richtig, die lange Schlinge würde wahrscheinlich noch nicht einmal zur Drosselung der Blutgefäße führen?

Eine lange Schlinge sei also für einen Selbstmord recht unbrauchbar?

Aber liegen die Verhältnisse nicht ganz anders, wenn die Schlinge nur einen Umfang von 51 cm hat?

Kann dann der Kopf noch durchgesteckt werden?

Nein.

Oder herausfallen?

Nein.

Liegt dann der Aufhängepunkt nicht mehr in der Höhe des Hinterkopfes, sondern hinter dem Hals?

Und führt das nicht zu einer tiefen Strangmarke auch seitlich am Hals?

Wozu aber wurde den Gutachtern bei der Obduktion dieser Eindruck durch die Verkürzung des Schlaufenumfangs erweckt?

Wenn wir annehmen, Frau Falcke habe trotz dieser widrigen Umstände Selbstmord begangen, wäre dann die Aufhängung in einer so weiten Schlinge in der Länge von 80 bis 68 cm nach dem oben Aufgeführten nicht ein sehr untaugliches Mittel?

Wäre sie nicht ziemlich ungeeignet, eine Leiche stundenlang in der Hängelage zu halten, weil sie nach den gleichen physikalischen Gesetzen aus der Schlinge fallen würde wie der lebende Mensch, soweit er bewußtlos ist?

Gehen wir richtig in der Annahme, daß eine einigermaßen sichere Aufhängung eines Menschen nur dann möglich ist, wenn man die Totenstarre dazu benutzt, den Kopf in eine Haltung zu bringen, durch die die Schlaufe nicht mehr abgestreift werden kann?

Was müßte man dabei tun?

Reicht es, den Kopf ganz leicht nach vorne zu nehmen und das Kinn auf die Brust zu führen, so daß Kinn und Hals eine Rinne bilden, in der der Strick liegen kann, ohne den Kopf herauszuwerfen?

Lassen sich mit Hilfe der Totenstarre die Kopfhaltungen imitieren, die es dem lebenden, noch nicht bewußtlosen Menschen auch ermöglichen, in der Schlinge zu hängen?

Ja.

Wenn die Frage, ob den obduzierenden Ärzten ein verfälschtes Strangwerkzeug vorgelegt wurde, nicht anders als mit Ja beantwortet werden kann, wird man dann nicht fragen müssen, warum dies geschah?

Und wer dafür verantwortlich ist?

Aber wird man sich noch wundern, wenn wir, nachdem alle Bitten um nähere Auskünfte von den zuständigen Stellen ausgeschlagen werden und wenn wir weiterhin nur die Details der Gutachten vergleichen können, immer wieder auf eine logisch naheliegende, aber unmögliche Frage stoßen: Kann folglich nur eine tote Margret Falcke aufgehängt worden sein?

Nein, wir werden keine voreiligen Schlüsse ziehen, sondern weiter Fragen stellen.»

21 Geht dir das nicht auch ans Herz, Lisa, wie sie sich Mühe geben mit uns? mit dem Festprogramm am Platz der Einheit: siehst du das auch? da hat jemand tatsächlich eine Trachtenkapelle aus Garmisch engagiert, die morgen nach Chile fliegen soll, um *als Botschafter der deutschen Kultur im Auftrag des Außenministers den 125. Jahrestag der deutschen Einwanderung musikalisch zu umrahmen*, da sitzen sie dekorativ auf der Bühne mit Lederhosen und karierten Hemden, blanke Blasinstrumente am Mund, und spielen das Deutschlandlied, angekündigt von einem Kurstadtconférencier: *und wenn sie in einem fernen Kontinent dafür spielen, daß die Freiheit und nationalen Werte erhalten bleiben, dann sind sie bei uns hier in Wiesbaden und bei Ihnen, liebe Zuschauer zu Hause an den Bildschirmen, gerade an diesem Tag erst recht willkommen!*

Und mit *Droben im Oberland* und *La Paloma* dürfen die Garmischer *gewissermaßen die Verbindung herstellen zwischen dem Norden und dem Süden Deutschlands –*

Hörst du das auch, Lisa? wenn ich nur wüßte, wo du steckst, in diesem Augenblick? komm mit, wenn du mich hörst, komm mit: am liebsten würde ich jetzt mit dir probieren, ob dieser tragfähige Himmel auch als Matratze taugt: keine Lust? na dann schau nach unten –

Ein heiterer Nachmittag mit bedingungsloser Konzession an alle, die ein Instrument spielen, Silbergeschmeide verkaufen, Scherenschnitte anfertigen, Vasen und Gürtel bemalen: fliegende Händlerinnen überall, eine bietet Gedichte an, *ganz frische Gedichte, Gedichte aus dem Handschuhfach nur eine Mark das Stück –*

In einer Ecke hinter Lautsprechern ziehen Feuerschlucker und Pantomimen ihre glitzernden Kostüme über, und neben ihnen ertönt alle paar Minuten ein Dank an die Sponsoren: *ohne die groß- zügige Hilfe namhafter Firmen: Die neue Atika. Komm rüber zu uns. Zur neuen Atika. Zur jungen Leichten mit dem vollen Ge- schmack –*

Das rührt mein wildes Herz, richtig versöhnlich werde ich da, wenn ich: wie immer von oben herab, jaja: zusehen kann im Hochgefühl meines Abschieds, wie sie sich alle Mühe geben, gründlich rasiert, mit wasserdichten Uhren, gestählt von guter Pflanzenmargarine und elf lebenswichtigen Vitaminen, wie sie mindestens eine Lebensversicherung als festen Boden unter die Füße nehmen und mit den Policen uns noch einmal die wahre Lebenslust vorführen: immer schneller, sicherer, bequemer, um- weltbewußt: wie sie ihre leisen Rasenmäher und die Konturen- schärfe im Super-Farbbild, die Breitreifen, die getufteten Tep- pichböden, die Steckdosenalarmanlagen und die gut profilierten Dachpfannen an ihrem Ort lassen und sich hier zusammenfin- den: meinetwegen, deinetwegen, Lisa: und mitten im vergäng- lichen Vergnügen sich von einem Polizeisprecher wieder gern erinnern lassen an die Pflicht: *Für die Ergreifung jedes Gesuchten, jedes Verdächtigen sind 50000 Mark ausgesetzt, 50000 Mark Be- lohnung für Sie, wenn Sie einen entscheidenden Hinweis geben –*

Ja, träumen da dreitausend oder viertausend Menschen auf dem Platz gleichzeitig von 50000 Mark? reicht nicht für ein Haus, aber doch für ein neues Dach, reicht nicht für ein schönes Leben, aber doch für eine schöne Reise, reicht für ein tolles Auto, eine Lage Sekt für alle und einige Wochen unbezahlten Urlaub: reicht für einen Höhepunkt, ein Aufatmen, Auftanken, eine Stippvisite ins Leben der Reichen mit 50000 Mark auf dem Konto, ein kleiner Vorrat an Tausendmarkscheinen –

Der Tod ist umsonst, Lisa, für uns zahlen sie nichts mehr in bar, höchstens die Spesen für Trachtenkapellen und Begräbnisunter- nehmer: uns haben sie schon –

Irgendwann kriegen sie die andern auch, die uns befreien woll- ten und erlösen vom Tod: irgendwann wird jeder Mörder dingfest: mit oder ohne Scheck: mit oder ohne Sonne, die es an den Tag bringt oder die Nacht: irgendwann ist die Show vorbei, und dann wird dem Schlußwort des Angeklagten der Ton abgedreht, irgendwann war der Tag von Wiesbaden ein schöner Traum von unendlicher Minutenlänge: und du wachst wieder im Mittelalter auf –

Hingelegt auf halbnasses Gras, Arme und Beine ausgestreckt, Hände und Füße an Pflöcke gebunden, da haben sie mich endlich, Holzscheite unter den Gliedern, der Körper über dem Boden hängend, und wer ist der Scharfrichter, der das Rad nimmt und ausholt, zustößt und die Knochen des linken Beins bricht, daß jeder im näheren Umkreis das Krachen hört, und wieder ausholt und zustößt mit dem zehnspeichigen Rad, das nur für mich gemacht ist, um mir auch die Knochen des rechten Beins zu brechen und alle Welt meine Schmerzschreie hören zu lassen, die den Scharfrichter auffordern, noch einmal mit der vorgeschriebenen Schlagzahl auf beide Gliedmaßen zu hauen, bis sie gummiweich sind und die Schmerzstimme verebbt in reuiges Winseln um die Gnade schnellerer Arbeit, und er mit seinem Gerät erst den einen Arm zerschlägt und dann den andern und endlich, angestachelt von der Ohnmacht des Körpers, wie ein Handwerker zum Höhepunkt kommt und den Hals, das Rückgrat mit der Breite des Rades zerquetscht –

Was mir geschieht, sterbend oder tot, wissen die Überlebenden, bleich und vom inneren Zittern bewegt, besser als ich: die Zuschauer live dabei oder zu Hause an den Bildschirmen: die gebrochnen, wie Würste verformbaren Glieder werden um die Speichen des Rades kunstvoll geflochten: jetzt sind Nahaufnahmen fällig: der Scharfrichter verneigt sich, bevor er das Rad auf den Galgen steckt –

Beifall brandet auf, und jetzt die Totale: Strafe muß sein, und das ist die Strafe für Mord, für Majestätsverbrechen, das Attentat auf das Herz des Staates, auf die Grundordnung und die Werte der zivilen Gemeinschaft: *nach deiner Killermoral wären wir immer noch im Mittelalter, und bitte, hier hast du dein Mittelalter!*

Dankbar soll ich sein, daß sie mich vorher nicht auf eine stinkende Tierhaut oder ein Brett gelegt haben und von einem Gaul zur Richtstätte haben schleifen lassen, und Dankbarkeit bitte schön dafür, daß sie auf diesem Weg mich nicht mit glühenden Zangen in Brust und Hüften und Hoden gezwickt haben, wie es zulässig wäre nach Recht und Gesetz –

Dankbarkeit, daß in einem Rechtsstaat mir solch ein Finale erspart bleibt –

Ich weiß, ich bin der Kandidat, mit dem sie alles hätten machen können, befördert zum Schuft aller Schufte, das Ziel aller Flüche, und wenn die Wünsche wahr geworden wären: mein kleiner Körper hunderttausendfach Wölfen, Löwen, Geiern zum Fraß vorgeworfen, aber es gibt noch Recht und Gesetz: und hundert Stimmen, die gleichzeitig hundert Urteile sprechen und auf sofortiger Vollstreckung bestehen –

Der hat wohl völlig vergessen, daß wir in keiner Diktatur mehr leben bekanntlich, wo lebt der denn eigentlich –

Enthaupten oder Hängen: *kann er haben –*

Aufhängen an den Füßen oder gemeinsam mit einem Hund, gefesselt in den Fluß werfen oder in einem Sack: *kein Problem, kann er haben –*

Bei lebendigem Leib eingegraben und von einem Pfahl durchstoßen: *alles drin, nach Recht und Gesetz,* oder lieber in heißem Wasser gesiedet –

Nein, wer gegen König und Staat: Aufständische wie ich werden gevierteilt, von vier Pferden auseinandergerissen, oder als Gnade gleich Fortschritt erst nach der Enthauptung zerfetzt –

Wenn ich wirklich in einem früheren Jahrhundert aufwache: wäre ich nicht der ideale Mann für den Scheiterhaufen, zusammen mit meinen Schriften und Kassibern mich völlig vom Erdboden vertilgen, das ist doch das Ziel: kein Wort soll bleiben, kein freundliches Bild, und wer nur ein Brieflein von mir hat, ist schon des Teufels, und wohin immer ein Atemhauch oder die Zuneigung des Ketzers fällt, das ist alle Flüche wert und die gründlichste Vernichtung: das Feuer hat reinigende Kraft und verzehrt alles Böse, ja mit dem Rauch verschwindet das Böse im Wind, und den gefährlichen Rest, die Asche, darf man nicht dem Wind als Spielzeug überlassen, sondern dem fließenden Wasser eines Bachs, damit

Feuer, Wind und Wasser, die Elemente der Natur alle Kraft zusammennehmen, das Böse zu bannen –

Keine Ruhe, bis ich zu Asche, immer ran an meine Kehle, bis ich zu Staub, immer das Gefummel im Hirn zwischen den Schläfenlappen, immer wieder schweigsame Angriffe mit dem Anatomenbesteck –

Bis ich endlich aufwache in der Zwischenwelt der Märchenhelden, Lancelot mit dem Laserstrahl im Dunkel des Weltraums, aber es wird heller: Bißspuren im Fleisch, zerschundene Knochen, die beruhigende Chemie im Hirn und Seziermesser auf der Haut –

Gierig auf mich bis heute, habsüchtig bestehen sie auf mir als dem größten Verbrecher seit, ja seit wem, seit Haarmann, seit Hitler, seit Bartsch: alle Vergleiche stimmen nicht und werden meiner Einmaligkeit nicht gerecht: ein Verbrecher, dessen letzten Schuhe noch mit dem größten Verdacht gewürdigt werden, wie viele Leute werden bezahlt, die Fasern, Stäube und Schmutzanhaftungen meiner Schuhsohlen zu sezieren –

Adieu: da liegt der Leib mit dem zerschossenen Hirn, mein Schlachtfeld, adieu, nicht auf der Tierhaut, nicht auf dem Brett, nicht geschleift, sondern gekühlt, damit sie nicht so rasch verfällt, die Delikatesse –

Und sie werden die Mikroskope immer schärfer einstellen, wenn sie meine Haare, meine Hirnzellen, meine Fingerhaut sich vornehmen, die sie mir vom Körper ziehen werden mit den schärfsten Messern, glühenden, eiskalten Messern –

Werden jeder meiner Zuckungen nachspüren, die ich in der letzten Minute gemacht haben könnte, und sichern die tatspezifischen Spuren: was für ein Leben nach dem Tod –

Lauern uns auf mit Sensen und Knüppeln und Datensichtgeräten und regen sich auf über die Stümperei, die wir mit Kopf und Händen und ein paar läppischen Pistolen, die ihnen wichtiger waren als Neutronenbomben oder Langstreckenraketen: und legen sich fest auf das, was ich bin und zu sein habe, und vergessen, daß ich auch nicht mehr wollte als ein paar Minuten Freiheit –

Was ist dagegen ein lebenslanges Tribunal, mit der Aussicht auf Auferstehung –

Sie machen uns ja schon wieder Hoffnung, Lisa, mit Adolf Hitler, Verzeihung –

Auch dir ist nicht entgangen, wie Hitler aus dem Höllenhimmel herabstieg und in allen Städten seine Gastspiele gab in diesem Jahr und noch gibt: ein strahlender, gütiger Führer emigriert aus den ungastlichen Geschichtsbüchern, fährt im Mercedes auf Blumen direkt in die Kamera auf dich zu, reist zu Staatsbesuchen in die Kinos, überall begeisterte Zuschauer, auch seine Paladine und Helfershelfer in vollem Wichs mit Kurzvisiten dabei und alle Sympathisanten endlich einmal mit glücklichen Gesichtern: weil endlich ein Stück Wahrheit zum Recht kommt, ein verzweifelt um Anerkennung ringender Kanzler tritt auf, verzweifelt über die festen Vorurteile in den verbohrten Menschen, die in ihm nur den Mörder sehen und Architekten von Massengräbern, endlich darf er sich einmal über die Leichenberge erheben und mit brüchig mitreißender Stimme deklamieren, daß es ihm um nichts weiter als das Wohl des erniedrigten deutschen Volkes gegangen sei: das muß man endlich einmal sagen dürfen –

Bitte, nur ein Beispiel, man wirft mich gern in einen Topf mit ihm, obwohl ich schlimmer bin als er, aber wie viele Jahrzehnte gibt man mir, bis ich sagen darf: mein Verbrechen war der Kampf gegen das Verbrechen: ich kämpfte gegen die Mörder: es ging mir nur um Befreiung, ich verweise schon jetzt auf die verbotenen Manifeste, Erklärungen, Bücher und auf die Zeilen, die ihr böswillig immer überlesen habt –

Nein, ich fürchte mich vor keinem Mittelalter: jetzt wird, warum weiß der Geier da oben, ein Adolf-Hitler-Jahr gefeiert: Filmproduzenten, Buchschreiber, Illustrierte florieren mit Adolf Superstar, nackte Blondinen ringeln sich um die Beine des größten Verbrechers aller Zeiten, stundenlange Aufmärsche vor Ihm spielen heute noch zehn Millionen Mark ein und befreien Ihn vom Geruch des Grabes –

Das Grab ist frei, jetzt können sie mich reinstoßen, mir den Verwesungsgeruch aufsprayen, Glückwunsch, ich überschätze mich: ich weiß, zuviel des Vergleichs, ich weiß: aber warum immer noch diese Gier, mit der die Väter sich bestätigen, daß sie früher so unrecht nicht hatten und die Jugend unter dem Namen Hitler nicht die schlechteste Zeit –

Nicht die schlechteste Zeit: bald reißen sie sich um den gevierteilten Nagel und beschnuppern, wenn ich mal sentimental werden darf, meinen Schweiß, den ich vergoß, die Welt wieder grade zu biegen und das Chaos zu bannen und die mit Schweigen bewaffneten Augen wieder sehend zu machen –

Darum das elfte Gebot aus den Lautsprechern: *Sympathy For The Devil*, so viel Sympathie, daß sie uns nicht einmal rechtskräftig verurteilt haben, und deshalb das Schlußwort des Angeklagten anhören bis auf weiteres: inzwischen sind auch die Funkanstalten mit Live-Reportagen, Interviews und Kurzkommentaren dabei –

22 **Noch nie bin ich** bei einer Beerdigung so ins Keuchen gekommen. Die Straße, für Autos noch gesperrt, führte steil bergauf, einige hundert Meter. Den anderen Leuten, die neben und vor mir dem Trauerzug hinterherliefen, schien das nicht soviel auszumachen. (Randbemerkung: die sportlichen Deutschen, vielleicht besteht ihre Fähigkeit nur darin, die Kräfte besser einzuteilen.) Ich war einfach zu schnell gegangen, vom Platz der Einheit fortgetrieben von Trachtenkapellen, Sonntagsreden, Fahndungsaufrufen, gleichzeitig gezogen vom Ehrgeiz, rasch den Anschluß zu finden, den ganzen Zug zu überholen und weit nach vorn in die Nähe der Sargwagen zu gelangen (aber dann die Länge der Strecke und die Steigung unterschätzen, typisch Serratta!).

Vielleicht wollte ich nur vor dem Mann wegrennen, der mich observierte. Ich überlegte, wie man solche Kerle täuscht und abschüttelt. Alle Tricks, die mir einfielen, schienen mir zu billig, alles schon im Kino gesehen. In diesem Stadtteil gab es nur wenige Geschäfte mit großen Schaufenstern, keine unübersichtlichen Seitenstraßen.

Selbst wenn es mir gelänge, ihn loszuwerden, überlegte ich, würde ich nur neuen Verdacht auf mich lenken; als hätte ich wirklich was zu verbergen. Nicht verrückt werden, geh, Maurizio! Was können sie von dir wollen, geh! Sie können dir nichts, geh!

Mir wurde heiß, auch ohne die näheren Informationen über die Hitze in der Hölle. Vielleicht litt ich auch schon unter ersten Entzugserscheinungen: keine Bar an der Ecke, in der man rasch einen Espresso gegen die Müdigkeit kippen kann, und keine Hauswände rot und ocker wie in Ferrara, die den Blick beruhigen. Statt des heimatlichen Gefühls, auch ohne Anstrengung mittendrin, mitten dabeizusein, hier die Anstrengung, sich immer beeilen zu müssen, um nichts zu verpassen.

Ein Schaukasten am Straßenrand, Bodybuilding Für Den Mann. Warum schreiben sie alles groß? Die Muskeln wie frisch gestürzter Pudding. Ich blieb stehen, der Verfolger zeigte sich nicht. Wenn es ein Verfolger ist, dann wird er ein Profi sein, dann wird er sich zu verstecken wissen. Die Frauen mit Muskeln hatten keine Brüste mehr. Ich schielte zurück, ging langsam weiter. Es war lächerlich. Ich wollte kein Profi sein, nicht so einer, und mich auf solche Zweikämpfe nicht einlassen.

Es ging weiter bergauf, ich wollte nach vorn, keuchte und dachte an C. Auf einer Litfaßsäule fettrot gerahmte wilde Gesichter, Vorsicht Schußwaffen! Ich trat näher, prüfte Gesichter und Namen, mehr junge Frauen als Männer, ich kannte niemanden. Also keine Gewissensbisse um die Belohnung, eine Million. Erleichtert, daß mein Gesicht nicht zur Jagd ausgeschrieben war.

23 **Eins können wir zugeben,** Lisa: wenn wir eine Sache in die Hand nehmen, dann sollen uns andere nicht dazwischenfunken: darin hast du mich immer bestärkt: das bringt uns in Form, wenn der Kampf um Reviere und Reichweiten geht –

Selbst in der Zeit, als wir zu zehnt um die getrödelten Ausziehtische saßen und andern den Streit überließen, wie viele Argumente stecken in einem Stein? und geklaute Krabben schlabberten, Lachshäppchen mit den Fingern wie der Fürst Kropotkin und über den besseren italienischen Weinflaschen lachend im Glück, endlich die neue Form des Lebens gefunden zu haben, in der wir uns suhlten und damit den Eltern noch nachträglich eins auswischten: sei fleißig, ehrlich, bescheiden und suche dir sorgsam, wer zu dir paßt: und nun jeder Körper das gleiche Ziel der gleichen Begierde: und das sollte der Anfang erst sein, der Aufbruch, und nicht schon der Absturz wieder in die bürgerlichen Verhältnisse, neu aufgelegt bei den trockenen Parteigrüppchen und Statuten: dann lieber gefangen in chinesischen Märchen vom ewigen politischen Glück, und verkatert von den ernsten Debatten, wie denn die Befreiung für alle: aus solchen Nächten wucherten Ideen, wuchsen Pläne eines heiteren kämpfenden und illegalen Lebens: gegen die Ideologie und gegen die Theorie, aber für die Freiheit, für das Glück, also für die Räuber vom Liang-Schan-Moor, die ein paar Schritte weiter waren als die verstaubten Räuber von Schiller: Bewußtsein, falls jemand versteht, was ich meine –

Wo ein Wille ein Weg: und das meiste war noch nicht ausprobiert und mußte erst einmal: so locker ging uns das große Nein nie über die Lippen und so wie wir hat Lenin leider nicht geblödelt bei der Frage: Was tun? Autoreifen aufschlitzen, das macht einer einmal, aber dann, als das Wort Kampf mit immer brummigerem Ernst ausgesprochen wurde, ging es sehr rasch: Kampf, die Platte von Steppenwolf hatte die meisten Kratzer bei *Born To Be Wild*, da flogen dir beim Nachtisch-Shit zügig die Ideen vom Untergrund ganz von allein zu –

Nein, nicht nur weil da schon der tüchtige Genosse vom Verfassungsschutz mit den Shitplättchen Stichworte gab und die Mollies, Rohrbomben und Zeitzünder dazu, um Polizeipferde zu killen, den Präsidenten der USA, die Juristen auf ihrem Ball und die Juden der ganzen Welt zu erschrecken: und Pistolen anbot, auch mir, umsonst sogar: was waren wir Trottel, von diesen Täuschungen will ich großzügig schweigen: denn er war es nicht allein, vielleicht war die Polizei nur fixer als wir, die Stimmung dieser heiteren Tage zu begreifen: der Gedanke, in den underground zu tauchen, stichelte irgendwie logisch aus all den grauen Papieren, dröhnte aus den Boxen und färbte die Kneipenluft bei Hertha südamerikanisch ein und trieb dir neben den Geschirrbergen in der Spüle das Wort *bewaffnet* in den Kopf: die Aussicht auf Zeiten ohne Pflichten und Abwasch –

War es so, Lisa?

Aber welche Aufregung, als bald nach dem Film *Viva Maria!* das Gerücht über den Tisch geflüstert wurde: daß andere Genossen mit dem bekannten Prenzlau als Anführer plötzlich schon weiter waren mit dem Schritt ins Illegale: da ging es um Vormacht, da mußte ein Machtwort: da stellten wir die zur Rede, das berühmte Treffen im Hinterhauszimmer auf den berühmten zerschlissenen Sesseln: denn in alle unsere Köpfe war der gleiche Satz gedruckt wie auf dem Plakat: *Die Pflicht des Revolutionärs ist es, die Revolution zu machen –*

Machen, machen, aber wie: und ich wußte: *Was ich mache, mach ich richtig,* und wollte *Nie mehr verlieren:* uns interessierte die richtige Linie und all das theoretische Schmuckwerk drumherum nicht mehr: da war zu entscheiden zwischen chinesischen Räubermärchen und fröhlichen Widerstandsbildern, die in Hollywood/California gefertigt waren –

Prenzlau also stellte sich und kam mit seinen Leuten: dem ich sofort die Fragen hinhieb: wie viele seid ihr, was getan bisher, wo den Hebel ansetzen: er aber patzig: was ich zu fragen hätte: nur weil auch er einen Ruf hatte in studentischen Kreisen, ein Wortführer und älter, erfahren in juristischen Konflikten –

Aber nicht erfahren in Führungsqualität: dem mußte ich erst beibringen, wie man einen Machtkampf schon in den ersten fünf Minuten entscheidet: der will mit geschliffenen Formulierungen seine Überlegenheit beweisen, aber mir reichen ein paar Handbewegungen, ein gespieltes Lippenzucken, ein Spottblick, um ihn kleinzukriegen und die Vorherrschaft zu behalten: ich hatte ihn dahin gebracht, daß er mir Bericht erstattete, nicht umgekehrt: von illegalen Rundfunksendern war die Rede, von Hubschraubern zur Befreiung von Gefangenen, Störung des Polizeifunks, Entführung des verhaßten Zeitungsverlegers –

Es ärgerte mich, daß sie schon so konkret dachten, daß sie in ihren Zielen weiter waren: da bin ich eigen, wenn mir jemand die Reichweite nimmt: *die Adler dulden kein zweites Paar in ihrem Revier,* mit anderen Worten: hier kocht der Chef: aber ich sagte: es freut mich: und er: zugegeben, Anfänger sind wir alle –

Da warst du es, Lisa, die alles klarmachte: *wir ja wohl nicht:* da merkte Prenzlau endgültig, daß er sich unterzuordnen hatte, und hielt eine feierliche Rede, als stehe er zwischen Blumenkübeln auf dem Podium: die Verschwörung wie eine Vereidigung mit allem Pathos und ungefähr diesen Sätzen: *Ich kenne euch lange, ich zähle auf euch. Ihr habt Feinde, die unsere Feinde sind. Wir sind wie ihr Opfer der Justiz. Die Prozesse, die man gegen mich vom Zaun bricht, sind euch bekannt. Während die, die mich anklagen, die Verbrecher von gestern und die Verbrecher in Vietnam freisprechen. Und ihr sollt büßen, weil ein paar Matratzen verbrannt sind. Während die, die Bomben auf wehrlose Menschen schmeißen lassen, gefeiert und belohnt werden. Kurz, ihr könnt auf uns zählen. Ich schlage vor, wir arbeiten zusammen –*

Ehe ich den Anspruch auf Führung der Gruppe ausdrücklich anmelden mußte, bot Prenzlau sie freiwillig an: vielleicht erleichtert, die Bürde los zu sein, aus den eigenen Gedanken, aus der eigenen Rhetorik radikale Konsequenzen ziehen zu müssen –

Okay, sagte ich lässig: so wie ich jetzt lässig allen Ghostwritern das Feld überlasse für ihre rohen Rohfassungen: geschraubte Umschreibungen, das Unverständnis am großen Glück, das wir empfanden: objektive Einschätzungen, aus denen mein Vergnügen und meine Unbändigkeit herausgefiltert sind: mein Lachen, meine lockeren Launen immer wieder gestrichen, geschwärzt, zensiert: was solls, ihr hütet euch ja ohnehin ängstlich, etwas von unsern Gefühlen zu verstehen und damit in den Anfangsverdacht der Sympathie zu geraten: für alle Freunde des Memoirenwesens und der Drehbuch-Exposés reicht das –

Die Freude der Versammelten war ungeheuchelt und herzlich. Man drückte sich die Hände, umarmte einander und trank. Wein, Bier und Einigkeit schienen das Dutzend zum Aufbruch Entschlossener zu beseelen. Vertrauen entspannte alle Gesichter. Alles wetteiferte nun darin, die Freude über den Kaufhausbrand immer zügelloser an den Tag zu legen und die kleinen Streiche des Lebens im Untergrund wie Heldentaten zu feiern. Nagels Zustand grenzte wieder an einen glücklichen, denn er hatte auf einen Streich mehrere Genossinnen und Genossen gefunden, die das glei-

che wollten wie er – und die er dennoch überragte. Sie alle drängte es zur Tat.

So legen sie sich jetzt unser Leben zurecht, Lisa: was sagst du dazu? lachst du? du siehst das nicht mehr so streng? du willst noch mehr?

Außer Plänen besaßen Prenzlaus Leute nur einen verrosteten Revolver. So kam in der Gruppe, die Nagel und Jeschke nun mit doppeltem Eifer festigten, das Verlangen nach Waffen und Explosivstoffen auf. Man wußte inzwischen umzugehen mit chemischen Substanzen, die in bestimmter Mischung einen Brand oder eine kleinere Explosion auslösen konnten. Doch für eine wirklich revolutionäre Tat waren Waffen erforderlich. Diese wurden der Gruppe nun von der Seite versprochen und aufgedrängt, von der man es am wenigsten erwartet hatte: von der Polizei. Denn noch immer gehörte der staatlich besoldete Beobachter, der in allen praktischen Fragen, vor allem bei der Beschaffung von Haschisch und Waffen Hilfe wußte, zum Kern der Gruppe. Man traute ihm zwar nicht in allem, aber auf ihn verzichten konnte man nicht.

Zugleich polizeilich gesucht und geführt wie Marionetten, gingen Nagel und Jeschke, unter kritisch-wohlwollender Aufsicht und doch aus eigenem Antrieb, die entscheidenden Schritte ins tiefere Verbrechen.

Marionetten, das geht entschieden zu weit: sagst du, das sag ich auch! du wolltest das hören, Lisa, ich hätte den Ton schon längst abgedreht: denn wir bestimmten das Spiel trotz dieses Verräters immer noch selbst, oder?

Aber ich bin neugierig, wie jetzt der Berliner Fenstersprung –

Als es nach einer romantischen Waffensuchaktion des Nachts auf einem Friedhof den Behörden gefiel, Nagel schließlich doch von dem Spitzel verraten zu lassen und zu verhaften, war dennoch nicht alles verloren. Es war vielmehr das Vorspiel zu einem spektakulären Neubeginn. Jeschke und Prenzlau konnten binnen vier Wochen, mit zusätzlicher Hilfe der neu zur Gruppe gestoßenen Journalistin Margret Falcke, erreichen, daß der Häftling Nagel, dank eines Verlegers, der ein Buchprojekt vortäuschte, und dank auffälliger Nachlässigkeiten der Justizvollzugsanstalt, in eine

Bibliothek verbracht wurde. Hier befreiten ihn seine Freundinnen und Freunde mit Waffen, die offenbar nicht von der Polizei beschafft waren. Ein Sprung aus dem Fenster genügte, ein schwerverletzter Angestellter blieb zurück. Das Entsetzen über diesen Streich war allgemein, doch auch er gelang offenbar unter den wissenden Augen der die Verfassung schützenden Behörde.

Daß mir damit endlose Monate im Knast erspart wurden, läßt meine lieben Trauergäste kalt: was wir alles im geheimen vorzubereiten hatten, regt Ihr Spannungsempfinden nicht auf: was wir fühlten und in welchen Sekunden wir zitterten, ist Ihnen schnuppe: aber daß ein Spitzel unter uns war, schon so früh, und daß mehr als nur wir paar Leute unsere Pläne kannten und duldeten: das interessiert Sie heute noch –

Und nun wollen Sie wissen, Ladies and Gentlemen, ob ich das nicht gemerkt hab: nein, es waren die naiven Zeiten: bitte um Nachsicht: später haben wir besser aufgepaßt: aber organisieren Sie doch mal einen Kongreß zu der Frage: *Hätte der Terrorismus auch ohne Hilfe der Polizei sich entwickeln können?* Argumente der Experten Pro und Contra, *Oder ist er nur entschieden beschleunigt worden? Was könnte sonst das Ziel der verdeckten Unterstützer gewesen sein?*

Keine Antwort? dann weiter im Text –

Die Eilfertigkeit der Flucht zerstreute die Gewissensangst der Beteiligten. Nagel die Verbüßung seiner Reststrafe erspart zu haben, galt als revolutionäre Tat, vor der die Frage nach einem verletzten Angestellten lächerlich war. Die Befreiung des Kaufhausbrandstifters stieß bei vielen, die an der Befreiung der Gesellschaft arbeiteten oder arbeiten wollten, auf Sympathie. Daß es eine unsinnige Tat gewesen sein könnte, gemessen am revolutionären Ziel, oder ein Rückschlag für bescheidenere Veränderungen, vernahm man ebenfalls. Aber die Kritik wurde überdeckt von dem großen Erfolg, der in der öffentlichen Selbstdarstellung lag. Die Beteiligung der Journalistin Margret Falcke, die mehr aus Angst denn aus Absicht hinter Nagel hergesprungen war, machte den Fall zur Sensation. Der Sprung aus dem Fenster in den Untergrund war eine einmalige PR-Aktion: ein grandioser Aufstieg in die Schlagzeilen.

Das lauschende, lesende und von schwarzweißen zu farbigen Bild-
schirmen konvertierende Volk hatte seine neuen Helden in der Ge-
stalt von – Feinden.

Da muß ich zustimmen ausnahmsweise: die Geilheit der Tat
wächst erst danach, wenn die Buchstaben erigieren, wenn drei,
vier, fünf Zeitungsspalten sich öffnen und du im Fernsehen je-
länger-je-lieber: minutenlang auf dem Höhepunkt schwimmst –

24 Auf dem Rücken liegend getragen werden von Wellen,
einige Sekunden schwebend zwischen Erschöpfung und Erleichterung, die Beine gestreckt. Die Augen geschlossen, behutsam vor und zurück wippend, wiegt Bernhard Schäfer die
Schwere aus dem Leib, aus dem Kopf, und da er geübt ist in der
Kunst der Entspannung, wird ihm rasch leichter, er schaukelt vor
sich hin, getragen vom hydraulisch gefederten Sitz, getragen vom
Wasser. Flache, freundliche Wellen heben ihn aus dem Zimmer,
aus dem Amt, aus der Stadt hinaus ins Weite, das Flimmern vor
den Augen läßt nach, das Blut stockt nicht mehr in den Beinen,
schon fühlt er sich von Sonne beschienen, aufgehoben zwischen
der Wärme der Luft und der Kühle des Wassers, schon setzen
sich Traumbilder von einer Kreuzfahrt zusammen, eine Woche
zwischen Liegestuhl und palmengesäumten Stränden, ein mildes
Auf und Ab aus tropischen Nächten und sonnensatten Vormittagen, dazwischen als Angelpunkt aller geregelten Sorglosigkeit
die weißgestärkte Bedienung, und auch bei Landgang immer die
sichere weiße Festung Schiff im Blick, zwei Wochen ohne die geschäftige Unruhe um die taumelnde, von Verbrechern bedrohte,
unterhöhlte, durchsetzte Welt, was sind ein paar bettelnde Ein-
geborene am Hafen gegen die Millionen Täter, die man dingfest
machen muß, drei, vier Wochen ohne Telefone, Termine, Terminals, vier, fünf Wochen ohne Leibwächter.

Seit drei Jahren kein Urlaub, kein Abschalten länger als drei
Tage. Seit Jahren kein Feierabend, denn auch in den seltenen freien
Stunden ist Schäfer tags und nachts erreichbar für den Minister, für

das Amt. Immer wieder hat er den Vorsatz aufschieben müssen, sich einmal für zwei, drei Wochen von allem loszureißen. Sobald ein Urlaubstermin näher rückt, türmen sich unerwartete Probleme auf, sind schwierige Entscheidungen nicht zu verschieben, Ermittlungen zu verstärken, wollen Stellvertreter, Abteilungsleiter, Staatssekretäre auf die Erfahrung und den jederzeit abrufbaren Rat Schäfers nicht verzichten. Selbst wenn er sich verabschieden könnte für mehrere Tage, müßte er in der Nähe bleiben oder im engbefreundeten Ausland. Eine Kreuzfahrt undenkbar, nicht nur weil viele Schiffe aus der Sowjetunion kommen, sondern weil er im Notfall von hoher See aus nicht in wenigen Stunden das Amt oder Bonn erreichen könnte. Darum muß er selbst etwas dafür tun, daß die Zeichen der Anstrengung auch ohne Urlaub von ihm abblättern, und sich gleichzeitig verfügbar halten und den Traum von der Kreuzfahrt aufschieben bis zur Pensionierung. Nur selten, in zwei freien Minuten wie jetzt, gönnt er sich wenigstens die Aussicht, nimmt einen kleinen Vorschuß, kippt mit dem Sessel nach hinten und wieder vor und läßt sich treiben und tragen, der Sessel ein Luxusdampfer, ein Boot, eine Luftmatratze, und auf dem freundlichen Ozean kein Urlauber außer ihm.

Er schlägt die Augen auf, von der inneren Wärme überrascht, die ihn plötzlich befallen hat, und im geräumigen Chefbüro klingt noch das kleine Schmatzen der Wellen nach, ein Knistern im Rüsternholz der Schränke vor den Wänden, die, weil sie abhörsicher sind, die feinsten Geräusche im Raum festhalten und einsperren oder das Wispern aus den abgeschalteten Terminals verstärken, kleine, bissige Takte vom stummen Tanz des Siliziums in den Maschinen.

Wenn kein Gesprächspartner auf dem Besuchersessel hockt und die Zahlen und Pläne auf dem Schreibtisch die Müdigkeit nicht aufhalten, wenn kein Telefon blinkt, keine Standleitung summelt, wenn die Bildschirme abgedunkelt oder abgeschaltet sind, über die er jederzeit Verbindungen zur Datenzentrale herstellen kann, dann läßt es Bernhard Schäfer manchmal zu, mit allen Sinnen solchen ortlosen Geräuschen nachzuspüren, in die Lichtungen eines Traums zu taumeln und für Sekunden die Orientierung zu verlieren, plötzlich allein, völlig beschützt und doch unbeobachtet, kein Kabel, keine Stimme, keine Drähte der Vernunft zwischen sich und der Welt.

Er nimmt auch solche Sekunden von der rationalen Seite, solange er blitzschnell umschalten kann und weiß, welches der richtige Knopf, der richtige Speicher, die richtige Diskette, die richtige Taste ist. Nur was schaltbar ist, das existiert, das ist eine seiner Devisen. Und schaltbar, so zitiert er sich selbst, ist nur das, was einschaltbar und ausschaltbar ist. Sich selbst einschalten im richtigen Moment, das ist die ganze Kunst der Polizeiarbeit.

Frau Dornhauser kündigt Dr. Reichelt an, Termin 15.15 Uhr, und Schäfer hat sofort alle Reichelt-Daten abrufbereit im Kopf, noch ehe der ins Zimmer tritt.

Freundlich routiniert begrüßen sich die Herren, in einer Minute erledigen sie den Punkt: Wie gehts, wie stehts?

Beste dienstliche Bekanntschaft mit dem Spezialisten für V-Mann-Führung im befreundeten Amt, das die Verfassung zu schützen hat, und Schäfer weiß: ein Teetrinker, dem man keinen Beuteltee vorsetzen darf, über diese kontinentale Barbarei kann der sich erregen wie ein Engländer. Auch sonst betont britische Manieren.

Ehe Reichelt sich setzt, mißt er mit seinem Blick unauffällig wie ein Profi den Raum, Lage der Türen und Fenster und Möglichkeiten zur Deckung, und das in einem der sichersten Zimmer der Welt. Schäfer entgeht der Blick nicht, alte Gewohnheit, er macht es genauso, er lächelt und fragt: «Den Tee wie immer, mit Milch?»

Reichelt wünscht keinen Tee, nur Wasser. Der Tag sei anregend genug, er habe eben seine Leute kontrolliert und die Hotels im Umkreis von 200 Kilometern überprüfen lassen, um das Interesse der fremden Dienste an der heutigen Großveranstaltung zu messen, außerdem verstärkte Observation der Verkehrswege zwischen Bonn und Frankfurt. Er werde sich nachher selbst ins Getümmel mischen und ein bißchen schnuppern.

«Großkampftag», sagt er zufrieden, «ich werde auch zum Begräbnis gehen, das offene Grab, das will ich mir nicht entgehen lassen.»

«In dem Gedränge?»

«Nur im Gedränge, Herr Schäfer. Die Nähe zum Gegner, auch wenn er tot ist und nicht mehr schwitzt, das braucht man ja hin und wieder.»

«Sie habens gut, Sie kennt keiner.»

«Also gut, zur Sache.»

25 Kassette 2, Seite A:

Ich kann nur so reden wies kommt was ich auf den Notizen vorgestern hatte die Stichworte das hab ich gesagt mehr oder weniger oder ich schaff es nicht zu sagen ich wollte am Ende der Kassette eben noch was sagen wie sich alles verkehrt hat in unserer Praxis in den Aktionen aber ich kann das nicht genauer sagen nicht untersuchen jetzt mir fehlt die Ruhe und alles um das mal richtig anzupacken was wir da alles gemacht haben ich merke nur je länger ich jetzt darüber nachdenke desto schwieriger wird es je länger ich darüber nachdenke desto weniger bleibt übrig von dem was ich vor ein zwei Jahren noch geglaubt habe /

Glauben hört sich so falsch an so unpolitisch aber es war wirklich ein Glauben wir allein wir wollten bestimmen was stimmt was richtig und falsch ist und was die Wörter bedeuten imperialistisch zum Beispiel wir sagten was imperialistisch sein soll was für Wörter verdammt wir haben uns selbst imperialistisch verhalten gegenüber denen die noch nicht so weit waren zum Glück würde ich jetzt sagen aber wir haben sie alle unter Druck gesetzt ich hab mich ja selbst dauernd unter Druck gesetzt man war ja nur unter Druck dauernd auf hundertachtzig nicht schlafen nicht heulen nicht trödeln es muß die nächste Aktion her der Imperialismus muß muß /

Das haben sie uns ja auch vorgeworfen die legalen Linken wir hätten sie dauernd unter Druck gesetzt mit der Knarre imperialistisch sie gezwungen ja oder nein zu sagen na gut ach diese Scheißwörter Wörter zum Prügeln zum Schlagen zum Schießen Schießwörter Scheißwörter man müßte nein ich müßte eigentlich mal wieder reden ohne solche Wörter ohne die Kommandosprache

ohne abchecken abcovern abknallen schon wieder die nächste Illusion wo nur die Aktion gilt wer schert sich da noch um so was wie
Ausdrücke/

Ach ihr Macker ihr Helden ihr Maulhelden und Schießhelden ja
ich geb zu es war aufregend spannend mit euch wenn es gut war
und die schönen Tage ein Abenteuer und daß man sich wirklich
verlassen konnte auf jeden und der Spaß beim Verstecken in den
ersten Wochen darüber ein andermal wenn es mal möglich ist später aber was für ein Leistungssport dann anderthalb Jahre lang bei
jedem Gang auf die Straße aus den Augenwinkeln den observie-
renden Blick auf die möglichen Observierer nein ich kenn euch
von euren brüderlichen euren schwesterlichen Seiten was hört sich
das kitschig an egal ich meine es so eure ängstlichen Seiten und
deshalb verrat ich euch nicht keine Angst/

Ich weiß wie es denen ergangen ist die verraten haben und die
noch verraten werden die werden wenn sie ihre Sprüche abgelas-
sen haben zu Krüppeln gemacht von den Bullen in jede Aussage
Lügen gemischt erst Kronzeuge und dann der Arschtritt das sind
die ärmsten Schweine denen niemand den Nachruf schreibt egal
was wollt ich sagen/

Euch wollt ich ade sagen nichts weiter mir ist eben eingefallen es
gibt eine direkte Flugverbindung von hier nach Island ich werde
ins Eis hinaufgehen und in den Geysiren baden zur Abwechslung
und euch alle vergessen und endlich nicht mehr auf der Flucht sein
ganz ruhig werde ich sitzen und angeln gut getarnt/

Hab wieder ausgeschaltet weil ich erschrocken bin was ich da
sage nein so blöd bin ich nicht daß ich euch eine Spur hinterlasse
ich wollte schon wieder löschen aber dann ist ja klar da oben in
Island da krieg ich keine Legende die Sprache unmöglich und was
kann ich überhaupt außer Wohnungen anmieten und Stempel fäl-
schen Wunden verbinden ein bißchen Malen na lassen wir das
nichts da mit Island ich werde nur träumen von der herrlichen
Kälte da oben Hunger hab ich Hunger auf Sauerkirschen/

Die Sauerkirschengeschichte Henner davon träum ich noch
heute die behalten wir für uns ja egal was du noch für Scheiße baust
egal wo du hingehst und wo ich landen werde die bleibt uns beiden

du Schuft immer wenn ich allein bin und Lust krieg auf na lassen wir das dann ist das mein Stichwort Sauerkirschen Henner meine Codewort nein mehr sag ich nicht/

Jetzt hast du Büttinger erschossen Henner oder Enzo oder Tina ich weiß es nicht will es auch gar nicht genau wissen bin froh daß ich das nicht weiß froh daß ich rechtzeitig die Kurve gekriegt habe nein nicht rechtzeitig viel zu spät in der allerletzten Sekunde aber du warst dabei und ich hab sie gelesen eure kläglichen Sätze Büttingers klägliche und korrupte Existenz beendet/

Ihr Feiglinge was habt ihr da beendet beendet habt ihr gar nichts Büttinger war nicht so kläglich wie ihr da rumtönt er war doch meistens viel souveräner war ja gar nicht die berühmte Charakter- maske wie wir immer gedacht haben wir kamen doch verhältnis- mäßig gut mit ihm zurecht er hat schneller begriffen als wir manchmal und je länger wir ihn kannten desto weniger war er Maske desto mehr zeigte er Charakter wenn man so will er nahm uns irgendwie ernst er versuchte unsre Motive zu verstehen die Schwierigkeiten mit den Wohnungen die Enge im Schrank und versuchte zu reden zu reden/

Nein nein ich will ihn nicht übern Klee loben aber erinnert euch doch euch hat er doch auch beeindruckt der Mensch so wie mich wie da ein Mensch herauskroch aus der Maske Büttinger nein nein ich hab nicht vergessen was noch alles rauskam der ganze Dreck in dem er wühlte was er uns erzählt hat nach und nach in den Verhö- ren auch nicht alles bestimmt nicht alles erzählt aber/

Ich wollte nur sagen Charaktermaske das sind wir doch gewor- den durch ihn wenn dus genau nimmst ich ich auch Charaktermas- ken wir oder ihr vielleicht mehr als er jaja da seh ich euch wieder grinsen Conni stellt wieder alles auf den Kopf die berühmte Conni-Dialektik höhnt Enzo und Henner du auch egal egal ihr habt ihn umgebracht und nicht nur weil ihr aus eurem Denken nicht rauskommt sondern weil ihr Angst hattet vor ihm und nicht nur weil er Tina erkannt hat als die Maske rutschte nein weil er euch durchschaut hat uns durchschaut hat unsern ganzen tollen Mut der doch nur aus lauter Schiß bestand aus Angststücken zu- sammengeflickt/

Und dann aber großtun mit korrupter und kläglicher Existenz Existenz höher konntet ihr nicht mehr stapeln was ich hab es doch gesehen wie ihr jeden Tag mehr geschwitzt habt vor Angst vor Büttinger wie ihr immer mehr Mühe hattet ihn als Funktionsträger als Pfeiler des Systems zu sehen das war er ja sowieso schon lange nicht mehr und ihr habt gefürchtet je länger er bei uns ist desto morscher wird dieser Pfeiler und morscher unsre Idee mit diesem Pfeiler etwas bewegen zu können /

Da habt ihr ihn lieber schnell umgebracht damit er sich nicht noch mehr als Kumpel als Freund als Vaterfigur entpuppt und nach den toten Genossen da dachtet ihr nur noch ihr müßt jetzt handeln und aus Angst vor dem Handeln habt ihr euch entschlossen ganz schnell zu handeln so war es doch immer und handeln handeln das hieß für euch ja nur noch laden und abdrücken so ist es doch /

Hab erst mal geschlafen so müde war ich vom vielen Sprechen quatschen ins Leere ist anstrengend wenn du nicht weißt mit wem du eigentlich redest mit Henner im Grunde red ich wohl immer mit dir Henner /

Und müde von der Enge hier es war auch spät gestern das Fernsehen alles durch bis zum Flimmern auf allen Programmen kurz nach drei ist es jetzt eine Stunde geschlafen so viel geträumt schwer geträumt eben draußen auf dem Klo aufs Klo muß ich kriechen durch die Küche und dann gleich links und die Spülung soll ich auch nicht ziehen das ist unsre Bedingung haben sie gesagt die Nachbarn die Nachbarn der Gestank ist ihnen lieber als Nachbarn die mißtrauisch werden meine Gastgeber sie sind vorsichtig vorbildlich vorsichtig aber ich auf Knien durch die Wohnung auf allen vieren durch die Küche wie ein Kleinkind was macht man nicht alles /

Ich saß mit Henner im Auto ein besonders großes Auto und teuer aber kein BMW es rollte in eine kleine Stadt hinab alles Neubauten eins der Häuser fiel auf weil das Erdgeschoß ganz aus Glas war und um das Haus herum ein Garten voll mit Blumen und hinter dem Fenster im obersten Stockwerk winkte ein Mann es war der Bruder meiner Mutter Onkel Günter der Hauptlehrer er trug eine Uniform von Gebirgsjägern das hat mir Henner erklärt die Uniform und Henner sagte wir sollten ihn besuchen aber ich wollte nicht ich sagte lieber nicht das hält das Haus nicht aus das hält das Glas nicht aus doch doch sagte Henner aber wir müssen ihm Blumen mitbringen nein sagte ich ist doch Quatsch der hat doch den ganzen Garten voll und außerdem ist das viel zu formell bei einem nahen Verwandten aber Henner hatte das Kommando wir fuhren weiter in die Stadt rein und suchten einen Blumenladen dann fanden wir eine Gärtnerei voll mit genau den gleichen Sommerblumen wie sie Onkel Günter vor dem Haus hatte und vor lauter Blumen gab es in der Gärtnerei keine Ladentheke keine Verkäufer wir warteten lange dann nahmen wir einfach einen großen Strauß Dahlien mit und fuhren wieder los wir gerieten von der Straße ab landeten in einem Tierpark in dem alle Tiere freigelassen waren ein Wärter wies uns den Weg eine Treppe mit flachen Stufen hinunter ich lenkte den Wagen die Treppe runter das Rütteln war fürchterlich die Vorderräder hingen irgendwie in der Luft schwitzend kamen wir unten an vor einer Ampel die gerade auf Gelb schaltete wir mußten warten die Ampel blieb gelb und weit und breit kein anderes Auto keine Fußgänger wir allein vor der gelben Ampel und ich dachte wenn ich jetzt losfahre dann kommen sie aus dem Gebüsch und schnappen dich erschießen dich es war eine Falle es war nicht auszuhalten so bin ich aufgewacht/

Aber warum erzähl ich das hier weiß ich auch nicht wie lang ich noch Zeit habe zu reden ich will ja nicht die Zeit mit Träumen verplempern die kostbaren Kassetten mit Träumen vollquatschen es gibt doch wirklich Wichtigeres zu sagen oder andererseits seit wann/

26 **Die fünf Motorräder** an der Spitze des Trauerzugs im ersten Gang, die Gashebel angetippt, immer öfter müssen die Fahrer ein Bein strecken, um die Maschinen zu halten: so langsam schleppen sich Wagen und Trauerpersonal die Höhe hinauf, so hoch ist der Taunus: wo bitte, gehts zur Front: ins Grab, immer aufwärts, immer geradeaus, keine zehn Minuten mehr bis zum Tor des Nordfriedhofs –

Und wenn Sie denken, Sie haben mich da festgenagelt unterm Fahnentuch in der Holzkiste, dann bin ich schon wieder unsichtbar schwarz, unsichtbar rot, unsichtbar golden: und der Film läuft bei mir gleichzeitig vorwärts in die Erde und rückwärts wohin wohin: am Ende in den Mutterschoß, aber wir wollen die geilen Umwege nicht vergessen, die tollen Tage der Befreiung, die wunderbaren Schläge, das hübsche Entsetzen: wo waren Sie stehengeblieben?

Die Befreiung Nagels, mit mehr Glück als Verstand gelungen, schweißte die, die sich daran mit unterschiedlichem Geschick beteiligt hatten, zu einer Gruppe zusammen, die von nun an zu nichts Geringerem verdammt war als zum Erfolg. Als Befreier losgezogen, wachten sie im harten Alltag der Verschwörung auf. Sie hatten weder Wohnungen, Geld noch Ausweise oder Waffen.

Ihre wichtigste Waffe war die Sprache, mit der sie die Fronten zogen. Wir oder ihr, andere Alternativen gab es nicht. Angesteckt vom Zauberwort illegal, erklärten sie sich eilig und triumphierend zum Vorbild für die potentiell revolutionären Teile des Volkes, womit sie vor allem Lehrlinge, Arbeiterinnen und Heimbewohner meinten. Intellektuellen Schwätzern und «linken Schleimscheißern», die sie nicht zu den Auserwählten für eine Revolution zählten, seien sie keine Rechenschaft schuldig. Wer sich ihnen in den Weg stellte, wurde nicht mehr als Mensch bezeichnet, sondern als Schwein. Aus ihren Verstecken hinter zugezogenen Vorhängen, abhängig von ein paar Freunden, die es gut meinten und ihnen Essen, Geld und Zeitungen brachten, erteilten sie der übrigen Welt Belehrungen wie die, daß jede andere als ihre militante Politik reformistisch sei und folglich die allgemeine Ausbeutung, Unterdrückung und Disziplinierung nur vergrößere.

Schon wieder falsch, mein Herr: *die Sprache der Guerilla ist die Aktion*, hab ich gesagt: warum schmückt man die Straßen nicht mit Transparenten und den echten Sätzen, an die wir uns hielten –

Da die Fluchtplätze in Berlin, wo die Plakatgesichter der Falcke und des Nagel zur Fahndung an alle Litfaßsäulen geklebt waren, immer knapper wurden, verließen sie das Land und gelangten an den Rand der Wüste Jordaniens, wo sie zur Stadtguerilla ausgebildet werden wollten. Sie lernten schießen, Handgranaten werfen, Dauerlaufen, Karate, Frühaufstehen und litten unter dem ungewohnt einfachen Essen und dem Mangel an Coca-Cola.

Das wußte ich, daß Sie die Cola-Geschichte nicht auslassen werden: aber zum Beweis, daß Sie recht haben, möchte ich eine Dissertation sehen: *Einsatz und Wirkung des Coca-Cola-Getränks beim bewaffneten Kampf in Westeuropa*: na los, beeilen Sie sich!

Sigurd Nagel, erfahren im Stehlen schneller Motorräder und Autos und im Basteln von Kleinbomben, mochte sich den Gastgebern, die seit vielen Jahren unter den härtesten Entbehrungen lebten und mit militärischen Aktionen gegen die Besetzung ihrer Heimat kämpften, nicht unterordnen. Um politische Argumente für seinen Eigensinn niemals verlegen, wünschte er auch von seinen geduldigen Ausbildern als der behandelt zu werden, der er in der Gruppe war, der Oberbefehlshaber. Dadurch verschärften sich die Konflikte mit den Gastgebern derart, daß die Gruppe schon nach wenigen Wochen die Ausbildung abbrechen und an den Schauplatz der ruhmreichen Befreiungsaktion zurückkehren mußte. Aber sie hatte sich immerhin in einem verwandelt: sie nannte sich fortan Armee.

Langsam merkt es auch der Dümmste, mein Herr, welche Seite Ihnen das Honorar zahlt, welches der Ämter Ihre Bemühungen um Desinformation unterstützt: ach wie gut, daß niemand weiß, daß mich das alles nichts mehr angeht: ich dementiere gar nichts mehr, habe höchstens noch eine Bitte: stellen Sie doch Cola-Automaten vor dem Friedhof auf, damit meine lieben Gäste nicht dürsten –

Zunächst waren wieder alle Kräfte erforderlich, den eigenen Unterhalt zu sichern. Wohnungen wurden über Mittelsleute oder mit Druck auf befreundete Mieter, Autos mit geübten Griffen und doppelten Nummernschildern, Geld mit Banküberfällen beschafft. Ständig auf der Flucht, mußte sie vorgeben, an der Spitze der politischen Bewegungen zu stehen. So wurden die zweifelhafte Ehre, von der Polizei gesucht zu sein, und der Wille, alles anders zu machen als zuvor, das einzige Kapital, das stärkste Motiv.

Nagel diktierte die Ziele, verlangte absoluten Gehorsam, außer der Jeschke wagte ihm niemand mehr zu widersprechen. Wie er einst der King auf dem Schulhof war, bestimmte er nun die Regeln des illegalen Lebens.

Können Sie Ihre Vorurteile nicht ein bißchen geschickter verstecken?

Dennoch liefen nach einigen Monaten mehrere Mitglieder, unter ihnen Prenzlau, der Polizei in die Falle. Neue Leute stießen hinzu, aber in der größten deutschen Stadt war es der Stadtguerilla nach kurzer Zeit bereits zu gefährlich geworden.

Die Flucht ging weiter, hinaus in die bundesdeutschen Provinzen, und wurde mit dem Nimbus einer Strategie versehen: sich ausbreiten im weiten Land und unverhofft zuschlagen können an jedem Ort. Das sozialrevolutionäre Konzept, das man in den Tagen nach der Befreiung Nagels erdacht hatte, wurde stillschweigend fallengelassen. Hektisch verteilte man sich, zog von einem Ort zum andern, nahm hier einen Banküberfall, dort einen Ausweisdiebstahl vor und griff bei Bedarf nach Autos, wo sie sich boten.

Es reicht, es reicht mir nun doch, mein Herr, Sie mißbrauchen meine Geduld, diese siebzig Zeilen erfordern mindestens siebzig Gegendarstellungen, ich will es mit drei oder vier Beispielen bewenden lassen –

Was, wenn ich fragen darf, hätten wir anderes tun sollen als das, was wir taten: hätten wir uns verhaften lassen sollen? kampflos die Hände heben? oder freiwillig zur nächsten Polizeistation gehen und artig den Ausweis hinlegen: hier sind wir? den revolutionären, den historischen Auftrag fahrenlassen? und alle die enttäuschen, die Hoffnungen auf uns setzten, wovon Sie bezeichnenderweise gar nichts schreiben? könnten Sie bitte zur Kenntnis nehmen, daß ein Jahr nach dem Berliner Fenstersprung immerhin 20 Prozent der Bevölkerung uns politische Motive zubilligten, daß jeder fünfte bereit gewesen wäre, uns vor Verfolgung und Verhaftung durch die Polizei zu schützen? und daß die Sympathie mit und für uns gerade unter Lehrlingen und Schülern immer noch wuchs? immer vorausgesetzt, die Zahlen wurden nicht in Umlauf gebracht, um uns zu täuschen und den Etat der Polizei zu polstern?

Was, wenn nicht mein Eigensinn, den Sie mir so lebhaft ironisch ankreiden, hätte die Gruppe denn zusammenhalten sollen? warum spitzen Sie alles auf mich zu, und kaum ein Wort über die zwölf, zwanzig, dreißig anderen? und doch, zwischen hochempfindlichen und ungeschickten Intellektuellen, zwischen zappligen Jungstudenten und tapferen Lehrlingsmädchen eine Mitte zu finden, einen, der sich bei allen Respekt verschaffen konnte, wer also, wenn nicht ich?

Und Bankraub, das paßt Ihnen auch wieder nicht, aber wie, bitte schön, soll man eine kleine Armee anders finanzieren? und welche Aktion sonst ist gleichzeitig von politischem Wert als vorgeführte Enteignung und von taktischem Wert als anschauliche proletarische Tat und von strategischem Wert als Lösung des Finanzproblems? dazu die Methode als Beispiel, wie die Diktatur des Volkes gegen die Feinde des Volkes nur errichtet werden kann: bewaffnet –

Das paßt Ihnen alles nicht in Ihren Wohnzimmerhorizont: über eine Pistole von uns wird ein Getöse gemacht bis hinauf zum Minister, aber haben Sie eine Ahnung davon, wie viele Pistolen täglich Geschäftsinhabern und Restaurantchefs unter die Nase gehalten werden nicht nur in Frankfurt, damit sie das Schutzgeld erhöhen, das Sie dann inclusive Trinkgeld und Mehrwertsteuer mitzahlen bei Ihrem dienstlichen Essen?

Und was Sie abschätzig als Flucht bezeichnen, hätten wir einen Panzer kapern und ein Regierungsgebäude beschießen sollen, oder was hätten Sie als Offensive vorzuschlagen, gelten lassen oder an unserer Stelle getan?

Der Ruf des Sigurd Nagel und seiner Bande –

Halt! Warum nennen Sie uns nicht einmal beim richtigen Namen: oder wenigstens das Kollektiv: denn wir waren keine Fik-
tion, mein Herr, im Gegensatz zu dem, was Sie hier liefern!

Verbreitete sich im ganzen Land –

Halt! Im Ausland auch, wo es ähnliche Gruppen mit ähnlichen
Zielen gab, dieser Aspekt der internationalen Guerilla kommt bei
Ihnen nicht vor!

Die Straßen galten als unsicher –

Die Zeiten der Straßenräuber, des Wirtshauses im Spessart und
so weiter sind schließlich vorbei, falls Sie das noch nicht gemerkt
haben, hier im sichersten Land der Welt, mit der größten Polizeidichte, den festesten Leitplanken, im Garten Eden der Versiche-
rungswirtschaft!

Nächtliche Einbrüche in Rathäuser beunruhigten die Polizei –

Was beunruhigt die Polizei denn nicht?

Der Name Nagel wurde zum Schrecken der Bürger –

Aber zur Hoffnung der Lehrlinge, Schüler und einiger Arbeiter
auch!

Längst waren Prämien auf seinen Kopf gesetzt –

Das wird man ja wohl als Auszeichnung verstehen dürfen!

*Er selbst war so glücklich, jeden Anschlag auf seine Freiheit zu
vereiteln, und verschlagen genug, den Aberglauben von seiner
brutalen Gefährlichkeit zu seiner Sicherheit zu benutzen –*

So kann mans auch ausdrücken, daß der Polizeistaat uns nicht so
schnell packte wie er wollte! und daß wir immer geschickter wurden, manchmal sogar Glück hatten!

Dennoch häuften sich Pannen und Festnahmen –

Man wird schließlich nicht als Profi geboren!

*Überall fühlten die Frauen und Männer der Armee sich beob-
achtet und verfolgt –*

Sehr freundlich, daß Sie das als ein subjektives Problem darstellen!

*In immer kürzeren Abständen mußten sie die Quartiere wech-
seln, und die Vorsichtsmaßregeln verschlangen viel Geld. Armut
und Mangel traten an die Stelle des Überflusses. Am schlimmsten
aber war, daß das Schattenbild der solidarischen Eintracht ver-*

schwand. Neid, Argwohn und Eifersucht wüteten im Inneren der verworfenen Armee.

Machen Sie doch gleich einen Psychokrimi draus, lassen Sie alle politischen Aspekte weg, einen plumpen Steptanz von Gesinnungskriminellen!

De mortuis oder wie das bei Ihnen auf dem hochdeutschen Ikea-Drehstuhl heißt: über die Toten nichts Schlechtes, den guten bürgerlichen Grundsatz könnten Sie als guter Bürger vielleicht auch einmal gelten lassen, für mich! wenigstens heute, am Tag meines Begräbnisses! wenigstens bis der Sarg in der Erde liegt! aber auch das ist zuviel verlangt: kaum seht ihr mich, kaum sprecht ihr, richtet, schreibt über mich, gehen euch die Grundsätze flöten, die einfachsten Regeln der Zivilisation, auf die ihr sonst so pocht: nehmen Sie sich ein Beispiel an dem Fest, das die Stadt für uns ausrichtet, ohne so nachtragend zu sein wie Sie von der schmierenden Zunft –

Ach, lügen Sie allein weiter: ich hab noch was anderes zu tun: aber ich distanziere mich von jedem der folgenden Worte –

Als man nach einem guten halben Jahr Bilanz zog, kam die Zahl der Verhafteten fast schon der Zahl der aktiven Mitglieder gleich. Auch dies löste, obwohl Margret Falcke und andere darauf drängten, keine Besinnung aus. Nagel gestand zwar Fehler ein, aber nur die Fehler einzelner, keine Fehler der Armee. Von seinen Fehlern wurde nicht gesprochen. Er verlangte Härte, Disziplin, Gehorsam, Planung.

In jeder Poststelle hing ein Fahndungsplakat, Tausende Polizisten lenkten ihre Aufmerksamkeit auf die Gruppe, Zeitungen begleiteten jeden ihrer Schritte, so sie bekannt wurden, wollüstig mit fetten Schlagzeilen – all das begünstigte ihre Selbstüberschätzung. Das Prädikat, zum Staatsfeind Nummer 1 erklärt zu sein, erleichterte ihnen, sich als Revolutionäre zu fühlen und in der Revolution ein realistisches Ziel zu sehen. Praktisch jedoch taten sie nichts anderes, als mittels Beschaffungskriminalität für den eignen Unterhalt zu sorgen.

Woher wissen Sie denn, was ich dachte: morgens um sechs im trüben Licht einer Snackbar an einem lausigen Bahnhof vor den

Wandgemälden der Werbeschriften an einer Bockwurst kauend und wieder auf ein Bier verzichtend: Handlanger der größten Sache der Welt: vor dir die gelähmten, geschlagenen Gesichter: im Kopf Jack Londons *Eiserne Ferse*: alle Kämpfer gehn drauf, und einer bleibt übrig, aber wer: morgens um halb sieben ist die Welt brutal, und du wartest noch eine Stunde auf den dritten Mann: zum Skat? was sonst –

Immer wieder dachten einzelne daran, die selbsternannte Armee zu verlassen, aber niemand wagte, darüber zu sprechen. Nur wenigen, die sich genug geblendet sahen, gelang es, dem Druck des gemeinsam ausgeheckten Wahns und Nagels Autorität zu entfliehen.

Die innere Konzeptions- und Ratlosigkeit und der Widerspruch zwischen dem Selbstgefühl der Revolutionäre und dem Medienbild von Terroristen waren so groß, daß Margret Falcke beauftragt wurde, eine Theorie zu formulieren, die der fortdauernden Beschaffungskriminalität einen politischen Sinn geben und die Nöte in eine Kette revolutionärer Tugenden verzaubern sollte. Das gelang ihr, indem sie die Armee als einzige Kraft vorstellte, die den Ausweg gefunden habe aus der Sackgasse, in die die studentische Politik des Protestierens geraten sei. Da die kleine Armee ihre Vorbilder in ausländischen Widerstandsgruppen sah, die gegen faschistische oder diktatorische Regierungen kämpften, mußte sie ihr Bild von dem Staat, in dem sie lebte, weiter vereinfachen. Die Brüchigkeit solcher Vergleiche des westlichen Deutschland mit Uruguay, Vietnam oder China stützte Margret Falcke mit vielen Zitaten und wuchtigen Sätzen ab. Sie krönte ihre Schrift mit der Antwort auf den Einwand, die politische Situation sei nicht reif für bewaffneten Kampf, mit der Behauptung: wenn die Situation reif sei, sei es zu spät, jenen Kampf erst vorzubereiten.

Nicht mal richtig lesen können Sie, Sie hochbezahlter Schmierer, hören Sie auf, geben Sie auf!

Aber auch diese Theorie minderte die Hilflosigkeit der Armee nicht, die darin fortfuhr, als eine Diebsbande sich durchzuschlagen. Das wurde erst anders, als der Tod sich einmischte.

Etwa ein Jahr nach Nagels Befreiung wurde eine junge Frau, die

sich gerade der Gruppe angeschlossen hatte, von der Polizei er-
schossen. Da hätten zumindest die Einsichtigen, die Schrecken des
Endes vorherahnend, ihren guten Verstand über die traurige Täu-
schung siegen lassen können. Aber es war, als habe man auf diesen
Tod nur gewartet. Rachegefühle belebten die Beteiligten. Sie be-
trachteten die Tote als Märtyrerin und richteten sich daran auf, bei
Gelegenheit ebenfalls zum Opfer für die gute Sache zu werden.
Diese düstere Aussicht stärkte den Zusammenhalt der Gruppe.

Schmeißen Sie den Dreck weg, spielen Sie lieber eine Runde Skat
mit Lisa und mir: geben, hören, sagen: ich höre –

27 – Bleibt dran!

«Wenn man für einen Augenblick einmal die gewagte Hypothese zuläßt, daß Margret Falcke an der ungewöhnlich langen
Schlaufe nur dann einigermaßen sicher gehangen haben kann,
wenn ihre Totenstarre dazu benutzt wurde, den Kopf in eine
solche Haltung zu bringen, daß der Körper nicht herausfallen
konnte – hätte man an einer Toten eine solche Manipulation überhaupt vornehmen können?

Genügt es, den Kopf ganz leicht nach vorne zu drücken und das
Kinn auf die Brust zu führen, so daß Kopf und Hals eine Rinne
bilden, in der der Strick liegen könnte, ohne den Kopf herauszuwerfen?

Und es ließen sich wirklich mit Hilfe der Totenstarre Kopfhaltungen imitieren, wie sie von lebenden, noch nicht bewußtlosen,
in der Schlinge hängenden Menschen eingenommen werden?

Wenn auch dies von Medizinern bestätigt wird, kann eine solche
Erhängung überhaupt als einigermaßen stabil gelten?

Auch das wird versichert, solange die Totenstarre anhalte.

Diese hypothetischen Fragen sollen nur deshalb angerissen werden, um die Bedeutung der folgenden Frage zu erhellen: was
könnte der Grund gewesen sein, warum der linke Fuß der Leiche
auf dem vor ihr stehenden Stuhl aufgesetzt war?

Kann das noch einen anderen Sinn gehabt haben als den, mit dem ausgestreckten, starren Bein einen Teil des Körpergewichts zu stützen und die Zugkraft des Körpers an dem wahrscheinlich nicht sonderlich haltbaren Handtuchstreifen zu mindern?

Konnte man also, weil die Stabilität der Aufhängung nicht völlig gesichert schien, mit dem linken Fuß der Leiche diese Stabilität entscheidend verbessern?

Ist es nicht egal, ob man diese Fragen mit ja oder nein beantwortet, da nach Feststellung der Obduzenten Frau Falcke diesen Stuhl doch nur benutzt hat, um sich nach der Fertigung der Schlinge von ihm zu stürzen und so ihren Erstickungstod herbeizuführen?

Wird man aber ganz nebenbei fragen dürfen, wie der erstarrte Fuß einer Person aussieht, die den Stuhl verlassen und sich aufgehängt hat?

Wäre der Fuß nicht im Stadium der Muskelerschlaffung umgeknickt und dann durch die Leichenstarre in umgeknickter, mit der Spitze nach unten weisender Haltung fixiert geblieben?

Warum ist aber der Fuß in seiner normalen, ungefähr rechtwinkligen Haltung verblieben, wie er etwa beim Tod im Liegen fixiert wäre?

Werden wir hier wieder zu spekulativ, wenn wir fragen, ob die Fußhaltung einen anderen Schluß zuläßt als den, daß das linke Bein erst im Zustand der Leichenstarre auf den Stuhl gesetzt wurde?

Oder kann Frau Falcke als ein neues Beispiel für Ausnahmen von medizinischen Lehrmeinungen dienen?

Oder ist das Thema Stuhl in jeder Hinsicht zu dunkel, um mit schlichten Fragen ein wenig aufgeklärt werden zu können?

Wird man etwa eine Antwort auf die Frage bekommen, wie Frau Falcke von diesem Stuhl ihren vom Obduzenten so genannten Schritt ins Leere tun konnte, wenn, wie die Kriminalpolizei berichtet, genau vor ihren Füßen die Stuhllehne stand?

Wie hätte man sich das vorzustellen: einen Schritt ins Leere über eine Stuhllehne?

Hätte Frau Falcke den Stuhl nicht so gestellt, daß sie ihren schweren Schritt in den Tod nicht ohne zusätzliche Hindernisse hätte tun können?

Oder ist auch die Stellung des Stuhls der Infamie einer notorischen Mörderin und Selbstmörderin zuzuschreiben, die falsche Spuren legen will?

Darf man die Vermutung ausschließen, daß der Stuhl nicht etwa der Selbstmörderin als Hilfsmittel zum Erhängen, sondern zum Abstützen der Leiche diente?

Führen die Matratzen und Wolldecken, die unter dem Stuhl lagen, in dieser Sache weiter?

Bestätigen sie jene Vermutung oder widerlegen sie sie?

Wenn es richtig ist, daß sie so arrangiert waren, daß die rechte Stuhlseite deutlich tiefer stand als die linke, neben der der rechte Fuß herunterhing, sieht das dann nicht eher nach einer Bestätigung aus?

Wenn es ebenso richtig ist, daß die andere Seite genau die Höhe hatte, um dem linken Bein die Stützfunktion zu erlauben?

Oder sind alle diese Fragen umsonst gestellt, wenn wir die Aussagen des stellvertretenden Anstaltsdirektors und des Anstaltsarztes ernst nehmen, die zuerst die Leiche besichtigten, die keinen Stuhl und keine Matratze unter einem solchen gesehen haben?

Aber was wäre dann daraus zu folgern, daß dieser Stuhl samt Matratzen und Decken erst im rechtsmedizinischen Bericht, in der Untersuchung der Kriminalpolizei und der Staatsanwaltschaft auftaucht, im letzteren allerdings wieder ohne textile Unterlagen?

Wer sagt uns, welchen Beamten wir die größere Wahrheitsliebe zutrauen dürfen?

Oder müssen wir schließen, daß es in deutschen Gefängnissen spukt?

Sogar an Vormittagen?

Oder daß die Wahrnehmungsfähigkeit von Beamten immer dann nachläßt, wenn sie dem Tod ins Auge sehen?

Angenommen, alle diese zuständigen Beamten seien ihrer Sinne mächtig gewesen und auf die Wahrheit verpflichtet, muß man dann nicht fragen, ob nach der Tatortbesichtigung durch die Gefängnisbeamten Unbekannte den Stuhl postiert haben könnten?

Falls sie diese Möglichkeit hatten, könnten sie dabei ein anderes Motiv gehabt haben als das der Abstützung der Leiche, die aus den genannten Gründen offenbar nicht allzu fest gehangen haben könnte?

Wie aber reimt sich das mit der erwähnten Fußhaltung zusammen?

Warum hat, soviel wir wissen, keiner der berichtenden, gutachtenden oder ermittelnden Beamten die Fragen: Stuhl? Ja oder nein? Wie oder wann? Lehne so oder so? zweifelsfrei zu beantworten versucht?»

28 «Zur Sache, sprach der Drache. Wir feiern das Ende des Terrorismus heute, aber uns beiden, lieber Schäfer, ist klar, daß wir vor einem neuen Anfang stehen. Die Gefahren werden wachsen, die größte Arbeit liegt noch vor uns.»

«Darüber sind wir uns einig.»

«Die verbliebenen, die nachwachsenden Terroristen werden viel vorsichtiger sein, sich verdeckter, vielleicht sogar mit legalem Verhalten tarnen. Immer schwerer wird es, an sie heranzukommen. Agenten einzuschleusen ist auf absehbare Zeit unmöglich oder viel zu gefährlich. Der alte Gedanke der Infiltrierung, den wir bisher nur halbherzig verfolgt haben, ist aber gar nicht so schlecht, wenn wir ihn mal neu und systematisch durchspielen.»

«Und wie?»

«Ganz einfach», sagt Reichelt, «eine neue Gruppe gründen, nur drei oder vier Leute, die wir aufbauen, einfach parallel zu den bestehenden Vereinigungen.»

«Und wenn diese Gruppe bekannt genug ist in der Szene, dann ergeben sich von selbst Kontakte zwischen den falschen und den echten Terroristen?»

«Genau, Seiteneinsteiger, und dann wird zugeschlagen.»

Reichelt spricht leiser: «Die Gesamtoperation in der verdecktestmöglichen Form, Eliminierung, Liquidierung des Führungskerns, das ist der schnellste, der beste Weg, dafür ein Jahr, anderthalb höchstens, also: nicht viel Zeit verlieren, noch im nächsten Monat anfangen.»

«Ich geb Ihnen recht, Reichelt, die Terroristen werden ihre Strategie ändern, Kleingruppen, neue Unübersichtlichkeit. Es wird alles weniger zentral, weniger autoritär zugehen, dafür brutaler. Deshalb ist der Vorschlag gerade jetzt logisch und verlockend. Aber, Sie merken, ich zögere. Ich weiß noch nicht, warum. Vielleicht ist mir die Idee zu naheliegend, zu einfach, zu einleuchtend. Vielleicht kommt sie mir zu sehr aus der Euphorie der letzten Wochen, die goldenen Zeiten der Amtshilfe, die haben uns ja mal gut getan. Den Schwung müssen wir nutzen. Also gut, spielen wir das mal durch. Wie viele Anschläge werden nötig sein?»

«Drei, vier. Aber einer davon mit größerem Effekt, Abscheu in der Bevölkerung muß sich schon entwickeln, keine Allerweltsbomben, sonst kann man die nicht beeindrucken, und, wie sagt man auf der Linken, nachvollziehbar, für die Linken muß der Anschlag politisch nachvollziehbar sein.»

«Beeindrucken, ja. Aber erst mal bin ich von Ihrer Sicherheit beeindruckt. Sie wissen, daß ich als Polizist anders denken und handeln muß als ein Nachrichtendienstler. Als Polizist bin ich, wenn Sie so wollen, Pazifist. Sie kennen meinen Standardvortrag, daß bei aller Übereinstimmung zwischen uns verschiedene Philosophien stehen, verschiedene Konzeptionen vom Verbrecher und von der Gesellschaft. Ich will Sie damit nicht wieder langweilen. Aber was Sie jetzt vorschlagen – gut, Ihre Leute haben hier und da ein bißchen mitgedreht, das will ich gar nicht kritisieren –, das ist doch eine neue Dimension. Endlich haben wir erreicht, daß die Bande isoliert ist, auch von der Linken, und da kommen Sie und versuchen, die Verbindung zwischen der Linken und den Terroristen wiederherzustellen, damit man die einen leichter einschüchtern und die andern leichter ausschalten kann.»

«Aber es ist doch unser gemeinsames Ziel, beide zu desavouieren und kleinzukriegen.»

«Ich bin Ermittler, ich will die Täter und möglichst sofort. Aber ich muß das erst einmal mit Koch und den TE-Chefs bereden, mehr als wir fünf dürfen das hier im Haus sowieso nicht wissen.»

«Und wer unterbreitet die Angelegenheit in Bonn?»

«Selbst für mich wird es nicht einfach sein, dem Minister für so eine hochsensible Sache ein schnelles MachenSiemal! zu entlokken.»

«Selbstverständlich, Schäfer, aber wir können das als einfachen Infiltrationsversuch darstellen.»

«Ich muß mir das alles noch einmal genau überlegen, mit Koch und meinen Leuten. Ich gebe zu, wir sind hier im Haus noch nicht so weit wie Sie, Reichelt. Die spannende Frage, wie die Terroristen der nächsten Generation weitermachen, auf die haben wir noch keine abschließende Antwort. Ich geb auch zu, ich stehe noch mitten im Druck der aktuellen Ereignisse, ich muß die Emotionen, ich spreche bewußt von Emotionen, erst noch abschütteln, die mich in diesen Tagen gepackt haben, die Erschöpfung, all die letzten Wochen nie mehr als vier, fünf Stunden geschlafen, also, ich will nicht klagen, ich meine nur, wir müssen den Bereich Under Cover mit höchster Sorgfalt anfassen, und, ehrlich gesagt, irgendwas sperrt sich da noch, bei dem alten Polizisten in mir, aber ich weiß auch, es ist wohl die einzige Chance.»

«In Italien jedenfalls», sagt Reichelt, «sind die Kollegen damit schon recht weit. Zu jedem politischen Ereignis, das die Linke begünstigen könnte, wird die passende Leiche geliefert, und das Pendel schlägt wieder in die gewünschte Richtung.»

«Ich weiß», antwortet Schäfer, «aber erstens will ich keine italienischen Zustände, zweitens bin ich immer etwas skeptisch bei Verschwörungstheorien und solcher Rechts-Links-Algebra. Ich will die Ursachen für die Bereitschaft zur Gewalt, verstehen Sie, die Ursachen bekämpfen.»

«D'accord, Schäfer.»

«Und die Leute wollen Sie stellen, die drei oder vier? Oder auch die eine oder andere uns genehme Person aus dem Umfeld?»

«Von Ihnen», sagt Reichelt, «brauch ich ohnehin nur, was Sie gespeichert haben, Fragen der Logistik, Gewohnheiten, Sprache, wie checken die sich gegen Infiltration ab, und so weiter.»

«Und die Rücksichten bei der Fahndung.»

«Klar.»

«Gut, wir werden rasch entscheiden. Was soll das Kennwort sein?»

«Sagen wir, Rembrandt.»

«Wegen des Lichts? Nein, wenn schon ein Maler, dann Goya.»

«Goya ist auch gut», sagt Reichelt, «also Goya, wenn Sie wollen.»

«Ende nächster Woche, Goya», sagt Schäfer, «ich wünsche ein schönes Begräbnis.»

Reden die so, die Herren? Wenn Sigurd Nagel an der Wand der Lauscher und einzige Zeuge wäre, könnte man ihm trauen? Wenn dieser notorische Lügner beteuert, seine Ohren seien gut, seine Augen ausgezeichnet, fast plus/minus null, aber die Hände seien ihm gebunden, so daß er schlecht schwören könne? Er fasse nur leicht zusammen und spare ein paar amtliche Ausdrücke aus. Wenn empfindliche Seelen trotzdem geneigt seien, Nasen und andere erogene Körperteile zu rümpfen oder entrüstet aufzuschreien: Kolportage!, dann wünsche er diesen Empfindlichen seine sieben mageren Jahre auf dem Plakatpapier auf dem Furnierholz der Tür, dann wüßten sie mehr über die Hintertreppen der Nation. Der Vorschlag von Reichelt sei überdies nicht neu, hier hätten die Fachleute immer mal solche Überlegungen ausgesprochen.

Oder gibt es doch das unauffindbare Abhörgerät, das Schäfer so fürchtet?

29 Haben die andern mich im Griff oder ich sie? oder habe ich Sie, verehrte Trauergäste, in meiner Gewalt? oder Sie mich in der Ihren, die, weil es Ihre ist, selbstverständlich keine Gewalt ist? stellen Sie etwa moralische Fragen, bevor das Urteil gesprochen ist?

Schuldig?

Schuldig!

Allmählich müssen sie ja die Kurve kriegen, die Juristen und

Journalisten, die auf meiner Karriereleiter turnen, Verurteiler im Namen der Vorurteile des Volkes: allmählich will ich nun auch der Mörder werden, als der ich verurteilt wurde und in die Grube umziehe: fahren Sie also fort mit Ihrer Version, ich werde mir nicht mehr die Mühe machen, Sie zu widerlegen und mit Gegendarstellungen zu erfreuen –

Der Tod ihrer jungen Mitkämpferin verschaffte der kleinen Armee neuen Schwung und neue Ziele, es wurden größere Sprengstoffanschläge und Entführungen geplant. Da die Polizei bei dem Versuch der Festnahme eine Genossin erschossen hatte, meinte man nun auf das Leben von Polizisten, in denen man sowohl Schweine wie Bullen und leibhaftige Vertreter des Klassenfeinds sah, keine Rücksicht nehmen zu müssen: Wer zuerst schießt, überlebt. So kam es, daß der Haufe um Nagel seinen Überlebenskampf, der immer noch als vorbildlicher Kampf zur Befreiung des Volkes verkauft wurde, mehr und mehr den Gesetzen des Wilden Westens unterwarf.

Schuldig!

Darauf wollen Sie hinaus: die Mörderbande: Mörder ist, wer aus Mordlust, zur Befriedigung des Geschlechtstriebs, aus Habgier oder sonst aus niedrigen Beweggründen, heimtückisch oder grausam oder mit gemeingefährlichen Mitteln oder um eine andere Straftat zu ermöglichen oder zu verdecken, einen Menschen tötet: hab ich das nicht gut gelernt, den für mich zuständigen Paragraphen 211? Zutreffendes bitte ankreuzen: also kommen Sie zur Sache!

So dauerte es nicht lange, bis die Armee den ersten erschossenen Polizisten meldete. Die Schüsse wurden von einem jungen Mann abgegeben, der sich später für Polizei und Ermittlungsbehörden als äußerst dienstbar erwies. Es folgten zwei Tote auf seiten derer, die nun Terroristen genannt wurden, ein weiterer auf seiten der Polizei, und bei der Verfolgung der Meistgesuchten wurden mehr und mehr Unbeteiligte verletzt oder getötet.

Schuldig?

Klären Sie erst einmal die Umstände der einzelnen Taten, sonst können Sie gleich aus dem Urteil abschreiben –

*Die verbliebene Sympathie für die Armee schrumpfte rapide, so-
gar in Kreisen derer, aus denen sie hervorgegangen war. Das Argument, man tue das einzig Richtige gegen die als unerträglich betrachteten Verhältnisse, reichte nicht mehr, um von anderen, die
den Schimpfnamen Sympathisanten erhalten hatten und sich zu
auffälligen Taten gegen jene Verhältnisse nicht entschließen wollten, weiterhin Geld, Wohnungen oder andere Hilfeleistungen zu
erhalten. Mit jedem Toten schwand der Sympathie-Kredit,
schmolz die Bewunderung für den Mut der Armeemitglieder, sich
der als bedrohlich empfundenen bürgerlichen Existenz entgegen-
zustemmen, und dies mit allen Risiken, geadelt mit dem Rang
Staatsfeind, vorzuleben. Selbst unter den tatkräftigen und veräng-
stigten Helfern häuften sich die Stimmen derer, die auf ein soforti-
ges Ende des sinnlosen Hin- und Herstreunens und Schießens
drangen.*

Doppelt schuldig, weil ich auf die warnenden *Stimmen derer*
nicht hören wollte: nach der Art der bösen Buben, bei denen kein
gutes Zureden mehr hilft, jaja, alles klar –

Ach, was wissen Sie von meinen Erschütterungen oder wie Sie
das nennen in Ihrer Psychosozialarbeitersprache, nachts auf der
Autobahn das gemeinsame Nachtprogramm der ARD, und plötzlich der Schrecken: wie sehr ich das brauche, wie die Schnulzen für
mich gemacht sind und der Sprecher zu mir spricht, das Arschloch: wo doch die Lichter in der Ferne, die dich ein Stück begleiten
und abgelöst werden nach ein paar Kilometern von den nächsten
Lichtketten, nur die Spitzen der Gefahr anzeigen und sonst nichts:
unter diesen Fenstern wirst du erkannt, unter den Laternen –

Und aufgehängt wo: die Peitschenlampen wie eine Galerie von
Galgen über dir bei der Einfahrt in die nachtleeren Städte: und wie
die Betonplatten oder die neuen, immer stabileren Asphaltbahnen
unter den Reifen dich verhöhnen und weitertreiben: weiter, weiter, ein Flüchtling im eigenen Land, der böse Schlaf auf Luftma-
tratzen und die Tagträume von schöneren Fluchten auf den
Schaumgummimatratzen: da mußte wenigstens ein Lamborghini
her, wenn Sie verstehen, was ich meine –

Gleichzeitig wurde das Fangnetz um die Gruppe immer enger

gezogen. *Mit neuen Gesetzen blieb die Politik in ständiger Alarmbereitschaft, mit neuem Personal und neuen Maschinen wurden die Polizeikräfte verdoppelt, verdreifacht, vervierfacht, und eine Presse, die jede Wahrheit mit Gerüchten und Lügen zu schmücken wußte, blies zur täglichen Jagd das Große Halali. Mit Sicherheit wäre die Dutzend-Armee wegen der äußeren Bedrängnisse und inneren Spannungen bald aufgerieben worden, wenn ihr nicht wieder einmal von unverhoffter Seite ein neuer Auftrieb gegeben worden wäre – diesmal suchte und fand sie Rettung bei der stärksten Armee der Welt, der US-Army.*

Danke, mein Herr, für den kleinen Entlastungsschlag: aber wie ich Sie kenne, werden Sie danach nur um so höhnischer Ihren nächsten Angriff auf mich führen –

Obwohl der Haufe um Nagel sich stets als politischste Avantgarde für eine allgemeine Revolution verstand, hatte er fast zwei Jahre lang nicht eine Aktion durchgeführt, die man als politische hätte bezeichnen können. Da man in den Verlautbarungen jedoch mit Begriffen wie Imperialismus, Befreiungsbewegung, Praxis, Revolution usf. nicht geizte, fiel dieses Manko nur wenigen Betrachtern auf.

Sei es, daß dies der Gruppe allmählich bewußt wurde, sei es, daß ihr Gerechtigkeitsempfinden wiedererweckt wurde von den immer heftigeren Angriffen der Army, Navy und Air Force der USA, die auf die planmäßige Vernichtung von Menschen, Städten, Feldern und Wäldern im fernen Vietnam abzielten, nach zwei Jahren jedenfalls besannen sich Nagel und Jeschke wieder auf den Krieg, gegen den sie ihre erste gemeinsame Tat begangen hatten. Obwohl die Kritik an dem auch öffentlich so genannten Völkermord merklich gewachsen war und die Mehrzahl der Politiker trotzdem weiter den Kurs der Heuchler steuerte, hatte dies die ganze Zeit über keinen erkennbaren Einfluß auf die Aktivitäten der kleinen Armee gehabt, die immer noch damit prahlte, an der Spitze der Opposition zu stehen.

Das sollte sich ändern. Die Gruppe wollte, sie mußte wieder Anschluß finden an das, was zwar nicht die Heimbewohner, Lehrlinge und Arbeiterinnen, wohl aber die Mehrheit der Studenten und der kritischen Geister erregte: Ein Völkermord, verübt von einer Macht, die den Deutschen einst die Freiheit gebracht hatte.

Aber jetzt, wo sie verloren haben, stehen sie stramm im Oliv, die Amis an der Ecke Rheinstraße / Bahnhofstraße: dankbar, daß wir sie ein bißchen aufgeweckt haben: nicht wir allein, ich weiß: aber waren an der Ecke nicht Transparente zu sehen: SORRY SIGURD, weil wir etwas früher so schlau waren wie ihre Generäle?

Im Bemühen, als antiimperialistische Kampfgruppe zu handeln, konnte Nagel einige Fachleute anwerben, die größere Sprengkörper bauten. Und als die Truppen der USA, nachdem sie in wenigen Wochen über dem kleinen Land mehr Bomben abgeworfen hatten als im Zweiten Weltkrieg über Deutschland und Japan zusammen, die Bombardements auf Wohngebiete noch einmal verschärften, Häfen verminten und kein lebendiges Ziel schonten, entschloß sich Nagels Truppe zum Widerstand.

Es gelang ihr, Sprengkörper in zwei Casinos der US-Army zur Explosion zu bringen. Vier Soldaten wurden getötet, achtzehn verletzt. Ein Gebäude mit der Computeranlage, die auch Einsätze und Nachschuboperationen für den fernen Krieg regulierte, wurde beschädigt.

Das also die Aktion, die Sie als einzige politische Tat gelten lassen wollen, Herr Oberrichter? damit gehen Sie zwar einen mutigen Schritt weiter als ein Herr Oberlandesrichter, der auf die Frage: *Wo bleibt die Politik?* nur zu sagen wußte: *Da, wo sie hingehört, nämlich draußen vor der Tür des Gerichtssaales:* Sie gestatten uns immerhin den Computersaal, eine erfolgreiche, wenn auch vorübergehende Betriebsstörung: großzügig, danke für die Bewertung einer ganzen Offensive, mühsame Vorbereitungen, um ein Zeichen zu setzen, das, wie man hört, bis nach Vietnam gehört wurde –

Ach, Sie verstehen sowieso nicht: daß bis zum Schluß alles ein wildes Spiel war und ich vor und nach solchen Taten noch munter maskiert in Kneipen spazierte: gestatten, der Staatsfeind hat auch mal Durst: und daß ich von meiner heißen Liebe zum geklauten Lamborghini aus Düsseldorf, dem auffälligsten Auto im Geltungsbereich des Grundgesetzes, nicht lassen wollte vor und nach der konspirativen Höchstleistung, die Bomben ins Casino zu tragen: falls ich das überhaupt war: aber auch das spielt keine Rolle im Land der Gründlichkeit: schuldig, schuldig, schuldig, egal wie hoch oder niedrig die Beweggründe –

In kurzen Abständen folgten weitere Anschläge, bei denen eher durch Glück nur Verletzte zu beklagen waren. Doch nun wurden alle, aber auch alle Polizisten des Landes aufgeboten, an allen Ecken Sperren errichtet, die Bevölkerung zu allerhöchster Aufmerksamkeit angespornt. Der Idealismus der Armee, die von den Menschen Verständnis für die Attentate gegen die fernen Verbrechen und damit auch Werbung für sich selbst erwartete, wurde aufs gründlichste widerlegt. Sie hatte endlich das ganze Land in Aufruhr gebracht – jedoch gegen sich. Nur wenige Tage dauerte es, bis fast alle wichtigen Leute der Armee aufgespürt und verhaftet waren, darunter Rainer Wollzeck, Margret Falcke, Elisabeth Jeschke und Sigurd Nagel, der, durch einen gezielten Schuß in den Oberschenkel kampfunfähig gemacht, seinen so erstaunten wie glücklichen Häschern übergeben werden konnte.

Und die Moral von der Geschicht? nun legen Sie schon los, Sie einäugiger Allesdeuter, Sie Katzenficker, Sie Dreckschwalbe: gefällt Ihnen das besser, wenn ich mich nicht wiederhole und großzügig verzichte auf das einzige Wort, das auf alle paßt, am meisten aber auf Sie, Sie: Schwein –

Sie fragen ja nicht einmal nach meinen menschlichen Regungen über die Toten, ob ein Anflug des Bedauerns, der Reue, der Rechtfertigung oder Entschuldigung in meiner teuflischen Seele, weil Sie alles vereinfachen, und nur noch die Paragraphen herunterbeten: Mörder ist, wer einen Menschen tötet: wer aber zehn tötet oder hundert oder hunderttausend, da schweigt des Sängers Höflichkeit: da machen alle Gesangvereine die große Pause: bis Sie sich einreihen können in den Chor: Schuldig, schuldig, kreuzigt ihn! damit Sie endlich zum Schluß kommen können und rechtzeitig am Abend ins getäfelte Hinterzimmer zum Rotary Club: Der Mörder wird mit lebenslanger Freiheitsstrafe bestraft –

Bestraft: und weil Sie meine Biographie so gradlinig auf die Verhaftung hin ausgerichtet haben, in Tateinheit mit klammheimlicher Freude, und meinen vorerst endgültigen und gar nicht so langen Marsch in die Institution Vollzugsanstalt aus niedrigsten Beweggründen verfolgt haben, entziehe ich Ihnen meine im unzurechnungsfähigen Zustand: Schuß durchs Hirn, Sie erinnern sich: gegebene Vollmacht, in meiner Angelegenheit zu sprechen, bestrafe Sie mit der Erbschaft meines ritzeroten Lamborghini, der mit mir die letzten Minuten der Freiheit geteilt hat, Auge in Auge mit den Scharfschützen, und der in der Garage beim Showdown mehr Kugeln als mein Oberschenkel aushalten mußte: den sollen Sie haben – und ich verurteile Sie zu lebenslänglicher Fahrt auf dem Nürburgring –

30 Am «Alten Friedhof» hatte ich den Trauerzug eingeholt, aber das war nicht der richtige Friedhof, sondern ein «Freizeitpark» (wieder eine stolzdeutsche Bezeichnung). Ich wich auf die Gehsteige aus, um an Trachtengruppen, die aus verschiedenen Partnerstädten kamen, und an der Gruppe derer, die wie Sympathisanten aussahen, vorbei weiter nach vorn zu gelangen, zu Limousinen, Sargtransportern, Kamerawagen.

Der Sog hatte auch mich erfaßt, ich dachte gar nicht mehr an die Falcke-Dokumente und die Falcke-Fragen. Ich wußte nur: kurz vor sechs mußt du wieder am Bahnhof sein. Sah mich schon nicht mehr als Zuschauer, sondern bestaunt von vielen Zuschauern.

In der leicht gekurvten Straße, unter halb entblätterten Lindenbäumen standen sie vor perfekt verputzten Häusern, breit hingehauenen Bungalowkästen, engfenstrigen Nachkriegseinfamilienbunkern, vielleicht noch ergriffen davon, eben zum ersten Mal die zärtliche oder aufdringliche Zuwendung einer Fernsehkamera gespürt zu haben.

Ich gebe zu, ich war ein bißchen enttäuscht, daß ich keine Gartenzwerge entdeckte. Dafür ereiferten sich meine Gedanken oder Vorurteile über die wechselnden Raster der Zäune, gekreuzt, gezackt, bewehrt, Holz und Eisen, Hecke und Draht. Gezirkelte Vorgärten, gestochener Rasen, pflegeleichtes Grünwerk, unkrautfreie Einfriedungen, alles gärtnerisch geordnet wie Gräber, da schließt sich der Kreis: aus Häusern hinter solchen Zäunen, aus solchen grünen Einrahmungen sind die Täter hervorgewachsen, die man da zu Grabe trägt.

Eine Bushaltestelle hieß «Wolkenbruch», dann öffnete sich die Straße, und das Ziel kam in Sicht, ein großes Friedhofstor. Zwischen Gärtnereien und Steinmetzwerkstätten warteten noch mehr Menschen am Straßenrand. Die Gaststätte «Zur letzten Träne» lockte, wer wird mir das glauben, mit dem Sonderangebot «Schlachteplatte», aber niemand war so taktlos, jetzt zu speisen. Man schaute und schaute. Nur gegenüber, Getränkeabholmarkt, gingen Bier und Cola rasch von Hand zu Hand.

Die fünf Motorräder hatten die Fahrschleife vor dem Tor des Nordfriedhofs erreicht, Kapelle, Sargtransporter und Kissenträger waren aufgerückt. Leider kam ich nicht so dicht heran, daß ich die Hilfsmittel zum Selbstmord, Pistolen und Elektrokabel, auf den Ordenskissen sehen konnte. Die Aufmerksamkeit aller Kameraleute und Zuschauer war dahin gerichtet, wo die Hinterbliebenen ausstiegen und die Särge abgeladen wurden.

Da rissen sich aus dem Pulk der Sympathisanten etwa zehn, fünfzehn junge Leute los, rannten an ihren Bewachern vorbei und stürmten in einen Blumenladen. Noch ehe die Polizisten sie greifen konnten, kamen die ersten Ausreißer zurück, mit Armen voll Blumen durch die Ladentür, und dann die andern, Hände voll Astern, an Schultern Nelken und Lilien, Gesichter mit Rosen verdeckt. Verfolgung und Festnahme waren überflüssig, die Blumendiebe mischten sich lässig wieder unter ihre Gefährten und reihten sich ein. In der Tür des Ladens schrie eine Frau:

«Zahlen müßt ihr, zahlen!»

Ein Herr in feinem Anzug beruhigte sie, überreichte eine Visitenkarte und sagte:

«Schicken Sie die Rechnung bitte an mich!»

Und dicht neben diesem Herrn trieb sich der Kerl aus dem Bus herum. Nun war ich sicher, daß ich sein Ziel sein sollte.

Am Eingang, wo der Zwischenfall mit den Blumen nicht bemerkt wurde, hoben je sechs Männer in schwarzen Anzügen die

Särge von den Transportern. Sie achteten darauf, daß die schwarz-rotgoldenen Tücher nicht verrutschten. Sie nahmen hintereinander Aufstellung und fanden nach stummer Verabredung den Gleichschritt. Motorradfahrer und Autos drehten ab. Kastanien platzten unter den Reifen. Schweigend drängelte die Trauergemeinde durch das von einem stacheldrahtumwickelten Kreuz gekrönte Backsteintor mit rotem Weinlaub. Ich versuchte, vorn zu bleiben. Dachte: Soll mir doch egal sein, ob der mich observiert, mein Zeug ist im Schließfach, der Schlüssel in der Hosentasche.

31 **Laßt die Toten ihre Toten begraben**, wenn das kein nützliches Zitat aus der Bibel ist, Rainer: wir wollen das Leben noch ein bißchen: genießen, mein Genosse zur Rechten: sollen die da unten am Friedhofsbesuch sich aufgeilen und ihrer zweideutigen Trauer unterwerfen: wir beide machen noch einen drauf an einem Feiertag wie heute –

Ich weiß nicht, ob du schwankst und stürzt wie ich: zwischen Adlerhöhen und Regenwürmern im frisch ausgehobenen, duftenden Waldboden: der Leichnam auf der Flucht vor dem endgültigen Abstieg in den Amtssitz Nordfriedhof Parzelle 4567: ich schwanke, stürze, streife über die gefälligen Hügel: der Taunus, Krone der hessischen Mittelgebirge: entdecke die Gesäßbacken des Mädchens auf dem *Lui*-Titelbild am Kiosk –

Das gefällt dir, da fällt die Wahl nicht schwer, auch wenn du getarnt als Berater des Beamtenheimstättenwerks umherziehst: das Frauenfleisch auf einer Liege von vorn fotografiert, daß du zuerst nur das einladende Gesicht siehst und die unter dem Kinn verschränkten Arme: Lächeln unter dem streng nach hinten gekämmten Haar Fabriqué en France: über dem Kopf aber ragen die leicht angehobenen Hinternhügel ins Gegenlicht auf: da können sie sich leisten, keine Brust, kein Schamhaar anzudeuten oder aus geilem Winkel aufzunehmen, nur die Arschbacken über dem Kopf, Landebahn für Hand, Zunge, Penis vor der Einfahrt in die Löcher freier Auswahl, und zwischen den Damenlippen ein Strohhalm, der die Saugverbindung zu einer Colaflasche herstellt: *Lui lüftet Hirn und Hose, jetzt in deutsch* –

Ja wo sind wir denn, in der goldenen Mitte der Welt: wo die gemieteten oder fachmännisch geleasten Mädchen brutto und netto den Hintern in die angenehmste Höhe recken, damit du die Fahne: beachte das zaghaft freche Lächeln unter dem Gesäß: das Gesicht muß verändert werden, die Frechheit muß weg, und das selbstbewußt französische Lächeln wird sich in Gier verwandeln, wenn es nach dir geht, Rainer, da braucht einer wie du keinen *Frischzellenextrakt aus den Hoden junger Stiere* rezeptfrei aus jeder Apotheke: alles weitere ist eine Frage der Willkürbewegungen –

Bloß weg vom Friedhof, weg vom Tod, von allem Welken und Lei-hei-den –

Die täglichen Anforderungen arten oft in Streß aus, Streß aber macht abgespannt und müde: ach, vergiß die Weiber und ihre Tücken und die klatschenden Geschäfte auf Gegenseitigkeit: nimm dir ein Beispiel an den Museumsbesuchern, tritt näher: entspanne dich einmal von der täglichen Verpflichtung, ein allzeitbereiter Pfadfinder der Revolution zu sein, komm näher: hier ist das Bleibende extra für dich: das Landesmuseum erwartet deinen Besuch: laß dich verwöhnen, leg ab, fühl dich ganz wie der Erbprinz von Nassau –

Hier wirst du von Goethe persönlich begrüßt, in Granit deutlich die bekannten Züge, so nackt ist der Dichter selten zu bewundern: ein Tuch um die Schultern und den unteren Leib wie ein Bilderbuchgrieche, die Brust frei und der Bauch bis zum Nabel: Jupiter Johann Wolfgang schickt dir sein feines steinernes Lächeln entgegen, hält einen Adler, als wärs ein Windspiel, freundschaftlich umarmt: der Adler nähert wie zum Dank seinen Schnabel der linken Brustwarze des Dichters und zögert, als erwarte er eine ermunternde Zärtlichkeit von der Manneshand: eine intime erotische Geste, was macht der Dichter mit dem Adlerweib –

Laßt die Toten: drinnen, im breit hingezogenen Großbau hinter den klassischen Säulen findest du den *Meister der Wiesbadener Heimsuchung* oder wünschst du lieber die *Allegorie der Vanitas*:

nein, Tischbein ist der Favorit, damit kann man ein Gespräch anfangen und abschweifen: aber das Bild *Der Schlaf des Hirten* gefällt dir auch nicht? da kriegst du keine *vibrations*? da kannst du
dich nicht einbringen? ich weiß, du bist ein Genießer der gehobe-
nen Art, ein Münzsammler, der in Paris gelernt hat, zwischen welchen Lippen die feine Dame die Münze wärmt, weiter, weiter,
schneller höher weiter –

Keine Ölbilder, kein Hunger auf Kunst? du willst zu der be-
wußten Dame zurück? sehr gut, den Test hast du bestanden, dem
Mann kann immer geholfen werden: wenn du schon einmal hier
bist, versuch es mit ihr im Seitenflügel bei den Naturwissenschaft-
lichen Sammlungen: das Taunusrelief geologisch: zwischen Großem und Kleinem Feldberg, da brauchst du keinen Schritt weiter
zu den Tieren der Eiszeit: Mammut Urrind Wisent: bleib bei der
Heimatkunde der Haut: der Taunus mit Feldberg, Schamberg und
flacher die Hügel: verzögere den Abstieg auf die Erwählte und den
Aufstieg unter die Zitzenglocken und unter das vom Fleischhim-
mel abwärts wachsende Schamwäldchen noch ein wenig: *für die*
kostbarsten Wochen Urlaubsmöglichkeiten so vielfältig wie die
Menschen –

Bevor wir in die Erde fallen ein letzter Befehl, Rainer: mach dir
die Erde untertan: zuerst die Hügel, die Berge: die gefälligen Er-
hebungen und Küstenstreifen der Weiber: drück dein Objekt nach
deinem Bild zurecht, laß sie im Passiv verharren und ziele gut und
zeig, was du von deinem Sigurd gelernt hast: *Schießen und Ficken*
ist ein Ding –

Und wenn es schiefgeht, werden auch deine Leidenschaften wie
meine in Katastrophen enden, denen man nur die liebliche Seite
abgewinnen muß: aus jedem Akt ein Foto, aus Unfällen ergiebige
Sprechstunden, aus jedem Massaker ein Buch, ein Feature, ein
Film: fünf Jahre hat es gedauert, bis die Kollegen vom Schwarzen
September, die das Münchner Olympiafest störten mit ihren
Querschüssen und Leichen, die sie den Deutschen zum medaillen-
verdächtigen Abendbrot servierten, auf der Kinoleinwand noch
einmal geschönt alles wiederholen durften: *Die 21 Stunden von*
München in 90 Minuten in Farbe mit Franco Nero –

Wir haben also noch Chancen, in die Geschichte einzugehen, Rainer: hab Geduld oder komm mit zu einer kleinen Landpartie über die Golfplätze des Taunus, da wirst du einen Birdie schlagen, von dem die Damen noch lange sprechen werden, weil du weißt, wie man sie durstig macht: *Haben Sie noch Cola in der Flasche, Mademoiselle?*

Aber noch ist es nicht die rosa Nachtstunde, Rainer, noch liegen Torten und Kuchen von ganz Wiesbaden und den eingemeindeten Dörfern gekühlt in den Konditoreien: alle Torten, übereinander gestapelt, ergeben eine Höhe von ... rate mit, Rainer Erbprinz von Nassau ... was sagst du, General Varus ... ja, achthundertachtundsiebzig Meter: bravo, der erste Preis für dich, exakt die Höhe des Großen Feldberg über dem Meeresspiegel, denk dir den Berg noch einmal aus Teig und Zucker und Creme: und immer noch wachsen die Baumkuchen, warten auf die zarten Zünglein an der Waage und wollen abgegessen, abgenagt und zerkaut sein bis zum Abend, bis wir die Sau rauslassen können bei Cola mit Schuß: *ein Ding, ein Ding* –

Lui lüftet Hirn und jetzt in deutsch: folge der Arschritze über dem Frauenkopf aufwärts, damit es um so heftiger abwärts geht, steig ab und fahre so langsam wie möglich durch den Hohlweg zwischen den Hügeln, durch die flaumweiche Schneise, sei auf Fallen gefaßt, wo es enger wird und du dich am Ziel glaubst, Rainer, das Dickicht sollte dich mißtrauisch machen, steig über den Limes, General Varus Wollzeck, der Teutoburger Wald ist überall: in der Ritze zwischen Großem und Kleinem Feldberg: hier wirst du angegriffen, aufgerieben, eingekesselt, verjagt, wenn aus dem Dickicht: wer da kommt und wie die Schlacht ausgeht, das weiß man als Deutscher, auch wenn das Frauenfleisch auf Papier mit fremder Zunge spricht –

Mademoiselle kassiert bar und gerne in Münzen: ein Adenauer vorn, Adler hinten, ein Schumacher vorn, Adler hinten, ein Heuss vorn, Adler hinten, 6 Mark das Blatt, stimmt so –

Ja für wen ist denn die Welt gemacht, wenn nicht für dich und mich, Rainer: das wird man so kurz vor dem Friedhof noch einmal sagen dürfen, auch wenn wir den *Frischzellenextrakt aus den Ho-*

den junger Stiere nicht nötig haben: der Schuß tut nicht weh, aber
er schießt dich weit weg: weit weg vom erniedrigenden Kampfplatz, von der kalten Arena, wo die Würmer zu Stieren werden,
möglichst weit weg von dem verdammten Friedhof: und doch:
schon: da –

Oder bist du eher melancholisch aufgelegt, Rainer? und staunst
wie ich über die mutigen Männer, die sich von fotografierten Fran-
zösinnen nicht verführen lassen: über die mutigen Frauen, die ihren Spieltrieb mit schwarzen Stoffen tarnen und an einem Feiertag
wie heute ihre Begierden zurückstellen, unerschrocken durch das
Friedhofstor drängeln, vom Stacheldrahtkreuz überm rotbunten
Weinlaub sich nicht abhalten lassen, ohne Scheu vor allem Feuchten und Erdigen, wohin die Sargträger eilig zielen –

Mir wäre eine Girlande mit HERZLICH WILLKOMMEN
auch lieber als ein Stacheldrahtkreuz, aber alles kann man sich
nicht aussuchen, ausmalen im hastigen Wunsch-Traum-Testa-
ment, wenn man mit einer Geschoßgeschwindigkeit von mehr als
300 Metern pro Sekunde an einen Ort versetzt wird, an dem Demut, Einkehr, Bescheidenheit, gesenkte Köpfe –

Begrüßen wir also die verehrten Trauergäste: die eine Schwelle
überschreiten zwischen zwei Welten: das Tor trennt Diesseits und
Jenseits, trennt sie von uns, und wenn es ihnen gutgeht, verschafft
das Tor ihnen das wohlige Gefühl der Überlegenheit: daß sie noch
zwei Beine unter dem Rumpf haben und ein Geschlecht, das im
Notfall zur Pflege der deutsch-französischen Freundschaft zu gebrauchen ist –

Gäste, deren Uhr noch läuft, digital und vertikal, die noch nicht
unter und über den Liegenden sind, sondern alle Karten, alle
Kraft, alle Tassen haben: ein Triumphzug der Lebenden hinein
und hinauf in den schwarzgrünen Friedhofsbergwald: so passieren sie die Trauerhalle und folgen auf dem Asphaltweg den Fern-
sehleuten, den Särgen: hier kann man nichts mehr falsch machen,
alle Wege führen zum Ziel –

Der Anfang wie immer triumphal, voll erhebender Mißverständnisse und kühner Behauptungen: der Prozeß der Verwesung
als sanfte Ruhe: prächtige Grabmäler rechts und links des Wegs,

Bodybuilder als Engel engagiert, trauernde Marmordamengesichter, stillgelegte Flügel und Kinderengel, die den Po vorzeigen –

Hier sind wir richtig, Rainer, wo man auf die Wahrheit der Würmer anderthalb Lügen setzen muß, damit ein paar Tropfen Trost sich destillieren und zum Zaubertrank werden, der wieder Anschwung gibt für die nächste Aktion: hier sind wir richtig, wo die Wörter aufs Roulette der erhofften Unsterblichkeit gesetzt werden, rouge/noir, pair/manque: einer wird gewinnen in dieser faulen Landschaft der Wünsche –

Vielleicht ahnen die Trauergäste etwas von der Botschaft, die jeder Bestattungsunternehmer und sonstige Handelsvertreter für Neste und Nistwaren verkauft: *Das Ja zur Trauer ist das Ja zum Leben:* eine letzte Gelegenheit, ja zu sagen und uns einen Dienst zu erweisen: und nebenbei das Schielen auf die alten Grabsteine mit Jahreszahlen, die auch den Niedrigsten erheben hinauf und hinein in seine windige Gegenwart: überall Namen, die nach Spuren suchen im verfallenden Gedächtnis –

Vierhundert Leute (Schätzung der Polizei), deren Schuhe nicht auf Kies, sondern ganz ordinär auf Asphalt kratzen, oder siebenhundertsiebzig (meine Schätzung), deren Flüstern von dem Respekt kündet, den man vor uns hat und zu haben hat trotz der schnappenden Kamerageräusche: vertreiben Meisen und Spatzen aus ihren Revieren am Hauptweg und Steinmarder und Siebenschläfer auf den schmaleren Wegen: wo der Aufmarsch endlich seine demonstrative Breite verliert und in immer schmalere Ströme sich zweigt –

Dies ist ein Tag, an dem ich endlich eine Harmonie in die Welt kriege: so musikalisch war ich noch nie: Scherzo furioso oder wie nennen die Notenmenschen so einen letzten Gang oder Salto mortale: sie feiern uns, weil wir das größte Wunder seit Jesus vollbracht: der Sand, den wir ins Getriebe streuten, wurde zum Öl: ich überschätze mich, Rainer: aber das wirst du mir in den letzten Sekunden noch zugestehen –

Da sind wir, wenige Meter vor dem Ziel des langen Marsches: im Auf und Ab der Köpfe sind die Mützen der Uniformierten nicht mehr zu entdecken: die Gerätschaften des Fernsehteams

rund um den orange leuchtenden Kamerakran bieten die bessere
Orientierung: da muß die Mitte sein, Parzelle 4567: die Leiber der
Lebenden, Hälse gereckt, Nasen vorn, verteilen sich auf Neben-
wegen und Pfaden, die nächste Nähe zum Zentrum des Gesche-
hens suchend, den Schauplatz der drei offenen Grabstellen –

Im Geschiebe zwischen Bäumen, Zierbüschen und Gräbern
schauen die Trauergäste nach unten auf die Grabplatten, damit sie
auf den fußbreiten Freiflächen zwischen den Gräbern balancieren
können: berechtigte Scheu, einem Toten zu nahe zu treten: ungeduldig und trotzdem ergeben ertragen sie trotz des langen Weges,
den sie hinter sich haben, die vielen kleinen Sperren und Umwege,
die wir Toten ihnen abverlangen: und halten ein letztes Fleckchen
Erde besetzt, ein mit Namen erobertes Grundstückchen, eine für
ein paar Jahrzehnte verpachtete Immobilie gegen das mobile Vergessen –

Rasch sind die guten Plätze rund um die offene Erde und die
Särge besetzt: da seh ich dich wieder, Mutter, eingekreist von der
Trauergemeinde, von Fotografen und Kameraleuten: *wir sind auf
Sendung:* und nun sind alle gespannt, welches Musikstück ein
Kulturbanause wie Nagel oder die ihm rechts und links zur Seite
liegen sich gewünscht haben für den Anlaß der Versenkung: ja wir
sind auf Sendung –

32 Meine Hand noch nicht kalt, die Hirnzellen schalten und
toben munter weiter: einen so starken Trip hatte ich noch nie
und könnte auf meine Flügel nehmen euch alle –

Was soll ich dir zaubern, Mutter, in dieser Stunde, die nicht
deine schwerste werden soll: da oben, da unten am Grab: was
kann ich dir Gutes tun, soll ich auf die Knie fallen und sagen: es tut
mir leid undsoweiter? nein, *Ich bereue nichts,* das weißt du, ich
werde nicht lügen, und mein letzter Wille sagt: es soll wenigstens
schön werden, das Begräbnis, wenigstens für dich, mit Musik, die
ins Herz geht und trotzdem paßt: aber was du früher am Radio
mitgesungen hast, *Schön ist die Jugend* oder *Mariechen saß wei-*

nend, das können wir der Eurovision nicht zumuten, da muß was Flotteres her –

Mein letzter Wille: den Hit des Jahres mit Orchester am offenen Grab: und alle, alle singen mit, solang ich noch hören kann: summen und pfeifen wie vor dem Autoradio, den Hi-Fi-Kompaktanlagen und auf dem Parkett der Jahrhunderthallen: den Hit des Jahres, den die Gruppe AƎBA dreimal täglich nach den Mahlzeiten in die Gehörgänge träufelt, *Money money money* –

Und alle! und lauter! lauter! kräftiger die schlappen Sprünge in Terzen oder Quinten, keine Ahnung: von *money* zu *money*: die Bässe nicht so zaghaft dahinten! ist das nicht schön, vierhundert, siebenhundert Kehlen wie auf der Empore im waldigen Friedhof über der Stadt mit dem Wind als Verstärker und der totalen Verständlichkeit –

Das muß bis in den Kurpark hinunter die feineren Trommelfelle treffen vor der Musikmuschel: die liebenswürdigste Versprechung, die jemals ein Hit aus Lautsprechern an Hammer und Amboß hat vorbeirieseln lassen: *Money money money*, das will ich hören im Luftraum Rheinmain und im Abhörraum, im Sargkasten und auf dem Seziertisch –

Dazu werden die rotsamtenen Kissen mit Pistolen und Elektrokabel von den Trägern sorgfältig auf die Särge gelegt: da ist sie wieder, meine gute verlängerte Hand mit 7,65 Kaliber: auch wenn das Ding nicht geladen ist, fühl ich mich bei der hübschen Lauflänge und den gefälligen Griffschalen sofort wieder mitten im Leben und nicht amputiert –

Über der warmbraun aus der Tiefe lockenden Erde, die so frisch und einladend riecht, dazu die Liturgie von AƎBA: immer besser und lauter: und ich habe nichts dagegen, wenn Damen und Herren deiner Generation, an denen der Hit des Jahres spurlos vorbeigezogen ist, auf die gleiche Melodie ihren alten Hit aus der Hitlerjugend singen: grade mal knapp vierzig Jahre her, was man als Kind gelernt, das: *Fallen müssen viele und in Nacht vergehn, eh am letzten Ziele groß die Banner wehn*, oder doch lieber summen, weil die alte Behaglichkeit sich nicht mehr einstellt: war doch verlogen damals, diese Zeit soll nie wieder: oder weil Presseleute mit

Kassettenrecordern drängeln: *Euch, die übrigbleiben, hämmern wir es ein, was zum Glück soll frommen, muß erblutet sein –*

Ach wie gut, daß niemand weiß, wie viele Seelen ich habe, vielleicht sind es wie bei jedem anständigen Chinesen und Spät-Maoisten zwei: die Spermaseele mit dem verflucht guten Gedächtnis und die opportunistische Atemseele mit der Intelligenz, die nach dem Tod in den Himmel aufsteigt: *was für ein schöner Vogel bin ich, kiwitt, kiwitt:* sag ich doch seit der Zehntausendstelsekunde, als das Projektil den Nacken kitzelte, daß ich längst obenauf bin auf den Flügeln meiner Seele: während die andere, die niedere, bösartige, tückische Spermaseele mit ins Grab sinkt und die Lebenden mitzuziehen versucht –

Pech für den, der nicht aufpaßt, wohin ich falle und wie, oben und unten zugleich, und wer für meine Atemseele nicht Nahrung und dankende Verehrung übrig hat, dem wird es schlechtgehn: wer die Ahnen nicht ehrt, ist sein Leben nicht wert: ich habe alle gewarnt, also bitte meinen letzten Willen zu respektieren: keine Reden –

Money money money für alle, und jetzt kommt ein Auftritt für dich, Mutter, extra für dich engagiert treten Curd Jürgens als Schinderhannes, Lex Barker als Robin Hood und O. W. Fischer als Che Guevara auf: Curd Jürgens singt für dich noch einmal *Ich bin der Schinderhannes, der Lumpenhund, der Galgenstrick, der Schrecken jedes Mannes und auch der Weiberstück*: Lex Barker erklärt in zwei Minuten den Unterschied zwischen Spermaseele und Atemseele bei den Chinesen: O. W. Fischer mit Bart und Baskenmütze gibt eine kleine Blütenlese aus dem Altägyptischen Totenbuch zum besten: während von den Bäumen Blätter schaukeln und Farbe ins Bild bringen: so haben wir alle was davon und die Millionen Zuschauer zu Hause erst recht –

Das Vorspiel auf Parzelle 4567 wird gekrönt mit deinem Lieblingsstück, dem *Parsifal*-Vorspiel: in der Fassung für Polizei-Orchester wird man kein Bayreuth und keine Maifestspiele erwarten: aber zu den schleifend schwingenden Rhythmen wünsche ich den Sarg von den dafür ausgebildeten Profis der Firma, Mitglied im Verband der Deutschen Bestattungsunternehmer und der Société

internationale de Thanatologie im Verband der Europäischen Be-
stattungsunternehmen: gleichmäßig, langsam mit schwarzen
Hanfseilen und mindestens mit dem Respekt, der einem eben fer-
tiggestellten Turbinenherz von KWU zukommt, an den vorgese-
henen Platz hinabgelassen zu sehen –

Und wenn Lisa und Rainer rechts und links von mir: da sprie-
ßen sie wieder, die obszönen Gedanken an Golgatha: nichts dagegen haben, soll es bei ihnen ebenso –

Die Endlagerung zu Wagner-Klängen ergänzt vom Auftritt der
Wiener Schauspielschülerinnen und -schüler, die tapfer die un-
dankbare stumme Rolle der Sympathisanten übernommen haben
und noch spielen: mit finster schwörendem Blick, Flüchen zwischen blassen Lippen oder dem Anflug einer tränenlosen Erschüt-
terung, die Hoffnung auf Reue andeuten könnte unter langen
struppigen Haaren, werfen sie die geklauten oder von welchem
Protokollchef oder Geheimdienst auch immer bezahlten Blumen,
in Sträußen oder einzeln, hier mit einer pathetischen, dort mit
einer gezierten, da mit einer bescheidenen Geste den Särgen nach:
spielt keine Schmiere, macht rasch: ihr dürft ja gleich wieder heimfahren mit dem Intercity *Johann Strauß* und in Wien wieder laut
werden mit dem Schlachtruf nach dem Abendessen: ich bin Shake-
speares Witwe! hurra! –

Schöner, ehrlicher sind die Stengel mit Blüten dran: du liebst die
Blumen, Mutter, die paar Sträuße reichen nicht, wir wollen mehr,
mein letzter Wille sagt: mehr, mehr, mehr: und wenn nicht mehr
Blumen mitgebracht wurden als *Zeichen für die Vergänglichkeit
und Symbol des Dankes und der Freude*, dann muß ich wieder
eingreifen –

Genügend Hubschrauber in der Luft: da kommt einer mit
Knattern und wüstem Luftschlag heran, übertönt das absinkend
Leise, das sumpfig Webende, womit sich Richard Wagner Mühe
gegeben: ein gleichmäßiges Donnern über Bäumen und Nistkä-
sten, in denen Videokameras verborgen sind: da geht ein Schrek-
ken durch die Trauerversammlung, da zuckt die Erwartung auf:
Hubschrauber: Überfall, Schüsse, Blut –

Aber was aus der Metallhornisse fällt, ist etwas Leichtes, Be-

wegtes in Grün und Gelb und Rot und allen Farben: Blumen zappeln hinab, Nelken, Astern, Dahlien, Immortellen, Tulpen und
Rosen segeln, stürzen mit der Blüte voran zur Erde hinab, trudeln
in die Gräber, auf Bäume, Grabsteine, Köpfe: nur vereinzelt greifen Arme aus und versuchen, fallende Stengel zu packen: es regnet
Blumen in allen Farben und Sorten, als hätte jemand mehrere Lä-
den leergekauft mit dem kompletten, im Oktober gängigen Sortiment und über den Trauernden ausgegossen –

Hast du das nicht gesungen, als ich klein war, und auf den Herzallerliebsten gewartet: *wenns schneiet rote Rosen*, bitte sehr: ein
Blumenteppich über Gräber und dankbar staunende Zuschauer
gebreitet: allein für dieses Erlebnis, das noch keine Bundesgarten-
schau geboten, hat sich der Weg doch gelohnt: ein überraschendes
Geschenk der Arbeitsgemeinschaft Friedhof und Denkmal, geschickt gefilmt brauchbar für den nächsten Werbespot mit dem
Text *um Stil und Form geht unser Kampf, solange wir existieren* –

Mein Leib in der Luft im Erdschacht: in Zeitlupenschnelle:
denn ich liebe im einmaligen Zustand des Glücks die Langsamkeit:
gleitet am schwarzen Hanf der Sarg nach Downtown: wegen des
Lärms aus der Luft ist nicht zu hören, ob das behutsame Aufsetzen
am Boden mit dem berühmten, aus der Erdentiefe dumpf klagenden oder denkbar leisen Aufprallgeräusch beendet wird oder
nicht: der Hubschrauber dreht ab, die Seile werden aufgeholt: und
da sind wir wieder beim *Parsifal*-Vorspiel, das die Musiker tapfer
gegen den Hubschrauber verteidigt und gegen die allgemeine, den
feierlichen Klängen abgewandte Erwartung Takt für Takt vom
Blatt gespielt haben –

Der letzte Gang ist getan, die Körper haben ihren Lagerplatz
erreicht, und es spielt keine Rolle für mich, ob die Auferstehungs-
symphonie von ABBA *Money money money* heißt oder *Arrival*:
denn es geht aufwärts, immer noch bleibt mein letzter letzter Wille
mächtig: auch in dieser Sekunde, in der die schwer beladenen Sarg-
kästen zum ersten Mal gleichzeitig Erde, Himmel und Hölle berühren –

«M. Serratta: Verbrecher, die gegen das Verbrechen kämpfen (Skizze)

(Einleitung: Warum das deutsche Beispiel besser als das italienische.)

Was ist ein Verbrecher?

Das deutsche Lexikon sagt: Im engeren Sinn der wegen eines Verbrechens Bestrafte, im weiteren Sinn jeder Rechtsbrecher, der sich schwerere Verfehlungen hat zuschulden kommen lassen. Man unterscheidet Gelegenheitsverbrecher und Gewohnheitsverbrecher.

Im Strafgesetzbuch steht: Verbrechen sind rechtswidrige Taten, die im Mindestmaß mit Freiheitsstrafe von einem Jahr oder darüber bedroht sind. Also ist Verbrecher der, der für eine unbestimmte Tat mit einem bestimmten Strafmaß verurteilt ist.

Wie viele Verbrecher gibt es auf dem Boden der Bundesrepublik?

Gut 400 000 Menschen sitzen in Strafanstalten ein, davon etwa die Hälfte mit Strafen unter einem Jahr. Aber die Statistik erfaßt nur die Verurteilten. Einer wie Sigurd Nagel ist z. B. nicht darunter, weil das Urteil gegen ihn noch nicht rechtskräftig ist. (Jetzt auch nicht rechtskräftig wird.)

Was ist mit den Verbrechern, die nicht verurteilt sind? Das sind die mutmaßlichen. (Aber da ich ohnehin nur Mutmaßungen anstelle, kann ich hier das Adjektiv sparen.) Die Frage könnte sein, warum gerade die nicht verurteilten Verbrecher einer Gesellschaft zur Dynamik verhelfen.

Einige werden wegen ihrer Verbrechen oder Vergehen angeklagt und verurteilt, andere aber nicht, viele geraten nicht einmal in Verdacht. Denn es gab und gibt Verbrechen, die vom geltenden Gesetz gedeckt waren und sind, also nach Auffassung der Juristen keine Verbrechen. Das ist der kleine Unterschied, der die mittleren Tragödien hervorbringt.

Beispiel 1: Ein junger Mann rückt, der Pflicht ungern gehorchend, unter die Soldaten, erlernt neben anderen Fertigkeiten und Späßen das Schießen. Es ist Krieg, darum zählt der junge Mann nicht die anderen jungen Männer, die er mit seinen Schüssen trifft oder getroffen haben könnte. Er gehört zu den Siegern, vorwärts durch Rußland. Immer öfter kommt der Befehl, ein ganzes Dorf zu verbrennen und die Bewohner auch, wenn nur einer sich wehrt. In gut geübter Zusammenarbeit mit seinen Kameraden treibt der junge Mann Bauernfamilien zusammen, scheucht sie in eine Scheune und verriegelt das Tor. Der junge Mann weiß, was er tut. Wo fängt sein Verbrechen an? Wo hat es angefangen? Spielt es noch eine Rolle, ob er persönlich das Feuerzeug an den Strohballen hält? Ob er die Schreie mit Gelächter übertönen will? Ob er auf die Leute schießt, die aus der brennenden Scheune fliehen? Oder den Befehl dazu gibt? Den stinkenden Leichenhaufen mustert er nicht, aber die Schreie bleiben im Ohr, bis zum nächsten Einsatz. Als immer mehr seiner Kameraden schreiend krepieren, fühlt er mit seiner Angst die nahe Wahrscheinlichkeit, ebenfalls getroffen zu werden, und diese Berechnung entlastet sein Gewissen: im Krieg müssen alle dran glauben, die es trifft. Begünstigt von der krampfhaften Gewißheit, zu den Siegern zu gehören, fällt es dem Mörder leicht, den Mörder in sich nicht zu erkennen.

Die inneren Verwirrungen steigern sich erst, wenn die Sieger am Ende doch Verlierer werden. Durch die Niederlage fühlt sich auch der Mörder gestraft und damit mehr als nötig entschuldigt. Die Niederlage schenkt ihm die Unschuld zurück: er ist in der Tat erleichtert, daß die Umstände ihn nicht noch einmal dahin bringen, zum Mörder werden zu müssen. Wenn etwas, wenn jemand schuld ist, dann die Umstände, Befehle, Vorgesetzten, usw. Der Mörder sieht sich als Opfer.

All das ist millionenfach erlebt, hundertfach beschrieben worden, aber was ist mit der Langzeitwirkung solcher Morde? Wie wirkt der verdrängte, nicht gesühnte Mord im Mörder weiter und in einer Gesellschaft, die von ehemaligen Mördern durchsetzt ist?

(Das ist übertrieben, aber erhellt die Ausgangslage.)

Für Mord gibt es lebenslänglich, nur wenige Mörder werden vor Gericht gebracht. Die Taten der Soldaten zählen im allgemeinen nicht zu den Rechtswidrigkeiten, also kann der nun nicht mehr junge Mann frei leben. Er macht sich nützlich, mehrt Eigentum, und es steht ihm frei, sich mit anderen Mördern zu versammeln und seine Freude über die vergangene Mordzeit in Wort, Schrift und Gesang zu äußern. Auch wenn er solche Versammlungen meidet und so still wie zurückhaltend seiner Arbeit nachgeht, die Kraft der Zerstörung wirkt in ihm fort. Ob bestraft oder nicht, der ehemalige Mörder wird seine Mordtaten weiterhin als dienstliche, also als Heldentaten sehen, wenn auch als dreckige, dem Krieg angemessene. Da sich sogar höchste Vertreter des Staates, die in der Zeit der schweren Verbrechen selbst zu Verbrechen aufgerufen, Mord und Massenmord vorbereitet oder für Rechtens und rechtsstaatliches Denken für Verbrechen erklärt haben, darf sich unser Mörder in bester Gesellschaft fühlen, also, im allgemeinen, ziemlich wohl. Die Sonne bringt es an den Tag, heißt es im Gedicht, und die Gerechtigkeit nimmt ihren Lauf. Die Sonne kann aber nicht alles an den Tag bringen, die Gerechtigkeit nur ausnahmsweise ihren Lauf nehmen, da die Mehrheit der Deutschen den Nationalsozialismus nie als das Verbrechen begreifen wollte, das er war.

Statt der Sonne aber kommen die Kinder und fragen. Mit ihrem naiven Gerechtigkeitssinn wollen sie wissen, was die Mörder getan haben und wie sie, wenn sie keine Mörder waren, mit den Verbrechen in ihrer Nähe fertig geworden sind. Die Töchter und Söhne merken schnell, wenn sie keine ehrliche Antwort bekommen. Sie verurteilen den nicht verurteilten Mörder, ihn und alles, worin er sich nützlich gemacht hat. Selten gehen sie direkt auf den Vater los, um so heftiger aber gegen das Milieu, das dem Mörder die Anpassung erleichtert hat, die Gesellschaft. Des Verbrechers Kinder fassen also, ob aus Scham oder Anpassung an die Verhaltensmuster ihrer Generation, ein äußerst ehrgeiziges Ziel ins Auge: sie wollen auf keinen Fall Verbrecher werden.

Beispiel 2: Nehmen wir einen anderen jungen Mann, der nicht bloß ein einfacher Soldat, sondern Mitglied einer kriminellen Vereinigung ist, die jedoch, in Übereinstimmung mit der aus den Fugen geratenen Rechtslage, offiziell nicht als kriminell gilt. Der junge Mann hat keineswegs niedere Gründe, er meint vielmehr, in seiner kriminellen Vereinigung die besten Voraussetzungen zu haben, etwas Gutes zu tun. Dieser Überzeugungstäter versteht seine Taten als soziale und findet mehr und mehr Gefallen daran, andere junge Männer, die nicht seiner politischen Überzeugung sind, teils mit Gewalt, teils mit Erpressung, teils mit Stempeln daran zu hindern, den gewünschten Beruf zu erlernen. Er liefert sie der ihm verbündeten Polizei aus oder zwingt sie, in seiner Vereinigung mitzumachen. Wo fängt sein Verbrechen an, wo hat es angefangen? Da die kriminelle Energie des jungen Mannes sich bewährt, darf er bald danach seine Kraft einsetzen, Tausende von Menschen zu elender Zwangsarbeit zusammenzutreiben. Viele kommen um, und der junge Mann hält Hunger, Erschöpfung und Krankheiten unter ihnen für normal. Von welchem Punkt an muß man ihn als Verbrecher bezeichnen? Fängt sein Verbrechen erst an, wenn er mit großem Eifer die Herstellung von Mordwaffen vorantreibt? Oder wenn er, auch das im Rahmen der für die Zeit des Verbrechens geltenden Gesetze, den Raub fremden Eigentums organisiert? Oder erst, wenn bewiesen sein sollte, daß er für ein Massaker mit über vierzig Toten in den letzten Kriegstagen verantwortlich ist?

Es scheint sicher zu sein, daß der Mann in diesem Sinne weiter gehandelt hätte, wenn die Zeiten sich nicht geändert hätten. Da sich die Zeiten aber geändert haben, ändert sich auch der junge Mann. Mit dem Ende der Zeit des Verbrechens wird aus dem Verbrecher ein Vorbild. Er, der vorher die Freiheit, das Eigentum, die Sicherheit, die Rechte anderer bekämpft hat, wird nun zum Wortführer für Freiheit, Eigentum, Sicherheit, Recht usw. und steigt mit seiner weitsichtigen Tüchtigkeit bis an die Spitze der Industrie. Zeigt der Verbrecher also Reue und Sühne? Nichts deutet darauf hin. Was er im Beichtstuhl gesagt hat, ist nicht bekannt. Öffentlich hat man ihn niemals sagen hören: ich habe schwere Verbrechen begangen, bin schuldig, nun aber will ich wiedergutmachen, eine freiheitliche Gesellschaft, eine Demokratie aufbauen, usw. Allenfalls sagt er, weil er seine Verbrechen im Krieg begangen hat: wir wissen, was Krieg ist, nie wieder Krieg – eine Äußerung, die jedoch unterbleibt, wenn seine Klientel von einem fernen Krieg gute Umsätze erwartet. Er sieht seine neue Arbeit für die Industrie in der Wirtschaft des Marktes als logische Fortsetzung seiner alten Arbeit für die Industrie in der Wirtschaft des Plans. Er ist glücklich über die besseren Voraussetzungen, die größere Freiheit, den weit verwurzelten Einfluß – auch darum ein überzeugter Demokrat.

Seine Erfolge hätten ihn schließlich in einen bequemen Lebensabend gehoben, wenn dieser nun ältere Mann, ein ehemaliges Mitglied einer kriminellen Vereinigung, nicht von Mitgliedern einer neuen kriminellen Vereinigung entführt und als Pfand für eine Erpressung gefangengenommen worden wäre. Ist diese Konstellation ein Zufall?

Hier beginnt das Dilemma der nächsten Generation: der Verbrecher, die um keinen Preis Verbrecher sein wollen. Ein Dilemma, das, wenn wir den Ernst von Tod und Leben einmal beiseite lassen, als Groteske betrachtet werden kann. Die einen, die, wie man zu ihren Gunsten annehmen darf, in bester Absicht kriminelle Nazis wurden, treffen auf Gegner, die vor allem deshalb kriminell wurden, weil sie, wie man zu ihren Gunsten annehmen darf, in bester Absicht keine Nazis werden wollten. Die Komik liegt in der grotesken Verspätung, die eine natürliche ist: die Kinder, die auf Rache aus sind, kommen zu spät, außerdem kalkulieren sie die partielle Blindheit nicht mit ein, die durch rigorosen Moralismus entsteht.

Während sie noch denken, gegen die in der Demokratie assimilierten Nazis zu kämpfen und gegen die Gesellschaft, die sie faschistisch nennen, kämpfen sie faktisch bereits für deren Festigung. Denn sie haben eine Kleinigkeit übersehen. Die Slapstick-Komik lebt von der Tücke des Objekts, diese Kinder übersehen aber die Tücke des Subjekts, das sie selber sind. Woran liegt das?

Der Fanatismus, um jeden Preis gut sein zu wollen, hat sie zu Rebellen gemacht, der Egoismus, mit dem sie ihr Rebellentum pflegen, zu Verbrechern. Dieser Unterschied wird auf allen Seiten gern ignoriert: Verbrecher zeichnen sich, wie Hermann Broch in den ‹Schlafwandlern› festgestellt hat, gerade dadurch aus, daß sie sich, des ‹persönlichen Geschäfts› wegen, einer bestehenden

Ordnung mit Fleiß einpassen, Rebellen dagegen versuchen, eine bestehende Ordnung zu zerstören und zu unterjochen. ‹Treuester Sohn der Gemeinschaft, die ihm Ziel der Opposition und Auflehnung ist, ist dem Rebellen die bekämpfte Welt eine Fülle lebendiger Beziehungen, deren Fäden bloß durch teuflische Bosheit in Verwirrung gebracht worden sind, und die zu entwirren und nach eigenem besseren Plane zu ordnen seine Aufgabe wird.›

Die Rebellen wollen sich nicht vorwerfen lassen, gegen die Verbrechen der Gegenwart oder das, was sie als Verbrechen ansehen, keinen Widerstand geleistet zu haben. Dieser gute Vorsatz täuscht sie über das Ausmaß ihrer Fixierung auf die Vätergeneration hinweg. Sie wollen den Staat zwingen, sein faschistisches Gesicht zu zeigen, hoffend, das Volk werde dann zu einer Revolution in ihrem Sinne finden. Die Lust am Faschismus ist ihre wichtigste Triebkraft. Die Verachtung für Menschen, die ihnen im Weg stehen, und das zunehmend gruppenegoistische Handeln macht sie zu Verbrechern.

Sie sind zwar harmloser im Vergleich zu der älteren kriminellen Vereinigung, wenn man als Kriterium die Zahl der Morde und versuchten Morde ansetzt, gelten aber als viel gefährlicher, weil sie nicht im Einvernehmen mit dem Staat, sondern gegen ihn handeln, und weil sie unberechenbarer sind.

Der ungleiche Kampf zweier krimineller Vereinigungen ist dennoch nicht reduzierbar auf die Formel: Söhne und Töchter gegen die Väter. Da der Schauplatz weder im alten Griechenland noch im Wilden Westen liegt, sondern auf dem Boden einer freiheitlichen Gesellschaftsordnung, wird der Kampf von einer Regierung entschieden, die einen gesetzlichen Auftrag hat. Erstens will und muß sie Menschenleben retten, zweitens will und darf sie sich nicht erpressen lassen. Von der neuen kriminellen Vereinigung hat sie mehr zu fürchten als von der alten, also ist die Entscheidung klar, auch wenn damit das Quantum an krimineller Energie in der Gesellschaft nicht verringert wird.

Die Rebellen, die ausgezogen sind, gegen Verbrechen zu kämpfen, erreichen dies Ziel nicht, aber ihre Verdienste sind dennoch bedeutend.

1. Nicht zuletzt die Regierung ist es, die von der kriminellen Energie beider Gruppen profitiert – da sie sich gegen beide profilieren kann. Die meisten Mitglieder dieses Gremiums haben nicht gegen die Nazis gekämpft, im Gegenteil, einige waren als Soldaten an soldatischen Morden und anderen Verbrechen beteiligt, auch deshalb wollen sie zumindest hart bleiben gegen die, die behaupten, gegen den vermeintlichen Faschismus zu kämpfen. Andererseits ist das Gremium qua Amt nicht unschuldig an laufenden Verbrechen, welche die Zerstörung von Leben, Gesundheit und Natur beschleunigen und im Namen des Fortschritts der Minderheit der Mehrheit der Menschen die Lebensgrundlagen verschlechtern. Da braucht man Entlastung.

2. Die Zeiten, in denen das Strafgesetzbuch immer geholfen hat bei der Orientierung über Gut und Böse, gehen zu Ende. Die gesellschaftlichen Regeln werden von Marktgesetzen unterwandert. Was als Vergehen und Verbrechen gilt, richtet sich mehr denn je nach Angebot und Nachfrage. Aus allen Berufsgruppen, ob bei Politikern oder Wirtschaftsleuten, Ärzten oder Beamten, aus den Etagen der Gewerkschaften oder anderen Verbänden, die das Beste wollen, werden regelmäßig Verstöße gegen Gesetze gemeldet, die jedoch den Gesetzen des Marktes und dem Wunsch nach möglichst leichtem Zugewinn durchaus entsprechen.

Auch wenn dies nicht immer Verbrechen sind: Rücksichtslosigkeit nimmt zu, Schuldgefühl ab. Eine Dynamik, die kompensiert werden muß: Einer muß der Böse sein. Deshalb ist der Terrorist (d. i. der zum Verbrecher gewordene Rebell) gut, weil er so böse ist. Nur er erlaubt noch den Rückgriff auf das alte Gut/Böse-Schema. Deshalb wird er auch dann gebraucht, wenn die Ordnung nicht ernsthaft in Gefahr ist.

3. Mit ihrem Wahn, man könne nur von außen gegen das verhaßte System kämpfen, fördern die zu Verbrechern gewordenen Rebellen die Effektivität und Geschlossenheit des Systems und treiben sogar viele systemkritische Leute zu einer Bejahung des Systems.

4. Alle ferneren und komplizierteren Verbrechen werden in mildes Licht getaucht, sogar frühere Verbrecher wie Büttinger

rücken in den Status des unnahbaren Opfers auf, das ist das Pech der heutigen Täter.

Sie haben sogar doppeltes Pech, denn sie fallen auch noch auf ihre eigene Propaganda herein. Sie haben Alfred Büttinger ausgesucht, weil er Nazi gewesen ist, als Pfeiler der neuen demokratischen auch ein Pfeiler der alten staatlichen Ordnung. Sie sind überzeugt, die Bundesrepublik sei ein faschistischer Staat, also werde sie auf Büttinger nicht verzichten können und ihn austauschen. So dumm aber ist die Regierung nicht. Gerade indem sie das ehemalige Mitglied der alten kriminellen Vereinigung den Mitgliedern der neuen Vereinigung (nicht freiwillig, aber letztlich doch) überläßt, macht sie die Propaganda der Entführer lächerlich. Eine bessere Gelegenheit, einige der faschistischen Wurzeln des Staates und ebenso das schlechte Gewissen über dieses Erbe loszuwerden, gibt es nicht. So wird, mit der Berufung auf die Prinzipien des Rechtsstaats, der Staat zum Komplizen. Der Staat, der die Qualen und Schrecken der Todesstrafe abgeschafft hat, beteiligt sich an einem ‹dunklen, finsteren, heimlichen, legalen Mord› (Sciascia). Einen Repräsentanten der alten Generation der Mörder von der neuen ermorden zu lassen, das hätte ein genial gemeiner Plan sein können, wenn nicht die Torheit der heutigen Mörder einen solchen Plan erspart hätte.

Einwand: Was wäre, wenn Büttinger kein aktiver alter Nazi, SS-Offizier usw. gewesen wäre?

Die Regierung tut so, als spiele es keine Rolle, welche Funktion der Entführte hat oder gehabt hat. Sie möchte von den Verbrechen, die neben, unter, über der aktuellen Tat liegen, nichts wissen, das ergäbe ein moralisches Labyrinth, das kein juristischer Verstand durchschauen könnte. Sie argumentiert vom Staat her, der sich nicht erpressen lassen dürfe – und vom einzelnen Menschenleben, das geschützt, gerettet werden müsse. Was wäre geschehen, wenn die neue kriminelle Vereinigung zum Beispiel den anderen Mann ergriffen hätte, auf den sie es ebenfalls abgesehen hatte, einen Bankdirektor? Was für eine Rolle hätte es gespielt, wenn bekanntgeworden wäre, daß dieser Bankdirektor zwei Tage nach der geplanten Entführung, die mit seiner Ermordung endete, einen Antrittsbesuch bei der größten kriminellen Vereinigung der siebziger Jahre, der Regierung Chiles, machen wollte, die das Tausendfache an Morden und Verbrechen begangen hat wie die kleine Rebellenarmee? Auch dann hätte man die Beziehung des Entführten zu dieser kriminellen Vereinigung geleugnet oder ihr keine Bedeutung beigemessen und sich genau wie im bekannten Fall verhalten. (Warum die Angst, solche Tatsachen könnten als Rechtfertigung für den Mord mißdeutet werden, für den es doch keine Rechtfertigung gibt?)

5. Der Effekt jedenfalls ist eindeutig: Die Leute identifizieren sich mit den Opfern der Rebellen, in diesem Fall sogar mit dem sonst unerreichbar fernen, seiner Rolle als harter Interessenvertreter wegen nicht gerade mit Zuneigung betrachteten Büttinger. Plötzlich darf nicht mehr gesagt werden, dieser sei ein ehemaliges Mitglied einer kriminellen Vereinigung. Nur noch lobende Sätze über ihn werden geduldet. Sogar die, gegen die er immer gekämpft hat, partnerschaftlich, dürfen nur Gutes über ihn sagen, sonst werden sie in den Sumpf der Sympathisanten gestoßen, aus dem sich niemand von allein befreien kann. Büttinger wird ein Mann, der ‹unsere Freiheitsordnung› repräsentiert – wer gegen ihn ist, ist gegen ‹unsere Freiheitsordnung›. Wer Gründe angibt, Büttinger eher als Mann des gesellschaftlichen Rückschritts denn als Freiheitsheld zu würdigen, gilt als Verleumder, bereitet dem Terror den Boden. Gleichzeitig werden die politischen Redner, die der früheren kriminellen Vereinigung besonders nah standen, zu den lautesten Verfechtern der bedingungslosen Liquidierung der neuen kriminellen Vereinigung.

Der Entführte wird der Leidende schlechthin. Die Täter helfen, sein Bild zu vermenschlichen und das Mitleid mit ihrem Opfer zu fördern. In regelmäßigen Abständen liefern sie Bilder vom Leidenden, der von Tag zu Tag mehr Unschuld gewinnt und Gedanken an seine einstige kriminelle Energie, wenn sie überhaupt noch aufkommen, mit seinen flehentlichen Augen verscheucht. Der Entführte wird von einem Prominenten zu einer Persönlichkeit, ‹von der Persönlichkeit zum Menschen, vom Menschen zur Kreatur› (Sciascia). Die Täter instrumentalisieren das Mitleid so weit, daß es der Regierung zuviel wird. Sie greift ein, um die Verbreitung der Mitleid heischenden Bilder einzuschränken und Entsetzen und Sympathie mit dem Opfer abzuschwächen. Sciascia würde sagen: sie tut das, weil sie Komplizin ist.

Fazit: So hat der Rebell, wenn er zum Verbrecher wird, einen hohen Anteil an der Verbreitung der Moral. Er ist ihr bester, weil unbewußter Missionar. Sind dann Nagel und seine Leute letztlich keine Verbrecher, weil sie erstens noch rebellische Motive bewahrt haben und zweitens die Ordnung besser stützen als die Ordnungskräfte?

Nein. Erstens bleibt ein Mord ein Mord (was Verbrecher im allgemeinen leugnen), zweitens sind sie nicht besser als die Ordnungskräfte – es ist ein dynamisches, symbiotisches Verhältnis. Beide brauchen einander – als Feinde –, damit sie nicht auseinanderfallen.

So hat es doch seine Logik, wenn ein Leitartikler der führenden deutschen Zeitung im Zusammenhang mit dem Terrorismus schreibt: Am schlimmsten sind die, die die Gesetze einhalten.»

34 Keine Reden, hab ich gesagt: das Schlußwort sprech ich
und sonst niemand: ich und sonst niemand, ich und sonst niemand: was für ein höhnisches Echo, wo kommt das, wo
kommt der Widerspruch her –
Lisa, das bist du, deine Stimme: ich höre, was du sagst, daß ich nicht dauernd reden soll wie ein Marktschreier in eigener Sache: du bremst mich wie immer, klopfst mir aufs Maul, stutzt mich zurecht: schon gut, ich hör auf dich, gerade jetzt, und als Beweis meiner Liebe soll dieser besondere Nachmittag nach deinen Vorstellungen –

Damen und Herren treten vor und formieren sich mit dem Kammerton auf den Lippen als Chor: deinetwegen fahre ich nicht dazwischen und weil der Taktstock schon in der Luft steht: ein Ständchen in Ehren: *Tag der Rache, Tag der Sünden, wird das Weltall sich entzünden, das Marx, Marcuse, Mao künden. Wir ver-*

urteilen die Morde und das Morden dieser Horde. Welch ein Graus wird sein und Klagen, wenn der Richter kommt mit Fragen, streng zu prüfen alle Klagen –

Klingt das deinem gebildeten Ohr nicht nach Mozarts Requiem? *Dies irae,* sagt meine Kennerin? aber was für ein Chor das ist? CKH? Chor Kritischer Hochschullehrer? na gut, weil du dir immer schon ein Requiem gewünscht hast und wir keine besseren Sänger nachmittags auf den Nordfriedhof kriegen: *Die Hochschulen haben zu lange geschwiegen, den politischen Terrorismus lassen links liegen. Die Hochschulen haben zu lange geschwiegen, den Eindruck erzeugt, Terrorismus zu lieben. Das Schweigen war Sünde, in Sünde wir liegen, die Hochschulen haben zu lange geschwiegen –*

Wer hat sich da Mühe gegeben, in letzter Sekunde mit Selbstgereimtem eine Distanzierung zusammenzubasteln: ist ihnen das nicht peinlich hier vor der Weltöffentlichkeit und den Millionen zu Hause an den Bildschirmen? oder erheitert dich das, Lisa? *Heilig, heilig, heilig ist die Gewaltlosigkeit:* wie sie sich unangreifbar machen mit einem mächtigen Lied: *Himmel und Erde sind erfüllt von der Gewaltlosigkeit. Hochgelobt ist allein der da kommt im Namen der Gewaltlosigkeit:* ein prächtiges *Sanctus,* das hebt jede Beerdigung: ich danke auch dem Chor Kritischer Hochschullehrer für seine Darbietung der Auszüge aus dem Requiem: aber können die nie aufhören, diese Akademiker? wir sehen doch ihren guten, besten und allerbesten Willen im richtigen Augenblick –

Da steigt eine der bauchigen Düsenmaschinen von der Rheinmainstartbahn heran und schlägt die Luft mit Triebwerklärm und deckelt die Münder der Sängerinnen und Sänger zum Schweigen –

Ich verstehe, Lisa, ich werde schweigen und andere reden lassen, für dich: auf besonderen Wunsch meiner Lisa wächst aus dem abklingenden Lärm eine pfälzische Männerstimme mikrofonverstärkt: hat der junge Mann Mikrofon und Lautsprecher mitgebracht oder wer hat ihm das aufgebaut: stellt sich als Vertreter der Jungen Union vor, hörst du ihn reden? *wenn sonst keiner es sagt, will ich es sagen, Wort des Dankes, Dank an die Polizei, die Organisatoren dieser schönen Feier bis hin zum wunderbaren Blumen-*

segen, aber am meisten Dank euch in den Gräbern: doch der Junge
holt zuviel Luft vor jedem dritten Wort und verheddert sich im
Pathos, stottert, weiß sich nicht zu fassen und weint, stammelt
immer wieder *danke, danke, danke,* fällt nieder und kniet, so daß
seine Worte das Mikrofon nicht mehr treffen: wird aufgehoben
von einem Begleiter und aus dem Blickfeld der Fernsehkamera gezogen –

Mehrere Leute drängeln an seine Stelle, schieben und treten gefährlich nah an die Gräber heran mit Gesichtern, als hätte sie große
Ungeduld oder ein unaufschiebbares Mitteilungsbedürfnis erfaßt:
*Gerade an diesem Tag der Liebe und Versöhnung will ich die Ver-
dienste der Toten nicht schmälern, aber wir dürfen nicht einseitig
werden:* will da einer Widerspruch wecken? ich kenne den Ton
und will von solchen Leuten keinen Satz mehr, aber du bist wieder
großzügiger als ich und läßt die Gegenmeinung zu: *Ich will, wenn
es sonst niemand tut, daran erinnern, daß die Verstorbenen verurteilt worden sind als Mörder, verurteilt des gemeinschaftlichen
Begehens von sechs Bombenanschlägen in Tateinheit mit vier
Morden und vierunddreißig Mordversuchen, in Tateinheit mit
Mordversuchen während des Widerstandes bei ihrer Verhaftung,
in Tateinheit mit der Gründung einer kriminellen Vereinigung.
Ich gebe zu, ich bin Volljurist –*

Lachst du, Lisa? nein, wunderst dich höchstens, daß hier einer
gegen die Regeln verstößt, zu weit geht, die Brust vollpumpt, beruhigend abwinkt und sich an den Mikrofonständer klammert:
*Aber dies nicht die Stunde, über denen, die hier liegen, den Stab zu
brechen, sondern die Stunde, von uns zu sprechen, zu fragen nach
unseren Fehlern, Sünden, Vergehen, ja, denn auch wir waren dem
Haß verfallen, und wenn dieser heutige Tag ein neuer Anfang,
dann müssen auch wir unsere Schuld –*

Ein fast reibungsloser Übergang zum Vaterunser, das fehlte
noch, aber der Volljurist fährt mit seiner Selbstbezichtigung fort:
skizziert in wenigen Sätzen das Versagen seiner Zunft, spricht von
Richtern, die nicht unabhängig, von Gesetzen, die eigens geändert,
von Verteidigern, die am Verteidigen gehindert: andere Leute
schieben sich vor und bedeuten ihm, daß er genug geredet: da

nimmt der die Schaufel, stößt sie in die Erde, hält inne, läßt die lehmigen Klumpen auf den Haufen zurückrutschen, greift mit beiden Händen die Schaufel und reckt sie wie eine Waffe in die Luft –

Ja, und warum das alles, werden Sie fragen, war es wirklich nur die Angst vor neuen Straftaten und neuer Rädelsführerschaft? Ja, auch mich hat die Frage zerrissen, wie wird der Rechtsstaat mit Leuten fertig, die den Rechtsstaat nicht wollen und sogar bekämpfen?

Er redet weiter, als habe er nichts anderes vor, als den Unwillen, den Zorn der Trauergäste auf sich zu lenken: fummelt beim Reden an seinem Mantel herum, zieht einen Strick heraus, wirft ihn über den Ast einer Buche, legt die vorbereitete Schlinge um den Hals –

Zwei Polizisten springen heran, nehmen ihn rechts und links am Arm und schieben den Gestikulierenden fort, der uns nachruft: *Was uns fehlt, ist die Liebe, die Liebe, die Liebe!*

Ich habe nichts dagegen, wenn jetzt mehr und mehr Männer den strategischen Punkt vor dem Abgrund erreichen: und uns nach den verdienten Schmeicheleinheiten Erde, Sand oder Staub nachwerfen, falls sie gut zielen und hinhören, wie es klingt, wenn der Treffer gelingt –

Aber müssen sie nun wirklich alle reden, Lisa, und für zwei, drei Minuten im Mittelpunkt stehen wollen? nur weil sie uns beneiden um den heiligen Zorn des Protests, um die gnadenlose Selbstverwirklichung, um den Ausbruch, den Ausstieg aus dem *Land des Lächelns Money money money Glücklich ist?* oder nur weil du immer noch Predigten brauchst? lauter Wichtigtuer, die am liebsten sich selbst reden hören und die Gelegenheit nicht auslassen, den Traum aller verklemmten Quatschköpfe wahr zu machen von der großen, ungehemmten Rede an die Nation vor der Fernsehkamera live: oder meinen sie es ernst: oder können sie den Wunsch nicht unterdrücken nach einer attraktiven Nebenrolle an der Seite von Curd Jürgens, Lex Barker und O. W. Fischer: einmal im Leben ein Held –

Das sieht ja so aus, als ginge von unsern Gräbern eine heilende, klärende Kraft aus, als lösten wir ihnen die lange gelähmten Zungen, als brauchten sie die Gräber, um Leben daraus zu saugen –

Mir egal, ob sie aus Einsicht oder eiliger Anpassungssucht sich von den alten Klischees lösen und gleich auf die neuen stürzen: oder ob dies die ersten Übungen sind, meiner chinesisch-maoistischen Atemseele ein Schälchen Nahrung in Form von Zustimmung hinzustellen, damit meine empfindliche Seele nicht böse wird und den Spender, den Redner, den Überlebenden nicht belästigt und ihm das Leben nicht zur Hölle macht –

Oder ob sie, einmal aufgefordert von deinem letzten Willen, Lisa, nun die letzte Gelegenheit nutzen, mir und dir recht zu geben und ihre Mitschuld zu bekennen: nur Männer übrigens, die redend hervortreten: was bedeutet das nun wieder: so viele, die zur öffentlichen Beichte antreten: sollen wir denen nicht langsam das Maul verbieten oder Scheren in den Kopf operieren –

Ich seh schon, du brauchst die Wörter mehr als ich, Lisa, und leihst ihnen noch einmal das Ohr zum Abschied: wenn ein Journalist seine Zunft für die Falschmeldungen und erfundenen Schauergeschichten anklagt: ein Wachbulle vortritt und von seiner Gewalt spricht: wenn Männer, denen man die hohe Uniform noch ansieht, die sie mit Zivilkleidung vertauscht haben, dunkle Worte von Brauchen und Brauchtum, von Schaden und Nutzen in den Nachmittag schicken: mit welcher Rührung schaust du da zu: wenn jeder die Schaufel nimmt und uns was Gutgemeintes nachwirft –

Das Problem ist die Würde der Feier: das Beichten und Klagen wird zum Ritual, Wiederholungen sind unbeliebt nicht nur bei Fernsehzuschauern: die ersten Trauergäste verlieren das Interesse, zielen nach so viel Laufen und Aufrechtstehen über all den versteckten, eng beieinander liegenden Toten auf einen Sitzplatz in der Stadt warm vor gedecktem Tisch: wie schön, das Leben geht –

Wir sollten hier abbrechen, Lisa, und allen die Absolution erteilen: ein Sturm oder ein Flugzeug, Windmaschinen oder Vogelschwärme setzen den Schlußpunkt: das Fernsehteam packt zusammen, ein besseres Signal zum Aufbruch gibt es nicht, das Orchester stimmt zum Abschluß die Melodie aus der *Zauberflöte* an, die auf den Text paßt *Üb immer Treu und Redlichkeit bis an dein kühles Grab und weiche keinen Finger breit* –

Die Leute gehen auseinander, aber die meisten, nun endlich auch Frauen, treten, ehe sie sich bergabwärts Richtung Stadt wenden, an die Gräber und neigen die Köpfe: nicht alle werfen Erde in die Erde, aber jedes gesenkte Kinn ist mir ein Lustgewinn: dann schreiten sie in größeren oder kleineren Gruppen, erst auf den schmalen, dann auf den breiteren Wegen langsam: und ich seh deinen schwarzen Rücken, Mama, kleiner werden: bergab, *bye, bye für diesmal!* vorbei an neuen polierten und älteren verwitterten Grabsteinen: das Leben geht weiter im Tal –

Und wir können: aber was weiß ich von dir, Lisa? weniger als je zuvor: wo du steckst, was du denkst und tust und ob du auf einer ähnlichen Reise bist wie ich: so weit weg bist du, und ich lieg am Boden und weiß auf einmal nur noch eins: daß ich niemals mehr *wir* sagen kann und jetzt erst zum vollentwickelten Egoisten werde: also ich –

Kann mir nun auch die Perspektive von unten zu eigen machen: hier unten ist man froh, daß das Getrappel endlich aufhört da oben: die eingedübelten und eingemeißelten Namen der Toten drängen sich noch einmal auf und betteln um eine Sekunde Aufmerksamkeit: so belästigt fliehen meine lieben Trauergäste: ich danke der zahlreich erschienenen Trauergemeinde, insbesondere den tröstenden Worten: Hände in Hosentaschen, Zigaretten im Mund, hinunter zu den wartenden Bussen, und überlassen das Feld den Moosen und Flechten, den Totengräbern und Vögeln, Käfern und Mardern, die zur Abendjagd zurückkehren in ihre Reviere unter den Bäumen, die ihre letzten Blätter festhalten wie: ich euch –

Wenn ich die Adler rufe *kiwitt, kiwitt* und meinen Meistertrick vorführe ganz für mich allein oder doch für dich, Mutter, für dich, Lisa: da rührt sich der steinerne Steinadler am Bahnhof, gleichzeitig der über dem Portal des Polizeipräsidiums, und nicht nur diese beiden: alle, die ich einmal gesehen habe auf Simsen, Dächern, Türen und Sockeln: groß oder klein auf Denkmälern: da ein Zukken in einem Flügel, da eine sekundenschnelle Bewegung des steinernen oder bronzenen Gefieders: niemand sieht alles zugleich, aber ich seh: wie mein Wille geschieht und wie da und dort eine

Menschenhand in dieser Sekunde zufällig über das Adlerprofil einer silbernen Markmünze fährt und einen Stromschlag fühlt, der nicht so stark ist, daß die Hand die Münze fallen läßt, sondern nur erschrocken so tut als wäre nichts gewesen: ist ja auch nichts, wenn die Wappentiere auf Pässen und Urkunden den seit 1949 oder länger nach links gewendeten Kopf einmal nach rechts drehen oder aus ihrer Perspektive von rechts nach links und sofort wieder zurück: und den geübten Beamten, die zum Stempelschlag ausholen, leicht verschmieren und verrutschen auf amtlichen Papieren: wenn die schwarzen Adler auf den Etiketten der hessischen Staatsweingüter die stramm ausgebreiteten Flügel einmal locker lassen: wenn die Stoff-Adler der Frankfurter Eintracht den Fußballspielern mit den Krallen durchs Hemd über die Brusthaare schaben beim Training: wenn die gedruckten und geprägten Vögel auf Geldscheinen und Münzen in Handtaschen, Brieftaschen, Hosentaschen, Kassen, Zählmaschinen und Tresoren mit einem Blinzeln winzige Brände entzünden und sofort wieder löschen –

Die allgegenwärtigen siegegewohnten Könige der Vögel reißen an ihren Ketten, springen für eine Sekunde, eine Zehntelsekunde oder in olympischen Hundertstelsekunden aus den Fesseln ihres Materials, aus Folien, Schablonen, Klischees, Stilisierungen: und wenn ich richtig unterrichtet bin, entläßt auch der jahrzehntelang aufgesperrte Schnabel des grauschwarz gestrichnen Gipsadlers auf seinem Nagelbett im Plenarsaal einen krächzenden Satz: Das Wort hat der Abgeordnete Schäfer! –

Sie rühren sich: meinetwegen, *was für ein schöner Vogel bin ich, kiwitt, kiwitt*: du warst dabei, Mutter, als ich mit fünf Jahren im Zoo heranging an den Käfig der Raubvögel, und der mit Krallen, Hackschnabel und Flügeln auf mich so nah, daß ich vor Schreck den Schutz des Gitters vergaß –

Die Adler deuten ihre Kräfte an, aber welcher trägt meine Seele oder eine meiner diversen Seelen wie die der römischen Kaiser zum Himmel: wer zeigt mit dem verbotenen Aufstieg in den gesperrten Luftraum, daß die tüchtigen christlichen Adler noch nicht ausgestorben sind: die mit dem Aufstieg zur Sonne die Himmelfahrt symbolisieren: das einzige Lebewesen, das in die Sonne schauen kann: und dem alten Spruch *die Sonne bringt es an den Tag* einmal wieder zum Durchbruch verhelfen an diesem nun grauer werdenden Nachmittag: wer –

Ist es der eine da, in der Adlerwarte neben dem Niederwald-Denkmal hoch über Rüdesheim: der Steinadler, Musterstück des Geheges, der mit einem einzigen Schnabelhieb den Lederriemen am Fuß auftrennt, die Fittiche spannt, Wächter und Zuschauer mit bissigem Schnabel, heftigem Fauchen und zwei Metern fünfzig Spannweite zur Seite oder zu Boden wirft und auffliegt, vom Geschrei der Menschen mehr in die Luft gejagt als angehalten: wie lange tragen ihn die gestutzten Flügel: flieg, mein Freund, flieg auf: so mußt du dir das vorstellen, Lisa!

35 Kassette 2, Seite B:

Andererseits seit wann hab ich mir das schon nicht mehr geleistet einen Traum genau zu erinnern und zu erzählen wenigstens aufs Band auch so ein Luxus den wir uns verkniffen haben das wär ja auch was geworden wenn wir das alles ausgepackt hätten wir haben uns doch immer so angestrengt uns als Kämpfer herauszuputzen als Tag und Nacht bereite Kämpfer zu stilisieren und möglichst viel von der eignen Person abzustreifen und allein auf die Tat zu konzentrieren die nächste Aktion wenn wir da noch die Träume ausgepackt hätten zum Frühstück in dieser ewigen Enge und Inzucht der Gruppe wir wären uns ja noch mehr an die Gurgel gesprungen gegenseitig/

Ach nix mehr über Gruppenzwang und Gruppenterror warum red ich denn nicht von dem was schön war ja die erste Gruppe in der ich mich richtig emanzipiert fühlte eine Zeitlang jedenfalls am Anfang weil ich gebraucht wurde endlich mal und ernst genommen und es einfach um nützliche Sachen ging wie ich dachte und nicht um Geschwätz und weil ich einfach manches viel besser konnte als die Männer die mußten das anerkennen in vielem waren wir einfach besser als sie meine Stempel meine Umsicht beim Wohnungbeschaffen/

Was kann ich denn noch was hab ich ich denn noch meine

Stimme nur noch die Stimme das erstaunt mich am meisten auch
wenn ich noch lange nicht so rede wie ich reden möchte die Sprache die ganzen Wörter die mir jetzt kommen sind alle zu grob zu
steif zu unbrauchbar aber egal sonst keine Probleme /

Ich weiß ja auch nicht was die erwarten die mir zuhören irgendwann vielleicht die große Story wie alles angefangen hat das große
Bekenntnis wie alles aufgehört hat nein das will ich nicht bedienen
obwohl es ging ja am Anfang gar nicht um Gewalt die Gewalt hat
uns im Gegenteil /

Nein keine Rückblicke Nachrufe was ich brauche was ich hier
brauche ist ein Radio für den langen leisen Tag sie sagen es ist zu
laut es könnte zu laut werden wenn ich aus Versehen mal zu weit
aufdrehe aber ich brauche das ein Radio es ist mir einfach zu still
hier den ganzen Tag in der Speisekammer und ich bin so gewohnt
immer nach dem Aufwachen das Radio anzudrehn Nachrichten
Nachrichten Nachrichten und ein bißchen Musik /

Nicht ein bißchen Musik viel Musik Janis Joplin bis alle Wände
wackeln so laut wies geht es hat sich soviel verändert ich komm gar
nicht mehr mit ich möcht es genauer wissen das Radio ich weiß
doch auch nicht ob es wirklich Mord war oder nicht doch Selbstmord ist das so wichtig /

Erst dacht ich unmöglich aber ich trau es ihnen doch zu ehrlich
gesagt denn sie haben immer jedes Gefühl ausgenutzt ausgebeutet
jedes bißchen Hilfsbereitschaft Mitleid Interesse für ihre Person
funktionalisiert für den nächsten Schritt Erpressung alles im
Grunde Erpressungen immer weniger Spielraum hattest du unter
ihrem Befehlston /

Jedenfalls weiß ich wenn sie uns umlegen oder ich mir selber den
Strick drehe dann steig ich auch zur Heiligen auf die heilige Conni
ha sehr geschickt sehr geschickt sie sind einfach schlauer als wir
durchtriebener sie haben die Regie so wie sie in ihrem Krisenstab
im Grunde die Regie führten seit klar war daß Büttinger nicht frei-
kam sie hatten uns doch an der Strippe und nicht wir sie /

Das wolltet ihr nicht kapieren Henner sie haben unsre Aktionen
vorausgesehen wir aber nicht ihre wir haben uns nur die Schädel
eingerannt an ihrer Mauer ihrer Schweigemauer wo hab ich das

Wort wieder her so war es doch sie waren taktisch strategisch einfach besser so war es doch und so zeigen sie es jetzt auch wieder/

Was passiert denn wenn man tot ist und ein Feind gewesen ist jetzt ein toter Terrorist ist ein guter Terrorist ein besserer es hat sich so viel verändert oder vielleicht gar nichts oder alles ich möchte es gern genauer wissen das Radio ich kann meine Neugier kaum bremsen ich würde am liebsten mich jetzt ins Wohnzimmer schleichen kriechen und ganz leise hören was es Neues gibt jetzt jetzt oder den Fernseher an ohne Ton aber da gibt es die Bildreflexe irgendwas spiegelt sich immer/

Also ich verkneife mir das vielleicht kriegen sie es dann doch irgendwie raus mein braves Ehepaar sie arbeiten in einem Europabüro irgendwo und wenn ich hier länger bleiben will darf ich mir nichts verscherzen eiserne Regel Disziplin das hab ich schließlich gelernt wenigstens das also weg mit der Neugier bis zum Abend Fernsehen zu dritt/

Überhaupt dieses Sichwichtigmachen immer den neuesten Nachrichten hinterherjagen und einbauen in die laufenden Überlegungen und Pläne immer dabeisein immer vornedran und der Schrecken bei allem was aus den Nachrichten kommt und was dich betreffen könnte so oder so unter welchen Umständen nein dieser Kitzel immer mit den Weltnachrichten verbunden sein immer selber ins Weltgeschehen funken als wären wir die dicken Bosse die Kanzler persönlich zwischen den Telefonstrippen und Fernschreibern der Einfluß wo die Fäden zusammenlaufen auch das auch das wieder lernen verlernen die Geilheit mit der tollen Aktion in der Zeitung zu stehen ins Fernsehen und so weiter/

Überlege gerade ob Onkel Günter in dem Traum Büttinger ähnlich sah ich weiß es nicht echt nicht vorgestern abend die Bilder von Büttingers Beerdigung da lag er versteckt unter den Blumenbergen in der Kirche ich konnt es nicht mitansehen ich bat meine Leute auf ein andres Programm zu schalten aber sie sagten nein wieso das müssen wir doch sehen ich ging raus dann aufs Klo ich heulte nicht nein ich heulte nicht und als ich wiederkam war die Sendung immer noch nicht zu Ende und der Präsident sagte ich muß überlegen ich habs mir genau gemerkt/

Uns schaudert vor dem Gesicht des Terrorismus aber wir sollten öfter in den Spiegel sehen ja das sagte er ziemlich genau so und
ich hab mich gewundert wie er das meint ob er das etwa ernst
meint und ich sah dann genau hin sah diese ganzen Staatsgesichter
die meisten davon unfähig in den Spiegel zu gucken diese Trauer in
die wieder so viel Lüge gemischt war denn sie /

Sie haben das muß man auch mal sehen sie haben ihn ja schließlich fallen lassen töten lassen von Idioten wie Henner und Enzo
und ich ich war dabei nein fast dabei und doch mit dabei wenn es
heißt schuldig schuldig ich konnte es mir nicht mehr vorstellen wie
sie es taten Henner oder wer es rieselte mir nur den Rücken herunter diese gesammelte stumme schuldige Schwärze diese Feierlichkeit wie früher als es mir über den Rücken lief wenn ich die
Hymne hörte jawohl mir auch ich hab den Hymnenschauer erlebt
früher als großes Kind Einigkeit und Recht und Freiheit nach der
Goldmedaille und dabei Tränen in den Augen nationale Tränen /

Die Gesichter vollgesogen von der Feierlichkeit aber keine Spiegel die Leute sahen sich alle selber nicht und alle sich selber so
ähnlich es war alles falsch alles so richtig und gleichzeitig idiotisch
es war zum Weglaufen am liebsten wäre ich rausgerannt raus raus
in die Wälder /

Wie immer mein alter Fehler ich sehe sie immer kommen die
Verfolger auch wenn sie noch in ihren Sesseln hocken ich seh sie zu
früh das hat mich in Panik gebracht oft so hab ich die Gruppe in
Panik gebracht ich war ein Risiko aber sie brauchten mich und
irgendwie brauchte ich auch sie und damit ich nicht nervös werde
hat Enzo diktiert du fängst an du gibst das Signal du schiebst den
Kinderwagen und und so weiter /

Nicht jammern Conni red dich nicht immer raus was hast du zu
sagen eh sie deine Existenz beenden meine klägliche und korrupte
Existenz die vier Leute als wir sie zerschossen zurückließen das
reicht für ein Urteil über meine Existenz /

Onkel Günter das war Büttinger natürlich aber ich will keine
Träume deuten /

Pause nein noch etwas zu Büttinger wir haben nie darüber gesprochen nie wolltet ihr hinter die fertigen Schießwörter gucken

ich denke die Mehrheit für Mord das war nichts weiter als das war
so ein primitives Rachedenken bei euch als Argument habt ihr natürlich gesagt er hat uns erkannt er hat einige erkannt also muß er
verschwinden der Zeuge und in Wirklichkeit habt ihr Angst gehabt vor dem Menschen Büttinger ein Überlebender kommt nicht
vor in eurer Rechnung da zählt nur Zahn um Zahn und Revanche
denn auf unsrer Seite so haben wir gedacht immer in Fronten gedacht auf unsrer Seite waren sechs Tote die drei in Mogadischu
drei in Stammheim und auf der andern fünf und da fehlte noch
einer zum Ausgleich auch deshalb habt ihr Büttinger umgebracht
sechs zu sechs ihr wolltet den Ausgleich wenigstens ihr Fußball-
idioten das Unentschieden /

Vielleicht habt ihr nicht so gerechnet nicht bewußt aber es fiel
mir eben so ein weil ich eure Fußballbegeisterung kenne wenn
Gladbach spielte oder München dann konntet ihr Strategie und
Taktik der Gruppe und alle Pläne mal für eine gute Stunde vergessen da wart ihr Lokalpatrioten durch und durch aber wenn die
Nationalmannschaft spielte mit den gleichen Spielern dann habt
ihr euch Mühe gegeben für die andern zu sein daß bloß die Deutschen nicht gewinnen egal egal aber wenn ihr Fußball geguckt habt
das waren seltene Stunden der Erholung für uns Frauen jedenfalls
für mich egal /

Jetzt quassel ich schon die Anekdoten aufs Band ich würde
wenn ich könnte reden über das was mich antrieb es ist vielleicht
die letzte Gelegenheit noch was zu sagen in halbwegs ruhigem Ton
was mich antrieb was euch antrieb die Frage nach den Motiven
immer wieder hinter den politischen Motiven hinter dem
Aktionismus bin keine Pfarrerstochter da ist es ziemlich klar oder
da scheint alles klar Theologie und Terror darüber reden sie sich
die Köpfe heiß und auch diese schlauen Erklärungen über die wir
uns kaputtgelacht haben wenn es uns gutging oder /

36Zwischen den vielen hundert Leuten auf dem Friedhof verlor ich den Mann, von dem ich mich beobachtet glaubte, bald
aus den Augen. Ich achtete darauf, nicht stehenzubleiben,
sondern mit ruhigen Schritten den Verfolger abzuschütteln
oder zu täuschen. Immer wieder wechselte ich die Richtung oder
versteckte mich hinter größer geratenen Menschen. Ich nahm
diese Manöver als Spiel, vielleicht auch, weil das ganze Begräbnis
etwas Heiteres, Spielerisches hatte und wenig von schwarzer
Trauer. Von wechselnden Entfernungen sah ich, was die Fernsehzuschauer wahrscheinlich viel besser beobachten konnten. Das
Spektakel dauerte beinah eine Stunde. Als die meisten Leute gingen, schlug auch ich den Rückweg ein, wollte noch etwas essen
und dann in den Zug nach Neuwied.

Es war angenehm, endlich bergab zu gehen. Ich wußte, daß ich
keine Chance hatte, in dem Gedränge ein Taxi zu erwischen, vielleicht mit viel Glück einen Stehplatz in einem Bus, der mir den
weiten Weg in die Stadt ersparen könnte. Da traten kurz vor dem
Friedhofstor zwei Herren auf mich zu. Keiner sah dem ähnlich,
der mich beobachtet hatte. Einer fragte freundlich, ob ich Professor Serratta sei, und forderte mich auf, ihnen zu folgen. Ich bat sie,
weniger freundlich, sich auszuweisen, was sie, immer noch
freundlich, taten, sie zeigten sogar mit einem gewissen Stolz ihre
Polizeimarken vor. Meine Frage nach dem Grund für ihre Aufforderung wollten sie nicht beantworten, das werde auf dem Revier
geklärt.

So kam ich zu meinem Taxi. Den müden Beinen war es recht,
aber nun fing der Trubel im Kopf an: Beherrsch dich! – Nicht
durch Widerstand verdächtig machen! – Hast dir nichts vorzu-
werfen! – Ein Mißverständnis oder doch die Falcke-Sache? – Wollen sie dich hindern weiterzumachen? – Wollen sie was wissen
über die Kommission und die vorläufigen Ergebnisse? – Hat In-
grid was angestellt? – Oder Teresa? – Was sonst?

Auch mit der alten, primitiven Regel konnte ich mich kaum beruhigen: Nur Aussagen zur Person, alles andere mit einem Anwalt.

37 **Nagels Sarg ist längst** aus dem Blickfeld der Kamera verschwunden, der Reporter kündigt das Ende der Live-Übertragung vom Nordfriedhof an. Schäfer steht auf, meldet sich bei Frau Dornhauser ab («Sportstunde, fünfzehn Minuten!») und betritt durch die in der Wand versteckte Tür das Badezimmer.

Er zieht den Anzug aus, Krawatte und Oberhemd, tauscht Schuhe gegen Turnschuhe und hebt sich auf das fahrradähnliche Gestell. Er streckt die Arme, legt den Pulsmesser an, lockert die Waden, läßt die Uhr laufen, setzt die leichten Schuhe auf die Pedale und schnallt sie fest. Alle Bewegungen knapp, als folge er einem Befehl. Mittags zehn Minuten extreme ergometrische Körperbelastung, morgens und abends je fünf Minuten. Schäfer verweigert den Befehl nicht, tritt langsam an, verlagert das Gewicht auf die Beine, rechts, links, rechts, links, lehnt den Oberkörper ein wenig vor. Aber er ist unruhiger als sonst, als müsse er eine Erregung bekämpfen, in die ihn die Friedhofsszenen versetzt haben: die Gegner endgültig in der Erde, die Bilder von den Särgen an den Seilen befriedigen und machen traurig, dazu die Reste von Ärger mit dem Minister über dessen Zitiersucht, diesmal kam er mit Bethmann Hollweg *wenn nun die eisernen Würfel rollen*. Unentschieden in seinen Gefühlen zwingt Schäfer sich zur Disziplin, die Beine zum kräftigen Treten.

Das neue, blitzende Trampelgerät ist in allem auf ihn eingestellt, Gewicht und Alter Bernhard Schäfer eingespeist, auch die Taste für Männlich gedrückt, immer auf Männlich, darauf kann er stolz sein, daraus zieht er Bestätigung, bewegt locker die Beine, fest die Füße. Er gehorcht dem Arzt und tritt kräftiger an, bewegt Räder, Ketten, Digitalanzeigen. Er erholt sich dabei, für einige Minuten befreit zu sein, Befehle, Anweisungen, Ratschläge geben zu müssen. Endlich darf er einmal gehorchen, dem Arzt und dieser Gesundheitsmaschine, oder den Arztbefehl als Vorwand nehmen, wegzustampfen, was vergessen und getreten sein will.

Das Treten ist nicht leicht, er tritt vorwärts auf der Stelle, aber er tritt und tritt. Er braucht keinen Sturzhelm wie die Kollegen, die abends durch die Taunusberge radeln («nehmt einen Sturzhelm, ich brauch euch noch»). Schäfer achtet auf höchste Sicherheit, er hat es leichter, hat es schwerer, muß sich nicht bücken, muß nur treten und locker sich halten. Das Trainingsprogramm ist auf seine körperlichen Bedingungen abgestimmt, er braucht nicht einmal ans Gleichgewicht zu denken, nur hin und wieder hinabzublicken auf die Schaltanzeige, ob die Pulsfrequenz zu hoch, zu niedrig oder richtig liegt.

Die weißlichen Oberschenkel wippen auf und ab, lahme unschöne Pleuelstangen eines müden Organismus, er tritt schneller, er hat Reserven. Er tritt gegen seinen resignierenden Körper an, strampelt für sein Herz, für seinen Kreislauf, ja die Lunge, er strampelt einen Berg hinauf, der junge Bernhard Schäfer bergauf, nie gefürchtet vor den Bergen, obwohl die Touren der Kindheit an der Oder entlang rund um Frankfurt wenig Steigung, oben die schönste Aussicht auf die nächste Abfahrt, ohne zu treten rollen, rollen, lenken und bremsen und rollen mit wachsender Geschwindigkeit, vorbei, vorbei.

Er kann sich nicht in die Kurve legen, das Rad steht fest mitten in hellblauer Fliesenlandschaft, immer bergauf, bergauf im gleichen Takt, bergauf auf der Stelle. Er trampelt für die Gesundheit, gegen das Starre, das Bleiche, den Kalk, die Arthrose. Er tritt gegen die eisernen Würfel an, gegen das falsche Pathos des Ministers. Gegen das Besserwissergeschwätz, gegen das Profilierungsgeschwätz, gegen die falschen Erwartungen in der versoffenen, hinter Sandsäcken versteckten Hauptstadt tritt er, gegen diesen Bethmann-Hollweg, gegen die Kaiserzeit, gegen den Schicksalswürf, er tritt gegen den Zufall an, kein Metier verträgt so wenig Zufall und Würfeln wie das der polizeilichen Ermittlungsarbeit. Er sieht das Bild von den Särgen auf dem Friedhof wieder, Nagel und Jeschke und Wollzeck, der Deckel ist zu, jetzt Erde mit Schaufeln drüber, die lockere Erde, nun muß er treten und treten und treten, bis kein Laut, keine Regung mehr aus der Tiefe kommt, treten und treten.

Er hat alles programmiert, was wichtig ist beim Treten in die Pedale, was vom Hersteller verlangt wird für seinen Körper, der Pulstakt in Ordnung, der Trettakt nicht zu schnell. Er hat noch Kraft, weiß die Kräfte einzuteilen, kein Würfelspiel, die eisernen Würfel, vielleicht hat Einstein unrecht und Gott hat doch gewürfelt bei der Erschaffung der Welt, aber wir, wir haben nichts anderes zu tun, ein Leben lang zu tun, die Würfel zu entziffern, was will der Minister bloß mit seinen albernen, seinen eisernen Würfeln. Ein Polizist würfelt nicht.

Schäfer wird langsamer. Er sucht sicheren Boden, er tritt die Erde fest, die Erde über den Gräbern, mit jeder Pedaldrehung ein behutsamer Tritt auf die immer noch nicht harte Erde, ein Tritt auf die Toten, ein Fuß auf die Schlange, die tote, ein Tritt und ein Tritt und ein Tritt. Er hat gewonnen, soweit hat er gewonnen, aber er muß treten, fest und fest und fest, damit ja keine Auferstehung, damit sich ja nichts mehr regt da unten. Mit jedem Pedaltritt abwärts drei neue Gedanken, ein Tritt gegen die Schwäche, gegen die Schwäche der Polizei, die in ihrer Stärke liegt. Ein Tritt gegen die Verbrecher, die immer mehr wie Polizisten denken und die Polizisten zwingen, immer mehr wie Verbrecher zu denken. Ein Tritt gegen den ständigen Wettstreit, mit dem beide Gruppen sich gegenseitig den Berg hinauf treiben und die Fähigkeit steigern, die Finten und Züge des Gegners drei, vier Züge im voraus zu bedenken, Tritte und Tritte gegen die ewige Tour, die Alpenetappen der Tour de France ein Spaziergang dagegen, Tritte und Tritte gegen die Stärke, die Schwäche, gegen die Schwäche, die Stärke wird.

Er tritt vorwärts, sehnt sich nach der Illusion, Rückenwind zu haben und legt einen Zwischenspurt ein. Er beginnt zu schwitzen, er tritt gegen die eignen Gefühle an, tritt gegen den Minister an. Er überholt ihn, hat ihn in den letzten Tagen oft überholt und zum Assistenten degradiert, er muß ihm seinen Hochmut nehmen, seine Siegerpose, jeder Polizist weiß das besser: es gibt keine Sieger mehr, nur Verlierer, mehr oder weniger starke Verlierer, das müssen sie endlich kapieren, die in Bonn sitzen oder sonstwo. Er muß, ob er will oder nicht, gegen sie antreten, ihnen ein Stück ihrer Dummheit nehmen, ihrer Arroganz. Er, der niemals Lehrer werden wollte, muß sie belehren, sie wollen alle nicht objektiv sein, sie verweigern sich der Objektivität, im Strafverfahren, in der Gesellschaft, im Leben, sie hängen an ihren kleinen subjektiven Ausflüchten, sie wollen die Berge nicht nehmen, sie wollen das Schwierige, das Meßbare, das Vernünftige nicht, sie wollen lieber würfeln als technisch denken, er muß dagegenhalten und doch alles vorantreiben, er muß schwitzen, muß treten, aufwärts, weiter, bergauf, nicht schlappmachen, jetzt nicht, er allein, mit einem tüchtigen Stab, mit einem riesigen Amt, aber doch eben allein, allein die Berge hinauf, die Verantwortung liegt bei ihm, die besten Ideen kommen von ihm, er tritt vorwärts, allein bergauf, aus diesem armseligen, bleichen, dicklichen Leib die ganze Kraft, die ganze Energie, immer beweglich für die neuen Aufgaben, allein, allein auf dem blitzenden Gerät.

Er wird langsamer, er will die Probleme erkennen, bevor sie entstehen, bevor sie groß werden, er hat noch drei Minuten zu treten, noch ein paar Jahre im Amt, falls ihn nicht vorher die unberechenbare Kugel trifft oder der Herzausfall, er rastet nicht, er tritt, er steigt auf, er steigt höher, er tritt für sich selber an, gegen sich selber, er zeigt Kondition allen, die an ihm zweifeln, er hat alles elektronisch gesteuert, auch sein Trainingsprogramm, seine Belastung im richtigen Maß objektiviert. Er liest ab, wie viele Kalorien er in diesen siebeneinhalb Minuten verbraucht hat, nicht genug, nicht genug, er tritt wieder stärker an, auf beiden Seiten wird auf Sieg gesetzt, auch der Minister will den totalen Sieg, obwohl kein Endsieg mehr möglich, er tritt und tritt mit letzten Kräften, das Gerät läßt keine Überanstrengung zu, rot leuchtet die Anzeige: Puls zu hoch, und er gehorcht, fährt ruhiger, weiter, kein Sieg mehr, kein Sieg, das Unentschieden ist der einzige Sieg, der wahre Sieg, er radelt durch die Flure seines Amtes, das beneidete und bewunderte und gehätschelte Amt, er radelt durch die Gänge, und in den Türen rechts und links grüßen sie ihn, die allseits verehrten Mitarbeiter, und er sieht, daß es gut ist, daß es keinen totalen Sieg über die Neigung des Menschen zum Bösen geben kann, was wären die paar Wirtschaftsverbrechen und Rauschgiftdelikte und Kunstdiebstähle ohne die zentrale, ans Herz der Nation, an den Instinkt jedes Polizisten rührende Aufgabe des Terrorismus, so radelt er an den jubelnden Zuschauern die Zielgerade entlang, radelt zwischen den Fliesen lang, seine hochmotivierten Leute gönnen ihm die kleine Duschecke mit den musterlosen hellblauen Fliesen, dem höchsten Polizisten des Landes, an dessen Fleiß und

Einsatzfreude niemand zweifelt, aber was für Schlachten mußte er gegen den Rechnungshof schlagen wegen dieser sechs Quadratmeter («Wenn ihr einen Chef haben wollt, der rund um die Uhr im Einsatz ist, dann müßt ihr ihm auch erlauben, zweimal am Tag den Schweiß von der Haut zu waschen!»), so strengte er sich an, so strengt er sich an, auch in der Fitnesecke immer wieder an, bis an die Grenze und nie darüber hinaus, er hat die Höhe erreicht.

Gleichmäßig liegt auf dem Körper der Schweißfilm, leichter Schmerz im linken Knöchel, er radelt gemächlich weiter, entspannt nach dem langen Aufstieg, der Dirigent spürt mitten im Pianissimo den Schweiß im Nacken, hinabschauen ins Tal, Karajan hat in der Berliner Philharmonie ein eigenes Badezimmer, ganz allein für sich, Entspannung im warmen Wasser, Entspannung nach dem Beifall, jeden Abend Beifall, Polizisten arbeiten, spielen, dirigieren ohne Beifall, der Hohn ganzer Heere von Rechnungsprüfern, bis man schlichte hellblaue Fliesen bekommt («Zwischen das Weiß der Metzgereien und Leichenhallen kriegt ihr mich nicht, ich zahl auch den Aufpreis!»), und morgens um acht wieder im Dienst, keine Belohnungen, winzige Belohnungen, die Höhe, die Festnahme, der Höhepunkt, der Beifall, die Frage nach der nächsten Festnahme alles in einem Atemzug. Schäfer geht es zu langsam, abwärts geht es nicht, warum geht es nicht abwärts auf diesen Standrädern, das müßten sie mal konstruieren, der verdiente Schweiß auf dem Rücken, in den Achseln, in den Kniekehlen, der Schweiß auf der Stirn, der Schweiß an den Händen, und erschöpft und glücklich ins Tal hinunter rollen, die beste Belohnung, der Sinn aller Anstrengung, das leichtere Leben, das Rollen, das Gleiten, der Schwung, und schneller werden wie von allein und aufpassen, daß das Rad die Spur hält und die Schlaglöcher früh erkannt, und endlich kein Druck mehr, jetzt fehlt Musik, Mozart oder der Anfang des Fliegens, des Schwebens, der Anfang der Lust und das Prickeln der Schweißpartikel, die Saat auf der Haut, der Schweiß getrocknet vom Wind.

Er duscht, zieht ein frisches Hemd an, rückt die Manschettenknöpfe zurecht, Krawatte und Anzug wie vorher, und schließt die Tür sorgfältig, als müsse er dahinter seine Gedanken einsperren.

38Wenn Sie denken, liebe Trauergäste, Sie haben mich unter oder hinter sich, fest in der zugenagelten Holzkiste und schön Erde drauf: bin ich schon wieder unsichtbar schwarz, unsichtbar rot, unsichtbar golden, wie der Blitz aufwärts gefahren, um neben Ihnen zu bleiben und überall jede Sekunde auszukosten: genau das 9 192 631 700fache der Strahlungsdauer eines Cäsiumatoms, wenn ich recht orientiert bin –

Einmal wenigstens die freie Wahl von Zeit und Ort: eh man noch mehr Erde auf mich schmeißt und auf mir rumtrampelt mit gut belederten Füßen –

Lang genug in der Kiste gesessen: Kugel am Bein oder Kamera überm Kopf: auf zwei mal vier Metern genügend Kubikraum, um verrückt zu werden nach Plan: fünf Jahre sind keine Zeit, sondern ein gequetschter, rechteckig verwinkelter, ein verpißter, verrosteter Käfig –

Und in den paar Jahren Freiheit *im freisten Staat, den die Deutschen je hatten,* konnte ich bekanntlich auch nicht das Vorrecht auskosten, mich entspannen zu dürfen zwischen Sylt und Sizilien: jeder Tag ein neues Versteckspiel des Meistgesuchten, die Hatz von einem Mauseloch ins andere, ein ewiges Ducken und Aufpassen, aus den Augenwinkeln jede Gefahr als erster erblicken, jedes Gespräch ein Kommando: und selten die lichten Momente, als ich mich sicher fühlte im Kreis meiner *family* und sagte, wos langgeht: planen, lachen, basteln, saufen, stöhnen, ficken, wenn alle mithören: nirgends laut werden dürfen und überall auf Kugeln gefaßt bis zu 9 mm Kaliber oder die Kelle HALT POLIZEI –

Ein Schuß ins Bein: und dann wieder rein in den Beton: die Sizilianer schmeißen dich in die nassen Fundamente, da spart man das schöne Begräbnis und andere Nebenkosten, wir sind bekanntlich *im zivilisiertesten Staat, den die Deutschen je hatten:* bei uns wartet man freundlicherweise, bis der Beton getrocknet ist und zwei mal vier Meter zwischen den Wänden frei sind im soundsovielten Stockwerk, wo du dir ein hochgesichertes Nest bauen darfst und deinen Ruhm pflegen im Käfig über dem Adlerhorst und krächzen: *kiwitt, kiwitt, was für ein schöner Vogel bin ich* –

Ja, meine lieben Zuschauer zu Hause an den Bildschirmen: der

Versuch ist strafbar, aber er mußte gemacht werden, der kleine
Umweg von Beton zu Beton, von den Klinkerwänden der Eigenheime, die wir nicht wollten, zu den Rohputzwänden der Zellen,
die wir noch weniger wollten –

Und hatten keine Angst vor dem Knast, fest entschlossen, die
Knackis zu agitieren, Gefängnisaufstände anzuzetteln, stärker und
mit verdreifachter Mannschaft schnell wieder rauszukommen, so
hatten wir das gedacht: zugegeben, es kam ein bißchen anders –

Strenge Einzelhaft / Fesselung der Hände auf dem Rücken,
wenn sich der Gefangene außerhalb der Zelle aufhält / Fesselung
auch während der Einzelfreistunde / Tägliche Zellendurchsuchung / Einzeldusche / Keine Gemeinschaftsveranstaltungen ein-
schließlich Gottesdienst / Dauerbeleuchtung in der Zelle bei Tag
und Nacht / Halbstündliche Beobachtung, auch nachts / Entzug
aller Einrichtungsgegenstände / Anstaltskleidung statt privater
Kleidung / Abends Entzug auch der Anstaltskleidung –

Bitte noch einmal von vorn das klassische Gedicht: Über allen
Wipfeln / strenge Einzelhaft / das Gedicht haben wir oft genug
aufsagen müssen: die Haftbedingungen, Folter: die Vögelein
schweigen im Walde: Begründung Verdunkelung, damit Ruh ist:
in den Nestern des Terrors, die bei jeder Abwesenheit, Besuch
oder Freistunde, durchwühlt werden dürfen oder müssen, gründlich, und richterlich angeordnet, und der Gipfel ist die Leibesvisitation / vor jedem Besuch ist der Gefangene einer gründlichen körperlichen Durchsuchung zu unterziehen, bei der zwei Bedienstete
zugegen sein müssen / da spürest du kaum einen Hauch, auf der
einen oder anderen Seite der Trennscheibe: und wenn die Scheibe
mal fehlt, darfst du auch deine engsten Verwandten nicht berühren
oder höchstens mit preußischem Handschlag: nach jedem Besuch
ist der Gefangene einer gründlichen körperlichen Durchsuchung
zu unterziehen, bei der zwei Bedienstete zugegen sein müssen / die
Maßnahmen dienen der Aufrechterhaltung der Sicherheit der Anstalt: erhöhte Widerstands- und Befreiungsgefahr –

Und das in Thema und Variation über die Jahre so weiter, mal
weniger streng, mal gemeiner, mal gesungen, mal gepfiffen, warte
nur balde: denn es ist alles Untersuchungshaft für Mörder, die

einen strafbaren Versuch gemacht: und da gehört zur Würde des Menschen, daß sie dir ins Hirn pfuschen oder Wasser entziehen oder dich gezielt provozieren, auch wenn sie Beamte sind und Schaden vom deutschen Volk wenden –

Stories aus dem Geltungsbereich des Grundgesetzes, die mir keiner glauben wird: weil ich bekanntlich immer Folter! schreie, wenn mir der Sanitäter Blut abzapft: weil ich ohnehin der Lügner, der Schwindler, der Dreckskerl vom Dienst bin und wegen meiner Gemeingefährlichkeit keinen Anspruch auf die Würde des Menschen anmelden kann, ohne daß sich die Stirnen auch der letzten Wohlmeinenden verfinstern –

Als Gegner des Staates letztlich *selber schuld*: ertrunken, versunken und keine Chance, gehört zu werden, weil die vereinigten Generalbundeschefredakteurpressesprecheranwälte es geschafft haben, daß nach ein paar Jahren Aufschrei und Abwiegeln, Klage und Dementi niemand in der Öffentlichkeit mehr bereit ist, sich für die kleinsten Grundrechte der Untersuchungsgefangenen einzusetzen, die immer noch das Größte sind verglichen mit den Rechten in Gulagländern, Südamerika, Kambodscha und und und –

Was wollen die denn, die haben doch alles: Zeitschriften, Bücher, Schreibmaschine, Kaffee, Zigaretten, manchmal ein Radio: was jammern die da *im rechtlichsten Rechtsstaat, der je auf deutschem Boden* –

Untersuchungsgefangene, die wir bis zur letzten Minute waren und immer noch sind: und bleiben werden: weil die Untersuchung nie aufhört: die uns getrieben und geschoben hat aufs Märtyrerbänkchen: wo wir ja hinwollten mit Macht und Gebrüll: Opfer des Systems jetzt erst recht! ein bißchen Eitelkeit werdet ihr einem Gefangenen in einer Zelle ohne Spiegel wohl noch gönnen –

Jetzt, jetzt, jetzt: sind die Trennscheiben weg, niemand kann mich mehr durch den Spion in der Tür beobachten, ohne daß ich es merke: jetzt dreh ich den Spieß einmal um und schaue mit heiterem Zorn zurück durch alle Spione, alle Kameraaugen, alle Ferngläser, blicke gnadenlos zurück, ohne daß ihr es merkt, und nehme mir mal die Würde, mit Verlaub: über euren überheblichen, überladenen Häuptern: herumgeisternd, schwadronierend, phantasie-rend von allen Fesseln befreit: bin ich endlich mal unantastbar: man beachte das schöne Wort tasten, das hier den harten Kern der Aussage bildet –

Ich weiß, ich weiß: alle Maßnahmen waren sauber begründet mit meiner *ablehnenden Haltung gegen die herrschenden gesell-schaftlichen Verhältnisse in der Bundesrepublik Deutschland und ihre freiheitliche demokratische Grundordnung sowie der Absicht, die bestehende Staats- und Rechtsordnung durch terroristische Aktionen zu ändern*: deshalb mußte man mir oder uns zeitweise das Wasser entziehen, die Fotos von der Wand rupfen, die geneh-migten Bücher zerreißen und wie viele Wochen lang nachts jede Stunde oder halbe mit Neonlicht wecken oder in Absonderungs-haft ohne Kleider mal der Hitze aussetzen paar Stunden, dann Kälte paar Stunden, dann wieder Hitze und Kälte –

Wo bleibt der Protest bitte schön: ach es ist ja nur der Kern, der harte, bitte ablutschen und ausspucken: um den Hals gefallen bin ich niemandem, aber gebissen hab ich gern, gerissen immer wieder, um der aufrührerischste aller Aufrührer zu bleiben und gefürchtet wie keiner: ja wir haben die Leute, die uns für Über-zeugungstäter hielten und noch einen Rest von ehrbaren Motiven zugestanden, auch nur als nützliche Idioten behandelt, und uns trotzdem gewundert, daß niemand mehr ein Wort für uns ein-legte –

Und wenn ich etwas bedauere, dann den Test, den wir nicht mehr machen konnten, den Abschluß der Langzeitstudie: *Wie lenke ich die Wasser des Protests auf meine Mühle –*

Der Test: von welchem Punkt an könnte die Crew der schwan-kend standhaften guten Leute, der moralischen Opportunisten oder opportunistischen Moralisten wieder mal ein Wort zu unse-ren Gunsten finden: mit Isolation, mit Folter kein Blumentopf mehr zu gewinnen, vielleicht bleibt für die letzte Versuchsreihe nur das Mittel des Ekels: Beispiel 1, wenn sich herumgesprochen hätte, wie der Fraß beschaffen ist mit wurmzerfallenem Fleisch, Maden im Salat, Wurmeiern in der Suppe, wenn mit Fotos und eidesstattlichen Erklärungen belegt, wie viele hundert Schaben,

Wanzen, Kakerlaken pro Quadratmeter Zellenwand, die Mäuse nicht mal gerechnet –

Und wenn das nicht gereicht hätte, Beispiel 2: stellen Sie sich vor, Herr Professor Doktor, Frau PEN-Schriftstellerin, Herr Pastor, Sie werden plötzlich wach in der Nacht von etwas Nassem, das Ihnen das Haar und zärtlich den Hals berührt und das Sie in der Dunkelheit allmählich erkennen: eine fette Ratte, kotverschmiert und unterarmlang, die in das Loch, das hier Klo heißt, zurückkriecht und dort verschwindet –

Keinen Schreck bitte, wir sind nicht in Spanien: solche Zustände sind weit weg und in unsern hochgesicherten hygienischen Mauern undenkbar, deshalb rein theoretisch die Frage: hätten uns die Ratten wieder Mitleid verschafft und neues Dreckwasser auf die Mühlen Haftbedingungen? die Frage muß leider offenbleiben –

Hier wurden genug Süppchen gekocht, mit Würmern, ohne Würmer: das ganze Justizvollzugswesen auf Vordermann und Effizienz und Sauberkeit: die hochentwickelte Kultur des Kontrollierens: meinetwegen: die elektronische Zuarbeit aus allen Rohren von schräg oben im Winkel von 359 Grad: die Haushaltspläne umgestellt auf Wachen & Beten & Nicht in Anfechtung Fallen: meinetwegen: der Wunsch, daß dir Flügel wachsen oder wenigstens Adleraugen: freie Sicht über die Felder im höchsten Horst hinter den Gittern im obersten Stock bei dem, was Freigang genannt wird: da bleibt der Ruf im Hals stecken *kiwitt* –

Alles Denken auf vier Buchstaben konzentriert: R, A, U, S, entweder RAUS oder alles ist AUS, weil du nie so viel gefroren hast wie in diesem Hochsicherheitsgrab, weil du genug Fliegendrahtgitter vor dir gesehen hast und nicht gezählt, wie oft die Hände auf dem Rücken gefesselt waren und geschwollen von Fesseln: das Fensterglas nur eine Handbreit zu öffnen und bruchsicher als wärst du persönlich der Tresor der Bank: die Tage, die Nächte, als du dem Neonlicht nicht ausweichen konntest, versengt vom Licht, kleingebrannt von der Macht, die dir den Schlaf noch zermürbte, um Allmacht zu demonstrieren, und zwischendurch im Intercity-Stundentakt aufgeweckt in der weißen Hölle: nur weil ich nicht den reuigen Sünder spielte und höhnisch *ich selbst* blieb wie mein konspiratives Vorbild Don Giovanni: *Ich bereue nichts –*

Wie sie dir abwechselnd ins Herzfleisch hackten, mal die Wächter im Auftrag, mal ohne Auftrag, mal die Richter, mal die Spezialtruppe: *Strafvollzug ist Facharbeit am Menschen,* so lautet die Plansollparole unten in der Eingangshalle: der eine Facharbeiter nahm dir das, was dir der andre erlaubte, der dritte gab, was ein andrer verbat: so zogen sie dich in ihre Netze voll Strafen in der Strafe in der Strafe, wartend auf deinen Veitstanz mit den Beschwerden, antworteten mit neuen kleinen Schikanen, die niemals aufhörten oder nur aufhörten, um dann wieder überraschend verschärft von einer anderen Seite: immer wieder geweckt aus dem Zustand des Gewöhnens, des Atmens, des Innehaltens: damit du in jeder Minute kämpfen mußt bis zum Umfallen –

Und wie gewöhnlich der Hickhack mit Besuchen, Zeitungen, Büchern, Post: was sie alles lesen und nicht genehmigen: Behinderungen, Nebenstrafen und Hauptschikanen: die lange Liste der Verstöße gegen die Bestimmungen für Untersuchungshaft, ganze Bücher könnte man damit füllen, Kisten mit beschlagnahmten Briefen: dafür ließen sie aber alle Waffenjournale zu, um mich geil zu halten auf lockende Mündungen, eisenharte Hähne, saubere Streukreise und den Kitzel zwischen Kimme und Korn –

Zugegeben, die Anwälte kamen und gingen nach Bedarf: abgehört nach Bedarf, durchsucht und mal das Arschloch geprüft nach Bedarf: aber was für Gespräche sind das, wenn du nur die harmlosen Wörter aussprichst, die verdächtigen auf einen Zettel schmierst, also bei jedem Satz springst vom Sprechwort zum Schreibwort zum Sprechwort, und dann den Zettel sofort mit dem Feuerzeug anstecken mußt, weil immer mal ein Abhorcher reinkommt und nach Beweisen grapscht –

Hätte ich da nicht sagen sollen: bei so viel Verteidigern mußt du offensiv –

Hätt ich mir jeden Tag sagen sollen: selber schuld, wer gegen den Staat und so weiter –

Jeden Tag sagen: uns gehts ja noch gold verglichen mit und so weiter –

Jeden Tag: freu dich, daß deine Tür nur fünf Schlösser hat und nicht sechs –

Jeden Tag dem Herrgott danken, daß die Todesstrafe abgeschafft ist und ich noch am Leben: *nutze den Tag* und hungre weiter aus Protest dich krank, schwach, tot und so weiter –

Oder träumen, was geschehen wäre, wenn man mir mit achtzehn Jahren meinen größten Wunsch erfüllt hätte: eine 500er BMW –

Oder jeden Tag nachfühlen, wie riesig lang ein Meter ist, obwohl sich alle paar Jahre die Maßstäbe ändern: was einst der vierzigmillionste Teil des durch Paris laufenden Erdmeridians war, wurde der Abstand zweier Strichmarken auf dem Stab aus Platin und Iridium: und nun heißt es: ein Meter ist die Länge der Strecke, die das Licht im Vakuum während des Intervalls von $\frac{1}{299792458}$ Sekunden durchläuft –

Ich könnte es beweisen, ich habe die Länge dieser Meterstrecke ertastet, ermessen, erfaßt –

Während Sie, liebe Trauergäste, abwärts ins Tal trotten, in Sonderbussen und Taxis die ersten sein wollen beim Leichenschmaus, brauchen Sie mich also nicht zu bemitleiden und nicht zu beneiden um die unsystematischen Rundflüge und den paradiesischen Zustand zwischen Leben und Nachleben: einmal die Trennscheiben schmelzen sehen, die Videokameras verhext, die Mauern Luft: einmal wird sogar mir ein Wunsch erfüllt: ein schönes Begräbnis, und weil es schön ist, hab ich noch keine Laune auf Schlaf im festen Wohnsitz in Top-Hanglage am Wald neben Neroberg und Opelbad, keine Sehnsucht zum Mutterboden unter dem Stein RUHE SANFT –

«Konnten die Gerichtsmediziner wenigstens Einigkeit darüber erzielen, welche Todesart den Exitus von Frau Falcke
herbeigeführt hat?

Welche Todesarten kommen bei Selbstmördern, die sich
erhängen, überhaupt in Betracht?

Der Tod durch Erstickung (Asphyxie) oder der durch Ausrenkung des Rückgrats im Bereich der oberen Halswirbel.

Welches ist nach allgemeiner Übereinstimmung die häufigere
Todesart?

Die letztere.

Und die ist woran zu erkennen?

Daß die Halswirbel gewaltsam verschoben sind.

War das bei Frau Falcke der Fall?

Nein.

Gibt, nebenbei gefragt, der Zustand der Halswirbel nähere Aufschlüsse auf den Hergang der Erhängung?

Bestätigen die unversehrten Halswirbel nicht die erste Version
der Obduzenten, Frau Falckes Leichnam sei auf einen Stuhl gestützt gefunden worden?

Ja. Aber lassen nun die Halswirbel den Schluß zu, daß die zweite
Version der Obduzenten falsch ist, nach der Frau Falke einen
Schritt ins Leere getan habe, daß also ein Fallen des Körpers aus
nennenswerter Höhe gar nicht stattgefunden hat?

Mit letzter Sicherheit kann hier nicht mit ja geantwortet werden.

Aber ein Nein würde bedeuten, daß wir, da die Wirbel nicht
verschoben oder ausgerenkt waren, also aus welchen Gründen
auch immer heil geblieben sind, einen medizinischen Ausnahme-
fall vermuten müßten.

Wenden wir uns lieber der ersten Todesart zu, die logischerweise übrigbleibt: der Erstickung.

Woran wird diese Todesart erkannt?

An der Verhinderung des Rückfließens von Blut aus dem Kopf.

Und wie wird diese Verhinderung des Rückfließens dem Körper abgelesen?

An den Blutungen in den Augenbindehäuten.

Stimmt es, daß bei Frau Falcke solche Blutungen nicht festgestellt worden sind?

Oder gibt es noch andere Kennzeichen für den Erstickungstod?

Das Vorquellen der Augen oder der Zunge, die blaue Verfärbung des Gesichts (Cyanose).

Stimmt es, daß auch diese bei Frau Falcke nicht festgestellt worden sind?

Und warum sind am Hals im Bereich der Einschnürung, die der Handtuchstreifen als Strangwerkzeug gemacht hat, keine Quetschungen entdeckt worden, die das deutlichste Zeichen für einen Erstickungstod sind?

Und gibt es nicht noch weitere feinere Symptome für die sogenannten Erstickungsblutungen?

Ohne die jetzt einzeln aufzuzählen, muß man etwa auch hier feststellen, daß sie ebenfalls fehlen?

Ja.

Wenn aber weder eine Erstickung diagnostiziert wurde noch eine Ausrenkung der Halswirbel, woran soll Frau Falcke dann gestorben sein?

An Erstickung.

Wird man fragen dürfen, warum?

Es ist die offiziell angegebene Todesart.

Wie kann der bestellte Obduzent diese Angabe begründen?

Überwiegend logisch: es könne nur so gewesen sein: ‹bald darauf bewußtlos wurde und in Folge Erstickung starb›.

Wie kann er als Fachmann trotz der anerkannten Symptome von einem Tod durch Ersticken sprechen?

Er spricht nicht, er hat das geschrieben.

Sind ihm denn keinerlei Widersprüche aufgefallen?

Das wird man ihn selber fragen müssen.

Aber wenn er auch auf diese Frage nicht antwortet oder nicht antworten darf?

Dann wird man weiter fragen müssen.

Oder sollte ausgerechnet bei Frau Falcke ein völlig untypischer Erstickungstod eingetreten sein?

Sollte nicht nur ihr Geist, sondern auch ihr Körper so durchtrieben gewesen sein, selbst in solchen Details die unwahrscheinlichste aller Möglichkeiten zu wählen?

Oder wird man früher oder später nicht doch die rein hypothetische Frage zulassen müssen, zu welcher Todesart diese Befunde passen?

Wenn unabhängige Mediziner behaupten, all diese Merkmale könnten nur zu einer Todesart passen, die allerdings nichts mit einem Selbstmord zu tun habe, wird man dann nicht zuerst an der Unabhängigkeit und Kompetenz dieser Mediziner, die überdies bei der Obduktion nicht anwesend gewesen sind, ihr Wissen also nur aus zweiter und dritter Hand bezogen, zweifeln müssen?

Und wenn die Zweifel bestätigt oder ausgeräumt oder eingeklammert sind, wird man dann jene Antwort wenigstens in aller Fragwürdigkeit als Anmerkung zur Kenntnis nehmen dürfen?

Führt uns jene Antwort, die Befunde paßten zum Tod durch Druck auf die Halsschlagader (Arteria carotis communis) und durch Behinderung des Atmung und Kreislauf steuernden Hirnnervs (Nervus vagus), der als Reflex zum Stillstand des Herzens führen könne, nicht schon wieder in neue Spekulationen, da das ja hieße, ein Unbekannter müsse Frau Falcke erdrosselt haben?

Wenn diese Hypothese aber von den genannten Einzelheiten nicht ins Wanken gebracht wird?

Wir wollen uns trotzdem jeder Spekulation enthalten.

Wenn wir also von Spekulationen absehen und weiter bei den Fakten bleiben, setzen wir uns dann nicht allmählich dem Vorwurf der Perversion aus, wenn wir an weiteren medizinischen Details jener schwierigen Autopsie herumfragen?

Wenn wir hier wie auf einem medizinischen Fachkongreß erörtern, unter welchen Bedingungen (Würgen, Drosseln, Aufhängen usw.) das Zungenbeinhorn und das Kehlkopfknorpelhorn verletzt worden sein können?

Oder wird es schon als Ausflucht verstanden, wenn wir die diversen kleineren Verletzungen in der Halsgegend, am Kehlkopfknorpel und der Zunge nur am Rande erwähnen, die schwerlich alle von einem Strick verursacht sein können, oder die auffälligen

Verletzungen am Gesäß und am Knie, die schwerlich mit jenem ominösen Schritt ins Leere und einem Anschlagen des Körpers an die Wand zu erklären sind, oder weitere Widersprüche nicht ausbreiten, die sich auf den Bereich von Lunge und Herzkammer usw. erstrecken?

Lauter Widersprüche, die nur beweisen, daß die offiziellen Obduzenten auch bei der Frage der konkreten Todesart die unabhängigen Gutachter nicht überzeugen können?

Widersprüche, die nur die Frage aufwerfen, ob die unabhängigen Gutachter, die ja nur von den Befunden der offiziellen ausgehen können, inkompetent oder parteiisch oder böswillig sind oder einem unvertretbaren Genauigkeitswahn verfallen sind wie wir, die es nicht lassen können, auf jede Frage fünf weitere zu setzen?

Obwohl nur wenige Fragen beantwortet sind, werden wir weitere Fragen anfügen dürfen?

Wenn ja, sollten wir nicht zur Abwechslung einmal von den komplizierten Fragen ablassen, die letztlich nur von medizinischen Fachleuten beantwortet werden können?

Ist zum Beispiel die schlichte Frage zu beantworten, warum in der Tischlampe der Zelle eine Glühbirne gefunden wurde, obwohl Frau Falcke am Abend vor ihrem Selbstmord wie an jedem Abend sämtliche Glühbirnen und Neonröhren abgegeben hat?

Kann sie etwa keine Birne versteckt gehalten haben?

Gewiß. Aber selbst wenn sie in ihrer regelmäßig und von Spezialisten aufs genaueste durchsuchten Zelle eine Glühbirne versteckt gehabt haben sollte, müßten dann nicht Fingerabdrücke an der Birne weitere Aufschlüsse geben?

Aber welche?

Auf den ersten Blick keine?

Wenn es richtig ist, daß bei der amtlichen Zellendurchsuchung nach dem Tod Fingerabdruckspuren festgestellt wurden, diese sich bei genauerer Untersuchung aber als Fragmentabdrucke erwiesen, ungeeignet für Identifikationszwecke, und wenn die winzigen Reste dieser Spuren keinerlei Übereinstimmung mit den Fingerabdrücken von Margret Falcke ergaben, kann man dann überhaupt irgendwelche Vermutungen anstellen?

Was könnte sie veranlaßt haben, den Kopf möglicherweise aus der mit größten Schwierigkeiten vorbereiteten Schlinge zu ziehen und das Licht auszuknipsen?

Litt sie an krankhafter Sparsamkeit?

Oder war die Gewohnheit so stark, vor dem Einschlafen das Licht löschen zu müssen?

Muß man vermuten, daß Frau Falcke, als sie ihre komplizierten Vorbereitungen zum Selbstmord abgeschlossen hatte, noch einmal vom Stuhl stieg und nicht nur die Lampe ausknipste, sondern auch die heiße Glühbirne mit einem Tuch so gründlich abwischte, daß nicht der geringste daktyloskopische Befund mehr möglich war, und dann in der Dunkelheit wieder auf den wegen der Unterlage aus Matratzen und Decken schräg stehenden, wackligen Stuhl kletterte, um den Kopf wieder in die Schlinge zu legen und mit den letzten Handgriffen ihren Selbstmord zu vollenden?

Oder tat sie das alles bei Fernsehlicht?

Nein. Das Gerät war am Morgen nicht eingeschaltet.

Wenn sie also Licht gebraucht hat bei ihren komplizierten Vorbereitungen, hätte sie es anders als mittels der versteckten Glühbirne haben können?

Hätte sie die versteckte Birne nicht eigenhändig einschrauben, also Fingerabdrücke hinterlassen müssen?

Selbst wenn sie daran gedacht haben sollte, die Birne bereits vor dem Aufbau und der Bereitstellung ihrer Erhängungsmittel abzuwischen, welches Motiv könnte sie dafür gehabt haben?

Oder wollte sie mit der Birne, wann immer sie dieselbe ein- oder ausgeschaltet haben mag, bewußt eine falsche Spur legen?

Wenn ihr zuzutrauen ist, daß sie damit eine Spur legen wollte, um die Anwesenheit einer unbekannten Person in der Zelle zu suggerieren, die den Schluß zuließe, der Selbstmord sei in Wirklichkeit ein Mord gewesen, warum ist dann dieser Versuch einer Ablenkung der einzige und noch dazu so wenig deutliche geblieben?

Kann Margret Falcke, weil man auf Grund der Tatsachen schließen muß, daß sie die letzten Handgriffe ohne Licht getan habe, was zunächst unwahrscheinlich scheint, ganz bewußt auf spätere

Betrachter spekuliert haben, die wegen eines solchen Schlusses an dem Selbstmord ernste Zweifel äußern?

Ist die Glühbirne deshalb ausgeknipst und abgewischt worden?

Hätte Frau Falcke bei der ihr allgemein zugeschriebenen Intelligenz und handwerklichen Ungeschicklichkeit die Perfidie eines als Mord inszenierten Selbstmords nicht mit ganz anderen Mitteln inszenieren können?

Um diese Frage abzuschließen, wäre allerdings noch zu fragen, warum das Ergebnis der kriminaltechnischen Fingerabdruckuntersuchung erst dann der Staatsanwaltschaft mitgeteilt worden oder dort eingetroffen ist, als diese das Ermittlungsverfahren eingestellt hatte?

Oder wird man auch hier keine Antwort erhalten?

Dürfen wir dennoch, ohne Ihre Geduld, meine Damen und Herren, übermäßig zu strapazieren, eine weitere Frage anfügen?

Würden Sie sich zum Beispiel, wenn Sie Ihren Selbstmord vorbereiteten, dafür umziehen?

Wenn es nämlich richtig ist, was die Mitgefangenen der Frau Falcke sagten, daß sie am Abend vor ihrem Tod eine andere Hose und eine andere Bluse getragen habe als am Morgen, als man sie erhängt fand, muß man dann nicht fragen, welche Motive die Selbstmörderin hatte, vor ihrer Tat statt einer Jeanshose eine Cordhose und statt einer roten Bluse eine graue anzuziehen?

Wenn diese Mitteilung der Mitgefangenen aber falsch ist – wovon man im Zweifelsfall immer ausgehen sollte –, warum haben die zuständigen Beamten bis heute nicht geklärt, wo die am Abend getragenen Kleidungsstücke geblieben sind?

Oder hat es diese Kleidungsstücke nie gegeben?

Falls es diese Kleider nie gegeben hat, die Mitgefangenen also gelogen haben, warum hat man diese Lüge anhand der Bestandslisten nicht bewiesen?

Oder ist es üblich, daß trotz aller Bestandslisten und peinlicher Buchführung über die persönliche Habe der Gefangenen auch andere Gegenstände verschwinden?

Wenn es nicht üblich ist, sondern nur in seltenen Ausnahmen vorkommt, weiß man dann mehr über solche Ausnahmen?

Stimmt es zum Beispiel, daß auch die Kamelhaardecke, die Frau Falcke gehörte und auf der sie stets geschlafen hat, weder beschlagnahmt noch dem Testamentsvollstrecker übergeben wurde?

Und warum weiß auch hier niemand, wo dieses Teil der persönlichen Habe geblieben ist?»

40Die größte Schwierigkeit hat der Adler, vom Boden aufzusteigen: er spannt die Flügel in die Breite, langsam, als wolle er jede einzelne gespitzte Feder noch einmal mit Luft polieren und den Zuschauern das Dunkelbraun mit den himmelweißen Zwischenflächen im Innern des Gefieders vorführen: beim ersten Flügelschlag hüpft er unbeholfen und auf kurzen Beinen vorwärts, hebt mit dem zweiten Schlag den Federkörper schon über die Standhöhe, gewinnt mit dem dritten Abstand vom Boden und steigt, die weißschwarzen Schwanzfedern gespreizt, vorwärts gegen den Wind, gestoßen vom Gleichmaß kräftiger Flügelbewegungen, in die Höhe: er sucht seine Richtung und schwebt mit ausgebreiteten Fittichen rasch dahin –

Bietet die Adlerwarte neben Germania oben im Niederwald noch ein solches Naturschauspiel? –

Oder was wünschen Sie sonst zur Entspannung, liebe Zuschauer? keinen bewaffneten Kampf jedenfalls, und nichts liegt Ihnen so fern wie die Archäologie der siebziger Jahre: Abwechslung wollen Sie, nichts mehr hören vom Terror: jedenfalls nicht, wenn sein Unterhaltungswert sinkt: nicht in jeder Minute Zaungast einer Begräbnis-Show sein oder einer verlogenen Selbstbezichtigung –

Schöner ist die Stunde auf dem Polstersitz *Der letzte deutsche Sieg* und der blonde Blick von Maximilian Schell, *Die Brücke von Arnheim* wird irgendwann doch in die Hände der Feinde fallen, aber der skeptische Mundwinkel im Sieg, die würdig gefaltete Stirn in der Niederlage geben Lebenshilfe vorerst: welche Katastrophe oder süße Empörung wünschen Sie als Erholung? welche kostbaren Schrecken, welch kitzelndes Trauma?

Das blutige Finale: Stufen hinunter, Sie treten hinaus, zerschossene Häuser und kolorierte Leichen im Kopf und das verflixte Wissen dazu: der Sieg war umsonst und hat nicht mal den Deutschen genützt: und werden vom milden Windstoß umarmt, vom dämmrigen Himmelslicht geblendet und vom Basso ostinato der Automotoren aus Panzerbildern in die schöne Gegenwart gerissen: Sie brauchen sich nicht in den Graben zu werfen, befinden sich auf breiten Bürgersteigen, neben stabilen Häusern mit satt renovierten Fassaden, vor den goldenen Blitzen aus Schmuckvitrinen im wohlverdienten Frieden, den uns die Feinde von damals geschenkt haben: die Brücke von Arnheim war nicht zu halten: zum Glück haben die westlichen Deutschen das Glück auf ihrer Seite, das letztlich auch ein Weltmeister braucht: ein Frieden, an dem wir gearbeitet alle und dem die weitsichtigen Politiker die Fahne aufgesteckt haben: und das Fahnentuch großzügig über die Särge gebreitet: damit die Welt begreift, daß wir aus der Vergangenheit lernen –

Gestatten Sie noch eine Frage, Herr Nowottny: was haben die Deutschen aus ihren Siegen gemacht?

Die Siege schnell in Niederlagen verwandelt, Herr Minister, damit wir wieder was zum Klagen haben, zumal das Wasser im Rhein immer noch kein goldner Wein –

Was heute gefeiert wird, ist zur Abwechslung endlich mal wieder ein Sieg: *der erste deutsche Sieg seit dem Zweiten Weltkrieg:* merken Sie sich den Satz, wenn eines Tages die Werbung anläuft für den Film des Jahres Neunzehnhundertsiebenundsiebzig, aber so weit sind wir noch nicht –

Wir befinden uns nicht im Kino, sondern sind live dabei im *Jahr des Kindes*: vergessen Sie Tod & Terror, ziehen Sie die Kinderschuhe an oder die Kinderschuhe aus und folgen Sie mir, bitte, meine Damen und Herren, wenn Sie Abwechslung wünschen –

Ins erste und bunteste Kaufhaus der Stadt, den Ort der Entspannung, wenn Sie den Besuch im Casino schon hinter sich haben und die Verluste verschmerzen können –

Wer hier Angst vor der Schwelle hat, ist entweder ein Anhänger der Nazis (erinnern Sie sich: Kaufhäuser tragen *zur Vermassung*

und Entwurzelung des Menschen bei und sind *eine orientalisch-
jüdische Betriebsform, die dem deutschen Menschen wesensfremd
ist*) oder ein Anhänger des roten Terrors (erinnern Sie sich: *Es ist
immer noch besser, ein Warenhaus anzuzünden, als ein Warenhaus
zu betreiben*) –

Bravo, Sie haben keine Schwellenangst, Sie gehen durch die goldene Mitte über die breite Schuhdreckmatte zwischen den Extremen der braunen oder roten Unmenschlichkeit, Sie haben den Test
für die wahre Liberalität schon am Wühltisch bestanden, Sie sind
tauglich für den Aufschwung, mein König, meine Königin, das
gehobene Lebensgefühl in der Kosmetikabteilung wird Sie erheben, umschlungen von Düften, gebettet in Cremes, angezogen
vom Flüstern der Poren der Haut –

Kommen Sie mit auf die Rolltreppe –

Ach, Sie haben Angst vor Sigurd, Angst, er könnte eine Bombe
in der Jackentasche haben? keine Sorge, erstens hat er versprochen, Sie für einige Minuten vom Terror zu verschonen, zweitens
macht er einen Fehler kein zweites Mal –

Also aufwärts, *Urgemütlich und rustikal zu leben, gehört zum
Stil unserer Zeit,* die große freie Auswahl in der Möbelabteilung
immer noch mit altdeutschen Schränken: erinnern, wiederholen,
durcharbeiten: wie gern kehrt der Verbrecher so lüstern wie eitel
an den Ort seiner unerklärlichen Tat: alles noch einmal von vorn,
aber bitte schön rückwärts laufend den Film, damit im zweiten
Leben alles eine Spur lustiger wird und der Mensch wenigstens aus
der Komik was lernen kann: nein, Sie wollen keinen altdeutschen
Schrank, meine Dame, auch nicht mit der kleinen Zugabe einer gut
verpackten Bombe im Sonderangebot, der Herr, auch nicht mit
garantierter Schlagzeile –

Sie wollten zur Abwechslung endlich das Positive: ist Ihnen bekannt, in wie vielen Gestalten das Gute auftritt auf dieser müden
Erde: schauen Sie nur auf die Fußballmannschaft Eintracht Frankfurt zum Beispiel, wie die den drohenden Abstieg verhinderte in
der letzten Saison: da wuchs das Rettende auch, allein durch die
veränderte Taktik: *Wir decken den RAUM und nicht mehr den
MANN* –

Können Sie ermessen, was für eine Revolution das war, meine Dame, Mitte der siebziger Jahre übernimmt der Trainer Lorant in aller subversiven Heimlichkeit die Taktik der Roten Armee Fraktion: *Der Gegner wird nur noch an den wichtigsten Punkten des Spielfeldes angegriffen:* und führt damit die Eintracht aus der Krise und revolutioniert unter dem Beifall von BILD, FR und FAZ den ganzen Bundesliga-Fußball: nach und nach folgen ihm andere Trainer, immer weniger reibt man sich auf im Kampf Mann gegen Mann: auch in dieser neuen Saison: weniger Verletzungen, mehr Tore, das Spiel wird intelligenter durch raffinierte Variationen aus Mann- und Raumdeckung, und Siege werden möglich, wenn jeder Spieler nach der Devise handelt: *Wo geschossen wird, müssen wir einen Mann mehr haben* –

Die Wende im Fußball, die Wende in der Politik, und alles inspiriert von uns: aber auf gute Einfälle gibt es kein Copyright, da hätten wir uns die Banküberfälle sparen können: wir haben leider kein Konto, sind nicht zitierfähig, nicht satisfaktionsfähig, uns dankt man nicht wie dem schäbigsten Sponsor samstags in der Halbzeitpause –

Oder ging die Mannschaft der Eintracht mit im Trauerzug oder hat das Präsidium wenigstens einen Kranz geschickt? oder eine kleine Dankrede am Grab? offenbar nicht, aus Offenbach auch nicht: Undank ist der Welt, und das ist man gewöhnt als Mann von Welt, der die Welt kennt: was macht die Eintracht heute, ja heute, in der Schwarzwaldhöhenluft Entspannung vom Fußball, übermorgen auswärts gegen Düsseldorf: schaut in unsere Schriften und ihr werdet dem Abstieg entrinnen: wir grüßen alle Kämpfer der Welt bis hin zu den Zeugen Jehovas –

Darauf einen Dujardin: Ich trinke Jägermeister, weil aus Anlaß des festlichen Trauertages die Sektkellereien nicht nur zwei Führungen, sondern heute sechs anbieten, die letzte um 18.30 Uhr, das können Sie noch schaffen ohne Eile: 100 Millionen Flaschen werden allein im Rheingau pro Jahr produziert, und mindestens eine Flasche wartet auf Sie: und bitte grüßen Sie die Sektrüttelmaschinen in der Grabestiefe der Keller: es gibt noch was zu feiern heute –

Oder kommen die Herrschaften, die das Gute und keinen Terror wollen und mit Teekleid resp. Krawatte sich nicht lumpen lassen, bitte hier herüber ins Casino: die Spielbank erwartet Sie, *The casino offers more than its name says:* mit fünf Mark kann das kleine Spiel mit dem großen Glück beginnen, immer heran, meine Herrschaften, an *die alte Pracht, die Kaiser und Könige begeisterte,* und Spieler sind wir doch alle –

Aber vergessen Sie nicht, daß es Sigurd Nagel ist, der Ihnen Abwechslung gönnt und sogar das einmalige Naturerlebnis verschafft: Aufstieg eines Adlers, durch Drehen und Wenden, durch Heben und Senken des Schwanzes sich steuernd, so hebt der sich dem Wind entgegen, höher und höher in die Reviere am Rhein: *er raubt, weil er muß, aber er kennt nicht die Mordlust des Habichts:* in ruhig schönem Flug, minutenlang ohne einen einzigen Flügelschlag, bis er dem Auge entschwindet –

41 **Auf dem Revier** ließen sie mich erst mal eine halbe Stunde warten, allein. Nachdem ich mir eine Gesprächsstrategie überlegt hatte, war Zeit für die Neuigkeiten aus der Hölle.

Dort sei es nicht heiß, behaupteten die Zeugen Jehovas, weil alle Geschichten vom Fegefeuer aus vorchristlichen Mythen und Religionen stammten und aus der Bibel nicht zu belegen seien. Eine Hölle gebe es nicht, werde es nicht geben, folglich könne es dort auch nicht heiß sein. Trotz der enttäuschenden Beweisführung war ich beruhigt.

Dann wurde ich zu einem Mann ohne Uniform geführt, der sich als Herr Klein vorstellte. Neben ihm ein Assistent namens Kiesliowski oder so ähnlich.

«Wir haben eine Reisetasche gefunden», sagte er und zog meine Tasche hinter seinem Schreibtisch hervor, «ist das vielleicht Ihre?»

Es war meine, ich gab es sofort zu: «Aber die hab ich im Schließfach am Bahnhof abgestellt.»

«Kann sein. Sie wurde im Park am Bahnhof gefunden.»

«Hat jemand das Schließfach aufgebrochen?»

«Wir werden das prüfen.»

Als ich die Nummer vom Schlüssel ablesen wollte, fand ich den nicht, suchte alle Taschen durch, vergeblich. Das war der erste Schreck.

«Das macht die Sache nicht einfacher», drohte Klein und schickte den Assistenten ins Nebenzimmer.

Ich verlangte die Tasche zurück, wollte gehen. Da behauptete er, einen «kleinen Fund» darin gemacht zu haben und drängte mich zu einem Geständnis. Als ich fragte, erhielt ich keine Antwort. Als ich nichts zu sagen wußte, sagte er:

«Sie haben es doch nicht nötig zu leugnen, Herr Professor. Ich geb Ihnen trotzdem die Chance, ein bißchen nachzudenken.»

Ich war entschlossen: meine Notizen über Verbrecher und die Falcke-Fragen gehen ihn nichts an – und wenn, dann muß er die Rede darauf bringen.

Der Assistent kam wieder und meldete, der Bahnpolizei sei kein aufgebrochenes Schließfach bekannt. Ich wurde ungeduldig.

«Ganz normales Reisegepäck, was wollen Sie damit? Oder meinen Sie die italienische Zahnpasta?»

«Na, muß ich Sie erst mit der Nase darauf stoßen?» sagte Klein und klappte den Waschbeutel weit auf.

Da lag eine hellblaue Seifendose, die nicht meine war. Er öffnete sie vorsichtig: graubraunes, körniges Pulver in Plastik verpackt.

«Gute Ware, wie es scheint, rund 50 Gramm, da hätten Sie sich auch einen Ersterklasseflug leisten können.»

«Was ist das?»

«Immer noch keine Ahnung?»

«Lassen Sie die Witze!»

«Langsam, Herr Professor, das ist ein Marktwert von 30 bis 50 000, da wollen wir nicht von Witzen reden.»

«50 000 Lire?»

«Gut gespielt, aber wir rechnen bei uns in Mark.»

Ich versuchte zu lachen: «Für wie blöd halten Sie mich?»

Er lobte meine Intelligenz und mein gutes Deutsch. Ich redete in immer schlechterem Deutsch drauflos, um die alberne Lüge abzuschütteln. Aber es nützte alles nichts. Er bestand darauf, die Polizei habe das Zeug in meiner Tasche gefunden. Ich fragte nach Beweisen. Er verwies auf die Beamten als Zeugen. Ich fragte nach Fingerabdrücken auf der Dose, ob da meine drauf wären?

Das war dumm. Er wollte das klären, sie nahmen meine Fingerabdrücke. Dann mußte ich fast eine Stunde warten, bis sie ein vorläufiges Ergebnis brachten: Keine verwertbaren Spuren.

«Also kein Beweis, sehen Sie», sagte ich.

«Können Sie das Gegenteil beweisen? Sie fassen die heiße Ware natürlich nur mit Handschuhen an. Sie bringen Ihre Tasche hierher mit dem Heroin, geben dann einem andern Dealer den Schließfachschlüssel, der holt die Tasche und versteckt sie in den Herbert-Anlagen am Bahnhof, in den Büschen beim Denkmal von Zeus und Europa, wo sie der Dritte im Bunde abholen soll, aber auf den haben wir schon ein Auge geworfen und kommen so einer höchst interessanten Italia-Connection auf die Spur. Aber jetzt sagen Sie bitte noch, wie der Mann heißt – oder wars eine Frau, der Sie den Schlüssel gegeben haben?»

Ich sagte: «Ich will einen Anwalt sprechen.»

42 **Draußen schwirren Tausende** von Kollegen durchs Land, ausgeschwärmt wie jeden Tag, unermüdlich auf der Suche nach Tätern und trächtigen Beweisen, unauffällig in der Höhe der Luft, auf der Überholspur, auf schnellen Schienen beweglich, hungrig auf den Erfolg. Bernhard Schäfer weiß sie lautlos tänzelnd auf ihren Beobachtungsposten, in versteckten Quartieren, an Funkgeräten, beim Laden der Waffe, zivil getarnt pirschen sie dahin, wo das Verbrechen zu suchen ist. Mit väterlicher Zuneigung sieht er den Männern der sechzehn Spezialgruppen zu, angesetzt auf die sechzehn Meistgesuchten, manchmal beneidet er sie, immer dicht an der erhebenden Gefahr, will sie begleiten, ihnen nah sein, einer dieser Gruppen beistehen («Rücken stärken, bester Motivationsschub Zuspruch vom Chef»), nah am Schweißgeruch des Gegners, draußen.

Der Wunsch wird stärker. Obwohl er für heute genug hat von

den Bildgeräten, meint er plötzlich, dort eine neue, eine entscheidende Spur zu riechen, die sofortigen Einsatz erfordert – eine schwungvolle Drehung aus dem Sessel, ein paar Schritte zu den Terminals in der Ecke, ein härterer Stuhl, schon liegt der Finger auf dem Schalter ON.

Frau Dornhauser steht in der Tür und sagt: «Bis morgen!» Frau Reim meldet sich zum Schichtbeginn. Sie entschuldigt die Verspätung, überall Umleitungen, Absperrungen, Menschenmassen, sie sei fast eine Stunde unterwegs gewesen von Erbenheim. Ob er Wünsche habe?

«Nein.»

Die Nähe läßt sich herstellen, die Spur eingrenzen, das Jagdgelände überschauen, der Geruch simulieren. Ein kurzer Piepton, die Geräte in Ordnung. In wenigen Sekunden kann Schäfer auf dem Informationsstand sein, den die Terroristenjäger untereinander haben und jederzeit abrufen und ergänzen, der oberste Chef zehrt vom gleichen Informationsfutter wie seine Fahnder. Vor dem Magnetspeicher sind alle Beamten gleich, der Magnet zieht sie alle an, stößt sie ab, zieht sie hinaus. Schäfer gibt seine Codezahl ein, die Fingerkuppen flink auf den Tasten des Keyboards, es öffnen sich alle Sperren, und er steigt in die kleinste Datei, den intimen Zirkel von über 1000 Personen mit ihren 6000 Kontaktpersonen. Er begrüßt die gesuchten Täter und die möglichen Täter der nächsten Generation, besichtigt das große Nest aller Mutmaßlichen. Hier sitzen sie konspirativ gemütlich beieinander im Versteck, brüten an ihren Racheplänen und sind schon dingfest gemacht, ertappt mit ihren unveränderlichen Kennzeichen und veränderlichen Gewohnheiten. Hier wird die Karriere künftiger Täter schon gewürdigt, noch ehe die sich zu ihrer Tat entschlossen haben.

Schäfer gibt ein Suchwort ein und erfährt, wann der Verdächtige Fanselow Jürgen zuletzt eine Wohnung gemietet oder einen erfaßten Anwalt besucht hat, wann einen Lufthansa-Flugschein gekauft und die Grenze nach Luxemburg überschritten. Stimmprofil, Blutgruppe, Gebiß und andere Eigenheiten dieses Fanselow könnte er rasch noch registrieren, aber er ist nicht Zielfahnder, der alles über seinen Mann wissen muß bis zur bevorzugten Seifen-marke und dem Charakteristikum Naß- oder Trockenrasierer. Er hat es auf den nicht abgesehen. Er braucht nur eine Person, wie zufällig herausgegriffen, um sie abzuklopfen auf unscheinbare Auffälligkeiten, auf unentdeckte Details für die allgemeinen Fahn-dungsüberlegungen.

Was da gesammelt ist, dient ihm zur Anregung, zur Inspiration, denn immer wenn er neue Ansätze sucht, muß er erst einmal ir-gendwo eintauchen in das Material, das hinter dem flimmernden Schirm ausgebreitet und unten im klimatisierten Computersaal ge-lagert ist, auf endlosen Rollen gespeichert und in Speichern hinter den Speichern. So streift er durch seine Sammlung, hier verwendet er als Beamter ungeniert das besitzanzeigende Fürwort, seine Idee, sein Konzept, sein Erfolg, auch wenn viele hundert Programmie-rer und Sachbearbeiter ständig daran arbeiten und den Schatz in jeder Minute des Tages und der Nacht vergrößern, die beste, die perfekteste Sammlung dieser Art in der Welt. Die Streifzüge durch die Daten, die er täglich einmal in einer freien halben Stunde unter-nimmt, machen ihn zufrieden und angriffslustig. Millionen Daten strömen über die schwarzgrünen Schirme, abrufbar in jeder Poli-zeistation und an den Grenzübergangsstellen, in Flughäfen und Bahnhöfen, in Hubschraubern und Funkstreifenwagen, millio-nenmal Größe, Augenfarbe, Kennzeichen, alles teilen die Bild-schirme den fahrenden und fliegenden und sitzenden Polizisten mit, und alles öffnet sich dem Amtschef Schäfer, wenn er ÖFF-NEN befiehlt, bequem zurückgelehnt in der schöpferischen Ecke seines Büros.

Er läßt die Finger über die Tasten gleiten, setzt wie am Roulette-tisch auf bestimmte Kombinationen von Zahlen und Farben und Feldern, ruft wie ein erfahrener Spieler Namen und Kennzeichen ab, überlegt blitzschnell, eine Liste aller 25jährigen Frauen mit graublauen Augen ausdrucken zu lassen, die im Vorjahr eine Mi-noxkamera gekauft haben, oder aller Männer zwischen 25 und 35, die nach einigen Semestern Soziologie auf Informatik umgestiegen sind und häufig die Grenzen nach Italien passieren, doch solche Kombinationen interessieren ihn jetzt weniger, daran arbeiten die

Experten in den unteren Etagen. Was er sucht, sind nicht die bekannten Namen und Zusammenhänge, was er immer heftiger sucht, ist das schöne Gefühl, Herr der Lage zu sein, das tragende Element der Millionen Datenpartikel zu spüren und oben zu schwimmen, mit kontrollierten Bewegungen den Strom zu teilen, gegen ihn oder treibend, im Spurt oder entspannt, ihn zu messen mit allen Regeln der Kunst, und mittendrin den eigenen Herzschlag zu spüren und den Herzschlag der Gesellschaft, den Puls, den Kreislauf. Er liebt die grenzenlose Bewegungsfreiheit zwischen all den Tätern und potentiellen Tätern, die Fülle der Möglichkeiten künftiger Verbrechen, und er kann spielen mit diesen tausend Möglichkeiten auf schöpferische Weise, kann den Einsatz steigern und Staatsfeinde, Verfassungsfeinde, Wachstumsgegner, Demonstranten mit ihrem kriminellen Potential erfassen und zusammenwerfen, durch die Raster der Indizien jagen, sortieren, einkreisen, stellen.

Er lebt auf im Genuß des Wiedererkennens, ein Sammler, der nach langer Abwesenheit wiedereintaucht in die Ordnung seiner Schätze, in Sekundenschnelle alle Namen und Kennzeichen neu gruppiert und stets die Übersicht behält. Doch es ist mehr als ein bloßes Hochgefühl, das ihn rührt und anzieht und am Gerät festhält. In der Summe dieser niemals auszuschöpfenden Daten, Namen, Möglichkeiten liegt eine Befriedigung, die tiefer geht, tief hinter die grüngestreifte Schwärze des Bildschirms, tief hinab in die Gewißheit, daß alle Erkenntnisse endlich gereinigt sind von Emotionen, Zufällen und Willkür. Tausend Erfahrungen eines jungen Menschen zusammengeschmolzen in den Halbsatz eines Paragraphen, jede winzige Handlung eines Erfaßten, jede registrierte Abweichung auf Strafbarkeit und Verdacht hin gedeutet, so sind endlich die Motive keine Ausrede mehr und alle Spuren des Subjektiven getilgt und münden auf dem Wege der Programmierkunst des Janeinjaneinjanein direkt in Beweise und Befehle.

Das ist Schäfers tiefste Befriedigung, und er möchte seinen Triumph gern offen zeigen vor all diesen namenlosen Namen, alphabetisch aufgereiht, geordnet, unterwürfig im Raster des Polizei-Alphabets schon gebrochen, auf Formeln zerkleinert, zerhäckselt zu brauchbaren Datenbits, zerstückelt in die auffälligsten Äußerlichkeiten, Namen und Namen und Namen, die an ihm vorbeiziehen wie sie in die Akten geglitten, durch Ermittlungsverfahren gestreift, von Zeugen, Observierern und Agenten beobachtet sind, Namen und Namen, Kosenamen und Falschnamen, Geburtsurkundennamen und Grabsteinnamen, und Schäfer hätte ihnen gern alles gezeigt und gesagt: seht her, ihr seid überführt, gebt auf! So redet er leise mit ihnen, hinter dem Bildschirm sind sie zusammengekabelt, aufeinandergestapelt: gebt auf! Hier sind sie zwischengelagert, die Gesuchten, die Verdächtigen, hinter der Trennscheibe im elektronisch gesteuerten Blick: gebt auf, wir haben euch! Hier stehen sie noch einmal auf, ehe sie ins Verhör genommen, in die Gefängnisse geschubst, in die Flucht gejagt oder in Friedhofserde versenkt werden, hier sind sie noch einmal alle beisammen, die Gruppe und ihr Umfeld und das Umfeld des Umfelds einträchtig in strengster Ordnung nach dem Alphabet und dem Grad der Terroranfälligkeit vereint in der Schwärze des Bildschirms: gebt auf, wir haben euch doch schon alle, gebt auf!

Namen und Namen und Namen, die Augen lesen schon nicht mehr mit, nur die Fingerspitzen lesen, tasten die Buchstaben hinter den Namen ab, und was auf dem Schirm leuchtet, sind mehr als Zeilen, es ist ein weiter ungeheurer Raum von unendlich vielen Richtungen, in dem die Stichwörter, Ziffern und Verweise nicht aufeinander folgen, sondern in strenger Verkreuzung einander überdecken und mehr als Stichwörter, Ziffern, Verweise sind, ein vieldimensionales Netz, ein Gerüst, ein in alle Räume ausgreifendes, von Minute zu Minute wachsendes Gebäude, in dem die Täter, weil sie nicht aufgeben wollen, schon wie Opfer geborgen sind, auf Zeilen, Balken, Stahlträgern in allen Etagen starr ausgestreckt, manchmal noch zuckend, schon mehr dem Tod als dem Leben zugewandt, und jeder Tote wird ersetzt durch zehn Verdächtige aus dieser oder der nächsten Datei, und der am Bildschirm alles überblickt, flüstert weiter mit ihnen und redet allen gut zu.

Lautlos fließen Ziffern und Buchstaben und Codezeichen an ihm vorbei, die auf Kampf gestutzte Intelligenz, das zum Krieg

geronnene Leben, zu hören ist nur das Klacken der Tasten, angetippt von den Kuppen dicklicher Finger, lautlos rücken ihm die
Menschen und ihre Sünden entgegen, und stummen Blicks über-
brückt er die Abstände zu seiner Kundschaft, den Gesuchten, den
Gegnern, den Verdächtigen. Er zaubert sie mit Strom, Silizium
und Magneten vor sein Gesicht und genießt die unbemerkten Spa-
ziergänge zwischen ihnen, und obwohl er sich kaum für einen Namen im einzelnen interessiert und nur wenige der Aufgerufenen
kennt, beruhigt es ihn, daß sie alle da sind, daß niemand verloren-
geht, daß er sie streicheln oder strafen kann mit seiner Aufmerksamkeit wie ein Gott. Er schwebt über ihnen, er dirigiert sie und ist
gleichzeitig mitten unter ihnen, aber dann ist ihm wieder, als
werde er mitgezogen von diesem lautlosen Fluß, als bewege er sich
nicht mehr mit eigenen Kräften, sondern werde hineingerissen in
die schwarzen Strudel der immer namenloseren Namen, als löse
sich das rechteckige Bild auf und der Plastikrahmen der Maschine
vor seinen Augen.

Er bewegt sich nicht, aber es zieht ihn weiter fort. Er weiß nicht
mehr, wonach er fahndet. Er nimmt die Hände vom Keyboard
und greift nach dem beigegrauen Computerkasten, spürt die
Wärme des Geräts, Betriebstemperatur normal, die haarfein gerif-
felte Plastikhaut ist angenehm für die Finger. Mit dem Gesicht
geht er nah an den Bildschirm heran, sieht im Spiegel den Spiegel,
sieht sich, und obwohl er fest auf seinem Bürostuhl sitzt, kippt er
noch einmal hinein in den vielversprechenden Schlund, läßt sich
fortziehen in die Wellen der Daten, hinein in die Millionen Gewiß-
heiten, die in ihrer summierten, gehäuften Faktenstrenge nach
einem Lidschlag plötzlich wieder alles ungewiß machen, wenn alles wacklig wird, sichere Fakten wie Fragen aussehen und aus den
geraden Zeilenlinien Strudel werden, der Sog des Warumwieso-
weshalb.

Dahin will er nicht, dafür ist er nicht zuständig als Polizist, da
gibt es Not, Verzweiflung, die bösen edlen Motive, all der Müll
und Dreck und Schlamm dessen, was vor der Tat liegt oder vor
dem Verdacht. Das will er nicht sehen, nicht genau, damit kann er
sich nicht auch noch beschäftigen, in den Eingeweiden der Gesell-

schaft, im Halbverdauten, im Schleim, in Wülsten und Säuren, im Kot stochern und deuten, warum in dem funktionierenden gesellschaftlichen Organismus, der alles frißt und alles verdaut, trotz Wohlstand und Sozialstaat immer neu die Lüsternheit auf Verbrechen aufbricht, die Geilheit auf Mord und Brand, die Sucht zu zerstören und nein zu sagen, die Neigung zum ewigen Luxus der Aggressionen.

Einmal angefangen, den fein verästelten kriminellen Energien nachzuspüren, den winzigen Übergängen zum Destruktiven, gleitet Schäfer aus, plötzlich sind Ursachen, Motive, Schuld nicht mehr zu entwirren, und er fühlt seine schwache Seite und schnauft minutenlang, um den Schrecken loszuwerden über das kriminelle Potential der ganzen Gesellschaft, das sich so schwer erfassen läßt und nur teilweise erfaßt ist, bis hinauf zu den milderen Schrecken über die legalkriminelle Energie von Großverdienern, Politikern, Funktionären bis zu Polizisten, Richtern, Händlern. Einmal unter den Teppich geschaut, helfen die juristischen Begriffe nicht mehr, den Gedanken zu vertreiben: fast alle sind kriminell oder doch auf dem Sprung dahin. Alles Gespeicherte, Gesicherte zerbröselt, wenn man allzu genau hinsieht, alle Paragraphen heben sich gegenseitig auf, und dann bleibt nur die Frage, was bleibt übrig, wer bleibt übrig? Dann bleibt Bernhard Schäfer übrig, als sei er in seinem gesicherten Bau, geschützt vor den Abgründen der bösen Welt, das letzte aufrichtige Subjekt, vor allen Versuchungen bewahrt, der einzige Mensch, der nicht in diesen Speichern gefangen ist oder gefangen werden kann.

Auf einmal geben seine Finger den Namen Schäfer Bernhard in die Datei ein, er merkt es noch rechtzeitig, löscht den Namen, vertreibt die lächerlichen Gedanken. Er weiß, daß er nicht alleine kämpft, daß es noch genug Kollegen um ihn herum gibt, auf die man zählen kann. Aber er weiß auch, wie viele Polizisten anfällig sind für die kriminellen Bazillen, die überall in den Revieren lauern, die kleinen Bereicherungen, Bestechungen, Eigenmächtigkeiten, und das ist nur das schmalste Feld. Er weiß, was für Akten und Dateien man über so viele Politiker anlegen könnte, wenn man nur wollte oder den Auftrag hätte, weiß, wie in den noblen Kreisen über Paragraphen gekichert wird, wenn die Aussicht auf größere Gewinnmitnahmen lockt. Dies Wissen macht ihn einsam, und Traumbilder drängen vor, gegen die er sich wehrt, lauter gutgekleidete Herren, die lachen ihn aus und brüllen ihn an, sie sind in seinen Datensystemen nicht zu finden, er ihr Gefangener, er steht am Pranger und ist gleichzeitig ihr Richter, er ist abhängig von ihnen und hat über sie alle zu wachen, er ist der einzige, der unbescholten übrigbleibt, der sich nicht legalkriminell oder illegal bereichert, sich keine Vorteile verschafft und trotzdem im Gefängnis sitzt wie ein Engel im Nachthemd! Nein!

Er steigt aus dem Datenfluß auf, noch einmal zeigen die Namen die Fratze, die Ziffern zischen wie Schlangen, ein Tastendruck, und sie verschwinden in den Löchern. Schäfer wühlt sich durch das Gestrüpp der leuchtenden Zeichen wieder nach oben, kehrt zurück zu dem, was benennbar, meßbar, datierbar ist, das Haltbare im unbestechlichen, wachsenden Gedächtnis, die Beobachtung, die Fahndung, der eindeutige Polizeiauftrag: ermittelt wird immer nach dem schwersten Delikt. Er seufzt, die Phase der Inspiration geht zu Ende, ohne Ergebnis. Ruhig liegen die Hände auf der Tastatur, er spürt die Schweißtropfen auf der Stirn, drückt OFF, steht auf und greift aus dem Kühlfach im Wandschrank die Flasche Mineralwasser, abgefüllt in der Eifel, und trinkt sie leer.

43Ich kanns mir leisten, ich denke positiv: ein Blick in die pulsierende City, und schon zerfällt das große Jammern über Gefangenschaft, Folter, Tod in kichernde Einzelteile: DAS JA ZUR TRAUER IST DAS JA ZUM LEBEN: die Vorposten des Bestattungsgewerbes kämpfen mitten in der Fußgängerzone um Kundschaft, auch Sarg- und Urnenhändler brauchen ein attraktives Image: die letzte Station erinnert daran, wie schön die vorletzte war: also gib nicht so an damit, wie dir das Blut gestockt hat, das Herz sich gewunden auf den Streckbänken der Mehrzweckhalle: das Ja zum Leben bitte schön in tausend Stimmen um dich herum –

Warum das Ernste so ernst, warum nicht noch einmal in gelöster Haltung vor den schwarzen Gestalten sitzen und einen Strafprozeß auf zivile Weise führen: und ohne den Streß, die Volljuristen pausenlos anzumachen: ruhig und zivil das Ja zum Leben trotz der Erinnerung an den Horror, an die Ratten: die Einsamkeit mitten in der dunklen Maschine, das Zucken und Zappeln, die Nadeln im Fleisch unter künstlichem Licht: bleich geworden vor der Einheitsfront in gebieterischem Schwarz, die dunkel glänzende Überheblichkeit der unberührbaren Talare: damit sie besser zum Tragen kommt, die Wahrheit, und nichts als die Wahrheit: die Trauer, die mit der Strafe erzeugt wird, gleich mit abgedeckt, eingewickelt und weitergereicht an den Pastor, der den Talar braucht in der Friedhofskapelle: so weit sind wir noch nicht: herzliches Beileid, daß über Ihren Kopf verhandelt wird nach Recht und Gesetz: herzliches Beileid, daß Sie dreifach in die schwarze Zange genommen werden: vom Hohen Gericht, von den höchsten Anklägern und von dem lässig, widerwillig oder opportunistisch angenommenen Schwarz deiner Verteidiger: wo sind wir denn hier, im Namen des Volkes –

Das zeigt nur, Herr Nagel, daß Sie immer noch nichts begriffen haben von der Aufgabe der Justiz in einer demokratischen Gesellschaft –

Die Stimme –

Die Ordnung der Strafprozesse wird Ihnen nicht passen, aber –

Die Stimme –

Sie werden ja wohl nicht erwartet haben, daß Ihre Taten ohne jede juristische Würdigung bleiben und daß Sie selbst nicht eines Tages vor den Schranken –

Die Stimme –

Mörder ist, wer aus Mordlust

Der Kostümzwang als Aufforderung zur Heiterkeit, was haben die Herren zu verstecken hinter dem schwarzen Tuch, haben die sich jemals einer Leibesvisitation unterzogen: der Zwang der Farben, die Zange zwischen den in die Schwärze verkrochenen Gestalten und ihren Büchern mit den roten Umschlägen: die Farbe des Anarchismus mit Fug und Recht auch hier: Rot und Schwarz, und was dazwischen liegt ist bis ins Komma, bis in die Ganglien, bis ins harmlose Rascheln der Blätter verdächtig: was dazwischen sitzt wie ein Mensch, wird gedrückt, gequetscht in die Paragraphenzangen nach Maßgabe der Geschäftsverteilungspläne, Terminpläne und Planstellenpläne: die Gewißheit, schon verloren zu sein, wenn einer aufsteht und der weite Ärmel der schwarzen Robe durch die Luft fährt –

Die Stimme: ach, so wehleidig wieder? Sie wissen genau, daß Sie ein Täter sind und wir in aller Sachlichkeit und Punkt für Punkt –

Mörder ist, wer aus niedrigen Beweggründen

Fühlen Sie sich eigentlich als Mörder, Herr Nagel?

Die Stimme –

Und wie fühlen Sie sich, wenn Sie sich nicht als Mörder sehen?

Die Stimme –

Ja, wen trifft man nicht alles in der Fußgängerzone, und schräg gegenüber vom Bestattungsinstitut –

Habe die Ehre, Herr Vorsitzender –

Und der wieder launig, wie Richter Dr. Monz persönlich:

Und mitten auf der Langgasse, Herr Nagel, lange nicht gesehen, wie geht es Ihnen, speziell heute, an Ihrem Ehrentag?

So gut wie nie, Herr Vorsitzender, an solch einem Tag lernt man die Fußgängerzonen lieben, das Flanieren zwischen Karstadt und Woolworth, da lernt man die Schaufensterpuppen lieben, die als einzige noch nicht begriffen haben, was für ein Kampf das Leben ist: um Millimeter, und wenn es gut war, sind es Zentimeter gewesen –

Ach, schon wieder so melancholisch, Herr Nagel?

Das hab ich gefürchtet oder mit letzten Kräften gehofft, daß mir der noch einmal über den Weg läuft: mein Vorsitzender Richter, auf zwei Beinen und ohne den konspirativen Talar, in der Kurstadt beim Kurzurlaub: das Hohe Gericht in Person –

Habe gerade vernommen, was die Gerippe verkünden: das Ja zum Leben –

Sehen Sie, Nagel, es ist mehr Lebensweisheit unter den Massen, wie Sie zu sagen pflegen, als Sie immer denken: finden Sie sich endlich ab mit den kleinen Gebrechen der Menschen, ich hab mich auch damit abzufinden, blind zu sein, wenn ich die Waage halte: entspannen Sie sich, kommen Sie ins Bad, da drüben das weltberühmte Kaiser-Friedrich-Bad, das dürfen Sie nicht verpassen, wenn Sie einmal hier sind, das ist wie Hamburg ohne St. Pauli, Paris ohne Eiffelturm, Berlin ohne Mauer, kommen Sie! –

Schon schleift er mich wie in Handschellen auf die andere Straßenseite hinüber, und eine halbe Minute später ist eine Entscheidung zu fällen, die nicht anfechtbar sein soll von höheren Instanzen: Kneipp-Anwendungen, Massagen, Elektrotherapie, Inhalationen, das lassen wir alles mal weg, keinen Streß mehr bitte vor dem gleitenden Abgang in die Mutter Erde –

Jetzt ist die große Entspannung fällig: der Richter weiß, was Straftäter wünschen, Ruhe und ein Gewissen dazu, und schlägt dem Angeklagten den Tatort vor: Sauna plus römisch-irisches Bad –

Und der stimmt zu, schon um das Verfahren zu beschleunigen –

Kooperativ war ich immer, ihr habt es nur nicht gemerkt –

Ach, lassen Sie die alten Vorwürfe und Vorurteile, Nagel, kommen Sie! und er zahlt für mich inclusive Bademantel, Badeschuhe und Mehrwertsteuer, als hätte er niemals einen Befangenheitsantrag abgelehnt –

In der Umkleidekabine schon die Pracht des Jugendstils, die satt geschwungenen Blätter auf den Kacheln, eh der Weltkrieg aus den Fugen kracht: ein letztes Zögern, die Dreckklamotten zu verlassen und sich den verstohlenen Blicken und dem frischen Frotteezeug auszuliefern: der Kaiser ist nackt: und mein Richter erst recht, der große Dr. Monz aus der Mehrzweckhalle bewegt sich zwischen Majolikakachelwänden und dem sonnenbankfesten Fleisch des Personals wie ein Stammgast: aber ich merke, wie er sich meinetwegen bewegt, als wolle er einmal so richtig den Zivilen heraushängen lassen: wir sind doch alle nur Menschen: nach all den endlosen Gerichtsstunden im ergründlichen Schwarz nun die weiße, verblassende Haut gerötet vom gelinden Erschrecken, der kleine Bauch und die Falten im Hintern und dazu das brillenlose Gesicht eines alten Vogels, das mir sagen will: sieh nur her, ich hab nichts zu verbergen vor dir, meine Weste ist weiß, mein Gemächt noch vorzeigbar, mein Herz ist rein, soll niemand drin wohnen als: ja wer, das wüßte man doch gern als Angeklagter, was der Mann liebt außer Recht und Gesetz und Gehalt –

Mörder ist, wer zur Befriedigung des Geschlechtstriebs

Nebeneinander sitzend schwitzen wir auf den Brettern der Trockensauna, plötzlich faßt er mit dem rechten Daumen und Zeigefinger die Haut seines linken Arms und lacht –

Ja, meine Haut ist noch nicht abgezogen, sagt er –

Und ich denke, als Meister des Verdachts kann er gut Gedanken lesen –

Sie kennen die Sage des Richters Sisamnes?

Nein –

Jetzt kommt der mir auch noch mit Bildung –

Verzeihung, aber die Geschichte wird Sie interessieren, Herr Nagel: im alten Perserreich gab es einen Richter, der hatte zwar den schönen Namen Sisamnes, aber er ließ sich bestechen wie keiner vor ihm, ein äußerst ungerechter Bursche, ein abschreckendes Beispiel unserer Zunft, aber die Strafe kam auch für ihn, der Perserkönig Kambyses ließ ihm nämlich die Haut abziehen, und nicht nur das, die Haut wurde getrocknet und über dem Richterstuhl aufgespannt, auf dem der nächste Richter zu sitzen hatte, sein Name Otantes, ganz nebenbei der Sohn des Sisamnes, eine ständige Ermahnung, gerecht zu richten: und die Geschichte wäre vielleicht längst vergessen, wenn Lucas Cranach nicht ein Gemälde daraus gemacht hätte mit sehr eindrucksvoll herabhängenden Hautstücken über dem Richter: ja, das ist ein Bild, das Ihnen schmeckt, Nagel, ich weiß –

Immer ihn reden lassen, reden lassen –

Aber ich nehme lieber Handtuch und Bürste, um mich zu häuten, die Haut auszutauschen alle paar Jahre, haha!

Immer ihn lachen lassen, lachen lassen –

Die Schweißfelder wachsen, und Dr. Monz grüßt einen dicken Herrn, und ich schwitze und halte es nicht mehr lang aus, und Monz immer munter –

Richtig, Nagel, ein Kollege, was meinen Sie, wo man am meisten Kollegen ohne Talar trifft und wo Prozeßgegner und Parteien in der Person von Anwälten, Anklägern oder Richtern ihre kleinen intimen Begegnungen und Gespräche haben, nein, nicht auf dem Juristenball, da sind wir zu viele, nicht im Rotary, da sind wir zu wenige, nicht beim Tennis oder Golf, nein, in der Sauna werden die wichtigsten Nebengespräche geführt: noch ein Aufguß gefällig?

Nein, es ist genug, genug geschwitzt bei 90 Grad: der Schock im Eiswasserbecken, Hilfe, ich lebe noch –

Der Prozeß wird fortgesetzt –

Mörder ist, wer aus Habgier

Strafprozeß, Schauprozeß, Hexenprozeß, das ist Ihr Klischee von einem halbwegs vernünftigen Rechtssystem, großer Sigurd: Ihre Schwäche ist, daß Sie alles in moralischen Kategorien sehen, Sie entmutigen sich selbst mit Ihrer Moral: der Prozeß wird fortgesetzt, also kommen Sie nicht immer mit Ihrer ausgeleierten Vietnammoral, 46000 tote Amerikaner, zugegeben, aber die doppelte Zahl Menschen kam ungefähr im gleichen Zeitraum an der Heimatfront durch Messer, Gewehre und Pistolen um: haben Sie dagegen mal protestiert? na, sehen Sie, Sie sind ja selber so ein Pistolero an der Heimatfront: also bleiben Sie ganz ruhig, vergessen Sie, was gewesen ist, Nagel, Altersprozeß, Fäulnisprozeß, Zerfallsprozeß: das ist Ihre Perspektive, mit Verlaub: oder haben Sie einen Herzschrittmacher? na bitte: aber kommen Sie mit, die Erholung im römisch-irischen Bad wird Ihnen guttun –

Soll ich ihm da noch die Zahl der toten Vietnamesen zuflüstern –

Dunkle, braungrüne Kacheln, und das Wasser kommt aus der Adlerquelle mit 64 Grad, da freut sich der Römer, da freut sich der Ire, Kaiser Friedrich und Dr. Monz und sein Angeklagter freuen sich: vor dem Wasser sind wir alle gleich, wir alle gespeist und genährt und gewaschen und getragen –

Getauft im Namen der Löwen, die das Wasser durch ihren Mund weit ins Becken pissen –

An der Quelle ich: aufgeklärt über den Feind, der mir im Rücken lauert: das geht nicht gut aus, Sigurd –

Mörder ist, wer heimtückisch oder grausam oder mit gemeinge-

fährlichen Mitteln oder um eine andere Straftat zu ermöglichen
oder zu verdecken, einen Menschen tötet

Ich schwimme und überlege, was ich den Getöteten weiter oben
in den Himmelsteichen sagen werde und was mein Schlußwort
sein könnte zum Jahrhundertprozeß, zu meinem Richter, zum
nackten diensteifrigen Richter, wenn ich ein König und Redner
wäre und einmal alles sagen dürfte, das Urteil des Kambyses gegen
Sisamnes oder wie er hieß: wenn es so einfach wäre mit der Be-
stechlichkeit bei Dr. Monz, der mir das Handtuch reicht wie ein
Diener: soll ich ihm vorhalten, gegen wen er keine Prozesse geführt hat, welche Mörder von Maidanek oder Ingelheim oder
Stuttgart und so weiter er hat laufenlassen dank Gerichtsstand,
Geschäftsverteilungsplan und dank des Schlafs der Staatsanwalt-
schaften: *glücklich ist –*

Wer mich zum Feind hat –

Welche geheimen Verbrechen hat der auf dem Buckel, die er in
einer Turn- und Mehrzweckhalle mit einer juristischen Ruhmestat
ummänteln muß –

Auch er kann sich nicht in Unschuld baden, Monz, auch wenn
er nun in die Dampfsauna rennt und blind im Wasserdampf im
Namen des Volkes sich Gerechtigkeit ausdenkt und Schweißperlen sammelt, und meinen kurzen Prozeß wieder in die Länge
zieht –

der Mörder wird mit lebenslanger Freiheitsstrafe bestraft,
Punkt –

Lebenslänglich –

So bleibt er ein Held und ich erst recht: wenn das keine Liebeserklärung ist –

Mein Ja zum Leben, da ist es wieder: ihr trauert um mich, und
ich um euch –

Im Auftrieb des Schwimmens in diesen Minuten, die allein von
meiner inneren Uhr oder mit der Strahlungsdauer des Cäsiumatoms gemessen werden: die Stunden verschwinden in hundertstel
Sekunden, und Sekunden wuchern zu halben Tagen aus: und ich
rufe allen meinen Feinden und Richtern zu: ich liebe euch doch
alle!

Mitten im Satz immer mitten im Satz gestoppt das Band läuft
zu schnell ich wollte was zu den Erklärungen sagen diese wissenschaftlichen Erklärungen der Psychologen also diese Experten die meinen daß wir bloß unsern Eltern vorführen wollen
wie sie sich hätten verhalten sollen unter Hitler daß wir den Widerstand machen den sie nicht gemacht haben weil sie zu feige
waren und zu viel Angst um ihr Leben hatten oder die sonstigen
Ausreden die sie so haben aber dieser Widerstand dagegen daß die
Eltern keinen Widerstand gemacht haben der treibt mich doch
nicht so weit daß ich zum Beispiel ständig das Buch von diesem
Schweizer mit mir rumschleppe die Kleinkriegsanleitung für jedermann und büffle wie in der Schule wie man einen Fahrzeug-
konvoi überfällt /

Das habt ihr ja auch nicht geahnt daß ein Schweizer Offizier uns
mit seinem Handbuch alle Tricks verraten hat was man wie und
wann zu tun hat einen Posten erledigen er sagt immer erledigen der
Schweizer eine Sprengladung richtig anbringen an Häusern und
Schienen und die Feinheiten einer Straßensperre und die Manöver
um beim Kurierdienst Beobachter abzuschütteln /

Alles vom Drach gelernt Major Drach bei der Planung die
höchste Autorität in unserer autoritären Familie aber was hat es
genützt /

Ich komme durcheinander ich bin durcheinander ich schweife
ab ich will abschweifen ich hab meine Gedanken nicht zusammen
aber die Uhr läuft und ich will wenigstens das noch schaffen ich
will es nur sagen sagen ich kann es nicht begründen ich kann keine
Erklärungen ich bin die Erklärungen leid aber mir kommt es heute
so vor und das will ich noch sagen daß wir keines unsrer Ziele
erreicht haben das müssen wir zugeben nicht eines /

Was Sigurd gesagt hat oder gesagt haben soll wir müssen die
faschistische Fratze dieses Staates herausbomben ja ja was ist draus
geworden die Leute jubeln dem Kanzler zu /

Und wir sind nicht immer mehr geworden sondern immer weniger genau besehen und nach dieser ganzen Scheiße jetzt werden
wir noch weniger ich sage immer noch wir warum sage ich immer

noch wir ich hab das Gefühl ich red immer noch zu meiner family oder immer noch zu dir Henner endlich darf ich reden was ich nie durfte im ganzen letzten Jahr als könnte ich die erreichen die zwei oder drei die sich noch trauen zu fragen die manchmal Zweifel rausließen immer verschüchtert vorsichtig leise indirekt nachts zu zweit die trauen sich gar nicht mehr den Mund aufzumachen ich trau mich auch nicht ich trau mich nur heimlich und allein und weil ich sonst nichts tun kann und weil ich sonst verrückt werde hier wenn ich nicht endlich alles rauslasse was mir durch den Kopf den ganzen Stau/

Und die andern die Führung die Druckmacher die Befehlshaber die werden sowieso nichts sagen lieber ihren Heldentod den Märtyrer durchspielen als irgendwann mal zugeben daß sie Fehler gemacht haben sie ganz persönlich und sie als Gruppe und nicht nur Fehler es sind ja längst keine Fehler mehr es ist der laufende Wahnsinn/

Aber warum trau ich mich nicht zu sagen oder nun sag ich es doch der Versuch ist gescheitert es war doch ein Versuch den die Genossen vor fünf sechs sieben Jahren angefangen haben als Versuch und gesagt haben wir müssen es mal probieren Stadtguerilla weil wir anders nichts bewegen und nun ist er zu Ende der Versuch gescheitert wir schaffen das nicht die Kosten zu hoch der Aufwand zu hoch die andere Seite ist stärker und besser gerüstet und am Ende alles Mord und Totschlag und Rache Auge um Auge der Versuch ist gescheitert endgültig so muß man es doch sagen/

Aber ich weiß es ja auch nicht wenn ich jetzt endgültig sage vielleicht irre ich mich/

Ich weiß doch nicht mal wie ich erklären kann warum wir die Aktion so gemacht haben wie wir sie gemacht haben vielleicht nur weil irgendwas wieder passieren mußte die Aktion wir rasten wieder einer Aktion hinterher ohne genau zu wissen warum ich merk nur ich kann es nicht mal meinen Gastgebern hier richtig erklären diesen Druck unter den wir uns selber gestellt haben und die beiden hier sind immerhin freundlich und hören mir zu und wollen mir irgendwie helfen rauszukommen aus der Scheiße ich kann es nur vom Gefühl her erklären und sie sie alles nur mit ihrer hübschen Vernunft mit der verdammten Vernunft ihrem schönen Abstand von allem was wirklich Sache ist/

Jeden Abend geraten wir aneinander obwohl wir nicht streiten wollen nicht heftig wir werden nicht laut aber wie kann ich ihnen klarmachen daß wir die Genossen bewundert haben bewundert weil sie Mut gezeigt haben einfach Mut nichts weiter ein Mut den wir sonst nirgends gesehen haben und bewundert weil sie gekämpft haben oder vielleicht noch mehr dafür bewundert daß sie sich nicht kaufen ließen und nicht integrieren ins System und keine Schweine werden wollten und weil sie sich nicht brechen ließen nicht brechen lassen wollten nicht vernichten lassen und im Grunde doch für die Gerechtigkeit kämpften ja das war das Eigentliche/

Und da kommen die nicht ran die mit ihren vernünftigen Argumenten wenn sie dann sagen ihr was macht ihr und selber nur Skrupel haben die ganze Linke besteht doch nur aus endlosem Gelaber Wennundabergelaber/

Ich weiß auch nicht/

Ich weiß nur ich will nichts mehr zu tun haben mit einer Gruppe in der das Wort nein gar nicht mehr vorkommt ohne daß eine Drohung die Angst die Pistole sich auf dich richtet die Pistole der Jasager ich bin keine Pfarrerstochter ich brauch keine Knarre ich sage endlich nein nein nein/

Eben denke ich ich sollte die Bänder meinen Eltern schicken lassen oder Kopien sollt ihr für sie machen von mir aus damit sie hören wie ich lebe leben wollte anders als sie mit dem Horizont des stellvertretenden Exportleiters für Wollwaren das haben sie sich anders gedacht mit ihrer kleinen Cornelia ein braves Leben aber ich wünsch euch ihr versteht was von mir einmal endlich einmal egal egal wenn ich wüßte daß nur ihr zuhört würde ich noch mehr sagen anders reden nur einmal bis zum Ende zuhört ohne dazwischenzureden und zu drohen/

Vielleicht mach ich ein Extraband für euch und versuch mal zu erzählen vielleicht morgen falls ich es schaffe wie der Bruch kam mit euch und mit der Gesellschaft total weil Krieg war und Krieg ist und ich den Krieg abschaffen wegschießen wollte und meine

Liebe zur Gewaltlosigkeit so stark bis die Pistole in der Hand lag also diese Bänder sollt ihr auch kriegen ich werd das vorn drauf- sprechen oder draufschreiben /

Die Hand meine Hand die jetzt die Play-Taste drückt ist die gleiche Hand die /

Und jetzt bei jedem Flugzeug über der Stadt will ich nur eins da drin sitzen und ab und weg ganz weit weg so weit wie es geht /

Ich weiß nicht weiter immer wieder die Taste drücken beim Heulen und Schlucken das müßt ihr ja nicht alles mitkriegen im- mer wieder komm ich raus ich wollte vorhin eigentlich zu diesem Gefühl noch was sagen zu diesem Machtgefühl Büttinger gefangen zu haben da fühlst du dich auf der Höhe gewissermaßen wenn du mit ein paar Leuten plötzlich diesen Pfeiler der Macht in deiner Gewalt hast aber das hielt vielleicht ein zwei Wochen Pfeiler der Macht dachten wir immer sein Einfluß seine Verbindungen reich- ten weit viel weiter als wir dachten aber die Macht konnte trotz- dem sie konnten trotzdem auf ihn verzichten sie wollten uns be- weisen daß sie gut auf ihn verzichten können sie ziehen einfach ein paar neue Pfeiler ein und vielleicht steht nun alles noch stabiler da als vorher noch unverrückbarer noch /

Wieder Büttinger ich komm nun mal nicht los von ihm ich hab wieder eine Pause gemacht eben einen Apfel gegessen und ganz langsam gegessen und sah Büttinger vor mir einen Apfel essend er aß sie immer mit Kern und Gehäuse und kaute dann auf dem Stiel herum er wollte immer deutsche Äpfel deutsche Herbstäpfel bringt mir bloß keine Delicious nicht dies Plastikzeug sagte er /

Was könnt ich tun noch für Büttinger jetzt der erschossen ist ich weiß nicht wir haben ihn verhört ausgefragt alles gefilmt alles fest- gehalten es war keine Qual für ihn nein eine Beschäftigung eher ich frag mich nur was Henner und Enzo und die andern damit anfan- gen werden jetzt Propaganda für das nächste Erpressungsmanöver sie wissen jetzt einiges über den ganzen Zirkus da oben wer mit wem welche Geschäfte oder Bestechungen aber wir verstehn so- wieso nicht viel davon wenn ich denke wie blöde wir die Fragen gestellt haben /

Vielleicht sollte ich wenn ich schon einmal angefangen habe zu reden darüber reden mich darauf konzentrieren und das hier alles wiedergeben damit es bekannt wird offen und wertlos für die Gruppe soweit ich es noch im Kopf habe damit Enzo und Henner nicht damit arbeiten können mit dem Material und die Waffen neu laden mit dieser Munition einen neuen Anschlag könnte ich denn den Anschlag verhindern nein ich doch nicht/

Aber ich sollte von mir reden nur von mir erst mal nicht schon wieder taktisch kalkulieren nicht wieder überlegen ob ein Verrat mehr oder weniger Henner warum hab ich mitgemacht das ist mir erst mal wichtiger als warum ich/

Weil ich Befreiung wollte vielleicht ist das alles Befreiung/

Nicht heulen heulen verboten auch dieses Verbot muß ich vergessen lernen muß ich muß stop/

45 Was kann ich euch Gutes tun, die ihr sechs und mehr Wochen Streß hinter euch habt und das Unmögliche gewagt: uns rauszuhauen aus den Mauern: dafür das Land auf den Kopf gestellt und Pech gehabt: ich bin stolz auf euch und hasse euch trotzdem, weil nun alles unmöglich ist –

Ich seh euch, ihr zwei da, bestens getarnt als Kurgäste mit dezent grau gefärbtem Haar, im Kurpark den schwarzen Schwänen Brot hinwerfen, dann dreht ihr wie Spaziergänger unauffällig die kleine Runde, brav auf dem leicht ansteigenden Weg unter den Bäumen, wo der Atem der Erholung tief: wo gar nichts los ist, steht ein Dichter in Stein gehauen und gemeißelt der Name Gustav Freytag: der hat zwei lange Kriege überlebt wie er da steht, ein Buch in der Hand, den Finger noch zwischen den Seiten, Blick übern Kurpark downtown, und hat stillgestanden, die Adenauerjahre überstanden und immer in den Kurpark geschaut, hat die Erhardjahre und die Brandtschmidtzeit überstanden und immer in den Kurpark über die Köpfe der Kurgäste hinweggeschaut: ja, wenn man aus Stein ist, passiert einem nichts mehr: rechts und links von ihm lesende Putten –

Ich sehe, wie es euch juckt, zur Abwechslung dem mal einen

kleinen Sprengkörper unter den Arsch zu legen: hat der nicht *Soll und Haben* geschrieben, den Deutschen das Buch zum Aufstieg geschenkt, deutsche Wirtschaft saubere Wirtschaft, jüdische Wirtschaft dreckige Wirtschaft: wir Deutsche fürchten das Soll und sonst nichts auf der Welt, und von *1879 bis zu seinem Tode die Winter in Wiesbaden verbracht*: und schaut nicht mal hin, wenn ihr ihm die Ehre gebt –

Und wenn ihr euch noch besser tarnen wollt, bringt ihm einen Kranz mit vom Bankenverband oder vom Club der fidelen Buchhalter im Deutschen Industrie- und Handelstag oder von der Bezirksgruppe des Schriftstellerverbandes: die Stadt der Dichter und Denker und Genies mit soundsoviel Geistesgrößen pro Quadratmeter –

Geht weiter und zeigt, daß ihr vom Leben nichts mehr erwartet als Frieden und Erholung, übt weiter im Kurpark das Luftholen über den Pfandbriefen, den ruhigen Gang neben der dynamischen Lebensversicherung, den milden Bilanzenblick auf die Welt: laß fahren dahin, denn überall ist Gewinn und *Glücklich ist* –

Aber dann wieder hinein mit euch ins Getümmel: zwischen Begräbnis, Leichenschmaus und Abendprogramm soll den echten und den verkleideten Kurgästen, Trauergästen ein bißchen mehr geboten werden als der Tand der fliegenden Händlerinnen: nichts gegen Ringe, Armreifen, Gürtel und indische Parfüms, nichts gegen junge Männer, die unter den Theaterkolonnaden Sweatshirts ausbreiten mit Bundesadler und *Fight for freedom GSG 9* für 29,50 oder weiße T-Shirts, zwei Stück für 12,50 DM mit Adler, Ehrenkranz und GSG 9-Aufdruck –

Nichts gegen das Kurorchester in der Musikmuschel, das euch mit dem Glühwürmchenlied empfängt, das bald unterbrochen wird von Takten, die das Blühen des weißen Flieders beschwören: und dann soll das Potpourri ausklingen mit *Ganz Paris träumt von der Liebe*: die Glühbirnen am Pavillonhimmel wie Sterne angeordnet und leicht geschürzte steinerne Damen stützen das Dach mit Schalen von Früchten und Blumen: so kommen die Träume in Fahrt: ganz Paris –

Aber die Show, die euch gewidmet ist, braucht ihr nicht zu er-

träumen: da führt die Stimme eines Conférenciers ohne Musik-
begleitung hin: auf der Bühne an der Rückseite des Kurhauses ruft
er die *Helden der Nation* auf die Bretter im allerheiligsten Kur-
gelände: von rechts und links springen je fünf uniformierte Grenzschützer herauf, Maschinenpistole vor der Brust, werfen die Waffe
hoch, fangen sie auf, geschickte synchrone Bewegungen (Orchester: Schlagzeugsolo), zeigen mit artistischen Würfen, Drehungen, Schritten ihre Präzisionsgewehre vor, die Nachtzielgeräte:
und *es liegt an Ihnen, meine Damen und Herren, wie stark der
Beifall wird –*

Aber *Schießen ist nicht alles, Schießen ist immer nur die letzte
Möglichkeit,* und da seh ich eure lüsternen Blicke: die Darbietung
der *Geigenkästen* mit Pistolen, Messern, K. O.-Gas usw. (Orchester: Geigensolo), da wendet sich niemand mehr zum Teich hin
und sucht die Zuneigung der Schwäne: da schauen alle hin, wenn
die Männer, die ihre Waffen abgelegt haben, sich in Kampfposi-
tion aufstellen, in hintereinander gestaffelten Zweiergruppen, und
eine Karate-Vorführung bieten, wie sie Wiesbaden lange nicht gesehen hat: Beine stoßen in die Luft, Arme hauen hernieder, Körper gehen sich drehend aufeinander los und stoßen sich ab: wer
eben noch auf dem Rücken, fliegt rasch wieder, seinen Füßen hinterher, auf den nächsten Gegner zu, ständige Drehungen, Stöße,
ein geschwindes Fallen und Aufwärtsgleiten, Eleganz und Kampf
in einem, Tanz der Kräfte, vom Orchester mit den schönsten Takten aus dem Schwanensee-Ballett untermalt und vom Conférencier mit Sprüchen über Sportlichkeit und Schnelligkeit –

Darfs ein bißchen mehr sein, am Tag der offenen Tür?

Sagt nichts, eure Antwort wird sowieso übertönt aus der Luft
vom blaffenden Schlagen der Rotorblätter: über den Wipfeln
taucht aus dem sonnenlosen Himmel ein Hubschrauber auf, dreht
eine Schleife über der Bühne: die schwarzen Schwäne fliegen auf,
kreisen über dem Teich und fliehen in stillere Winkel: an den Seiten der Luftmaschine hängen sechs Männer angegurtet mit Maschinenpistolen: *Und nun versuchen unsere Kollegen, das Auto
hier kampfunfähig zu schießen! Von oben in die Reifen! –*

Vor der Bühne fährt ein Auto heran, der Fahrer bleibt sitzen, darüber gefährlich tief der Hubschrauber, der dreht und wendet, steigt und fällt, dann Schüsse, Luft zischt aus Reifen: der Fahrer steigt aus, geht um das Auto herum, schaut jeden Reifen an und gibt dem Conférencier ein Zeichen: *Ja, sie haben es geschafft! Alle Reifen platt! Alle vier Reifen getroffen!*

Heftiger Beifall, der dem abdrehenden Hubschrauber folgt –

Und ihr wißt hoffentlich, Genossen, wenn ihr das Grau aus dem Haar wascht, worauf ihr euch einlaßt, wenn ihr meinen Leichnam für eure Zwecke fleddert: ich kann euch nicht mehr warnen vor euch –

46 – Ablage!

«Ist es nach so vielen Unklarheiten und Verwirrungen nicht ein positives Zeichen, daß der ermittelnde Staatsanwalt einem Anwalt der toten Margret Falcke die Zusage gegeben hat, bei der Zellenuntersuchung anwesend sein zu dürfen?

Gewiß.

Und einer Angehörigen ebenfalls?

Ja.

Konnten sie dabei helfen, einige Widersprüche aufzuklären?

Nein.

Das beweist also, daß Laien auch nicht schlauer sind, auch nicht besser beobachten?

Nicht unbedingt. Die beiden haben an der Untersuchung gar nicht teilgenommen.

Wieso? Waren sie nicht rechtzeitig in der Justizvollzugsanstalt?

Doch, pünktlich. Sie haben dort gewartet.

Wieso? Wurde die Zusage etwa von einem anderen, höheren Beamten widerrufen?

Nein, sie wurde vom gleichen Beamten widerrufen.

Mit welcher Begründung?

Er, der Staatsanwalt, habe als Herr des Verfahrens so entschieden.

Das war das einzige Argument?

Nein. Das zweite war, er habe inzwischen der Anwesenheit eines anderen Anwalts der Toten zugestimmt.

Hat dieser dann wenigstens einige Widersprüche klären können?

Nein. Auch er wurde von der Teilnahme an der Zellendurchsuchung ausgeschlossen.

Warum?

Mit der gleichen Begründung.

Warum haben die Anwälte nicht protestiert?

Weil sie beide in verschiedenen Räumen warten mußten.

So wurde also ein Anwalt mit dem Hinweis auf die Anwesenheit des anderen getäuscht, um nicht zu sagen: belogen?

Ein harter Ausdruck für den Herrn des Verfahrens.

Ist es also richtig, daß außer dem Staatsanwalt, den Kriminalisten und den Gefängnisbeamten niemand die Zelle mit der Toten betreten durfte?

Offensichtlich.

Welches wäre der nächste Schritt zur Aufklärung der Todesumstände?

Die Obduktion der Leiche.

Welche Gründe sprachen dafür, die Obduktion so hastig durchzuführen?

Warum durfte kein Angehöriger und keiner der anwesenden Anwälte die Leiche – wenn schon nicht in der Zelle, dann außerhalb derselben – vor der Obduktion sehen?

Warum wurde das Wegschaffen und die sofortige Obduktion angeordnet, als ein weiterer, ein dritter Anwalt auftauchte?

Wundert es jemanden, daß kein Arzt des Vertrauens der Angehörigen zur Obduktion zugelassen wurde?

Wußten diejenigen, die die Obduktion anordneten, daß es äußerst schwierig ist zu unterscheiden, ob ein Erhängter sich selbst aufgehängt hat (vital) oder erhängt wurde (postmortal)?

Wenn ja, warum wurde dann ein Obduzent beauftragt, der bereits durch grobe Fehldiagnosen bekannt war?

Oder wußte man nichts von diesen Fehldiagnosen?

Warum führte dieser und ein weiterer Obduzent die Sektion der entscheidenden Halsorgane entgegen aller Regel zuerst durch und nicht zuletzt?

Warum gingen sie bei der Obduktion so vor, daß es dem erst später zugelassenen, von den Angehörigen benannten Nachobduzenten unmöglich war, selber genauere pathologische Untersuchungen durchzuführen?

Warum erteilte man den Obduzenten Aussageverbot gegenüber dem Nachobduzenten?

Warum gehen die beiden bestellten Obduzenten in ihren Berichten nicht auf mehrere Obduktionsfotos ein, auf denen über der Strangmarke am Hals im Bereich des Knotenabdrucks Hautblasen verschiedener Stärke und Farbe zu erkennen sind?

Tun sie es deshalb nicht, weil diese und die meisten anderen Fragen als irrelevant oder nebensächlich angesehen werden können, weil es vielleicht ein besseres Verfahren gibt, mit dem eindeutig nachgewiesen werden kann, ob bei einem solchen Tod Selbstmord vorliegt oder nicht?

Gibt es ein solches Verfahren?

Ja, die Histaminprobe.

Was ist das Einfache und Eindeutige an diesem Verfahren?

Zwei Stücke der Halshaut werden asserviert, eins aus der Druckstelle des Stranges, eins aus unverletzter Haut, an beiden wird dann der Histaminspiegel gemessen.

Was läßt sich daran feststellen?

Nur lebende Hautzellen schütten bei Reizungen oder Verletzungen Histamin aus, damit läßt sich beweisen, ob jemand beim Aufhängen tot oder lebendig war.

Also eine relativ einfache Diagnosetechnik?

Ja.

Also ist das Ergebnis im Fall Falcke eindeutig, so oder so?

Nein.

Warum nicht?

Weil dieses Verfahren gar nicht angewendet wurde.

Wird man fragen dürfen, warum?

Ja, aber es fragt sich, wie weit man kommt mit Fragen ohne Antworten.

War die Histaminprobe den Obduzenten nicht bekannt?

Oder hat man sie vergessen?

Oder absichtlich nicht vorgenommen?

Und wenn ja, mit welcher Absicht?

Wenn dies ohne Absicht, sondern aus Nachlässigkeit geschah, wird man vielleicht nach der Absicht fragen dürfen, mit der bereits zwei Tage nach dem Tod die Zelle der Margret Falcke völlig neu gestrichen wurde?

Oder ist auch das aus Nachlässigkeit geschehen?

Und wer oder was trieb die beauftragten Maler dazu, falls wir den Aussagen von Gefängnisinsassen trauen können, das bei solchen Renovierungen nur selten einbezogene Fenster mit dem Maschengitter besonders dick mit Farbe zu bestreichen?

Warum wurde hier unnötig die Vermutung geweckt, es sollten vielleicht mögliche Spuren beseitigt werden?

Oder ist die Malerkolonne der Justizvollzugsanstalt an diesem Tag zufällig ohne Beschäftigung gewesen?

Wer hat diesen Auftrag gegeben?

Soll, wenn wir gegen unsern guten Willen stets zu neuen Vermutungen und Fragen provoziert werden, die Kette dieser Fragen niemals ein Ende nehmen?

Kann man nach so vielen offenen Fragen überhaupt noch den Eindruck einer Suggestivfrage vermeiden, wenn man im Bestreben, kein Detail auszulassen, die Informationen oder Gerüchte wenigstens erwähnt, nach denen in dieser Nacht ungewöhnlicherweise vor dem Gefängnis ein Hubschrauber gelandet sein soll?

Warum wird es uns so schwer gemacht, zu verifizieren oder falsifizieren, ob in der fraglichen Nacht wirklich ein Hubschrauber gelandet ist, ob und wie jemand den inzwischen bekannten einzigen Weg, der unkontrolliert zur Zelle der Margret Falcke führt, gegangen sein könnte und die einzige Möglichkeit genutzt haben mag, trotz aller Sicherungen mit dem Schlüssel die Zelle zu öffnen?

Ist es nicht besser, solche Fragen zu unterdrücken, weil diese Informationen stereotyp nicht bestätigt oder dementiert oder erst dann teilweise bestätigt werden, wenn ein Detail öffentlich bekannt wird?

Also uns zur Zeit nur auf das Glatteis der Spekulationen und Unterstellungen führen?

Aber wird man nicht doch mit aller Vernunft spekulieren müssen, wenn es um die Frage der Motive geht?

Wird man da zunächst einmal fragen dürfen, warum die schreibgewandte Frau Falcke, die sich ständig und zu vielen Fragen schriftlich zu äußern pflegte, ausgerechnet bei ihrem Selbstmord keinen Abschiedsbrief hinterließ?

Obwohl sie an jenem Abend, nachdem ihr die Glühbirnen abgenommen waren, bei Fernsehlicht oder unter Umständen mit der versteckten Birne noch etwa eine halbe Stunde weiter auf ihrer Schreibmaschine schrieb?

Muß das auch als eine besondere Tücke gedeutet werden, mit der sie, gerade weil man von ihr einen schriftlichen Abschied, wenn nicht gar ein politisches Testament oder Manifest erwartete, die Interpretation ihres Selbstmordes als Mord zu steuern beabsichtigte?

Würde es dann auch unter ihrer besonderen Perfidie zu verbuchen sein, daß sie in den Tagen und Wochen vorher weder in Briefen noch in Gesprächen mit Besuchern, Anwälten und Mitgefangenen auch nur den Eindruck einer Person erweckte, die sich innerlich auf den Selbstmord vorbereitet?

Sondern eher aktiv und keineswegs resignativ wirkte?

Dürfen wir eine so große schauspielerische Leistung von einer Frau erwarten, die sich nur schwer verstellen konnte?

Aber hat sie sich denn verstellt?

Oder hätte sie sich verstellen müssen?

Ist nicht, um ihren Selbstmord zu erklären, immer wieder von Spannungen und Entfremdungserscheinungen unter den Gefangenen die Rede gewesen?

Ist sie nicht gerade in ihrer Rolle als Intellektuelle von den anderen immer mehr verachtet und verspottet worden?

Können Kritik und Verachtung auf die Dauer für Margret Falcke nicht unerträglich geworden sein?

Gewiß.

Und ist es nicht naheliegend, daß sie im Innern viel verzweifelter über ihren politischen Irrtum und die bevorstehende lebenslange Haft war, als sie nach außen zu erkennen gab oder geben konnte?

Gewiß, das wären Gründe genug für einen Selbstmord.

Geben denn die Zeilen, die sie wenige Stunden vor ihrem Tod in die Schreibmaschine getippt hat, keinen Hinweis auf diese oder andere Motive?

Nein. Aber Psychologen müßten da doch zumindest zu der einen oder anderen Deutung kommen?

Nein. Denn diese Papiere sind gar nicht aufgetaucht.

Hat Margret Falcke sie also vernichtet?

Dafür gibt es keine Indizien. Aber es kann nicht ausgeschlossen werden, daß sie die letzte Seite, die sie geschrieben hat, im Klo hat verschwinden lassen.

Hat sie nicht in ihren letzten Monaten sehr viel geschrieben?

Sind unter diesem Material die entsprechenden Papiere?

Man weiß es nicht, alle diese Schriftstücke sind einbehalten worden.

Warum?

Ist also gar nichts von ihr übrig, was auf den Selbstmord Hinweise geben könnte?

Doch. Zitate aus älteren Briefen, die eindeutig die unerträglichen Spannungen in der Gruppe belegen.

Warum sind diese Meldungen aber wenige Tage vor Frau Falckes Tod von einer Tageszeitung publiziert und dann am Todestag von Agenturen übernommen und verbreitet worden?

Und warum haben Justizangestellte, die für die Bewachung Frau Falckes und ihrer Mitgefangenen zuständig waren, zunächst versichert, von solchen Spannungen und Entfremdungserscheinungen nichts bemerkt zu haben, aber nach diesen Meldungen ihre Aussagen im Sinne der Meldungen korrigiert?

Wenn man die Tatsachen und die Behandlung von Tatsachen in der Presse zu unterscheiden weiß, gibt es nicht trotzdem noch genügend Beweise für diese Spannungen?

Viele Briefstellen deuten darauf hin.

Aber sind diese Briefe jemals vollständig zitiert worden?

Das kann man nicht behaupten.

Konnten die Presse und die sie versorgenden Ämter die Meldung, die zur Grundlage des Selbstmordmotivs wurde, allein mit Auszügen aus diesen überwiegend älteren Briefen bzw. internen Zirkularen stützen?

Nein.

Ist nicht das Fernbleiben der Frau Falcke beim Prozeß fünf Tage vorher, als ein Anschlag verhandelt wurde, für den sie Mitverantwortung trug, für den sie von ihren Mitgefangenen heftig kritisiert wurde und den sie selbst als schweren Fehler bereute, das deutlichste Motiv für einen Selbstmord?

Ja. Und kann es nicht außerdem Spannungen und Konflikte gegeben haben, die nur mündlich geäußert, von Außenstehenden nicht beobachtet und von den Teilnehmern nachträglich geleugnet wurden?

Ja, gewiß.

Wenn die Spannungen und Verzweiflungen die Grundlage für das Motiv zum Selbstmord waren, könnten sie wenigstens den einen oder anderen Widerspruch klären?

Den des Motivs durchaus. Aber was ist mit den übrigen zweihundert oder mehr Fragen?

Zu viele Vermutungen, zu viele Fragen.

Wie kann man endlich zum Schluß dieser Fragen kommen und trotzdem bei den Fakten bleiben?

Immer noch Fragen?

Nur noch sieben.

Also dann.

Welchen sachlichen Grund gab es dafür, die staatsanwaltschaftlichen Ermittlungen schon nach wenigen Tagen einzustellen?

Warum sagten vor einem parlamentarischen Untersuchungsausschuß, der einige dieser Fragen aufklären sollte, fast nur die Leute aus, die nichts aussagen konnten oder nichts aussagen durften?

Warum wurde jede Nachfrage als Zumutung zurückgewiesen?

Und wird noch heute zurückgewiesen?

Warum gelingt es nicht einmal dieser internationalen Kommission, der Staatsanwaltschaft oder einer anderen zuständigen Behörde substantielle Antworten zu entlocken?

Sind also auch diese dreihundertneunzehn Fragen in den Wind geschrieben?

Oder wird man nach dieser Kleinen Anfrage noch eine Große Anfrage stellen müssen?»

47 **Immer hereinspaziert**, meine Herrschaften: nutzen Sie die frühe Abendstunde zwischen Hund und Wolf zu einem Besuch im Zelt, über dem bunte Glühbirnen als Buchstaben blinken: KABINETT DES TERRORS: über Kasse und Eingang wie an der Geisterbahn Monster und Gespenster aus Holz und Pappmaché, übertüncht mit menschlichen Gesichtern: die Fahndungsgrimassen der bekanntesten Terroristen blicken von wulstigen Gespensterköpfen drohend über den Kurhausplatz: für fünf Mark sind Sie auch hier: so viel Geld wagt ein Schausteller mit schäbigem Programm nicht zu verlangen, also nichts wie hin, lang ist die Schlange der Neugierigen vor der Kasse: auf der anderen Seite die Zuschauer, die aufgeregt, lächelnd, verlegen aus dem Zelt tappen –

Fünf Mark, und dann durch eine rotglitzernde Doppeltür hinein ins Rundzelt: zuerst ein Raum von etwa drei mal fünf Metern DIE ZELLE DES MANNES DER DEUTSCHLAND ORDNEN WOLLTE: Bett, Tisch, Stuhl, hohes Bücherregal, Toilette, Gitterfenster: nur die Wände im rechten Winkel, alles quer und schräg, wacklig und schmuddlig trotz der Helle des Raums und der messerkalten Tünche: leere Saftflaschen und Bücher liegen herum, Schallplatten haufenweise, in einer Ecke Essensreste, teilweise mit Schimmel überzogen, in einer andern Wäsche dreckig, ungeordnet auf einem Haufen, eine Rolle Klopapier halb aufgerollt unterm Bett, aufgerissene Käseecken auf dem Tisch, Bücher zwischen Pullovern und Unterhosen, Zeitschriften verstreut, teils gestapelt, teils aufgeschlagen hingeworfen: eine rote Kordel trennt den Raum von dem Gang, wo die Zuschauer gedrängt stehen: ein muffiger, leicht fauliger Geruch, vielleicht aus einer Klimaanlage, deren Mündung versteckt ist, treibt Sie weiter, bevor Sie die Gegenstände dieses Raumes näher besichtigen können –

In der zweiten Koje sind Zeitschriften ausgestellt, die mit schwarz abgebildeten Kleinstbomben und Handgranaten protzen, schlecht gedruckte Flugblätter, auf denen das Anzünden von Kaufhäusern gefeiert wird, und je ein Buch von Marx, Marcuse und Mao, daneben Palästinensertücher und Kampfschriften, Autokennzeichen, Stempel, Ausweise: der Hinweis über der Koje WIE ALLES ANFING zeigt, daß hier mehr als eine harmlose Asservatensammlung zu bestaunen ist: unter den eingerahmten Briefen der eines Verlegers an die Berliner Gefängnisleitung mit der Bitte, Sigurd Nagel zum Schreiben eines Buches Ausgang zum Studium von Fachliteratur zu gewähren, fünf Zeilen als der Schlüssel zur Befreiung Nagels, mit der die ganze Geschichte den Anfang –

Daneben die WAFFENKAMMER, nicht zum Gruseln, aber spannend für Fachleute der kleinen Unterschiede der Kaliber, Typen und Marken der Pistolen: und die einschlägige Waffenliteratur aufgeschichtet, ein mannshoher Berg von Waffenjournalen, Broschüren, Büchern: Grundlagen der Sprechfunktechnik, Handbuch der Ausbildung von Polizei und Truppenverbänden, Neuzeitliche Sprengtechnik, Schule für Spione, Grundlagen der Befehlstechnik, Deutsches Militärwörterbuch und Nato-ABC, The Special Forces Handbook und noch mehr Bücher mit Anleitungen über Waffeneinsatz: dazu ein Stapel Fachbücher über Partisanen- und Guerillakriege, von Experten aller politischen Richtungen: auf den Titelblättern der Zeitschriften Schwarzweißfotos von Soldaten im Tarnzeug oder Pornofotos von Waffen: Wehrtechnische Monatshefte, Zivilschutz, Militärtechnik, Internationale Polizei, Die neue Polizei, Die Polizei, Allgemeine Schweizerische Militärzeitschrift, Der Schweizer Soldat, Österreichische Militärzeitschrift, Wehr und Wirtschaft, Wehr und Technik, Soldat und Technik, Wehrtechnik, Truppendienst, Truppenpraxis, Deutsches Waffenjournal, Waffenrevue, Military Revue, Der Soldat: WAS NAGEL ALLES IN DER ZELLE LESEN DURFTE –

Im nächsten Raum eine multimediale Installation DER REVO-

LUTIONÄR UND DIE KAFFEEMÜHLE: ein Brieftext, offensichtlich von Nagel, ist auf eine Wand projiziert, aus Lautsprechern eine Stimme in herrischem Flüstern, offensichtlich von Nagel, die den an die Wand geworfenen Text spricht: *Also, am besten ist, ihr stellt den Sprengstoff selber her. Ihr nehmt Ammoniumnitrat, das ist ein Granulat und muß zu Pulver zermahlen werden. Wenn ihr keine professionelle Mühle auftreiben könnt, die das Zeug zentnerweise verarbeitet, dann kauft ein Dutzend kleine Kaffeemühlen mit Mahlwerk, nicht mit Schlagwerk. Die befestigt ihr im Deckel von Plastiktonnen so, daß ihr das Zeug außerhalb der Tonne ungemahlen reinschütten könnt und es gemahlen in die geschlossene Tonne fließt, sonst bringt euch der Staub um. Sowieso Scheiße, das in der Wohnung zu machen, weil es Krach macht und staubt.*

Auf einem Bildschirm ein Dutzend elektrischer Kaffeemühlen: das heulende, pfeifende Betriebsgeräusch von mehreren Mühlen wird zugeschaltet und das Flüstern so verstärkt, daß es die Tonhöhe des elektrischen Mahlens erreicht, sie mal übertrifft, mal unverständlich bleibt, aber der Flüstertext kann an der Wand nachgelesen werden: *Zum Mischen der drei Bestandteile im Eimer am besten eine Bohrmaschine mit einem Küchenquirl drin, Einsätze für Küchenmaschinen, Schlagsahne z. B., oder zentnerweise, in Betonmischmaschine, gibts mit Elektromotor in Versandhäusern. Wenn ihr keine professionellen Sprengkapseln mehr habt, müßt ihr als Initialzünder Knallquecksilber herstellen. Wie man das macht, steht in den Akten und in Chemielehrbüchern:* So geht es weiter unter größtem Lärm der Kaffeemühlen, Warnungen vor Quecksilberdämpfen, Explosionsgefahr, Krach: bis nach etwa sechs Minuten das Programm wieder von vorne beginnt –

Der Raum HIER SPRICHT DER CHEF ist leer, nur ein Tonbandgerät in der Ecke: eine Männerstimme brüllt fast ohne Pause, Nagel im O-Ton: hin und wieder sind in den Brüllauten einzelne Wörter zu erkennen wie *Schwein, Bulle, Votze, Ratte*: schwer zu entscheiden, ob die Aufnahmequalität schlecht ist oder das Rauschen absichtlich eingemischt: Zufall oder nicht, daß Sätze wie *Für ein paar Tausender find ich jeden Killer, der Ihre Frau umlegt* ohne Schwierigkeiten verständlich sind –

Nebenan Videofilme KEINER ENTGEHT SEINER STRA-
FE: ein junger Mann mit nacktem Oberkörper eingekreist von
acht Polizisten, einer nimmt seine Pistole, legt sie auf den Boden,
kickt sie mit dem Stiefel zu dem Gefesselten in der Mitte und sagt:
So, du alter Terrorist, nun schieß los! Der lacht hilflos, steht mit
nackten Füßen, kickt die Pistole zurück, die bis zum Schuh des
Polizisten rutscht: *Du Schwein, du greifst uns an!* schreit der, und
alle acht fallen über den reglosen jungen Mann her, schlagen ihn,
treten ihn mit ihren Stiefeln: auf einem zweiten Monitor wird ein
schwerkranker junger Mann direkt aus dem Operationssaal in eine
Zelle gebracht, zwischen undichte Fenster und ein offenes Klo gelegt, unter Neonlicht, und an der Tür ein Schild: Bestand des
Krankenhauses, Licht Tag und Nacht anschalten: ein dritter Film,
der gleichzeitig läuft, zeigt nichts als eine meterlange Reihe von
Aktenordnern, die Kamera fährt vor und zurück, vor und zurück –

Ein liegender toter Polizist sorgt im nächsten Raum für den gewünschten Schrecken: der Puppe hat man den Bauch freigelegt
und eine Wunde plastisch in blutigstem Rot gemalt: gegenüber
gekrümmt eine andere männliche Puppe, die einen vom Kopf-
schuß getroffenen Terroristen darstellen soll, beide vereint unter
dem Schild TERROR HEISST TOD: an der Wand im Hintergrund Zahlen der getöteten Opfer, Polizisten und Sicherheitsbegleiter und bei Anschlägen umgekommenen Personen: 28, extra
gerechnet werden Unbeteiligte bei Fahndungsmaßnahmen der
Polizei (2), dagegen auf der anderen Seite die getöteten Terroristen
(12), Selbstmörder (5) werden extra gezählt und mit der Ausstellung ihrer Werkzeuge wie Handtuchschlaufe, einer verweigerten
Brotschnitte, Kabel und Pistolen einzeln und mit Namen gewürdigt –

In der Koje ES GEHT UNS ALLE AN ist mit Schaubildern,
Fotos und Fotomontagen ausgemalt, wozu die Terroristen fähig
sind: explodierende Atomkraftwerke, vergiftetes Wasser, kolli-
dierende Großflugzeuge, gefesselte Kinder, ein zusammenge-
stürztes Bundeshaus, herumliegende Leichenteile: die natürliche
Fortsetzung der Gewalt terroristischer Banden –

Im Raum daneben WIE ALLES ENDET werden Sie jedoch gleich wieder beruhigt mit dem Schreien und Stöhnen von Gefangenen: es klingt wie Archivmaterial der aus Film und Fernsehen bekannten Folterschreie, eindrucksvoll auch ein lange anhaltendes, wimmerndes Wehgeschrei, mal von männlicher, mal von weiblicher Stimme, dann und wann von entferntem Hundegebell und Krähenschrei unterbrochen, alles gesteigert von schlichtem, hilflosem Schluchzen –

So daß Sie am Ende vielleicht froh sind, wieder ins Freie zu gelangen, wo vor der Kasse eine noch längere Schlange von Menschen wartet, um im KABINETT DES TERRORS die letzten Wahrheiten zu erfahren, von denen Sie bereits profitieren, wenn Sie sich zur Wilhelmstraße wenden –

48 Schreibt mit, ihr Lehrlinge, Nachfolger, Verfolger: die Revolte / der Widerstand / die Revolution als Versuch, ein bißchen Ordnung in die Welt zu pflanzen: aber wenn die Welt nicht weiter geordnet sein will als sie schon ist und sich weigert, die Statik und DIN-Normen dessen WAS IST und Recht und Gesetz anzutasten: soll einer, der auszog, das Kämpfen zu lernen, sich kampflos auslachen lassen? nur weil die Welt nicht mitspielt aus leicht zu analysierenden Gründen, aufgeben oder mit dem Kopf gegen die Wand in den Selbstmord und den Versuch für gescheitert erklären: Fragezeichen, nein, niemals, Ausrufezeichen: hört, was Sigurd euch lehrt –

Darum wird, wer den Impuls zur Revolte, ergo zur Ordnung, spürt und noch unzerstörbare Energien hat, die Revolte fortsetzen da, wo sie nichts kostet und doch den stärksten Erfolg verspricht: im Dickicht der Hirnzellen, auf den elysischen Schlachtfeldern des Papiers, auf der freien Bahn, der Bundeskegelbahn der Buchstaben: da wartet das größte Projekt –

Wenn du die Menschen nicht ändern kannst und formen nach deinem Bild wie ein Gott, dann wenigstens wie ein kleiner Gott die Welt nach deinem Bild in Worte zwingen, die Sprache nach deinem Willen formen und das, was vorhanden ist an Wortmaterial, umschmelzen und zurechthämmern: daß zur Waffe wird, was auf dem zarten, mehr oder minder holzigen Papier steht: jedes Wort ein Schräubchen, ein Rädchen, ein Bolzen, damit die Patrone reibungslos und die Sprache endlich selbst die Gewalt ausströmt, die du wünschst bei der erbitterten Arbeit des Generalangriffs auf ALLES –

Werkzeug: der Haß,

Ziel: alles auf den Begriff Haß bringen,

Zweck: die Potenzierung des Hasses, bis aus Gefühl und Wort etwas wird, das sich sehen lassen kann als *die Tat,* und *die* Tat ist schlußendlich spitzlogisch *der* Schuß oder *die* Explosion oder alles, was brennend von Widerstand zeugt –

Damit im Land des Lächelns endlich in jeder U-Bahn und vor den Samstagabendbildschirmen die Arie zu hören ist *Wer hat den Haß uns ins Herze gesenkt –*

Und die Sprache selbst immer mehr Gewalt ausströmt, bis du aufatmend und von Herzen rachsüchtig sagen kannst: *die Knarre spricht –*

Was spricht die Knarre denn?

Unterschätzt nicht den Aufwand an Werkzeug, Talent und Fleiß, die es fordert, die Sprache abzugeben an die Knarre, die Nervenwege vom Sprachzentrum an der Hirnrinde zum rechten Zeigefinger zu verkürzen und einem Gewehr die Sprache einzuhauchen: es reicht ja nicht, die Regeln der Duden-Redaktion aus Mannheim zu verletzen nach allen Regeln der Verletzungskunst, es reicht nicht, in die Flure der Akademien für Sprache und Dichtkunst zu pinkeln, es reicht nicht die schlüpfrige Kleinschreibung, die köstliche Verachtung aller Sprech- und Denk- und Friedenskünstler: der Krieg, den ich mir wünsche: hört, was Sigurd euch lehrt –

Der Krieg muß zuerst gegen ganze Sätze geführt werden: Rationalisierung am Arbeitsplatz Kriegsschauplatz: Nebensätze, relativ oder begründend, zeitbezogen oder eine Bedingung oder einen Zweck andeutend, tragen schon den Keim der Verweichlichung, der Differenzierung, des Zivilen, also weg damit –

Was ist ein Satz? eine Feststellung oder ein Befehl und sonst nichts auf der Welt: also befehle ich: ein Satz wird nicht gebaut, sondern muß knallen wie ein Schuß: wer ihn liest, wer ihn hört, muß von deinem Kaliber, deiner Schußkraft, Entschlußkraft überzeugt oder wenigstens eingeschüchtert sein: denn der Satz kann eine größere Reichweite haben als die läppische Kugel im Lauf –

Deklinationen und Konjugationen stören das freie Schußfeld, also ausdörren, abhacken und ab auf die Müllkippe Grammatik, ab sofort gilt nur noch der Imperativ –

Doch die größte atrophische Leistung vollbringt, wer sich ein Fest daraus macht, mit Schreibmaschine oder Kugelschreiber zu entscheiden, welche Menschen zu Schweinen, welche Frauen zu Votzen, welche Männer zu Ratten werden und wo der Hackklotz des Entwederoder steht –

Das beste Klima für den Aufstieg in die höhere Schwundstufe bietet der Knast: ausgeliefert der recht- undordentlichen Willkür der Mannschaften, die dafür bezahlt werden, dich brav zu kriegen, drängst du auf das größte Kunststück: die Gleichung Denken = Handeln und Handeln = Denken zu erweitern zu Denken = Sprechen = Handeln, bis dir ein jeder ein *Bullenschwein, Psychoschwein, Vollzugsschwein* und alles zur *Schweinerei* wird und in den Traumnächten die schönsten Auftritte bei Robert Lembkes Heiterem Beruferaten beschert, *Welches Schweinderl hätten Sie gern?* und eine typische Handbewegung –

Rationalisierung, Verknappung, Schrumpfung auf allen Zeilen und Linien, zügig ins 2. und 1. Schuljahr voran: wir machen die Wörter kurz, hacken sie klein, schnüren und scheren und stutzen die Syntax, und kommen mit immer weniger Vokabeln aus –

Ideal wäre der Wortschatz der Dreijährigen mit vierhundert Wörtern oder die Errungenschaft der Dreiwortsätze: Wunschtraum zurück ins überschaubare Kinderparadies: die moralische Anstalt bin ICH, also ist klar, wo getrennt werden muß bei der Unterscheidung Gut und Böse: aber genau da muß man bei Erwachsenen nachhelfen –

Bleiben Sie ganz ruhig und preisen Sie sich glücklich als Deutscher Europäer Weltbürger, daß Sie unberührt von dem Satz geblieben sind: *Es genügt nicht, eine schlechte Pflanze abzuschnei-den, man muß sie mit der Wurzel ausreißen,* mit dem die Genossen in Kambodscha zuerst die Bibliotheken, dann die Menschen abge-räumt haben: Millionen, Millionen, die halbe Bevölkerung, weil der Beweis erbracht werden mußte, was für *Schweine die Men-schen –*

Da sind wir ja sehr zivil mit unserm Guerillakampf: *jede Minute auf Leben und Tod – wir oder sie – sie für sich oder wir für uns:* der lange und mühselige Krieg des Abschaffens der Wörter und der Nahkampf gegen die Argumente, die nicht die unseren sind und nicht der Moral entsprechen, die unsere ist, darum in der Mitte aller Sätze und Bilder: das gefräßige Tier Ich, das zum Wir werden will: Ich, Wir, Ich, Wir, Ich, Wir teilen die Welt neu auf: damit die Fronten klar sind unter dem Nebel: neue Kontinente und Meere –

Schreibt mit: hört, was Sigurd euch lehrt –

Auf der einen Seite *wir: das* Volk, *die* Kämpfer, *die* politischen Gefangenen, *das* Leben –

Auf der anderen *sie: das* System, *die* Schweine, *der* Tod –

Jede Minute auf Leben und Tod, folglich sind die schlimmsten Feinde nicht einmal *sie,* sondern die sich heraushalten wollen aus der Alternative Leben / Tod, die *den* Kampf nicht mitmachen oder nichts kapieren wollen von der *Waffe Mensch* oder auf Reform setzen oder einfach nur schluchzen: die schlimmsten Schweine sind die Schweine auf unserer Seite –

Da wartet das größte Vergnügen, der herrliche Nahkampf in den angeblich eigenen Reihen: die ganze liebe Linke, die Rechtha-ber und Statutenreiter, die Quatschköpfe mit ihrer dumpfen Spon-taneität, die linken Kleingärtner und Reihenhausbesitzer mit dem Haben-oder-Sein-Gesäusel: alle so lange schütteln und erschüt-tern, bis niemand mehr weiß, wo links, wo rechts und kein Begriff mehr taugt: an die Wand gestellt mit Händehoch! so starren sie auf uns, grenzen sich zappelnd ab, wenden sich zitternd ab und blei-ben doch in einem Topf mit uns, wo es heißer und heißer wird unterm Arsch –

Alles darf sich der Revolutionär leisten, nur nicht den Irrtum: und damit dich der Irrtum nicht trifft, mußt du noch überzeugter von deiner Sache sein, darfst noch weniger Zweifel an deinem Tun zulassen als andere: einen Schuß kannst du nicht ungeschehen machen, also ist jeder Schuß richtig, und die Erlösung liegt in der einfachen Wahrheit, in der sauberen Trennung zwischen Schwarz und Weiß und in der Eindeutigkeit: *die Knarre spricht –*

Was spricht die Knarre denn: Hände hoch und I-DEN-TI-FI-KA-TI-ON oder dahin, wo du als Schwein hingehörst, also geschlachtet, zerteilt und gewürzt in der Pfanne: ja, was haben wir nicht alles versucht, die Sprache zu zwingen zum Kampf und Haß zu säen mit Wörtern und das Sanfte zu denunzieren und alles wegzuhauen und zu ätzen, was nach eigener Stimme und nach Freundlichkeit japste, und in die sprachlose Sprache zu stampfen und die Sprache voranzutreiben in die Stummheit der Gewalt –

Und doch ist das Ideal nicht erreicht –

Sie sind immer noch nicht tot genug, die Wörter: *der Kampf geht weiter,* aber schon jetzt steht fest, dieses historische Verdienst wird bleiben: wir als Sprachreiniger und Sprachschwundexperten, als unermüdliche Vernichter des Sprachgefühls unablässig auf den Sprachbarrieren kämpfend mit den Bajonetten der Befehle *Entweder Problem oder Lösung,* Vorreiter für eine ganze Generation von Sprachlosen, die das Heil in der Eindeutigkeit suchen, im Drill des Ja oder Nein: aber wer wird sich ausruhen auf solchen Lobeshymnen –

Der Kampf geht weiter: eine Lebensleistung ganz nebenbei, die Wörter klein und stumpf zu machen: die Wörter niederdrücken, solang sie noch in mir zucken und Atem im Rachen ist, zerreiben zwischen *Entweder* und *Oder: Entweder Problem oder Lösung, dazwischen gibt es nichts:* ich werde, wenn ich hoch oben im Lichttunnel bin, hinter mir die Wörter austreten wie Feuer, abwürgen wie meinen größten Gegner, die Silben einzeln erdrosseln, schlachten wie Schweine, die mir die Schweine waren: der Schlachthof im Land des Lächelns: *Dein ist mein ganzes Herz,* wenn alles schreit und quiekt in einsilbigen Ausrufen auf der Skala zwischen Ey! und High! und Ah! und Oh!

49 «Natürlich können Sie einen Anwalt rufen, Herr Serratta», sagte der Kommissar Klein und schob mir ein Branchenbuch hin, «unter R finden Sie genügend Rechtsanwälte. Aber so hoch ist der Marktwert des Stoffs nun auch wieder nicht, daß Sie gleich einen Staranwalt brauchen.»

So schnell hatten sie erreicht, daß ich mich verteidigte und nicht herausfand aus der Defensive. Der Ruf nach dem Anwalt war besonders ungeschickt. Ich ärgerte mich, daß ich der Situation nicht gewachsen war. Zu wenig Erfahrung mit versierten Verhörtechnikern, zu wenig Kenntnis über meine Rechte in solch einer Lage. Während ich in dem gelben Buch blätterte, kam ich von der Frage nicht los, wer mir das Heroin zugesteckt haben könnte. Auf dem Laufband bei der Gepäckausgabe in Frankfurt war die Tasche eine der letzten gewesen. Ich vermutete aber, daß sie die Dose erst in Wiesbaden reingetan hatten, nachdem sie das Schließfach geöffnet hatten.

Vor der langen Liste der Herren mit und ohne Doktortitel konnte ich mich nicht entscheiden. Allein nach dem Wohlklang der Namen wollte ich mich nicht richten. Die wenigen deutschen Anwälte, von denen ich gehört hatte, wohnen in anderen Städten, mit ihnen hätte alles nur länger gedauert. Ich hoffte immer noch, den Zug nach Neuwied zu erreichen.

Endlich begriff ich, daß jeder Anwalt die Sache nur komplizierter gemacht hätte.

Ich verlangte, meine Tasche zu sehen. Klein reichte sie mir, behielt aber die Seifendose. Es fehlte nichts, auch die Manuskripte der Falcke-Fragen und des Verbrecher- Essays nicht.

«Na, was fehlt?»

«Nichts.»

«Hatten Sie Befürchtungen?»

«Nein. Aber ich bitte Sie, diesem Spiel endlich ein Ende zu machen. Ich hab es Ihnen fünfmal gesagt und sage es jetzt zum letzten Mal: Ich bestreite entschieden, mit dieser Seifendose voll Heroin etwas zu tun zu haben. Vielleicht ist es ja auch gar kein Heroin, Sie können viel behaupten, ich verstehe nichts davon. Jemand will mir da was unterschieben. Warum, weiß ich nicht. Sie halten mich hier fest, warum, weiß ich nicht, aber wenn es Gründe gibt, dann kennen Sie die wahrscheinlich besser als ich.»

«Welche sollten das sein?»

«Ich bin kein Polizist. Spekulieren müssen Sie selber.»

«Aber es ist Ihnen bekannt, daß hier ein Rauschgiftdelikt vorliegt? Und daß Sie den Verdacht noch nicht entkräftet haben?»

So ging es eine Weile hin und her. Als meine Wut etwas nachließ, verging die Zeit schneller. Ich hatte keine Lust, das Spiel weiterzutreiben. Bald war es nach 18 Uhr, der letzte Zug weg, der mich zu unserm Gespräch hätte fahren können.

Ich hoffte, daß sie mich so gut observiert hatten, daß sie alles von meiner geplanten Reise wußten und mich bald freilassen würden, da ich das Gespräch in Neuwied nicht mehr führen konnte, höchstens mit großer Verspätung. Aber es passierte nichts, sie drängten mir die Anwälte auf, mal ging Klein heraus, mal Kiesliowski.

Irgendwann wird jeder für seine Kafka-Lektüre bestraft, dachte ich. Weil ich mit siebzehn Jahren Kafka im Original lesen wollte, habe ich Deutsch studiert, schnell Professor geworden, Margret Falcke mal drei Nächte in Ferrara wohnen lassen, darum nicht nein gesagt zu der Kommission, die ihren Tod erforscht, und nun, da ich längst zu Goethe konvertiert bin, werde ich in die trivialste Parodie einer Kafka-Welt gezogen. Das waren noch die klarsten Gedanken, die ich in in diesen Stunden fassen konnte.

Viel zu spät der Einfall: «Ich wünsche den Botschafter der Republik Italien zu sprechen.»

Sie zeigten sich entgegenkommend. Und sagten nach einer halben Stunde, er sei nicht zu sprechen.

«Das möchte ich selber versuchen.»

Sie dürften mir eigentlich nur Ortsgespräche erlauben, sagte Klein, aber weil ich ein Gast aus dem Ausland sei, wolle er nicht kleinlich sein. Es war nach 19 Uhr, in der Botschaft erreichte ich nichts. «Domani, domani.»

Keine Vorstellung, was sie mit mir vorhatten und ob ich die Nacht in der Zelle verbringen sollte. Einmal gaben Sie die Auskunft, sie seien mit den Vernehmungen meines Komplizen noch nicht weit genug, um mich zu entlasten. Und das, nachdem ich fünfmal bestritten hatte, einen Komplizen zu haben.

Als es fast 21 Uhr war, rückte Klein näher heran. «Ich weiß nicht, ob wir Ihren Fall heute noch aufklären können. Ich will Ihnen aber weitere Unannehmlichkeiten ersparen. Darum mache ich Ihnen ein Angebot. Ich kann sie freilassen, ich meine abschieben in Ihr Land, wenn Sie bis auf weiteres, sagen wir ein halbes Jahr, die Bundesrepublik Deutschland nicht betreten. Wir bringen Sie nach Frankfurt, Sie fliegen heute noch zurück – Sie warnen Ihre Auftraggeber, und der Fall ist vergessen. Nur Ihr Name bleibt erst mal gespeichert, dafür haben Sie sicher Verständnis.»

Er gab mir Zeit zum Überlegen.

Nach zehn Minuten hatten sie mich so weit, daß ich nichts weiter wollte als so schnell wie möglich dieser lächerlichen Situation entfliehen.

«Gut, wir bereiten alles vor.»

Sie schienen glücklich über die Entscheidung, das machte mich mißtrauisch. Wieder die Frage, ob ich in eine neue Falle getreten war. Endlich, gegen halb zehn, war alles bereit zur Abfahrt. Das Telefon klingelte, Klein sagte mehrmals «Ja» und dann zu mir: «Alles geklärt, Herr Serratta. Es war doch ein Mißverständnis. Sie können gehen. Bitte entschuldigen Sie die Umstände.»

Draußen, in der ersten Telefonzelle gleich um die Ecke neben dem Polizeipräsidium, rief ich in Neuwied an. Bei Dr. T. hob niemand ab. Viel Verkehr in der Stadt, ich fand ein Taxi zum Bahnhof. Auch dort kein Glück mit dem Telefon. Auf den nächsten Zug in Richtung Köln mußte ich 35 Minuten warten.

50 **In dünnen Wänden das Knistern**, Schäfer sieht von den Akten auf. Die Stunde der Heimkehr, der offenen Türen, der abendlichen Begrüßungsküsse, die Zeit der Freundlichkeiten zwischen der heute-Sendung und der Tagesschau. Außer Frau Reim im Vorzimmer sitzen nur fünf Leute aus seinem Stab in der Nähe, einige Dutzend Damen und Herren der Nachtbereitschaft in ihren Abteilungen, die Nachtschicht im Computersaal, ein paar Überstundenbeamte. In den Büros arbeitet die Stille, Bewacher schlurfen durch die Gänge des weitläufigen Gebäudes, Bewacher sichern die Sicherheitszone innerhalb des Sicherheitszauns, Pförtner dösen vor Monitoren, Putzfrauen wischen durch die Räume. Was sich bewegt, ist fern. Was fest ist, rührt sich. Die Wände rücken näher, die Decken sacken um halbe Millimeter, im Spannbeton rieselt es. Woher kommt das Knistern und Ächzen in den Stahlträgern oder Türangeln, überlegt Schäfer, warum ist es nur dann zu hören, wenn es leer wird im Haus, wenn all die lebendigen, die funktionierenden Körper mit ihrem Atem, ihren Stimmen, ihrem Schweiß aus den Arbeitsräumen verschwunden sind.

Schäfer gibt sich Mühe, es ihnen nicht übelzunehmen, daß sie ihre Plätze und ihren Chef für einige Stunden verlassen haben, all die Polizisten, Wissenschaftler, Ingenieure, Juristen und hochqualifizierten Sachbearbeiter. Er beneidet sie um die Schnelligkeit, mit der sie die Berufspflichten vergessen können. Manche, die nach Feierabend die Sport- und Hobbygruppen des Amtes aufsuchen oder sich im Chor der Kriminalbeamten zusammenfinden, brauchen den sanfteren Übergang zwischen Beruf und Freizeit. Aber die meisten können, wenn sie mit ihrer Codekarte die letzte Schranke passiert haben, einfach abschalten, und sie schalten ab, sobald der Hessische Rundfunk ihnen die ersten Takte ins Autoradio schickt, verstecken den Polizisten, den Polizeichemiker, den Polizeiprogrammierer, den Beschußspezialisten und steuern die Räume an, von denen sie sagen können, hier bin ich zu Hause, und das Wohnzimmersofa, wo sie die Beine strecken und die Strenge des Dienstes von ihnen abfällt.

Sie werden einfach in Freizeitmenschen verwandelt wie bei Ovid die Bauern in Frösche, sie betreiben die Verwandlung selber, krabbeln durch ihre Eigenheime, Doppelhaushälften, Dienstwohnungen in den Nestern rund um Wiesbaden, im Taunus oder unten am Rhein, sie entpuppen sich als Heimwerker und treiben Elektrobohrer in die Wände oder installieren die neuen Stereoboxen oder träumen vom besseren Black & Decker-Hobel mit dreizehntausend Umdrehungen in der Minute, sie bauen und schnitzen und hämmern und prüfen die Englisch-Vokabeln ihrer Kinder, bevor sie sich in das Abendprogramm fallenlassen.

Schäfer wirft ihnen das nicht vor, hat aber seine Last damit, den Vorwurf zurückzuhalten. Niemand kann ihn davon abbringen, rund um die Uhr Terroristen zu jagen, doch immer öfter zieht es ihn zu einem schlichteren Leben, zum Basteln und Pflanzen und Küssen an ruhigen Sommerabenden, dann sieht er sich Himbeeren züchten, Rasen mähen und endlich mit Hausschuhen, Beine hoch-gelegt, nur die Bilder im Kopf, die sie in Mainz, Köln oder Baden-Baden für ihn ausgedacht haben.

Zur Stärkung bei der Aktenarbeit hat er Schinkenbrötchen und Käsebrötchen bestellt, dazu Orangensaft, heute wünscht er keine mit 140 PS herangeschafften, aluminiumverpackten italienischen oder chinesischen Feinheiten mit Soße. Frau Reim schmiert die Brötchen selbst, trägt sie auf einem Teller herein, legt blaue Papier-servietten dazu. Er sieht die Sekretärin kaum an, nur die schmalen Hände, das Signalrot der Nägel. Er dankt und faßt den Vorsatz: früh Feierabend, noch eine Stunde höchstens.

Akte 1, Entwicklung und Beschaffung neuer Beobachtungsge-räte. Da ist nicht viel gegenzuzeichnen, da muß er nur Übersicht behalten über diverse Wünsche der verschiedenen Abteilungen. Zu viel Butter zwischen Brötchen und Schinken. Verstärkte Kooperation mit Sicherheitsbranche, speziell durch Aufträge zu fördern wie Bewegungsmelder, Nachführungssysteme mit Video-anlagen kombinierbar, beschleunigter Auftrag, baldige Einsatz-reife. Problem, Video wird überschätzt, der Effekt der städtischen Anlage heute: ein paar Taschendiebe, ein paar Abgleichungen, Pro-belauf erfolgreich. Schäfer denkt, die Butter, das mit der Butter mal wieder der Reim melden, Cholesterin und so weiter, und überfliegt den Kostenplan, hakt sein Zeichen an den Rand, schreibt auf einen leeren Zettel «Butter» und nimmt einen zweiten Bissen.

Die nächste Akte dicker, Ausweitung RasterFA, GEHEIM-Stempel auf jeder Seite, erstens Videoabsicherung von Briefkästen an Hauptpostämtern, zweitens Videoabsicherung von Zeitungs-kiosken, drittens Absicherung von Schalterhallen vorerst in acht terrorrelevanten Großstädten.

Das Telefon blinkt, Assistent Bopp meldet sich ab, Assistent Mahlke zum Dienst.

Schäfer überfliegt die Expertise. Nach Anschlägen schreiben Täter Bekennerbriefe, gewöhnlich sind sie so blöde und werfen die bei der jeweiligen Hauptpost ein. Eine V-Anlage installiert, und nach jedem Anschlag setzen sich sofort Ermittlungsbeamte dahinter, schalten die Kamera ein, warten, halten die Briefabsender im Bild fest, fangen die Briefe ab, die meistens an eine Tageszeitung gerichtet sind, und wissen so, welches Gesicht der Mensch trägt, der den Bekennerbrief eingeworfen hat.

Keine Frage, die Geräte müssen her, obwohl bei den Postämtern mindestens einer eingeweiht werden muß, obwohl die Beamten nicht immer schnell genug an den Beobachtungsschirmen sitzen. Was Schäfer zögern läßt, ist das alte Unbehagen, niemals perfekt zu sein, das Unbehagen, mit der immer größeren Perfektion auch die Gegner zu immer größeren Leistungen an Unübersichtlichkeit und Perfidie zu drängen. Irgendwann, das ist nicht schwer vorherzusehen, merken die Burschen, wo Kameras versteckt sind, dann werfen sie die Bekennerbriefe und Erpresserbriefe nicht mehr an der Hauptpost, sondern in den Außenbezirken ein, und wieder müssen viele Konferenzstunden verwendet werden für die alte Frage: Sachmittel, Personalmittel ausweiten bis zu welcher Höhe realistisch oder wo statt dessen effektiver.

Die gleiche Frage bei der Absicherung von Zeitungskiosken. Auch hier macht es sich die Expertise zu einfach: Terroristen kaufen nach Anschlägen zumeist an Bahnhöfen oder Verkehrsknotenpunkten Zeitungen, und zwar in auffälliger Meinungsbreite. Eitel wie sie sind, wollen sie in die Zeitung kommen, wollen ihre Tat gespiegelt und vervielfältigt sehen, diese Erkenntnis gilt es ermittlungstechnisch zu nutzen, also: Videoabsicherung. Aber auf das Problem, daß auch dieses Mittel sich abnutzt, weist der Experte nicht hin. Irgendwann wird den Tätern die kleine dunkle Linse zwischen zwei bunten Zeitschriften auffallen, dann werden sie ihre Zeitungen in der Vorstadt kaufen, und wenn sie vorsichtig sind, werden sie nicht fünf Zeitungen auf einmal holen, sondern verschiedene Blätter an verschiedenen Kiosken, und wieder sind viele Millionen umsonst ausgegeben oder vielleicht doch nicht umsonst, vielleicht findet sich vor den Briefkästen, vor den Zeitungen doch das eine oder andere der gesuchten Gesichter ein, wird festgehalten, verglichen mit den Gesichtern in den Bildmappen, und es wird bewiesen, daß der Verdächtige X da und dort und dann und dann die und die Zeitungen gekauft hat, damit macht sich der Verdächtige ein weiteres Mal verdächtig, erhöht seine Verdachtsquotienten, und eines Tages, wenn er vor Gericht steht, werden Beweise daliegen: seht her, der Verdächtige ist ein Täter.

Es ist schwer, die Politiker zu überzeugen, es ist schwer, sich selbst zu überzeugen. Man darf nicht nur an die Millionen denken, die solch ein Video-Mosaik kostet, man muß vom Ergebnis ausgehen, vom Gesamtbild, vom Auftrag, nichts unversucht zu lassen, die Mörder und potentiellen Mörder zu stellen. Die Abwägung ist das Schwierigste, das Unbehagen, in dieser oder jener Richtung zu wenig zu tun, der tragische Konflikt zwischen realen Mitteln und theoretischen Möglichkeiten. Schäfers Tage sind voll von diesen Konflikten, er muß damit leben, es gehört zu einem guten Polizisten, dieses Unbehagen nicht zu verdrängen. Es darf nur niemand genauer nachrechnen wie die Banken es auf ihre rüde Art tun: 17 Millionen für die Fotokameras, um Bankräuber abzuschrecken, das Sechsfache der Summe, die bis dahin durch Banküberfälle verlorengegangen ist, und nach der großen Investition sind die Banküberfälle um 20 Prozent zurückgegangen, aber dafür die Zahl der Überfälle auf Geldtransporter sprunghaft nach oben und die geraubten Summen ebenso.

Wie Banken und Versicherungen damit fertig werden, ist ihr Problem, sie zahlen und fertig, aber der Effekt ist: die Arbeit für die Polizei ist wieder einmal schwerer geworden, wieder eine Eskalation wie nach dem Einbau des Sicherheitsglases, das die Gangster dazu gebracht hat, bei ihren Überfällen Geiseln zu nehmen. Schäfer will sich nichts vorschwindeln. Ein Polizeiproblem, das äußerste Nüchternheit verlangt, die Leiter geht immer weiter nach oben, wer traut sich noch hinunterzuschauen. Es gibt kein Zurück in die schwarzweiße Romantik der fünfziger Jahre, und wenn jemand schwärmt, wie einfach und billig es früher war, Verbrecher abzuwehren und zu stellen, kann man nur sagen: das nützt den Opfern der heutigen Überfälle gar nichts und den Versicherungsgesellschaften auch nichts. Es bleibt nur das Geldargument, eine hundertprozentige Sicherheit ist nicht zu kaufen, diese Weisheit haben die Politiker nun endlich in ihre Sonntagsreden übernommen: Sicherheit immer nur relativ, eine Frage der Abwägung. In der Streitfrage um die Effektivität videotechnischer Anlagen fühlt sich Schäfer gerüstet, er kennt alle Fragen und Antworten, und auf den härtesten Vorwurf, effektiv nützen diese Anlagen überhaupt nichts, wird er kontern: Wissen Sie denn, Herr Abgeordneter, welcher Mord dadurch verhindert wurde?

In der nächsten Akte sind Anträge auf Lauschüberwachung verschiedener Wohnungen gebündelt, Raum Heidelberg, Bremen, Göttingen, Freiburg. Schäfer läßt sich alle diese Begehren der untergeordneten Beamten und die Zustimmungsnotizen der Abteilungschefs vorlegen, er will die Übersicht behalten. Manche Praktiker sind zu schnell mit dem Ruf: Am besten alles verwanzen! Hier muß mit größter Vorsicht gearbeitet werden, Fehler schlagen direkt auf die Öffentlichkeitsarbeit durch, Wanzen sind leicht zu entdecken, Grenzen der Legalität umstritten. Man muß geschickt sein, es gibt technische Tricks, nicht alle Abteilungsleiter geben die Tricks der Praktiker weiter, so dauert es zu lange, bis alle Einsatzleiter wissen, daß Alarmanlagen, die das Öffnen bestimmter Türen melden, leicht umzubauen sind als Abhörgeräte, die viel schwieriger zu orten sind als die gute alte Wanze. Die Abteilungschefs dulden das, solange die Geräte unter Alarmanlagen in den Bestandsbüchern geführt werden. Schäfer duldet das nach dem Prinzip: besser mehr Technik als mehr Waffen, lieber ein Bewegungsmelder als ein Störerbekämpfungsgewehr. Er ißt sein Käsebrötchen und denkt an Körperschallmikrofone, Gespräche durch dicke Wände und Fußböden, Sprechfunk und Fernsehsender im Kofferraum, die unendlichen Gespräche und die unendlichen Möglichkeiten, sie aufzufangen und auszuwerten, und wischt den Mund mit dem blauen Serviettenpapier ab.

51 Die Adler, du sagst es, Lisa, *dulden kein zweites Paar in ihrem Revier –*

Aber was zuckt da am Zeitungskiosk: ein bekanntes Gesicht mit silbernem Kopf und unberechenbaren Stechaugen ruft aus der Zeitschrift mit rotem Rahmen: *komm her, Junge!* oder *bleib bloß weg, Kerl!* weiß leuchtet das Hemd aus schwarzem Hintergrund: der Kanzler mit Adlerblick über der Titelzeile *Der bewunderte Deutsche* in hellblauer Schrift –

Der ruft, ruft auch mich, als ob ich noch unter den Lebenden wäre: von allen Seiten umworben, Kunde, Partner, König, angelächelt von mehr als zehn Mädchen mit ausgesuchten Brüsten und offenen roten Mündern, angelockt von den Sensationen der Woche, dem Glanz der neuesten Karosserien, Gäule, Computer und Anlagefonds, überall Rasse und Klasse und Lack und Haut und das vermaledeite, das verräterische Lächeln des Verrats auf den leuchtbunten Titelblättern: nach mehr als fünf Jahren Knast hätte alles von vorne anfangen können: mit den Abbildungen des prächtigen Lebens, mit dem Neuen und Geilen und Sorglosen –

Aber jetzt bleibt es bei der Versprechung *Terroristen: Fahndung total* kursivrot auf gelbem Balken haarscharf schräg überm Kanzlerhaupt –

Er ruft: und autoritär wie ich bin, höre ich hin: oder was hätte ich ihm zu sagen, falls er mir das Ohr leiht oder meine Offenen Briefe öffnet –

Ja, ich habe Sie gehört, mein Adler, trotz aller Kontaktsperren, Nachrichtensperren, Maulsperren: die feste Stimme von oben ins Land hinaus, hinab –

Wir wiederholen: Beenden Sie Ihr irrsinniges Unternehmen!

Ich habe verstanden und beendet, was ich beenden konnte: trotzdem erlauben Sie mir bitte einen letzten, unterwürfigen Akt der Verweigerung: denn ich bin in diesen letzten Minuten, Sekunden, Zehntelsekunden, Hundertsteln versehen mit den heiligen Sakramenten der Bescheidenheit: ich möchte nicht, daß Sie mir für mein Verständnis noch einen Orden nachwerfen –

Sie irren sich: Wir werden uns von Ihrem Wahnsinn nicht anstecken lassen!

Gut, bleiben Sie bei dem vernünftigen Wort der Mitte, das mir, dem Leitwolf der Neinsager und Wahnsinnigen, fehlt: in den letzten Sekunden auf dem Tränenkurs taumelnd ins Jasagen und Rechthaben –

Mein Hals ist bereit für das Sektionsbesteck und nicht frei für Orden und Schmuck: aber meine glückliche Seele und meine Ohren haben Anspruch *auf ein verantwortliches Wort des Bundes…*

Musik wäre mir lieber, aber ich höre, ich höre –

Mir liegt am Herzen, zunächst Millionen Deutschen zu danken, die in diesen Tagen!

Gern nehm ich den Dank entgegen, daß ich Sie befreit habe vom Makel der Ratlosigkeit: und was dem Dank folgt, muß kein Orden sein dafür, daß ich meine Schußhand noch einmal, zum letzten Mal –

Der Staat, den die Terroristen für ohnmächtig halten, den sie zu unterminieren trachten, ist keineswegs ohnmächtig!

Das Verdienst, die Spitzenpolitiker zu Spitzenleistungen in der Kunst der Staatsführung getrieben zu haben: einen besseren Trainer fanden sie nicht: die Kugel kam geflogen, und wem galt sie denn am Ende: einen besseren Kameraden fanden sie nicht als MICH: das braucht ein fein dosiertes Ausdauertraining und Intervalltraining, um von der Gewaltenteilung zur Gewalteneinheit zu springen in großer Koalition mit kleinen Zerrungen in den Sprunggelenken: der Schulterschluß Exekutive Legislative Jurisdiktion Medienmedikation –

Zu jeder Stunde ist uns am Beratungstisch gegenwärtig, was unsere Mitbürger empfinden. Wir sind selbst tief erregt!

Der gemeinsame Angstschweiß Achselschweiß Fieberschweiß, der die Nation zusammenschweißt und mit Zauberstäben Krisenstäben die Spannung des Publikums bannt: Einigkeit, wie sie die Hymne uns wünscht seit über hundertdreißig Jahren: und Recht und Freiheit –

Ich danke, daß Sie nicht vergessen haben, Herr Bundesadler, was für Geschenke ich gemacht habe, wie Recht und Freiheit aufblühen konnten: Sie haben durch mich dazulernen dürfen: der schlimmste Schrecken, die teuflische Mischung aus Gewalt und

Wahnsinn und Gefahr, ist bezähmbar letztlich von der einzigen Kraft, die ihr herbeiruft, wenn jemand zu laut schreit im Vorgarten oder ein Fest in der Eigentumswohnung nebenan zu lang dauert: dein Freund und Helfer wird Schlichter und damit am Ende Sieger sein: der größte Schrecken ist zu mildern wie jede Beule und jedes rutschende Moped durch die Entschlossenheit zur polizeilichen Lösung –

Die Täter sind Mörder

und haben das Verdienst, euch herauskatapultiert zu haben aus der Nachkriegszeit: die spendierte, verordnete Demokratie habt ihr endlich selbst erobert, indem ihr sie tapfer im Kampf gegen ihre inneren Feinde verteidigt und damit nach dreißig Jahren Bewährung verdient –

Dazu das Geschenk eines Sieges für die gesamte menschliche Gattung und gegen die Mörder, die sich

gegen unsere freiheitliche Ordnung im Ganzen, gegen jede menschliche Ordnung überhaupt und damit gegen jeden einzelnen von uns richten!

Das Verdienst, daß Sie wieder laut in die Mikrofone husten dürfen wie ein Offizier:

Wir wissen, was Krieg ist!

Auch das ist wahr, denn die Häuser sind heil geblieben, die Schüsse wurden nur einzeln in die Wohnzimmer übertragen in Ton und Bild, und die Wände sind dicker geworden, das Glas sicherer und die Zäune höher und die Sprache ein Schutzwall, und –

Die Arbeit in unserem Lande geht weiter!

Immer wieder starren auf das mögliche kommende Unglück und sich darüber selbst vergessen: welcher Deutsche, der durch die blühende Bergstraße streift, denkt nicht: es wird schlimmer kommen als es ist, und wie kann ich das mit einer Alarmanlage verhindern: gesagt getan, aber danach ist sofort ein Ausflug in die Drosselgasse fällig: oder durch die Augsburger Fußgängerzone: es wird schlimmer kommen als es ist, und wie kann ich das verhindern mit höheren Prämien: und auf dem Weg von Bremen nach Wildeshausen steht in den Köpfen aller Autofahrer auf der A 1 der Leitspruch: es wird schlimmer kommen als es ist: nur die Geisterfahrer ahnungslos, ja fröhlich, weil sie gegrüßt werden mit Lichthupen: und weil meine Landsleute ihre Ahnung nicht loswerden, ins Blut geimpft seit Generationen, beeilen sie sich mit Abwehrmaßnahmen gegen die kommenden Gefahren, als Waffen sind tauglich Schlagbohrmaschinen und Taschenrechner und Fernsehgeräte, die von den Verkäufern nun schon mit Argumenten für die innere Sicherheit angepriesen werden: *Grundig Farbfernseher, weil innere Sicherheit für alle wichtig ist –*

Denn so gut ging es noch nie, seit das Fremdwort Terrorismus mit dankbarem Entsetzen und innerer Erregung akzeptiert wird als die größte anzunehmende Gesellschaftskatastrophe, die das Bruttosozialprodukt antreibt –

Nie hat es in Deutschland für junge Menschen so viele Rechte, so viel Freiheit, so viel soziale Sicherung, so viele Bildungs- und Lebenschancen gegeben, wie sie ihnen im Laufe der drei Jahrzehnte des Aufstiegs der zweiten deutschen Demokratie eröffnet worden sind!

Aber warum besteht der totale Notstand darin, daß der Notstand erwartet wird: der Sieg der wehrhaften Demokratie ist keine Selbstverständlichkeit, alle halten zusammen in der Not: in der Flutkatastrophe die Deiche mit Sandsäcken gestopft: und der Verfassung großzügig verzeihen, daß sie für diesen Ernstfall nicht immer wortwörtlich –

Die größte Staatskunst –

Deshalb stehen wir auch tatsächlich zusammen!

Damit wir weiter zusammenstehen, soll, wenn ich noch einen Wunsch äußern darf, kein Orden verteilt, sondern ein Denkmal gebaut werden neben der Dame Germania, wo wir schon einmal alle zusammenstanden: *Zum Andenken an die einmüthige und siegreiche Erhebung des deutschen Volkes –*

Damit die Experten es nicht zu weit haben von den Akademien und Kongreßhotels im Taunus, wo sie weiter um die Fragen raufen: war das alles möglich ohne einen Mann wie Nagel? warum nannte sich die kleine Armee RAF? woher haben sie die geniale Kompilation aus der sowjetischen Roten Armee, die zu Lande, und aus der britischen RAF, die von der Luft aus die Schrecken des

Krieges in die deutschen Seelen pflanzten? was trieb sie, die schlimmen Assoziationen aus dem Unterbewußtsein abzurufen und überdies die Verbindung zu Raffen, Rauben, Raffgier zu suggerieren? hat dieser Haufe nur den Vorwand geliefert für alle die Gesetzesverschärfungen, Aufrüstung von Polizei- und Geheimdienstmitteln, für die tatsächlichen oder angeblichen Einengungen von Grundrechten und so fort? oder war das die einzige Möglichkeit, mit solcher Staatskunst die kleine Armee zu zerschlagen: oder wäre all das auch ohne diese Armee geschehen, ohne MICH? –

Bitte die richtige Lösung ankreuzen, die nach Ihrer politischen Neigung naheliegende Lösung bitte: oder warten Sie ab, bis die ersten wissenschaftlichen Arbeiten darüber zweifelsfrei entscheiden oder die Memoiren erscheinen oder Fernsehspiele, Romane: das ist der Stoff, aus dem die Welt ihre Süppchen kocht, oder der Stoff, der dazu hilft, auszubrechen aus der Zelle der Wirklichkeit und Freiheit zu suchen in einer möglichst bequemen Deutung dessen, was hinter mir liegt: *und meine Seele spannte –*

Aber eh ich mich lege, wo ihr mich hingelegt habt, flieg ich noch einmal mit weiten Flügeln nach Haus: durch die Oktoberabend-dunkelheit über Weinberge hin: die letzten Trauben gelesen, nur der Eiswein wartet auf die Handschuhhände: ein Schlückchen in Ehren für mich, hoch über einer mit Schornsteinen gespickten Landschaft, der anzumerken ist, daß der Krieg zu Ende geht: die Ernte ist eingefahren, Erntedankfest gefeiert: und alle –

arbeiten für den Frieden, für den Frieden nach außen und den Frieden nach innen!

Abschied von meinem Revier: und nur du, Lisa, siehst mir an, wie ich die Tränen wegquetsche mit Flüchen und kostenlosen Attacken, wie ich heule im Schreien –

Aber auch du weißt nicht, wie oft ich rauswollte aus dem Streß der lebensgefährlichen Zehntelsekunden, weg von der selbstge-knüpften Familienbande *Family*, von der Schlachterei *Mensch & Schwein*, von der Befehls- und Rechthaberei, *good bye, good bye* –

Nein, ich werde nicht klagen beim Abschied: das Land da unten mein Himmel voller Sterne in geordneten Lichtbahnen, die Sternschnuppen der Autoscheinwerfer jagen einander: viel kann man sich nicht wünschen, nicht einmal ich in einem Zustand, in dem sich jeder Wunsch erfüllt –

Aber wenn die Städte sich streiten um das Privileg, mir ein Denkmal setzen zu dürfen, wenn die Stadt meiner Geburt, die Stadt meiner Entfaltung, die Stadt meiner ersten Tat, die Stadt meiner letzten Tat, die Stadt meiner Haft oder die Stadt meines Begräbnisses mit Eingaben und Entwürfen, mit Kostennutzenplänen und Gewerbesteuern um die letzte Ehre des Danks an meine Person wetteifern: dann soll der Notar mein Testament öffnen: bitte einen Platz mit schöner Aussicht: Landeplatz, Flugplatz, Parkplatz, Ruheplatz, Fensterplatz: zwischen der Adlerwarte und der leibhaftigen Germania, gerüstet bis zum Hals, das Schwert in der Linken von sieben Metern Länge, auf das die gesamte kleine rote Armee aufgespießt passen würde: und die Besucher dürfen nachzählen, ob es wirklich zehn Negerlein waren, die auszogen, das Fürchten zu verlernen –

52 Kassette 3, Seite B:

Wenn wir diskutieren merke ich daß ich das gar nicht mehr kann so nicht und ich möchte immer sagen vielleicht habt ihr recht aber ihr versteht eins nicht ihr versteht den Druck nicht in dem wir gesteckt haben ich will versuchen von mir zu reden also der Druck in dem ich gesteckt habe ein einziger Druck ein Druck den du nur los wirst mit der Vorbereitung auf die nächste Aktion wenn es endlich wieder rappelt und du das Gefühl hast es tut sich was und du hast dich gewehrt und du lebst nicht umsonst/

Du guckst nur auf dich und die Gruppe und die Genossen im Knast und bist dauernd mit dir selbst beschäftigt dich einzuordnen und nicht mit euren vernünftigen Überlegungen das paßt nicht zusammen das müßtet ihr endlich mal kapieren/

Und wenn ich ehrlich bin wir wollten berühmt sein auch in der Zeitung stehen wie jeder vernünftige Mensch die Bildzeitung unser Zentralorgan und immer noch manchmal die Hoffnung immer

mehr und mehr und mehr zu werden und dann die Tür zum Paradies aufstoßen eines Tages aber in Wirklichkeit sind wir längst Gefangene gewesen Gefangene unserer eigenen Gruppe isoliert von
allen und den Mut hab ich so bewundert und sogar selbst gefühlt
diesen Mut mit der Waffe in der Handtasche durch die Fußgängerzonen laufen und doch in der Angst gelandet in der Angst vor der
kleinen falschen Bewegung in der Angst doch alles falsch gemacht
zu haben in dem ewigen Zittern und /

Warum erzähl ich das warum frag ich mich immer wieder und
stocke dann und stell das Band ab und denke nach und stell es
wieder an warum erzähl ich das es ist ich muß ganz nüchtern ich
darf mir nichts mehr vormachen nichts mehr vorlügen das ist das
Wichtigste irgendwann können sie kommen oder in ein paar Tagen und mich schnappen tot ist man schnell eine tote Conni spricht
nicht mehr /

Und wenn sie mich einlochen wird es schlimm schlimmer als ich
mir ausmalen kann das geringste ist noch das Licht bei Tag und
Nacht unter den Neonstrahlern und das über Monate Jahre das
machen sie mit allen legen dich unter das ewige Licht damit du
nicht schlafen kannst damit du kaputtgehst damit dir die Nerven
und du nicht mehr reden kannst nur stammeln stammeln wahnsinnig werden lieber rede ich jetzt zu viel als nachher gar nichts mehr
es ist meine einzige Chance ich wiederhole mich bestimmt wiederhole ich mich aber ich will es nicht noch mal durchhören die ganzen Bänder nicht heute /

Was mir eben wieder eingefallen ist ich hatte plötzlich den
wahnsinnigen Gedanken ich weiß es klingt blöd aber ich muß es
sagen Wahnsinn ist alles sowieso Wahnsinn also daß Büttinger es
war der mich weggetrieben hat von der Gruppe der mich rausge-
kickt hat den letzten Schubs sozusagen den hab ich ihm zu verdanken so kommt es mir vor jetzt /

Wenn ich schwach wurde im Kampf ich sage immer noch
Kampf und nicht Krampf also wenn ich nicht weiterwußte oder
ein Streit oder so was dann hab ich zu mir gesagt du mußt mehr
Haß kriegen Conni mehr Haß Haß war die Parole aber diese Parole wirkte immer weniger ich hab nie so viel Haß zusammenge-

kriegt wie ich brauchte oder wie ich dachte zu brauchen mein Haß
ist immer dünner geworden immer stärker das Zittern das Eis immer dünner das Eis und die Fragen und dazu der Blick Büttingers
Blick/

Oft hab ich ihn heimlich angeschaut aus der Ecke hilflos im
Hemd wenn wir ihn mal rausgelassen haben und fast immer
freundlich wenn wir ihn angesprochen haben mit einem Verständnis wenn man so will für die Lage und wenn wir die Gespräche
filmten seine Botschaften waren immer kooperativ könnte man
sagen sachlich wenn wir ihn gefragt haben oder ihm das Futter
hingestellt aber das wollt ich nicht sagen von seinem Blick wollte
ich reden und daß er schonend mit uns umgegangen ist wie mit
seinen schwierigen mißratenen Kindern die man nicht reizen darf
aber wie soll ich das beschreiben er war beherrscht manchmal be-
herrschter als wir vielleicht weil er den Todesschrecken schon hinter sich hatte und wir nicht wir eben nicht/

Es war nicht nur das Alter das ihn irgendwie überlegen machte
er war milde mit uns und ausgerechnet er der SS-Mann der Organi-
sierer der Zwangsarbeit der Aussperrungsboß er war es der in diesem ganzen Horror ein menschliches Gesicht zeigte das ist blöd
menschlich sind wir alle ich meine so einen Blick der auf Versöhnliches aus war ein milder hilfloser Vaterblick der uns alles Gute
wünscht und irgendwie sieht daß sein Wunsch umsonst ist und
brav Monopoly spielt mit/

Ach jetzt werd ich auch noch sentimental kitschig ich kann es
nicht anders sagen er hatte ja meistens verbundene Augen oder wir
die Masken an aber eben nicht immer der Blick jedenfalls hat mir
meinen Haß entzogen er hatte keine Eisaugen jetzt hab ichs er
hatte keine Eisaugen wie Enzo wie die Bullen wie viele Politiker er
hatte andere Augen jedenfalls kam ich nicht weiter mit meinem
Haß dieser Blick hat mich letztlich abgebracht von der Gruppe
wer mich so anschaut so hilflos und entsetzt ein Opfer/

Wie Sigurd damals so ähnlich jedenfalls als er vor Gericht ausgeliefert gefesselt geknebelt von den Schikanen vom Richtertisch so
hat er mich damals ja auch weichgekriegt und in die Gruppe gezogen indirekt als ich ihn gesehen hab wie er für Gerechtigkeit

kämpfte und für sich Gerechtigkeit und ich nichts weiter wollte als ihn einfach mal in den Arm nehmen weil er schon keine Chance mehr hatte jemals freigelassen jemals in Ruhe gelassen zu werden nur bei ihm bei Sigurd war diese Sehnsucht nach Liebe nach Ruhe nach Freiheit anders der wollte alles bloß nicht auf der Seite der Schweine stehen und das brachte ihm den Haß und bei Büttinger war es wieder anders egal egal ich kann das jetzt nicht auseinander- fieseln ich hab sie jedenfalls manchmal ganz ähnlich gesehen den einen so wie den andern irgendwie die gleiche Welle von Sympa- thie ich konnte das nicht mehr wegschieben und erst dieser Blick hat mich abgebracht von der Gruppe einmal hab ich gedacht /

Nein so nicht aber vielleicht doch so einmal hab ich gedacht einen solchen Vater hättest du gern gehabt und dann wieder nein bloß nicht bloß keinen solchen Verbrecher vergiß nicht was er für ein Verbrecher war und ist aber Verbrecher das sind wir doch in seinen Augen /

Sind wir seine Kinder Verbrecher wie er oder von ganz anderer Sorte /

So kommen wir nicht so komm ich nicht weiter das ist mir selber zu hoch jedenfalls was er uns alles erzählt hat wie einer aus der großen Welt wie der Papa der von der Weltreise heimkommt und erzählt und tagelang erzählt nicht freiwillig wir mußten ihn fragen und alles auf Band was er gesagt hat aber was weiß ich was sie jetzt mit den Kassetten anfangen wo sie die verstecken und ob das je- mals ans Licht kommt das geht mich auch nichts mehr an es geht mich alles nichts mehr an diese ganzen Einzelheiten über die Be- stechungen dieser Rüstungsfirma und welcher Politiker wen er- preßt hat mit Quittungen und welche Karriere von welchem Geld gesteuert wurde es ist alles so läppisch jetzt es zählt jetzt alles nicht mehr jeder Tod schlägt die Wahrheit die miese fiese Wahrheit ab meilenweit ab /

Es war eine Abwechslung jedenfalls wie er das alles erzählt hat eine Abwechslung in unsern immer gleichen Geschichten und im- mer gleichen Gesichtern in der gleichgültigen Hackordnung der Gruppe und in dieser Totenstarre und Befehlsstarre zwischen uns da kam er mit den Märchen aus der Unterwelt der Unternehmerwelt und natürlich haben wir nicht immer gewußt wo er zu phantasieren anfing gerade das war irgendwie spannend wie bei guten Märchenerzählern oder dann der Schreck alles wie ein Testament daß er am Ende ist und endlich alles sagen will und plötzlich nichts als die Wahrheit und auspacken an welchem Dreck sie hängen das ganze Geficke wen interessiert das denn also mein Schreck plötzlich daß er vielleicht uns als seine Beichtiger nimmt ausgerechnet uns als moralische Instanz oder Vergebung von uns und wir haben das nicht kapiert für uns war es unterhaltend an diesen langen angespannten Tagen und besser als Fernsehkrimis und wir haben ihm das Egoteabsolvo nicht gesprochen und es wird verschwinden alles wieder was er gesagt hat und vielleicht war es wichtig für ihn daß er es gesagt hat vielleicht war das schon seine Absolution nun wird es verschwinden alles mit Recht verschwinden weil wir alle nur dran interessiert sind wie wir so schnell wie möglich rauskommen aus der Scheiße und die Haut retten die eigne/

Hunger hab ich der Hunger kommt immer mit der Angst was hab ich gefressen in den letzten Wochen alles mit Fressen weggedrückt und dick bin ich wie nie ich werde ich will/

Eigentlich wollte ich aufhören für heute endlich Schluß machen bald kommen meine Leute sie müßten eigentlich schon dasein mit ihnen geht der Abend los Nachrichten Essen Gespräche ich kann nicht mehr reden und weiß schon nicht mehr was ich heut morgen gesagt hab/

Nein ich hör es nicht noch mal durch nehmt es wie es kommt Kraut und Rüben dieser Strapaze setz ich mich nicht aus ich weiß nicht mehr was ich alles gesagt hab ich hab mich bestimmt in Widersprüche verwickelt in viele Widersprüche so viel steht fest warum auch nicht es stört mich nicht ich möchte mir endlich widersprechen ja wieder sprechen dürfen ohne daß mich jemand bestraft/

Morgen will ich vielleicht versuchen zu erklären wie alles anfing bei mir und wie toll ich es fand am Anfang und wie lebendig und zum ersten Mal das Gefühl hier wirst du gebraucht und wann es anfing zu kippen/

Jetzt kommt mir grad wieder die Geschichte in den Kopf das

Fallen es war ich war wie mitten in den Verhören und Büttinger hielt sich plötzlich bei Formulierungen auf die er sonst immer durchgehen ließ er bestand auf unsinnigen kleinen Wörtern ein Summen kam von den Fenstern Musik Marschmusik Büttinger trat ans Fenster wir sahen auf die Straße eine Militärkapelle der Bundeswehr und sonst kein Autoverkehr weit und breit ich dachte was ist los was für ein Tag ist heut da stand Büttinger plötzlich auf der Fensterbrüstung und sagte man muß die Feste feiern wie sie fallen und breitete die Arme aus als wolle er fliegen sich runterstürzen ich griff nach ihm ich sah ihn im Smoking ich griff daneben sah ihn schon in die Tiefe stürzen bekam ihn dann noch zu fassen sie rufen mich sagte er sie wollen mich sehen und wirklich die Kapelle da unten war still das Haus still die Stadt still er wollte fliegen ich hielt ihn er wurde schwerer und dicker und böser er wird mich runterreißen dachte ich und ich fühlte meine ganze Kraft und er fiel fiel die vielen Stockwerke runter und fiel zwischen die Männer da unten ich sah daß es keine Soldaten mehr waren die da unten marschierten sondern Arbeiter Monteure lauter Männer in ihren Overalls Blaumännern ob sie ihn auffingen weiß ich nicht mehr so schweißnaß wachte ich auf gestern früh und sehe noch alles vor mir /

Sie müßten längst dasein sie kommen sonst früher nicht nervös werden vielleicht machen sie noch Besorgungen am besten geb ich ihnen sofort diese drei Bänder falls ich doch noch einen Rückfall kriege tabula rasa keine Spuren besenrein den Rückfall ins Schweigen und Mauern morgen gehts weiter mit Band 4 ich sage zu niemandem was ich red nur mit mir selber nein bloß nicht noch mehr Träume sonst fang ich wieder zu zittern an wenn ich nur daran denke was für Geräusche sind das was ist /

53 Wer nicht vom Großen Polizeifest angezogen wird in die Rhein-Main-Halle, wer noch nicht das Wohnzimmer ansteuert, erschöpft oder neugierig auf die Wiederholung der Höhepunkte des Tages am Bildschirm und auf die Chance, dort vielleicht das eigne Gesicht zu entdecken: wer im Herzen der Stadt bleibt, wird auch jetzt nicht enttäuscht –

Denn auf der Wilhelmstraße samt Kaiser-Friedrich-Platz findet das Fest seinen heiteren Abschluß mit Kleinkunst und kulinarischen Genüssen: noch einmal Gedränge in der lockersten Form: nach dem Besuch im KABINETT DES TERRORS schlendert man gern im wilhelminischen Prachtviertel umher, verlockt vom Zauber, den eine CITY-Gemeinschaft erdacht hat: mit kleinen Delikatessen und künstlerisch wertvollen Darbietungen alle anderen deutschen Straßenfeste in den Schatten zu stellen –

Was die Menschen hier anzieht und festhält, sind nicht allein Zauberer und Feuerschlucker, Jongleure und Entfesselungskünstler, Oldtimejazzer und Synthesizerartisten, Modemacher mit der neusten philosophischen Création aus Paris auf dem Laufsteg unter den Theaterkolonnaden –

Es sind die feineren Gerüche, die von dicht umlagerten Verkaufsständen ausgehen, manche in edlem Weiß, manche in diskretem Schwarz dekoriert: zum Leichenschmaus gibt es Austern und Krabben, Ententeile und Hummerstücke gebraten, gekocht von den besten Gastronomen der Stadt: gut betuchte Pensionäre und Beamte, Kurgäste und Beerdigungsgäste und die immer einen Happen schnelleren Selbständigen können hier zubeißen und sich belohnen: kein Wort mehr über die Toten, der Tag will gekrönt sein mit einem Häppchen nach dem Schnäppchen –

Leichen machen Durst, da ist vorgesorgt: an Theken und Stehtischen leben gesättigte Damen und Herren auf: was die besten Kellereien des Rheingaus hergeben, ist für heute gerade gut genug: wann wird man wieder einen Tag erleben, an dem die Wahl zwischen einem Rheingau-Spitzensekt und Champagner so schwerfällt wie –

Und wenn ein Bedauern in den Gesichtern liegt, dann über die kühle Jahreszeit, die nicht zuläßt, Tische und Bänke auf die Straßen zu stellen wie beim Wilhelmstraßenfest im Sommer und den Beinen Entlastung zu gönnen am Abend des einmaligen Tages –

Bier und Bratwurst werden nicht geboten, und das ist kein Zufall: das Fette, das Kalorienreiche, das Schlappsüße, all das Schwerdeutsche soll endlich abgelöst werden von feineren und leichteren Genüssen: gerade an einem Tag, an dem die westlichen Deutschen einen solchen Sieg über sich selbst errungen und ihre schwersten Belastungen abgeschüttelt haben, kommt es darauf an, Zeichen zu setzen für den Anfang einer neuen Zeit: mit internationalem Flair alles leicht und light und locker zu nehmen: ja die Lebensart, ja Europa, ja Zukunft, ja bitte: ich denke positiv: und niemand soll sagen, wir hätten die Lektion der Demokratie nicht gelernt: großzügig, unverdrossen und unbeschwert sich geben ohne Reibung und Widerstand: Maßstab ist der Trend und der Trend der Maßstab –

Wer genug gegessen, getrunken, genug Hallo! und Bis bald! und Tschüs! gerufen hat, genug von den Tellern mit Entenbrust und den fliegenden Tellern der Jongleure: diesen Damen und Herren ist zu empfehlen ein Blick auf die größte Kuckucksuhr der Welt, gerade an diesem Abend umlagert von Touristen von Japan bis Los Angeles schußbereit mit Blitzlichtkameras: warten auf die Lustschreie des hölzernen Vogels, wenn die volle Stunde schlägt –

Und ist das nicht Mr. Dreifaldt aus Düsseldorf?

Ja, der Vogel mit seinen mechanischen, leicht aufwärts gerichteten Vorstößen und Balzrufen bringt Sie auf den Gedanken: was hat die Stadt noch zu bieten, wer hat den heißen Tip für das Nachtleben –

Der Tag geht, und weitgereiste Herren wie Sie, Monsieur, müssen den Höhepunkt für die Nacht rechtzeitig planen –

Heute muß etwas ganz Besonderes her –

Ich kann Ihnen helfen, mein Herr –

Wer sind Sie denn –

Sie dürfen mir durchaus vertrauen, bin zwar kein Taxifahrer, aber doch nicht ganz ungeübt als Kuppler der Nation –

Wie bitte –

Also, wenn Sie ein Mann sind, folgen Sie mir zu den Damen,

meiden Sie die tristen Kaschemmen und verlausten Matratzen, die Soldatensamensammelstellen oder die Edelabsteigen neben dem Kurviertel: folgen Sie, wenn Sie das Besondere wünschen, das Sie auch in Bangkok nicht finden, folgen Sie mir hinaus ins Freie, hinauf auf die Weinberge hoch übern Rhein, das letzte Stück bequem mit der Seilbahn: die Nutte Germania erwartet Sie rötlich angestrahlt zu jeder Nacht- und Abendzeit und will im Stehen genommen werden, das ist ihre erste Bedingung, und in aller Öffentlichkeit ohne Wände und Schirme, das ist die zweite, und schau mir nicht in die Augen, Kleiner, die dritte Bedingung: da können auch Sie nicht widerstehen, wenn sie unterm Brustpanzer mit den Brustmuskeln spielt und mit dem Schwert das weite grüne Kleid hebt, bis Sie nicht mehr wegschauen können *hinauf in Himmels Aun*, schon winkt sie mit der Kaiserkrone, auf deren Kreuzspitze die Hunderter zu spießen sind, und dann aber ran wie der alte Brömser *Zum Andenken an die einmüthige und siegreiche Erhebung* –

Fahren Sie mit mutigen Händen unter die bronzene Wäsche, die mit Adlern geschmückt ist, scheuchen Sie von den Leibchen die Vögel, die seit hundert Jahren auf ein krummes Ende und saftiges Aas warten, scheuchen Sie die Vögel von dem Leib, den Sie bezahlt haben für eine halbe Stunde, und zeigen Sie, daß Sie einer Dame von fast zwölf Metern gewachsen sind: und zwar mit Vergnügen, mein Herr: halten Sie sich nicht lange auf bei der Frage, bei welchen Schenkeln, Backen, Lippen Sie beginnen: Zwerge bringen Glück: und dann werden Sie sehen, wie Sie an ihr wachsen –

Es ist dunkel genug unter den Strahlern, und wer mit Nachtsichtgeräten und Blitzlichtern anrückt, ist selber schuld, also stören Sie sich nicht an den Zuschauern unter Ihnen, wenn Sie den Bronzeleib erwärmen und zu Fleisch werden lassen und das Fleisch, *solang ein Tropfen Blut noch glüht, noch eine Faust den Degen zieht*, seine Sackgassen und Drosselgassen öffnet: Sie bezahlen dafür, daß Sie zielstrebig hier einreisen dürfen: küssen Sie Ihr das Grün von den Lippen, bis die Bronze wieder zeigt, daß sie aus Kupfer gemacht ist und Zinn: tun Sie was für Ihr Geld: die Zunge, vorsichtig eingetaucht in den gierigen, metallischen

Schlund, wird belebt und bestärkt wieder auferstehen nach den Rachenküssen: die Dame hält, was sie verspricht: *Es braust ein Ruf wie Donnerhall,* wenn im Hals die Adern nun pochen Ihretwegen: und wenn Ihre Zähne dieser Schulter die sanfteste Nacktheit wiedergeben: werden Sie bitte nicht sentimental, auch wenn Sie die Hunderter von der Steuer absetzen können: also tun Sie sich keinen Zwang an, mein Herr, Sie werden von dem 1200 Kilogramm schweren und sieben Meter langen Schwert, das sie immer noch lässig in der Linken hält, nicht aufgespießt, auch von seinem Bronzegewicht nicht zermalmt, auch Ihre Weichteile nicht, hier können Sie nur gewinnen: wenn eine Dame weiß, was Männer wünschen, *der Deutsche, bieder, fromm und stark,* dann diese: sie tut nur so, als wolle sie mit Härte imponieren: in Wirklich- keit will sie abgerüstet sein, auch von Ihnen, und nackt durch die Weinberge springen: greifen Sie ungeniert an die panzerharte Brust, beißen Sie den gefiederten Kerl fort, der mit seinen Krallen ihren Nabel bewacht, der die Flügel zu spreizen sich anmaßt über dem Herzen und den Brustnippeln, die nun unter Ihrem Speichel warm und weich werden: Sie werden in dieser stolzen, wohlgeformten Landschaft nicht versinken: im Stehen wie gesagt, weil sie das Eichenlaub auf dem Haar nicht verlieren will, im Stehen, *Am Rhein, am Rhein, am deutschen Rhein, wir alle wollen Hüter sein,* stoßen Sie sich leer, mein Herr, stoßen Sie sich gesund: ein so breites Becken werden Sie nicht alle Tage finden, ein so gemütliches Nabelnest, so spröde gefügige Wolle, bitte ergründen Sie die letzten, die tiefsten, die geheimsten Winkel und Schlupfwinkel der Domina Germania und teilen Sie mit, was Sie erkundet haben: halbe Stunde intensiver Heimatkunde: und wie die Verliese sich verändern unter dem Drang Ihres Blutes, wenn *der Schwur erschallt, die Woge rinnt –*

Und wenn Sie sie gesalbt haben mit den nützlichen Säften, wenn es tropft auf den Adler unter ihr oder auf Wilhelms, des Kaisers, Helm oder Roß, wenn Sie den Ausflug hinter sich haben, die Hose zuknöpfen und wieder aufschauen zur Domina: *fest steht und treu die Wacht,* spendieren Sie ihr einen Kaffee: der nächste Freier wartet, die Herren aus den Bussen drängeln schon auf dem Parkplatz –

Aber behaupten Sie nachher nicht, der Abstecher auf den Berg über Rüdesheim sei kein gelungener Höhepunkt Ihrer Reise gewesen, und Sie hätten nichts mitgebracht für Isolde oder Gretchen oder wie die Ihre heißen mag –

54 Begrüße ich Sie zum Großen Polizeifest Rhein-Main-Halle, ein wirkliches Miteinander von dreitausend Bürgern und Polizei, ein musikalisches Band von der Big Band der Frankfurter Beamtenschaft, ein großartiges Repertoire, flott flotter am / Heute beweist die Polizei wieder einmal, daß sie nicht nur beim täglichen Dienst auf der Straße, sondern auch dann ganz groß ist, wenn den Bürgern ein paar vergnügte Stunden, und durch das Programm führt Sie der Moderator ungelöster Aktenzeichen / Beifall / Waffen nur in extremen Situationen, darum waffenlose Selbstverteidigung, sechzig Polizeischüler, Engel in Weiß treten schwingen werfen praxisnah einsatzbezogen und rechtsstaatlich nicht zu beanstanden Körperteile gegeneinander, gekonntes Fallen, da kommt der Neid auf, flinke Götter der Fitness / Beifall / beim Zerschlagen der Bretter von Hand, der helfenden Hand des Freundes / Beifall Beifall / und zum Big Band Swing marschieren in mittelalterlichen Trachten die Bürger von Gent, die Basken aus San Sebastián stürmisch dahinter, hoch das Stadtwappen, hoch das Segelschiff, und es segeln durch die Halle die Abordnungen der Partnerstädte im Schmuck der Paradefarben die Bergbauern der Stadt Montreux, die Fahne Ljubljanas, ja was sind wir weltgewandt offen und unsere Herzlichkeit macht uns keiner nach, die Klagenfurter haben den Lindwurm mitgebracht den Lindwurm gezähmt und schwingen die Stöcke / Während draußen immer noch Hunderte Einlaß begehren, Feuerwehrleute Türen schützen, so schnell so live wird die Show nie wieder, Straßen verstopft, weil das Fernsehen in bekannter Abneigung gegen Polizei die Live-Übertragung des Polizeifests verweigert, Tausende blockieren die Innenstadt und wollen nicht Hummer, nicht Austern, nicht Sekt in der Wilhelmstraße, sondern handfeste Unterhaltung und nichts weiter als friedliche Zuschauer sein, aber kein Parkplatz, Stau, Aggression, kein Auto vorwärts, keins rückwärts, Bundesstraßen wie Autobahnen blockiert, NICHTSGEHTMEHR ist das Wort der Stunde / Aber in der Halle heftiger Beifall bei freier Fahrt für die Kradartisten, halsbrecherisch sieben Männer in grünen Lederoveralls auf einem Motorrad, die Botschafter der Berliner Polizei in wechselnden Pyramiden geschultert jonglierend in Gestelle gehängt und wie Propeller sich drehend, wehende Bärenfahnen, Motoren knattern, acht, neun, zehn Mann auf einem Motorrad, weltberühmt und vielgereist auf vier Kontinenten reihen sich zum krönenden Abschluß die Grünen im Kopfstand mit gespreizten Beinen vor eine Rampe und einer rast Kawasaki-Cross ein Brett hinauf und dann fliegend über die ungeschützten Geschlechtsteile der kopfstehenden Kollegen hinweg / Beifall ist immer stürmischer Beifall / Aber die Protokollchefs müssen sich etwas einfallen lassen, den Strom der Menschen zu verteilen, die aus allen Richtungen zur Rhein-Main-Halle drängen und die Straßen in Parkplätze verwandeln, Unzufriedenheit mit dem Verkehr fördert Staatsverdrossenheit, alle zur Wilhelmstraße schleusen geht nicht, der Kurpark gesperrt, alle nach Rüdesheim in die Drosselgasse geht auch nicht, die Leute wollen erleben, was mehr ist als das Glas heben, was ist mit der Rheingoldhalle Mainz, ist die Jahrhunderthalle Hoechst nicht frei / Feuerschlucker gegen Schwertschlucker, Zauberer gegen Regimentskapellen, wer das Glück hat drinnen hat das Glück Erlebnis einmalig / Einmalig die Deutschen Meisterschaften im Damenboxen, aber das kann als Ausweichprogramm im Ernst nicht empfohlen werden von der geringen Platzkapazität abgesehen, *Zarte Fäuste – klatschende Brüste* auf den Plakaten angekündigt im beheizten Zelt in Erbenheim die Rote Tina gegen Luzifer, die Scharfe Heidi gegen die Schwarze Gina mit bloßen Brüsten und Boxhandschuhen größer als die Höschen, obwohl der Veranstalter rechtsstaatlich wirbt mit einem Satz aus dem Urteil eines Verwaltungsgerichts: die Grenze zu einer nicht mehr hinnehmbaren Erniedrigung der Frau ist noch nicht überschritten, und obwohl die beliebten Kämpferinnen heute zu Ehren des Tages als Rote Margret und Wilde Lisa antreten, nein das geht nicht Geschmack / Kultur ist vielmehr nur hier / Der Tanzsport, wenn er den Gipfel erreicht, ist Formationssport, in Schwarz die Herren führen rotberockte Damen im Dreivierteltakt von der Mitte in die vier Ecken der Halle und zurück, nicht satt sehen an Harmonie der Schritte und golddurchwirkten Blusen / *Ein Freund, ein guter Freund, das ist das Schönste, was es gibt auf der Welt* spielt die Big Band, und Diensthundeführer stellen die vierbeinigen Kollegen vor, über Hindernisse, durch Stofftunnel jagen die Schäferhunde, die lieben das nicht, aber der Mensch hat es ihnen beigebracht trotzdem, brav, Festnahme Aufspüren Danke, Kollegen, die Wurst / Beifall / Aber was jetzt, wohin mit den Tausenden, die noch dabeisein wollen, ist das die Idee: die riesigen Hallen in Hoechst und in Mainz öffnen für das Publikum und das Programm dort zeitversetzt bieten, die Leute umdirigieren, ja läßt sich das machen so schnell und unbürokratisch, wo ist geheizt und Ordnungsdienst möglich und überhaupt Personal, Hausmeister haben das letzte Wort /

55 Es dauert drei, vier Minuten, bis ein Krankenhausbett auf Schäfers Bildschirm erscheint, mit Instrumenten dahinter und im weißen Bettzeug liegend eine Frau. An Geräten hantiert eine Krankenschwester, die Kamera erfaßt das ganze Zimmer außer den Ecken auf der Kameraseite, Blumen nicht zu sehen und keine persönlichen Dinge der Patientin Strothmann. Wie sie da liegt, milchweiß im Schwarzweißgrau des flimmerigen Bildes, ist ihr, die sonst bei jedem Gerichtstermin schreiend mit erhobener Faust die kleine Armee hochleben ließ, nichts Perfides und Fanatisches anzumerken. Nun ist sie ruhiggestellt, isoliert, fast schon hinübergetreten in die Schattenwelt. Trotzdem gehen von ihr Rätsel aus. Vier Stiche ins Herz, der tiefste vier oder sieben Zentimeter, an der Eindeutigkeit des Bulletins wird noch gearbeitet. Dieser Gestalt ist zuzutrauen, sich im Rausch des letzten Gefechts dem Selbstmordbefehl unterworfen und selbst in und neben die linke Brust gestochen zu haben mit dem Gefängnismesser, einmal, zweimal, dreimal, viermal. Ihren Pullover hat sie dabei nicht durchstochen. Experten sagen dazu, Selbstmörder pflegen ihre eigenen Kleider zu schonen. Wenn das Expertenmeinung ist, so schließt Schäfer als Kriminalbeamter, dann wissen das auch geschulte Leute, die einen Selbstmord vortäuschen wollen. Es wäre einfacher, wenn man im Krankenhaus in der Eile der Ersten Hilfe oder aus welchen Gründen diesen Pullover nicht zerschnitten hätte, so klein zerschnitten, daß mögliche Stichbeschädigungen nicht mehr festgestellt werden können. Andererseits sind die Stiche unter der Brust parallel und gleichmäßig wie nur Leute das tun, die Hand an sich legen. Ein Profi hätte unregelmäßig, hätte tiefer gestochen und das Opfer betäubt. Letztlich sind diese Stiche der Beweis, und doch will Schäfer nicht zu denen gehören, die alles zweifelsfrei klären müssen. Er zielt weiter.

Die Frau dreht den Kopf, sie schläft nicht, sie dämmert vor sich hin, die Krankenschwester hat den Raum verlassen, und Schäfer gibt Anweisung an den Mann hinter der versteckten Kamera im Gefängniskrankenhaus, das Gesicht näher heranzurücken. Er ist kein Ermittler in der hochgespielten Selbstmordfrage. Er will sich nicht einmischen, obwohl er es könnte. Die Frau hat keinen Fahndungswert mehr, ein Fall für Ärzte und Schließer und Staatsanwälte. Schäfer überlegt, weshalb er vor einer halben Stunde die Zuschaltung bestellt hat. Vielleicht wollte er nur das Bild von ihr haben, wie es schwindet, schrumpelt, verwischt, die Niederlage einer fanatischen Gegnerin sehen, die Niederlage im Blick der Topterroristin, in der Ängstlichkeit der Augen, der Verzagtheit in den Mundwinkeln, der Totenblässe. Sie ist zu nichts mehr fähig, nicht einmal zu einer deutlichen Geste der Resignation, zu etwas Vernünftigem, zu einem neuen Anfang. Sie könnte zugeben, daß sie es selbst getan hat, sie würde sich selber helfen damit und aufleben. Dem ganzen Verein die Mordlüge wegnehmen. Das ist zu viel für sie, das hält sie nicht aus, völlig überfordert und isoliert wie sie da liegt, ein hilfloses Wesen.

Schäfer möchte sie ermuntern können, an etwas anderes zu glauben als an ihre alberne Armee. Noch schöner, wenn sie an ihn glaubte, an seine guten Absichten und seine Kraft, die Gesellschaft zu heilen, ja, er wünscht sich alle übermenschlichen Fähigkeiten, selbst noch von dieser Kranken verstanden zu werden und ihr zu helfen, aufzustehen und ein anderes Leben anzufangen: steh auf, nimm dein Bett und wandle!

Aber die Kranke bleibt stur, schaut nicht in Richtung Kamera, ahnt nicht, daß sie unter der Obhut eines Videogeräts, unter den Augen eines mächtigen Polizisten liegt, beschützt und zehnfach bewacht im Gefängniskrankenhaus auf einem Berg mit beliebtem Aussichtspunkt, von dem die Besucher ihretwegen vertrieben werden und sogar das gerade neu eingerichtete Höhenlokal nicht betreten dürfen, das nach einem Revolutionär des vergangenen Jahrhunderts benannt ist. Sie zeigt sich stur, als wolle sie die ewige Kranke bleiben, die den ganzen Betrieb aufhält, die Ermittlungen kompliziert, Sand ins Getriebe streut, die ewige Gefangene, die kein Wort der Reue fallenläßt, kein Wort der Dankbarkeit, daß man ihr das Leben gerettet hat. Gefangen liegt sie da, gefangen von ihrem tiefen Herzstich, gefangen im hochsicheren Gefängnis, im Videoblick, gefangen in ihrer verstockten Ideologie, am meisten gefangen von der Rolle, Zeugin zu sein für die Wahrheit des Selbstmords, den sie weglügen wird, und von der anderen Seite angebetet als einzige Zeugin für den angeblichen Mord.

Schäfer überlegt, ob man mit diesen Bildern etwas anfangen könnte für die Anti-Terror-Aufklärung, als Abschreckung vor dem unausweichlichen Ende, als Beweis für den Wahn, im Terror das wahre Leben zu sehen. Die Täterin ist lebend wie tot ein Opfer der eignen Tat. Er hört sie nicht atmen, nicht stöhnen. Das knochige Gesicht fast lebensgroß auf dem Bildschirm, stumm. Er läßt die Augen näher an die Wangenhaut auf dem Glasschirm fahren, tiefer in die Poren dringen, hinein in das sperrige, undurchdringliche Gewebe der Haut, versucht mit mikroskopischem Blick Einschußwunden zu analysieren, Schmauchspuren zu untersuchen, Strangulierungsmerkmale zu ertasten und weiter vorzustoßen, unter die Oberfläche ihrer Feindschaft, ihrer Taten. Er hört sie nicht, hört das Pochen ihres Herzens nicht. Gefügig will er sie haben, eine Stelle ihres Körpers finden, die nicht auf Feindschaft aus ist, als Mensch will er verstanden werden, nicht als Polizist. Er hört die Bettfedern nicht, die Kissen still, und plötzlich weiß er, warum sein auf die Strothmann gezwungener Teleblick aus dem getarnten Wandloch nicht weiterdringt und keine Erkenntnisse, keine Genugtuung liefert. Er hat sie als Tote gesehen. Sie liegt nur noch nicht ordentlich aufgebahrt in den Kissen. Aber es geht keine Gefahr von ihr aus. Sie hätte heute ebenfalls beerdigt sein können, ein prächtiges Begräbnis und endlich Ruhe neben ihren Genossen, nun ist sie auf gemeinere, grausamere Weise in den Tod gefallen, in einen quälenden Todeszustand für Jahre und Jahrzehnte, und niemand kann sie daraus erlösen, nicht einmal er, der mächtige Bernhard Schäfer. Er hat ihr eine Chance gegeben, sie hat nicht reagiert, nun stößt er sie fort.

Er sagt «Danke» in die telefonische Standleitung, dreht den Regler auf Dunkel, das Frauengesicht verschwindet in einem kleinen, blendendhellen Punkt.

Er fühlt die Schwere seines Körpers auf dem Sessel, läßt die rechte Hand auf den rechten Schenkel fallen, streckt beide Beine aus, atmet die Stille im Zimmer. Die Stille nach den Turbulenzen und Bildern des Tages ist wie ein Sog, als seien in dem Augenblick, in dem er die Arbeit und das Nachdenken über die Arbeit eingestellt hat, die Geräusche des Papiers, das Kratzen der Filzschreiber, die zarten Tastenschläge, das geräuschlose Aufbrechen der Datensaat in den elektromagnetischen Feldern, das Sirren der Laufwerke aus dem Raum verschwunden, verschluckt in die Akten, verschluckt in die Speicher, und als stehe er, da er zu atmen wagt ohne einen Bildschirm, eine Akte, ohne einen Besucher vor Augen, einen Partner am Telefon zu haben, in der ungewohnten Ruhe wie nackt vor sich selber, nackt im Büroraum. Nichts als die Last des eigenen Körpers zu spüren, das entspannt, da wird ihm leichter. Er sieht sich ohne Kleider auf dem Sessel, und es reizt ihn plötzlich der Gedanke, nackt im Büro herumzuspazieren. Draußen im Vorzimmer, nur ein paar Meter von seinem Schreibtisch entfernt, hat Frau Reim die Abendschicht, sie könnte ihn ertappen, und wehe, er faßte sich ein Herz und versuchte es mit ihr, den Gedanken darf er nicht zulassen, nicht im Dienst, nie mit Untergebenen, eiserne Regel für einen Chef, der Vorbild sein muß. Abgesehen davon würde Frau Reim, Ende 30, verheiratet, kastanienrot gefärbte Haare, mit solidem Hintergrund, alle Sicherheitsprüfungen bestanden, ihn abweisen und sofort kündigen, wenn er ihr mit plumpen Absichten entgegenspränge.

Selbst wenn es Frau Reim nicht ist, selbst wenn es die Leibwächter nicht sind, die über die Regungen seines Leibes wachen, irgendwo sitzen, da ist Schäfer ganz sicher, irgendwelche Leute, die seine Gedanken erraten, eine Videolinse auf ihn richten und beobachten, wie er abends nackt durch sein Büro tollt, oder auf Tonbändern festhalten und mit High-Tech-Ohren erfassen, was in diesem Raum gesprochen, geflüstert, gedacht wird. Die Wände abhörsicher, das Panzerglas in den Fenstern auch gegen Mikrofone gepanzert, aber es scheint ihm keineswegs ausgeschlossen, daß ganz neuartige Wanzen, supersensible Richtmikrofone auf ihn gerichtet sind, gegen die es noch kein Mittel gibt. Obwohl man sich im Amt immer an der Spitze der Technik glaubt, kann er den Verdacht nicht abschütteln, daß andere hellwache Leute schon einen Schritt weiter sind. Schäfer fühlt sich nicht verdächtig, nicht schuldig, aber die Welt ist voller Gegner, die es auf ihn abgesehen haben, nicht nur die paar Terroristen, auch manche Herren in den befreundeten Diensten. Vielleicht haben sie ihre Sender inzwischen in Glühbirnen, vielleicht im Gewebe der Vorhänge verborgen, vielleicht verfügt die Konkurrenz schon über eine Laserstrahltechnik, die auf simple Weise Geräusche und Bilder lautlos über größere Entfernungen trägt, vielleicht steuern sie irgendwo oben im Taunus eine Kamera, die durch Wälder und Wände und Jalousien blickt und aufzeichnet, wie er die Hand vom Schenkel nimmt, wie er aufsteht, wie er atmet und seine wirren Gedanken vertreibt mit einem Griff an den Schlipsknoten, den er lockert, und mit entschlossenen Schritten durch den Raum tigert.

Er geht im Kreis. Er atmet heftiger. Es ist denkbar, es ist möglich. Es ist unmöglich, aber er kann es nicht ausschließen. Er notiert im Terminbuch: «Haussicherheit». Trotzdem fliegt das Gefühl nicht fort, beobachtet zu werden. Es ist eng, es ist ihm zu eng am Hals. Er öffnet den obersten Hemdknopf. Du mußt gehen, du mußt schlafen, sagt er sich, aber er mag sich in diesem schwitzenden, panischen Zustand seiner Vorzimmerdame nicht stellen. Er fühlt sich beobachtet, auch von ihr, von allen in den Blick genommen, er will noch zwei Minuten warten, spürt die Enge am Hals, reibt mit der Hand den Nacken. Er kneift die Lider fest zusammen, hält sich an einem Stuhl fest, er sperrt die Augen auf, aus den schwarzen Punkten fliegen ihm winzige Gesichter zu, Paßfotos schwarzweiß schwirren heran und vergrößern sich, bis er sie erkennt, die Gesichter von den beiden Fahndungsplakaten, die an der Tür zum Vorzimmer hängen. Das beruhigt ihn, in einem Schub der Ermüdung haben sich diese Bilder aus der rechtwinkligen Ordnung der Plakate gerissen, nun hängen sie wieder im Lot und versprechen Belohnung.

Sie werden ihm zu frech, die Meistgesuchten, sie machen sich über ihn lustig, die Gefangenen, die Toten, wieder huscht das versteckte Grinsen über Nagels Gesicht. Schäfer sieht sich verhöhnt von der ganzen Bande, vom beinharten Jungvolk der mutmaßlichen Büttingermörder, sie haben ihn beobachtet, bei seiner Arbeit, bei den kleinen schmutzigen Abschweifungen, jetzt grinsen sie ihn an, besonders hämisch grinsen die Toten, jetzt liegen sie unter der Erde und bleiben trotzdem frech. Endlich müßte er aufatmen und endlich! sagen, aber statt sie zu vergessen, spürt er nur stärker ihre Nähe, ihren Schweiß, die aggressiven Stimmen und abweisenden Augen. Es ist ihm immer noch heiß, wieder befiehlt er sich: Du bist überarbeitet, mach Schluß für heute! Er wendet den Kopf ruckartig ab von den Plakaten, aber die Bewegung gerät zu heftig und löst einen stechenden Schmerz in den Halswirbeln aus. Er läßt den Kopf kreisen, gleichzeitig erscheint das Bild der Margret Falcke vor ihm, ihr Hals, immer noch verfolgt sie die Ermittler mit ihrem vertrackten Selbstmord, ihre Halswirbel haben sich nicht verschoben, wie es bei Erhängten üblich ist, und die Schlinge, was war mit der Schlinge, mal länger, mal kürzer, nichts ist mehr eindeutig, nichts. «Schluß jetzt!» diktiert er, «Das Leben geht weiter mit Mord und Totschlag alle zwei Stunden, alle 43 Minuten ein Selbstmord! Nehmt euch nicht so wichtig, verdammt!»

Der Schmerz bleibt, er nimmt sich vor, morgen den Masseur kommen zu lassen. Endlich an der Tür, fängt er einen mitleidigen, fast freundlichen Blick Nagels vom Plakat ein und antwortet: «Bis morgen!»

Das Telefon, Schäfer am Hörer, plötzlich locker, mit hellwachen Augen:

«Was? Wen? Die Handschuch? Cornelia Handschuch? Ja. Ja. Sehr gut. Ja. Sofort. Danke. Ja. Ich mach das. Ja. Bis nachher.»

Er drückt einen Knopf, spricht hastig:

«Den Minister bitte, ja, sofort.»

Legt den Hörer auf. Läuft vom Schreibtisch zur Vorzimmertür, da ist das gesuchte Gesicht, dunkle Haare verdecken Stirn und Ohren: Handschuch, Cornelia, geb. 13. Oktober 1952, 166 cm, Augen: graublau.

Das Telefon ruft ihn zum Schreibtisch zurück.

«Ja, Herr Minister, gute Nachricht. Die erste Festnahme. Ja. Cornelia Handschuch. In Luxemburg, ausgerechnet. Ja. Ja. Ja, allein, unbewaffnet. Das prüfen wir grade. Ja. Natürlich. Ja. Selbstverständlich. Ja. Danke. Bis morgen!»

56 **So leicht und bunt** hab ich mir mein Leben nach dem Leben nicht vorgestellt: als Jörg Dreifaldt vor der größten Kuckucksuhr der Welt, als Papierterrorist im Allerheiligsten bei Schäfer, als Ahab auf den Wellen der Lüfte, und je leichter je höher je schöner –

Aber am schönsten der Blick hinab auf den Herbsttaunus: wenn mit zunehmender Dunkelheit alles heller, klarer, leichter wird: und ich alle Bagatellen, die euch da unten betreffen, im wunderbaren Blaulicht der Verklärung sehen darf: immer heller, klarer, leichter, bald löst sich alles auf –

Nur eins nicht: euer Problem, daß ihr mich überschätzt: und wieder und wieder auf mich hereinfallt, wenn ich von mir und meinen Schnürsenkeln rede: Nachmittag eines Clowns, Abendgold eines Terroristen: und euch gern und gratis die Illusion verschaffe, mich richtig einzuschätzen und endlich zu begreifen: Narziß als Revoluzzer –

Am liebsten seht ihr mich in der Personalityshow mit Schmie-rentragödie von Lisa & Sigurd und dem tapferen Steuermann Wollzeck, mitten in der Story von roten Girls und heißen Bohnen, vom Psychoterror im großen Terror: wenn sich die Geschichte wiederholt als Farce: die Jagd nach dem Wal oder Adler als ver-kappter Selbstmord –

Vor dem Gesetz, das nach *action!* ruft, sind wir alle gleich: wo bleibt die ordentliche Handlung zwischen Matratzen, Mao und Maschinenpistole: die Spannung, wenn der Attentäter den Zeit-zünder: da möchtet ihr gern dabeisein und euch identifizieren oder einbringen: vor der sicheren Deckung des Papiers oder der Filmleinwand: möglichst in Fortsetzungen und mit Bekenner-schreiben und Gruppenpsychobeziehungsgeschwätz in Farbe –

Obwohl ich ein Schauspieler bin: Marke Marlon Brando mit allem, was an seinem Gang, seinem Blick, seinen Mundwinkeln imitierbar ist: mach ich mir und euch nichts mehr vor: der Film ist gerissen und –

Jetzt rede ich: *noch rede ich:* vielleicht hab ich noch ein paar Stromstöße, die dem zerschossenen Hirn den letzten Auftrieb ge-ben –

Also folgt mir zur größten Kuckucksuhr der Welt am Kaiser-Friedrich-Platz, mischt euch unter die Touristen: da werd ich, ohne daß jemand einen Schreck bekommen muß über einen aufer-standenen Toten, verkleidet als Dipl.-Kaufmann Jörg Dreifaldt aus Düsseldorf oder als ein stadtbekannter Irrer wie einst der schwarze Jupp, meine in den Wind gesprochene Rede fortsetzen und die letzte Gelegenheit zur Legendenbildung nutzen –

Euer Problem, daß ihr mich überschätzt: kostenintensive Semi-nare und billige Fernsehdebatten, Umfragen und psychosoziale Untersuchungen: mit dem Versprechen einer Antwort auf die Frage der Fragen *Warum der Terror?* reisen Experten von Stadt zu Stadt, von Studio zu Studio und geben in Akademien und Vor-tragssälen, die nah an Autobahnabfahrten und Intercitybahnhöfen liegen, dem fiebernden Publikum die bekannten, immer wieder aufgefrischten Deutungen zum besten –

Die Verächter des Marxismus machen den Marxismus, die Verächter des Kapitalismus den Kapitalismus verantwortlich für den Terror: Vertreter der katholischen Kirche sehen in den Reformen der Sozialdemokratie die Ursache, Sozialdemokraten wiederum in der reformhemmenden Kraft der Kirche und der Konservativen: wo Erziehungsfragen ins Blickfeld rücken, machen Gegner einer freieren Erziehung die freie Erziehung, Gegner einer strengen Erziehung die autoritäre Erziehung als tiefere Ursache des Terrorismus aus –

So kann es nicht weitergehen: so kann es von mir aus weitergehen, damit ich noch was zu lachen habe in meinen allerletzten Sekunden über die, die dank meiner zu Experten wurden und sich einig sind, daß alles nichts zu tun hat mit Fernsehbildern vom Vietnamkrieg, mit der unterschlagenen Entnazifizierung, mit der Beschleunigung von Motorrädern, mit meinem lässigen Schulterschwung auf dem Schulhof, mit *Bonny und Clyde* und Räuber und Gendarm der Geheimdienstler, mit dem Ideal der Einheit von Geist und Tat, von Freiheit gleich Glück, mit Roulette und König Zufall und der Spedition Zufall und dem lieblichen Gruppendruck *wir brauchen dich* und den vortrefflichen Daumenschrauben: jetzt bist du drauf auf dem Kahn, jetzt gibt es nur noch Ahabs Befehle oder die Haie, jetzt kannst du nicht mehr zurück, Ahoi! –

Warum nur, warum überschätzt ihr mich und unterschätzt die Bereitschaft zur Revolte –

Was für Verbrechen habt ihr auf dem Buckel, daß ihr einen Verbrecher wie mich begreifen wollt und zuhört, wenn er sich anklagend verteidigt im vorläufigen Schlußwort: welches geheime Einverständnis verbindet uns denn? ist es die Sehnsucht nach einfachem Denken? oder doch die Sehnsucht nach dem, was niemals gewesen ist und niemals sein wird?

Was wißt ihr über den Aufstand gegen das Reihenhaus? *handeln, ohne die Revolution noch mal an den Nagel im Reihenhaus hängen zu können,* hat Margret geschrieben in ihrer berühmten verbotenen Schrift: die Flucht vor dem Reihenhaus oder der kleinen Villa mit Kamintisch, auf dem immer eine Flasche 0,7 *Liter Weltanschauung in Harveys Sherry* zur Versöhnung einlädt: Reihenhaus oder Tod, das war die Alternative, die schon der alte Adenauer verstanden hat: *Gebt jedem Deutschen ein Häuschen mit einem Garten, und Friede wird herrschen in Deutschland und in Europa:* das Eigenheim, die Isolierzelle, als Angelpunkt der Politik, auch da war die Falcke eine brave Schülerin Adenauers: und in den Küchen die rotweißen Fahnen der Demut mit gestickten Hausmuttersprüchen drauf: *Die Pflicht des Revolutionärs ist, immer zu kämpfen, trotzdem zu kämpfen, bis zum Tod zu kämpfen:* mit Vollgas und Pathos gegen den Jägerzaun und den Jäger aus Kurpfalz, der das Menschenrecht auf Ruhe aufs schwerste gefährdet sieht, wenn ein Kind laut schreit, wenn gefeiert wird oder Wasser aus Blumenkästen auf ein Auto tropft: Polizeiruf 110 –

Unterschätzt ihr immer noch die Bereitschaft zur Revolte gegen den Gartenzaun und die Lust, Zäune niederzureißen und die Angst loszuwerden, bei jedem neuen Schritt zu fallen? ich wollte sie loswerden, die Angst, wie James Dean uns das vorgemacht hat, ohne zu fragen, ob falsch oder richtig oder was mein *Iduna-Sicherheitsbringer* dazu sagt –

Was tut man nicht alles, um ein bißchen Angst zu verlieren: mit achtzig auf der Autobahn die Stoßstange an die Stoßstange deines Kumpels stupsen: so geht es vorwärts: und ich bin doch nur ein Anfänger, ein plumper Vorbote der Ausbrecher aus der gesicherten Ordnung, ungelenk und durch fanatischen Idealismus nicht listig genug: einer der ersten, gelähmt von Skrupeln und Phrasen und dem herrischen Glauben an eine unmögliche Revolution –

Bald werden andere anders kommen, und ihr werdet euch noch wundern über die: man sieht sie nicht, und doch sind sie da: die alles tun ohne den Funken einer Rettungsidee, ohne das Pathos der Befreiung, und sie werden euch ähnlich: ohne Ideologie mit der einzigen Ideologie des Funktionierens und Wasgehnmichdieandernan –

Die werden aus Verstecken heraus schießen mit Lichtschrankenzündern, Panzerfäusten und Sprengstoffallen: und nicht einmal mehr die packenden Fernsehspiele einer Entführung liefern: es reicht ihnen, wenn irgendwo einer ist, den es als Zielscheibe trifft –

Es kommt ihnen nicht drauf an, ob sie viele sind oder die Revolution im Auge und Zielfernrohr haben Tag und Nacht: wollen das System nicht mehr stürzen, sondern nur treffen, verwunden, und sagen können: wir sind noch da: und für die uneigennützigen Taten, das entbehrungsreiche Leben, das einzige Ziel Treffsicherheit kasteien sie sich wie Nonnen und Mönche: ohne Rücksicht auf ihr Leben, ohne Aussicht auf Ruhm folgen sie im geheimen der einen klösterlichen Regel: das System, das sie meinetwegen mörderisch nennen werden, mit mörderischen Mitteln zu stören –

Andere werden anders kommen und immer jünger werden und sich gegen die gepanzerte Ordnung stellen nicht mehr mit langen Erklärungen auf dem Papier, sondern mit kurzer Gewalt, die euren Kindern erst mal die Jacken, dann die Portemonnaies, dann die Fahrräder und am Ende die Ideale von sittlicher Ordnung klaut: und euch die Messer unters Kinn, falls ihr nicht mit Leibwächtern prahlen könnt: da wird auch *der feste Boden unter den Füßen*, den die Versicherungen versprechen, nicht viel helfen, auch nicht die Palmen im Wohnzimmer oder die Kehrsaugmaschinen für rationelle Sauberkeit: und manche werden sagen: ja, beim Nagel und seiner Bande, da wußte man wenigstens noch, woran man war –

Also liegen die Friedhofsblumen am richtigen Platz über dem letzten und eifrigsten Vertreter einer Rettungsidee: ich, der letzte Robin Hood: der letzte Che Guevara: ab jetzt gibt es die wilden Einzelkämpfer mit dazugehöriger Bande nur noch im Märchen, in der Vorabendserie, im Kino, *kiwitt, kiwitt* –

57 Ja, es geht, die Betreiber der Rheingoldhalle Mainz, der Jahrhunderthalle Hoechst stimmen zu unbürokratisch hilfsbereit, die Tore werden geöffnet, die Scheinwerfer heizen, in Fünfminutenabständen gibt der Rundfunk bekannt, das Wiesbadener Fest werde zeitversetzt zehn Kilometer weiter in Mainz und zwanzig Kilometer in Hoechst weitergehen, niemand braucht mehr auf die Kurstadt zuzusteuern / Der Tanzsport, wenn er den Gipfel erreicht, ist Formationssport / Beifall / Und die Nachricht lenkt tatsächlich viele und immer mehr Autos von

Wiesbaden ab südlich und östlich zu den neuen Sammelplätzen, wo Parkplatzwächter Ordner Beleuchter schon zusammengerufen mit einer aus Not und Herausforderung des Augenblicks geborenen Hilfsbereitschaft spontan und geplant die großen Hallen binnen einer halben Stunde vorbereiten für das größte Showprogramm das je / Eine erfahrene Agentur übernimmt die logistische Feinarbeit und chauffiert die Künstler nach dem Wiesbadener Auftritt ohne Abschminken und Umziehen in Kleinbussen nach Hoechst oder Mainz mit blitzblauem Polizeilicht voran / Und während in Hoechst die Jungbeamten als Judokämpfer einander gegenüberstehen und Kraft haben zum zweiten Gefecht zwischen Brett und Hand und in Mainz die Folkloregruppen der Partnerstädte einmarschieren und allen Besuchern immer wieder ein herzliches Willkommen und Ministerbegrüßung noch einmal vom Band, stapelt ein Bayer in Wiesbaden einen Bierkasten auf den andern und steigt selbst mit hinauf, wird er es schaffen, noch einen, noch einen, 25, 26, 27, und ja, noch einen ja ja Welt Weltrekord / Rauschender könnte der Beifall nicht / Und wer die Schönheit liebt liebt auch die Rhönradturner und Musik bis ins Mark und Schauturner amtierende deutsche Meister mit Adern Rippen Muskelsträngen bronzebraun die polizeilich kraftgebildeten Körper / Kradartisten riskieren zum zweiten Mal an diesem Abend Kopf und Kragen, in Mainz die wirbelnde Fahne Berlins über zwölf grünen Beamten, und in Hoechst muß die schnell zusammengetrommelte Werkskapelle zwanzig Minuten Schwung machen, weil die Basken sich nicht noch einmal verfrachten lassen wollen, und in Wiesbaden zeigen sechs Polizeireiter das Ausbildungsprogramm für Dienstpferde, die trotz empfindlichen Gehörs den Lärm von Pauken Becken Trommeln Schlegeln ertragen und selbst das Öffnen und Schließen von Regenschirmen ohne Panik hier der Beweis / *Ein Freund, ein guter Freund, das ist das Schönste, was es gibt auf der Welt* spielt die Band, und Diensthundeführer stellen die vierbeinigen Kollegen vor auch jenseits des Rheins / Beifall / Endlich Stimmung auch in den Nachbarstädten, der Pendeldienst funktioniert, ein Streß für die Künstler, ein Fest für alle, und der Höhepunkt, sehen Sie selbst, 40 Männer dieser Blaskapelle aus Fürsten-

feldbruck, 40 Männer verschwinden mit ihren Instrumenten in diesem Kleinbus, der für acht Personen gebaut ist, binnen 50 Sekunden verschwinden sie, 54, na gut, die Aufregung, und wer beschreibt unser Staunen, sie blasen drinnen weiter, die Türen geschlossen, dreitausend Zuschauer hören den Marsch und toben /
Ach und so möcht man staunen und schauen, aber jedes Fest hat ein Ende, und alle Bands stimmen ein, die Schlußüberraschung Sambamädchen aus Rio tanzen herbei, da müßt man in der ersten Reihe, Leuchtfarben gemalt auf die bloßen Brüste im Lichtkegel, alles wippt und alle, wie gelernt von den Fischer-Chören, und alle stehen auf, kennen die schweifende schleppende Melodie des Lächelns, alle stimmen ein, *Zufrieden wirst du immer sein du immer sein immer sein*, und so geht das Fest mit Rio an beiden Ufern des Rheins, bis es egal ist, in welcher der Städte und Hallen / Was tun die Wirte Veranstalter Kleinhändler Ordnungsämter nicht alles, um die Besucher der Rhein-Main-Halle, die ins Freie strömen, wach zu halten in der Stimmung des Vergnügens vor Getränkeständen, so günstig ist die Gelegenheit so schnell nicht wieder, aber irgendwann heißt es *Gehn wir*
Ist spät, und kalt, und morgen

58 Auf dem Heimweg passiert der Herr des Hauses die Büros der Observations- und Fahndungsgruppen, die auf die einzelnen terroristischen Straftäter spezialisiert sind. Vor fast jeder Tür steht die Zielperson auf lebensgroßem Foto, der Gang bildet ein Spalier schwarzweißer menschlicher Umrisse. Die Gesuchten sind wie zum Greifen körperlich präsent, verwandelt in leibhaftig Anwesende, die störrischen Mädchen in Hosen, und die wilden, BILD-berühmten Jungens, dingfest gemacht, gefangen, gestellt mit doppelseitigem Klebeband. Zielscheiben, Pappkameraden, Pinupfiguren, Trophäen, ausgelobt für die Jagd. Schäfer geht langsamer, mustert da ein Gesicht, dort die Augen, da den widerwillig locker aufgestellten Leib, die achtlose Kleidung. Nicht freiwillig stehen die Gesuchten hier, das sieht man ihnen an, so wie sie sich nicht freiwillig haben fotografieren lassen bei vorläufigen Festnahmen, Haus- besetzungen, Prozeßbesuchen. In der Grimasse zeigen sie auch auf körnigem Fotopapier ihre andauernde, unberechenbare Gefährlichkeit, man darf sich einbilden, daß sie plötzlich aus ihrem Bild treten und schießen, von weitem sehen Türklinken aus wie Pistolen, nah an den Händen der Täter.

Beim Abteilungsleiter wird Schäfer sofort über die Neuigkeiten im Fall Handschuch informiert: Sie war allein, ohne Waffen, ohne Gegenwehr, alles untypisch. Keine weiteren Festnahmen. Aber Stimmung über den Erfolg, Motivation gut, Fernschreiber und Computer heiß, Observation verstärkt. Danke, kein Schnaps. Schäfer kurz, sachlich, vorbildlich, alles läuft, er braucht nichts anzuordnen.

Draußen nickt er den beiden Begleitern zu, weiter geht es durch Gänge und Flure, Treppen abwärts, sie meiden die Fahrstühle, Bewegung ist vorgeschrieben, jetzt ein Umweg durch die frische Luft. Auf dem Gelände ist Schäfer zu Hause, jede Tür wird ihm geöffnet, jede Sicherheitszone, und die Lichtschranken und Alarmcodes sind ihm wie Blumen im Vorgarten, Sensoren die Schmetterlinge, die Mitarbeiter Familie, das Amt sein Heim.

Mitten in diesem Gelände hat er sein Bett, ein lichtblau tapeziertes Schlafzimmer, Wohnzimmer, Bad, Küche, fünfundvierzig Quadratmeter Privatquartier im sichersten Sicherheitsbereich der Republik.

Gern läßt er sich dafür bedauern: was für ein Opfer für die Sicherheit! Aber es ist kein Opfer, ihm ist es recht, wie er lebt, bescheiden und mitten im Dienst. Keine hektischen Fahrten morgens und abends mit Blaulicht und täglich wechselnden Routen durch Wälder und Nebenstraßen mit tausend möglichen Verstekken. Auf das Sechszimmerhaus kann er verzichten, leer und gut bewacht im Taunus, wo er mehr eingebunkert war als hier auf dem Amtsgelände. Dort im großen Haus allein, geschieden und gleichzeitig unter ständiger Bewachung, der Frühstücksblick auf die immer gleichen trüben Tannen, an Regentagen besonders schlimm, drinnen die Stores zugezogen, draußen nasse Erde, da fühlte er sich stillgelegt, begraben in einem falschen, laschen Leben, isoliert zwischen all den Familienburgen, Hundegebell, Grillschwaden, Rasenmäherlärm, nur aus den Mansarden dröhnen abends die Bässe des zuckenden Lebens, wo die Söhne oder Töchter vergrößerte Hundertmarkscheine als Dekoration an die Wände pinnen und träumen, mit dem Abitur endlich aus der Festungshaft entlassen zu werden.

Gummisohlen quietschen auf Linoleum. Vor Toiletten riecht es nach dick aufgetragener Sauberkeit. Hier ist sein Haus und Hof, hier wachsen ihm mit jedem Schritt neue Erkenntnisse zu, die Konzentration wird nicht gestört vom behäbigen bürgerlichen Dahinwohnen. Mit nichts anderem beschäftigt als den hervorragenden Verbrechen der Gesellschaft, will er nicht belästigt werden von lächerlichen Tragödien, die unter den Dächern der protzigen Eigenheime seiner Nachbarn köcheln und plötzlich in Drogen enden oder im Terror, im Investmentbetrug, im Valium, im Alkohol oder in der Entschiedenheit der Frauen, die am hellen Vormittag, während der Mann in Frankfurt-City den Gewinn um einen viertel Prozentpunkt steigert, Möbelwagen vorfahren lassen und ohne Abschied fliehen.

Vor der Tür seines Appartements sucht er lange nach dem Schlüssel, wird beinah verlegen vor den beiden jungen Begleitern. Endlich schließt er auf und schickt sie mit einem «Gutenacht!» fort. Im Wohnzimmer öffnet er zuerst das Fenster, läßt die frische Nachtluft herein, breitet die Arme aus, atmet tief. Mitten im siebenfach gesicherten Amtsgelände sind keine lauernden Attentäter zu erwarten, hier darf er selbst entscheiden, wie er sich vor einem offenen Fenster bewegen möchte. Die Aussicht auf die Stadt und die weite Rheinebene ist verbaut. Auf umzäunte Dienstgebäude in einiger Entfernung geht der Blick, karge Bäume und Sträucher dazwischen, überall trostlose Steinplatten, und doch verschafft ihm dieser Augenblick eine leise Ahnung von Freiheit. Der Himmel bewegt und halb bewölkt, einzelne Sterne zucken und werden wieder verdeckt. Zwei, drei Minuten bleibt er so stehen, belebt von der frischen Luft, und horcht hinaus, horcht dem fernen Nachtlärm hinterher.

Er sehnt sich nach Gesellschaft und schaltet das Fernsehgerät ein. Aus dem Kühlschrank Bier, Jackett aus, Schlips ab, er knöpft das Hemd auf, schließt das Fenster und versucht, wie einer von zwanzig Millionen Arbeitnehmern den Feierabend zu feiern. Belmondo mit Krimigesicht an einer Hausecke, aber da wird ihm zu viel geschossen. Die Terror-Diskussion im Zweiten ist unter seinem Niveau. Im Dritten sind Schnupfen, Husten, Heiserkeit das Thema. Er schaltet aus, besieht die Schallplatten. Vor dem Einschlafen keine Oper, kein großartiges Orchesterkonzert, also greift er zu Mozarts Klaviersonaten.

Auf einem Tisch vor dem Regal liegen Bücher, *Ein Planet wird geplündert, Die wunderbaren Jahre, Der Atomstaat, Schmeling Erinnerungen, Der Butt*. Nach alter Gewohnheit liest Schäfer mehrere Bücher nebeneinander, mal hier ein Kapitel, mal da ein paar Seiten, wichtig der Überblick, was wird gedacht in der Gesellschaft, was ist gefragt, Früherkennung. Das Buch über die geplünderte Erde beschäftigt ihn am meisten, er schlägt das dritte Kapitel auf, nimmt sich vor, über diese Fragen mehr nachzudenken, auch als Polizist, gerade als Polizist, aber er mag sich nicht mehr konzentrieren und zieht Max Schmeling vor.

Eschenbach spielt sorgfältig die Mozartleitern auf und ab. Schäfer erfährt, wie Schmeling in Bad Saarow wohnte und was er Hitler sagte, und holt ein zweites Bier. Auf dem Rückweg fällt sein Blick auf die Buchstaben GOYA im Bücherregal. Der ganze Francisco Goya, alle Gemälde, sämtliche Zeichnungen, alle Erklärungen, die Biographie. Er zögert, nimmt den schweren Band heraus, setzt sich aufs Sofa, schlägt ihn in der Mitte auf, blättert.

Bei einer Zeichnung hält er inne, zwei verschiedene Gesichter einer Frau mit kräftigem Busen, jedes einem anderen Mann zugewandt. Der Titel «Ein Traum von Lüge und Wankelmut», das Motiv ist klar, Eifersucht. Das Doppelgesicht der Geliebten zwischen dem betrogenen Liebhaber und seinem hämischen Nachfolger. Der Kommentator erklärt, der Maler selbst sei der Betrogene.

Schäfer kommt nicht los von diesem verrückten Spanier. Nach dem Krieg ist Kunst der reinste Luxus gewesen, Kunstgeschichte nur für Industriellentöchter, sonst hätte er vielleicht Kunstgeschichte studiert, vor allem wegen Goya, der ihm damals Rätsel aufgegeben hat und heute noch die gleichen Rätsel stellt. Wie hält einer solche Widersprüche aus? Als Hofmaler fertigt er die erwarteten, die so prächtigen wie subversiven Bilder von den Hoheiten und nebenher zeichnet er wie besessen das Volk, die Armen, die Bauern, die Verbrecher, die Mädchen, die Irren, die Alten, die Spieler, die Soldaten, die ungeschminkten Frauen, die Säufer, die Mönche, die Mörder, und kann nicht aufhören damit, radiert, tuscht, zeichnet einen Skizzenblock nach dem andern mit den Leuten voll, eine ganze Kartei stellt er da im Lauf seines Lebens zusammen, Fahndungsbögen, ungeordnet, aber beinah systematisch alle Schwächen der Menschen akribisch erfaßt, ihre Gemeinheiten und ihre Tollheiten, ihre dreckige, listige, hilflose Überlebenskunst und ihren schäbigen Tod, als wolle auch er den Bodensatz der Gesellschaft erfassen und, wie ein weitsichtiger Polizist, in die Strukturen der kriminellen Wucherungen eindringen, die Ursachen aller subjektiven, egoistischen und damit verbrecherischen Triebkräfte finden. Wie hält einer das aus, zwischen den Fronten, zwischen Himmel und Scheiße, zwischen der Krone und den Exkrementen so vieler gekrümmter Körper?

Wer so viel gesehen hat von den Menschen, muß wahnsinnig werden, aber wann fängt der Wahnsinn an, wo ist der Sprung von der Wahrheit zum Wahnsinn, wo die Wahrheit im Wahnsinn verborgen? Das will Bernhard Schäfer eines Tages klären, schon seit langem hat er den Plan, in den sorglosen Zeiten des Ruhestands ein Buch über Goya zu schreiben. Er blättert weiter, bis er die beiden Majas findet.

59 Der Schuß: aufwärts ins Land des Schweigens mit der besten Droge, die mich je beflügelt: minutenlang der süße Hirntod und der Lebensfilm vierdimensional verlängert verschönt –
Aber da unten rufen ganze Chöre von Interviewgeiern, Wahrheitsheuchlern und Säusellerchen mir zu: Wie? und Warum? und Selbst? oder Mord?
Was für eine possierliche Angst, daß ich verschwinden könnte

in den ewigen Trinkplatz des Himmels, eh ich Antwort gegeben habe auf die Frage, wie ich, dem man jede Gemeinheit und jede dreifach gesiebte Täuschung zutraut, wie einer wie ich das gemacht hat: in der Nacht und allein mit der Pistole: das Finale des Dramas eines Linkshänders mit der rechten Hand –

Meine Antwort: 404785 Leute sitzen im Knast, nun ist es einer weniger, vielleicht drei oder vier weniger, *so what?* es wird kalt, das ist das einzige, was ich noch zu sagen habe –

Allgemeiner Aufschrei, also gut: euer Pech, wenn ihr mehr wissen wollt, denn die Lösung des Rätsels, das euch ab 7 Uhr beschäftigen und so schnell nicht loslassen wird, weil ICH es so will, wird eure Balancen und herzallerliebsten Eindeutigkeiten stören –

Einige werden ganz genau wissen, was ich dachte: Konzept des bewaffneten Kampfes gescheitert, lebenslänglich eingemauert ohne Kraft, das Scheitern, den Irrtum einzugestehen, darum den eignen Tod zum Herzstück der Propaganda: das letzte Fanal der Verzweiflung und Isolation: jeden Handgriff so geschickt getarnt, daß der große Aufschrei nicht zu überhören sein wird: Mord –

Als Anstiftung zu rechtswidrigen Taten, zu Wut und Vergeltung gezielt gegen den grausamsten meiner Feinde, den besten und mildesten Staat, den die Deutschen je hatten: mit einem Schuß das Nachwuchsproblem gelöst.

Damit alle an mich glauben: die Genossen an den Ermordeten, die Behörden an den Selbstmörder: und das sei meine Rache, daß niemand von seiner Gewißheit abweicht und alle sich einig sind: nichts schlimmer als die Frage: *wer wars, wie geschahs?*

Darum lege ich euch meine Leiche in den Weg: da unten im Betonkasten, Holzkasten, Erdmantel: ein Bodenschatz mit Tellerminen: damit ihr drüber steigt, meine Freunde und Feinde im gleichen Schritt und Tritt und doch gegeneinander, damit der Kampf um das Recht aufs Rechthaben um meinen zerschossenen Leichnam euch eint und trennt und eint: weil ihr mich braucht –

Denn es gibt ein Leben nach dem Tod für mein ICH: als Gespenst, als Leiche im Keller oder als Geist: der nach aller Experten Meinung stets verneint und sich doch in die geballten fünf Finger lacht –

Für dieses letzte große Vergnügen nehm ich gern den Selbstmord auf meine Kappe, mehr noch: die Schuld auf mich für alles, was daran so erfolgreich danebengegangen ist und doch getroffen hat: mit einem einzelnen Schädeldurchschuß, Einschußöffnung im Nacken oberhalb der Nacken-Haar-Grenze, nach vorne ansteigendem Schußkanal mit Verlauf durch Kleinhirn, Hirnstamm und andere Hirnregionen und mit Ausschußöffnung oberhalb der Stirn-Haar-Grenze: ein absoluter Nahschuß mit aufgesetzter Waffenmündung –

Aber wie: damit es nach Hinrichtung aussieht, erschieß ich mich mit der rechten Hand, den Griff der Waffe nach oben, das beweisen Blutspritzer und Schmauchspuren: sollen die Gerichtsmediziner sagen –

Nein, soll die Kripo sagen: der erschießt sich mit der Linken, hält mit der Rechten aber die Laufmündung fest: Griff der Waffe nach unten, das beweisen Schmauchspuren und die nach rechts ausgetretene Patronenhülse am Boden –

Zum ersten, zum zweiten, zum dritten werde ICH einen Oberexperten der Polizei feststellen lassen: Schmauchspuren und Prägemarke auf der Nackenhaut deuten auf eine aufgesetzte oder aufgepreßte Waffe, andererseits ergibt die Messung der auf der Haut abgelagerten Bleimenge, daß der Schuß nur aus 30 bis 40 Zentimeter Entfernung abgefeuert worden sein kann –

Ja, was ist denn nun –

Wie denn, die Pistolenmündung direkt auf der Haut und doch mit 30 Zentimetern Abstand?

Das war mein Leben und Streben: euch in so viele Fragen zu verwickeln, bis keiner mehr weiter weiß und erst ein erfahrener Schwindler wie ICH kommen muß und den Widerspruch gnadenlos aus der Welt schafft: und den Experten zu dem Schluß inspirieren wird, die Pulverschmauchspuren am Nacken seien verschleppt worden: und weil dank meiner großzügigen Niedertracht sowieso niemand nachzufragen wagt, wird der Mann auch nicht klären müssen, wie ein Vorgang mit dem poetischen Namen Verschleppung genauer bestimmt werden kann oder in der Kriminalhistorie je bestimmt werden konnte: ein ziemlich einmaliger Fall –

Schon setze ICH nach mit der nächsten Hinterlist: wenn eine plausible Erklärung sich aufdrängen wird: Schalldämpfer? dann wird an meiner Pistole kein Schalldämpfer zu finden sein: außerdem habe ICH dafür gesorgt, daß keiner der Gefangenen im Stockwerk tiefer, nicht vom gleichen Abschaum wie ich, aber doch Häftlinge mit Gehör, den Schuß vernommen hat, und auch die fünf Kumpel direkt unter mir, die durch den hellhörigen Beton sonst jeden meiner Schritte ertragen mußten, in dieser Nacht mit anderen Karten gespielt und keine Schüsse gehört zu haben behaupten werden, wohl aber andere Geräusche –

An der Pistole werden keine Fingerabdrücke zu entdecken sein, obwohl ich weder einen Handschuh noch ein Tuch neben mir fallen ließ: weil ich so chaotisch bin und nie lernen wollte, preußisch korrekt, ehrlich und ordentlich zu sein: vor lauter Blut keine Spuren –

Und ICH, der Chaot aller Chaoten, besessen von der einzigen Sucht, immer neues Chaos zu produzieren, werde die Verwirrung noch steigern: das Geschoß, das mir durch den Hirnstamm jagte und mich in die schönsten Höhen des Todes hebt, werde ICH nach Meinung der Experten Polizisten mit schwacher Restenergie aus dem Schädel dringen und nah am Körper liegen lassen: und das gleiche Geschoß werde ICH nach Meinung der Experten Mediziner durch den Kopf bis vor die Wand fliegen, dort abprallen und auf den Boden fallen lassen –

Ja, was denn nun –

Also wird man Gewebeteile oder Blut an der Wand als Spur sichern müssen, um diesen Widerspruch zu lösen und gerichtsmedizinisch untersuchen zu lassen: aber da werde ICH meine dreckigen, blutigen Finger im Spiel haben: und diese Spur, die den Verlauf des tödlichen Schusses klären könnte, einfach spurlos verschwinden lassen: wieder wird es der gleiche Verräter, Quertreiber und Chaot sein, der den untersuchenden Professor zerstreuen und so erbarmungslos lähmen wird, daß der ständig um Aufschub der Auswertung dieser Gewebeteile bitten wird: damit wieder eine entscheidende Frage offenbleibt: und nach drei Jahren noch werde ICH oder mein Leichengift die zuständigen Organe mit unaufhörlicher Niedertracht so verwirren, daß sie immer noch von laufenden Untersuchungen sprechen, aber das Ergebnis nie bekanntgeben und dem immer noch verwirrten Professor verbieten werden, öffentlich darüber zu sprechen: und wieder werde ICH schuld sein an den falschen Schlüssen, die sich aufdrängen –

Mea culpa: daß die Experten Mediziner und die Experten Polizisten sich auch darin niemals einig werden: ob an meiner rechten Hand Pulverschmauchspuren vom Pistolenschuß zu finden sein werden oder nicht: erst nein, dann vielleicht schwärzlich, dann gräulich, dann bläulich, dann ja, dann jein, dann nein: wie das Leben so spielt im Großen Casino, da kann nicht jeder gewinnen –

Lassen wir das: geschenkt, verloren, und doch ein glückliches Ende gewonnen: und stolz darf ich sein, denn offenbar sind wir die einzigen, bei denen etwas Germany-preußisch funktioniert hat: die Verständigung zwischen den Zellen: auch wenn Rumpelstilzchen nicht weiß, wie die vielen Meter Kabel in die täglich scharf kontrollierten Zellen gekommen sein sollen, mit deren Hilfe wir uns verabredet zur letzten Schweinerei, gar Kupferkabel von sechs Meter Länge mehrfach durch Metallsonden und Personalschleusen: aber so infam sind wir bekanntlich, daß wir alles Gerät auf dem Versandweg der ausgehöhlten Handakten beim Prozeß reibungslos bekamen wie andere ihre Bestellung beim Otto-Versand: und unter den Augen der Wächter und ihrer Kameras im Mittelraum zwischen den Zellen auf dem Betonboden Verkabelungsarbeiten ausführen konnten, zu denen andere eine Bohrmaschine und ein Lötgerät brauchen –

Oder haben die, rücksichtsvoll wie sie sind, weggesehen, als wir gebastelt haben, damit einige Herren an höheren und geheimeren Stellen uns abhören konnten?

Und sind sie deshalb, als sie einen der Genossen Schmuggler erwischten, der uns Glimmerplatten aus Toastgeräten in seiner Akte bringen wollte, nicht mißtrauisch geworden und haben fortan die Aktenverstecke nicht gründlicher durchsehen lassen? dumme Fragen: alles meine Schuld, daß ich viel zu spät auf den Gedanken kam: Feind hört mit: Feind spielt mit: sie dulden oder fördern die Beschaffung: darum fällt ihnen bei Zellenrazzien nur selten das auf, was über diese Schleichwege kam –

Mea culpa, mea maxima culpa: daß ich für meinen finalen und putativen goldenen Schuß, den Schädeldurchschuß: eine Pistole verwendet habe, deren Herkunft ICH tückisch ungeklärt lasse –

Denn wenn ich sage: es gab unter den Grünen, den Wächtern einen, den ich so weit ins Vertrauen krallte, daß er mir Waffen anbot und beschaffte, und weil ich Verräter an Nasen- und Fingerspitzen erkenne, bin ich ganz sicher, keinem Spitzel in die Falle gegangen zu sein: das wird sowieso keiner glauben –

Also die andere Version: hat vor zwei Wochen, oder täuschen mich meine Sinne, nicht ein Überläufer aus unserer Armee bei der Polizei ausgepackt: *so habe ich geholfen, die Waffen in den Knast zu schmuggeln!*, aber erst wenn ich tief unten bei den Würmern liege, wird das Geheimnis der Öffentlichkeit verkauft: *so habe ich geholfen, die Waffen in den Knast zu schmuggeln!*, dann werde ICH die Perfidie so weit treiben und ihm das Maul sperren und nicht verraten lassen, von wem er die Waffen hatte: werde ein neues Verwirrspiel anfangen, werde alle Anwälte und das Anstaltspersonal aussagen lassen: unmöglich, solche Waffen auf diese Weise hereinzuschmuggeln: aber gut, das Unmögliche gibt dem Krimi die Würze, nach der das Publikum hungert, und wo ein Wille ist, ist der Weg nicht weit: denn es gab ja den Prozeß, und da wurden die Akten manchmal nur flüchtig betrachtet –

Der Killer und seine geliebte Pistole: auch in diesem herzzerreißenden, hirnzerreißenden Kapitel werde ICH eine meisterliche Täuschung vorlegen: wie kam die Pistole in meine Zelle, auch da werde ICH mit gewissenloser Schadenfreude die polizeilichen Experten auf ein Waffenversteck in der Betonmauer hinweisen, aber wenn es entdeckt werden wird, werde ICH mit meinem ganzen Zynismus darauf hinweisen, daß ich in jener Zelle nie zuvor und nur für drei Wochen gewesen bin während der totalen Sperre –

Meine Schlamperei, daß gerade die beiden Zellen, in denen man bald die Verstecke finden soll, bei der intensivsten Durchsuchung des Stockwerks zu Beginn der totalen Abriegelung ausgespart wurden –

Daß ich also beim überraschenden Umzug in meine alte Zelle: diese hier, wo ich jetzt liege und kälter werde: die Pistole aus dem Wandversteck fummeln mußte und von einem dienstbaren Beamten tragen ließ: da werde ICH für alle Fälle vorsorgen mit vertraulichen Hinweisen auf den Plattenspieler, in dem eine Pistole bequem unterzubringen ist, der allerdings wie alle meine Habe, wie die Zelle, Wände, Hosentaschen, Papiere und Steckdosen mehrfach durchsucht worden ist von vereidigten Durchsuchungsbeamten, die mir zuerst den Plattenspieler wegnahmen –

Könnt ihr noch folgen? ich hab euch gewarnt vor dieser Tour –

Und ihn mir gut zwei Wochen später großzügig zurückgaben, als ich in der Waffenversteckzelle saß, damit ich Trost finde in der Musik zwischen *Born To Be Wild* und *Die In The Ocean Of Love*: und mitnehmen durfte in die alte Zelle, wo ich in meiner Heimtücke kein anderes Waffenversteck angelegt habe, so daß der Plattenspieler als einziges bleibt –

Und ICH meine teuflische Infamie noch einmal steigern kann mit der Preisfrage: ob ich die Waffe aus dem Versteck geholt und im Plattenspieler untergebracht habe: oder ob man mir aus Schlamperei oder mit Absicht den ungeprüften Plattenspieler samt der siebzehn Zentimeter langen Pistole, falls denn eine darin war und nicht aus der Luft in die Hand gesegelt kam wie im Waffenschlaraffenland, ans Herz gelegt hat –

Ja, weiß denn ich, wo die Musik spielt: bei 33 oder 45 Umdrehungen in der Minute zuckt unter dem Saphir mein unmusikalisches Herz –

Damit alle die gleichen Bedingungen beim Ratespiel haben, werde ICH nicht dulden, daß die drei Beamten, die den Plattenspieler aufgeschraubt und zerlegt haben, zur Befragung vorgeladen werden: um zu hören, ob das Ding wirklich genau untersucht wurde am behaupteten Tag und wie: oder um das Versäumnis einzugestehen, der Plattenspieler, obwohl mit Pistole auffällig schwer, sei gar nicht auseinandergenommen, obwohl man sonst jedes Ei aufklopfte und selbstverständlich jeden Gegenstand bis zu den Schräubchen zerlegte auf der ständigen Suche nach Belastungsmaterial für die fortgesetzten Verbrechen der Verbrecher –

Alles mea culpa, mea maxima culpa: daß ICH meine Attacken fortsetze auf Bild und Ton: damit kein Dokument bleibt, habe ICH heute die Video-Alarmanlage auf Standbild gestellt, obwohl sie gerade repariert ist vom unbestechlichen Siemens-Techniker: und ICH werde, gesetz- und gewissenlos wie gerichtsbekannt, die Abhörbänder dieser Nacht nicht freigeben: damit noch was bleibt für die Rätselecke und die Intimsphäre –

Vielleicht werde ICH meine Mißachtung des Gesetzes so weit treiben und vom Himmel herab dafür sorgen, daß gegensätzliche Aussagen nicht genau verglichen werden von denen, die ICH einsetzen werde, den Fall zu klären: denn wer wählt die Ermittlungsbeamten dafür aus, wer ernennt die versierten Staatsanwälte, wenn nicht ICH: wer wählt die Abgeordneten in den Landtag und in die Ausschüsse: wer wenn nicht ICH: der ihnen Pulver in den Kaffee, Sand in die Augen und das ermüdende Blei in die Akten streuen oder ihnen einflüstern wird, auf welche Widersprüche sie nicht einzugehen brauchen, oder ihnen befiehlt, die Berichte abzuschließen, ehe alle kriminaltechnischen Gutachten eintreffen werden, deren Ausfertigung und Zustellung niemand Geringerer als ICH verzögern wird als schlampiger Angestellter Gerichtsmedizinischer Institute oder lausigster Briefträger aller Zeiten –

Und doch: war ich es oder *der Todfeind in mir selbst* –

Alles muß ich selbst machen, sogar den genialen Mord an mir selbst, bei dem man mich wohlwollend beobachtet: und nun bei der Anstrengung, den Lügen ein bißchen Konjunktur zu verschaffen: Selbstmord oder Mord, die Frage nach dem alten Muster Freund–Feind, Gut–Böse, Ja–Nein, damit niemand auf die Idee kommt, daß beide recht haben könnten und Freund und Feind, am gleichen Strang, einer die Fäden des andern zieht und so die Knoten der Verwirrung immer fester –

Die Anstrengung, auf jede Lüge eine neue Lüge zu setzen, nehme ich auf mich aus lauter Liebe: so wie ich meinen Pullover verschenkte, wenn ich jemanden frieren sah, so will ich –

Euch schützen, liebe Genossen, vor der Wahrheit, daß ich *den Todfeind in mir selbst* erschießen mußte: und die *suicide action*

705

eine bessere Aussicht ist als die lebenslänglichen Mauern: *jeder in seinem Loch –*

Euch, liebe Skat- und Staatsfreunde, schützen vor der Wahrheit, daß einige der lieben Staatsdiener mich beschenkt haben mit dieser Pistole aus einem unserer Depots, die der Überläufer verraten hat: daß also die höchsten Stellen seit spätestens zwei Wochen wissen, daß wir Waffen haben und welche und was wir geredet oder verabredet über die einfachen Kabel –

Euch alle schützen vor der Wahrheit, daß die liebenswürdigen Behörden, selbst wenn sie uns die Waffen nicht zugesteckt, sie uns doch großzügig gelassen haben, obwohl wir einerseits fürchteten, ermordet zu werden, andererseits deutlich mit der Selbstmord-aktion drohten für die Stunde der Niederlage: hat man also, wie es die Sorgfaltspflicht sogar im Knast bei Selbstmord-Kandidaten fordert, alle paar Minuten fürsorglich auf mich geschaut? nicht daß ich wüßte: eher im Gegenteil fürsorglich die Überwachungs-anlage ausgeschaltet: also fürsorglich abgewartet, bis ich: oder fürsorglich gewartet, daß ich: und die Situation endlich reif –

So weiß ich in der tiefen Nacht, wer mir die Schußhand geführt hat: ICH: eben, jetzt, vor den nicht mehr zählbaren Minuten, Sekunden: wer wenn nicht ICH, so süchtig nach dem Happyend wie alle –

Wer liebt euch wie ich: das Rätsel Nagel, die Wunde Nagel, der Anstifter Nagel, der es gut mit euch meint und erlöst von dem Übel Nagel, frei nach der Arie, die aus den Türritzen der führen-den Opernhäuser der Welt bis auf die Straßen dringt: *ich bereue nichts:* oder wünscht ihr im Beethoven-Jahr lieber die Silvester-chöre mit der herrlich schweinischen Botschaft im vibrierenden Radiokasten: *diesen Kuß der ganzen Welt –*

Diesen Schuß, der euch hilft, mich zu verstehen und auszu-leuchten mit Nachrufen, die Hautfetzen zu sezieren und die aus den Achseln gerissenen Haare einzeln zu würdigen –

Darum übergebe ich meine letzte Waffe: den Leichnam, der nicht mehr auf den Namen Sigurd Nagel hört: meinen Leichnam der Anatomie, der ganzen Gesellschaft zur Anatomie: damit ihr die geheimen Fasern findet, die uns verbinden: damit ihr in meinen

Gehirnfetzen aufspürt, was euch an euch schreckt: und gern dürft ihr euch beruhigen damit, daß ich allen Grund hatte, mich in die höheren Etagen zu befördern: ICH, der Herr über mich bis zuletzt –

60 Ist spät geworden

Gehn wir

Sagt der Jongleur zur Töpferin und füllt einen Topf mit seinen fünf Bällen

Gehn wir

Sagt der Buchhändler, nachdem er auf der Wilhelmstraße sechs Kassetten des Reprints der «Fackel» von Karl Kraus verkauft hat

Gehn wir

Obwohl alles erst anfängt mit dem Ende und die Welle des Feierns langsam abebbt in den Hallen Jahrhundert und Rheingold, neue Scheinwerfer, Kanäle, Zeitschriften leuchten mit bunteren Farben auf, und wir haben einander bewiesen: schau, wie ich fähig bin zu feiern, schau, wie ich frei bin, noch eine Runde und dann

Gehn wir

Wenn du noch Geld hast, Hemd sauber, Krawatte sitzt, wenn die Laune ins Casino paßt, beste Gewinnzeit die Stunde plus / minus Mitternacht, da zieht der Zufall den Hut vor dir, komm, oder

Gehn wir

Ins Fantasy-Land in den Taunuswäldern übern Zaun und dann eine Steilfahrt im künstlichen Wildbach, die Nachtfahrt in den neuen Tag hinein

Gehn wir

Sagen Schmuckhändlerinnen, Schwertschlucker, Parteivertreter, Zeugen Jehovas mit der Frage der Woche: Ist es in der Hölle HEISS?

Andiamo

Sagt ein italienischer Professor, als er endlich einen Sitzplatz im D-Zug Richtung Köln gefunden hat und Papier hervorholt, um die Erlebnisse des Tages in Stichworten zu notieren

Gehn wir

Noch tanzen in der Golden Girl Disco, endlich selber bewegen nicht mehr als Zuschauer die Ohren bedröhnt, zwischen zwei Tänzen dürfen wir die Namen von mutmaßlichen Terroristen erraten, an der Theke reicht man retuschierte Steckbrieffotos, auf denen Haar- und Barttracht verändert sind, der Discjockey haucht ins Mikro: Leute, ihr braucht nur die Bilder auf diesen Bögen mit dem Fahndungsplakat vergleichen, wers nicht im Kopf hat, kann drüben nachschauen, drüben an der Apfelkornbar, und der Hauptpreis, der Gewinner erhält ein Salatbesteck und eine Spritzpistole, und Trostpreise gibt es auch für alle die wagen und trotzdem nicht gewinnen, unser Trostpreis einmalig, nur heute abend, nur hier: 14 Tage Stammheim

Gehn wir

Der Trick wurde achtmal angewandt, sagt der Polizist, der Mann bespritzt eine Passantin mit Senf, die Komplizin täuscht Hilfsbereitschaft vor, bearbeitet den Fleck mit einem Lappen, unter dem eine Rasierklinge steckt, mit dem sie den Riemen der Handtasche durchtrennt, und ab

Gehn wir

Tapetentische zusammengeklappt, Samttücher gefaltet, Artistenköfferchen schnappen zu, noch ein Bier oder doch keins mehr genug

Gehn wir

Der letzte Bus, so voll war der noch nie

Gehn wir

Und lassen die Stadt den Wachdiensten, Polizisten und Putzkolonnen und dem leisen Beben unter dem Pflaster, das von den Kanalratten kommt oder den unterirdischen vollautomatischen Sektrüttelmaschinen

Gehn wir

Und warten auf das einzige Gespenst, das die Stadt hervorgebracht hat, den schwarzen Richard, der nachts mit einem Korb durch die Straßen läuft und murmelt: Gutti, gutti Erdnüß bitte

Gehn wir

Die orangeroten städtischen Wagen kriechen heran und lassen

Drehbürsten schaben und Wasser über Kopfsteinpflaster und Asphalt spritzen, das letzte Gefecht gegen den Müll verstärkt von Kollegen und Putzwagen aus Frankfurt und Mainz unbürokratisch auch über die Landesgrenze die Besen und morgen früh wird nichts mehr gewesen sein

61 Eignen Befehlen zu gehorchen («heut mal früh schlafen!»), fällt Schäfer schwer. Endlich sitzt er auf dem Standfahrrad, fünf Minuten langsame Geschwindigkeit, danach die Dusche. Eine Tablette muß reichen. Das Zahnfleisch blutet, Urinfärbung normal. Er zieht den Bademantel über den Schlafanzug und öffnet, ohne das Licht anzuschalten, im Schlafzimmer das Fenster.

Noch einmal schaut er hinaus in die Nacht und versucht, still zu werden, an nichts zu denken. Er atmet gleichmäßig, sein Atem scheint ihm laut wie der ferne Lärm. Es dauert einige Minuten, bis er empfänglich wird für die pulsierenden Bewegungen weit außerhalb der Reichweite seines Körpers. Die Geräusche der Stadt, zusammengeschnurrt, gebändigt, gesiebt wie auf einer gleichmäßigen Tonspur, sind unterlegt mit dem leisen Toben vieler hundert Motoren und Reifen auf fernen Straßen, vom leichten Wind zusammengehalten, wieder verstreut und gebündelt und verwischt. In dem Rauschen liegt die banale Summe, das Kondensat aller Nachtgeräusche der Umgebung. Wirtshausgebrüll und Fernsehdialoge, Liebesgestöhn und Knallen der Autotüren, das Stampfen aus Discotheken und Fabrikhallen, Flugzeugdüsen und Güterzugräder und Motoren schwerer Lastwagen, alles ist in diesem Rauschen gesammelt und durch die Entfernung gefiltert. Doch unter dem Aufwind aus der Ebene, den vielfältig gemischten Lärmwellen, liegt eine leise, aufrührerische Bewegung, ein geduldiges Zerren, ein beharrlicher Protest, als bäumten sich die, die unterwegs sind und zum Beweis ihrer Wachheit Maschinengeräusche hinterlassen, wieder und wieder auf gegen den Schlaf, gegen die Ruhe, gegen Einsamkeit und Stillstand.

Schäfer horcht aufmerksamer und wartet, daß der Lärmwind

nachläßt, in sich zusammenfällt, endet. Aber er wird eher fester und einheitlicher, nur selten eine Hupe, ein Gebell, eine Sirene, ein Hubschrauber, die von der konstanten Lautstärke abweichen, danach ordnet sich wieder alles in die vorigen Schwingungen ein. Er wartet vergebens und fühlt sich ein in das Rauschen, deutet es als die Oberfläche des Lebens draußen, die obere Schicht der Lebendigkeit, von der er ausgeschlossen ist und die ihn unnachgiebig verhöhnt mit dem Herztakt eines Kreislaufs, mit dem er, je mehr er sich darauf einlassen will, immer weniger zu tun hat: es geht weiter, es gibt keine Stille, es geht weiter, weiter, und du spielst keine Rolle, du nicht.

Das alte Gedicht fällt ihm ein, *Es war als hätt der Himmel die Erde still geküßt...*, er spricht es vor sich hin wie ein Gebet, das die Trauer fortschiebt und sogleich wieder vertieft, er kann es immer noch auswendig, es trifft immer noch, es trifft ihn jedesmal wieder, auch wenn Eichendorffs Stille eine andere war als die zur zerrenden Ruhe verdichteten Geräusche hier, *Die Luft ging durch die Felder, die Ähren wogten sacht...*

Alles rückt ihm fort, nichts ist mehr still und sacht und leis und sternklar. Er hat das Gefühl, in einer Prüfung zu sitzen und auf der Stelle die Frage beantworten zu müssen, ob es gut ist, das Leben, die Schöpfung, der ganze Dschungel der Vitalität. Mitten im Nachtgetöse weiß er seine Männer unterwegs, die Wache schieben, Streifenwagen lenken, auf Posten sind im Dienst der Sicherheit und des Funktionierens und die tüchtige Mehrheit auf stille Weise schützen. Aber das Wissen beruhigt ihn nicht, das Netz der Ordnung ist zu dünn und wird immer dünner, in der Nacht reißen die Fäden, ächzen die Stricke, knirschen die Knoten, die alles zusammenhalten, was gut werden soll. Er fürchtet, nie anzukommen an den Zielen, die er sich gesteckt hat, weil er zu viele gesteckt hat, maximale Sicherheit bei maximaler Rechtssicherheit, er kann nicht ständig rennen, der Hase, der eine Igel Sicherheit, der andere Igel Recht, und Schäfer hin- und herrennend in der verdammten Furche, keuchend, das Herz.

Das Herz spricht, mahnt, bremst, das Herz sagt manchmal, sagt ihm jetzt wieder: das Leben ist gut, so schlecht ist dein Leben gar nicht, der Boden ist fester als in San Francisco, die deutschen Kriminellen lacht man in den Staaten aus. Wie sicher gefügt, wie gut geschmiert, geschient und geleitet ist alles im Vergleich mit New York, allein schon der Anblick sauber und ein Gedicht die Statistik, 2785 Morde im ganzen Jahr, in welcher Stadt? Im ganzen Land? Da lachen ja die Hühner, was, und 1926 sind noch abzuziehen als versuchter Mord? Und 95 % werden aufgeklärt? Ja in welch einem Heiligtum leben Sie denn, Mister Schäfer? So ähnlich die Amis bei jeder Gelegenheit. Selbst dieser gewaltige Aufruhr mit dem Terrorismus, wie harmlos ist der gegen die Schlachten, die die Kollegen in Irland, Israel, Italien, Lateinamerika zu schlagen haben! Und was die neidischen Kollegen aus dem Ausland nicht einmal ahnen, das beste sind die Leute da unten, die sich selber wie Ordnungshüter verhalten, aufpassen, anzeigen, im Notfall mitschießen, und die wenigen negativ zur Polizei eingestellten Ausnahmen sind weitgehend erfaßt!

Wenn man Distanz hält oder nüchterne Vergleiche treibt, gibt es nicht mehr als ein hübsches rauschendes Idyll zu verwalten. Man könnte sich sogar wundern, wie selten das aggressive Potential explodiert. Überall in der Luft liegen unsichtbare Drohungen, die nur sekundenlang aufbrechen wie ein Alptraum und eine Blutspur hinterlassen, hinter jeder Drohung wachsen neue Bedrohungen, die von allen Seiten, aus östlicher, westlicher und südlicher Richtung vorrücken. Aber am schwersten zu kalkulieren ist die Bedrohung von innen, aus der Mitte der Gesellschaft, wo sie am reichsten, am mächtigsten ist und der Herd der Wucherungen sitzt. Viele Erfolgreiche haben einen Terroristen im weiteren Kreis der Bekannten und Verwandten, ein Problem, das jeden Polizisten überfordert. Da haben sie es einfacher in Chicago, in den Hochburgen der Kriminalität, da heißt es nur Ich-oder-Du, Gesetz-oder-Chaos. In der sogenannten Idylle dagegen wird es immer schwieriger, menschlich zu bleiben und doch nicht lockerzulassen, das restliche Leid von den Menschen zu nehmen und sie vor den Abgründen zu warnen und zu retten.

Mit süchtiger Neugier lauscht er, als könne er die Reibungen herausfinden, die Kämpfe, die Niederlagen. Was hinter all den Ge-

räuschen verborgen ist, läßt sich ahnen, das kleine, heftige, rücksichtslose Leben, das er vor sich sieht in gestückelten Bildern: lek-
kende Zungen, treffende Hiebe, wirre Haare, kippende Gläser
und in den Betten das unaufhörliche Gerangel um Geländege-
winne. Er sehnt sich danach, aber will es nicht genauer wissen, er
beneidet die Lebenden um ihre Lebendigkeit, aber er darf seinen
Neid nicht zulassen. Keine Gefühle, sagt der Arzt. Er fühlt den
Puls, das ist seine Aufgabe. Er stellt keine Diagnose mehr, er
schaut nur zu und horcht. Hoch über der Stadt am Fenster, ja,
wie ein Gott, wie ein kleiner, ohnmächtiger Gott hockt er auf seinem Olymp und lauscht dem Leben der Menschen, die im Schutz
der Dunkelheit ihren Trieben folgen, sich schmatzend im Unheil
wälzen, im Eigensinn suhlen, nicht kümmern um die Sorgen der
Götter, die an die Rettung zu denken haben, an die Rettung jedes
einzelnen aus dem Sumpf der möglichen Kriminalität und des Ver-
derbens, an die Rettung der ganzen Herde. In der verdächtigen
Dunkelheit verstecken sie sich wie die Termiten in den Fernhei-
zungen, nach Mitternacht wächst die Dunkelheit noch und mit ihr
das Unordentliche, das nicht Kontrollierbare, das Chaos, ja, das
Chaos liegt unten im Tal und steigt, drängt, kriecht den Berg hinauf, bis vor die Mauern, Stachelzäune und Schlagbäume des Amtes, das Amt ist die einzige, die letzte Festung gegen das Chaos, auf
dem «Berg der Läuterungen», wie ein gebildeter Kollege mal lachend gesagt hat, «dem Berge zu, wo uns Vernunft durchsucht.
Dante».
  Der Blick von oben sieht nichts mehr, darum lauscht Schäfer
immer süchtiger, lauscht den Resten des Lebens nach, aus denen
zusammengeflickt ist, was ihm Sorge macht und was auch das
elektronisch verbesserte Auge nicht erreicht. Tausend Möglichkeiten hat er, einzelne Menschen wach oder schlafend aus der
Masse zu greifen, sie nah heranzuholen oder fortzuschleudern, so
oder so ihr Leben zu verändern, und doch bleibt er ohnmächtig,
wenn es um die große Lösung, um die Rettung der Menschen vor
ihren Verbrechen geht.
  Die frische Luft dringt bis auf die Haut, er fröstelt nicht, es
packt ihn die göttliche Lust, sich in das Leben da unten einzuschal-

ten, nicht nur auf Videowegen oder über die Fahndung, sondern mit einer Überraschung wie Zeus vom Olymp herab zu Ausflügen und Abenteuern starten, in einen Stier verwandeln und dem Weib Europa nachstellen wie auf dem Denkmal in den Herbert-Anlagen. Drei Silben in die Sprechmuschel genügen, und in wenigen Minuten könnte er sich kutschieren lassen im Auto zwischen all die fernen Menschen und ein Mädchen von der Straße kaufen, in einer beliebigen Kneipe Runde auf Runde schmeißen, Skat spielen, pokern, ein Fernsehinterview geben, die Selbstmörder exhumieren lassen, er könnte das Anhalten der Nachtzüge befehlen, Autobahnen sperren, die Auslieferung der Post verzögern, und könnte, wenn er ein Mann der Willkür wäre, jederzeit ein paar Beamte losschicken und fast jeden Bürger aus dem Traum, aus dem Beischlaf, aus dem Suff reißen und mit richterlichem Durchsuchungsbefehl alle Briefmarkensammlungen mit Berlin-Motiven, alle Goya-Reproduktionen aufspüren und alle Alpenveilchen von den Fensterbrettern fegen. Doch der Gedanke an diese Möglichkeiten genügt, gerade im Widerstand gegen solche lüsternen, diktatorischen Ausflüge zeigt sich der Demokrat.

Aber etwas läuft falsch, etwas kippt. Er sucht die Ursachen und kommt von der schwirrenden, milden Herbstnacht nicht los, vom emsigen leislauten Treiben in der Dunkelheit, das ihm beweist, wie er immer weiter wegrückt von allem, wie die Geräusche weiter wegrücken von ihm, wie die Nacht ihn ausschließt vom Leben, oder schlimmer, wie er längst ausgeschlossen ist von allem, am Tag nicht anders als bei Nacht. Die Welt hat ihn kaltgestellt trotz seiner Allmacht, sie kann ganz gut auf ihn verzichten, und die einzige Antwort, die er darauf weiß, ist das Mitleid, das er mit sich selber hat und das stärker wird, je mehr er es fortschieben möchte. Schon hört er die eigene Stimme im vollen Klang einer Lob- oder Leichenrede: Nachruftöne, Phrasen über das Schicksal derer, die sich bemühen, eine lebenswerte Gesellschaft zu schaffen und zu erhalten, und Undank, ja Hohn dafür hinnehmen zu müssen, der Dank ein Verdienstkreuz, ein Bronzekopp in der Eingangshalle, ein Kranz mit Schleife von der Regierung. Er erschrickt vor seiner Rede, erschrickt davor, allein zu bleiben, und erschrickt, wie er

verkümmert und bitter wird, wie er dahinwelkt im Dienst, festge-
schnürt in der Bleiweste, wie ihm die Falten in die Haut schneiden,
wie das Herz stockt, wie er ungetröstet in den Tod gleitet.

Er friert, sieht sich als Greis, im Bademantel gestreift bekleidet,
allein, nun auch von seiner Nachtgier verlassen, er fühlt nur noch
seinen kalten, kaltgestellten Körper, greift nach dem Glied, läßt es
los, dreht sich zum Zimmer hin und will auf die Nachttischlampe
zusteuern. Aber die Drehung gerät zu hastig, ein Muskel sticht im
Nacken. Er drückt die Hand darauf, das tut gut, aber er kann nicht
verhindern, daß es schwarz vor den Augen zu schwirren beginnt.
Gestützt auf das Fensterbrett wartet er, bis das schwarzweiße Ge-
punkte schwächer wird. Es formt sich zum Raster, aus dem Gesichter zusammenwachsen, Gesichter aus bekannten Mosaiken,
die alten Freunde von den Fahndungsplakaten. Sie verschwinden
wieder, doch sie verschwinden zu schnell, er bedauert das, denn es
tröstet, wenigstens blitzartig menschliche Konturen zu sehen, ein
Muster für Ordnung, schwarzweiß zueinandergerückt, nebeneinander, übereinander.

Schwache Sternpunkte zwischen kleinen Wolken, die den
Lichtdunst über der Stadt reflektieren, und Bernhard Schäfer
schaut nach oben ins sanfte Geflacker, *Und meine Seele spannte*,
alles bewegt sich im zitternden Kosmos, Flugzeuglichter, Satelli-
ten, *weit ihre Flügel aus*, unsichtbar weit die Rakete, die Sonde
Voyager auf dem Flug zu den Grenzen des Sonnensystems in
einem Weltraum, der immer gewaltiger auseinanderdriftet, welche
Träume, welche Schlaflosigkeiten, wo wirst du sein, wenn sie in
zwölf Jahren den Jupiter erreicht hat, *Flog durch die stillen Lande*,
und aus dem vom Stadtlicht verdunkelten Sternhimmel zieht eine
Fratze auf, *als flöge sie*, eine Fratze wie eben aus dem Dunkel des
Taumels, da ist sie wieder, die Fratze Nagels, das auf den Typ
Marlon Brando stilisierte Gesicht, unverkennbar zucken Nagels
Mundwinkel, und Sigurd Nagel, als habe er nur auf seine Entdek-
kung gewartet, der leibhaftige Nagel steigt von einer in Silberfolie
gefaßten Himmelsleiter hinab, *als flöge sie nach Haus*, in roten
Schuhen im weißen Anzug wie ein Showmaster mit breitestem Lä-
cheln im Glitzerlicht die Stufen hinab, und weil Schäfer das kennt

wie Samstagabendfernsehen, erschrickt er nicht, als Nagel mit frisch gefönter Mähne triumphierend näher kommt, als wolle er sagen: Sauber bin ich, ohne Achselschweiß, keine Hindernisse liegen zwischen uns, Madame!

Aber Nagel sagt nichts, schaut ihn nur an, und im Blick liegt die Frage: Schweren Tag gehabt heute?, eine Frage im warmen Hausfrauenton von früher, wie von Marieluise vor fünfzehn Jahren, die vertraute Frage, die Verständnis, guten Appetit, hochgelegte Beine, Bierflasche, Kulenkampff und Beischlaf verspricht. In Schäfer steigt Wut auf, woher hat Nagel den Ton, dieser wichtigtuerische Lümmel, auf welcher Schauspielschule war der, was soll dieser unverschämte Auftritt? Aber da Nagel nichts sagt, antwortet Schäfer: «Ich klage nicht, Nagel.»

Die Wut verfliegt, Schäfer wird ruhig und fixiert den schweigenden, unbewaffneten, glitzernden Nagel: was macht der hier im gesperrten Gelände, wie hat der die Schranken und Infrarotkameras überwunden, es muß etwas geschehen. Er hat Respekt für diesen hochintelligenten und hochmoralischen jungen Menschen, auch wenn er den Methoden mit aller Kraft und Gewalt widerspricht, er will ihn nicht vertreiben, vielleicht bietet er etwas Wichtiges an, Gespräche, Frieden, Versöhnung. Wie schwerelos hängt Nagel vor dem Fenster im dritten Stock, ein weißes Gespenst, durchschaubar und lächerlich, aber Schäfer will es wissen, wünscht ihn herbei und schafft es nicht, ihn hereinzubitten, wenigstens aufs Fensterbrett. Einen Moment meint Schäfer, er sei in einem schlimmen Traum gefangen, gleich werde er von seinen eigenen Leuten erwischt im Schlafanzug mit einem jungen Mann, dazu riesele Beton in den Wänden, und die Statik, die Moniereisen verneigten sich vor dem Boß der Terroristen, und er sagt schnell, trotzig und laut: «Ich hab keine Angst vor dir, Nagel!»

Nagel sagt nichts oder sagt mit seinem Blick etwas wie: Weiß ich, weiß ich, und das ehrt dich. Schäfer beugt sich hinaus, sein wächserner Arm ragt weit aus dem Ärmel des Bademantels, er weiß nicht, wem er die Hand reicht, und doch findet er die andere Hand über das Fensterbrett hinweg, die Hand ist warm, das Gesicht des jungen Mannes atemdicht, er wagt nicht, ihn ins Zimmer zu ziehen, aber Nagel rückt wie mit einem Schwimmstoß der Beine heran, stößt auf Schäfer zu, und der, statt ihn wegzuschieben oder zu schreien, beugt sich weiter aus dem Fenster, nähert sich dem sich Nähernden, der Mund saugt tief den Atem ein, als wolle er damit den Mund des andern noch näher heranziehen, die Berührung der Lippen löst die Spannung und steigert sie, erst im Kuß finden sie zur Attacke, als wüßten sie, daß es ihre letzte sei, sie ersticken den Impuls, miteinander zu kämpfen, sie umarmen, sie berühren sich nicht, nur die Lippen schmecken die Lippen des andern, Zungen im Wettkampf um größte Reichweite im fremden Mund, Speichel säuft Speichel, Zähne greifen ein, und es ist Schäfer, der nach einem Biß abläßt vom Gegner und schreit, aber den Schrei nicht hört, und ihn am weißen Anzug packt und wegstößt vom Fenster, Nagel winkt, springt und fliegt frech davon, der weiße Anzug trägt ihn fort, und Schäfer kämpft gegen Tränen, weil ihm Sigurd Nagel entgleitet, wie ihm alles entgleitet, und nun endgültig verloren ist, und er ruft ihm nach, mit einem Funken Glück in der Stimme: «Ich habe dich…», das letzte Wort, aus dem ein I-Laut hervorsticht, unverständlich, verzittert, verwischt vom Wind.

62 Der Schuß tat nicht weh: auf, auf und davon im freien Überschlag, *kiwitt, kiwitt,* aufwärts wie die Schußbahn durch den Kopf: immer weiter durch die Tore der Doppelpunkte: ich wollte nicht mehr zurück, nur hinauf, ins Tal einer heiteren Helligkeit zog es mich, ans Ende des Tunnels, wo die letzten Bilder des Films verbrannten, die Wörter im Licht verblaßten und die schiefen Töne *Was für ein schöner Vogel bin ich* ihre Schwingungen verloren und ich gar nichts mehr wollte, nur: spielen und spielen.

«**Friedrich Christian Delius** kommt aus einer aufklärerischen Tradition, die von Heine bis Brecht reicht. Ironie, Satire, kritische Reflexion sind seine Mittel.» *Der Spiegel*
Geboren in Rom, aufgewachsen in Hessen, hat F.C. Delius in den sechziger Jahren als Lyriker begonnen. Seine Gedichte waren kritische Lesarten der Wirklichkeit, «Para-Phrasen» einer Sprache der Herrschenden.

Adenauerplatz *Roman*
(rororo 5837)

Ein Held der inneren Sicherheit
Roman
(rororo 5469)
Roland Diehl, Ghostwriter und Nachwuchs-Ideologe im Verband der Menschenführer, erlebt eine totale Verunsicherung, als sein Chef entführt wird. «Ein Modell Deutschland von eindrucksvoller neurotischer Unwirtlichkeit.» *Der Spiegel*

Kerbholz *Gedichte*
(rororo 5073)
«Unbekümmert Klassik aufnehmend, persiflierend, verändernd, Persönliches, Literarisches, Politisches zur Diskussion stellend, bestätigen die Gedichte einmal mehr die Begabung des Autors.» *Frankfurter Allgemeine Zeitung*

Mogadischu Fensterplatz
Roman
(rororo 12679)
«... ein Roman, der zumindest indirekt immer wieder an Heinrich Mann denken läßt.» *Süddeutsche Zeitung*

Die Birnen von Ribbeck
Erzählung
72 Seiten. Pappband und als rororo 13251

Japanische Rolltreppen *Tanka-Gedichte*
72 Seiten. Pappband.

Himmelfahrt eines Staatsfeindes
Roman
368 Seiten. Gebunden

Der Sonntag, an dem ich Weltmeister wurde *Erzählung*
128 Seiten. Pappband und als rororo 13910

Der Spaziergang von Rostock nach Syrakus *Erzählung*
160 Seiten. Pappband

Selbstporträt mit Luftbrücke
Ausgewählte Gedichte 1962 – 1992
160 Seiten. Pappband

Uwe Friedrichsen liest Die Birnen von Ribbeck
1 Toncassette im Schuber (Literatur für KopfHörer 66025)

Peter Rühmkorf

«Ach, Rühmi, es lebe der Übermut, wenn er mit dem Mut zum Bekenntnis zusammengeht, wie so oft in Deinen Gedichten! Es lebe die Liebe, der Du bei uns mit Deinem rororo-Band *Außer der Liebe nichts* ein so schönes Denkmal errichtet hast. Leer waren *Die Jahre die Ihr kennt,* die wir hinter uns gelassen haben, weiß Gott nicht, und wir jedenfalls haben sie trotz aller politischen Miseren zwar auch erlitten, aber doch zugleich genossen. *agar agar – zaurzaurim*! Hoch Bellmann und Brockes! Hoch Benn und Brecht! Hoch, lieber Dichter, auch Du!»
Heinrich Maria Ledig-Rowohlt an **Peter Rühmkorf** zu dessen 60. Geburtstag am 25. Oktober 1989.

Außer der Liebe nichts
Liebesgedichte
(rororo 5680)

Haltbar bis Ende 1999
Gedichte
(rororo 12115)

Der Hüter des Misthaufens
Aufgeklärte Märchen
(rororo 5841)

Die Jahre die Ihr kennt *Anfälle und Erinnerungen*
(rororo 5804)

Über das Volksvermögen
Exkurse in den literarischen Untergrund
(rororo 1180)

Laß leuchten!
(rororo 13440)

rororo Literatur

TABU I *Tagebücher 1989–1991*
624 Seiten. Gebunden

agar agar – zaurzaurim *Zur Naturgeschichte des Reims und der menschlichen Anklangsnerven. Mit Illustrationen von Peter Rühmkorf*
160 Seiten. Broschiert

Bleib erschütterbar – und widersteh *Aufsätze – Reden – Selbstgespräche*
260 Seiten. Kartoniert

Dreizehn deutsche Dichter
208 Seiten. Broschiert

Einmalig wie wir alle *Gedichte*
168 Seiten. Broschiert

Wer Lyrik schreibt, ist verrückt!
Gesammelte Gedichte
140 Seiten. Kartoniert

Peter Rühmkorf / Michael Naura / Wolfgang Schlüter
Phönix voran! Mit Ton-Cassette
128 Seiten. Kartoniert